Michael Iwanowski

Florida

IWANOWSKI'S REISEBUCHVERLAG

www.iwanowski.de
Hier finden Sie aktuelle Infos zu allen Titeln, interessante Links – und vieles mehr!
Einfach anklicken!

Schreiben Sie uns, wenn sich etwas verändert hat. Wir sind bei der Aktualisierung unserer Bücher auf Ihre Mithilfe angewiesen:
info@iwanowski.de

14. Auflage 2012

Salm-Reifferscheidt-Allee 37 • 41540 Dormagen
Telefon 0 21 33/26 03 11 • Fax 0 21 33/26 03 33
info@iwanowski.de
www.iwanowski.de

Titelbild: Hemis/laif
Alle anderen Farbabbildungen: siehe Bildnachweis Seite 573
Redaktionelles Copyright, Konzeption und
deren ständige Überarbeitung: Michael Iwanowski
Karten und Reisekarte: Thomas Buri, Bielefeld
Bearbeitung: Mareike Wegner, Flensburg
Layout: Ulrike Jans, Krummhörn
Titelgestaltung sowie Layout-Konzeption: Studio Schübel, München

Gesamtherstellung: Stürtz GmbH, Würzburg
Printed in Germany

ISBN: 978-3-86197-043-9

Inhaltsverzeichnis

EINLEITUNG 12

Florida auf einen Blick 15

1. FLORIDA – LAND UND LEUTE 16

Historischer Überblick 17

Zeittafel 17
Indianer: die ersten Siedler 19
Europäische Entdeckung und Kolonisierung 20
Die Entdeckung Floridas durch die Spanier 20 · Französische Interessen 22 · Floridas Jahre der Wirren 23
Die Zeit der Seminolenkriege 24
1. Seminolenkrieg (1817/18) 24 · 2. Seminolenkrieg (1835–1842) 25 · 3. Seminolenkrieg (1855–1858) 25
27. Bundesstaat der USA – das moderne Florida 26
Auf dem Weg ins 20. Jahrhundert 26 · USA: Die Suche nach einer neuen Identität und aktuelle Entwicklung 29

Geografischer Überblick 31

Lage, Größe und Landschaften 31
Geologische Entwicklung 33
Klima 33
Gewitter 34 · Hurrikans 36

Wirtschaftlicher Überblick 39

Der Immobilienboom und die Folgen 39 · Tourismus 40

Gesellschaftlicher Überblick 41

Bevölkerungsstruktur 41
Indianer 41 · Afro-Amerikaner 43 · Weiße 43 · Kubaner 44 · Floridas Neubürger und Einwanderer 45
Religion in den USA – „God's own country" 45
Kultur und Sprache 47
Musik 47 · Theater und Literatur 47 · Kunst 48 · Architektur 49 · Sprache 50
Leben in Florida 50
Mentalität 50 · Arbeitsleben 53
Kulinarische Genüsse 54
Spezialitäten der floridianischen Küche 54

2. DIE GELBEN SEITEN: FLORIDA ALS REISEZIEL 56

Allgemeine Reisetipps A–Z 57

Entfernungstabelle 111

DIE GRÜNEN SEITEN: DAS KOSTET SIE DAS REISEN IN FLORIDA 112

Überblick

REISEN IN FLORIDA 116

Routenvorschläge 116

Alternative 1: Tagesausflüge vom Urlaubsstandort aus 116 · Alternative 2: Florida-Rundfahrt südlich von Orlando 116 · Alternative 3: Florida-Rundfahrt nördlich von Orlando 116 · Alternative 4: Große Florida-Rundfahrt 116

3. MIAMI UND UMGEBUNG 120

Überblick 121

Redaktions-Tipps 122

Ein Blick in die Vergangenheit 125

Miami Downtown und Little Havana 129

Überblick 129

Miami Tower 129 · Miami-Dade Cultural Center 130 · Bayfront Park/Bayside Marketplace 131 · Freedom Tower 132 · Port of Miami 133 · Flagler Street 133

Little Havana 133

Die mondänen Außenbezirke Coral Gables, Coconut Grove und Key Biscayne 135

Coral Gables 135 · Coconut Grove 138 · Vizcaya Museum and Gardens 139 · Key Biscayne 139 · Seaquarium 140 · Bill Baggs Cape Florida State Park 141

Weitere Ziele von Miami 142

The Cloisters of the Monastery of St. Bernhard 142 · Zoo Miami 143 · Monkey Jungle 143 · Jungle Island 143

Miami Beach 144

Überblick 144

Sehenswertes in Miami Beach 147

Collins Avenue 147 · Bass Museum of Art 147 · Art-déco-Gebiet 147 · Wolfsonian Museum 148 · Oleta River State Park 149 · Redaktions-Tipps 150

4. IN DEN SÜDEN: EVERGLADES NATIONAL PARK UND DIE FLORIDA KEYS 168

Everglades National Park 169

Überblick 169

Größe und Lage 169 · Redaktions-Tipps 170 · Klima 171 · Landschaften 172 · Pflanzenwelt 174 · Ökologische Gefährdungen 175

Entlang der Verbindungsstraße vom Coe Visitor Center nach Flamingo 177

Ernest F. Coe Visitor Center 177 · Royal Palm Area 178 · Anhinga Trail 178 · Gumbo Limbo Trail 182 · Long Pine Key 184 · Pinelands 184 · Pinnackle Rock 184 · Rock Reef Pass 185 · Pa-Hay-Okee 185 · Mahagony Hammock 185 · Mangrove Zone 186 · Paurotis Pond 186 · Nine Mile Pond 187 · West Lake 187 · The Mangrove Trail 188 · Birds of Mrazek Pond 189 · Coot Bay Pond 189 · Flamingo 190 · Kanuwanderungen 191 · Wilderness Waterway 192 · Parkeingang bei Chekika 193 · Tram-Tour am Shark Valley 193 · Miccosukee Indian Village 193

Florida Keys 199

Überblick 199

Redaktionstipps 201

Unterwegs nach Key West 202

Reiserouten

Biscayne National Park 202 · John Pennekamp Coral Reef State Park 207 · Key Largo 208 · Upper Matecumbe Key – Islamorada 212 · Islamorada 212 · Indian Key – Duck Key 214 · Seven Mile Bridge 214 · Pigeon Key 215 · Bahia Honda 216 · Big Pine Key und National Key Deer Refuge 216 · Little Palm Island 217

Key West 218

Redaktionstipps 219 · Geschichte 220 · Stadtbesichtigung 222 · Mallory Pier und Mallory Square 224 · Pier House Resort 224 · Museen 224 · Shipwreck Historeum 224 · The Wreckers' Museum/Oldest House 224 · Audubon House and Garden 224 · Mel Fisher Maritime Heritage Society Museum 225 · Little White House 225 · Birthplace of „Pan American World Airways" 226 · Ernest Hemingway Home and Museum 226 · Key West Lighthouse/Keeper's Quarters Museum 228 · Southernmost Point 229 · Redaktionstipps 231

Ausflug zum Dry Tortugas National Park (Fort Jefferson) 240

Bush Key 242

5. DER SÜDWESTEN: NAPLES UND DIE GOLFKÜSTE BIS TARPON SPRINGS 244

Von Key West nach Naples 245

Big Cypress National Preserve 245

Redaktions-Tipps 246

Everglades City und 10.000 Islands 248

Abstecher nach Chokoloskee 248

Collier Seminole State Park 249

Marco Island 250

Naples 252

Naples Depot Museum 254 · Naples Museum of Art 254 · Naples Pier 254 · Palm Cottage 254 · 5th Avenue 255 · Old Marine Marketplace at Tin City 255 · Collier County Museum 255 · Koreshan State Historical Site 256

Die Golfküste von Naples bis Tarpon Springs 262

Unterwegs nach Fort Myers 262

Corkscrew Swamp Sanctuary 262 · Naples Zoo at Caribbean Gardens 263 · Redaktionstipps 263 · Everglades Wonder Gardens 264 · Bonita Springs 264 · Lovers Key State Park 266 · Fort Myers Beach auf Estero Island 267

Fort Myers 267

Edison & Ford Winter Estates 268 · The Imaginarium Hands-on Museum and Aquarium 271

Cape Coral 274

Pine Island 274

Umgebung von Fort Myers: Sanibel und Captiva Island 276

Bowman's Beach (Sanibel Island) 277 · South Seas Island Resort 279

Vorschläge für Aktivitäten 283

Bootsfahrten: nach Cabbage Key 283 · nach Useppa Island 284 · nach Boca Grande auf Gasparilla Island 284 · zum Cayo Costa Island State Park 285

Fort Myers – Sarasota 287

Gasparilla Island 287 · Venice 288

Sarasota 290

Redaktionstipps 291 · The John and Mable Ringling Museum of Art 293 · Cà d'Zan Mansion 293 · Historic Asolo Theater 293 · Circus Museum 294 · Sarasota Classic Car Museum 294 · Myakka River State Park 294 · Crowley Museum and Nature Center 295 · St. Armands Key 296 · Mote Marine Aquarium 296

Sarasota – St. Petersburg 300
Bradenton 300 · Anna Maria Island 300 · Redaktionstipps 301 · Manatee Village Historical Park 305 · De Soto National Memorial 305 · South Florida Museum, Parker Manatee Aquarium and Bishop Planetarium 306

St. Petersburg und Umgebung 307
The Municipal Pier 307 · Bay Walk 309 · Florida Holocaust Museum 309 · St. Petersburg Museum of History 309 · Florida International Museum 310 · The Salvador Dalí Museum 310 · Great Explorations! Childrens Museum 312 · Museum of Fine Arts 312 · Sunken Gardens 313 · Ausflüge in die Umgebung: Fort de Soto State Park und Pinewood Cultural Park 313

Tampa 319
Überblick 319 · Redaktionstipps 319 · Tampa Museum of Art 322 · Henry B. Plant Museum 323 · Ybor City 324 · Florida Aquarium 326 · Museum of Science & Industry 326 · Ausflug zu Busch Gardens 329 · Redaktions-Tipps 330 · Adventure Island 333

Ausflüge nördlich von Tampa und St. Petersburg 334
Caladesi Island State Park 334 · Tarpon Springs 334 · Spongeorama/The Sponge Factory 335 · Greek Orthodox Church of St. Nicholas 336 · Innisbrook für Golffreunde 336 · Weeki Wachee 337

6. ORLANDO UND UMGEBUNG 338

Von Tampa nach Orlando 339
Fantasy of Flights 339 · Legoland Florida 339 · Bok Tower Gardens 340

Orlando 341

Überblick 342
Redaktionstipps 343

Attraktionen abseits der Themenparks 345
Downtown 345 · Orange County Regional History Center and Heritage Square 345 · Wells' Built Museum of African American History & Culture 346 · Loch Haven Park 346 · Orlando Museum of Art 346 · Mennello Museum of American Art 346 · Orlando Science Center 346 · Harry P. Leu Gardens 347

Ausflüge von Orlando 347
Winter Park – „Palm Beach" in Central Florida 347 · Albin Polasek Museum & Sculpture Gardens 348 · Charles Hosmer Morse Museum of American Art 348 · Cornell Fine Arts Museum 348 · Winter Park Historical Association and Museum 349 · Hontoon State Park 351

Besondere Abendvergnügungen 353
Dinnershows 353 · Theater, Musical und Orchester 355

Walt Disney World (WDW): All the Magic 356

Überblick 356
Optimale Besuchszeiten 361 · Informationen für Erkundungen mit Kindern 362

Überblick über die WDW-Parks 363
Themenparks 363 · Wasserparks 363 · Andere Disneygebiete 363

Magic Kingdom 363
Überblick 365 · Redaktionstipps 365 · WDW-Railroad 367 · Cinderella Castle 367 · Space Mountain 370 · It's a small World 370 · Big Thunder Mountain Railroad 370 · Splash Mountain 370 · Pirates of the Caribbean 371 · Jungle Cruise 371 · Paraden und Feuerwerke 371

Epcot 373
Redaktionstipps 373 · Attraktionen FUTURE WORLD 377 · Spaceship Earth

377 · Innoventions East and West 378 · Universe of Energy 378 · Test Track 378 · The Seas 378 · The Land 379 · Soarin 379 · Journey into Imagination 379 · Mission: Space 379 · Attraktionen WORLD SHOWCASE 380

Disney's Hollywood Studios 384

Paraden und Feuerwerke 384 · Redaktions-Tipps 384 · Für kleine Kinder 385 · The Twilight Zone 385 · Fantasmic 387 · Studio Backlot Tour 387 · Muppet Vision 3-D 387 · Indiana Jones Epic Stunt Spectacular 387 · Rock'n'Roller Coaster Starring Aerosmith 387

Animal Kingdom 389

Discovery Island 389 · Oasis 389 · Africa 389 · Asia 390 · Rafiki's Planet Watch 390 · Dinoland 390

Wasserparks 390

Typhoon Lagoon 390 · Blizzard Beach 391 · Redaktionstipps 391

Downtown Disney 392

Pleasure Island 392 · Redaktions-Tipps 392

Universal Orlando Resort 397

Universal Studios 398

Hollywood Rip Ride Rockit 398 · The Simpons Ride 398 · E.T. Adventure 398 · Jaws 398 · Men in Black Alien Attack 398 · Revenge of the Mummy 399 · Disaster 399 · Twister…Ride it out 399 · Shows 399 · Terminator 2 399 · Für Kinder 399

Universal's Island of Adventure 399

Harry Potter and the Forbidden Journey 399 · The Incredible Hulk Coaster 400 · Dragon Challenge 400 · The Amazing Adventures of Spider-Man 400 · Jurassic Park River Adventure 400 · Dudley Do-Right's Ripsaw Falls 400 · Für Kinder 401 · Live Shows 401

Sea World of Florida 402

Überblick 402 · Tipps für die Erkundung mit Kindern 403 · Redaktionstipps 403 · Blue Horizons 404 · LIGHT-SHOW 404 · Sea Lion & Otter Stadium 405 · Shamu Stadium – One Ocean 405 · Wild Arctic 405 · Manta 406 · The Journey to Atlantis 407 · Turtle Trek 407 · Antarctica 407 · Discovery Cove 407

Weitere besuchenswerte Themen- und Wasserparks in und um Orlando 409

Aquatica 409

Wet'n'Wild 409

Gatorland 410

7. ZENTRALE UND NÖRDLICHE ATLANTIKKÜSTE 420

Kennedy Space Center und die Space Coast 421

Sehenswertes an der Space Coast 421

Astronaut Hall of Fame 421 · Redaktions-Tipps 422 · Naturschutzgebiete 423 · Geschichte der unbemannten und bemannten Raumfahrt 423 · Das Spaceshuttle-Programm und Zukunftspläne 426

Besichtigungspunkte im Kennedy Space Center 427

Rocket Garden 427 · Redaktionstipps 427 · IMAX-Theatre 428 · Astronaut Memorial 430 · Space Shuttle Plaza 430 · Shuttle Launch Experience 430 · Kennedy-Space-Center-Busrundfahrt 431 · LC-39 Observation Gantry 431 · Apollo/Saturn V Center 432 · Star Trek live 432 · Live-Einblick ins Astronauten-Traningsprogramm 433 · NASA Up Close Tour 433 · Cape Canaveral: Then and Now 434 · Exploration Space: Explorers Wanted 434

Titusville – Daytona – St. Augustine 436

Daytona Beach 436
Redaktions-Tipps 436 · Daytona International Speedway 440 · Museum of Art & Sciences (MOAS) 440 · Southeast Museum of Photography 441 · Halifax Historical Museum 441 · Ponce de León Lighthouse 442

Marineland of Florida (Dolphin Conservation Center) 445

St. Augustine 446
Geschichtlicher Überblick 446 · Stadtrundgang 449 · Castillo de San Marcos National Monument 449 · Fountain of Youth National Archaeological Park 451 · St. George Street 452 · Oldest Wooden School House 452 · Pirate & Treasure Museum 453 · Government House Museum 453 · Flagler College 453 · Lightner Museum 454 · Villa Zorayda Museum 454 · Old St. Augustine Village 455 · Oldest House 455 · Ripley's Believe It or Not 455

Ausflugsziele von St. Augustine aus 456
St. Augustine Alligator Farm Zoological Park 456 · St. Augustine Lighthouse and Museum 457 · Vilano Beach 457

Weiter in den Norden: Jacksonville und Amelia Island 460
Timucuan Ecological & Historic Preserve/Fort Caroline NM 462

Amelia Island 463
Fernandina Beach (Old Town) 464 · Amelia Island Museum of History 465 · Abstecher zum Okefenokee Swamp (Georgia) 468

8. NORDEN UND NÖRDLICHE GOLFKÜSTE 470

St. Augustine – Tallahassee 471

Unterwegs nach Tallahassee 471
Ocala National Forest 472 · Redaktions-Tipps 472 · Salt Springs Recreation Area 473 · Juniper Springs Recreational Area 474 · Alexander Springs Recreation Area 475 · Clearwater Recreational Area 475 · Silver Springs 476 · Ocala 476 · Appleton Museum of Art 476 · Abstecher zur Senioren-Gemeinde The Villages 477 · Osceola National Forest 478 · Olustee Battlefield State Historic Park 479 · Abstecher zum Ichetucknee State Park 480 · Suwannee River State Park 481 · Suwannee River Wilderness Trail 482 · Stephen Foster Folk Culture Center Park 483 · Wes Skiles Peacock Springs State Park 483 · Troy Springs State Park 483 · Fanning Springs State Park 484 · Manatee Springs State Park 484 · Madison 485 · Monticello 485

Tallahassee 487

Überblick und Geschichte 487

Sehenswertes in der Stadt 488
Florida State Capitol 488 · Museum of Florida History 488 · Canopy Roads 490 · Old City Cemetery 490 · Mission San Luis Living History Village 491

Sehenswertes in der Umgebung 495
Pebble Hill Plantation 495 · Alfred B. Maclay Gardens State Park 496 · Lake Jackson Mounds Archaeological State Park 496 · Natural Bridge Battlefield State Park 497 · Wakulla Springs State Park 497 · Susina Plantation Inn 499

Tallahassee – Pensacola 500

Unterwegs nach Pensacola 500
Marianna 500 · Redaktionstipps 500 · Florida Caverns State Park 501 · Chipola River Canoe Trail 502 · Falling Waters State Park bei Chipley 504 · Blackwater River State Park 504

Pensacola 506

Überblick 506

Geschichte 508

Sehenswertes in Pensacola 508

Seville Square Historical District 508 · T.T. Wentworth, Jr. Florida State Museum 508 · North Hill Preservation District 509 · National Museum of Naval Aviation 509

Pensacola Beach und Umgebung 511

Die nördliche Golfküste: Pensacola – Apalachicola 515

Unterwegs nach Apalachicola 515

Redaktions-Tipps 515 · Grayton Beach State Park 516 · Eden Gardens State Park 517 · Panama City/Panama City Beach 518 · St. Andrews State Park 519 · Shell Island 520 · St. Joseph State Park 521

Apalachicola 521

Überblick 521 · Hafen 524 · John Gorrie State Museum 524

Umgebung von Apalachicola 526

St. George Island 526 · St. George Island State Park 526 · Apalachicola National Forest 527

Apalachicola – Crystal River 528

Unterwegs nach Crystal River 528

Steinhatchee 529 · Redaktionstipps 529 · Cedar Key 531 · Cedar Key Museum State Park 532 · Cedar Key Historical Society Museum 532 · Yankeetown 534

Crystal River 535

Sehenswertes in Crystal River 535

Crystal River State Archaeological Site 537 · Crystal River Preserve State Park 537 · Homosassa Springs 538

Alternativ-Strecke: von Crystal River nach Orlando 541

Unterwegs nach Orlando 541

Inverness 541 · Redaktions-Tipps 542 · Fort Cooper State Park 543 · The Old Courthouse Heritage Museum 544 · Ausflug zum Rainbow Springs State Park bei Dunellon 544 · Mount Dora 547 · Abstecher nach Eustis 549 · Clermont 549

9. ALTERNATIVSTRECKE: VON ORLANDO ENTLANG DER ATLANTIKKÜSTE NACH MIAMI 550

Zwischen Titusville und West Palm Beach 551

Jensen Beach 552 · Redaktions-Tipps 552 · Coastal Science Center 554 · Jupiter 554

West Palm Beach/Palm Beach 554

Sehenswertes in Palm Beach 556

Flagler Museum 556 · The Breakers Hotel 556 · Worth Avenue 557

Sehenswertes in West Palm Beach 557

Norton Museum of Art 557 · Lion Country Safari Park 558

Fort Lauderdale 560

Sehenswertes 561

Fort Lauderdale Beachfront 561 · Las Olas Riverfront 561 · International Swimming Hall of Fame Museum and Aquatic Complex 561 · Bonnet House 562 · Museum of Art 562 · Museum of Discovery & Science/Blockbuster IMAX-Theater 562 · Butterfly World 562 · Ah-Tha-Thi-Ki Museum 564

10. ANHANG 568

Kleiner kulinarischer Sprachführer 568
Literaturverzeichnis 569
Stichwortverzeichnis 570

Karten und Grafiken:

Apalachicola – Crystal River 528
Chipola River Canoe Trail 503
Crystal River – Orlando 542/543
Everglades National Park 178
Everglades National Park: Klimadaten 171
Fort Jefferson National Monument 241
Fort Lauderdale 563
Fort Myers/Sanibel Island – Sarasota: Übersicht 289
Fort Myers/ Sanibel Island 264/265
Hurrikans: Entwicklung eines tropischen Tiefausläufers 37
Hurrikans: Querschnitt durch einen Hurrikan 37
Hurrikans: Von wo kommen die tropischen Stürme? 38
Kennedy Space Center 428
Key West: Altstadt 223
Key West: Gesamtinsel 218/219
Key West: Hotels, Restaurants, Shopping 233
Klimadaten 35
Klimaregionen 34
Koreshan-Weltbild 257
Miami – Everglades National Park: Streckenübersicht 170
Miami – Titusville 553
Miami Beach 145
Miami Beach South: Hotels, Restaurants, Shopping 159
Miami: Coconut Grove: Hotels, Restaurants, Shopping 155
Miami: Coral Gables: Hotels, Restaurants, Shopping 156
Miami: Downtown: Hotels, Restaurants 152
Miami: Innenstadt 130
Miami: Übersicht 136/137
Miami: Umgebung 123
Myakka River State Park 295
Naples: Übersicht 255
National und State Parks 94/95
Ocala National Forest Campsites 473
Orlando – Kennedy Space Center 422
Orlando und Umgebung 342
Orlando: Hotels, Restaurants, Shopping 413
Orlando: Überblick 344
Osceola National Forest Campsites 479
Palm Beach 556
Pensacola – Apalachicola 516/517
Pensacola: Übersicht 506/507
Routen des Buches 117
Sarasota: Ringling-Museen 291
St. Augustine – Tallahassee 472
St. Augustine: Altstadt 452
St. Augustine: Übersicht 447
St. Petersburg 308
St. Petersburg: Umgebung 302
Suwannee River Wilderness Trail 483
Tallahassee – Pensacola 501
Tallahassee: Downtown: Hotels, Restaurants 493
Tallahassee: Übersicht 489
Tampa Bay: Übersicht 321
Tampa: Downtown 323
Tampa – Crystal River 335
Tampa – Orlando 340
Titusville – St. Augustine 437
Walt Disney World und Umland 357
Walt Disney World: Sehenswürdigkeiten und Hotels 364

Umschlagkarten:
vordere Umschlagklappe: Florida Übersicht mit Seitenverweisen
hintere Umschlagklappe: Übersicht Orlando

Interessantes

Außerdem weiterführende Informationen:

zu Henry Morrison Flagler ______ 27
zum Hurrikan ______ 36
zum „typisch amerikanischen“ Essen ______ 76
zum Fliegenfischen ______ 98
zu Exilkubanern ______ 128
zum Miami Design District ______ 135
zu George E. Merrick ______ 138
zu Carl Graham Fisher ______ 146
zum Art-déco-Stil ______ 149
zu Alligatoren und Krokodilen in Florida ______ 189
zur MM – der Meilen-Markierung ______ 200
zu Korallen ______ 203
zum Schwimmen mit Delfinen ______ 209
zur Nauti-Limo – dem Cadillac auf dem Wasser ______ 213
zu Conchs – den „Ureinwohnern“ von Key West ______ 222
zu Hemingway ______ 227
zu Zigarren aus Key West 230
zum Big-Cypress-Ökosystem 247
zu Thomas Alva Edison ______ 269
zu den Loggerheads ______ 278
zu John Ringling – Amerikas Zirkuszar ______ 292
zu Salvador Dalí ______ 311
zu Henry Bradley Plant – Eisenbahn-Magnat der Westküste ______ 320
zur Geschichte der Anheuser Busch Entertainment Corporation ______ 331
zum West Orange Fahrrad-Trail ______ 349
zu Walt Disney ______ 359
zu Tieren in Sea World of Florida ______ 406
zu Daytona – dem Ort der Autorennen ______ 439
zu Ponce de León ______ 448
zu Robert Ripley? ______ 455
zum American Beach: dem ersten afro-amerikanischen Resort Floridas ______ 464
zu Floridas riesigen, kristallklaren Quellen ______ 477
zum Spanischen Moos ______ 491
zu Tropfsteinhöhlen ______ 502
zu den Gulf Islands und den weißen Stränden ______ 512
zum Redneck ______ 518
zu John Gorrie, dem Erfinder der Eismaschine ______ 523
zu Manatees (Seekühen) 535

Legende

Stadt	Busbahnhof
Berg	Parkplatz
Sehenswürdigkeit	Bahnhof
Fort	Information
Kirche	Polizei
Strand	Bibliothek
Golfplatz	Post
Höhle	Krankenhaus
Leuchtturm	Hotel
Theater	Restaurant
Museum	Shopping
Flughafen	(Toll) Gebührenpflichtig

EINLEITUNG

Florida, der in den Werbebroschüren der Tourismusmanager zum *Sunshine State* gekürte südlichste Bundesstaat des kontinentalen Teils der Vereinigten Staaten, ist eines der beliebtesten Ferienziele der Europäer: Es gibt unzählige Linien- und Charterflüge, und das fast stets warme, sonnenreiche Klima lockt ganzjährig an. Sowohl an der floridianischen Atlantik- als auch an der Golfküste verwöhnen unendlich weite, feinsandige Strände. Die Touristiker haben es verstanden, für jeden Geschmack und jeden Geldbeutel Angebote in die Kataloge zu schreiben. *Klima!*

Wie bei jedem Feriengebiet der Welt gibt es auch über Florida ebenso Positives wie nachdenklich Stimmendes zu vermerken:

- Von der Geografie her ist das Land flach: Die höchste Erhebung „gipfelt" in 105 Metern. Spektakuläre und sofort auf den ersten Blick wahrnehmbare grandiose Landschaften wie im Westen der USA fehlen.
- Weite Gebiete Floridas sind Sumpflandschaften und nur per Boot erfahrbar. Manche sehen hier das „wahre" Florida mit seiner großartigen, unberührten Natur, den herrlichen Fischgründen und der einmaligen Vogelwelt. Schon früh hat man sich entschlossen, bestimmte Teile dieser Natur zu schützen, indem man erhaltenswerte Gebiete zu State Parks bzw. National Parks deklarierte. Andere Besucher wissen jedoch mit den in ihren Augen „langweilig" erscheinenden Landschaften nichts anzufangen.

Natur und Funparks

- In so manchen Gebieten wurde die Natur Opfer eines Baubooms, und ohne Rücksicht auf Palmen und Zypressen wurden Strandgebiete wie Miami Beach oder St. Petersburg Beach zubetoniert. Allenthalben machen sich „Fun Parks" breit, die dem Unterhaltungs- und Vergnügungsbedürfnis jener Menschen dienen, denen die Natur nicht Attraktion genug ist.

In den vergangenen Jahren geriet Florida aber auch durch Hurrikans in den Mittelpunkt des nachrichtlichen Interesses. Doch in der sommerlichen Hurrikansaison wird lange Zeit vorher über die Entwicklung berichtet, sodass eine akute Gefahr kaum entstehen kann. Trotz der Wirbelstürme wurde noch nie ein Tourist ernstlich verletzt. Wenn ein Hurrikan im Anzug ist, sollte man vor allem die südlichen Gebiete des Bundesstaates meiden.

In diesem Buch möchte ich Ihnen die lohnenden, bekannten Ziele Floridas vorstellen, aber auch jene Regionen abseits des Massentourismus nahe bringen. Florida steckt voller versteckter Schönheiten, die einmalig auf der Welt sind! Traumhafte Strände – vor allem an der Westküste und im Panhandle (dem Pfannenstiel Floridas im Norden) –, quirlige Metropolen, weltberühmte Attraktionen wie Walt Disney World, der Weltraumbahnhof Kennedy Space Center oder die Sumpflandschaft des Everglades-Nationalparks sind ein touristisches „Muss".

Bekannte und unbekannte Ziele

Doch daneben bietet Florida viele eher unbekannte Ziele: Wer kennt schon in Europa die älteste Stadt des amerikanischen Kontinents, das liebevoll restaurierte St. Augustine? Oder wer folgte schon den alten Entdeckerspuren im Lande des Dixie im Norden Floridas und aalte sich an den weißesten Sandstränden der Welt? Wer kennt schon die kristallklaren unzähligen Quellen und Flüsse Zentral-Floridas und die versteckten Naturparadiese, wie z.B. den Rainbow River bei Dunnellon? Haben Sie schon einmal vom Suwannee River State Park gehört?

Für viele sportliche Aktivitäten bietet Florida ideale Rahmenbedingungen: Freunde des Tennis und Golfs kommen hier auf ihre Kosten. Alle Wassersportarten sind möglich. *Sport* Kanutrips auf einem der vielen Flüsse oder die Erkundung des Everglades-Nationalparks per Hausboot bieten einmalige Chancen, die urtümliche Natur zu erleben. Und in den letzten Jahren sind in fast allen Landesteilen Fahrrad-Trails entstanden.

Ziel dieses Buches ist es, individuelles Reisen zu ermöglichen. Bei den praktischen Tipps *Ziele* steht Aktualität an erster Stelle, doch bei der Fülle an Informationen und der Schnelllebigkeit touristischer Angebote ändert sich häufig etwas. Bitte schreiben Sie mir, wenn Sie Veränderungen feststellen oder wenn Sie persönliche, als wertvoll empfundene Eindrücke und Erfahrungen teilen möchten.

Danken möchte ich Dr. Margit Brinke und Dr. Peter Kränzle für die Erlaubnis, Informationen zu Geschichte und Gesellschaft zu übernehmen. Außerdem danke ich Herrn Kai Nolting für den Artikel über das Fliegenfischen sowie Frau Bettina Götz für die Texte zu Kultur und Sprache.

Michael Iwanowski

Florida auf einen Blick

Fläche:	170.451 km² (45 % der Gesamtfläche Deutschlands). Von dieser Fläche nehmen Gewässer 30.486 km² ein (17,9 %)
Einwohner:	18,9 Mio.
Bevölkerungszusammensetzung:	76,1 % Weiße, 20,1 % Hispanics, 15,4 % Afro-Amerikaner, 2,2 % Asiaten, 0,3 % Indianer
Hauptstadt:	Tallahassee (180.000 Einwohner)
Gewässer:	größter Binnensee ist der Lake Okeechobee (1.813 km², Durchschnittstiefe 5 m).
Sprachen:	Englisch, Spanisch (in Südflorida weit verbreitet)
Flagge:	rotes Andreaskreuz auf weißem Untergrund mit rundem Staatssiegel in der Mitte
Nationalfeiertag:	4.7. (Independence Day)
Staats- und Regierungsform:	Zwei-Kammern-System: 40-köpfiger Senat, Repräsentantenhaus mit 120 Abgeordneten. Derzeitiger Gouverneur (seit 2011) ist der Republikaner *Rick Scott*.
Staatsmotto:	In God We Trust
Wirtschaft:	Haupterwerbszweig ist der Fremdenverkehr geworden. Florida ist in den USA führender Produzent von Zitrusfrüchten und ebenfalls (nach Kalifornien) führend in der Produktion von Wintergemüse. Bedeutend ebenso die Fischerei und Holzverarbeitung sowie der High-Tech-Sektor.
Bodenschätze:	Phosphate, Titan- und Zinkerz, Erdöl und Erdgas (teilweise off-shore)
Zeitzonen:	Im größten Teil Floridas gilt die Eastern Standard Time (MEZ minus 6 Stunden). Westlich von Tallahassee treten wir in die Zeitzone der Central Time (MEZ minus 7 Stunden).
Städte:	Jacksonville (821.000 Einwohner), Miami (400.000 Ew.), Tampa (335.000 Ew.), St. Petersburg (249.000 Ew.), Orlando (238.000 Ew.), Fort Lauderdale (167.000 Ew.)
Arbeitslosigkeit:	Florida: rund 10 %, Gesamt-USA leicht darunter. 2009 signifikanter Anstieg, seitdem konstant hoch.

I. FLORIDA – LAND UND LEUTE

Historischer Überblick

Zeittafel

Ca. 35000 v. Chr. Von Sibirien nomadisieren Stämme aus Asien nach Alaska und ziehen von hier weiter südwärts.

800 v. Chr. Diese „Ureinwohner" überschreiten den Mississippi und leben zunächst von der Jagd und dem Fischfang, später (ab 2000 v. Chr.) vom Maisanbau.

1492 **Christoph Kolumbus** entdeckt „Westindien" – zu dieser Zeit dürften um die 10.000 Indianer in Florida gelebt haben.

1513 **Juan Ponce de León** betritt wahrscheinlich als erster Weißer floridianischen Boden genau in der Osterzeit. Nach dem spanischen Osterfest „pascua florida" benennt er die Halbinsel.

1565 **Pedro Menéndez de Avilés** landet an der Nordostküste Floridas und gründet die erste Dauersiedlung, aus der St. Augustine entsteht.

1586 **Sir Francis Drake** lässt St. Augustine abbrennen. In der Folgezeit wird Florida zum Zankapfel zwischen Engländern, Spaniern und Franzosen.

1698 **Pensacola** wird an der Westgrenze Floridas gegründet.

1763 Ende des Siebenjährigen Krieges: Spanien tauscht **Florida gegen Kuba**.

1783 Erneuter Tausch: Nun erhalten die Engländer die Bahamas und die Spanier wieder Florida.

1817/18 **Erster Seminolenkrieg**: Die Indianer werden in die südlichen Sumpfgebiete zurückgedrängt.

1819 Die Vereinigten Staaten kaufen den Spaniern Zug um Zug die Halbinsel ab.

1824 **Tallahassee** wird gegründet und zur Hauptstadt des Florida Territory erklärt.

1835–42 **Zweiter Seminolenkrieg**: Zunächst weigern sich die Seminolen, nach Oklahoma umzusiedeln. Kurz vor Ablauf der von Präsident *Jackson* gesetzten Frist greifen sie die Regierungstruppen an. Folge: ein siebenjähriger Krieg – zum Schluss müssen 4.000 Indianer in das Reservat ziehen, wenige entfliehen in den Süden.

1845 Florida wird offiziell der **27. Bundesstaat der USA**.

1861 Im Bürgerkrieg kämpft Florida auf Seiten der **Südstaaten** und tritt demzufolge aus der Union aus.

1884 Das **Eisenbahnzeitalter** beginnt, der erste Zug von *Henry Plant* erreicht Tampa.

1886 Die Ostküste erhält durch die neue Bahnlinie von *Henry Flagler* neue Wachstumsimpulse. St. Augustine wird von der Bahn 1890 erreicht, Palm Beach 1894, Miami 1896 und Key West 1912.

1926 Ein gewaltiger **Hurrikan** zerstört Miami

1935 Der **„Labor Day"-Hurrikan** zerstört die Eisenbahnbrücken an den Keys – 400 Todesopfer sind zu beklagen.

1941 Während des 2. Weltkriegs werden in Florida **Ausbildungscamps** für Soldaten errichtet. Die Soldaten lernen das Klima schätzen...und kehren nach dem Krieg als Urlauber nach Florida zurück.

1959 Nach Fidel Castros Sieg in Kuba fliehen etwa 500.000 **Kubaner nach Florida** und siedeln zumeist in der Gegend um Miami.

1961 **Cape Canaveral** wird offiziell zum Weltraum-„Bahnhof" bestimmt. Die US-Regierung unterstützt Exilkubaner bei dem Versuch, Kuba einzunehmen. Die Operation „Schweinebucht" schlägt aber fehl – die Auseinandersetzungen verschärfen sich.

1963 Cape Canaveral wird zu Ehren des ermordeten Präsidenten in **Cape Kennedy** umbenannt.

1969 Apollo 11 startet mit *Neil Armstrong, Edwin E. Aldrin* und *Michael Collins* zum Mond. *Armstrong* betritt als erster Mensch den **Mond.**

1971 **Walt Disney World** in Orlando wird am 1. Oktober eröffnet.

1981 Der erste **Spaceshuttle** startet in Florida.

1986 Am 28. Januar explodiert kurz nach dem Start der Spaceshuttle **Challenger** – 7 Astronauten sterben.

1992 Am 24. August erreicht der **Hurrikan „Andrew"** den Südosten Floridas und richtet südlich von Miami große Schäden an (65 Tote).

1996 Zwei Privatflugzeuge von Exilkubanern werden vom kubanischen Militär kurz vor Kuba abgeschossen.

1998 **Flächenbrände** gefährden im Sommer 1998 Teile der dicht besiedelten Ostküste. Ursache sind Auswirkungen des El Niño, Trockenheit und lang andauernde Hitze.

2000 Bei der **Präsidentschaftswahl** wird Florida Schauplatz eines spektakulären Auszählchaos. Nach wochenlangen Auseinandersetzungen vor Gerichten um die Auszählung der Stimmen wird *George W. Bush* mit einem Vorsprung von nur 537 Stimmen gegenüber seinem Gegner *Al Gore* zum Sieger in dem Bundesstaat erklärt und erhält damit die entscheidenden 25 Stimmen der Wahlmänner Floridas.

2003 Die Raumfähre **Columbia** zerbricht beim Landeanflug auf Cape Canaveral – 7 Astronauten sterben.

2004 Eine Rakete mit Messenger-Sonde startet in Cape Canaveral ihre Reise zum Planeten Merkur.

2004 Die Hurrikans *Charley* und *Frances* treffen mit Winden von über 160 km/h auf Florida und richten Verwüstungen an.

2006 Im Juli startet die US-Raumfähre *Discovery* mit einer 7-köpfigen Besatzung, darunter dem deutschen Astronauten *Thomas Reiter*, zur Internationalen Raumstation.

2008 Bei den Präsidentschaftswahlen ist Florida hart umkämpft und wählt schließlich demokratisch – erst das 4. Mal seit den 50er Jahren.

2008–2009 Im Zuge der **Wirtschaftskrise** bricht der Immobilienmarkt in Florida drastisch ein, die Zahl der Zwangsversteigerungen steigt, ebenso die Zahl verlassener Häuser. Großer Einbruch bei der Bauindustrie, geringerer Zuzug aus anderen Staaten nach Florida.

2010 Im April explodiert im Golf von Mexiko die Tiefseebohrinsel *Deepwater Horizon.* Elf Menschen kommen ums Leben, Millionen Liter Rohöl gelangen ins Meer, bis das Loch im September geschlossen werden kann.

2011 Der aktuelle Gouverneur *Rick Scott* (Republikaner) tritt am 4. Januar sein Amt an.

2011 Am 8. Juli startet zum letzten Mal eine Raumfähre der NASA zur ISS. Die *Atlantis* landet am 21. Juli planmäßig wieder am Kennedy Space Center; damit ist das Space-Shuttle-Programm der USA Geschichte.

Indianer: die ersten Siedler

Die geologischen Bedingungen vor etwa 35.000 Jahren ermöglichten es den Ur-Indianern, von Asien nach Nordamerika überzuwandern. Damals konnte die heute überflutete Beringstraße als Landbrücke zwischen beiden Kontinenten genutzt werden, ein Umstand, der den Eiszeiten zu verdanken war: Ein Großteil des irdischen Wassers war zu Eis gefroren, die Weltmeere hatten einen wesentlich tieferen Wasserstand (weshalb Florida zweimal größer war als heute!).

Es gibt zwei Theorien darüber, wie die Indianer das Gebiet von Florida erreicht haben:

Indianer-Zuwanderung

- Diese ersten „Amerikaner" zogen südwärts in wärmere Regionen, über die Rocky Mountains, die zentralen Great Plains und schließlich bis zum trennenden Mississippi. Und etwa vor 10.000 Jahren dürften sie das Gebiet des heutigen Georgia sowie den Nordwesten Floridas erreicht haben.
- Die Indianer sind – davon zeugen archäologische Funde – eventuell von Süden her nach Florida gekommen, denn es gab eine Reihe belegbarer kultureller Parallelen zwischen ihnen und den Ureinwohnern Mittel- und Südamerikas.

Als Jäger fanden die Indianer in Florida ein mit Wild gesegnetes Land vor: In den ausgedehnten Wäldern lebten Wisente, Wildschweine, Rotluchse, ja sogar Mammuts. Durch die Wassernähe gab es stets genügend Fisch, aber auch Gänse, Enten und Wachteln. Die Indianer erlegten ihre Beute mit an speerähnlichen Stöcken befestigten scharf zugehauenen Feuersteinen.

Bereits um 5000 v. Chr. gründeten sie dauerhafte Siedlungen. Und wieder legen Funde Zeugnis von der damaligen Kultur ab: Die Indianer ernährten sich u. a. von Muscheln und Austern. Deren scharfe Schalen benutzten sie zur Aushöhlung von Baumstämmen, um

Indian Mounds in Crystal River

so Kanus herzustellen. Die erlangte Mobilität ließ sie neue Gegenden entdecken und damit neue Fangmöglichkeiten erschließen. Prähistorische Müllhaufen, die als **Indian Mounds** bezeichnet werden, sind für Archäologen eine wahre Fundgrube: Hier fand man haufenweise Schalen und Tonscherben. Die kulturelle Fortentwicklung wird deutlich durch das Hinzukommen von Halsschmuck und Pfeifen. Um 2.000 v. Chr. begannen die Indianer mit der Herstellung von Tongefäßen. Und wieder ein markanter Hinweis auf Parallelitäten zu Südamerika: Eingeritzte Zeichen deuten auf Ähnlichkeiten mit Indianer-Sprachen im Orinoco-Delta hin.

Indian mounds

Etwa um 1000 v. Chr. gingen die floridianischen Indianer allmählich vom ausschließlichen Jagen und Sammeln auf Ackerbau über. Wahrscheinlich bauten sie Mais und Getreide an und wussten sich selbst in Trockenzeiten zu helfen: Sie bauten Bewässerungsanlagen (so in der Nähe des Lake Okeechobee). Gegen Mücken rieb man sich mit Fischtran ein.

Beim Bau der ersten Bewässerungsanlagen in Florida

Die allmählich besser werdenden Lebensbedingungen führten zu einem immer stärkeren Bevölkerungswachstum; die Indianer breiteten sich langsam über das gesamte Gebiet Floridas aus. Aus dieser Zeit stammen imposante Begräbnishügel. Archäologen stellten fest, dass die meisten Toten so bestattet waren, dass sie zur Sonne blickten. Oft wurden den Toten Tongegenstände und Holzschnitzereien beigegeben. Um 2000 v. Chr. entwickelten sich teilweise regelrechte unterirdische Totenstädte, die durch Wege und Wassergräben verbunden waren.

Europäische Entdeckung und Kolonisierung

Die Entdeckung Floridas durch die Spanier

In den Geschichtsbüchern Floridas werden gewöhnlich die Spanier als europäische Entdecker Floridas angeführt. *Juan Ponce de León* landete am 2. April 1513 in der Nähe von St. Augustine. Zuvor aber kartografierte schon der Italiener *Giovanni Cabotto* im Auftrage des englischen Herrschers König *Heinrich VII.* die Küsten Labradors und die von *Kolumbus* 1492 entdeckten „westindischen" Inseln. Ein Schwenk führte ihn bis zum Cape Florida, das er als „Kap am April-Ende" bezeichnete. Die anschließend in der Alten Welt herausgegebenen Karten zeigen in groben Zügen den Küstenverlauf Floridas.

Die ersten Karten

Insgesamt unternahmen die Spanier vier Anläufe, Florida zu erkunden, zu erforschen und zu besitzen. Als **erster Spanier** gelangte am 2. April 1513 *Ponce de León* an Floridas Nordostküste. Schon 1493 begleitete er Kolumbus auf dessen zweiter Reise nach

Amerika. In der Gegend von St. Augustine ging er in der Zeit um Ostern an Land. In dieser Zeit blühte das Land herrlich, und er gab ihm den noch heute sehr werbeträchtig klingenden Namen *Pascua Florida* (*Pascua*=Ostern, *Florida*=blühend). Er kam aber nicht an die floridianischen Gestade, weil ihn selbstloser Forscherdrang beflügelte. Vielmehr glaubte er an das Märchen eines karibischen Mädchens, dass es hier einen Jungbrunnen gäbe…

Florida eine Insel?

De León ging davon aus, dass es sich bei Florida um eine Insel handele. Er segelte die Ostküste hinunter bis zu den Florida Keys, umrundete die Dry Tortugas (als Tortugas bezeichneten die Spanier Meeresschildkröten, die die Besatzung an den Inselstränden entdeckte) und setzte dann seine Fahrt an der Westküste fort. Beim früheren Bahia Juan Ponce, heute Charlotte Harbour, verweilte er und hatte auch erste, nicht gerade freundliche Begegnungen mit Indianern. Er kehrte dann nach Puerto Rico zurück, fasste seine Erfahrungen mit La Florida in Form von Karten zusammen, um 1521 auf Befehl des Königs die vermeintliche Insel Florida zu besiedeln. Missionare waren mit in der Gefolgschaft, um die Indianer zum katholischen Glauben zu bekehren.

Missionierungsversuche

Und wieder landete *de León* in der Nähe von Charlotte Harbour. Die ersten Geistlichen betraten damit amerikanischen Boden. Doch die Indianer, den Stämmen der Calusa und Mayaima angehörend, widersetzten sich der „Missionierung" mit Gewalt: Pfeile und Steine waren ebenso wie blutrünstige Hunde ihre Waffen. *Ponce de León* wurde schwer verletzt; die Überlebenden traten per Schiff die Flucht nach Kuba an. Und hier erlag der Konquistador seinen Verletzungen.

Als nächster spanischer Eroberer meldete *Panfilo de Narváez* Ansprüche an. Er erreichte in der Nähe von Tampa Bay am Karfreitag des Jahres **1528** im Gefolge von 200 Mann die floridianische Westküste. *Narváez*, ein wahrer Haudegen, war ob seiner Entschlossenheit bekannt. Bei einem Kampf mit *Hernán Cortés* in Mexiko büßte er ein Auge ein.

Weltkarte aus dem 16. Jh.

Gold als Irrweg

Ein Schlüsselwort für die Spanier war stets **Gold** – und genau dieses Wissen machten sich die Indianer zu Nutze, um den Eroberer ins Verderben zu schicken. Sie berichteten ihm, dass es weit oben im Norden, einem Land, das sie Apalachee nannten, Gold gebe.

Und *Narváez* machte sich auf den Weg: Während er sich zum sagenumwobenen Goldgebiet Richtung Norden begab, sollten ihm die Schiffe nach Norden folgen, um ihn wieder aufzunehmen. Doch die Rechnung ging nicht auf: Indianer attackierten seine Truppe, die Moskitos setzten ihnen zu, die Motivation ließ nach, je länger der Marsch dauerte. Und als man das angebliche Goldland Apalachee am Panhandle erreichte, waren alle ermattet – und kein rettendes Begleitschiff in Sicht. Durch den Bau von sechs einfachen Booten glaubte man, sich zu retten. Doch auf der Höhe des Mississippi gingen im Sturm die „Nussschalen" unter, und nur wenige gelangten mit letzter Kraft ans Ufer, darunter der Berater von Narváez, *Alvaro Núñez Cabeza de Vaca*. Die Schiffbrüchigen wurden bald von Indianern aufgegriffen und zeitweise versklavt. Erst nach Jahren der Irrfahrt erreichten sie die kalifornische Küste.

Hernando de Soto

Im Mai 1539 startete ein weiterer Eroberungszug der Spanier unter dem damaligen „Super-Konquistador", **Hernando de Soto**. Südamerikaerfahren und von äußerstem Ehrgeiz besessen, erhielt er von Kaiser *Karl V.* den Auftrag, Florida endgültig für Spanien zu erobern und besiedelbar zu machen. Mit etwa 100 Rittern soll er in der Bucht von Tampa gelandet sein, und entschieden bahnte er sich – mordend und unnachgiebig – seinen Weg nach Norden, besessen von dem Glauben, Gold und Edelsteine zu finden. Schließlich gelangte man in den Panhandle, zog von hier aus weiter nördlich, irrte nach Georgia, nach North Carolina, nach Alabama, schließlich bis zum Mississippi. Drei Jahre währte das Abenteuer, die Truppe schmolz dahin, *de Soto* erlag dem Fieber…

Einen **vierten Eroberungsversuch** unternahm ein früherer Gefährte *de Sotos*, der spanische Edelmann *Tristán de Luna y Arellano*. Er landete ebenfalls in der Bucht von Tampa (1549) und versuchte im Gefolge von 1.500 Leuten, im Jahre 1559 an der Pensacola Bay eine Siedlung aufzubauen. Doch auch dieser Versuch der Spanier, dauerhaft in Florida Fuß zu fassen, scheiterte 1561.

Französische Interessen

Den Spaniern ein Dorn im Auge

Spanien gelang es nicht, in Florida dauerhaft Fuß zu fassen. Englische, französische und holländische Seepiraten hatten es auf die Schatzschiffe der Spanier abgesehen. 1562 landete **Jean Ribault** am St. Johns River und gründete eine protestantische Siedlung mit dem Fort namens „Carolina". Die küstennahen Flüsse benannten die Franzosen nach der Heimat: Somme, Seine und Gironde. Den Spaniern aber waren die Franzosen ein Dorn im Auge. Sie stellten unter *Pedro Menéndez de Avilés* eine Flotte mit 11 Schiffen und 1.500 Mann auf und landeten am Tage des heiligen Augustinus, am 28. August 1565, südlich der französischen Siedlung. Bereits am 8. September ließ *Menéndez* seine Mannen mit dem Aufbau einer Siedlung beginnen, eben St. Augustine. Bald jedoch machte sich *Menéndez* nach Norden auf, überfiel die französische Siedlung und ließ alle Menschen – außer den Katholiken, Frauen und Kindern – töten. Auch *Ribault* wurde umgebracht.

Die Rache ließ nicht lange auf sich warten. 1568 eroberte *Ribaults* Gefährte *Dominique de Gourgues* das Fort San Mateo zurück, welches die Spanier an der Stelle des Forts Carolina erbaut hatten.

Floridas Jahre der Wirren

Florida wurde zum Spielball unterschiedlicher Interessen. Die Spanier konnten nur in **St. Augustine** und in Pensacola relativ dauerhafte Siedlungen etablieren. Die weiter nördlich siedelnden Briten versuchten, den Arm nach Florida auszustrecken. Bereits 1586 „besuchte" Sir *Francis Drake* St. Augustine. Die Spanier traten im Norden Floridas mal französischen, mal englischen Siedlern in den Weg.

Friede von Paris

Eine Wende markierte der im Jahre 1763 geschlossene **Friede von Paris**: England gab Kuba an die Spanier zurück, Spanien überließ Florida den Engländern, welche die Halbinsel administrativ in Ost- und Westflorida teilten. Die Engländer sorgten für – manchmal zweifelhafte – Neuerungen: Sie entwickelten **Plantagen** für Indigo, Reis und Zitrusfrüchte und weiteten in dem Zusammenhang den **Sklavenimport** aus. Zudem bauten sie das **Straßen- und Wegesystem** aus.

1776 erklärten die dreizehn Kolonien Nordamerikas ihre Unabhängigkeit vom Mutterland. Die Floridianer aber hielten (noch) treu zum englischen Mutterland und stellten gar eine Hilfstruppe auf, die im amerikanischen **Unabhängigkeitskrieg** bei der Verfechtung englischer Interessen mithalf. Die Spanier wurden hellwach und nutzten die Gelegenheit: Unter Führung des Gouverneurs von New Orleans, *Bernardo de Gálvez*, wurden im Jahre 1781 die britischen Stützpunkte im Nordwesten besetzt und die Stadt Pensacola eingenommen, während Ostflorida weiter unter britischem Einfluss blieb.

Geschichtsträchtig: Tour durch St. Augustine (Castillo de San Marcos)

Guter Tausch?

Im **Frieden von Versailles (1783)** mussten die Briten endgültig weichen: Die Spanier erhielten Florida; im Gegenzug trat Spanien Gibraltar und die Bahamas an England ab. Zur gleichen Zeit erkannten die Briten die Unabhängigkeit der „Vereinigten Staaten von Nordamerika" an. 1795 einigten sich die Spanier mit den USA über den Verlauf der Nordgrenze entlang dem 31. Breitengrad, heute die Nahtstelle zwischen Florida und Georgia.

Eine Zeit weiterer Wirren folgte. Ein buntes Völkergemisch fühlte sich von Florida angezogen: Aus Europa kamen Engländer, Griechen, Holländer, Dänen, Deutsche, Franzosen, Spanier. Afrikaner und Indianer (Seminolen und Choctaw) machten die Bevölkerungszusammensetzung noch exotischer.

Die Zeit der Seminolenkriege

Im Jahre 1813 erlangten die USA Einfluss über Alabama und standen damit an der Westgrenze Floridas, und im Westen Floridas artikulierten Amerikaner ihre Unabhängigkeitsbestrebungen. Im Jahre **1815** marschierten überraschenderweise britische Truppen in Pensacola auf, um vermeintliche spanische Interessen zu schützen. In der Person von *Andrew Jackson* stießen die Briten auf heftigen Widerstand. *Jackson* gelangte von Tennessee über Alabama nach Florida, metzelte in der Schlacht von Horseshoe Bend unzählige Indianer nieder, deren Überlebende in den Süden zum Seminolenstamm flüchteten. Und er jagte dabei auch die Briten aus Pensacola davon.

Eine Folge von Seminolenkriegen bestimmte den weiteren Verlauf der floridianischen Geschichte:

1. Seminolenkrieg (1817/18)

Indianerkriege

Die Indianer formierten im 1. Seminolenkrieg 1817/18 einen ersten Widerstand, was wiederum *Jackson* auf den Plan rief, um die Widersacher seine Stärke zu lehren. All das geschah – juristisch betrachtet – auf dem Boden der Spanier, die jedoch immer mehr an Einfluss verloren und deshalb ein Angebot Washingtons annahmen, gegen einen Schuldenerlass von 5 Millionen Dollar Florida den USA zu übertragen. *Andrew Jacksons* wurde für drei Monate zum Gouverneur von Florida, danach wurde er Präsident. Die Verwaltung von Florida aber gestaltete sich schwierig, zumal die Entfernung von Pensacola nach St. Augustine über 600 km beträgt. Deshalb wurde 1823 Tallahassee als **Hauptstadt Floridas** gegründet, sozusagen auf der halben Strecke zwischen St. Augustine und Pensacola. Hier siedelten die Talasi-Indianer, die man einfach aus ihrem angestammten Lebensraum verdrängte.

Neue Hauptstadt

Ein trauriges Kapitel Geschichte spielte sich in den folgenden Jahren ab: Die Niedermetzelung und Deportation der Indianer in den menschenleeren Westen. 1823 formierten sie sich unter dem Mikasuki-Häuptling *Neamathla* zum Widerstand, konnten sich aber auf diplomatischer Ebene mit den Amerikanern in Form eines Vertrages einigen. Dieser Vertrag sah Folgendes vor:

- Den Indianern wurde im mittleren Florida ein **Reservat** von einer Million ha Größe zugesprochen.

- Sie sollten das Heimatland, das sie verließen, **bezahlt bekommen**.
- Die amerikanische Seite verpflichtete sich, **bei der Neuansiedlung finanzielle Unterstützung** zu gewähren.

Osceola

Doch der neue Siedlungsraum eignete sich nur bedingt zum Ackerbau, da er teilweise sumpfig war. Die versprochene finanzielle Unterstützung der Amerikaner blieb aus – neuer Konfliktstoff wurde damit angesammelt. Einen Tropfen auf den heißen Stein bildete das „Umsiedlungsgesetz" von 1830, wonach alle Indianer aus dem Osten in den menschenleeren Westen der USA umgesiedelt werden sollten.

Die Washingtoner Regierung drängte die Indianer, diesen Knebelvertrag zu unterschreiben. Schließlich sah sich der Häuptling *Micanopy* gezwungen, dem Druck nachzugeben und den Vertrag zu unterschreiben. Wütend über so viel Obrigkeitstreue stieß der junge **Indianer Osceola** seinen Dolch in das Dokument – ein Signal für die bedrängten Indianer, nicht aufzugeben. Die Seminolen formierten sich zum Aufstand, überfielen den Major *Francis L. Dade* und töten ihn sowie fast alle seiner 111 Gefolgsleute: Der 2. Seminolenkrieg brach aus.

Rebell Osceola

2. Seminolenkrieg (1835–1842)

Sieben Jahre sollte er währen; die Amerikaner bissen sich an den immer wieder in die Sümpfe zurückweichenden Indianern die Zähne aus. Schließlich war *Osceola* zum Waffenstillstand bereit – als Zeichen dafür sollte er, dem Versprechen des amerikanischen Generals *Thomas Sydney Jesup* folgend, mit einer weißen Fahne nach St. Augustine reiten. Doch *Jesup* war hinterhältig; er nahm den Indianerführer mitsamt Gefolge gefangen. Nach einem Jahr Gefangenschaft erlag der engagierte Indianerführer dem Fieber. General Jesup aber setzte sein betrügerisches Spiel fort. Bei später vereinbarten Gesprächen über einen Waffenstillstand nahm er den Indianerführer *Alligator* mitsamt 400 Mann Gefolgschaft gefangen. Die Seminolen wurden aufgerieben und mussten schließlich aufgeben. 1842 deportierte man über 3.000 Indianer in ein Reservat jenseits des Mississippi.

Nicht alle Seminolen konnte man aufgreifen. Einige flüchteten in die Wildnis der Everglades sowie der Big-Cypress-Sümpfe. Einen letzten verzweifelten Widerstand leisteten sie 1855 unter ihrem Führer *Bowlegs*, als sie eindringende Landvermesser ermordeten.

Indianer vor dem Aus

3. Seminolenkrieg (1855–1858)

Dieses Ereignis führte zum 3. Seminolenkrieg; die restlichen Indianer wurden nun verfolgt. 1858 schließlich gaben sie auf und wurden ebenfalls in den Westen deportiert. Doch eine Gruppe von etwa 150 Indianern konnte in die Einsamkeit der undurchdringlichen Sümpfe flüchten.

27. Bundesstaat der USA – das moderne Florida

Am 3. März **1845** schloss sich Florida den Vereinigten Staaten an. Auf die Sklaverei wollte man aber nicht verzichten: Die reichen Plantagenbesitzer drängten schließlich das Parlament Floridas, 1861 die Union wieder zu verlassen. Florida schloss sich den Südstaaten an. Um es kurz zu machen: 1865 verlor Florida den Bürgerkrieg, büßte über 5.000 Menschenleben ein und wurde wieder Bestandteil der Vereinigten Staaten.

Eines der ersten Hotels: das Breakers

Floridas Entwicklung ging nur sehr langsam voran. Die Einwohnerzahl stieg zwar, doch wurde ihr Wachstum von Krankheiten und Epidemien (Cholera, Gelbfieber, Malaria) gebremst. Wirtschaftlich gab es vor allem folgende Impulse: Die Täler des Kissimmee und Coloosahatchee wurden entwässert, die **Flüsse** selbst für Schiffe befahrbar gemacht. Zudem entstand in Tampa entstand ein Zentrum für die Herstellung von **kubanischen Zigarren**. Und einem chinesischen Einwanderer gelang die Züchtung einer frostresistenten Orangensorte – das war der Grundstein der sich auf dieser Basis entwickelnden **Zitrusindustrie**.

Doch einen wesentlichen **Wachstumsschub** gaben dem jungen Staat die Eisenbahnmagnaten *Henry Plant* und *Henry Morrison Flagler*: *Plant* verband Richmond in Virginia mit Tampa in Florida durch seine **Atlantic Coast Line Railroad**. Am Ziel in Tampa erbaute er eine Luxusherberge, das Tampa Bay Hotel. *Flagler* baute seine Eisenbahnstrecke entlang der Atlantikküste über St. Augustine schließlich bis nach Palm Beach aus. Entlang der Eisenbahnlinie entstanden die ersten floridianischen **Touristikhotels**: das Ponce de León (St. Augustine), das Ormond (bei Daytona), das Breakers (Palm Beach).

Eisenbahn-Bau

Auf dem Weg ins 20. Jahrhundert

Die Eisenbahn brachte den (damals für viele fragwürdigen) Fortschritt Floridas. Parallel zu den Eisenbahnlinien entstanden Siedlungen, aus denen sich die heutigen Großstädte entwickelten. 1895 wurde Florida wieder in einen kriegerischen Konflikt, wenn auch nur mittelbar, hineingezogen. Amerikanische Truppen unterstützten Kuba in seinen Bemühungen, die spanische Herrschaft abzuschütteln. 1898 explodierte aus ungeklärter

Henry Morrison Flagler und seine Florida East Coast Railroad

info

Flagler, 1830 geboren, gründete gemeinsam mit *John D. Rockefeller* die Standard Oil Company. In diesem Ölgeschäft verdiente er ein Millionenvermögen, bevor sich sein Interesse Florida zuwandte. Er galt zeitlebens als spitzfindiger, harter Geschäftsmann. Flagler besuchte Florida im Jahre 1883, wo sich seine Frau im warmen Klima erholen sollte. Sogleich bemerkte er, dass es hier an geeigneten Verkehrsverbindungen fehlte und erkannte den Trend der Zeit: Viele begüterte Menschen aus den nördlichen Bundesstaaten würden gerade in der Winterzeit die warme Sonne Floridas genießen wollen, wären die Verkehrsverbindungen besser. Er begann, kleine, regional operierende Eisenbahngesellschaften aufzukaufen, so die Jacksonville, St. Augustine und Halifax Railroad. Er verband diese Teilstrecken, schuf die Anbindung an das nördliche Schienennetz und trieb den Strang südwärts die Küste entlang. Bald waren Jacksonville und St. Augustine mit Ormond Beach, Palm Beach und auf Bestreben von *Julia Tuttle* (siehe Kapitel Miami) mit Miami verbunden. In jeder der großen Städte baute er ein **Luxushotel**, was wiederum andere Investoren ermunterte.

Henry Morrison Flagler

Dann begann Flaglers ehrgeizigstes Projekt: die Verbindung zwischen Miami und Key West. Eine Bahnlinie mit einer Länge von 200 km über das Meer sollte entstehen! Er begann 1905 mit dem Bau der ersten Brücken, welche die Kette der Keys erstmals miteinander verbanden. Knapp acht Jahre baute man an diesem gigantischen Projekt, über 700 Menschen ließen dabei ihr Leben: So ertranken bei dem Hurrikan im Jahre 1906 alleine fast 130 Mann. Chefingenieur war *J. C. Meredith*. Er starb, als im Jahre 1908 die Seven Mile Bridge fertig gestellt war. Bald darauf mussten sich die Brückenbauwerke in einem Hurrikan bewähren – und sie hielten stand. In Key West musste man dem Meer Land abringen, um Platz für einen Bahnhof zu schaffen. Am 22. Januar 1912 war es endlich so weit. Nach nur 5-stündiger Fahrt von Miami aus erreichte der erste Zug mit seinem Erbauer Flagler Key West. Das Ungeheuerliche war, dass nun eine durchgängige Eisenbahnverbindung von New York bis hier in den Süden fertig gestellt war. In Key West nahm eine Fähre Gäste auf, die weiter nach Havanna (Kuba) wollten. Eine Fahrt von New York nach Havanna und zurück kostete damals 24 US$.

Die Overseas Railroad wurde im Jahre 1935 von einem verheerenden Hurrikan so zerstört, dass sich ihr Wiederaufbau nicht lohnte. Beim Hurrikan wurde ein Zug mit über 800 Menschen einfach fortgeweht. Die Brückenpfeiler wurden fortan benutzt, um den US 1 Highway nach Key West zu führen.

Flagler starb 83-jährig im Jahre 1913.

Spanier aus Kuba vertrieben

Ursache der US-Marinekreuzer Maine. Für die USA war dies ein Freibrief dafür, gemeinsam mit kubanischen Befreiungskämpfern gegen die Spanier loszuziehen. Tampa wurde die logistische Zentrale. Hier befand sich das militärische Hauptkommando, hier etablierte *Clara Barton* als „Mutter" des Roten Kreuzes ihre Zentrale. Und auch der spätere Premierminister von England, *Winston Churchill*, zu dieser Zeit junger Journalist, berichtete vom Tampa Bay Hotel aus über die kriegerischen Ereignisse.

Beginn des Touristenbooms – hier am Pier von St. Petersburg

Spanien musste sich schließlich aus Kuba zurückziehen. Die heimkehrenden amerikanischen Soldaten sangen dagegen Loblieder von Florida – ein **Zuwandererboom** begann, der nach 1920 seinen Höhepunkt erreichen sollte. Die Grundstücksspekulation blühte, und so manches unglaubliche Vermögen entstand.

Mit einigen Namen ist der geschäftliche Boom in besonderer Weise verbunden: **Walter Fuller** baute St. Petersburg aus, während **William Jennings Bryan** es als demokratischer Präsidentschaftsanwärter sogar zum Außenminister brachte. Er war der Erste, der in Coral Gables Eigentumswohnungen verkaufte. **Carl Fisher** rodete Mangrovenküste vor dem entstehenden Miami Beach und schüttete sie mit Sand aus der Biscayne Bay auf. Der Zirkuszar **John Ringling** baute an der floridianischen Westküste Sarasota auf.

Schwarzer Freitag und Wirbelstürme

1926 holte eine Naturkatastrophe Floridas Enthusiasten auf den Boden zurück: Wirbelstürme forderten viele Todesopfer, und so manche Bauten stürzten ein. 1929 sorgten der Schwarze Freitag und der anschließende wirtschaftliche Niedergang für den Rest, und so mancher reiche Spekulant blieb auf der Strecke. Trotzdem erholte sich Florida allmählich, der Touristenstrom nahm zu, die Bevölkerungszahl wuchs **1940** bis auf etwa zwei Millionen an. Nach dem 2. Weltkrieg, in dessen Verlauf Florida eine wichtige Nachschubbasis für die Militäroperationen in Europa war, boomte Florida weiter: Die Region um Miami wurde touristisches Zentrum, um Tampa siedelten sich Industriebetriebe an. In dieser Zeit wurden **beeindruckende Bauwerke** wurden geschaffen, wie die Seven Mile Bridge zwischen den Florida Keys und die Eleven Mile Bridge über die Tampa Bay, die 1954 erbaut wurde und 1979 in die Schlagzeilen der Nachrichten geriet:

Ein Schiff rammte die Pfeiler, 35 Menschen rasten mit ihren Wagen in die Tiefe. Der Bau des Weltraumbahnhofes **Cape Canaveral** wurde nach dem 2. Weltkrieg ebenfalls forciert – der erste bemannte Mondflug startete von floridianischem Boden.

Kuba-Flüchtlinge

Einen **neuen Bevölkerungsschub** bekam Florida durch die vielen Flüchtlinge aus **Kuba**, nachdem Fidel Castro die Macht erlangte. Ab den 1960er Jahren veränderte sich auch die Zusammensetzung des Touristenstroms: Neben Amerikanern kamen zunehmend auch Europäer in den Sunshine State. Und als 1971 Walt Disney World bei Orlando seine Pforten öffnete, war der Zustrom von Besuchern nicht mehr zu bremsen.

USA: Die Suche nach einer neuen Identität und aktuelle Entwicklung

(Text: *Margit Brinke, Peter Kränzle*)

Vielschichtiger Umbruch

Im Jahre 1989 wurde *George Bush* Sen. 41. US-Präsident. Er übernahm das Amt in einer Zeit des vielschichtigen Umbruchs, die durch mehrere Faktoren gekennzeichnet war: Zum einen war es während der Reagan-Administration zu einer Zuspitzung der sozialen Problematik gekommen, andererseits war ein Niedergang der einstigen wirtschaftlichen Vormachtstellung und ein Anstieg des Handelsdefizits u. a. aufgrund des Fehlens einer staatlichen Energiepolitik eingetreten. Zusätzlich wirkten sich das Ausufern des Dienstleistungssektors und das Fehlen einer nachhaltigen Technologie- und Industriepolitik sowie das weitere ökonomische Vorpreschen der Japaner, aber auch der Europäer, negativ aus.

Durch die weit gehende Entschärfung des West-Ost-Konfliktes und die demokratischen Entwicklungen in Osteuropa begann die US-Außenpolitik nach neuen Formen zu su-

Auch Miami blieb von den Folgen der Wirtschaftskrise 2008/2009 nicht verschont: Der bis dahin anhaltende Bauboom wurde vorerst gestoppt

chen. Ein wichtiger Wendepunkt in dieser Situation war der **Erste Golfkrieg** 1991. Nach dem Einmarsch des irakischen Diktators *Saddam Hussein* in Kuwait drängten die von den USA angeführten Truppen im Namen der UN den Despoten rasch wieder zurück.

Das wohl bedeutendste innenpolitische Ereignis in den USA war das **Scheitern der Gesundheitsreform**, die 1994/95 vom 42. Präsidenten *Bill Clinton* angeregt wurde, im Senat aber scheiterte. Es ging dabei um die Verpflichtung der Arbeitgeber, Arbeitnehmer zu versichern und sich an den Kosten zur Hälfte zu beteiligen. Dennoch stabilisierte sich während seiner Regierungszeit von 1993 bis 2001 die wirtschaftliche Lage nicht nur, das Land erlebte, angeführt von der boomenden „New Economy", sogar eine neue wirtschaftliche Blüte und die Staatsverschuldung sank. In der Wirtschaftspolitik wurde weiterhin der Kurs der Liberalisierung verfolgt und dieser resultierte in der Unterzeichnung des Welthandelsabkommens (GATT) sowie der Schaffung der Freihandelszone FTAA aller Staaten Nordamerikas.

Neue Blüte

Die terroristischen Angriffe islamistischer Fundamentalisten am **11. September 2001** – als „Nine Eleven" in die Lexika eingegangen – auf New York und Washington haben die USA im Mark getroffen. Zuletzt war das Land am 7. Dezember 1941 direkt angegriffen worden, durch die Japaner am Navy-Stützpunkt in Pearl Harbor auf Hawaii, und damals waren die Amerikaner zum Eintritt in den Zweiten Weltkrieg gezwungen worden. US-Präsident *George W. Bush* Jun. reagierte nach einer Phase der Trauer nicht viel anders: Der „Krieg gegen den Terrorismus" begann im Oktober 2001 mit der Vernichtung des fundamentalistischen Taliban-Regimes in Afghanistan. Als jedoch der US-Präsident mit dem Diktator *Saddam Hussein* und dem Irak 2003 ein neues Ziel ins Visier fasste, geriet die einst so fest zusammenstehende westliche Allianz in eine Krise.

Dass die *Bush Administration* in ihrem „Krieg gegen den Terrorismus" über das Ziel hinausschoss und sowohl uramerikanisch-demokratische Bürgerrechte in Gefahr gerieten wie auch die Wirtschaft in gewaltige Turbulenzen stürzte, brachte schließlich die Mehrzahl der US-Bürger in Rage. Kein Wunder, dass der Präsidentschaftswahlkampf 2008 das Land mit einer bislang kaum gekannten politischen Begeisterung infizierte.

Diplomatischer Präsident

Dennoch trat der seit dem 20. Januar 2009 amtierende erste afroamerikanische Präsident, **Barack Obama**, in Zeiten der Wirtschaftskrise kein leichtes Amt an. Allerdings gab er den USA wieder Hoffnung und man traute diesem charismatischen Politiker auch zu, dass er Wirtschafts- und Umweltkrise meistern und Krisenherde beruhigen könne. Obama versuchte zunächst über den Weg der Diplomatie die Beziehungen unter anderem zu Kuba und Iran zu verbessern, anstatt durch Sanktionen. Doch nach anfänglicher Euphorie und trotz der Verleihung des Friedens-Nobelpreises an Obama im Dezember 2009 ist sowohl außen- als auch innenpolitisch längst Ernüchterung eingekehrt: Die Lage in Afghanistan ist trotz des angekündigten Truppenabzugs der Amerikaner alles andere als entspannt und bei den Reizthemen Gesundheits- und Rentenwesen, Steuern und Regulierung der Finanzmärkte hat sich gezeigt, wie schwer es ist, Veränderungen zugunsten der Allgemeinheit gegen die Lobby der Unternehmen und der reichen Oberschicht durchzusetzen.

Geografischer Überblick

Lage, Größe und Landschaften

Mit seiner Größe von 170.451 km² nimmt Florida in der Rangskala amerikanischer Bundesstaaten den 22. Platz ein. Einige Bemerkungen zur topografischen Lage machen die Sonderstellung deutlich: Florida ist der **südlichste Bundesstaat** der kontinentalen USA. Miami liegt etwa 500 km südlich von Kairo und gar 1.000 km südlich der südlichsten Grenze Kaliforniens. Und nur 150 km trennen Florida von **Kuba**, etwa 100 km sind es zu den Bahamas. Im Norden grenzt Florida an Alabama und an Georgia, die Westküste ist dem Golf von Mexico zugewandt, die Ostküste vom Atlantik umspült.

Topografische Sonderstellung

Die **größte Stadt/urbanisierte Gegend** Floridas ist Greater Miami (ca. 2,34 Mio. Ew.), gefolgt von Greater Tampa/St. Petersburg (ca. 2,4 Mio. Ew.), Greater Orlando (ca. 1,7 Mio. Ew.) und Jacksonville (ca. 1,1 Mio. Ew.). West Palm Beach/Boca Raton (1,2 Mio.) und Sarasota/Bradenton (600.000) sind weitere Zentren.

Miami ist die unbestrittene Metropole Floridas

Die Hauptstadt Floridas heißt Tallahassee, zählt etwa 180.000 Einwohner und liegt immerhin 750 km nordöstlich von Miami.

Geografisch lassen sich in Florida folgende **Regionen** unterscheiden:

- Pfannenstiel (Panhandle, der Nordwesten);
- Nord-, Zentral-, Südost-, Westflorida;
- Westküste, Ostküste;
- das Everglades-Gebiet;
- die Florida Keys.

In den Prospekten Floridas werden die unterschiedlichen Regionen mit eher werbenden Namen bedacht:

- als Floridas Crown wird der nördlichste Teil bezeichnet;
- als Miracle Strip oder gar Emerald Coast wird die Küste des Pfannenstiels deklariert;
- Suwanneeland heißt das wenig einladende Sumpfland im Mündungsbereich des Suwannee River; Nature Coast nennt sich der Küstenabschnitt um Crystal River zwischen den Mündungsläufen des Homosassa River und des Withlacoochee River;
- Big Bend wird die Region um Tallahassee genannt; mit Sun Coast meint man das Küstengebiet um St. Petersburg – Clearwater;
- Platinum Coast wird die Südwestküste in der Region um Naples – Sanibel Island genannt;

- Mangrove Coast heißt das südwestliche Gebiet der Everglades und der Keys;
- zur Gold Coast wird das Ballungszentrum zwischen Miami und Palm Beach verklärt;
- Space Coast – oder sportlicher: Surf Coast – nennt man das Gebiet der mittleren Ostküste.

Interessante Fakten

- Florida verfügt über 2.000 km Sandstrände.
- Die höchste Erhebung ragt 105 m über den Meeresspiegel.
- Die Länge des Bundesstaates misst maximal 800 km, die Breite 260 km (Panhandle: 578 km).
- Es gibt 1.250 Golfplätze!
- Knapp 20 % des Bundesstaates sind Gewässer.
- Der tägliche Zuzug belief sich in den Jahren vor der Immobilienkrise auf 1.000 neue Bürger, reduzierte sich aber dann 2007-2009 drastisch.
- Das geografische Zentrum (Mitte) liegt zwölf km nordwestlich von Brooksville (Hernando County).
- Florida verfügt über 17.600 km an Flüssen und Wasserwegen.
- Der längste Fluss ist der St. Johns River mit 437 km Länge.
- Florida hat fast 8.000 Seen, die eine Größe von über 40.000 km² haben.
- Etwa 4.500 Inseln sind größer als 40.000 km².
- Die größte Stadt ist Jacksonville.
- Florida baut 50 % aller in den USA verbrauchten Zitrusfrüchte an.

Ideal für eine Bootstour: der St. Johns River

Geologische Entwicklung

Dem Besucher Floridas fällt sofort auf: Wohin er auch fährt, überall ist es eben. Es fehlt an Höhen, an markanten landschaftlichen Charakteristika. Die höchste Erhebung im Norden misst gerade 105 m – selbst Amerikaner sind nicht so vermessen, diesen „Gipfel" zu benennen. Florida wird deshalb nicht zu Unrecht als landschaftlich monoton empfunden. Keine Steilküsten und Buchten säumen seine Küsten: Die Gerade und die Ebene dominieren.

Teil von Afrika

Das Verständnis für die geologische Vergangenheit ermöglichten erst jüngste Untersuchungen. Nun steht fest: Florida ist ein im Zuge der Kontinentalverschiebung nach Westen abgedrifteter Bestandteil des afrikanischen Kontinents. Vor ca. 300 Millionen Jahren, in der Übergangszeit der geologischen Zeitalter Perm und Trias, trennten sich Teile Afrikas und formierten sich zum Kontinent Nordamerika. Florida war ursprünglich mit dem heutigen Gambia und Senegal verbunden. Wie man dies beweisen kann? Geologen fanden heraus, dass es **Entsprechungen in der Gesteinsstruktur** tief liegender geologischer Schichten gibt und dass sich eine **Magnetanomalie** vom afrikanischen Kontinent lückenlos nach Florida fortsetzt.

Florida war doppelt so groß

Während der Kaltzeiten (volkstümlich als Eiszeiten bezeichnet) war Florida aufgrund seiner südlichen Lage nicht mit Gletschern bedeckt, während der Norden des amerikanischen Kontinents, ebenso wie der Norden Europas, von z.T. Tausende Meter dicken Eispanzern bedeckt war. Damals, vor ca. 100.000–10.000 Jahren (Kaltzeiten und Warmzeiten wechselten) sank aufgrund der als Eis auf den Kontinenten gebundenen Wassermasse der Meeresspiegel weltweit um etwa 120 m. Das reichte aus, um Florida zur doppelten Größe zu verhelfen! Und während die Lebensbedingungen im unter Eis erstarrten Norden immer mehr beschnitten wurden, präsentierte sich Florida als rettendes Land für die nach Nahrung suchenden Tiere. Und an üppiger Vegetation mangelte es hier nicht.

Das flache Florida ist auch heute noch ein Land des Wassers: Über 2.000 km misst die Küstenlinie, etwa 15 % der Landfläche ist von bald 30.000 Seen durchsetzt, keine Siedlung Floridas ist mehr als 100 km vom Meer entfernt.

Klima

Florida gehört zum subtropischen Bereich. Generell kann man sagen, dass man zwischen **drei Klimaperioden** unterscheidet:

- dem **heißen, schwülen Sommer** mit beinahe täglichen Gewittern (Juni bis September);
- den angenehmen **Übergangsjahreszeiten** („Herbst/Frühjahr") mit sommerlichen Temperaturen und wenig Niederschlägen (Oktober/November/März/April/Mai);
- den **milden**, z.T. manchmal recht kühlen, aber stets sonnenreichen Monaten Dezember/Januar/Februar/März (**Winter**).

Diese grobe Klassifizierung gibt nicht die doch sehr großen regionalen Unterschiede wieder:

- die **höchsten Jahresniederschläge** erhält der Pfannenstiel, die geringsten die Florida Keys (1.520 mm Niederschlag/Jahr zu 1.015 mm/Niederschlag/Jahr);
- die **höchsten Temperaturen** verzeichnen die Keys, die niedrigsten der Nordwesten;
- den Nord- und Zentralteil Floridas können manchmal **Fröste** und in seltenen Fällen gar Schnee (wenn auch nur stundenweise) überraschen (1977 fiel in Miami der erste Schnee!).

Zu diesem Klimabild gesellen sich allerdings noch einige weniger angenehme Erscheinungen.

Gewitter

Gewitter gehören im floridianischen Sommer zu den bald täglichen Naturerscheinungen. Florida selbst bezeichnet sich als „lightning capital of the world" – ein nicht gerade verlockender Ruf. In der Tat gibt es in der Umgebung von Fort Myers 100 Tage pro Jahr mit Gewittern, statistisch werden elf Menschen pro Jahr durch Blitzschlag getötet.

Klimadaten Floridas

Nordwesten (Tallahassee)

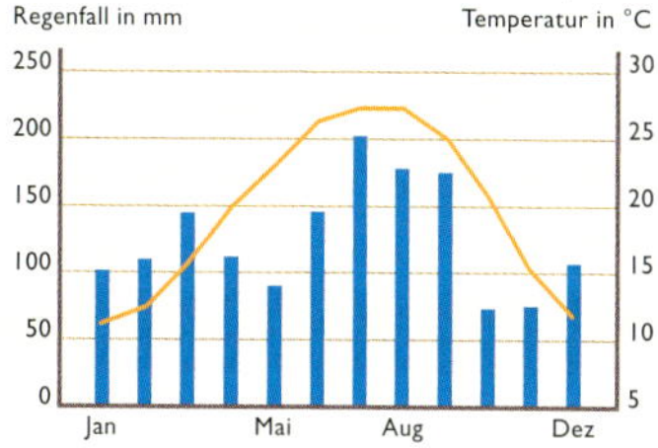

Nordosten (St. Augustine)

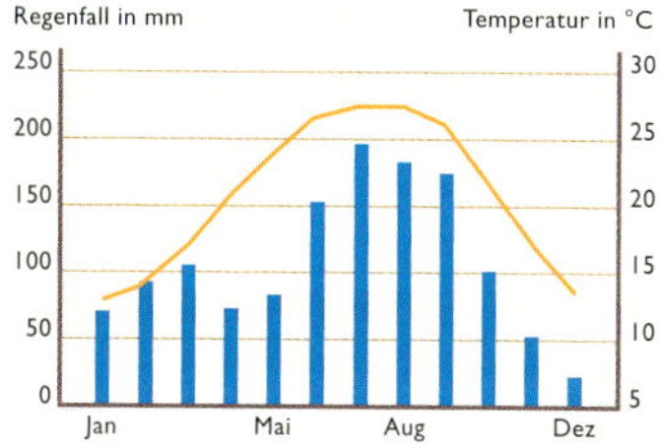

Zentralflorida (Orlando)

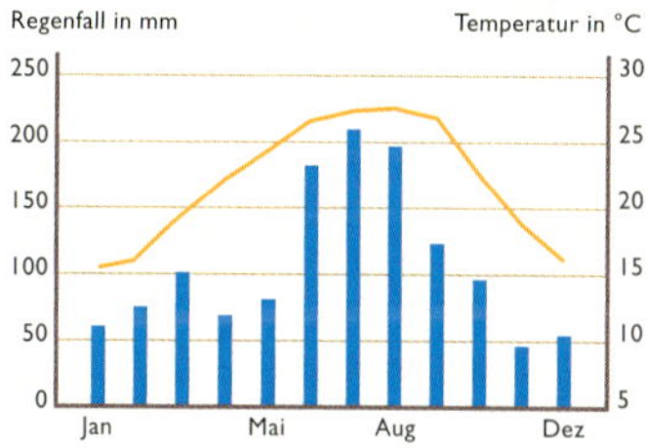

Südl. Zentralflorida (O'Keechobee)

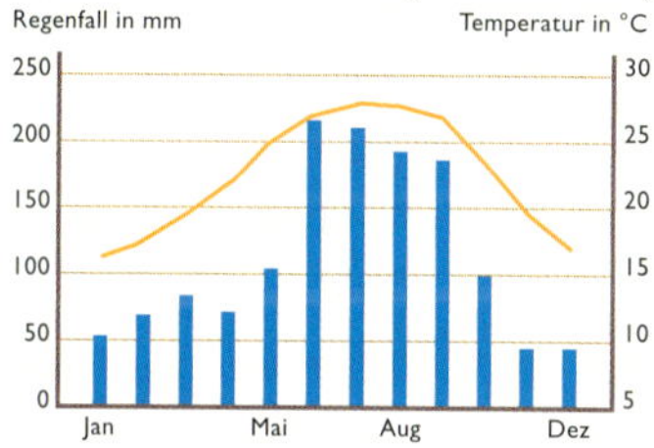

Südwestküste (Naples)

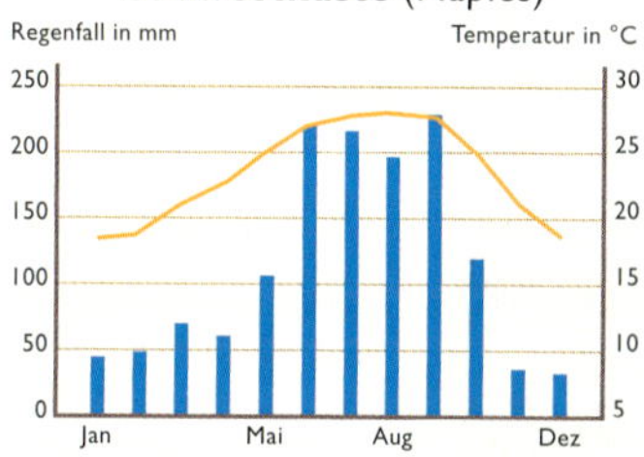

Südostküste (Miami)

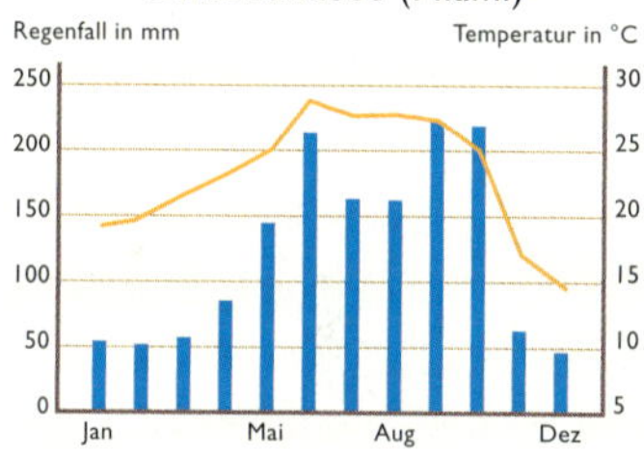

Florida Keys (Key West)

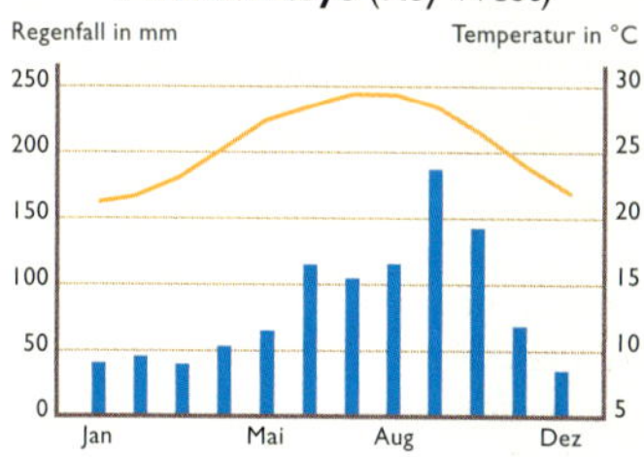

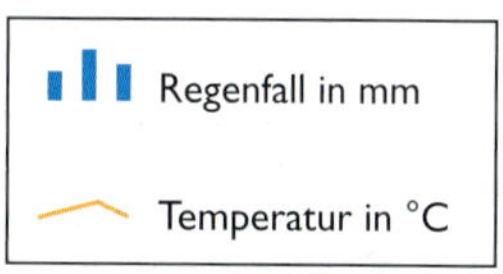

Hurrikans

Eine weitere, wenn auch glücklicherweise seltene, Naturerscheinung sind die Hurrikans. Durchschnittlich einmal jährlich ist mit diesen tropischen Wirbelstürmen zu rechnen. Ihre „Saison" sind die Monate Juni bis Oktober, wobei sie besonders gehäuft im September auftreten. Aber sie können durchaus auch jahreszeitlich ganz aus der Reihe tanzen und wie der Hurrikan Alice im Januar 1953 die Südostküste Floridas verwüsten. 1935 zerstörte ein Hurrikan die Eisenbahnlinie von Flagler im Bereich der Florida Keys.

info

Was ist ein Hurrikan?

Das Wort kommt vom indianischen *Hura* = Wind bzw. wegblasen. Hurrikans gehören zu den **tropischen Wirbelstürmen** und zeichnen sich generell durch ein Tiefdruckgebiet mit ausgesprochen niedrigem Kerndruck aus. Der Durchmesser eines Hurrikans misst in der Regel mindestens 100 km (bis zu 1.000 km), und die Windgeschwindigkeiten erreichen häufig Werte von über 200 km/h.

Tropische Wirbelstürme entstehen meist aus Wellenstörungen der Passatströmung und nur über warmen Meeren mit einer Wassertemperatur von 26 °C und mehr. Daher kommen sie auf der Nordhalbkugel nur im Sommer und Herbst vor. Über dem Meer lagert dann eine feuchtwarme Luftmasse, in der sich hoch aufgetürmte Quellwolken bilden. Bei der Kondensation werden erhebliche Wärmemengen frei, die der auftreibenden Luft einen zusätzlichen Auftrieb verleihen. Sie gelten als Hauptenergiequelle der Wirbelbildung. Damit aber eine Zirkulation in Gang gesetzt werden kann, ist in den unteren Schichten eine konvergente Strömung erforderlich, die am Südrand des Subtropenhochgürtels in den wellenförmigen Deformationen der Isobaren (Drucklinien) vorhanden ist.

Hurrikan-Schaden in Homestead

Mit der Ausbildung eines flachen Tiefs, das sich durch rapiden Luftdruckabfall rasch intensiviert, weht der Wind der unteren Schichten spiralförmig zum Zentrum hin. In den Cumulonimbuswolken (die großen „Gewitterwolken" - Quellwolken), die allmählich zu schweren, dunklen Wolkenmassen zusammenwachsen, steigt die Luft stürmisch in die Höhe und rotiert gleichzeitig kreisförmig um die Achse des Wirbels. In großen Höhen wird die Luft, mit Cirrus- und Cirrocumuluswolken (Schleier- bzw. Schäfchenwolken) durchsetzt, nach außen geworfen und sinkt,

Die Entwicklung eines tropischen Tiefausläufers

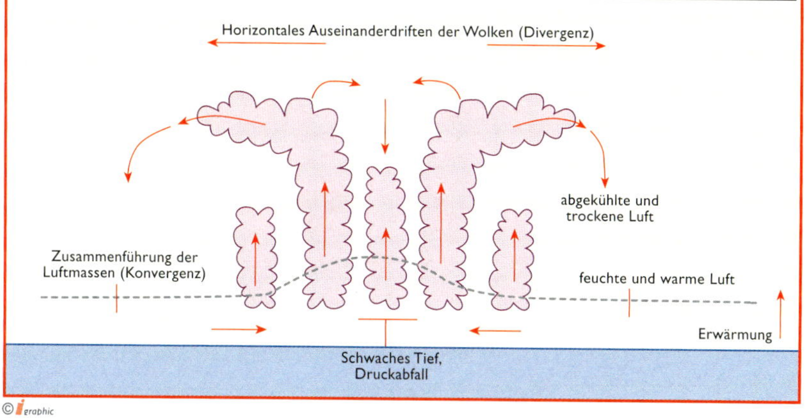

© graphic

Querschnitt durch einen Hurrikan

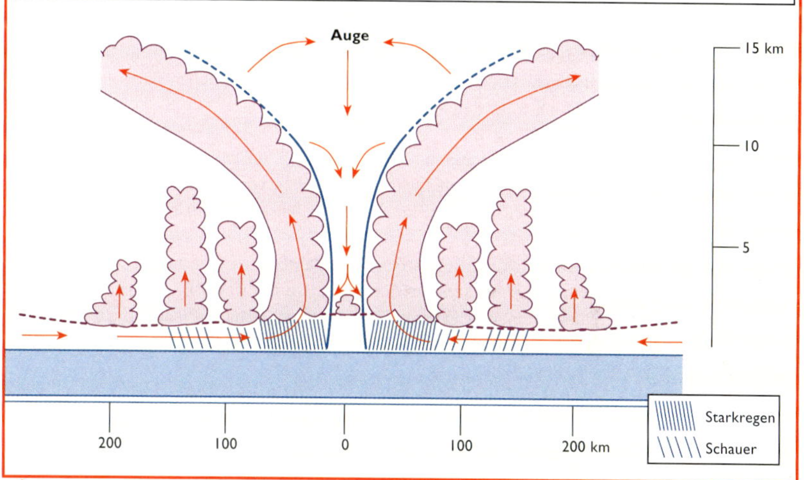

© graphic

über ein großes Areal verteilt, wieder ab. Auch im Zentrum des Wirbels stellt sich eine absinkende Luftbewegung ein, wobei die Wolken hier von oben her abtrocknen und der blaue Himmel oder die Sterne sichtbar werden. Die kreisförmige, wolkenarme und windschwache Zone nennt man das **Auge des Hurrikans**.

Das Auge wird von einer drohenden, tief herabhängenden Wolkenwand umschlossen, aus der sintflutartige Regenfälle niedergehen. Die Regenmengen können bis zu 1.000 mm pro Tag er-

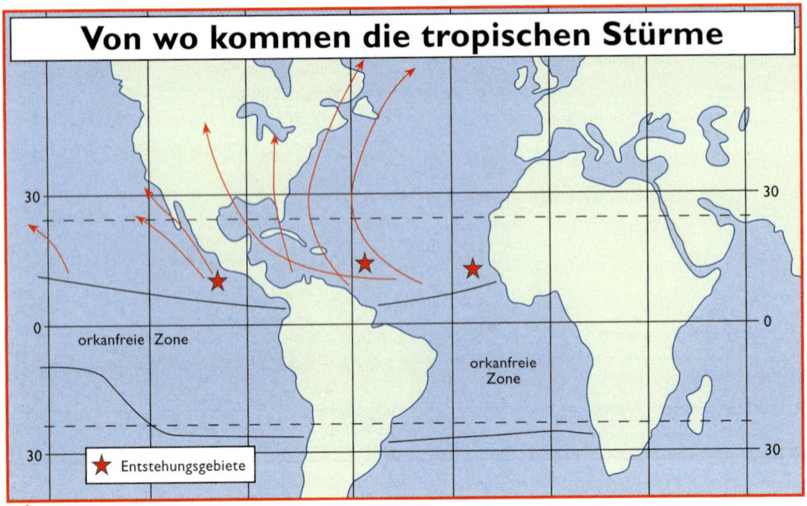

reichen. Die meisten tropischen Wirbelstürme werden am Südrand des Subtropenhochs nach Westen gesteuert und schwenken später in eine polwärts gerichtete Bahn ein. In Küstenregionen verursachen die starken Winde auch die gefürchteten, meterhohen Flutwellen. Über Land dann verliert der Wind schnell seine Energie.

Ein schlimmes Hurrikan-Jahr war z.B. 2005: Vom 4.-12. Juli wütete Hurrikan Denis, mit der Stärke 4 traf er Florida und richtete Sachschäden in Höhe von 3 Milliarden Dollar an. Und im August 2005 folgte der Hurrikan Katrina, der die Golfküste bei Panhandle traf.

Zur Unterscheidung der einzelnen Hurrikans eines Jahres werden sie mit engl. Vornamen in alphabetischer Reihenfolge benannt. Früher trugen sie nur weibliche Namen, im Sinne der Gleichberechtigung hat man sich aber mittlerweile abwechselnd für männliche und weibliche Namen entschieden.

Bezeichnungen der Hurrikans in anderen geografischen Bereichen:

- Östl. Atlantik: Kapverdischer Orkan
- Westküste von Mexiko: Mexikanischer Orkan
- China u. Japan: Taifun
- Golf von Bengalen: Zyklon
- Südhalbkugel - Pazifik: Südsee-Orkan

Wirtschaftlicher Überblick

Als einstiger Vorzeigestaat der USA hinsichtlich der wirtschaftlichen Entwicklung ist Florida von der **Wirtschaftskrise** besonders stark betroffen. Die Hauptgründe sind der Zusammenbruch des Immobilienmarktes und damit der tragenden Bauwirtschaft sowie der Rückgang des Tourismus mit allen dazugehörigen Folgen für Hotels, Restaurants, Geschäfte etc. Die Krise ist allgegenwärtig und manifestiert sich in unglaublich vielen zum Verkauf angebotenen Häusern, geschlossenen Shoppingmalls und Geschäften.

Gutes Klima für Landwirtschaft

Ein wichtiger Wirtschaftszweig ist nach wie vor unter anderem die Landwirtschaft. Aufgrund des bevorzugten Klimas sowie guter Böden ist Florida ein großes **Gemüse- und Obstanbaugebiet**. Insbesondere im südöstlichen Teil wird viel Frühgemüse für die Konsumenten an der Nordostküste produziert. Im südlichen Teil wird auch etwas Zuckerrohr angebaut. Im mittleren und nördlichen Teil Floridas werden Rinder gezüchtet. **Bodenschätze** gibt es wenig: An der Westküste landeinwärts von Tampa gibt es Phosphatvorkommen, die – im Tagebau gefördert – 80 % des Bedarfs der USA decken. Kleine Erdölvorkommen im Südwesten sind eher unbedeutend.

Der Immobilienboom und die Folgen

Bis zur Hypothekenkrise, die bereits 2007 ihren Anfang nahm, war Florida der am schnellsten wachsende Bundesstaat der USA. In den letzten acht Jahren davor siedelten sich rund 290.000 neue Bürger jährlich in Florida an, das waren knapp 800 pro Tag, angelockt vom milden Klima, aber auch von den guten wirtschaftlichen Aussichten. Florida ist z. B. einer der wenigen Staaten, in denen die Bürger **keine Einkommenssteuer** zahlen.

Nach einem beispiellosen Wachstumsboom brach mit dem Beginn der Finanzkrise der Immobilienmarkt zusammen. Der Zuzug der potenziellen Käufer aus dem Norden blieb aus. Viele Käufer konnten die Hypotheken nicht mehr bezahlen und verloren ihr Heim – das nun in vielen Fällen leer steht und verfällt, manche wurden nie bezogen. Hier finden zurzeit weiter die meisten Zwangsversteigerungen des Landes statt (viele Häuser gehen mittlerweile an Europäer). Jahrelang gab es bei der Vergabe von Immobilienkrediten kaum Grenzen, so gut wie jeder bekam einen. Recherchen der Tageszeitung *Miami Herald* im Rahmen der 2008 veröffentlichten prämierten Serie *„Borrowers Betrayed"* ergaben sogar, dass zwischen 2000 und 2007 tausende Personen mit kriminellem Hintergrund offiziell als Hypothekenmakler arbeiteten. Knapp die Hälfte von ihnen war bereits u.a. wegen Geldwäsche, Betrug und Erpressung verurteilt worden. In vielen Fällen ermittelt mittlerweile die Polizei wegen Hypothekenbetrugs.

Kredite ohne Grenzen

Im Sommer 2009 brach die Bank United FSP in Florida mit einer Bilanzsumme von 12,8 Mrd. Dollar zusammen, die 34. Bankpleite im Jahr 2009, ein typisches Beispiel für die

Bauboom im Miami

sorglose Vergabe von Immobilienkrediten vieler Banken ohne jegliche Sicherheiten, die die weltweite Wirtschaftskrise ins Rollen gebracht hatte. Die Bank wurde in einer Versteigerung an ein Konsortium von US-Finanzinvestoren verkauft.

Durch die Krise wurde deutlich, dass der Sonnenstaat mehr investieren muss – nicht in ungehindertes Bauwachstum, sondern unter anderem in die im nationalen Vergleich schlechte Ausbildung und vor allem in alternative Industrien.

Tourismus

Für Florida ist der Fremdenverkehr mit laut *Visit Florida* über einer Million Arbeitsplätzen besonders bedeutend. Alleine 2010 kamen wieder über 82 Millionen Besucher – und das schafft jede Menge Jobs. Doch auch der Tourismus hat unter der Krise gelitten. Über 90 % der Touristen kamen in den Jahren vor dem Crash aus den USA, inzwischen reisen aber die Amerikaner insgesamt deutlich weniger und kürzer, was Florida hart trifft. Eine wesentliche Kompensation leistet aber derzeit der internationale Tourismus, der relativ billige Dollar macht es möglich. Erste zarte Anhaltspunkte für eine Erholung gab es im 3. Und 4. Quartal 2011, wobei die Zuwächse vor allem den Ballungszentren zugutekommen.

Touristenmagnet: die Strände Floridas

Gesellschaftlicher Überblick

Bevölkerungsstruktur

Die Bevölkerung Floridas ist bunt gemischt. Mit seinen rund 18 Mio. Einwohnern ist Florida die Nummer 4 der US-Bundesstaaten und war in den letzten Jahren der am schnellsten wachsende Staat des Landes. Neben zahlreichen Zuwanderern aus den gesamten USA gibt es zahlreiche Exilkubaner und Einwanderer aus anderen lateinamerikanischen Ländern sowie eine kleine Minderheit von Indianern. Ebenso prägen viele ältere Rentner, die wegen der Sonne hier ihren Lebensabend verbringen, das Bevölkerungsbild.

Indianer

Die Indianer stellen die Urbevölkerung Floridas dar. Sie haben hier schon vor etwa 12.000 Jahren gesiedelt, wie Waffen- und Skelettfunde in einem nahen See bei Tampa beweisen. Als die Spanier 1513 zum ersten Mal nach Florida gelangten, fanden sie im Norden Floridas Indianerstämme vor, die vorwiegend vom Ackerbau und von der Viehzucht lebten. Sie wohnten in Dorfgemeinschaften, die von hohen Palisadenzäunen umgeben waren. Den Spaniern traten die Indianer im Allgemeinen feindlich gegenüber, nur im Norden, im Panhandle, schienen sie freundlicher gesonnen. Hier entwickelten sich bald gute Handelsbeziehungen.

„Feindliche" Indianer

In Florida waren **unterschiedliche Indianervölker** ansässig:
- Im **Südwesten** lebten etwa 3.000 **Calusa-Indianer**.
- An der **Ostküste** waren die **Ais, Jiga und Tekesta** heimisch.
- In **Zentralflorida** lebten die **Timucua** (ca. 10.000).

Ethnologen ordnen die floridianischen Indianer einer eher niedrigeren Entwicklungsstufe zu. So war ihnen z. B. das Rad unbekannt, sie kannten keine ausgeklügelte Vorratswirtschaft und litten deshalb in Mangelzeiten Hunger. Die Indianer-Kulturen in Mittelamerika dagegen waren höher entwickelt. Forscher gehen aber davon aus, dass die floridianischen Ureinwohner mit den Maya in Verbindung standen. Darauf deuten Funde von Goldketten, Goldplatten und Figuren hin.

„Niedrigere" Entwicklungsstufe

Im 18. Jahrhundert dezimierten Krankheiten einen Großteil der Indianer im Norden Floridas. In diese Regionen drangen die Vorfahren der heutigen Seminolen, Angehörige des Oconee-Stammes, nach. Sie gehörten zum Volk der sog. Creeks, die ihre Heimat im heutigen Bundesstaat Georgia hatten.

Krankheiten

Im 19. Jahrhundert wurde der Zuzug der Weißen immer stärker. Sie zogen südwärts, suchten nach neuem Land vor allem für Baumwollplantagen und nahmen den Indianern ihre Gebiete einfach fort. Doch die Seminolen, ein stolzes Volk, fühlten sich hintergangen und schworen Rache. In den Jahren 1835 bis 1842 eskalierten im Rahmen der Seminolenkriege die Schlachten (s. S. 24). Natürlich siegten die Weißen, unterstützt von den Regierungstruppen und ausgestattet mit einer überlegenen Waffentechnik. Als Rache für die Aufstände beschlossen die Weißen, die Indianer in Regionen westlich des Mississippi zu deportieren. Eine Handvoll Widerständler – nur 150 – flüchtete sich in

Seminolenkriege

die Undurchdringlichkeit der Sümpfe. Eine Expedition des Smithsonian-Instituts aus Washington legte im Jahre 1880/81 konkrete Zahlen vor: Man fand 208 Indianer vor, die in fünf unterschiedlichen Gruppen lebten.

Lächerliche Entschädigungen

Die Wut, gepaart mit Ohnmacht, ist auch heute noch nicht überwunden. Als vor 100 Jahren „Abfindungen" für den Völkermord gezahlt worden waren (6.000 US$ pro Häuptling, 500 US$ pro Krieger, 100 US$ für eine Frau oder ein Kind), dachten die Weißen, das Problem aus der Welt geschafft zu haben.

Alligator-Show im Miccosukee Village

Die Indianerführer von heute aber erkennen diese lächerlichen Entschädigungen nicht an. Sie pochen auf das ihnen zugefügte Unrecht und verteidigen es nicht mehr mit Waffen, sondern mit juristischen Argumenten: Die Miccosukee klagen große Areale des südwestlichen Floridas ein, Fort Myers und Naples eingeschlossen. Dieses Gebiet wurde ihnen zum Beispiel schon 1845 durch den Präsidenten *James Polk* auf der Grundlage eines Vertrages zugesprochen. In anderen Gebieten bestehen die Indianer auf ihrem Anspruch auf Jagd und Fischfang.

Erwachtes Indianer-Bewusstsein

Immer stärker besinnen sich Indianer auf ihr angestammtes Recht, und immer mehr werden sie sich ihrer kulturellen Eigenständigkeit bewusst. Nie wurden die indianischen Sprachen schriftlich fixiert. Doch sowohl die Miccosukee als auch die Seminolen arbeiten seit einigen Jahren an der Herausgabe eigener Wörterbücher. Sie kämpfen gegen die Zeit, denn immer mehr indianische Kinder lernen eher Englisch. In der Miccosukee-Schule lernen die Indianerkinder allerdings zunächst ihre eigene Sprache – natürlich parallel zum Englischen. „Indian Power" – darin drückt sich der Anspruch auf eigene Stärke aus. Doch die Chancen für die indianische Minderheit stehen eher schlecht: Was will schon eine Minderheit von nur 7.000 Seminolen gegen die gewaltige Übermacht der weißen Floridianer ausrichten? Aber „kosmetischer" Goodwill wird die stolzen Indianer kaum befriedigen können. Das Zugeständnis, keine Auto- oder Tabaksteuer zahlen zu müssen, wirkt gegenüber der jahrhundertelangen Unterdrückung fast wie Hohn.

Indianer-Reservate in Florida

Sowohl die Seminolen als auch die Miccosukee verfügen über Reservate in Florida, die von der Bundesregierung anerkannt sind. Den Seminolen wurden Areale im Bereich des Big Cypress National Preserve (*siehe Seite 245*), in Brighton (Lake Okeechobee), bei Hollywood, Tampa und Dania zugewiesen. Die Miccosukee leben in einem Reservat am Tamiami Trail (*siehe Seite 193*).

Afro-Amerikaner

Wie für viele Weiße heute, war schon vor etwa 150 Jahren Florida für Afro-Amerikaner ein gelobtes Land. Im 19. Jh., als im tiefen Süden der USA die Sklaverei noch gang und gäbe war, verhieß ihnen Florida Befreiung von ihrer Unterjochung. Viele flüchteten von den Baumwoll- und Tabakplantagen in Georgia und Carolina. Die Verhältnisse im Norden Floridas waren zwar ähnlich, aber der Süden versprach doch eher die ersehnte Freiheit, denn hier war das Land nur sehr dünn besiedelt. Hier durften sie Land besitzen und selbstständig Geschäfte führen. Um 1860 meldete die Statistik einen Landbesitz in Händen von Afro-Amerikaner im Gesamtwert von ca. 100.000 US$. Und das alles war hier schon zu einer Zeit möglich, als es in den Südstaaten noch über 60.000 Sklaven gab.

Mehr Freiheit

Die Spanier hatten bereits auf ihren ersten Erkundungszügen stets schwarze Begleiter mitgenommen, die ihnen z.T. als Soldaten dienten. Später durften die Schwarzen in den spanischen Siedlungen wie St. Augustine oder Pensacola selbstständig Handwerksberufe erlernen und ausüben, was in den Südstaaten erst Jahrhunderte später gestattet wurde. Das Verhältnis der Schwarzen zu den Indianern war von Anfang an zum größten Teil positiv: Die Seminolen nahmen geflohene Sklaven auf, und sie gingen sehr human mit ihnen um. Für überlassenes Land verlangten sie als Pacht einen kleinen Teil der Ernte, mehr nicht. Berühmt ist *Abraham*, der als Schwarzer bei den Seminolen zunächst Sklavenarbeit leistete. Doch bald entpuppte er sich als sehr fleißig und so diplomatisch, dass ihn die Seminolen zu ihrem Anführer im 2. Seminolenkrieg erkoren.

Schwarze als Handwerker

Nach dem Bürgerkrieg schritt die politische Emanzipierung der floridianischen Schwarzen fort: Zeitweise bestimmten 19 schwarze Abgeordnete in Tallahassees Parlament mit über die Geschicke des Staates. Und 1868 gab es bereits den ersten schwarzen Staatssekretär, *Jonathan Gibbs*.

Solche Nachrichten blieben nicht ohne Wirkung. Florida wurde mehr und mehr beliebtes Zuzugsgebiet für Schwarze: Im Jahre 1900 betrug ihr Bevölkerungsanteil fast 45 %. Doch mit dem immer stärkeren Zuzug von weißen Siedlern wurde nicht nur ihr Bevölkerungsanteil geringer (1990 nur noch 14 %), sondern auch ihre gesellschaftliche Stellung schwächer. Die Diskriminierungen gipfelten z. B. darin, dass bis 1967 am Strand von Palm Beach keine Schwarzen baden durften. Restaurants, Busse, Hotels, viele öffentliche Einrichtungen waren Weißen vorbehalten. Und auch die Siedlungsstruktur spiegelte die Trennung wider: Schwarze wohnten vorwiegend westlich der Bahnlinie Jacksonville – Miami, während die Weißen in den besseren, meernahen Gebieten unter sich blieben. Auch heute noch gibt es zum größten Teil eine Siedlungsapartheid, was sich vor allem in ghettoähnlichen Stadtteilen der Großstädte zeigt.
Heute stellen Afro-Amerikaner rund 16% der Bevölkerung.

Florida war beliebtes Zuzugsgebiet

Weiße

Knapp 80% der Einwohner Floridas sind weiß, davon werden rund 20 % als *Hispanics* bezeichnet, Tendenz steigend. Die „weißen Eingeborenen" bezeichnen sich manchmal als „*crackers*" und meinen damit diejenigen, die z.T. schon seit Generationen im ländlichen Florida leben. Sie verkörpern das eher konservative Bevölkerungselement, spre-

Crackers: die weißen „Ureinwohner"

chen den typischen Südstaaten-Slang und gelten als bodenständig. Allerdings sollte man mit der Bezeichnung vorsichtig umgehen, denn ihr haftet eher ein negatives Image an. Der Name leitet sich (nach einer von mehreren Erklärungen) ab von den Cowboys auf den Rinderfarmen, die des Öfteren die Wasserlöcher der Rinder von den Alligatoren befreien mussten, wobei sie die Alligatoren im heute als „Gator Wrestlin" benannten Kampf von hinten angehen und deren Gebiss „cracken" mussten.

Yankees: die Zugereisten

Zahlreich sind auch die Zugereisten, meist aus den Staaten des Nordostens und des Mittleren Westens. Ursprünglich bezeichnete man als „Yankees" die Siedler in den Neuengland-Kolonien vor der amerikanischen Unabhängigkeit. Die „Yankees" stehen eher für Fortschritt und Veränderung. Sie stellen den Großteil der städtischen Bevölkerung und importierten ihre urbanen Vorstellungen in das von ihnen bevorzugte Südflorida; sie siedelten hier unmittelbar entlang der Atlantik- oder Golfküste.

Zweifelsohne sind die Bewohner des Nordostens Floridas größter Bevölkerungszustrom. Und sie waren es, die dazu die Infrastruktur geschaffen haben: die beiden Eisenbahnkönige *Flagler* und *Plant*. Und damit wuchs bei vielen Nordstaatlern der Appetit, unter Floridas Sonne zu leben. Der 2. Weltkrieg brachte noch mehr Menschen auf den Geschmack, in den wärmeren Süden zu ziehen: Viele dienten beim Militär in Jacksonville, Tampa, Key West oder Pensacola. Als das Kriegstreiben vorüber war, verblieben sie in Florida.

Kubaner

Seit 1959 strömten Kubaflüchtlinge, aber auch Menschen aus anderen mittelamerikanischen Staaten nach Miami. Ihnen gemeinsam ist die spanische Sprache, ein unbändiger Freiheitsdrang, eine hohe emotionale Ausdruckskraft – und ein bisschen der Hang,

Das Zentrum Little Havanas: die Calle Ocho

unter sich zu bleiben. Die meisten „Exilados" – allein aus Kuba kamen über 1,5 Millionen Menschen zwischen 1960 und 1980 – bleiben größtenteils in bzw. um Miami und haben sich längst hochgearbeitet. Im Miami Dade County waren 2010 65 % der 2,2 Millionen Einwohner *Hispanics*, die meisten von ihnen Kubaner.

In der Geschäftswelt haben Kubaner mittlerweile ihren festen Platz erobert. Die Mehrzahl hat sich „nordamerikanisiert" und dem Dollar verschrieben: Aus armen Flüchtlingen wurden z. T. wohlhabende Leute. Das Durchschnittseinkommen der ehemaligen Flüchtlinge liegt etwa auf dem Level der floridianischen Amerikaner.

Nach über 50 Jahren Isolationspolitik und mehreren schweren politischen Krisen startete der amerikanische Präsident *Barack Obama* Mitte 2009 eine **Annäherung an Kuba**. Alle Reisebeschränkungen für Exil-Kubaner wurden aufgehoben, auch Geldsendungen in die Heimat wurden freigegeben. Die Dollarsendungen an Familienangehörige in Kuba sind eine der wichtigsten Devisenquellen des Landes. Das seit 1962 bestehende Handelsembargo gegen Kuba ist allerdings weiterhin in Kraft. Zu der Annäherung hat auch beigetragen, dass der seit 2008 amtierende Präsident Kubas *Raúl Castro* sich offener für einen Dialog mit den USA zeigte als sein Bruder *Fidel Castro*.

Wichtige Devisenquelle

(Mehr über die Rolle der Kubaner siehe S. 128)

Floridas Neubürger und Einwanderer

Von allen US-Bundesstaaten hatte Florida bis 2008 den höchsten Zuzug vorzuweisen. Nicht, dass nur Pensionäre sich hier niederließen: Zunehmend entdeckten auch jüngere Semester die Attraktivität Floridas und wählten den Sunshine State zu ihrem Domizil, obwohl das Lohnniveau in der Regel niedriger ist als in den nördlichen Staaten. Erstaunlicherweise wirkt aber die Attraktivität Floridas auch außerhalb der USA: So haben viele Europäer Florida als ihren ersten oder zweiten Wohnsitz entdeckt. Gerade zu Zeiten der Immobilienkrise mit stark gesunkenen Häuserpreisen wurde eine Investition für Europäer in Florida wieder attraktiv.

Immer mehr Jüngere

Religion in den USA – „God's own country"

(Text: Margit Brinke, Peter Kränzle)

In den USA gelten **zwei Grundsätze**: Jeder darf seinem eigenen Glauben anhängen, solange er die Verfassung nicht gefährdet. Zudem gilt prinzipiell, dass das Verhalten eines Menschen wichtiger ist als sein Glaube. Diese Ideen haben sich jedoch erst im Verlauf der Geschichte manifestiert, zu Anfang waren die einzelnen religiösen Gruppen weit weniger tolerant. Dies bekamen nicht nur die Indianer zu spüren, sondern auch die eigenen zweifelnden Glaubensbrüder.

Erst mit der Verankerung der **Religionsfreiheit** und der Trennung zwischen Staat und Kirche in der Verfassung wurden die USA zu „**God's own country**", ein Land, in dem jeder seinen Glauben ausleben kann, solange er nicht die Gesellschaft oder den Staat in Gefahr bringt.

Trennung zwischen Staat und Kirche

Religiöse Vielfalt wird in den USA groß geschrieben

„Episcopal, Baptist, Methodist, Pentecostal, Presbyterian, Roman-Catholics, Latter Day Saints, Mennonites, Lutheran, Adventist“ – die Gottesdienstkalender in lokalen Tageszeitungen füllen Seiten. Das Spektrum an religiösen Gruppen bzw. Kirchengemeinden ist in den USA enorm, allerdings gibt es gemeinsame Züge: Es handelt sich fast durchweg um **protestantische Richtungen**, alle glauben an die Allmacht der Bibel und die meisten pflegen eine eher informelle Gottesverehrung.

Protestanten und Katholiken

Religionszugehörigkeit ist in den USA nichts „Lebenslängliches“. Ein Methodist kann bei einem Wohnungswechsel durchaus Mitglied einer Episkopalgemeinde werden, wenn beispielsweise diese Kirche näher zum Wohnsitz liegt oder besondere Dienstleistungen bietet. Solche können in Kinderbetreuung, Alten- und Krankenpflege, Familienberatung oder Kultur- und Fortbildungsprogrammen bestehen. Da staatlicherseits keine finanziellen Zuwendungen fließen und es weder Kirchensteuer noch -geld gibt, gilt der „Blessing Pact“: Gott liefert den Segen (und die entsprechenden Einrichtungen), der „Kunde“ das Geld. Speziell für Florida gilt, dass etwa 2/3 der Bevölkerung **Protestanten** sind, die meisten davon gehören den Baptisten in unterschiedlichen Ausrichtungen an. Die Katholiken haben verglichen mit den südlichen Anrainerstaaten einen hohen Anteil, vor allem in den Regionen um Tampa und Orlando. Viele Katholiken sind Hispanics.

Voodoo und Katholizismus

Im Süden Floridas wächst die **muslimische Gemeinde**, hier gibt es mittlerweile mehr als 50 Moscheen. Die **jüdische** Gemeinde bekommt vor allem durch zugezogene Rentner aus dem Nordosten Zuwachs. Sie leben zumeist im Süden Floridas. Eher zu Splittergruppen gehören die Anhänger der **„Santería“**. Hierbei handelt es sich um eine ursprünglich von schwarzen Kubanern gelebte Glaubensrichtung, die eine Verschmelzung westafrikanischer und katholischer Glaubenselemente, „angereichert“ durch Voodoo-Elemente von Haitianern. Die Santería wird von der katholischen Kirche offiziell als Heidentum angesehen und damit auch abgelehnt, aber dennoch geduldet. Seit den 1970er Jahren verbreitete sich Santería auch unter den weißen Kubanern, bis dahin war sie fast ausschließlich bei den schwarzen Kubanern verbreitet. In Kuba gab es schon früher einen starken Einfluss der Santería auf die katholischen Gläubigen. Santería kennt keine fixierten religiösen Regeln, sie verändert sich ständig. Über 200 Gottheiten werden verehrt, wobei 20 davon dominierend sind.

Kultur und Sprache

Text: Bettina Götz

Das ganze Jahr über gibt es in ganz Florida ein vielfältiges kulturelles Angebot. Zudem finden jährliche Festivals und Veranstaltungen statt, dazu mehr Infos bei den jeweiligen Orten.

Vielfältiges kulturelles Angebot

Musik

Frederick Delius, berühmtester Komponist Floridas und Sohn eines deutschen Wollhändlers, war von den Rhythmen der Schwarzen besonders fasziniert, die er in den Kirchen und auf den Plantagen hörte. Den Stoff für seine erste Oper „Koanga“ von 1897 entnahm er daher dem Alltag der schwarzen Plantagenarbeiter.

Im Rahmen des **Jacksonville-Jazz-Festivals** findet jedes Jahr im Mai der nationale Wettbewerb um den besten Nachwuchs-Jazz-Pianisten der USA statt. Während der Wintersaison kann man Symphoniekonzerte und andere musikalische Darbietungen im Adrienne Arsht Center for the Performing Arts in Miami besuchen. Zum Erfolg des **Florida-Folk-Festivals** am Memorial Day Weekend Ende Mai tragen sowohl Country-Musiker bei als auch ethnische Gruppen, die ihre Musik, Tänze und ihr Kunsthandwerk präsentieren *(Information: Stephen Foster State Folk Culture Center, White Springs, ☎ 1-877-635-3655, www.floridastateparks.org/folkfest)*.

Die Gelegenheit, Broadway-Inszenierungen zu erleben, hat man z. B. in Fort Lauderdale (Parker Playhouse).

Theater und Literatur

Besonders eng mit Florida verbunden ist **Ernest Hemingway**, Nobel- und Pulitzerpreisträger, der 1928 erstmals nach Key West kam. Die Stadt faszinierte ihn sofort, möglicherweise auch weil die Prohibition hier nicht so streng gehandhabt wurde – seine „Sauftouren“ mit dem Barbesitzer *Sloppy Joe Russell* und weiteren trinkfreudigen Freunden wurden legendär. 1931 kaufte Hemingway mit seiner damaligen Frau Pauline auf der Insel ein malerisches Haus an der Whitehead Street, das auch heute noch fast unverändert besichtigt werden kann. Hier verbrachte er eine insgesamt sehr produktive, aber auch exzessive Zeit. Nach seinem schriftstellerischen Schaffen in den Morgenstunden verbrachte er den Nachmittag mit Freunden beim Angeln und abends traf man sich zum Trinken in der Bar seines Freundes. Dort traf er 1936 seine dritte Frau *Martha Gellhorn*, mit der er später nach Kuba zog.

Nobel- und Pulitzerpreis

Hemingway House – heute ein Museum

In dieser Zeit schrieb er Klassiker wie „Schnee am Kilimandscharo" und „Tod am Nachmittag" sowie Werke, die seine Eindrücke vor Ort widerspiegeln, wie „Haben und nicht Haben", ein Roman, der die Schmugglerszene darstellt, oder „Inseln im Strom".

Im Juni/Juli werden in Key West die „Ernest Hemingway Days" gefeiert. Das Festival dauert sechs Tage und spielt sich vor allem auf der Duval Street und bei „Sloppy Joe's" ab.

Beim **Literary Seminar** in Key West, das jedes Jahr veranstaltet wird, stehen Stücke von *Tennessee Williams*, z. B. „Endstation Sehnsucht" und „Die Katze auf dem heißen Blechdach", und von *Ernest Hemingway*, wie „Schnee am Kilimandscharo" und „Der alte Mann und das Meer", im Mittelpunkt der Aufführungen und Workshops. Viele Schriftsteller kamen schon nach Florida, in der Regel, um dort Urlaub zu machen und die Sonne zu genießen, außer den bereits genannten z.B. *Elizabeth Bishop, John Dos Passos* und *Robert Frost* (*www.kwls.org*).

Kunst

Rubens-Sammlung

Kunstliebhaber haben in Florida zahlreiche Möglichkeiten, auf ihre Kosten zu kommen. Die oftmals sehr lebendig präsentierten Ausstellungen eignen sich auch hervorragend für einen Besuch mit Kindern. Erwähnenswert ist vor allem die Rubens-Sammlung im **John and Mable Ringling Museum** in Sarasota, die zu den größten der Welt zählt. Besonders lohnend ist ein Besuch im **Salvador-Dalí-Museum** in St. Petersburg, die weltweit umfangreichste Sammlung mit zahlreichen Werken des Künstlers aus allen Phasen seines Schaffens. Die größte Auswahl an Museen hat Miami. Das **Miami Dade Cultural Center** beherbergt z.B. das *Miami Art Museum* sowie das *HistoryMiami*, und in Miami Beach gibt es u.a. das *Bass Museum of Art* mit Werken von *van Gogh, Botticelli* und *Picasso* und das *Wolfsonian Museum* mit etwa 70.000 Exponaten von Kunst und Kunstgewerbe.

Darüber hinaus kann man sein Wissen bezüglich Geschichte und Naturkunde Floridas im Heimatmuseum, das es in jedem größeren Ort gibt, anhand zahlreicher Exponate erweitern.

Das Miami Dade Cultural Center in Downtown

Architektur

Floridas Gebäude spiegeln vor allem die Besiedlungsgeschichte wider. Während die Pioniere schlichte Häuser bauten, stiegen im Eisenbahnzeitalter die Ansprüche. Unternehmer ahmten die Architektur des Nordens nach, um Einwanderer in den Süden zu locken. Somit entwickelte Florida eigentlich keinen eigenen Architekturstil, trotzdem gibt es bemerkenswerte Bauwerke, deren Stil vor allem durch besondere klimatische Bedingungen beeinflusst wurde.

Klimatische Beeinflussung

Floridas frühe Architektur übte großen Einfluss auf die zukünftige Baukunst in den USA aus. In der Zeit um 1800 richteten sich die Pioniere beim Hausbau in erster Linie nach dem Klima und den übrigen lokalen Bedingungen. Sie verwendeten Holz, das vorhanden war, und bemühten sich um eine gute Luftzirkulation in den Häusern. Nur wenige dieser „Cracker-Häuser", von Cracker-Farmern erbaut, sind erhalten. In vielen Landesteilen, vor allem im mittleren Teil Floridas und im Panhandle, darf man sich am Südstaaten-Stil erfreuen: Große Holzvillen, von wunderschönen Veranden umgeben, vermitteln auch heute noch einen Hauch der „guten, alten" Zeit. Ein kleines, aber schönes Beispiel dafür ist vielleicht das Coombs House Inn in Apalachicola.

Es folgte ein kreativer Bau-Boom: Seit den 1920er Jahren entwickelte sich im Urlaubsparadies Florida eine einzigartige Freizeitarchitektur: In kurzer Zeit wurden zahlreiche Hotels und Apartmenthäuser im Stil des **Art déco** gebaut, sodass ein Fassaden-Mosaik entstand, das heute u. a. von zahlreichen Architektur-Studenten besichtigt wird. Ebenso entstanden Bauwerke im maurischen Stil. Viel gebaut wurde auch im **neo-mediterranen Stil**, mit Architekten wie *Addison Mizner* in Palm Beach und *George Merrick* in Coral Gables.

Fassaden-Mosaik

Art déco in South Miami Beach

In Orlando und Umgebung gibt es die berühmten Vergnügungsparks, so genannte „Theme Parks" von Disney, Seaworld und Universal Studios, Fantasiewelten und Zeichen einer neuen Art Ferien zu machen. Das Schlagwort heißt **Fantasy Architecture**. Hier wird der Besucher in ferne Länder, Fantasieabenteuer oder andere Zeiten versetzt, bzw. in eine heile Urlaubswelt. Ein herausragendes Beispiel ist das Walt Disney Swan und Dolphin Resort *(www.swandolphin.com)*.

Sprache

Amerikanisches Englisch (*American English*, kurz *AE* oder *AmE*) ist nicht gleich Englisch und umgekehrt. Trotz aller grundsätzlichen Gemeinsamkeiten in Grammatik, Aussprache und Vokabular haben sich in den letzten zweihundert Jahren doch z.T. erhebliche Unterschiede herausgebildet. Mit etwas Gewöhnung ist die amerikanische Sprache aber leicht zu verstehen.

Wortneuschöpfungen

Es fällt auf, dass die Amerikaner zu Wortneuschöpfungen neigen (z.B. *U* für *You*, *4sale* für *for sale*, *xing* für *crossing*, *Xmas* für *Christmas*) und immer häufiger so ähnlich schreiben, wie sie sprechen (z.B. *center* für *centre*, *color* für *colour*, *nite* für *night*). Nebenstehend sind einige Wörter aufgeführt, die sich im britischen und im amerikanischen Englisch unterscheiden.

In der Schule lernen die amerikanischen Schüler als 1. Fremdsprache bevorzugt Spanisch, gefolgt von Französisch. Deutsch wird nur relativ selten als Fremdsprache an den Highschools gewählt.

Leben in Florida

Mentalität

Freundliche Amerikaner

Wer das erste Mal nach Amerika kommt, wird über die allenthalben anzutreffende **Freundlichkeit** positiv erstaunt sein. Die Bedienung, der Busfahrer, die Angestellten an der Rezeption eines Hotels – stets wird man auffallend freundlich behandelt. Dem netten Umgang miteinander mag nach einer Weile die Ernüchterung folgen, dass es sich dabei um einen Ausdruck der vielen Konformismen handelt, die Amerika und seine Menschen „funktionieren" lassen. Oberflächlichkeit? Natürlich kann man die freundliche Grundhaltung des Amerikaners „hinterfragen" und dazu sicherlich Antworten finden.

Unterschiede zwischen amerikanischem und britischem Englisch					
Amerik. Englisch	**Britisches Englisch**	**Deutsch**	**Amerik. Englisch**	**Britisches Englisch**	**Deutsch**
after	past	nach (zeitlich)	grain	corn	Getreide
aisle	gangway	(Durch-) Gang	guy	fellow, chap	Bursche, Kerl
apartment	flat	Wohnung	hood	bonnet	Kühlerhaube
baggage	luggage	Gepäck	icebox	refrigerator	Kühlschrank
billion	milliard	Milliarde	kids	children	Kinder
block	/	Häuserblock	rest room	lavatory	Toilette
to call, to phone	to ring up	anrufen	last name	surname	Familienname
campus	college ground	Universitätsgelände	long distance call	trunk call	Ferngespräch
can	tin	Konservendose	mail	post	Post
candy	sweets	Süßigkeiten	movie	cinema	Kino
center	centre	Zentrum	observatory	view tower	Aussichtsturm
check	bill	Rechnung	one way ticket	single ticket	einfache Fahrt
checkroom	cloakroom	Garderobe, Gepäckraum	pants	trousers	lange Hosen
closet	cupboard	Schrank	Pentecost	Whitsuntide	Pfingsten
color	colour	Farbe	railroad	railway	Eisenbahn
comforter	eiderdown	Steppdecke	round trip ticket	return ticket	Rückfahrkarte
commencement	graduation	Schulabschluss	sales girl	shop assistant	Verkäuferin
cookies	biscuits	Kekse	second floor	first floor	1. Stock
cop	policeman (bobby)	Polizist	shoeshine	boot polish	Schuhputzmittel
corn	maize	Mais	sidewalk	pavement	Bürgersteig
cute	nice, dainty	niedlich	sticker	label	Anhänger, Aufkleber
date	appointment	Verabredung, Termin	store	shop	Geschäft
daylight saving time	summertime	Sommerzeit	stove	cooker	Herd
depot, station	station	Bahnhof	streetcar	tram	Straßenbahn
drugstore	chemist	Drogerie	subway	underground	U-Bahn
elevator	lift	Fahrstuhl	suspenders	braces	Hosenträger
erasor	rubber	Radiergummi	tenderloin	undercut	Rinderfilet
eyeglasses	spectacles	Brille	third floor	second floor	2. Stock
fall	autumn	Herbst	track	platform	Bahnsteig
faucet	tap	Wasserhahn	trailer	caravan	Wohnwagen
to fill out	to fill in	ausfüllen	truck	lorry	Lastwagen
first floor	ground floor	Erdgeschoss	two weeks	fortnight	14 Tage
first name	Christian name	Vorname	underpass	subway	Unterführung
to fix	to repair	reparieren	vacation	holidays	Urlaub, Ferien
flashlight	torch	Taschenlampe	wrench	spanner	Schraubenschlüssel
freeway	motorway	Autobahn	zip code	postcode	Postleitzahl
gas	petrol	Benzin			

Das Miteinander im Alltag wird durch die gleich bleibende, standardisierte Freundlichkeit untermauert. Nicht verwunderlich, dass es in den Highschools manchmal sogar ausgesprochene Trainingskurse für höfliches Verhalten gibt… Wie dem auch sei: Beim Besucher hinterlässt der freundliche Umgangston spätestens dann Spuren, wenn ihm der manchmal mufflige Umgangston zu Hause wiederbegegnet.

Im Gegensatz zu Europa reicht der Amerikaner dem Fremden nur selten die Hand. Dies ist guten Freunden und Bekannten vorbehalten. Schnell geht man auch in einer ersten Begegnung dazu über, sich beim Vornamen zu nennen. Allerdings darf man diese „Vertraulichkeit" nicht mit dem Duzen bei uns gleichsetzen, es ist wesentlich weniger gewichtig. Als ungewöhnlich mögen wir die Hemdsärmeligkeit der Amerikaner empfinden, wenn sie bei einer auch nur flüchtigen Begegnung unbekümmert über ihre persönlichen Verhältnisse berichten. Dabei sind Angaben über Beruf oder Verdienst überhaupt kein Tabu.

Der „Durchschnittsamerikaner" ist über die politische Lage außerhalb der USA verhältnismäßig wenig informiert und interessiert. In den Tageszeitungen und Fernsehsendungen nehmen außeramerikanische Themen nur einen sehr geringen Teil ein.

Positiv!

Die **Einstellung zum deutschen Besucher** ist durchgängig positiv. Viele Amerikaner haben deutsche Vorfahren, einige Ältere waren während ihrer Militärzeit in Deutschland stationiert. Obwohl die Amerikaner die Deutschen im 2. Weltkrieg besiegten, haben die amerikanischen Soldaten kein Feindbild aufgebaut. Schnell bauten sie die zunächst gar nicht erwünschten Kontakte zur Bevölkerung auf, und viele brachten eine deutsche Braut nach Amerika. Dem Deutschen werden Werte wie Fleiß, Tüchtigkeit und Wissensdrang zugesprochen. Man schwärmt von deutschen Autos und Autobahnen… und von deutschem Essen und Bier. Dass das Deutschlandbild des Amerikaners in unseren Augen mitunter naiv und oberflächlich ist, mag stimmen – aber er verbindet mit diesem Bild starke positive Vorstellungen wie „Gemütlichkeit" und „Treue". Während des Irak-Krieges hat Amerika Sympathien auch bei seinen engsten Freunden eingebüßt, die Glaubwürdigkeit war bis zum Nullpunkt gesunken. Eine kritische Freundschaft war zu einer skeptischen geworden. Mit der Wahl *Barack Obamas* zum Präsidenten hat sich die Stimmung im Ausland wieder gewandelt. Seit das „Feindbild" Bush verschwunden ist, hat auch die europaweit verbreitete anti-amerikanische Stimmung abgenommen.

Heile Welt

Gerade in Florida fällt auf: Überall gibt es „Fun Parks" und Attraktionen, die wie Wegelagerer auf den Touristen lauern. Der Amerikaner hat Spaß an dieser Art Unterhaltung, und je mehr „Show" dabei ist, desto besser… Hier werden Probleme bewusst ausgeklammert – wozu soll man für schlechte Nachrichten bezahlen. Stattdessen wird die heile Welt der Vergangenheit, Gegenwart und Zukunft dem Besucher förmlich eingebläut.

Junk food

Viele Amerikaner ernähren sich **extrem kalorienreich** und gleichzeitig vitaminarm. Durch das Überangebot an Essensmöglichkeiten und die Werbung für „neue" Gerichte wird der Appetit ständig angeheizt. Auf einem Automaten für Chips und Schokoladeriegel – am Aufgang zu einem Motel installiert – entdeckte ich den unwiderstehlichen Slogan: „Don't go around hungry". Dabei wird gesunde Ernährung und kalorienbewusstes Essen leicht gemacht: Auf allen Lebensmitteln sind peinlich genau Kalorien, Vitamine, Cholesteringehalt, Fette etc. aufgeschlüsselt. Doch wie alles in Amerika, kennt man im „Land der unbegrenzten Möglichkeiten“ auch den gegenpoligen Trend zur **Biokost** (*health* oder *natural food* genannt). Längst gibt es Biofarmen und eine Vielzahl von Biorestaurants. Zum Glaubensbekenntnis einer **aktiven Lebensgestaltung** gehört auch die sportliche Betätigung. Entlang der Straßen und der Strände trifft man z. B. sehr viele Jogger und Walker an.

Allgegenwärtig ist auch die **Werbung**, sei es im Fernsehen, sei es entlang der die Highways begleitenden Schilderwälder. Dem Hang zur Übertreibung sind hier keine Grenzen gesetzt, es gibt wahre Exzesse des *Wording*, jener Kunst, Selbstverständliches durch hochtrabende Beschreibung zur Einmaligkeit und Sensation zu befördern. Mit dem Hang zum *Wording* einher geht die Neigung, Superlative sehr oft zu gebrauchen. „World famous Steakhouse“ nennt sich schnell irgendeine Bratenbude…

Wording

Arbeitsleben

(Text: Margit Brinke und Peter Kränzle)

Wer das erste Mal in die USA kommt, wird **einige Besonderheiten** bemerken. Dazu gehört das fast unüberschaubare Angebot an Gütern aller Art, in Supermärkten, in Malls (Einkaufszentren), auf Märkten oder in Spezialitätenläden. Die Geschäfte stehen in Konkurrenz zueinander und überbieten sich mit Vergünstigungen, Rabatten und Dienstleistungen. Auffällig sind die große **Kundenfreundlichkeit** und das stärkere **Service-Bewusstsein**. Der Kunde ist hier tatsächlich noch König und wird entsprechend hofiert.

In einem Land, das keinen Geburts-, sondern nur einen **Geldadel** kennt, zählt wirtschaftlicher Erfolg mehr als alles andere. Die Gesellschaft erkennt „Vom-Tellerwäscher-

Kunde ist König

Weit verbreitet und beliebt: Shopping Center und Malls

Viele Einsatzmöglichkeiten

zum-Millionär-Karrieren" und gewinnbringende Geschäftsideen neidlos an. Verschiedene Jobs zu haben ist etwas ganz Normales, und anders als in Europa werden **Arbeitsplatzwechsel** im Allgemeinen positiv bewertet, da Erfahrungen und Kenntnisse in verschiedenen Bereichen nur von Nutzen sein können. Im Vergleich zu Deutschland haben weniger Amerikaner im klassischen Sinne einen Beruf „erlernt", die Regel ist „**learning by doing**" und entsprechend wächst mit dem Alter das Spektrum an Einsatzmöglichkeiten. Dabei ist „Berufsethos" bzw. Überheblichkeit gegenüber anderen Sparten wenig ausgeprägt. Man ist sich nicht zu fein, in einem komplett anderen, auch „niedrigeren" Berufsfeld zu arbeiten.

Um eine Stelle zu bekommen oder ein Geschäft zu gründen sind nicht beigebrachte Zeugnisse und Zertifikate maßgebend, sondern Allround-Kenntnisse, Teamgeist, Ehrgeiz und Einsatz. **Absolute Effizienz** ist das oberste Ziel und dafür arbeiten die Amerikaner im Durchschnitt wesentlich härter und länger hier zu Lande: bis zu 50 Wochenstunden, bei nur zwei Wochen Jahresurlaub! Viele Menschen, die in ihrem Hauptjob nur wenig verdienen, gehen **Nebentätigkeiten** nach. Auch Senioren bessern mit Nebenjobs ihre Renten auf, arbeiten aber vielfach zusätzlich ehrenamtlich. Ohne diese „**Volunteers**" – eine weitere „Spezialität" des Landes – könnten in den USA zahlreiche Institutionen, Vereine und Museen nicht existieren.

Nicht auf Lebenszeit

Die **Mobilität im Berufsleben** spiegelt sich auch geografisch wieder: Amerikaner sind stets bereit, wenn nötig oder vorteilhaft eine neue, auch weit entfernte Arbeitsstellen anzunehmen und dafür den Wohnsitz zu ändern. Ein Eigenheim ist ebenso wie eine Arbeitsstelle keine „Sache auf Lebenszeit". Andererseits ist es in ländlichen Regionen, vor allem des Südens, auch üblich, den Geburtsort nie für längere Zeit zu verlassen.

Chancengleichheit ist nominal gewährleistet, in der Realität aber nur ansatzweise umgesetzt. Einerseits sind vor allem Frauen und Afroamerikaner, daneben aber auch andere Nationalitäten wie Latinos oder Asiaten bis heute benachteiligt. Ausbeutung auf Feldern, Zitrusplantagen oder am Fließband ist immer noch gang und gäbe.

Kulinarische Genüsse

Amerikas Küche ist so vielseitig wie das Land. Die Vorurteile gegenüber amerikanischen Essensgewohnheiten mögen zum Teil stimmen, sie sind aber nur ein Teilausschnitt der Wirklichkeit. Denn: Neben Hamburgern und Fast Food gibt es erstklassige Restaurant.

Spezialitäten der floridianischen Küche

Das Interessante an der Küche in Florida ist, dass es Gerichte aus verschiedenen Ländern gibt. Nicht nur die Einwanderer aus Europa haben den Speisezettel bereichert,

Hinweis

Eine kleine kulinarische Sprachhilfe finden Sie im Anhang ab S. 568, allgemeine Infos zu Essen & Trinken auf S. 74.

sondern auch die aus Kuba, Mittel- und Südamerika Zugewanderten. Dass es an guten Zutaten nicht mangelt, verdankt Florida seiner geografischen Lage. Im milden Klima gedeihen praktisch alle Gemüse- und Obstsorten; die Nähe zum Meer sorgt für einen Reichtum köstlicher Salzwasserfische. Zudem werden in den vielen Binnengewässern hervorragende Süßwasserfische gefangen. Und auf saftigen Wiesen im Zentrum Floridas werden Rinder gezüchtet, deren zartes Fleisch als fantastische Steaks auf den Tisch kommt.

Gemüse, Obst, Fisch

Typisch floridianisch sind folgende Gerichte:
Key Lime Pie: Dieses Dessert finden Sie praktisch auf jeder Speisenkarte. Ursprünglich kommt die Key Lime Pie aus Key West, wo kleine, sehr aromatische Limonen wachsen. Auf einem dünnen Teigboden liegt eine dicke Schicht gelber Zitronenbaisers, der Geschmack ist etwas säuerlich.
Erdbeeren: Erdbeersaison in Florida ist vorwiegend im März und April.
Orangen-Pampelmusensaft: Beliebt sind frische Fruchtsäfte, vor allem frisch gepresster Orangensaft und Pampelmusensaft. Die bekanntesten Orangensorten nennen sich Hamlin, Pineapple und Valencia.
Grits: Das ist eine Art Hafergrütze, die zum Frühstück anstatt von Kartoffeln serviert wird.
Conch Chowder: Es ist eine gewürzte, dicke Suppe aus Milch, Kartoffeln und Muscheln, ursprünglich aus den Neuengland-Staaten stammend.

Schön zum Speisen und Gucken: Restaurants in Miami Beach

An **Fischen und Meeresfrüchten** werden vor allem angeboten:
Steinkrebse *(stone crabs)*: In den Zangen dieser Krebsart findet man das zarte Fleisch. Das Gesetz schreibt vor, dass man zwischen dem 15. Oktober und 15. April den stone crabs die Scheren abschneiden darf, allerdings muss man das Tier wieder freilassen. Die Scheren wachsen dann langsam wieder nach.
Langusten: In Florida *spiny lobster, crawfish, crayfish* oder auch *Florida Lobster* genannt – der echte Hummer mit Zangen kommt aus Maine im Nordosten.
Krabben *(shrimps)*: Sie werden zu shrimp cocktail oder zu shrimp salad weiterverarbeitet. Shrimps sind eine alltägliche Speise in Florida. Sie werden zumeist im Golf von Mexico gefangen.
Austern *(oysters)*: Diese Spezialität, bei uns sündhaft teuer, gehört mittlerweile zum Standardangebot eines jeden Restaurants. Austern – sicherlich nicht jedermanns Sache – werden meist roh geschlürft. Am besten, das heißt saftigsten, sind sie in der kühleren Jahreszeit.
Wels *(catfish)*: Es ist ein Süßwasserfisch, der gebraten angeboten wird.
Goldmakrele *(pompano)*: Sie werden meistens in Folie im Ofen gebacken, oft sind sie zusätzlich mit Shrimps gefüllt.
Seeforelle *(spotted sea trout)*: Ein köstlicher Fisch, der verschieden zubereitet und gebraten oft mit Mandeln serviert wird.
Barsche *(grouper)* sowie der **Red Snapper**: Diese Fische werden zumeist gegrillt angeboten.

Manche Restaurants bieten auch Alligatorenfleisch an. Das Alligatorensteak ist ähnlich zäh wie Tintenfisch und ähnelt dem Geschmack von Kalbfleisch. Der Alligator Tail ist das Gourmetstück, ähnelt einem (festen) Fisch (z.B. Haifisch) und hat einen angenehmen Eigengeschmack. Am besten schmeckt dieses Fleisch in einer Suppe oder gekocht, z. B. mit einer Senf-Honig-Sauce. Leider wird aber auch der Tail häufig frittiert angeboten, und das nimmt ihm seinen eigenen Charakter.

2. FLORIDA ALS REISEZIEL

Allgemeine Reisetipps A–Z

Hinweis

In den **Allgemeinen Reisetipps** von A-Z finden Sie - alphabetisch geordnet - reisepraktische Hinweise für die Vorbereitung Ihrer Reise und Ihres Aufenthalts in Florida. Regionale Reisetipps - Infostellen, Sehenswürdigkeiten, Unterkünfte, Restaurants etc. - finden sich im Reiseteil bei den jeweiligen Städten.

Alle Angaben über Preise, Telefonnummern, Öffnungszeiten etc. waren zum Zeitpunkt der Drucklegung gültig, sind aber konstant Änderungen unterworfen. Auf die Angabe von Faxnummern wurde weitestgehend verzichtet, da das Internet bzw. E-Mail dieses Medium weitgehend ersetzt hat.

Abkürzungen 58
Alkohol 58
Angeln 98
Anreise 58
Apotheken 59
Auto fahren 60
Autokauf in den USA 63

Behinderte 65
Boot fahren 65
Busse 67

Camper 67
Camping 69

Diplomatische Vertretungen 70

Einkaufen 71
Einreise 72
Eisenbahn 73
Essen & Trinken 74

Fahrrad fahren 100
Feiertage und Ferientermine 79
FKK 79
Flüge 79
Fotografieren 80

Geldangelegenheiten 81
Gesundheit 83
Golf 100

Haustiere 84

Immobilien 84
Informationen 84

Kanu-Trails 86
Kartenmaterial 86
Kinder 86
Kleidung 87
Klima und Reisezeit 87

Literatur 88

Maßeinheiten 89
Medien 90
Mietwagen 90

Naturparks/National Parks/National Forests/State Parks 93
Notfall 95

Öffnungszeiten Banken 96

Post 96
Preisermäßigungen 96

Rauchen 97
Restaurants 97

Schlangen 97
Sport 98
Sprache und Verständigung 101
Strände 101
Strom 103

Tauchen 100
Taxi 103
Telefonieren 104
Trinkgeld 105

Unterkunft 106

Versicherung 109

Zeit 110
Zoll 110

Abkürzungen

Ave.	Avenue	**M.R.**	Military Reservation
B.	Beach	**Mt., Mtn.**	Mount, Mountain
Bldg.	Building	**Mts.**	Mountains
Blvd.	Boulevard	**Mun.**	Municipal
Cr.	Creek	**Nat.**:	National
Cy.	City	**N.B.**	National Battlefield
Dept.	Department	**Nat'l Rec. A.** (NRA):	National Recreational Area
Dr.	Drive	**N.F.** oder **Nat. For.**	National Forest/Wald
Fwy.	Freeway	**N.M.**	National Monument
Ft.	Fort	**N.P.**	National Park
H.M.	Historical Monument	**N.S.**	National Seashore
H.P.	Historical Park	**N.W.R.**	National Wildlife Refuge
Hts.	Heights	**Pk.**	Peak
Hwy.	Highway	**R.**	River
Ind. Res. (auch I.R.):	Indian Reservation	**Rd.**	Road
Int.	International	**Res.**	Reservation oder Reservoir
L.	Lake/See	**Spr.**, **Sprs.**	Spring, Springs
Ln.	Lane	**St.**	State oder Street
M.M.	Mile marker		

Alkohol

Bier und Wein kann man in vielen Supermärkten kaufen; Wein, Bier und stärkere Alkoholika werden in speziell lizenzierten **Liquor Stores** angeboten. Personen unter 21 Jahren dürfen keine alkoholischen Getränke erwerben. Stets müssen Alkoholika verpackt nach draußen getragen werden. Wichtig: Sonntags bis 13 Uhr werden alkoholische Getränke nicht verkauft – an der Supermarktkasse wird rigoros alles „beschlagnahmt". In öffentlichen Anlagen (Schwimmbädern, State Parks etc.) darf kein Alkohol konsumiert werden.

In den Coffeeshop-Ketten am Highway gibt es keine alkoholischen Getränke. In normalen und in jedem teureren Restaurant dagegen *(fully licenced)* werden alle alkoholischen Getränke ausgeschenkt.

Anreise

Per Flugzeug: Die wichtigsten Flughäfen in Florida sind **Miami**, **Orlando** und **Fort Myers**. Der angenehmste Anreiseflughafen ist Orlando (hier besonders schnelle Abfertigung, da wenige internationale Flüge abgewickelt werden). In Miami kostet die Einreise mitunter viel Zeit,

Luxusliner im Hafen von Miami

Individuell Reisen

America Unlimited ist ein kleiner Nordamerika-Spezialist, der Mietwagenrundreisen mit oder ohne Flug anbietet. Das Besondere ist, dass die Routen individuell abgeändert werden können. Es stehen mehrere verschiedene Touren durch Florida auf dem Programm.
America Unlimited, *Leonhardtstr. 10, 30175 Hannover, ☎ (0511) 37444750, und Buchenstraße 3, 22299 Hamburg (Winterhuder Markt), ☎ (040) 53034834, www.america-unlimited.de.*

da viele Flüge, vor allem aus Südamerika, ankommen. Von Deutschland aus werden Nonstopflüge angeboten, u. a. von Lufthansa (ab Düsseldorf nach Miami, ab Frankfurt nach Miami und Orlando, www.lufthansa.com), AirBerlin (von Düsseldorf nach Miami und Fort Myers, von Berlin nach Miami, www.airberlin.com), Condor (von Frankfurt nach Fort Lauderdale). AirBerlin hat außerdem ein Codesharing-Abkommen mit American Airlines, wodurch verschiedene inneramerikanische Anschlussflüge (z.B. über Miami nach Key West) direkt über AirBerlin buchbar sind. Die amerikanischen Gesellschaften fliegen in der Regel über ihre „Hubs" von Europa nach Florida, was Umsteigen bedeutet (z.B. in New York oder Atlanta). British Airways fliegt von London aus Miami, Tampa und Orlando an. Mehr zu Flügen s. S. 79.

Per Schiff: Miami ist der größte Kreuzfahrthafen der Welt. Hier beginnen oder enden die Kreuzfahrten in die Karibik, nach Mittelamerika oder nach Südamerika.

Per Bahn: Amtrak verbindet Florida mit Chicago, Boston, New York und Washington. Zwischen Washington DC und Sanford bei Orlando verkehrt täglich ein **Autoreisezug** (rund 17 Stunden, man spart sich 1.500 km nervenaufreibende Fahrt auf dem Interstate 95, www.amtrak.com).

Per Auto: Über den Interstate 95 ist Florida mit dem Nordosten der USA verbunden. Doch sind diese Highways in den Ferienzeiten sehr stark frequentiert.

Apotheken

Amerikanische Apotheken sind meist große Läden (*drugstores*), in denen die eigentliche Apotheke (*pharmacy*) untergebracht ist. Hier bekommt man die verschreibungspflichtigen Medikamente, alle anderen nicht verschreibungspflichtigen Mittel nimmt man selber aus den Regalen. Apotheken mit Notdienst gibt es nicht, man wendet sich in diesen Fällen stets an das nächstliegende Krankenhaus (Ambulanz). Drugstores/Pharmacies haben zwischen 9 und 18, manchmal auch bis 21 Uhr geöffnet. In Florida sind besonders verbreitet Walgreens und CVS Pharmacy (meistens in den Einkaufszentren zu finden).

s. auch Stichwort Gesundheit

Auto fahren

Insgesamt gesehen fährt man in den USA **viel weniger hektisch** als in Europa und insbesondere in der Bundesrepublik. Die Einstellung zum „rollenden Blech" ist eher nüchtern und zweckorientiert. Man bewegt sich gemächlich, überholt auf den Highways im Zeitlupentempo, isst, trinkt und telefoniert während der Fahrt. Viele Autos haben am Armaturenbrett Halterungen für Dosengetränke, es gibt Flachbildschirme im Fond von Vans. Für den Amerikaner ist ein Auto mehr ein Wohnzimmer auf Rädern, verbringt man doch aufgrund der weiten Wege viel mehr Zeit darin als bei uns. Und so nebenbei fährt man – nicht immer gerade aufmerksam. Da man auf den Highways links und rechts überholen kann und man oft aufgrund sehr geringer Geschwindigkeitsdifferenz lange nebeneinander fährt und sich Fahrzeuge im toten Winkel der Spiegel befinden, kann es rasch krachen…

Eine andere Angewohnheit sollte man ebenfalls mit einkalkulieren: Der Fahrbahnwechsel wird sehr selten durch Blinken angezeigt. Auch beim Abbiegen in Städten und kleinen Orten scheint das Blinken manchmal ein unnötiger Luxus zu sein – man muss also aufpassen, dass der Vordermann statt geradeaus zu fahren doch vielleicht abbiegen wird.

Florida besitzt ein **dichtes Straßennetz**. Obwohl die Höchstgeschwindigkeit bei maximal 75 mph liegt, kommt man zügig voran, da es aufgrund der breiten Highways kaum Staus gibt. Ausnahme: Ballungsräume wie Fort Lauderdale – Miami oder St. Petersburg – Tampa – Clearwater. Allerdings sollte man Fernstraßen meiden, die durch die Ortschaften führen, denn eine „grüne Welle", wie wir sie kennen, gibt es quasi nicht, und man muss pausenlos anhalten. Das ist beispielsweise auf dem parallel zur Ostküste verlaufenden US 1 oder an dem US 19/ Westküste der Fall.

Speziell in Florida sollte man beachten, dass es überdurchschnittlich viele ältere Autofahrer gibt, die sich manchmal unsicher fühlen, langsam fahren, beim Abbiegen nicht blinken oder lange zum Einparken brauchen.

Besondere Verkehrsregeln

- Generell gilt rechts vor links. Größere Kreuzungen sind, wenn nicht durch Ampeln gesichert, mit **4 Stoppschildern** versehen. Also jede in die Kreuzung mündende Straße hat ein Stoppschild. Regel: Wer zuerst die Kreuzung erreicht und hält, kann als Erster fahren.
- Seit 1995 ist die **Höchstgeschwindigkeit** auf einigen Highways in den USA von 55 mph (88 km/h) auf bis zu 75 mph (120 km/h) erhöht worden. In der Regel wird diese Geschwindigkeitsbegrenzung sehr beachtet, allerdings gibt es einige, die mit mehr als 75 mph „rasen". Dem Übertreter winken **deftige Geldstrafen** – zahlbar in bar an Ort und Stelle. In Schulgebieten (*school zones*) sowie in Abschnitten mit Straßenbauarbeiten (*construction areas*) verdoppeln sich die Strafen.
- Anders als bei uns ist das **Rechtsabbiegen bei Rot** generell erlaubt, jedoch erst nach vorausgegangenem Stopp. Nur in Ausnahmefällen ist dies verboten, dann steht allerdings an der Ampel *no right turn* bzw. *right turn only on green arrow*.

- Hat eine Straße mehrere Spuren, so ist das **Rechtsüberholen** erlaubt. Man darf die Spur dann wechseln, wenn der Verkehr hinter einem es erlaubt. Allerdings nicht abrupt zum Fahrbahnwechsel ansetzen; damit rechnet der Amerikaner nicht.
- Das **Anlegen von Sicherheitsgurten** ist gesetzlich vorgeschrieben.
- Highway-Fahrten: Am besten passt man sich dem Verkehrsfluss an und benutzt bei 3-spurigen Bahnen die mittlere Spur. Man muss aufpassen, wenn man auf der rechten Fahrspur fährt: Sehr oft heißt es plötzlich *this lane must turn right* (auf dieser Fahrbahn muss rechts abgebogen werden). Dann muss man rechtzeitig wieder auf die linke, in der Regel mittlere Spur zurück.
- **Vorsicht bei Schulbussen**: Blinkt deren Warnanlage oder sind die Stoppzeichen ausgeklappt, darf der Bus nicht überholt werden. Auch der Gegenverkehr muss halten.
- Beim Parken und Anhalten außerhalb von Ortschaften muss man mit dem Wagen die **Straße völlig verlassen**.
- **Parken vor Hydranten und Bushaltestellen** ist verboten.
- Es herrscht **völliges Alkoholverbot** für Autofahrer: 0,0 ‰ Alkohol heißt die Devise. Jede Art von angebrochenen Flaschen mit alkoholischem Inhalt muss im Kofferraum bleiben.

Wenn die Polizei Sie anhält

Ein Polizeiwagen fährt stets von hinten an Sie heran – und zwar mit dem Getöse, wie Sie es aus amerikanischen Filmen kennen. Dazu leuchten und blinken verschiedene Lichter am Dach des Wagens: Sie sind dran! Halten Sie sofort an, aber bleiben Sie im Wagen. Aussteigen ist nicht gestattet, da Sie als mutmaßlicher Angreifer einen Vorteil hätten.
Der Sheriff nähert sich Ihnen, eindrucks- und würdevoll, zollen Sie Respekt. Sie müssen ihm zunächst ihren Führerschein (*driver's license*) zeigen. Dann werden Sie mit dem begangenen Vergehen konfrontiert. Sie selbst wissen am besten, was Sie angestellt haben, also bitte keine faulen Ausreden. Denn dies und Herumdebattieren mag ein amerikanischer Sheriff nicht. Bleiben Sie ruhig, höflich, fügen Sie sich in ihr Schicksal. Wer laut und unverschämt wird, darf mit dem Sheriff gleich mitfahren. Und wenn Sie gar beleidigend werden sollten, dann ist eine Übernachtung im Gefängnis (*jail*) schon gebucht. Je höflicher und einsichtiger Sie sind, desto schneller geht alles über die Bühne, und wenn es nicht ein ganz großes Vergehen ist, dann wird man Sie vielleicht sogar nur mit einer kostenlosen Verwarnung „bestrafen".

Parken
Parken, v. a. in Parkhäusern, kann in den Metropolen, aber auch in den Hotels gehobener Kategorien, teuer werden. Auf Überlandstraßen und Autobahnen darf nur in Notfällen abseits der Fahrbahn angehalten werden; in Städten sind Hydranten und „Tow Away"- bzw. „No Parking"-Zonen ein absolutes Tabu.
Auf Straßen signalisieren **farbige Randsteinmarkierungen** die Parkregeln – **Rot**: absolutes Halteverbot; **Gelb/Gelb-Schwarz**: Liefer/Ladezone, über Nacht ist Parken erlaubt; **Grün**: 10-Minuten-Parken; **Weiß**: Anhalten zum Ein/Aussteigen erlaubt; **Blau**: Behinderten-Parkplätze.

Tipp

Für unterwegs eine Kühlbox kaufen. In allen Hotels und Motels gibt es kostenlos Eis. Unterwegs ist man froh, eisgekühlte Getränke dabei zu haben.

Führerschein

Man benötigt nur den nationalen Führerschein. Kleinere Vermieter wollen manchmal zusätzlich einen Internationalen Führerschein vorgelegt bekommen. Dieser allein reicht aber nicht. Generell sollte man ihn – sofern vorhanden sicherheitshalber mitnehmen.

Highways

Highways sind autobahnähnliche Fernstraßen, meist dreispurig. Viele Highways sind gebührenpflichtig, man muss *toll* (Maut) zahlen. Um schnell voran zu kommen, empfiehlt es sich, entweder mit der Kreditkarte zu bezahlen oder Kleingeld bereitzuhalten (1-Dollar-Noten, 25-Cent-Münzen). Man fährt dann direkt zu den Einfahrten „Exact Fare" und wirft die entsprechenden Münzen in einen Korb.

Der **Florida Turnpike** ist ein gebührenpflichtiger Highway, der bei Wildwood beginnt, über Orlando an die Ostküste führt und bei Florida City endet. Der Turnpike führt stets an den Städten vorbei. Die Höhe der Benutzungsgebühr richtet sich nach der gefahrenen Strecke. Seit Februar 2011 braucht man für die Strecke zwischen Florida City und Miami-Dade/Broward County den Sunpass (ein elektronisches Abbuchungssystem, für das man einen kleinen Sender benötigt; abgebucht wird über die Kreditkarte, Infos unter www.sunpass.com). Die Barzahlung ist dort nicht mehr möglich. Vorteil: Man muss nicht mehr an den Mautstationen anhalten. Kaufen kann man den Sunpass in Supermärkten und Drogerien, u.a. *Publix, CVS Pharmacy, Sedano's*, Tankstellen und Souvenirshops an den *Turnpike service plazas*. Die großen Autovermieter bieten gegen eine Gebühr an, die Maut direkt über die hinterlegte Kreditkarte abzurechnen.
Eine andere mautpflichtige Strecke ist der **Suncoast Parkway** an der Westküste nördlich von Tampa Richtung Crystal River.

Benzin

An der Zapfsäule wird das Benzin in Gallonen angezeigt (1 US-Gallone = 3,78 l). Beinahe alle Tankstellen akzeptieren eine Bezahlung mit Reiseschecks (Travellerschecks, wird aber selten genutzt) oder Kreditkarten (auf jeden Fall einfacher). Fast alle Tankstellen sind Selbstbedienungstankstellen. An den meisten Tanksäulen kann man die Kreditkarte einschieben, sie wird elektronisch überprüft, und nach der Freischaltung kann getankt werden. Preisbeispiel für 1 Gallone Regular unleaded (Normalbenzin) 2011: ca. $ 3,20 (Durchschnittspreis). In Ballungsgebieten (bes. Orlando) liegt der Preis häufig deutlich höher, an Tankstellen auf von außen sichtbare Preisangaben achten. Meist muss man den Zapfhahn gedrückt halten, sonst fließt nichts.

Tipp

Internet-Adresse für tagesaktuelle Benzinpreise in Florida, auf Regionen bezogen: www.floridastategasprices.com.

Notfall und Pannen

Notruf ist **911**. Auf den Highways gibt es im Abstand von ½–1 Meile Notrufsäulen.
Ein kostenloser (ADAC-) Notruf in deutscher Sprache ist rund um die Uhr erreichbar unter 1-888-222-1373. Der AAA-Pannendienst (**AAA Emergency Road Service: (1-800) 222-4357**), hilft ebenfalls weiter.
Die internationale Notruf-Nummer des ADAC von den USA nach Deutschland: (01149-89) 222 222, Internationaler Ambulanzdienst: (01149-89) 767 676.
Bei Pannen mit einem Mietwagen wenden Sie sich bitte zunächst an die Mietwagenfirma.

Automobilclub AAA

Der größte amerikanische Automobilclub heißt **American Automobile Association**, abgekürzt **AAA** (auch „Triple A" genannt) und ist auch für ausländische Besucher eine nützliche Einrichtung. Mit einem deutschen **ADAC**- oder **AvD**-, einem österreichischen **ÖAMTC**- oder Schweizer **TCS**-Ausweis erhält man gratis vor Ort aktuelle Karten und Stadtpläne, außerdem hilfreiche Tour- und CampBooks, in denen Sehenswürdigkeiten, Unterkünfte und Restaurants aufgelistet sind. Jede größere Stadt verfügt über eine AAA-Niederlassung (Adressen s. Gelbe Seiten des Telefonbuchs bzw. www.aaa.com), in der man sich bestenfalls zu Reisebeginn mit allen nötigen Karten, Stadtplänen und TourBooks eindeckt.

Büros des AAA gibt es in ganz Florida, u.a.:

- **Miami**: 6643 South Dixie Highway, South Miami, Florida 33143, ☎ (305) 661 6131, Mo/Di/Fr 8.30–17.30, Di/Do 10–19 Uhr.
- **Orlando**: 4300 E. Colonial Dr., Orlando, Florida, 32803, ☎ (407) 894 3333, Mo/Di/Fr 8.30–17.30, Di/Do 10–19 Uhr.

Adressen und Öffnungszeiten aller Niederlassungen unter www.aaa.com oder www.aaasouth.com

Autokauf in den USA

Wer länger als 6 Wochen durch die USA reisen möchte, könnte sich überlegen, ein Fahrzeug zu kaufen. Autos sind in den USA verhältnismäßig günstig, und das macht sich auch auf dem Gebrauchtwagenmarkt deutlich bemerkbar. Für etwa $ 3.000 bekommt man bereits ein sehr verlässliches, gebrauchtes Fahrzeug der Mittelklasse, das man mit etwas Glück hinterher für $ 2.000 wieder verkaufen kann. Steuern sind auch billiger als bei uns. Man muss aber für Kauf und Verkauf jeweils 7 Tage einplanen.

Leider liegen die Versicherungsbeiträge für diejenigen, die keinen amerikanischen Führerschein besitzen, sehr hoch. Zwei Monate einfache Haftpflicht kosten ab $ 300, 3 Monate ab $ 450. Außerdem stellen viele Versicherungen keinen Versicherungsschutz aus für Ausländer. Halten Sie sich daher an die so genannten „unabhängigen" Versicherungsmakler. Eine weit verbreitete und empfehlenswerte Gesellschaft hierfür ist die AAA (s. o.). Ein (englischsprachiges) Schreiben der heimischen Versicherung in Europa über unfallfreies Fahren während der letzten 12 Monate ist für einen Vertragsabschluss ein nützliches Papier und senkt sogar in manchen Fällen die Prämie.

Die bereits in Deutschland abschließbaren Versicherungen sind in der Regel minimal teurer. Aber eine Buchung dort erspart einige Lauferei in den USA. Die Versicherung stellt **Blankoverträge** aus, in die Sie dann nach dem Autokauf nur die Fahrzeugdaten eintragen müssten.

Beim Kauf sollte man nicht zu sehr sparen und versuchen, ein Fahrzeug zu bekommen, das nicht älter als fünf Jahre und nicht mehr als 70.000 Meilen gefahren ist. Denn obwohl es in den USA mit Sicherheit genügend Werkstätten gibt, „pflegen" die Amerikaner ihre Fahrzeuge nicht so, wie wir es meist von Europa gewohnt sind. Selten findet man ein „scheckheftgepflegtes Auto". In den USA ist ein Auto ein reiner Gebrauchsgegenstand und wird häufig dann verkauft, wenn die ersten größeren Kosten auftreten. Prüfen Sie Ihr Wunschfahrzeug also vorher genau und achten Sie dabei auch auf Dinge wie Reifenabnutzung, Bremsbelagstärke und auf die Kupplung (Fuß auf die Bremse bzw. Handbremse feststellen, in den 2. Gang schalten und vorsichtig anfahren – dreht dann der Motor durch und rüttelt das Auto, ohne dass es losfährt, ist die Kupplungsscheibe nicht mehr einwandfrei – das klappt auch bei Automatikgetrieben).

Empfehlenswert ist es, auch wenn es etwas teurer wird, ein Fahrzeug bei einem Händler zu kaufen. Hier ist die Chance auf ein besseres Auto größer, und man hat in der Regel auch ein Rückgaberecht während der ersten Tage. Vielleicht kann man sogar das Fahrzeug hinterher beim Händler für einen Preisnachlass wieder abgeben. Ein weiterer Vorteil bei einem Händler ist, dass er einigen Papierkram übernehmen kann, allemal die Anmeldung und die Beschaffung der Nummernschilder. Die geringen Mehrkosten lohnen den vermiedenen Mehraufwand.

Falls man ein Fahrzeug privat kaufen möchte und sich zutraut, Mängel rechtzeitig zu erkennen, sollte man erst einmal, wie bei uns, die Wochenendausgabe der örtlichen Zeitungen lesen und sich über die Preise informieren. Zudem gibt es in den größeren Buchhandlungen aktuelle Bücher, die die Marktpreise von Gebrauchtwagen nennen, genau aufgeschlüsselt nach Typ, Jahr und Kilometerstand. Da sollte man unbedingt reinschauen.

Last but not least: Handeln ist üblich (auch bei den Händlern), und 10 % Rabatt sollten dabei rausspringen.

Eine weitere Kaufvariante wäre, sich an eine **europäische Firma** zu wenden, die sich mit dem Kauf und Versichern von Fahrzeugen in den USA auskennt wie TransAtlanticAutomobile:
- **Für Deutschland**: Ernst Muller, 1245 Park Street, Peekskill, NY 10566, USA, ☏ 914-739 8314, muller@transatlantic-rv.com
- **Für die Schweiz**: Paul Müller, Rotenstein 3, CH-9056 Gais, AR, Schweiz ☏ (071) 999 30 38, transatlantic@bluewin.ch

Die Firma hat sich vorwiegend auf den Verkauf und Rückkauf von Campern, Wohnmobilen und Kombis („Stationwagon") spezialisiert. Es werden aber auch normale KFZ und Motorräder angeboten. Fahrzeugaus- und Wiederabgabe aber nur in New York, Los Angeles, San Francisco, Miami oder Vancouver/Kanada. Die Firma kauft also das Fahrzeug hinterher wieder zurück. Versicherungsangelegenheiten und andere Formalitäten werden übernommen, inkl. Garantie. Natürlich ist dieser Kauf teurer, als wenn man das selbst in die Hand nehmen würde, aber dafür hat man auch eine gewisse Garantie und nicht die Laufereien.

Informationen zu **Versicherungen in Deutschland** erteilen:
- **American International Underwriters** – Nowag Versicherungen, Platanenring 15, 63110 Rodgau, ☏ (06106)16960, nowag@t-online.de
- **TourInsure GmbH**, Herrengraben 5, 20459 Hamburg, ☏ (040)25172150, www.tourinsure.de.

Diese Versicherungen sind etwas teurer (ca. 10 %) als in den USA, kümmern sich aber um alles. Eine Versicherung kann man auch abschließen, ohne die Fahrzeugdaten zu kennen, also vor dem Kauf. Diese Daten trägt man einfach vor Ort in den Vertrag ein. Unbedingt daran denken, alle in Frage kommenden Fahrer mit in die Versicherungspolice aufnehmen zu lassen, denn in den USA sind vor allem die Fahrer, nicht alleine die Fahrzeuge versichert.

Eine Versicherung in den USA für einen Fahrer zu finden, der keinen amerikanischen Führerschein besitzt, ist dank der „Lawsuits" (hohen Versicherungsfälle) ausgesprochen schwierig.

Was benötigt man für einen und nach einem Autokauf in den USA?

- **Title Card**: Diese weist Sie als Fahrzeughalter aus. Man erhält dieses Dokument unter Vorlage des Kaufvertrages beim staatlichen *Motor Vehicle Department* (MVD), das meistens in der Stadtverwaltung untergebracht ist. Oft übernimmt diese Verwaltungsarbeit übrigens auch der AAA. Die Ausstellung der Karte dauert einige Wochen, sodass Sie sich die Title Card an eine verlässliche Stelle nachschicken lassen müssen (das kann ein Hotel oder auch der Händler sein, bei dem Sie das Fahrzeug wieder verkaufen wollen). Aber die Adresse muss in den USA sein. Ohne diese Card können Sie das Fahrzeug nicht wieder verkaufen.
- Die **Nummernschilder** (*license plate*) erhalten Sie sofort nach Vorlage der Versicherungspolice, der Title Card und ggf. der Abgas- und Fahrtüchtigkeitsbescheinigung (ebenfalls Stadtverwaltung bzw. AAA). Bei Gebrauchtwagen ist diese meistens noch vorhanden.
- Die **Entrichtung der Steuern** erfolgt in o. g. Behörde bzw. beim AAA.
- Eine Versicherung (teuer für Nichtamerikaner: ab $ 300/Monat – je länger der Vertrag, desto günstiger).

Behinderte

Insgesamt betrachtet, ist Florida sehr behindertenfreundlich. Alle großen Vergnügungsparks *(attractions)* sowie Naturparks bieten Rollstühle häufig sogar kostenlos an. Stets findet man auch viele Parkplätze für Behinderte (*parking for handicapped persons*). Die Zugänge zu öffentlichen Gebäuden, Warenhäusern, Hotels, Motels, Restaurants, Büros etc. weisen Rampen auf (gesetzlich vorgeschrieben). In den Städten sind im Bereich der Kreuzungen die Bordsteinkanten abgesenkt. Viel mehr als bei uns trifft man auch auf Toiletten für Behinderte (*restrooms for handicapped persons*). Insgesamt tritt man dem Behinderten sehr freundlich, natürlich und hilfsbereit gegenüber.

Boot fahren

Wenn man bei der Anreise Florida überfliegt, wird man überrascht sein: Das Land ist durchzogen von Seen, Seenplatten und Flüssen. Und in der Nähe der Küste „zerfleddert" das Land allmählich in viele Inseln und Inselchen: Florida ist ein „Land im Wasser"! Vieles der Schönheit, Einmaligkeit und Faszination des Landes erschließt sich erst durch eine „Wanderung" auf den Wasserwegen.

In Florida findet man daher den **größten Bootsmarkt der Welt**, und die Mehrzahl der Floridianer hat ein wie auch immer dimensioniertes „Wasserfahrzeug": Das reicht vom kleinen Fischerkahn, der 3 Meter lang ist und einen 20-PS-Zweitakt-Motor hat, über ein Sportboot bis hin zur Luxusyacht. Die vielen Häfen (*marinas*) verdeutlichen, dass hier Boote und Schiffe aller Größenordnungen liegen.

Auch wenn man kein geübter „Skipper" ist, macht es nichts. Fangen Sie klein an und mieten ein *pontoon boat*: Das sind Boote mit einer Plattform, auf der die Fahrerkonsole sowie bequeme, gepolsterte Bänke montiert sind, darunter befinden sich an den Seiten in Längsrichtung zwei Schwimmer. Diese Boote sind gut im Fahrverhalten und ideal für alle (flachen) **Binnengewässer**, da sie quasi keinen Tiefgang haben. Kein Bootsschein? Auch kein Problem: Der **nationale Führerschein und eine Kreditkarte** reichen, und nach einer freundlichen Einweisung kann es losgehen. Auf den vielen kleinen Flüssen Floridas, die durch eine herrliche, unberührte Natur führen, kann man neben Motorbooten auch Kanus mieten.

Per Boot auf dem Intracoastal Waterway bei Gasparilla Island

Zieht es einen auf das **Meer** hinaus, dann sollte man an einer der unzähligen Marinas eine kleine Kajütenyacht mit Sitzplätzen hinter dem Fahrer mieten. Da das Boot vorne geschlossen ist, ist man im Gegensatz zu einem offenen Motorboot (*bowrider*) nicht so sehr den Wellen ausgesetzt.

In Meeresnähe gibt es zwei sehr gut **markierte Wasserwege**, die über lange Strecken vom offenen Meer durch schmale, flache Inseln geschützt sind, aber über *inlets* und *passages* mit dem Meer verbunden sind. An der Ostküste nennt sich dieser Wasserweg **Atlantic Intracoastal Waterway**, an der Westküste heißt er **Gulf Intracoastal Waterway**. Die Verbindung durch das Inland stellt der **Okeechobee Waterway** her, der von Stuart an der Ostküste über eine Distanz von etwa 160 Meilen, 5 Schleusen und unter mehr als 20 Brücken an die Westküste nach Fort Myers bzw. genauer: zur Mündung des Caloosahatchee River führt.

Das Hinausfahren aus dem Intracoastal Waterway auf das Meer führt durch mehr oder weniger breite Meeresengen. Auch hier sind selbstverständlich die meisten „Durchbrüche" durch Marker gekennzeichnet. Manchmal jedoch sind die Wege aufs Meer (so z. B. nördlich von Anna Maria Island) nicht markiert. Hier muss man also aufpassen, da es Sandbänke gibt. Es gilt dabei, das Wasser zu lesen: Dort, wo sich Wellen brechen, sind flache Stellen sicher zu vermuten, ebenso verrät die Farbe des Wassers, ob es flacher oder tiefer wird (je heller die Farbe, desto flacher).

Zu beachten sind in erster Linie die **roten und grünen Bojen** (nummerierte *marker*). Welche davon links oder rechts den Weg begleiten, fragen Sie am besten Ortskundige beim Bootsverleih. Auf jeden Fall muss man penibel darauf achten, den Marker von der richtigen Seite zu nehmen. Manchmal ist der markierte *channel* (Fahrkanal) sehr schmal, und gleich an der Seite lauern Untiefen, Felsen oder Sandbänke.

Es gilt außerdem zu beachten, dass es **Fahrzonen** gibt, in denen man keine Wellen verursachen und daher nur in niedrigem Tempo fahren darf (*idle speed zone – no wake*). Ist eine Geschwindigkeitsbegrenzungszone zu Ende, heißt es *resume to safe operation* (also in normalem Tempo fahren, etwa 25 m/h).

Vorsicht ist also stets geboten. Kommt man in durch größere Boote verursachte **Wellen**, dann die Fahrt verlangsamen und nicht über die Wellen brettern. Am besten nimmt man sie in einem Winkel von etwa 45 Grad.

i Informationen

Dozier's Southern Waterway Guide: The Cruising Authority, Southern, jährliche Ausgaben, Infos und Bestellung unter www.waterwayguide.com. Dies ist der beste und ausführlichste Guide für Bootfahrer. Hier gibt es neben ausgezeichneten Karten jede Menge an Adressen von Marinas, Boots- und Yachtverleihern sowie detailgetreue Beschreibungen von Strecken und Sehenswürdigkeiten unterwegs.

www.marinalife.com: Routenplaner für Wasserwege, Reservierung von Marinas, Wetterberichte, Tiden etc.

Busse

Busreisen sind eine vergleichsweise unkomfortable, aber auch billigere und populäre Alternative zu Flügen und Zugreisen. Landesweit operiert **Greyhound**, dessen Busnetz eigentlich jede Stadt berührt. Die Greyhound-Stationen liegen oft in der Nähe der Bahnhöfe, haben manchmal einen Coffee-Shop, sanitäre Einrichtungen und Schließfächer. Für Verpflegung während der Fahrt wird nicht gesorgt, aber etwa alle 3 Stunden ein längerer Stopp eingelegt, bei dem man in einem Fast-Food-Restaurant einkehren kann.

Preisgünstiges Busfahren mit der Gesellschaft Greyhound ermöglicht der **Discovery Pass**, der für 7, 15, 30 oder 60 Tage ausgestellt wird und mit dem man in diesem Zeitraum unbegrenzt die Busse der Gesellschaft nutzen kann. Die Pässe können an Ort und Stelle verlängert werden und gelten z.T. auch in Kanada.

Weitere Informationen über Routen, Fahrpreise und -pläne sowie Pauschalangebote samt Jugendherbergs-Unterkunft geben Spezialreisebüros oder erhält man direkt bei **Greyhound Lines of America Inc.**, Greyhound Tower, Phoenix, AZ 85077, ☎ (1-800) 231-2222, oder über die Internet-Adresse www.greyhound.com – hierbei sind auch Direktbuchungen möglich. In Deutschland kann man Buspässe u.a. bei StaTravel (www.statravel.de) erwerben.

Camper

Für eine Tour durch Florida ist ein Camper, auch Motorhome genannt, als Transportmittel im Unterschied zum US-Westen oder Südwesten normalerweise nicht die erste Wahl. Die Region ist nämlich aufgrund ihrer teilweise dichten Besiedelung weniger geeignet für große Gefährte, und es gibt überall Unterkunftsmöglichkeiten. Ebenso ist es in Florida nicht erlaubt, wild irgendwo am Straßenrand oder auf Parkplätzen zu campieren.

Die Beweglichkeit ist gegenüber dem Pkw eingeschränkt und hinzu kommen die Kosten, die selbst in Vergleich zu Mietwagen plus Unterkunft meist um einiges höher ausfallen: Zu den Mietkosten kommt außerdem der hohe Benzinverbrauch und die Stellplatzkosten. Ein kleines Gefährt kostet pro Tag inklusive einer gewissen Zahl von Freimeilen mindestens € 60, in der HS mehr, dazu kommen meist Übergabegebühren und Endreinigungskosten, Kosten für Zubehör, Zusatzversicherungen und ggf. Wochenendgebühren.

- **Vorteile**: Der Camperurlaub dürfte für all diejenigen ideal sein, die des ständigen Kofferpackens müde sind. Auch für Familien mit Kindern ist ein Camper ideal: Während der Fahrzeiten können die Kleinen im Wohnteil spielen oder schlafen.
- **Nachteile:** Camper schlucken sehr viel Benzin (20–25 l auf 100 km). Ebenso sollte man – zumindest zwischen April und September – auf jeden Fall einen Camper mit Klimaanlage mieten. Zeitaufwändig ist auch die tägliche Wartung: Man muss ab und zu die Abwässer an erlaubter Stelle am Campingplatz ablassen, Herd, Kühlschrank und „Badezimmer" pflegen, Wassertanks auffüllen etc. Leider muss auch gesagt werden, dass die Camper oft ziemlich heruntergewirtschaftet sind.

Bei einer Campermiete werden alle Längenangaben in foot (1 foot = 30,5 cm) gemacht. Bei den größeren Campern, Motorhomes genannt, bezieht sich die Längenangabe stets auf das ganze Fahrzeug (Fahrerkabine + Wohnteil), bei den kleineren Fahrzeugen (Camper) beziehen sich diese Angaben nur auf den Wohnteil.

Die wichtigsten Campertypen:

- **VW-Camper**: Schlafmöglichkeit für 2 Erwachsene und ein Kind. Vorteile: geringer Benzinverbrauch (12–16 l/100 km), gute Beinfreiheit.
- **Van Conversion**: größer als der VW-Camper und stärker motorisiert. Schlafmöglichkeiten für 2 Erwachsene und 1 Kind. Servolenkung, Automatik, z. T. mit chemischer Toilette und Dusche. Hoher Verbrauch (18–24 l/100 km).
- **Pick-up-Camper**: 8–10 ft. Der Wohnteil ist auf die Ladefläche eines Kleinlastwagens aufgebaut. Ideal für 2–3 Erwachsene und 1 Kind.

Motorhome-Typen:

- **Mini-Motorhomes:** 17 feet lang, Stehhöhe 1,80–1,90 m, Durchgang zur Fahrerkabine, Verbrauch ca. 15–20 l/100 km.
- **Motorhome**: 19–21 feet. Groß genug für 2 Erwachsene und 2–3 Kinder. Sehr komfortabel ausgestattet mit Dusche, Toilette, Waschraum. Starker Motor, Servolenkung, aber hoher Verbrauch: 25 bis weit über 30 l/100 km.
- **Full Size Motorhome*:*** 23–40 feet. Riesiges Gefährt für 2 Erw. und 4 Kinder. Separater Zweitaktmotor für Klimaanlagenbetrieb, wenn kein Elektroanschluss vorhanden ist. Mit allem Komfort ausgestattet (Toilette, Waschraum, Dusche, Backofen etc.).

Eine Direktbuchung eines Campers in den USA mag auf den ersten Blick verlocken, da sie eventuell billiger erscheint. Aber das Risiko ist relativ groß: Wenn die Camperfirma zumacht und man die Anzahlung geleistet haben, kann man das Geld abschreiben. Besser ist es, über einen deutschen Veranstalter das Fahrzeug zu mieten. Dann hat man die Gewähr, dass die Camperfirma solide ist und unterliegt keinem Währungsrisiko.

Infos über Preise und Ausstattung u.a. unter www.crd.de/camper – North America travelhouse; www.adac.de/Produkte; www.usareisen.de/wohnmobil; www.camperboerse.de; www.CANUSA.de/Wohnmobile-USA oder www.billiger-camper.info.

Camping

Schön zum Campen: Garden Key im Dry Tortugas National Park

Florida ist schon aufgrund des Klimas zum Campen prädestiniert. Überall gibt es Campingplätze, wenn auch unterschiedlicher Qualität. Generell kann man sagen, dass die Plätze gepflegt sind und vor allem über saubere sanitäre Einrichtungen verfügen. Die schönsten Campingplätze findet man in den National Forests und in den State Parks. Die Stellplätze sind im Vergleich zu Europa sehr großzügig bemessen. Zu beachten ist aber auch: In den heißen Sommermonaten ist Zelten sehr strapaziös. Leider ist es schwierig, Campingplätze direkt am Strand zu finden, denn *water access* ist nicht gleichbedeutend mit Badestrand, sondern heißt in der Regel Bootsrampen und Piers. *Near beaches* deutet meist auf eine kurze Autofahrt zum Badestrand hin.

Sehr weit verbreitet sind die **KOA-Campingplätze** (Kampgrounds of America, s.u.). Doch wirken diese Anlagen immer gleich und liegen oft „zentral", was im Klartext „laut" bedeutet.

In den Hauptferienzeiten sind die Campingplätze sehr stark besucht, und eine Vorreservierung ist dringend ratsam. Die Platzgebühren für Camperfahrzeuge sind relativ hoch und betragen in der Regel zwischen $ 30 und 60. Für das einfache Zelten zahlt man auf privaten Plätzen ca. $ 20–40, in den State Parks ca. $ 12–28. In der Hochsaison ist eine Vorausbuchung empfehlenswert.

Hinweis

Wildes Campieren ist in den gesamten Vereinigten Staaten verboten!

Tipp für saubere und preiswerte Campingplätze: die **Florida State Parks**. Sie liegen immer sehr schön in der Natur, sind sehr sauber, sicher und mit allem Komfort ausgestattet. www.floridastateparks.org - auch hier sind Buchungen möglich.

Hilfreich bei der **Campingplanung** sind das *AAA CampBook* sowie:

- **The Florida Association of RV Parks and Campgrounds**, ☎ (850)562-7151, FlaARVC@aol.com, 1340 Vickers Road, Tallahassee FL 32303, www.campflorida.com; Infos zu Lage und Ausstattung aller Campingplätze Floridas, die Broschüre kann auch bestellt werden (jährlich neu).
- **Florida State Parks Guide**; kostenlose Übersicht, Bestellung unter www.floridastateparks.org, sehr informative Homepage

- **Rand McNally Camp Florida**; überall in Florida erhältlich – in Deutschland in Spezialbuchhandlungen, www.randmacnally.com.
- **Nationalparks**: www.ohranger.com („Park Guide") – Reservierungen unter www.recreation.gov (NP Service Reservation Center) „Camping", ☎ 1-877-444-6777 bzw. (518) 885 3639
- **National Forests**: ☎ 1-877-444-6777, www.reserveamerica.com; große Anzahl und Vielfalt an Campingplätzen, auch private Campgrounds. Sofortreservierung ist möglich und es gibt ein Suchprogramm nach dem passenden Platz mit weiteren touristischen Infos.
- **KOA International**: P.O Box 30558, Billings, MT 59114, (406) 248 7444, camping@koa.net, www.koakampgrounds.com
- Hilfreich **im Internet** außerdem: www.camping-usa.com (Verzeichnisse).

Diplomatische Vertretungen

In Deutschland

- **US-Botschaft**, Pariser Platz 2, 10117 Berlin, ☎ (030) 238 51 74; Konsularabteilung: Clayallee 170, 14195 Berlin, ☎ (030) 830 50, (Terminabsprachen): ☎ 0900-1-85 0055 (Mo–Fr 7–20 Uhr, € 1,86/Min.) http://germany.usembassy.gov
- **US-Generalkonsulat** Frankfurt, Gießener Str. 30, 60435 Frankfurt, ☎ (069) 75 35-0, 17535-2277
- **US-Generalkonsulat** München, Königinstr. 5, 80539 München, ☎ (089) 280-99 98 bzw. für Visums-Terminvereinbarungen: ☎ 0900-1-85 00 55 (€ 1,86/Min.), keine E-Visa (nur Frankfurt) und keine diplomatischen Visa (Berlin)

In Österreich

- **US-Botschaft**, Boltzmanngasse 16, A-1090 Wien, ☎ (01) 313 39-0, Visaabteilung: Parkring 12, A-1010 Wien, ☎ 0900-51 03 00 (€ 2,16/min), www.usembassy.at.

In der Schweiz

- **US-Botschaft**, Sulgeneckstr. 19, CH-3007 Bern, ☎ (031) 357-7011, Visa-Termine unter ☎ 0900-87 84 72 (CHF 2,50/Min.) http://bern.usembassy.gov

Eine Liste sämtlicher US-Konsulate mit Adressen und Öffnungszeiten im Heimatland befindet sich unter http://germany.usembassy.gov, www.usembassy.at und http://bern.usembassy.gov.

Die Botschaften von D, AU und CH befinden sich **in Washington**, D.C.:

- **Deutsche Botschaft**, 2300 M Street NW, ☎ (202) 298 4000, www.germany.info
- **Österreichische Botschaft**, 3524 International Court NW, ☎ (202) 895 6700, www.austria.org
- **Schweizer Botschaft**, 2900 Cathedral Ave. NW, ☎ (202) 745 7900, www.eda.admin.ch/washington

In Miami:

- **Generalkonsulat der Bundesrepublik Deutschland**: 100, N. Biscayne Boulevard, Miami, FL 33132, ☎ (305) 358 02 90/91, 🖷 (305) 358 0307, www.germany.info
- **Honorarkonsulat der Republik Österreich**: Suite 200, Republic Building, 1454 N.W. 17th Avenue, Miami, FL, ☎ (305) 325 1561, 🖷 (305) 325 1563

- **Consulate of Switzerland**, The Four Ambassadors, 825 Brickell Bay Dr., Suite 1450, Miami, FL 33131, ☎ (305) 377 6700, 🖷 (305) 377 9936, miami@honorarvertretung.ch

In anderen Städten helfen (Honorar-)Konsulate im Notfall weiter. Eine Liste aller **Auslandsvertretungen** findet sich auf folgenden Webpages: www.auswaertiges-amt.de (**D**); www.bmaa.gv.at (**AU**) und www.eda.admin.ch (**CH**).

Einkaufen

Es gibt **kein verbindliches Ladenschlussgesetz**. Manche Geschäfte – vor allem kleinere Supermärkte – werben mit *24 hours year around*. Die meisten Läden haben Mo–Sa von 10–21, So manchmal auch von 10–18 Uhr geöffnet.

Die großen Einkaufszentren und Malls liegen stets an den Ausfallstraßen und bieten riesige Parkflächen. In diesen Shopping Centers gibt es außer überdimensionalen Supermärkten (z.B. die Kette Publix oder Safeway) auch Ansammlungen kleinerer Spezialgeschäfte, Friseursalons und Coffeeshops.

Discount

Verschiedene regionale **Traveller Discount Guides** (www.travelerdiscountguide.com) werden kostenlos herausgegeben für die Gebiete Florida, Georgia, Alabama, Tennessee, South Carolina, North Carolina, Maryland, Virginia, I-95 Maine to Florida, Louisiana/Mississippi, I-10 Texas to Florida, Kentucky, I-75 Michigan to Florida. Mit ihrer Hilfe erhält man Ermäßigungen in Restaurants und Hotels, für Eintritte etc. – bis zu 40 %. Diesen Guide gibt es kostenlos entlang der verschiedenen Interstates (so z.B. in Fastfood-Ketten, an Tankstellen etc.). Man kann diesen Führer schon vor Antritt der Reise telefonisch oder per Post bestellen. Infos dazu auf der o.g. Homepage.

In den letzten Jahren konnte man u. U. Geld sparen, wenn man Tickets für Unternehmungen wie Vergnügungsparks, Eintritt in diverse Museen etc. online bestellt. Coupons gibt es auch auf den Webseiten www.destinationcoupons.com/Florida/FLORIDA.asp und http://goflorida.about.com/od/couponsdiscounts/.

Alles, was das Herz begehrt: die Bayside Shopping Mall in Miami

Einreise

Deutsche, Schweizer und österreichische Staatsbürger brauchen für einen Aufenthalt von bis zu 90 Tagen kein Visum (**Visa-Waiver-Programm** (VWP). Außer einem Rückflugticket muss jeder einreisende Besucher im Besitz eines **maschinenlesbaren (bordeauxroten) Reisepasses** sein mit einer Restgültigkeit bis mindestens zum Reiseende. Die alten Kinderausweise und Einträge in den Reisepässen der Eltern werden nicht mehr akzeptiert.

Seit Januar 2009 müssen sich Bürger, die ohne Visum einreisen, als Teil des Visa Waiver Program (VWP) spätestens 72 Stunden vor Abflug **online registrieren** lassen (Electronic System for Travel Authorization – ESTA). Das kann bereits im Reisebüro oder aber im Internet erfolgen: https://esta.cbp.dhs.gov (Antrag und Erläuterungen gibt es auch auf Deutsch, die Sprachauswahl findet sich auf der Startseite oben rechts neben dem ESTA-Schriftzug). Dabei werden dieselben Angaben abgefragt, die USA-Besucher bis dato auch noch bei der Einreise auf dem im Flugzeug ausgeteilten grünen I-94-W-Formular zur Befreiung von der Visumspflicht machen mussten (Name, Geburtsdatum, Adresse, Passnummer, Aufenthaltsort, Zweck und Dauer der Reise etc.). Wer einmal registriert ist, kann innerhalb von zwei Jahren mehrfach einreisen, sofern der Pass solange gültig ist. Updates, wie die Ergänzung bzw. Änderung der ersten Adresse vor Ort, sind nachträglich möglich. Nach der Registrierung erfolgt erfolgt im Allgemeinen sofort eine Mitteilung (*Authorization Approved*). Bei Besitz eines Visums ist keine Registrierung nötig.
Achtung: Im Internet kursieren dubiose Angebote zur Hilfestellung bei der Ausfüllung des – nicht besonders komplizierten und auf Deutsch vorliegenden – ESTA-Antrags, diese soll oft bis zu $ 50 kosten. Wer unsicher ist, sollte sich lieber an sein Reisebüro oder auch an seine Fluggesellschaft wenden.

Seit 2010 wird bei der Registrierung eine Gebühr von $ 14 fällig („Einreisegebühr"), die per Kredit- oder Debitkarte bezahlt werden muss. Bei einer Buchung im Reisebüro kann die Gebühr auch über die Sammelkreditkarte des Reisebüros bezahlt werden.

Visum: Ein Visum ist für „Normaltouristen" nicht nötig. Nur wer keinen neuen Europass besitzt bzw. länger als 90 Tage im Land bleiben möchte (z. B. als Schüler, Student oder Angehöriger bestimmter Berufsgruppen), muss sich der aufwändigen Prozedur der Visumsbeschaffung unterziehen. Dazu ist eine persönliche Vorsprache in den Konsulaten (siehe „Diplomatische Vertretungen") nach vorheriger Terminvereinbarung nötig. Vorgelegt werden muss dabei das ausgefüllte Antragsformular, Reisepass, Passbild und ein Online-Zahlungsbestätigungsformular

! Wichtige Info

Da sich die Einreisebestimmungen kurzfristig ändern können, empfiehlt es sich, vor Abflug die Webpages www.usembassy.de bzw. www.auswaertiges-amt.de oder in Österreich www.bmaa.gv.at, in der Schweiz www.eda.admin.ch zu checken.

! Verwechslungsgefahr

Die Reisepassnummer enthält niemals den Buchstaben „O", sondern nur die Ziffer „0"!

über geleistete Gebühren. Außerdem muss nachgewiesen werden, dass man die USA nach vorübergehendem Aufenthalt wieder verlassen wird und finanzielle Vorkehrungen zur Deckung der Reise- und Aufenthaltskosten getroffen hat. Über das aktuelle Prozedere informieren die Botschaften und Konsulate.

Kontrollen: Seit September 2001 sind **verschärfte Kontrollen** an den Abflughäfen in Deutschland und in den USA üblich. Reisende sollten sich darauf einrichten und genügend Zeit für Check-in bzw. Umsteigen einplanen. **Konkrete Auskünfte** erteilen die Fluggesellschaften bzw. **www.TSAtraveltips.us**.

Einreise in die USA
Im Flugzeug muss pro Familie mit gleicher Adresse ein weißes Zollformular – die **Customs Declaration** – ausgefüllt werden. Auf diesem sind ggf. über die Richtwerte hinaus eingeführte Waren und Devisen anzugeben. Streng verboten ist die Einfuhr von Frischprodukten aller Art (Obst, Gemüse, Wurst etc.), Samen, Drogen/Medikamente, Waffen, Tiere etc. (siehe auch „Zoll").

Angekommen am ersten Flughafen in den USA durchläuft jeder Tourist im Rahmen des *USVISIT*-Programms aus einer Visa-Waiver-Nation **am Einreiseschalter** (*Immigration Counter*) folgende **Prozedur**: Während der Pass gescannt, das ausgefüllte Formular geprüft wird und der *Officer* Fragen zu Reiseroute, Zweck der Reise, Beruf, Bekannten oder Freunden in USA, evtl. auch zum Reisebudget stellt, werden tintenlose Fingerabdrücke (jeweils linke/ rechte vier Finger sowie beide Daumen) abgenommen und ein digitales Foto gemacht. Daraufhin wird die Aufenthalts dauer auf normalerweise drei Monate festgelegt und in den Pass eingestempelt. Dazu geheftet wird gegenwärtig noch der untere Teil der *Immigration Card*, der *Departure Record*, der bis zur Ausreise im Pass bleiben muss. Der Vorgang dauert im Allgemeinen nicht länger als früher.

Danach geht es Richtung **Gepäckband** *(baggage claim)*, auch wenn ein Weiterflug gebucht ist. Letzte Station: der **Zoll**. Beim Ausgang mit der Aufschrift „*Nothing to declare*" wird die Zollkarte abgegeben und abgestempelt; gelegentlich finden Stichproben statt. Bei inneramerikanischem Anschlussflug muss das Gepäck anschließend neu eingecheckt werden. Automietstationen – *Car Rental* – und *Ground Transportation/Public Transport* bzw. Taxis sind im Ankunftsgebäude im Allgemeinen gut ausgeschildert und leicht zu finden.

Eisenbahn

Die Eisenbahnorganisation **AMTRAK** verbindet Florida mit New York und Washington. Man kann also von hier aus per Zug die Florida-Städte Jacksonville, Orlando, St. Petersburg, Tampa, Fort Lauderdale und Miami erreichen. Von New York bis Miami dauert die Fahrt ca. 26 Stunden. Innerhalb von Florida ist das Zugfahren nicht so ratsam, weil die Bahnstationen oft weit weg von den touristisch interessanten Stellen liegen. Teile des Nordens sowie Naples, Fort Myers und Key West haben überhaupt keine Bahnanschlüsse. Einige Stationen wie Ocala oder Gainesville sind nur Bushaltestellen, die Verbindungen zu Bahnhöfen in der Nähe bieten (Thruway Bus Service).

Ähnlich wie Greyhound bietet Amtrak ein Railpass-System an, wobei für den europäischen Touristen auch hier, wie bei den Bussen, besonders preisgünstige 15-, 30- und 45-Tage-Tickets an-

AMTRAK-Stationen in Florida
(in der Reihenfolge etwa von Norden nach Süden folgend):

Jacksonville - Palatka, DeLand - Sanford - Winter Park - Orlando - Kissimmee, Lakeland - Tampa - Clearwater - St. Petersburg - Wildwood - Winter Haven - Sebring - Okeechobee - West Palm Beach - Delray Station - Deerfield Beach - Fort Lauderdale - Hollywood - Miami

geboten werden. Diese Bahnpässe müssen in Europa gekauft werden. Die preisgünstigen Pässe unterscheiden sich bzgl. Geltungszeit und -raum, sie gelten im **Coach** (Sitzwagen) und kosten je nach Saison (HS: Ende Mai–Anfang Sept. und Mitte Dez.–Anfang Jan.) unterschiedlich viel:

Der **USA Rail Pass** kostet (Stand 2011) für
15 Tage/8 Abschnitte $ 429/ca. 321 €
30 Tage/12 Abschnitte $ 649/ca. 486 €
45 Tage/18 Abschnitte $ 829/ca. 621 €

Informationen
Amtrak *(http://deutsch.amtrak.com) wird in Deutschland vertreten durch die Firma CRD International, Stadthausbrücke 1-3, 20355 Hamburg, www.crd.de/amtrak/bahnpaesse.php bzw. Amtrak-Hotline 040-300-616-23.*
Bahnpässe gibt es auch bei
Flug- und Reiseservice Hageloch & Henes, *Reutlingen, www.buspass.de*
Meso-Reisen, *Berlin, www.meso-berlin.de*
Auskunft in Amerika: AMTRAK, *☎ (215) 856 7953, inat5@sales.amtrak.com, Hotline: ☎ 1-800-USA-RAIL (von den USA aus), www.amtrak.com*

Hingewiesen sei nochmals auf die Tatsache, dass das Eisenbahnnetz sehr dünn ist und dass die Züge länger brauchen als die Busse. Dafür reist man aber ausgesprochen komfortabel.

Essen & Trinken

Über das Essen in den Vereinigten Staaten kursieren noch immer eine Menge Vorurteile. Die amerikanische Küche besteht nämlich nicht nur aus Hamburgern und Hot Dogs, Budweiser und Coke und die Amerikaner ernähren sich nicht ausschließlich von Dosen- und Tiefkühl-Fertigkost. In den letzten Jahren hat sich das kulinarische Angebot in den USA zum Positiven gewandelt und die amerikanischen Restaurants vermögen heute jeden Geschmack zu befriedigen: vom einfachen Snack über Hamburger bis hin zu raffinierten Gerichten beispielsweise der französischen oder italienischen Küche. Floridas Gastronomie bietet für jeden Geldbeutel und jeden Geschmack etwas. Zunächst einmal sei gesagt, dass das Essen im Restaurant oder Cof-

Tipp

Wenn Sie ein Restaurant betreten, schauen Sie sich die Größe der Portionen an. Teilweise sind diese so riesig, dass auch zwei Esser davon satt werden. Ohne schief angesehen zu werden, kann man ein Menü mit zwei Gedecken bestellen. Und was übrig bleibt, wird ohne Murren in ein **Doggy Bag** (Hundetüte) gepackt und kann später aufgegessen werden.

feeshop für den Amerikaner etwas Alltägliches ist. Restaurants werden viel mehr als bei uns besucht. Schon zum Frühstück sind die Tische vor allem der großen Restaurant-Ketten gut gefüllt. Und auch den ganzen Tag über ist etwas los.

Restaurants lassen sich grundsätzlich in **drei Kategorien** einteilen: Fast-food/Diner/Eatery für den schnellen Imbiss, Cafés/Snackbars/Grills/Family Restaurants zum preiswerten Lunch und Restaurants der gehobenen Kategorie („Fine Dining") für kulinarische Höhenflüge. Die amerikanischen Essenszeiten unterscheiden sich kaum von den unsrigen: Mittagessen (*lunch*) gibt es zwischen 12 und 14 Uhr, Abendessen (*dinner*) etwa von 18 bis 21 Uhr; die spätere Variante heißt auch „*supper*".

Frühstück

Das Frühstück ist in aller Regel nicht im Übernachtungspreis mit eingeschlossen. Generell unterscheidet man zwischen dem

- **Continental breakfast**, das frische Früchte, Saft, Toast, Marmelade, Kaffee oder Tee einschließt, und dem
- **American breakfast**, einer üppigen Mahlzeit mit warmen und kalten Gerichten, wozu neben Saft, Toast, Marmelade vor allem alle möglichen Eierspeisen, Schinken, Speck, Kartoffeln, Waffeln, Kuchen, Steaks, Getreideflocken usw. gehören.

Lunch

Lunch ist im Gegensatz zum „großen" Mittagessen im deutschsprachigen Raum eher bescheiden. Man nimmt sich dafür nicht so viel Zeit, denn die Hauptmahlzeit ist das abendliche Dinner. In den USA sind die Mittagspausen sehr kurz (nicht länger als 45 Minuten), und deshalb nimmt man Kleinigkeiten in den Fast-Food-Ketten, einem Coffeeshop oder einer Cafeteria ein, z. B. Hamburger oder Sandwiches. Oft gibt es Lunch Specials, und die (gleichen) Gerichte sind günstiger als am Abend.

Dinner

Das Dinner, mindestens aus Vorspeise, Hauptgericht und Nachspeise bestehend, ist die Hauptmahlzeit des Tages – neben dem üppigen Frühstück.

Die edleren „Dining Rooms", die Restaurants für das Abendessen, zeichnen sich generell durch Lichtarmut aus. Die Dunkelheit, durch Kerzenschein notdürftig erhellt, gibt den Anschein von Gediegenheit und Vornehmheit – so zumindest amerikanischer Glaube.

Key-Lime-Fabrik in Key West

Spezialität: Stone Crabs

Häufig paniert: Seafood

info

Was „typisch amerikanisch" ist, wenn's ums Essen geht

- In den meisten Restaurants - das betrifft vor allem die Ketten, aber auch bessere Restaurants - wird schnell serviert und abgerechnet. Man sitzt nicht im Restaurant, um gemütliche Stunden mit Freunden zu verbringen - dazu zieht man nach dem Essen in den Barbereich. Sinn: Die Tische müssen Umsatz machen!
- Beim Eintritt in ein Restaurant muss man warten, bis man einen Platz zugewiesen bekommt *(„wait to be seated")*. Sinn: Gleichmäßige Auslastung (= Verdienstmöglichkeiten) der Bedienung.
- Die meisten Amerikaner essen nicht gleichzeitig mit Messer und Gabel. Mit dem Messer schneidet man vor dem Essen das Fleisch klein - dann isst man nur mit der Gabel weiter. Angeblich stammt diese Sitte aus den Zeiten des Wilden Westens, wo man stets eine Hand frei haben musste, um schnell den Colt zu ziehen.
- Auf den Speisekarten gibt es oft sehr blumige Beschreibungen, die das Gericht - meist unberechtigt - zu einer ausgesprochenen Delikatesse aufwerten *(„wording")*. Wenn Sie dort von „special garden grown peas" lesen, sind das schlicht und einfach grüne Erbsen.
- Der Kaffee ist meistens wesentlich dünner als bei uns, dafür bekommt man ihn in Restaurants i. d. R. kostenlos nachgegossen.
- Erfreulich sind die Salat-Buffets *(salad bars)*, an denen man sich nach Herzenslust bedienen kann. Ebenso steht eine Reihe von Dressing-Saucen zur Auswahl.
- Als Trinkgeld erwartet der Kellner - falls nicht schon im Preis inbegriffen - etwa 15-20 % (*service charge, tip* oder *gratuity* genannt). Man hinterlässt es entweder auf dem Tisch oder lässt es auf die Abrechnung des Kreditkartenformulars setzen. In Touristengegenden wird oft automatisch 15-20 % gratuity berechnet - also aufpassen und nicht doppelt zahlen! Die Arbeitskräfte sind schlecht bezahlt und leben zum Großteil von Trinkgeldern.

Einpacken von Essensresten in ein *doggy bag* ist selbst in einem Feinschmeckerrestaurant durchaus üblich

- Die Butter ist in der Regel gesalzen.
- Vorwiegend wird Weiß- und Toastbrot serviert, nur in seltenen Fällen und dann stets in teureren Restaurants dunkles Brot.
- Am Sonntag bieten viele Restaurants einen „Brunch" an, den es meist zwischen 11 und 14 Uhr gibt.
- Lunch (Mittagessen) wird merklich preiswerter angeboten als das Dinner (Abendessen).
- Preiswert werden die so genannten **„early bird-Dinners"** angeboten. Ab etwa 16.30-18 h kann man dann zum Teil für nur 50 % des normalen Preises das Abendessen einnehmen. Diese Alternative wird sehr gerne von den vielen Rentnern in Florida aufgegriffen.

Preiswert kann man auch in den Imbissabteilungen der Warenhäuser essen, so z. B. in der überall vertretenen Kette K-Mart. Natürlich kann man sich auf diese Weise – billig – ernähren, doch man legt sicherlich einige Pfunde zu.

Tipp

Adressen mit aktuellen Tipps von guten Restaurants im Internet unter:
www.floridatrend.com, „Dining&Spirits"

Die gängigsten Restaurantketten in Florida, meist an den Highways und Ausfallstraßen gelegen, wo sich Motel an Motel reiht	
Burger King (Hamburger)	Checkers (saftige Hamburger)
Dairy Queen (Milchprodukte)	Wendy's (Hamburger)
Howard Johnson's („American style")	Kentucky Fried Chicken (Hähnchen)
Jack-in-the-Box („American Style")	McDonald's (Hamburger)
Pizza Hut (Pizzas)	Ponderosa (Steaks)
Sambo's	Mister Donut (in Fett ausgebackene Kringel)
Olive Gardens (ital. Küche, gut!)	Outback Restaurant (saftige Steaks)
Red Lobster (Meeresfrüchte)	Taco Bell (mexikanische Speisen)
International House of Pancakes (u.a. Pfannkuchen)	

Getränke

Kaffee und Tee

Kaffeetrinker werden sich in normalen Restaurants an den etwas schalen Geschmack des schwach gerösteten amerikanischen Kaffees gewöhnen müssen. Auch der gepriesene „filter coffee" ist nur ein schwacher Trost. Allerdings wird der Kaffee ohne weiteren Aufpreis, so oft man will, nachgeschenkt. In den zahlreichen Cafés aber, auch der Ketten wie z.B. Starbucks, bekommt man natürlich eine große Auswahl von guten Kaffeesorten.

Bei **Tee** bekommt man meist Teebeutel. Sehr beliebt und erfrischend ist in der heißen Jahreszeit der *iced tea*, mit Eiswürfeln, Zitrone und Zucker.

Root Beer

Dies hat nichts mit Bier zu tun. Wer es trinken möchte, sollte wissen, womit der Gaumen konfrontiert wird: Es ist ein etwas gewöhnungsbedürftiges Gemisch aus kohlensäurehaltigem Wasser, Maiszucker, Substanzen des Yucca-Kaktus, Zitronensäure, Akaziengummi...

Bier *(beer)*

Trotz des schlechten Rufes ist das amerikanische Bier recht trinkbar. Es ist schwächer und kohlensäurehaltiger als das europäische und wird meist eiskalt serviert. Eine Blume oder Schaumkrone ist vollkommen unbekannt, und häufig sieht man sich vor die Aufgabe gestellt, das bis zum Rand gefüllte Glas vom Tresen zum Tisch zu befördern.

Beliebt: Light Beer

Sehr beliebt ist auch das Light(-Bier), ein um 20–40 % schwächeres Bier mit 40–70 % weniger Kalorien. Besonders die gängigen Light-Biere haben allerdings nur um ca. 25 % weniger Alkohol. D.h. auch hier: Trinken und Fahren verträgt sich nicht! Viele Biersorten tragen deutsche Namen (z.B. „Löwenbräu"), doch gehören diese Brauereien amerikanischen Firmen. In größeren Städten entstehen immer mehr Microbreweries (Kleinst-Brauereien), die jeweils ihr eigenes Bier herstellen und nur im eigenen Restaurant verkaufen. Deren Bier ist besser und stärker.

Wer nun gar nicht auf das gute europäische Bier verzichten möchte, kann es sich in Spirituosenläden in Flaschen kaufen bzw. in einigen Restaurants/Bars auch bestellen. Besonders englische Biersorten und das bekannte dänische Carlsberg sind in Florida weit verbreitet. Es ist aber etwas teurer. Deutsche Marken tun sich in Amerika immer noch schwer. Am häufigsten gibt es Becks aus der Flasche und seltener Warsteiner vom Fass.

Wein

Kalifornien genießt eine Spitzenstellung unter den Weinanbaugebieten Nordamerikas. Nicht nur die kalifornischen Spitzenweine, sondern auch die Tischweine sind durchaus schmackhaft und sehr bekömmlich, da zumeist trocken. Auch Rotweine werden in den USA gekühlt serviert. Gute und sehr gute Flaschenweine verlangen ihren Preis; man muss zwischen $ 10 und $ 20 anlegen. Aber auch die Hausweine (*house wines*), in kleinen oder großen Karaffen angeboten, sind durchweg (meistens!) trocken und bekömmlich. Die Bedienung bringt gerne ein

Weinsorten aus Kalifornien	
Rotweine	
Zinfandel	auch als „kalifornischer Beaujolais" bezeichnet, schmeckt himbeerartig
Grenache	wird oft als Verschnittwein verwendet, hell und körperreich
Cabernet Sauvignon	der wohl beste Rotwein, aromatisch und trocken, sollte mindestens 4 Jahre alt sein
Petite Sirah	auch als Shiraz bezeichnet: dunkelroter, gerbstoffreicher und alterungsfähiger Wein
Pinot Noir	leichter, fruchtiger Rotwein
Barbera	sehr dunkler Rotwein mit ausgewogenem Säuregehalt
Ruby Cabernet	guter trockener Tischwein
Gamay Beaujolais	ähnlich dem Pinot Noir, aber nicht mit dem französischen Beaujolais vergleichbar
Roséweine	
Gamay	leichter Roséwein
Weißweine	
Chenin Blanc	harmonischer, herber Wein
Chardonnay	der beste kalifornische Weißwein, trocken und duftend mit herrlichem Traubengeschmack
White Riesling	fruchtiger, herber Weißwein
Semillon	ziemlich süßer, goldfarbener Wein
Sauvignon Blanc	trockener, erdig-fruchtiger Weißwein
Gewürztraminer	leicht süßer, aromatischer Weißwein
Pinot Blanc	fruchtig-trockener Weißwein

Probiergläschen. Nicht nur in Kalifornien, sondern auch in den Bundesstaaten Oregon und Washington, ja sogar im Staate New York wird Wein in großem Stil angebaut.

Es gibt kein Güte-Klassifikationssystem für Weine. Als Qualitätsgarant halten die Namen der Winzer her.

Feiertage und Ferientermine

01. Januar:	New Year's Day (Neujahr)
Dritter Montag im Januar:	Martin Luther King jr. Day
Dritter Montag im Februar:	President's Day (George Washington's Birthday)
Letzter Montag im Mai:	„Memorial Day" (Heldengedenktag)
04. Juli:	Independence Day (Unabhängigkeitstag)
Erster Montag im September:	Labor Day (Tag der Arbeit)
Zweiter Montag im Oktober:	Columbus Day
11. November:	Veteran's Day (Soldatengedenktag)
Vierter Donnerstag im November:	Thanksgiving Day (Erntedankfest)
25. Dezember:	Weihnachten

! **Wichtig:** *Wenn ein Feiertag auf einen Sonntag fällt, dann ist der nachfolgende Montag arbeitsfrei. Wenn mit einem Feiertag ein verlängertes Wochenende möglich ist, dann sind viele Amerikaner unterwegs. Folgen: ausgebuchte Flüge, höhere Preise für Übernachtungen, überfüllte Vergnügungsparks. An den offiziellen Feiertagen sind alle öffentlichen Institutionen geschlossen.*

Ferientermine USA

	Schulen	Universitäten
Osterferien	in der auf Ostersonntag folgenden Woche	2 Wochen, eine Woche vor und eine Woche nach Ostern
Sommerferien	von der 2. Juniwoche bis einschl. 1. Septemberwoche	von Anfang Juni bis einschl. 3. Septemberwoche
Weihnachten	vom 25. Dezember bis einschl. 2. Januar	vom 17. Dezember bis einschl. 2. Januar

Da die Ferienpläne wechseln, können hier nur die ungefähren Termine angegeben werden.

FKK

Florida ist, wie die gesamten USA, eher prüde. Offizielle Nacktbadestrände gibt es nicht, die Polizei schreitet gnadenlos ein (hohe Geldbußen). Ausnahme sind Badestrände in Miami Beach (zwischen 6th und 21st) sowie in Key West, wo „oben ohne" toleriert wird. Trotzdem: Vorsicht!

Flüge

Das **Angebot an Transatlantikflügen** ist dank des Preiskampfes der einzelnen Airlines mitunter recht unübersichtlich geworden. Dies umso mehr, als sich nicht nur die offiziellen Flugpreise ständig ändern (bei Inlandsverbindungen in den USA fast stündlich!), sondern dazu eine Vielzahl an Sonder- und Last-Minute-Angeboten, unterschiedliche Saisonzeiten, evtl. Wochenendzuschläge u.v.m. kommt. Gerade deshalb ist es sinnvoll, sich vor der Buchung über Routen, Preise und Bedingungen (Steuern/Kerosinzuschläge) zu informieren.

Unerlässlich ist ein **Preisvergleich**, u. a. mit den Angeboten eines Reisebüros, mit einem der diversen Billigfluganbieter, die z. B. in den überregionalen Tageszeitungen annoncieren, oder mit einem Internetanbieter (z.B.: www.ebookers.com, www.followme.de, www.orbitz.com, www.expedia.de, www.cheaptickets.com, www.travelcity.com, www.flug.de). Letztgenannte Möglichkeiten sind oft 50–100 € billiger – wer aber mehr als nur den Transatlantik-Flug buchen möchte (z. B. Anschlussflüge, Mietwagen, Unterkünfte etc.), sollte lieber auf ein renommiertes Reisebüro zurückgreifen.

Man sollte, obwohl es keine Pflicht mehr ist, den Flug vor Rückflugtermin rückbestätigen (*reconfirmation*), vor allem, um sich über die Flugzeiten zu vergewissern. Dies kann im Internet oder durch Anruf der Fluggesellschaft geschehen. Telefonnummern von Airlines sind über die Hotelrezeptionen oder die Gelben Seiten erfragbar.

Tipp

Wenn möglich, sollte man ab Europa direkt zu der Destination nach Florida ohne Umsteigen in den USA fliegen (z. B. mit Lufthansa nach Miami und Orlando, und mit Air Berlin nach Miami und Fort Myers). Jedes Umsteigen in den USA kostet viel Zeit. Beim Hinflug, wenn man z. B. über New York oder Atlanta fliegt kann es passieren, dass man den Anschlussflug wegen langer Wartezeiten bei der Einreise versäumt. Oder die Maschine aus Europa fliegt etwas später ab - schon ist der US-Anschlussflug gefährdet!

Air France: www.airfrance.com
American Airlines: www.aa.com
British Airways: www.ba.com
Delta: www.delta.com
Lufthansa: www.lufthansa.com
Air Berlin: www.airberlin.com
Northwest/KLM: www.klm.com
Swiss: www.swiss.com
United Airlines: www.united.com

Miami International Airport: ☎ (305) 876 7000, www.miami-airport.com
Orlando International Airport: ☎ (407) 825 2001, www.orlandoairports.net
Tampa International Airport: ☎ (813) 870 8700, www.tampaairport.com
Southwest Florida International Airport: ☎ (239) 590 4800, www.swfia.com

Fotografieren

Speicherkarten und Akkus für Digitalkameras sind in Fotoläden, Elektronikshops und mittlerweile auch in Fotoabteilungen von Drugstores und Supermärkten zu bekommen. Dort gibt es häufig auch digitale Druckservices, *photo kiosks*. Mitgebrachte Ladegeräte müssen „reisetauglich" sein, d.h. der anderen Spannung angepasst werden können, zudem ist ein **Adapter** für die anderen Steckdosen nötig, gleiches gilt für ein evtl. mitgebrachtes Kartenlesegerät. Klein-

Postkartenmotiv: floridianischer Sonnenuntergang

bildfilme – vor allem der Firma Kodak – sind ebenso wie Wegwerfkameras in jedem Supermarkt, Drugstore oder Souvenirladen erhältlich, und preiswerter Entwicklungs-Schnellservice steht zur Verfügung.

In Museen und manchen anderen Sehenswürdigkeiten sowie im Umkreis von militärischen Anlagen ist Fotografieren verboten bzw. nur zu Privatzwecken erlaubt, ohne Blitz und Stativ. Bei Personenaufnahmen ist Respekt oberstes Gebot (ggf. vorher Fotografiererlaubnis einholen).

Kameras und Zubehör sind in den USA preiswerter als hierzulande, beim Kauf ist allerdings zu prüfen, ob die Garantie weltweit gilt und ob die Stromspannung von Netzgerät und sonstigem Zubehör passen bzw. angepasst werden können. Zum annoncierten Preis addiert werden muss meistens noch die Steuer, außerdem u.U. Zoll am deutschen Einreiseflughafen.

Geldangelegenheiten

Die amerikanische Währungseinheit ist der US-Dollar (US$, meist nur $), wobei 1 $ aus 100 Cents besteht.
Folgende Nennwerte werden ausgegeben (in Klammern die gebräuchlichen Bezeichnungen):
Münzen: 1 Cent (Penny), 5 Cents (Nickel), 10 Cents (Dime), 25 Cents (Quarter), 50 Cents (Half Dollar) und 1 Dollar. Die beiden letztgenannten Münzen sind selten und spielen für Automaten, Telefonapparate etc. keine Rolle. Der wertlosere Nickel ist größer als der Dime.
Banknoten: 1-, 2-, 5-, 10-, 20-, 50-, 100-, 500- und 1.000-Dollar-Scheine (die beiden letzten sind sehr selten).

Alle Dollar-Noten sind **gleich groß** und haben die **gleiche Farbe**, d.h., sie unterscheiden sich nur durch den Nennwert und die aufgedruckten Bilder auf der schwarzen Vorder- und grünen

Rückseite (daher im Volksmund auch *Green backs* genannt; umgangssprachlich redet man von *Bucks*). Deshalb sollte man beim Bezahlen, Trinkgeldgeben oder beim Rückgeldempfang ganz genau aufpassen.
Da beim Geldumtausch in den USA höhere Provisionen berechnet werden als in Europa, sollte man sich seine Dollar bereits zu Hause besorgen. Dabei empfiehlt es sich, sich eine Menge kleiner Noten (1-, 2-, 5- und 10-Dollar-Noten) geben zu lassen, die einem bei der Ankunft gute Dienste leisten können, denn z. B. Taxifahrer führen aus Sicherheitsgründen wenig Wechselgeld bei sich.

Kreditkarten
Wichtiger als Bargeld ist dem Amerikaner aber die Kreditkarte, von der er meistens mehrere Exemplare unterschiedlicher Firmen besitzt. Auch kleinere Beträge können problemlos mit Karte bezahlt werden, einen Wagen zu mieten ist ohne Kreditkarte gar nicht möglich. Manche bieten zudem in vielen Fällen Versicherungsschutz. Nicht nur deswegen ist der Tourist gut beraten, ebenfalls (wenigstens) eine Kreditkarte in die Staaten mitzunehmen. Denn ein Mensch ohne „Plastikgeld" ist dort sozusagen nicht gesellschaftsfähig, zumindest aber sehr suspekt. Am weitesten verbreitet sind MasterCard und Visa, American Express (Amexco) wird in vielen Geschäften und Restaurants akzeptiert, Diner's Club hingegen seltener.

Kreditkarten sind versichert und bei Verlust oder Diebstahl sorgt die Gesellschaft nach einem Anruf unter ihrer Notfallnummer (s. Kartenrückseite bzw. Merkblatt, Nummer vor der Reise notieren!) für Sperrung und raschen Ersatz (siehe auch: www.kartensicherheit.de). In Deutschland gibt es seit 2005 die **einheitliche Sperrnummer** 0049-116116, im Ausland zusätzlich 0049 (30) 4050-4050. Sie gilt mit wenigen Ausnahmen (siehe www.sperr-ev.de) für alle Arten von Karten (auch Maestro/EC-Karten) bzw. Banken.

Am einfachsten ist es, sich mit einer Kreditkarte am Geldautomaten (ATM) an Banken und Supermärkten mit Hilfe der Pin-Nummer Bargeld abzuheben, dabei fallen bei einigen Anbietern gar keine, bei anderen bis zu 5,5% Gebühr an. Am besten vor Abflug bei der Hausbank erkundigen. Viele Banken setzen seit 2011 aus Sicherheitsgründen einen neuen Chip in ihre **EC-Karten** ein (sog. V Pay), was dazu führt, dass man mit der Karte außerhalb Europas weder Geld abheben noch damit bezahlen kann.

Reiseschecks
Außer der Kreditkarte sollten die ebenfalls versicherten Reisechecks mit in die Brieftasche. Am gebräuchlichsten sind die **Travelers Cheques** (TC) von *American Express*. Diese sind bei jeder Bank erhältlich und sollten am besten in kleinen Stückelungen von $ 20 oder $ 50 bestellt werden. Sie verhelfen vor Ort schnell zu Bargeld (z. B. bei American-Express- oder Travelex-Schaltern, aber auch in Hotels (meist bis max. $ 50/ Tag „to cash a cheque") und gelten als Zahlungsmittel in Läden und Supermärkten, wobei die Restsumme bar herausgegeben wird.

Die Seriennummern der ausgegebenen Schecks immer notieren, da sie bei Verlust oder Diebstahl mit der Kopie der Empfangsbestätigung von der Bank verlangt werden. Bei Verlust oder Diebstahl ist umgehend Meldung bei American Express nötig: Telefonnummern und Hinweise erhält man zusammen mit den gekauften Schecks bzw. der Travelers Cheque Card (vorher notieren!). Schecks werden dann innerhalb von 24 Stunden ersetzt. Zusätzlich ist gegebenenfalls ein Polizeiprotokoll erforderlich und muss ein Rückerstattungs formular ausgefüllt werden. Telefonische Sperrung **AmEx** Reiseschecks: in D: 0800-1012 362 (kostenfrei); AU: 0043-1-

5450120; CH: 0041-17454020; in den USA hilft das deutschsprachige AmEx-Kunden-Service Center unter 1-888-412-6945.

Ratsam für eine Aufteilung Ihrer Reisekasse wäre es somit, etwas amerikanisches Bargeld für die ersten Tage mitzunehmen (ca. $ 100–200 pro Person), evtl. einen Teil in Reiseschecks, die Bankcard und zwei Kreditkarten dabeizuhaben. Europäische Währungen können Sie zwar als Notreserve auch noch mitnehmen, aber es kann Ihnen passieren, dass die Umtauschkurse in den USA schlechter bzw. die Gebühren hoch sind.

Gesundheit

Besondere **Gesundheitsrisiken** für eine Reise nach Florida gibt es nicht. Ernährungsbedingte Umstellungsprobleme sind selten, das Leitungswasser kann unbesorgt getrunken werden, besondere Impfungen sind nicht nötig. Häufig sind Erkältungen aufgrund der Vollklimatisierung der Räume (*Air Conditioning* oder *AC*). Zudem sollte man folgendes berücksichtigen:

- Aufgrund des Zeitunterschiedes sollte man sich in den ersten Tagen nicht allzu viel vornehmen. So kann sich der Körper auf die Klima- und Zeitdifferenzen besser einstellen.
- Die Sonne Floridas brennt unwahrscheinlich stark. Bitte **behutsam sonnenbaden**, denn Wasser und Sand verstärken die ohnehin starke Sonneneinstrahlung. Auch bei bedecktem Himmel kann man einen Sonnenbrand bekommen. Insbesondere Menschen mit heller Hautfarbe und Kinder sind gefährdet. Bei starken Verbrennungen sollte man einen Arzt konsultieren.
- An manchen Stränden, z.B. bei Clearwater Beach, findet man Warnhinweise vor giftigen **Stachelrochen** (*stingrays*). Diese sollte man beherzigen und darauf achten, beim Gehen im Wasser durch den Sand zu „schlurfen" (*shuffle your feet*), damit die Tiere gewarnt werden und wegschwimmen. Die meisten Unfälle mit Stachelrochen passieren durch Drauftreten.
- Besonders in den sumpfreichen Gebieten wie den Everglades, aber auch in den anderen Teilen Floridas können **Mücken** (vor allem in den regenreicheren Sommermonaten) zur Plage werden. Hilfe leisten hierbei die überall an den „geplagten" Stellen angebotenen Schutzmittel gegen Moskitos.

An qualifizierten **Ärzten** (*physicians*) bzw. **Zahnärzten** (*dentists*) besteht kein Mangel; der Spezialisierungsgrad ist hoch, die Konkurrenz groß. Namen und Adressen von Ärzten können leicht über die Hotelrezeption bzw. die Gelben Seiten des Telefonbuchs herausgefunden werden. Hausbesuche sind unüblich und meist sind die in größeren Orten bzw. Städten existierenden *Health Care* oder *Family Centers*, Gemeinschaftspraxen, die ohne Terminvereinbarung (walk-in) weiterhelfen, die bequemste Version des Arztbesuchs. Arzt-, Medikamenten- und Krankenhauskosten sind hoch und jeder Patient wird systembedingt als „Privatpatient" behandelt. Das setzt auch beim Besucher einen Nachweis der Zahlungsfähigkeit (Kreditkarte) voraus. Zudem muss für jeden Arztbesuch sofort und häufig bar bezahlt werden.
Ein **Arztbesuch** oder Krankenhausaufenthalt in den USA kann somit sehr teuer werden. Der Abschluss einer **Auslandskranken- und Unfallversicherung** ist daher unbedingt empfehlenswert.

Apotheken in unserem Sinn gibt es nicht, sondern Medikamente erhält man in den *pharmacies*, die sich in *drugstores* befinden, wo auch andere Waren verkauft werden. Harmlosere Medikamente sind hier ohne weiteres zu bekommen, nicht aber rezeptpflichtige! Sofern man solche Medikamente benötigt, sollte man diese von zu Hause mitbringen (und sich für eventuelle Fragen des Zolls dafür ein Arztattest ausstellen lassen). (S. a. S. 59.)

Impfvorschriften bestehen für die USA nur, wenn man sich kurz zuvor in Seuchengebieten aufgehalten hat. Um sicherzugehen, fragt man in solchen Fällen bei den diplomatischen Vertretungen nach. Allgemein sollte man sich vergewissern, dass die letzte Tetanus-Impfung nicht länger als neun Jahre zurückliegt.

Haustiere

Tierhalter müssen für ihre Lieblinge ein tierärztliches Gesundheitszeugnis mitbringen und eine Impfung gegen Tollwut nachweisen. Die Dokumente dürfen nicht länger als einen Monat vor der Anreise ausgestellt sein und gelten längstens ein Jahr.

Immobilien

Durch die ehemals hohe Zuzugsrate (bis zu 1.000 neue Einwohner täglich) war Florida – generell gesprochen – ein Land der stetig steigenden Immobilienpreise (s. S. 39). Nach dem Platzen der Immobilienblase und der Tatsache, dass Florida im Jahr 2009 der Bundesstaat mit den meisten Zwangsversteigerungen war, wurden die Häuserpreise für Ausländer interessant. Sie dürfen in Florida ohne Auflagen Immobilien erwerben und wieder veräußern. Generell gilt: Je näher man am Wasser wohnt, desto teurer wird es. Die derzeit verhältnismäßig günstigen Immobilienpreise dürfen nicht darüber hinwegtäuschen, dass der Unterhalt eines Hauses relativ kostspielig ist: Als non-resident, also als jemand, der nicht ständig im Haus wohnt, sind Steuern („property tax") und Versicherungen höher.

Auch nach der Krise nicht ganz billig – Eigenheim in Florida

Die Grundsteuern in Florida werden jährlich neu festgesetzt. Dabei spielt eine wesentliche Rolle, zu welchem Preis Grundstücke bzw. Häuser in der Umgebung verkauft wurden. Haben Nachbarn ihr Haus teuer verkauft, dann steigen die Steuern. In den Grundsteuern sind auch Schulsteuern und die Gebühren für Müllentsorgung enthalten.
Bei Interesse ist es empfehlenswert, sich an einen der zahllosen, oft auch deutschsprachigen Makler zu wenden. Einen guten Fundus an Adressen für Makler und Rechtsanwälte bietet das deutschsprachige Magazin **Florida Sun**: www.floridasunmagazine.com.

Informationen

Viele der im Reisegebiet liegenden Regionen sind durch deutsche PR-Agenturen vertreten, die auch Informationsmaterial versenden. Allgemeine reisepraktische Infos finden sich unter www.vusa-germany.de und www.discoveramerica.com.
Visit Florida, Florida Versandhaus, c/o Presse- und Touristikdienst, Sporthallenstr. 7, 64850 Schaafheim, Florida-Hotline ☎ (06073) 88157, Broschüren: visitfloridainfo@aol.com, www.visitflorida.com/deutsch (mit herunterladbarem VISIT-Florida-Reiseführer, der auch per Post bestellt werden kann).

Websites (meist auf Deutsch) mit Bestellfunktion/Tel. für Infomaterial gibt es zu folgenden Gegenden:

- **Fort Myers/Sanibel**: www.fortmyers-sanibel.com, info@touristiksommer.de, ☎ (06021) 325303
- **Florida Keys**: www.fla-keys.de, fla-keys@getitacross.de, ☎ (0221) 2336 451
- **Florida's Gulf Islands** (Anna Maria Island, Longbaot Key, Bradenton und Umgebung): www.annamariaisland-longboatkey.de, annamaria.longboatkey@t-online.de, ☎ (030) 3150 4045
- **Greater Fort Lauderdale CVB:** www.sunny.org, fortlauderdale@aviarepsmangum.com, ☎ (089) 2366 2133
- **Greater Miami CVB:** www.miamiandbeaches.com, rp.Lang@t-online.de, 🖷 (06027) 5748
- **Orlando Tourism Bureau:** www.visitorlando.com, orlando.tourism@t-online.de, ☎ (0261) 9730 673 und 0800-1007 325 (gebührenfrei für D/A)
- **Palm Beach County CVB:** www.palmbeachfl.com, palmbeach@circlesolution.com, ☎ (08177) 9989 509
- **Sarasota Tourist Information:** www.sarasotafl.org, sarasota-info@t-online.de, ☎ (030) 3150 44044
- **Visit St. Petersburg/Clearwater:** www.visitstpeteclearwater.com, info@floridasbeach.de, ☎ (06172) 3880 9480

In Florida

- Es gibt vier **Official Florida Welcome Centers** nahe der Staatsgrenzen zu Alabama und Georgia (I-10 bei Pensacola, US 231, I-75, I-95) und eines in der Hauptstadt Floridas, Tallahassee:
- **Visit Florida**, am Westeingang des Capitol Building von Tallahassee, ☎ (850) 4886 167, www.visitflorida.com, jackforsythe@visitflorida.org

Daneben beraten in zahlreichen Orten die regionalen Handelskammern und Convention & Visitor Bureaus (CVB). Die Adressen und Telefonnummern der **lokalen Informationsstellen** stehen bei den entsprechenden Orten.

Infos im Internet

Natürlich sind alle Städte, Museen, Parks, Firmen und Hotelketten in Florida auch im Internet vertreten. Wer vor seiner Abreise noch etwas „surfen" möchte, kann sich auf den folgenden Websites einmal umschauen:

- **Florida:**

www.myflorida.com: offizielle Seite von Florida
www.florida-interaktiv.de: ein lebendiges Florida-Forum
www.floridasunmagazine.com: sehr informativ ist das Magazin „Florida Sun" (*siehe Stichwort Zeitungen*)
www.southbeach-usa.com: Infos zu Miami Beach

- **USA:**

www.us-infos.de: ausführliche Infos zu den ganzen USA
www.usa.de: Seite mit Buchungsfunktion für Flüge, Mietwagen etc.
www.us-botschaft.de: Amerikanische Botschaft
http://docsouth.unc.edu/: Dokumente zur Geschichte der Südstaaten

http://sunsite.utk.edu/civil-war/warweb.html: Informationen zum amerik. Bürgerkrieg
www.census.gov: statistische Daten des U.S. Bureau of the Census
www.hti.umich.edu/m/moagrp/: Recherchemöglichkeiten nach Quellen zur US-Sozialgeschichte mit Schwerpunkt auf der Bürgerkriegsepoche

Kanu-Trails

Kanu fahren auf ruhigen Flüssen ist eine bislang noch wenig entdeckte Möglichkeit, die schönen Gegenden Floridas zu erkunden. Dazu gibt es eine Übersichts-Broschüre über die schönsten Kanu-Trails in Florida, kostenlos erhältlich über Florida Fish and Wildlife, Conservation Commission Office of Policy and Stakeholder Coordination, 620 South Meridian St., Farris Bryant Building, Tallahassee, FL 32399, ☎ (850) 488 4676, www.myfwc.com/recreation, „Boating".

Für Kanufans einige Adressen von Vermietern – alle an „First-Class-Flussläufen" gelegen:
Chipola River/westlicher Panhandle bei Pensacola: Bear Paw Adventures, 2100 Bear Paw Lane, Marianna, FL 32448, ☎ (850) 482 4948, www.bearpawescape.com
Suwannee River und **Withlacoochee River**/Nordwestflorida: Suwannee Canoe Outpost, 2461 95th Dr., Live Oak, FL 32060, ☎ (308) 364 4991, www.suwanneeoutpost.com, www.canoeoutpost.com (auch an anderen Stellen Floridas vertreten)
Ocklawaha River/nördliches Zentralflorida, Flusslauf ab Lake Griffin: Ocklawaha Outpost, 15260 N.E. 152nd Place, Ft McCoy, FL 32134, ☎ 1-866-236-4606, www.outpostresort.com

Tipp

www.dep.state.fl.us/gwt/guide: Hier gibt es exzellente Detailinformationen und Karten zum Ausdrucken.
www.floridapaddlingtrails.com: die Florida Paddling Trails Association biete detaillierte Infos und Tipps

Kartenmaterial

Neben der diesem Buch beigefügten Reisekarte im Maßstab 1:1.075.000 besonders zu empfehlen: **Florida Atlas & Gazetteer**, Verlag DeLorme (www.delorme.com): sehr gute detaillierte Karten aller Florida-Regionen. Hier sind auch kleinste Straßen verzeichnet.
National Geographic Society, Serie Close Up, 1:1.331.000
Rand-Mc-Nally-Straßenkarte 1:1.100.000

Kinder

Amerika ist kinderfreundlich und auf Reisende mit Kindern eingestellt. Es gibt wesentlich mehr Spielplätze als bei uns – viele sind Restaurants oder Hotels/Motels angegliedert. So hat beispielsweise McDonald's häufig einen Kinderspielplatz – und die Eltern haben ihre Ruhe beim Essen. Überall, wo es einen Swimmingpool gibt, gibt es auch ein Kinderplanschbecken.

In den Restaurants sind die Bedienungen viel mehr als bei uns auf Kinder eingestellt: Für die ganz Kleinen gibt es stets Babystühle, für die Noch-Kleinen einen Aufsatz (*booster*). Immer gibt es spezielle Kindergerichte, die sehr preiswert sind. Kleinkinder dürfen durchgängig kostenlos bei den Eltern mitessen.

Das milde Klima Floridas sowie die allgegenwärtige Nähe zu Wasser und Sand machen einen Ferienaufenthalt auch für die Kleinen zu einem schönen Erlebnis. Vorsicht ist nur bei der starken Sonneneinstrahlung geboten.

Kleidung

In den warmen Monaten, d. h. von April bis Oktober, kommt man mit leichter, legerer Sommerkleidung bestens durch den Urlaub. Für die übrigen Monate empfiehlt sich noch einen Pullover oder eine Jacke für die kühleren Tage. Von Dezember bis Mitte Februar kann es von Norden her zu Kaltlufteinbrüchen kommen; und dann wird es auch in Florida empfindlich kalt. Wer in diesen Monaten nach Florida reist, kann zwar den Wintermantel getrost zu Hause lassen, sollte aber auf jeden Fall warme Sachen im Gepäck haben. Am besten nimmt man Kleidungsstücke mit, die nach dem „Zwiebelprinzip", d. h. in mehreren Schichten, über- und untereinander getragen werden können.

In der Region um Miami bis hin zu den Florida Keys kommt man ganzjährig mit Sommerkleidung und einem leichten Pullover aus.

Klima und Reisezeit

Generell kann man Floridas Klima als **sonnenreich** und warm bezeichnen, auch wenn es große jahreszeitliche und regionale Unterschiede gibt. Im Sommer wird es in Florida sehr heiß, zum Teil (besonders im Süden) schwül, in den Wintermonaten kann es morgens und abends überraschend stark abkühlen. Baden im Dezember und Januar ist in der Regel nur für abgehärtete Naturen angesagt.

Die **Moskito-Hochsaison** dauert von Mai-November. **Mosquito repellants** (Mückenschutzmittel) schützen dann vor Stichen. Allerdings hat man durch Versprühen von Vernichtungsmitteln die Mückenplage weitgehend im Griff. Nur im Everglades National Park und anderen Naturschutzgebieten darf nicht gesprüht werden.

Vorsicht vor Floridas Sonne: Sie (ver-)brennt unbarmherzig. Man sollte daher ein starkes Sonnenschutzmittel benutzen und zumindest in den ersten Tagen des Urlaubs nicht zu lange in der Sonne sein. Manchmal ist das jedoch unvermeidlich – z. B. beim Besuch von Disney World und Epcot, wenn man lange in den Schlangen stehen muss (deshalb sollte man sich diese Sehenswürdigkeiten nicht am Anfang einer Reise vornehmen).

In den Monaten mit den höchsten Temperaturen fällt auch der meiste Niederschlag. Es kann also ziemlich schwül werden. Meist kommen die oft von Gewittern begleiteten Schauer in den Nachmittagsstunden herunter. Für die Routenplanung in den Sommermonaten ist die Tatsache der nachmittäglichen Regengüsse sehr wichtig: Wenn es schüttet, wird sehr langsam, z. T. im Schritt-Tempo, und mit Licht gefahren, sodass man nur langsam vorankommt.

Hurrikans kommen häufig zwischen August und Oktober vor. Sie werden von den Wetterstationen frühzeitig vorhergesagt. Von ihnen sind insbesondere die küstennahen Regionen bedroht.

Eine **Klimatabelle** findet sich auf S. 35. Florida wird vom Fremdenverkehrsamt (Florida Division of Tourism) in sieben Regionen aufgeteilt, denen durchschnittliche Klimadaten (Temperatur und Niederschlag) zugeordnet werden. Durchschnittliche Temperaturwerte sagen, dass es um die Mittagszeit wärmer ist als der Wert ansagt, da im Mittelwert auch die kühleren Temperaturen des Morgens und des Abends einbezogen sind. Ähnlich verhält es sich mit den Niederschlagswerten: Sie geben nicht die Verteilung an. Hierbei muss man berücksichtigen, dass sich die größte Menge der Niederschläge auf eine relativ kurze Zeit verteilt (Nachmittagsgewitter). Weitere Infos auf S. 33f.

Literatur

In den europäischen Buchläden oder über www.amazon.de erhält man mit Sicherheit die neuesten Reisebücher und Karten, doch falls man sich mit der amerikanischen Literatur oder speziellen Themen zur amerikanischen Geschichte beschäftigen möchte, muss man sich die Bücher mitunter für teures Geld aus Amerika importieren lassen.

Eine Möglichkeit, sich Bücher auszuleihen, bieten die **amerikanischen Kulturinstitute** (DAI oder Amerika-Haus), unter anderem in:

- **Köln: Amerika-Haus**: Apostelnkloster 14–18, 50667 Köln, ☎ (0211) 16 92 63 50, www.amerikahaus-nrw.de
- **Leipzig: Amerika-Haus**, Wilhelm-Seyfferth-Straße, 04107 Leipzig, ☎ (0341) 21 38 440, 🖷 21 38 432
- **München: Amerika-Haus**, Karolinenplatz 3, 80333 München, ☎ (089) 55 25 37-0, www.amerikahaus.de
- **Carl-Schurz-Haus Freiburg**, Eisenbahnstr. 62, 79098 Freiburg, ☎ (0761) 316-46, www.carl-schurz-haus.de
- **Amerikazentrum Hamburg**, Am Sandtorkai 5, 20457 Hamburg, ☎ (040) 70 38 36 88, www.amerikazentrum.de
- **DAI Freiburg**, Sophienstr. 12, 69115 Heidelberg, ☎ (06221) 60 730, www.dai-heidelberg.de
- **DAI Nürnberg**, Gleißbühlstr. 13, 90402 Nürnberg, ☎ (0911) 23 069-0, www.dai-nuernberg.de
- **DAI Saarbrücken**, Stengelstr. 1, 66117 Saarbrücken, ☎ (0681) 31 160, www.dai-sb.de
- **James-F. Byrnes-Institut e.V.**, Charlottenplatz 17, 70173 Stuttgart, ☎ (0711) 22 81 80, www.daz.org
- **DAI Tübingen**, Karlstr. 3, 72072 Tübingen, ☎ (07071) 79 52 60, www.dai-tuebingen.de

In Österreich:
Amerika-Institut (Austro-American Institute of Education), Operngasse 4, A 1010 Wien, 1. Bezirk, ☎ (01) 512 77 20, www.amerika-institut.at

Maßeinheiten

Hohlmaße
1 fluid ounce = 29,57 ml
1 pint = 16 fl. oz. = 0,47 l
1 quart = 2 pints = 0,95 l
1 gallon = 4 quarts = 3,79 l
1 barrel = 42 gallons = 158,97 l

Flächen
1 square inch (sq.in.) = 6,45 qcm
1 sq.ft. = 929 qcm
1 sq.yd. = 0,84 qm
1 acre = 4840 squ.yd. = 4046,8 qm oder 0,405 ha
1 sq.mi. = 640 acres = 2,59 qkm

Längen
1 inch (in.) = 2,54 cm
1 foot (ft.) = 12 in. = 30,48 cm
1 yard (yd.) = 3 ft. = 0,91 m
1 mile = 1760 yd. = 1,61 km

Gewichte
1 ounce = 28,35 g
1 pound (lb.) = 16 oz. = 453,59 g
1 ton = 2000 lb = 907 kg

Temperaturen
Umrechnung: (Grad F - 32) x 0,56 = Grad C

23 °F	-5 °C	32 °F	0 °C	41 °F	5 °C	50 °F	10 °C
59 °F	15 °C	68 °F	20 °C	77 °F	25 °C	86 °F	30 °C
95 °F	35 °C	104 °F	40 °C				

Größentabelle

Herrenbekleidung:
Deutsche Größe (z. B. 50) minus 10
ergibt amerikanische Größe (40)

Herrenhemden:

D	36	37	38	39	40/41	42	43
USA	14	14,5	15	15,5	16	16,5	17

Herrenschuhe:

D	39	40	41	42	43	44	45
USA	6,5	7,5	8,5	9	10	10,5	11

Damenbekleidung:

D	36	38	40	42	44	46
USA	6	8	10	12	14	16

Damenschuhe:

D	36	37	38	39	40	41	42
USA	5,5	6	7	7,5	8,5	9	9,5

Kinderbekleidung:

D	98	104	110	116	122
USA	3	4	5	6	6x

Medien

Rundfunk
Im Radio dominieren die privaten Sender. Sie sind mehr oder weniger stark spezialisiert, z. B. auf Country, Jazz, Rock, Klassik, Sport, Talkshows oder Nachrichten, und je nach Finanzen unterschiedlich stark von Werbung abhängig.

Fernsehen
Jedes auch noch so billige Motelzimmer verfügt über einen **Fernseher**, wobei Empfang und Senderzahl enorm unterschiedlich sein können. Satellitensender wie HBO (Spielfilme) oder Kabelsender wie ESPN (Sport), Pay-TV oder Movie Channels senden nicht immer und überall. Überregionale Sender sind ABC, CBS, NBC, PBS, CNN, TNT, FOX, viele Sender sind hingegen auf bestimmte Genres spezialisiert, z. B. auf Nachrichten (CNN), Wetter (*Weather Channel*), Kochen (*Food Network*), Kirche, Soap operas (z.B. *SoapNet*), Comics (*Disney Channel, Cartoon*), Wissenschaft (*Discovery Channel, History*) oder Verkaufspräsentationen.

Zeitungen
Neben den überregionalen Tageszeitungen gibt es zahlreiche regionale Zeitungen wie etwa *Fort Lauderdale News, Florida Times Union, Miami Herald, Orlando Sentinel, Pensacola News Journal, Sarasota Herald Tribune, St. Petersburg Times, Tampa Tribune* und *West Palm Beach Post*. Ausländische, besonders deutschsprachige Zeitungen, gibt es nur vereinzelt.

Tipp

Ein gutes und informatives deutschsprachiges Magazin (erscheint viermal im Jahr, Abonnements in Europa möglich) ist „Florida Sun", in gut sortierten Zeitungsläden in Deutschland (€ 4,60), Österreich (€ 5,30) und der Schweiz (CHF 9) zu kaufen. Redaktionsschwerpunkt sind touristische Themen, aber auch Fragen zu Visa und Investments werden erörtert (www.floridasunmagazine.com).

Mietwagen

Es birgt finanzielle und sicherheitstechnische Vorteile, einen Mietwagen bereits zu Hause, im Reisebüro oder über das Internet zu buchen, besonders wenn die Mietdauer mindestens eine Woche beträgt. Abgesehen von den alteingesessenen Anbietern wie Avis, Alamo oder Hertz gibt es Broker, die oft günstige Konditionen bieten, z. B.:

ADAC: www.adac.de/autovermietung
Holiday Autos: www.holidayautos.de
Sunny Cars: www.sunnycars.de
FTI: www.driveFTI.de
TUI: www.tui.de/mietwagen
DERTOUR Cars: www.dertour.de

Im Allgemeinen sind die **Wochenpreise** am günstigsten, wobei meist eine Mindestmietdauer von vier Tagen gilt. Normalerweise muss ein Wagen an ein- und demselben Ort abgeholt und abgegeben werden. One-Way-Strecken sind gegen Bezahlung einer je nach Veranstalter und Strecke unterschiedlichen Pauschale (**Rückführgebühr/Einwegmiete**) möglich. Es ist wichtig, dass sich **Ankunfts**- bzw. **Abflugort**, d. h. an Flughafen bzw. Bahnhof tatsächlich eine Mietstation befindet.

Versicherungen

Für Europäer etwas verwirrend sind die verschiedenen **Versicherungen**, die man abschließen kann/sollte/muss. Dabei unterscheidet man folgende:

1. **LDW** (Loss Damage Waiver), **CDW** (Collision Damage Waiver): Vollkasko mit Haftungsbefreiung für Schäden am Mietwagen, auch bei Diebstahl. Abschluss dringend empfohlen und meist Pflicht.
2. Zusatzversicherungen zu LDW/CDW:
   - **ALI** (Additional Liability Insurance): Pauschale Erhöhung der Haftpflicht-Deckungssumme (zzt. auf eine bzw. zwei Millionen Dollar).
   - **LIS** (Liability Insurance Supplement): Analog zu ALI, zusätzlich bis zzt. 100.000 Dollar Deckung für Personenschäden (Alamo, Hertz, Dollar) bei unterversicherten Unfallgegnern.
3. **UMP** (Uninsured Motorist Protection): Zusatzversicherung bei Unfall, Verletzung oder Tod durch unterversicherte/flüchtige Unfallgegner.
4. **PAI** (Personal Accident Insurance): Insassenversicherung bei Verletzung oder Tod bis zzt. maximal 250.000 $ (variiert nach Anbieter)
5. **PEP** (Personal Effects Protection), PEC (Personal Effects Coverage): Gepäckversicherung bis zzt. 600 Dollar (New York: 500 $) pro Person. Auf 1.800 $ pro Fahrzeug begrenzt. Nur zusammen mit PAI buchbar. Alle Schäden unterliegen aber einer Selbstbeteiligung.
6. **PERSPRO/CCP** (Carefree Personal Protection): Personen- und Gepäckversicherung, nur USA. Schutz für Mieter und Mitfahrende sowie beim Ein- und Aussteigen. Zudem Deckung für einige Notfalldienste. Lohnt i.d.R. nicht, da o.g. Versicherungen bzw. die zu Hause abgeschlossene Auslandskranken- u. Gepäckversicherungen diese Fälle abdecken.

Grundsätzlich:
Folgende Versicherungen sollte man abschließen: CDW/LDW, ALI (bzw. LIS) und PAI. Wichtig ist, dass man sich schon in Europa beim Reisebüro darüber erkundigt, welche Versicherungen man bereits beim Anmieten mitbekommen hat und ob eine Zusatzversicherung überhaupt nötig ist. Leicht versichert man sich doppelt. Und manche Kreditkarten beinhalten auch einige Versicherungen für Mietwagen. I.d.R. muss man den Wagen dann aber mit dieser Karte auch bezahlen.

Die gekoppelte Buchung von Flug und Mietwagen („**Fly&Drive**") kann u.U. eine Alternative sein. Große Reiseveranstalter bieten oft günstige Varianten, allerdings sollte man diese speziell in der Nebensaison, wenn Flüge billig sind, genau mit den Einzelpreisen vergleichen.

Fahrzeugkategorien

Die großen Vermieter besitzen neuwertige Fahrzeugflotten meist spezieller Automarken, sodass es kaum Probleme mit Pannen gibt. Eine spezielle Marke oder ein bestimmter Wagentyp kann nicht reserviert werden, doch ist es vor Ort möglich, Wünsche zu äußern. Alle Wagen haben **Automatik** (s. S. 93), Airbags, Klimaanlage (letztere ist für Floridas Klima – vor allem im Sommer – unabdingbar) und CD-Player, zudem Cruise Control (Tempomat), Servolenkung und -bremsung, meist auch Zentralverriegelung und manchmal automatisches Tages-Fahrlicht.

Folgende Fahrzeug-Klassen werden angeboten:

- Economy (A): Kleinwagen (vergleichbar mit Golf)
- Compact (B): untere Mittelklasse
- Intermediate (C): obere Mittelklasse
- Full Size (D): Luxusklasse
- Station Wagon (E): Kombiwagen
- Van: Kleinbus (vergleichbar mit dem VW-Mikrobus)

Wagenübernahme

An jedem **internationalen Flughafen** sind die großen **Mietwagenfirmen** – wie *AVIS, Alamo, Hertz, Budget, National* oder *Enterprise* – vertreten. Zum Teil gibt es nur einen Schalter, an dem die Formalitäten erledigt werden und von wo aus dann kostenlose Shuttlebusse den Kunden zum Parkplatz des Unternehmens, wo sich ebenfalls Schalter befinden, bringen. **Rental Car Return** ist an allen Flughäfen gut ausgeschildert und die Rückgabe verläuft meist unkompliziert und schnell, direkt am Auto per Handcomputer. Am Schalter muss außer dem Voucher vom Reisebüro bzw. der Reservierungsnummer eine Kreditkarte (Bargeld oder Schecks werden nicht akzeptiert!) zur Stellung der Kaution und Begleichung sonstiger anfallender Kosten vorgelegt werden. Dazu kommt der Führerschein (ein internationaler ist allein ungültig, wird jedoch derzeit in manchen Südstaaten verlangt) und die Heimatadresse, die man am besten in Form einer Visitenkarte vorlegt. Man vereinbart, sofern als nötig erachtet, vor Abfahrt noch Zusatzversicherungen, Extraservice und mietet Sonderzubehör, wie Kindersitz oder Dachgepäckständer. Das vielfach angebotene Upgrading und das Angebot, eine Tankfüllung im Voraus (teuer) zu bezahlen, lehnt man hingegen besser ab und tankt statt dessen vor Abgabe selbst noch einmal. Das muss nicht direkt am Flughafen sein, ein gewisser Spielraum ist bei der Tankanzeige nämlich immer gegeben.

Der **Mietvertrag** muss mehr oder weniger aufwändig per Initial (z. B. Ablehnung von Zusatzversicherungen oder Tankfüllung) und Unterschrift bestätigt werden. Sicherheitshalber sollte man einen Blick auf die auf dem Mietvertrag angegebene **Rückgabezeit** werfen, da sich hier gerne „Fehler" zu Ungunsten des Mieters einschleichen. Da viele Firmen im 24-Stunden-Takt berechnen, kostet jede Verspätung von mehr als meist 30 Minuten extra. Auf dem Umschlag mit dem Mietvertrag ist der Stellplatz des gemieteten Autos angegeben, gelegentlich auch nur die Reihe mit der Kategorie (freie Wahl). Vor Fahrtantritt sollte kurz der äußere Zustand, vor allem der **Reifen**, die Sauberkeit (auch innen) sowie **Funktionstüchtigkeit** von Lichtern, Blinker, Scheibenwischern, Gurten, Fensterhebern, Motorhaube- und Kofferraumöffnern und Schlössern und die Tankanzeige gecheckt werden.

Direktbuchung vor Ort

Ein Leihwagen kann auch kurzfristig vor Ort, gleich am Flughafen oder in der Stadt, gechartert werden; Mindestalter ist meist 21 Jahre (unter 25 Jahren fällt ein Zuschlag an). Direktbuchung ist jedoch **meist teurer**, wobei man trotzdem wegen Service, Sicherheit, Fahrzeugflotte und Netz die großen Anbieter den kleineren, lokalen Firmen (in den Gelben Seiten des Telefonbuchs zu finden) vorziehen sollte. Vor allem ist darauf zu achten, dass *unlimited milage* und CDW/LDW (*full coverage*) in der Buchung enthalten ist. Man sollte auf alle Fälle nach „Specials" (z.B. Weekend/Senior/AAA-Specials) fragen. **Telefonische Reservierung** ist in solchen Fällen sinnvoll (1-800-Nummern gebührenfrei in USA):

- **Alamo**: (1-800) 462 5266, in D: (0130) 819226, www.alamo.com
- **Avis**: (1-800) 230 4898, in D: (06171) 681882, www.avis.com

- **Budget**: (1-800) 527 0700, in D: (0180) 521 4141), www.budget.com
- **Dollar**: (1-800) 800 4000, in D: (0180) 522 1122), www.dollar.com
- **Enterprise**: (1-800) 325 8007, www.enterprise.com
- **Hertz**: (1-800) 654 3131, in D: (0180) 533 3535, www.hertz.com
- **National**: (1-800) 227 7368, in D: (0180) 522 1122, www.nationalcar.com
- **Thrifty**: (1-800) 847 4389, in D: (06131) 99330, www.thrifty-car.com

Genereller Rat: Bei den großen Mietwagenfirmen mieten, die in ganz Florida Niederlassungen haben. Preiswerte, aber nur lokale Vermieter sind i.d.R. nicht zu empfehlen, da man sich im Schadensfalle selbst ums Fortkommen kümmern muss und eventuell Kosten für Reparaturen zu bezahlen hat, die man vom Vermieter nicht zurückerhält.

Amerikanische Wagen

Wer noch nie mit einem **Automatikwagen** gefahren ist, sollte Folgendes wissen: Zunächst einmal muss man sich daran gewöhnen, dass der linke Fuß „still" bleibt und nichts zu tun hat, denn in Automatikwagen gibt es nur Bremse und Gas. Als Handbremse gibt es oft ein weiteres, links oben gelegenes Pedal.

Die **Symbole des Automatikgetriebes** bedeuten:

P Parken; das Getriebe ist während dieser Stufe blockiert. Wagen startet bei „P", ebenso kann man den Zündschlüssel nur in der Stellung „P" abziehen. Bei manchen Modellen muss man zusätzlich einen Knopf an der Lenksäule drücken.

N Neutral; bedeutet: Leerlauf

R Rückwärtsgang

D Drive = Fahrstufe. Das ist die Stufe, mit der man praktisch in Florida stets fahren kann.

2 entspricht dem 2. Gang, bei mittleren Steigungen zu empfehlen. Eine Höchstgeschwindigkeit von 50 mph sollte nicht überschritten werden.

1 entspricht dem 1. Gang – nur für steile Steigungen und Gefälle. Eine Höchstgeschwindigkeit von 25 mph sollte nicht überschritten werden.

Naturparks/National Parks/National Forests/State Parks

Man unterscheidet zwischen

National Parks: Diese werden von der Bundesbehörde verwaltet. Dazu gehören der Biscayne National Park, der Dry Tortugas National Park und der Everglades National Park. Infos und genaue Übersicht: *www.nps.gov/findapark/index.htm.*

Great Egret im Everglades National Park

© graphic

Florida State Parks: Sie werden von der Landesbehörde, also von Florida selbst verwaltet (www.floridastateparks.org). Es gibt mittlerweile mehr als 160 Florida State Parks über das ganze Land verteilt.

National Forests: Das sind ausgedehnte Waldgebiete, die zentral von Washington aus verwaltet werden. Dazu gehören Apalachicola, Ocala und Osceola National Forest. Übersicht: www.fs.fed.us.

Notfall

Im Notfall, egal welcher Art, hilft ein Polizist (*cop*), das nächste Polizeirevier (*Operator* 0) und die gebührenfreie **Emergency Number 911** (Notrufzentrale). Auch **Traveler's Aid** hilft Besuchern weiter. Es gibt in allen größeren Städten Filialen (siehe Telefonbuch). Wird z. B. der Reisepass gestohlen, muss man sich auch an die nächste diplomatische Auslandsvertretung seines Landes wenden, damit ein Ersatz-Reiseausweis zur Rückkehr ausgestellt wird.

Auch in dringenden Notfällen, z. B. medizinischer oder rechtlicher Art, sind die Auslandsvertretungen bemüht, vermittelnd zu helfen. Bei **Diebstahl** oder **Verbrechen** ist im nächsten Polizeirevier Anzeige zu erstatten, denn nur bei Vorlage eines Polizeiprotokolls ersetzen Versicherungen den erlittenen Verlust. Ebenfalls zu melden ist der Vorfall bei der betreffenden Stelle, wie der Bank, möglichst mit Nummern bzw. Kopien der entsprechenden Papiere. Bei Verlust der Kreditkarte oder der Reiseschecks muss umgehend die Sperrung bei der auf der Kartenrückseite oder auf dem zugehörigen Merkblatt angegebenen und vorher notierten variablen Notfallnummer veranlasst werden (siehe auch „Geldangelegenheiten"). Eine Ersatzkarte wird normalerweise innerhalb von 24 Stunden zur Verfügung gestellt. Bei Schecks sind die Vorlage des Kaufnachweises und die Nummern der ausgegebenen Schecks nötig.

Über **Western Union** (www.westernunion.com, www.reisebank.de) kann im Notfall innerhalb von Minuten Geld in die USA überwiesen werden.

Checkliste für die Reise

Kreditkarte beantragen, Notrufnummern notieren, Geld auf dem Konto deponieren
Reiseversicherungen, vor allem Auslands-Krankenversicherung bzw. Reise-Notfallversicherung abschließen
Kopien aller wichtigen Dokumente (Pass, Versicherungsscheine, Führerschein, Flugticket etc.) anfertigen und sämtliche Nummern und Telefonnummern in einer Art „Notfallpass" aufschreiben
Originaldokumente aus Sicherheitsgründen am Körper (Brustbeutel, Gürteltasche o. Ä.) tragen oder, wenn möglich, im Hotelsafe deponieren
Wertgegenstände, Dokumente und Karten zwischen zwei Personen aufteilen.

Öffnungszeiten Banken

Normalerweise sind in Florida die Banken von Montag bis Freitag von 9–16 Uhr geöffnet. An Samstagen, Sonntagen und Nationalfeiertagen sind sie ganztägig geschlossen.

Post

Postämter (geöffnet werktags ca. 9–17 Uhr) sind nicht immer leicht zu finden, aber zum Glück benötigt man sie normalerweise nur einmal zum Kauf einer größeren Menge Briefmarken. Diese sind zwar auch in Automaten erhältlich, dort allerdings oft in ungünstigen Stückelungen und mit Preisaufschlag. Ein Brief oder eine Karte nach Europa dauert im Schnitt eine Woche und kostet: nach **D**, **AU**, **CH**: Karten 98 c, ebenso Standardbrief bis 1 oz/28 g 98 c (jedes weitere oz: 84 c); **Inland** (Standard oder „First Class"): Briefe bis 28 g (1 oz) 44 c, jedes zusätzliche oz kostet weitere 17 c, Karten 28 c.

Das kleinste Postamt der USA steht in Ochopee, Florida

Im Gegensatz zu uns steht das Kürzel für den Bundesstaat sowie die **Postleitzahl hinter** dem Ortsnamen. Bsp.: Miami, FL 33130

Briefkästen sind blau-rot mit Aufschrift „US-MAIL". Normale Briefpost wird als „first class mail" verschickt, teurer sind „Express" oder „Priority mail", dafür schneller und teils versichert.

Preisermäßigungen

In den USA gibt es jede Menge Möglichkeiten, Preisnachlässe oder Rabattangebote wahrzunehmen. **Schüler**, **Studenten**, **Rentner** und **Behinderte** sollten einen internationalen Ausweis mitnehmen. Mit diesem sind erhebliche Preisnachlässe möglich. Bei den **Hotels/Motels** sind die Zimmerpreise kein Dogma. Hartnäckiges Nachfragen nach einem „billigeren Zimmer" führt nicht selten zum Erfolg. Einige Hotels bieten auch Sonderpreise für AAA-Mitglieder.

Eine weitere Sparmöglichkeit sind die zahlreichen **Coupons**, die man in den Touristenbüros, den Infoständen an den Grenzen der Bundesstaaten, den Büros der Autovermieter, in Zeitungen oder Werbeprospekten findet und mit denen Restaurants, Hotels und Geschäfte mit Preisnachlässen um Kunden und Gäste buhlen. Mit diesen Coupons kann man mitunter deutlich billiger übernachten oder erhält Rabatte bei Einkäufen. Fährt man in einen neuen Bundesstaat hinein, kann man diese Couponheftchen beim staatlichen Infocenter (am Interstate/Highway) einsammeln.

Auch **Airlines** bieten in Verbindung mit den Flugtickets häufig verbilligte Eintritte zu Vergnügungsparks o. ä. und Rabatte bei der Unterkunft in bestimmten Hotelketten oder bei der Wagenmiete bei bestimmten Firmen.

Hinweis

Bei den Eintrittspreisen etc. in diesem Buch ist immer der volle Preis für einen Erwachsenen angegeben. **Kinder** zahlen fast durchweg weniger, in vielen Fällen - je nach Alter - auch nichts.

Rauchen

Für Raucher ist Amerika bereits ein Alptraum. In Restaurants, Kneipen, Pubs, Clubs und Bars sowie in öffentlichen Gebäuden, in Bahnhöfen und an vielen anderen Plätzen ist das Rauchen verboten. Wer nun trotzdem nicht auf den blauen Dunst verzichten möchte, muss sich vor die Bars und Kneipen stellen. Das ist noch erlaubt.

Restaurants

Überall gibt es unzählige **gute und preiswerte Möglichkeiten zum Essen**. Von den Restaurant-Ketten sind stets z. B. zu empfehlen „The Olive Garden" (italienische Küche), „Outback" (Steaks) und „Red Lobster" (Fischgerichte).

Man kann in Florida natürlich auch exzellent speisen – vorausgesetzt, dass man bereit ist, dafür auch $ 25–40 zu zahlen. Obwohl in Amerika so vieles nach Effekthascherei aussieht, machen viele Spitzenrestaurants eine rühmliche Ausnahme: Sie gedeihen im Verborgenen, man muss deshalb wissen, wo diese Schätze versteckt sind. Dass diese Restaurants überhaupt nicht den europäischen Vergleich scheuen müssen, sollten Sie selber testen. Kein Wunder, denn von den Voraussetzungen her verfügen die Köche über allerbeste Zutaten: tropische Früchte, fantastisch frischen Süß- und Salzwasserfisch, Hummer, erstklassige Fleischsorten (vor allem Rind) – und last not least sehr gute Weine aus den Anbaugebieten Kaliforniens und Washingtons, aber auch des Bundesstaates New York. Bitte beachten, dass viele Restaurants sonntags geschlossen haben. Bei den reisepraktischen Informationen sind u. a. auch Spitzenrestaurants beschrieben.

s. *auch Stichpunkt Essen & Trinken*

Schlangen

Es gibt zwar einige Wasser- und Landschlangen in Florida, doch die wenigsten sind giftig. Außerdem lauern die Schlangen nicht gerade auf Touristen. **Übermäßige Angst ist deshalb nicht angebracht.** Trotzdem sollte man auf den Weg achten. In der Regel flüchten die Tiere schon lange bevor man sie sehen kann. Sollte es dennoch passieren, dass man von einer Schlange gebissen wird: keine Panik! Merken Sie sich vor allem Farbe, Muster und Kopfform der Schlange, damit ein behandelnder Arzt oder anderer sachkundiger Helfer weiß, welche Gegenmaßnahmen angebracht sind.

Sport

Man kann in Florida fast alle Sportarten betreiben. Natürlich stehen die Wassersportarten an erster Stelle. Sehr populär sind aber auch Tennis und Golf, beide längst zum Volkssport geworden.

Angeln

Florida ist ein Anglerparadies. **Hochseeangeln** (*Big Game Fishing*) zielt vor allem auf Grouper, Haie, Barrakuda, Thunfisch und Schwertfisch ab. Von beinahe allen Küstenorten werden Touren angeboten. **Süßwasserangeln** zielt vor allem auf Barsche und Catfish ab. Vor jedem Angeln muss man sich auf jeden Fall eine Lizenz besorgen (z.T. in den Angelshops oder dem County House erhältlich, Kosten etwa $ 10). Ebenso müssen bestimmte Angelzeiten, Größe von Fischen etc. streng beachtet werden.
Einer besonderen Beliebtheit erfreut sich das Fly Fishing. Die kristallklaren Gewässer machen Florida in dieser Beziehung zu einer prädestinierten Destination. Infos u.a. unter www.worldwidefishing.com/florida/fly.htm.

info

Was ist Fliegenfischen?

Wer kennt nicht den berühmten Film mit Brad Pitt in der Hauptrolle und unter der Regie von Robert Redford: „Aus der Mitte entspringt ein Fluss". Norman (Craig Sheffer) und Paul Maclean (Brad Pitt) wachsen in Montana Anfang des 20. Jahrhunderts auf. Ihr Vater, ein gestrenger Presbyterianer-Reverend (Tom Skerritt), möchte aus den beiden Jungen aufrechte junge Männer machen. Dabei sind sie grundverschieden - nur beim Fliegenfischen, der Lieblingsbeschäftigung des Herrn Papa, finden sie zur Ruhe und zueinander.

Zunächst steht auch hier, wie bei der normalen Angelei, die Jagd nach dem Fisch im Vordergrund. Bevor der Fliegenfischer jedoch zu angeln beginnt, gilt es für ihn, das entsprechende Gewässer zu lesen, sich mit dem Bach, Fluss, See oder Meer vertraut zu machen. Das geht oft erstaunlich schnell, denn er weiß aus Erfahrung, wo sich die Fische im Gewässer jahreszeitlich bedingt aufhalten. Den erfolgreichen Fliegenfischer machen aber neben der Erfahrung vor allem seine wachen Sinne aus. Deshalb wird der Fisch oft, bevor er am Haken hängt, mit den Augen gefangen. Wirbel an der Wasseroberfläche verraten ihm den Stein am Grund, hinter dessen Strömungsschatten sich die Fische gerne aufhalten. Der Fliegenfischer schwingt die filigrane Angel peitschenartig hin und her und bringt Schnur und Fliege durch die entstehenden Federkräfte der Rute an die gewünschte Stelle, oder er ist bereits unterwegs zum nächsten Angelplatz und verfährt dort nach dem gleichem Muster: beobachten - fischen - fangen.

In Bezug auf das Equipment benötigt der Fliegenfischer nicht viel, dafür aber eine umso speziellere und nicht eben billige Ausrüstung. Das Angelgerät besteht aus einer Fliegenrute, einer passenden Fliegenrolle, einer speziellen Fliegenschnur, einem so genannten Vorfach und einem künstlichen Köder.

Aber der Reihe nach:
die Fliegenrute: Die filigranen Fliegenruten bestehen überwiegend aus Kohlefaserverbindungen und sind in unterschiedlichen Gewichtsklassen erhältlich. Die Gewichtsklasse der Fliegenrute hängt von der Fischart ab, die beangelt werden soll. Für die klassische Fliegenfischerei im

Süßwasser auf Forellen, Äschen, Barsche, Weißfische etc. werden Ruten der **Klassen 3–6** verwendet. Für die Angelei auf größere Fische im Süßwasser, wie Hecht und Zander, sowie die Fliegenfischerei im Salzwasser, kommen Fliegenruten der Klassen 7–12 zum Einsatz. Beim **Angeln im Meer** werden überwiegend Ruten der Klassen 8 oder 9 verwendet.

Weiterhin werden die Fliegenruten in so genannte Aktionsgrade unterteilt, dem so genannten Durchbiegeverhalten unter Last. Der Aktionsgrad der Rute entscheidet über die anzuwendende Wurftechnik, denn die Rute mit parabolischer Aktion wird mit langsamen Bewegungen geworfen, die mit reiner Spitzenaktion erfordert dagegen schnelle Bewegungen, um die Federkraft der Fliegenrute bestmöglich auszunutzen.

die Fliegenrolle: Die Fliegenrolle hat eigentlich nur die Funktion, die Fliegenschnur aufzunehmen und einem Fisch bei seiner Flucht genügend Schnur nachgeben zu können. Trotzdem gibt es sie in einer Fülle von Ausführungen und in jeder Preiskategorie.

die Fliegenschnur und das Vorfach: Die mit Kunststoff ummantelte Schnur stellt das einzige Gewicht dar, mit dem der Köder ausgeworfen wird, da dieser i. d. R. wenig Eigengewicht besitzt. Das Vorfach stellt den fast unsichtbaren Teil der Schnur dar, der zwischen Fliegenschnur und Köder geknotet wird und vom Fisch kaum wahrgenommen wird.

die Köder: Die Köder stellen Imitationen von Insekten oder kleinen Fischen dar. Diese oft winzigen Kunstwerke werden aus Federn, Tierhaaren und anderen Materialien fachmännisch von den meisten Fliegenfischern selbst gebunden.

das übrige Equipment: Die spezielle Kleidung des Fliegenfischers besteht aus einer atmungsaktiven Wathose und einer ebensolchen Watjacke. Darüber wird eine spezielle Weste getragen, in der die Vorfächer, Köderschachteln, Hakenlöser, etc. unterkommen. Die so genannte Polbrille minimiert die Lichtreflexionen der Wasseroberfläche und verhilft dem Fliegenfischer so zu einem besseren Blick auf das, was sich darunter befindet. Hut und Holzkescher machen die Ausrüstung des Fliegenfischers perfekt.

Tipps für Fliegenfischer

Sollten Sie Urlaub in Florida machen wollen, vergessen Sie ihre Fliegenrute nicht! Die Möglichkeiten, die sich Ihnen hier bieten sind nahezu unbegrenzt. Es gibt kostengünstige Lizenzen für die Fischerei im Salz- und Süßwasser, mit deren einmaligem Erwerb Sie in ganz Florida fischen können. Ob vom Ufer oder vom Boot aus, die Fischerei kann hier zu einem einzigartigen Erlebnis werden.

Ganz besonders gilt dies für die **Keys**. Hier benötigen Sie nicht unbedingt ein Boot, um Fische mit der Fliegenrute zu fangen. Es reicht i. d. R., wenn Sie am späten Nachmittag ans Wasser gehen und sich einen ruhigen Strandabschnitt suchen.

Sobald es dunkel wird, sollten Sie das Wasser verlassen, denn auch größere Raubfische können dann dicht unter Land kommen. Nehmen Sie die Warnungen der Einheimischen ernst.

Zum Schluss noch ein Hinweis auf ein Angelgeschäft der besonderen Art. Sollten Sie sich auf den Keys aufhalten, müssen Sie unbedingt das Angelgeschäft „World Wide Sportsman" besuchen, das direkt am Overseas Hwy. 81576 auf Islamorada liegt. Die Einrichtung im Kolonialstil und die Anzahl der Angelutensilien sind beeindruckend. Dies ist ein Erlebnis für die ganze Familie, denn inmitten des zweistöckigen Gebäudes steht eine polierte Holzyacht von Ernest Hemingway, die besichtigt werden kann. Daneben gibt es noch ein Meerwasseraquarium mit den gängigsten heimischen Fischarten und eine Bar, an der Kaffee und kalte Getränke zu bekommen sind. **Öffnungszeiten**: So–Do 9–20.30, Fr–Sa 9–21 Uhr, ☎ (305) 664 46 15, www.basspro.com.

Text: **Kai Nolting**

Überall in Florida gibt es Bike Trails

Fahrrad fahren

Fahrrad fahren ist in den vergangenen Jahren in Florida sehr populär geworden. Es wurde eine Menge von Fahrradwegen (*trails*) angelegt, wo man ungestört vom üblichen Verkehr, meist auf attraktiven Routen, radeln kann. Unüblich ist das Fahrrad fahren auf normalen Straßen. Der amerikanische Autofahrer ist daran nicht gewöhnt. Also nicht einfach auf einer Straße fahren – das Unfallrisiko ist zu groß.

In allen Touristenorten kann man über spezielle Vermieter oder Hotels Fahrräder und Mopeds leihen. Das Florida Department of Transportation gibt gute Fahrradwanderkarten heraus, auf denen Touren von 150–500 km verzeichnet sind, die 2–7 Tage in Anspruch nehmen. Das Kartenmaterial mit Beschreibungen der Sehenswürdigkeiten gibt es online unter www.dep.state.fl.us/gwt, auch bei www.visitflorida.com gibt es eine *Florida Bicycle Trails*-Broschüre.

Websites für Fahrradwanderer:

- www.bikeflorida.net: Hier werden u.a. der Pinellas Trail und der Withlacoochee Trail beschrieben.
- www.railstotrails.org: Hier werden alle Bahnstrecken aufgezeigt, die zu Fahrrad-Trails gestaltet wurden.

Golf

Golf ist **d e r** Sport in Florida, kein anderer US-Bundesstaat verfügt über mehr Golfplätze (schon 1990 wurde der 1.000ste Golfplatz eingeweiht!). Auf den meisten Golfplätzen geht es leger zu. Im Gegensatz zu Europa ist Golf in Florida **eine Sportart für jedermann**. Auf den Driving Ranges können auch Nicht-Golfer ihre ersten Lektionen lernen. Weitere Informationsstellen:

- **Florida State Golf Association**, 8875 Hidden River Parkway, Suite 110, Tampa, FL 33637, ☎ (813) 632 3742, www.fsga.org
- **World Golf Foundation Inc.**, One World Golf Place, St. Augustine, FL 32092, ☎ (904) 940 4123, www.worldgolffoundation.org. Informative Website.

Tauchen

Vor allem die vielen klaren Flüsse Floridas, aber auch die Küsten, z. B. die der Florida Keys, sind beliebte Tauchgebiete.

> **Hinweis**
>
> Die unterseeischen **Korallenriffe** sind wohl die faszinierendsten Bereiche der Meereslandschaft, sehr empfindlich und einzigartig in ihrer Schönheit, deshalb ist das **Herausbrechen von Korallen** unter allen Umständen verboten! Es wird an das Verantwortungsgefühl der Taucher appelliert, dieses sensible Ökosystem nicht zu zerstören. Außerdem kann man bei der Ausreise aus den USA und der Einreise ins Heimatland große Probleme bekommen, wenn man Korallen mitführt.

Wandern

- **www.floridastateparks.org**: In beinahe allen Florida State Parks kann man hervorragend wandern. Infos bei den jeweiligen Parks im Routenteil des Buches.
- **www.florida-trail.org**: Hier wird der 1.400 Meilen lange Florida-Trail dargestellt, der vom Panhandle bis nach Südflorida reicht.

Sprache und Verständigung

Es dürfte schwierig sein, ganz ohne Englisch in den USA auszukommen, doch wahrscheinlich ist es eher möglich als an vielen Orten Europas. Fremdsprachenkenntnisse unter Amerikanern sind gering, doch dafür zeigen sie Geduld und freuen sich auch über spärliche Englischkenntnisse.

Das Amerikanische weicht in mehreren Punkten vom Schulenglisch ab, es gibt Unterschiede in Wortschatz, Grammatik und Aussprache. Auffällig ist vor allem, dass viele Substantive auf -re, wie centre, im Amerikanischen auf -er enden, *ou* zu *o* wird (*color*), dass Doppellaute *(travelling)* negiert werden und abgekürzt wird, wo es geht: z. B. *Xmas* (Christmas), *Xing* (Crossing). Außerdem sind bestimmte Vokabeln komplett anders als im Oxford-Englisch (in Klammern), z. B. *baggage* (*luggage*), *gas* (*petrol*), *fall* (*autumn*), *vacation* (*holiday*), *truck* (*lorry*) (s.a. Sprachglossar S. 51).

Es gibt gewisse Universalfloskeln, die man sich möglichst schnell angewöhnen sollte, da sie zum guten Ton gehören: *How are you?* ist nicht nur die Frage nach dem Befinden, sondern vor allem eine Begrüßungsformel, auf die ein *fine* oder *good* meist genügt. *Have a nice day* (*trip*) dient der Verabschiedung, ebenso wie *it was a pleasure to meet you*. *I would appreciate it* ist Bitte und Aufforderung zugleich, während man sich mit *I (really) appreciate it* für einen Gefallen bedankt. *See you* ist weniger eine Einladung als ein legerer Abschiedsgruß. Small Talk ist ein beliebter Zeitvertreib.

Man beginnt eine Unterhaltung über das Wetter, die letzten Sportergebnisse oder Herkunft und Reisen. Europäer sind beliebt, „Good Old Europe" – ein (selten realisiertes) Traumziel vieler Amerikaner.

Strände

Beinahe an allen Küstenabschnitten Floridas kann man ausgezeichnet baden. Das mildere Klima sowie den schöneren Sand haben die der Westküste. Die feinsten weißen Strände findet man nach wie vor im Panhandle („Pfannenstiel", Nordwestflorida), in der Gegend zwischen Destin und Pensacola.

Das Baden an den Stränden ist in der Regel ungefährlich. Die viel besuchten Strandabschnitte sind zudem noch von Lebensrettern überwacht.

Die schönsten Strände Floridas in Stichworten

Die Universität von Maryland hat die Strände der gesamten USA wissenschaftlich unter die Lupe genommen. Die untersuchten Kriterien: Wasserqualität, landschaftliche Lage, Sandbeschaffenheit, Einwirkungen von Umweltverschmutzung sowie touristische Belastung. Ergebnis: Von den Top-20-Stränden der USA liegen 15 in Florida. Nachfolgend eine Auswahl:

An der Atlantikküste:

- **Amelia Island**: Im Nordosten an der Atlantikküste, nördlich von Jacksonville gelegen. Die der Küste vorgelagerte Insel, durch eine Straße mit dem Festland verbunden, bietet einen 20 km langen Traumstrand mit aquamarinfarben schimmerndem Wasser und mit bis zu 10 m hohen Dünen. Durch den Fort Clinch State Park kann man zu diesen schönen Stränden gelangen.
- **Little Talbot Island**: Im Nordosten an der Atlantikküste, östlich von Jacksonville gelegen. Schöne sandige Strände, dichter Wald im Hinterland.
  Nicht weit von Titusville - vorgelagert auf der Insellagune, befindet sich das **Merritt Island National Wildlife Refuge** sowie das **Canaveral National Seashore**. Der Strand ist wunderschön, die Brandung hervorragend und die Natur noch gut erhalten. Dieser Strand ist vor allem etwas für Naturliebhaber. Fastfood- und Souvenirläden sowie Restaurants und Ähnliches sucht man hier aber vergeblich.
- **Zwischen Jupiter Beach und Boca Raton**: Hier reihen sich etwa 25 Strandabschnitte aneinander, die „kultiviert" sind. Es gibt Parkplätze, Toiletten, Picknicktische und Sonnenschirmverleih. Besonders schön (allerdings z. T. felsig) sind Jupiter Beach und Coral Cove. Besonders empfehlenswert ist die Strandanlage Spanish River in Boca Raton.

Einer der schönsten Strände: Caladesi Island State Park

- **Crandon Park** und **Bill Baggs**: Key Biscayne, bei Miami, Die Strände von Crandon Park und Bill Baggs Florida RCA sind weniger überlaufen. Bill Baggs verfügt über besonders gute Picknickeinrichtungen. Das gesamte Strandgebiet von Key Biscayne eignet sich im Übrigen sehr gut für Windsurfer.

Entlang den Florida Keys:

- **Bahia Honda**: Florida Keys. Sehr schöne Strände, palmenbestanden, ausgezeichnete Wasserqualität, mit den höchsten Luft- und Wassertemperaturen der kontinentalen USA. Kurz: ideal zum Baden.

An der Küste des Golf von Mexico:

- **Perdido Key bis St. Joseph State Park**: Golfküste/Panhandle. Praktisch alle Strände zwischen Pensacola und Panama City sind blendend weiß und fein wie Puderzucker, das Wasser ist türkis- bis aquamarinfarben und sehr sauber. Besonders schön sind Perdido Key, Eastern Key in der Nähe von Pensacola, Grayton Beach Area (östlich von Fort Walton), St. Andrews State RCA (östlich von Panama City), Beacon Hill und St. Joseph State Park auf St. Joseph Peninsula (zwischen Panama City und Apalachicola).

- **St. George Island**: Golfküste/Panhandle. Die Insel ist zu erreichen über eine 6,5 km lange Brücke bei Apalachicola. Hier gibt es über 60 km blendend weiße und unberührte Strände. Die Wassertemperatur sinkt fast nie unter 20–22 °C ab. Besonders interessant ist die Insel für Ornithologen, Angler und Taucher. Nur wenige Unterkünfte, u. a. das St. George Inn sowie einige Apartmenthäuser, dafür aber zahlreiche teure, aber schöne und luxuriös ausgestattete Ferienhäuser.
- **Sand Key**: Sand Key liegt südlich von Clearwater Beach. Der Strand ist sauber, wird allerdings von vielen Touristen frequentiert.
- **St. Petersburg Beach**: Golfküste, St. Petersburg. Flach abfallende Sandstrände mit wenig Brandung, die sich vor allem für Kinder eignen. Allerdings ist der gesamte Strandabschnitt mit Hotels und Ferienwohnungen bebaut, kaum jedoch mit riesigen Betonkästen.
- **Fort de Soto Park**: Der Park liegt südlich des St. Petersburg Beach und weist wunderschöne Sandstrände auf, die sich über 11 km und 5 Inseln erstrecken.
- **Siesta Key/Longboat Key/Anna Maria Island**: Golfküste, in der Höhe von Sarasota. Schöne, weite Sandstrände, die sich vor allem für den Familienurlaub eignen.
- **Lover's Key**: Golfküste nördlich von Ft. Myers Beach. Vom Parkplatz aus gelangt man mit einer Bahn zum herrlich weißen Strand. Die Strandanlage ist sehr gepflegt.
- **Gasparilla Island/Golfküste**: Diese der Westküste vorgelagerte Insel liegt westlich zwischen Fort Myers und Port Charlotte
- **Bowman's Beach**: Golfküste, Sanibel Island. Naturbelassene Strände, vor allem für Muschelsucher interessant. Der Zugang zum Bowman's Beach erfolgt über die Sanibel Captiva Road in nördlicher Richtung.

Und was meint Dr. Beach?

Hinter der populären Bezeichnung „Dr. Beach" steckt Dr. Stephen P. Leatherman. Er ist Professor für Umweltstudien an der Florida International University. Seine Stranduntersuchungen fasst er in seinem ständig aktualisierten Buch „America's Best Beaches" zusammen.

Er begann mit seiner publikumswirksamen Arbeit bereits 1991. Penibel nimmt er unterschiedliche Aspekte der Strandqualität wissenschaftlich unter die Lupe, so z. B. die Sandqualität, Wassertemperatur und den Verschmutzungsgrad des Strandes. Persönliche Besuche und Gespräche mit Naturschützern, Park Rangers und Wissenschaftlern runden seinen Gesamteindruck ab. Und seit „Dr. Beach" die Strände USA-weit einschließlich Hawaii untersucht, errangen folgende Strände Spitzenwerte:

Fort de Soto Park/North Beach
St. Joseph Peninsula State Park
Caladesi Island State Park
Siesta Beach, Sarasota
Cape Florida State Park, Key Biscayne

Aktuell kann man sich auf der Website www.drbeach.org informieren.

Strom

In Florida herrscht 110V Wechselspannung/60 Hertz. Also auf jeden Fall daran denken, Ihr Gerät umzustellen. In den USA sind Flachstecker üblich – Adapter müssen also besorgt werden.

Taxi

Taxis werden in den USA häufig auch als *yellow cab* (benannt nach einer der größten Taxifirmen des Landes) bezeichnet. Man kann Taxis zum einen **telefonisch** bestellen oder man steht an der Straße und **winkt eines herbei**. Häufig stehen sie bereits an den großen Hotels und werden eigens von dem Türsteher herbeigerufen. Da es wenige öffentliche Verkehrsmittel (besonders spät am Abend) gibt, ist es in den USA und Kanada üblich, auch kürzere Strecken mit dem Taxi zurückzulegen. Entfernungen von nur 1-2 km werden durchaus akzeptiert, da die Taxifahrer sowieso auf der Suche nach Fahrgästen im Sinne eines *Cruising* bzw. *Drive Ins* durch die Stadt hin- und herfahren. Bezahlen muss man eine Grundgebühr für das „Warten", danach zählt der Taxameter die Kilometer, wobei ein Zeitfaktor auch einberechnet wird (z.B. bei Staus). Also nicht wundern, wenn der Preis für eine Strecke manchmal um 50 % variiert. Nachts zahlt man einen kleinen Zuschlag. Preise sind am/im Taxi angeschlagen.

Telefonieren

Das **Telefonwesen** ist in den USA in den Händen privater Gesellschaften, und das Telefonnetz ist eines der dichtesten der Welt. Ortsgespräche kann man oft günstig vom Hotel und von Telefonzellen aus ($ 0,25) führen. Für überregionale (Long Distance Call) und internationale (International Call) Telefonate empfiehlt es sich, mit einer Telefonkarte (Calling Card) von einem beliebigen Telefon aus zu telefonieren. Gebührenfreie Rufnummern (Toll-Free Numbers: 1-800…, 1-866…, 1-877…, 1-888…) sind in der Regel vom Festnetzanschluss und von Telefonzellen (Pay Phone) aus erreichbar. Aber Achtung: Hotels und Mobilfunkprovider können zusätzliche Kosten für das Wählen einer „Toll-Free Number" berechnen. Besonders teuer sind in der Regel internationale Telefonate direkt vom Hoteltelefon. Alternativ kann man auch mit einem Handy (Cell Phone) in den USA telefonieren (s. u.).

Bei amerikanischen **Telefonnummern** folgt einem dreistelligen Area Code (etwa 561 für Palm Beach) die siebenstellige Rufnummer, die manchmal als werbewirksame Buchstabenkombination angegeben ist. Die Buchstabenzuordnung steht auf jedem Telefon unter den Zifferntasten.

Telefonkarten (Calling Cards) gibt es in zwei Varianten. Bei der Postpaid-Variante werden die Telefoneinheiten nachträglich in Rechnung gestellt und anschließend z. B. von der Kreditkarte abgebucht (z. B. von www.att.com, www.idt.net). Bei Verlust können diese Karten gesperrt und ersetzt werden. Die zweite Variante ist eine Prepaid Calling Card, bei der man ein gewünschtes Guthaben im Voraus erwirbt (z. B. Comfort-Telefonkarte der Telekom). Vor Ort verkaufen auch Supermärkte oder Tankstellen solche Prepaid Calling Cards, deren Minutenpreise und Zusatzgebühren sehr unterschiedlich sind. Das Telefonieren mit einer Calling Card läuft in drei Schritten ab: Man wählt eine Einwahlnummer zum Calling-Card-System, identifiziert sich anschließend mit einer Kartennummer und wählt dann die gewünschte Zielrufnummer. Vorsicht ist bei der Beurteilung von Calling-Card-Preisen amerikanischer Anbieter geboten. Steuern und Abgaben sind in der Werbung im Minutenpreis meist nicht enthalten und müssen noch hinzugerechnet werden.

Calling Cards kann man von verschiedenen Telefonanschlusstypen aus verwenden. Dabei entstehen jedoch teilweise Zusatzkosten:

1. vom Festnetzanschluss: in der Regel keine Zusatzkosten

Wichtige Telefonnummern

von den USA

- nach Deutschland: 01149 + Ortsvorwahl (ohne 0) plus Teilnehmernummer
- nach Österreich: Ländervorwahl 01143
- in die Schweiz: Ländervorwahl 01141

von Deutschland in die USA: 001
Operator: 0
internationale Fernsprechauskunft: 00; internationale Vermittlung: 01

2. von der Telefonzelle: ohne Bargeld, evtl. Zuschlag vom Calling-Card-Anbieter
3. von Hoteltelefonen: teilweise Zusatzkosten durch das Hotel für die Verbindung zur Einwahlnr.
4. von Mobiltelefonen: Zusatzkosten durch den Mobilfunkanbieter für die Verbindung zur Einwahlnummer

Handys (amerikanisch korrekt: *cell(ular) phone* – den Begriff Handy verstehen Amerikaner nicht) haben in weiten Teilen der USA guten Netzempfang. Mit den in Deutschland weit verbreiteten Tribandhandys (1.900 MHz) bekommt man insbesondere in größeren Städten, Metropolen und entlang der Highways meist problemlos eine Verbindung. In weniger dicht besiedelten Regionen benötigt man eventuell ein europäisches Quadbandhandy, das zusätzlich die zweite amerikanische GSM-Frequenz (850 MHz) unterstützt. Die Telefonkosten mit einem deutschen Mobilfunkvertrag können bei Anrufen in und aus den USA ganz schön ins Geld gehen. Für das Roaming (Nutzung eines fremden Mobilfunknetzes) berechnen deutsche Mobilfunkanbieter oft 2–3 € je Minute. Man sollte sich auf jeden Fall vor der Abreise bei seinem Anbieter über Handykosten in den USA erkundigen. Passive Kosten entstehen bei Anrufen von zu Hause, da die Rufweiterleitung von Deutschland in die USA immer auf Kosten des Angerufenen geht. Zudem sollte dringend die Rufumleitung auf die Mailbox deaktiviert werden. Die hohen Roamingkosten können mit einer eigenen amerikanischen SIM-Karte vermieden werden. Eine solche gibt es ohne Grundgebühr, Mindestumsatzverpflichtungen oder Aktivierungsgebühren z.B. bei Cellion (www.cellion.de). Man erhält eine amerikanische Rufnummer, unter der man für jeden erreichbar ist. Anrufer aus Deutschland können bereits für wenige Cent zu einer amerikanischen Handynummer telefonieren. Falls das Mobiltelefon verloren geht oder gestohlen wird, sollte man die Nutzung der SIM sofort beim Provider sperren lassen.

Internetnutzung mit privaten Laptops stellt mit internem Modem und dem richtigen Provider selten ein Problem dar, außerdem ermöglichen Internetcafés oder Businesszentren in Hotels (gegen Gebühr) bzw. öffentliche Bibliotheken, Buchläden und Elektronikshops sogar gratis Internetzugang. AOL-Nutzer sind insofern im Vorteil, als dass diese Firma über das größte Knotennetz in den USA verfügt und dadurch meist zum Ortstarif (und damit gratis in vielen Hotels) im Internet gesurft werden kann.

Sonderdienste, die sämtlich über den *Operator* gehen müssen, sind:
- *person-to-person call:* Sie sagen dem Operator, wen Sie sprechen möchten. Erst wenn die Person am Telefon ist, zahlen Sie.
- *collect calls* (R-Gespräche): Der Angerufene zahlt für Sie, nachdem er dem Operator das Einverständnis dazu gegeben hat.
- *third number calls:* Nicht Sie oder der Angerufene, sondern ein Dritter (z.B. ein amerikanischer Freund) zahlt das Gespräch. Dazu muss dessen Nummer dem Operator mitgeteilt werden, der dessen Einverständnis einholt.

Trinkgeld

Trinkgeld – **als tip oder auch gratuity** bezeichnet – beträgt in der Regel 15–20 %, falls nicht schon im Bedienungspreis inbegriffen. Man hinterlässt das Trinkgeld auf dem Tisch. Bedenken Sie, dass die amerikanische Bedienung von den Trinkgeldern zum größten Teil lebt – also bitte nicht vergessen! Einige Restaurants sind dazu übergegangen, 15–20 % von sich aus schon auf die Rechnung aufzuschlagen. Prüfen Sie also Ihre Rechnung! Gepäckträger erwarten ca. 1 $ pro Gepäckstück; Taxifahrer erhalten in der Regel 10 % vom Fahrpreis.

Unterkunft

Durch die Folgen der Wirtschaftskrise herrscht derzeit eine relativ große Fluktuation bei Unterkünften und auch Restaurants. Immer wieder kommt es zu Schließungen, daher möglichst vor der Abreise noch einmal über den aktuellen Stand im Internet informieren.
Florida ist eines der beliebtesten Reiseziele der Vereinigten Staaten, trotzdem gibt es selbst in der Hochsaison immer noch Unterkünfte, denn entlang der Highways stehen ein Hotel und Motel neben dem nächsten. Allerdings sind dann alle wirklich guten Häuser und schönen Strandhotels ausgebucht. Vorher buchen ist daher zur Hochsaison empfehlenswert. Das Schild „Vacancy" bedeutet, dass es noch freie Zimmer gibt. „Sorry" oder „No Vacancy" signalisiert, dass alles ausgebucht ist. Im Allgemeinen sind die Unterkünfte in den Hotels und Motels sauber. Die Zimmer verfügen über ein Bad mit Dusche, Klimaanlage, Telefon und Fernsehen. Fast alle Hotels und Motels haben einen Swimmingpool.

Klassifizierung der Unterkünfte

Die Preiskategorien der Unterkünfte verstehen sich pro Standard-Doppelzimmer (DZ), sofern nicht anders angegeben, ohne Frühstück und Tax. An Wochenenden, in der Nebensaison, mit Rabattcoupons, bei Sonderaktionen usw. können z.T. erheblich abweichende Tarife gelten.

$	unter US$ 60 (= einfacher Standard)
$$	US$ 60-120 (= Mittelklasse-Hotel)
$$$	US$ 120-180 (= Hotel der gehobenen Mittelklasse)
$$$$	US$ 180-300 (= First-Class-Hotel)
$$$$$	über US$ 300 (= Luxushotel)

Wichtig bei der Reservierung zu wissen ist der Unterschied in der **Art der Betten**: **Double** (auch Queen- oder King Size Bed genannt) meint immer ein französisches Doppelbett. **Twin** ist stets ein Zimmer mit zwei getrennten Betten. In den meisten Hotels stehen in den Zimmern zwei „Doubles".

Die Übernachtungspreise schwanken naturgemäß je nach Lage, Ort und Qualität der Unterkunft. Die Saison-Unterschiede sind enorm. Am preiswertesten sind die Übernachtungen in den Sommermonaten, am teuersten zwischen Weihnachten und April. Im kühleren Panhandle (Nordflorida) ist der Sommer die Hochsaison. Generell sind Motels billiger als Hotels. Der Zimmerpreis gilt stets für 2 Personen. Kinder und Jugendliche erhalten, sofern sie im Schlafzimmer der Eltern schlafen, entweder eine starke Ermäßigung oder sie zahlen sogar nichts.

Sobald man in ein Hotel eincheckt, werden zwei Dinge verlangt:

- Man muss ein **Anmeldeformular** ausfüllen. In der Rubrik „Fahrzeug" braucht man lediglich den Hersteller (z.B. Toyota) und sonst nur „rental" zu schreiben.
- Man muss seine **Kreditkarte** vorlegen oder den Zimmerpreis bar oder per Reisescheck bezahlen.

Tipps

Sparen: Überall in den touristischen Infobüros der Orte, Hotels, Motels, Restaurants etc. liegen Discount-Hefte (kostenlos) aus. Oft werden dadurch Übernachtungen um 10-25 % billiger. AAA-Mitgliedern (ADAC ist assoziiert) werden ebenfalls oft Nachlässe gewährt.
Bewertungen: Unter www.tripadvisor.com finden Sie quasi zu allen Orten begründete Kundenmeinungen zu Hotels, Motels und Restaurants. Sehr hilfreich bei Entscheidungen!

Gemütliche B&B-Unterkunft: das Coombs Inn in Apalachicola

Generell unterscheidet man in den USA folgende Übernachtungsmöglichkeiten:

Hotels:	Hier reicht die Skala vom heruntergekommenen Haus bis zur Luxusherberge. Hotels verfügen in aller Regel über ein eigenes Restaurant.
Motel:	Motels liegen zumeist an den Hauptausfallstraßen. Man fährt mit dem Wagen praktisch bis vor das Zimmer, die meisten gehören irgendeiner Kette an. Einfach, aber in der Regel sauber.
Inn:	In der eigentlichen Bedeutung „Gasthaus", heute oft ein Haus für den gehobenen Anspruch.
Lodge:	Lodges liegen meistens in der Natur, sind rustikal-ländlich.
Resort:	Hierbei handelt es sich um ausgesprochene Ferienanlagen, die zumeist ruhig liegen und vor allem viele sportliche Möglichkeiten bieten.
Country Club:	Häuser mit zumeist hohem Standard, oft einem Golfplatz angeschlossen.
Bed and Breakfast (B&B):	Hierbei handelt es sich um Privatpensionen. Manche der B&B-Häuser in Florida sind stilvoll restaurierte alte Gebäude im Südstaaten-Stil. In der Regel teurer als die Mittelklasse der Hotel-Ketten/Motel-Ketten.

Adressen, auf denen zahlreiche B&B vorgestellt werden und auch buchbar sind:

- **Florida Bed & Breakfast Inns**, ☎ 877-303-FBBI (3224), www.florida-inns.com
- **B&B Inns online**: www.bbonline.com/fl/
- **Pamela Laniers B&B Inns**; www.lanierbb.com/Florida/

hält. Für ihren Leistungsumfang recht preiswert sind Versicherungspakete, die die Versicherung touristischer Beistandsleistungen (z.B. Rechtsanwalt) und Rücktransportkosten, eine Reisekranken- und Unfallversicherung, eine Haftpflicht- und Reisegepäckversicherung beinhalten. Bei Buchung einer Pauschalreise ist der Abschluss einer Reiserücktrittskostenversicherung ratsam.

Zeit

In Florida gibt es zwei Zeitzonen:
Eastern Standard Time: 6 Stunden hinter der MEZ zurück (d.h. wenn es in Mitteleuropa 12 h Mittag ist, ist es in Florida 6 h morgens.
Central Time (westlich von Tallahassee): 7 Stunden hinter MEZ zurück.

Der Zeitabstand ist fast stets der gleiche, da während unserer Sommerzeit in Florida auch die entsprechende Sommerzeit (*daylight saving time*) gilt. Die Sommerzeit beginnt in Florida stets vom 2. Märzwochenende bis zum ersten Novembersonntag. In dieser Zeit sind die Uhren um eine Stunde vorgerückt.

In den USA werden die Zeiten in **ante meridiem** (vormittags, abgekürzt a. m.) und **post meridiem** (nachmittags, abgekürzt p. m.) eingeteilt. So entspricht 6 a. m. unserer Morgenzeit 06 Uhr, dagegen entspricht 6 p. m. 18 Uhr.

Zoll

Gegenstände des persönlichen Bedarfs sind zollfrei, ansonsten dürfen **zollfrei in die USA** eingeführt werden: 200 Zigaretten oder 50 Zigarren, 1 l alkoholische Getränke, Geschenke im Gegenwert von $ 100, Zahlungsmittel im Wert von über $ 10 000 müssen deklariert werden. Lebensmittel (Frischprodukte aller Art) sowie Pflanzen dürfen nicht eingeführt werden.
Für in größeren Mengen benötigte Medikamente sollte man vorsichtshalber ein ärztliches Attest mitführen.
Bei der **Wiedereinreise nach D** und **AU** sind zollfrei: Tabakwaren (Mindestalter des Reisenden 17 Jahre), d. h. 200 Zigaretten oder 100 Zigarillos oder 50 Zigarren oder 250 g Tabak; Alkohol (Mindestalter des Reisenden 17 Jahre), d. h. 1 Liter über 22 Prozent oder 2 Liter bis 22 Prozent oder 2 Liter Schaum/Likörwein oder 2 Liter Wein, 500 g Kaffee (Mindestalter des Reisenden 15 Jahre), 50 g Parfüm oder 0,25 l Eau de Toilette, Geschenke im Wert von € 430.

In die Schweiz:
2 l Alkohol bis 15 Prozent und 1 l über 15 Prozent, Tabak wie D, Waren im Wert von CHF 300. Einfuhrbeschränkungen bestehen in ganz Europa für Drogen, Arzneimittel, Waffen, Lebensmittel, Feuerwerkskörper, Raubkopien, verfassungswidrige Schriften, Pornographie, Tiere und Pflanzen.

Informationen über die aktuellen Einfuhrbestimmungen
- in die **USA**: www.customs.gov
- nach **D**: www.zoll.de (☎ 069-46997600)
- **AU**: www.bmf.gv.at (☎ 04242-33233)
- **CH**: www.zoll.admin.ch (☎ 061-2871111)

Entfernungstabelle

Entfernungen in Meilen	Clearwater	Daytona B.	Ft. Lauderdale	Ft. Myers	Ft. Pierce	Gainesville	Jacksonville	Key West	Miami	Naples	Ocala	Orlando	Panama City	Pensacola	St. Augustine	St. Petersburg	Sarasota	Tallahassee	Tampa	W. Palm Beach
Boca Raton	240	212	17	142	79	295	300	193	39	121	258	192	519	613	266	226	201	427	218	26
Clearwater	-	160	249	125	167	129	197	395	267	159	103	106	327	421	186	19	55	235	22	214
Daytona Beach	160	-	229	207	133	98	89	410	251	241	76	54	331	425	53	159	186	234	139	187
Ft. Lauderdale	249	229	-	133	97	312	317	177	22	105	276	209	536	630	281	234	202	444	234	43
Ft. Myers	125	207	133	-	123	230	285	270	141	34	195	153	448	541	251	110	71	356	123	124
Ft. Pierce	167	133	97	123	-	217	221	279	119	162	181	114	441	535	184	165	150	349	145	54
Ft. Walton Beach	381	385	589	501	495	289	324	751	609	534	316	387	63	40	346	395	431	151	385	547
Gainesville	129	98	312	230	217	-	62	474	331	264	37	109	236	330	73	143	179	144	128	269
Jacksonville	197	89	317	285	221	69	-	493	345	319	95	134	260	354	39	209	240	163	190	274
Key West	395	410	177	270	279	474	493	-	155	236	436	371	698	792	461	379	344	606	387	219
Kissimmee	96	71	193	141	98	123	152	355	212	175	87	18	347	441	115	94	121	255	75	150
Miami	267	251	22	141	119	331	345	155	-	107	294	228	555	649	308	251	214	463	245	64
Naples	159	241	105	34	162	264	319	236	107	-	229	187	481	577	288	143	107	389	156	147
Ocala	103	76	276	195	181	37	95	436	294	229	-	72	262	356	83	115	145	170	95	233
Okeechobee	154	159	103	90	33	209	239	265	123	122	172	105	433	526	203	139	113	341	132	61
Orlando	106	54	209	153	114	109	134	371	228	187	72	-	334	428	98	105	132	242	85	166
Panama City	327	331	536	448	441	236	260	698	555	481	262	334	-	103	293	342	378	97	331	493
Pensacola	421	425	630	541	535	330	354	792	649	577	356	428	103	-	387	435	476	191	425	587
St. Augustine	186	53	283	251	184	73	39	461	308	288	83	96	293	387	-	198	228	195	179	238
St. Petersburg	19	159	234	110	165	143	209	379	251	143	115	105	342	435	198	-	39	250	20	200
Sarasota	55	186	203	71	150	179	240	344	214	107	145	132	378	471	228	39	-	286	53	174
Tallahassee	235	234	444	356	349	144	163	606	463	389	170	242	97	191	195	250	286	-	239	401
Tampa	22	139	234	123	145	128	190	387	245	156	95	85	331	425	179	20	53	239	-	192
Titusville	146	46	186	193	87	142	134	365	211	229	105	40	368	462	94	144	171	276	123	142
West Palm Beach	241	187	43	124	54	269	274	219	64	147	233	166	493	587	238	200	174	401	192	-

Das kostet Sie das Reisen in Florida

- Stand: Januar 2012 -

Auf den Grünen Seiten geben wir Ihnen Preisbeispiele für Ihren Florida-Urlaub, damit Sie sich ein Bild über die Kosten Ihrer Reise machen können. Natürlich können diese Angaben nur im Sinne einer Orientierung verstanden werden.

Aktueller Kurs: 1 US$ = 0,75 €
1 € = 1,34 US$

Beförderung

Flüge

Linienflüge Deutschland – Florida mit den Zielflughäfen Miami, Fort Myers oder Orlando kosten je nach Saison (Hochsaison zwischen Mitte Juni und Mitte August) etwa zwischen (Zirka-Preise, nach oben offen)

Lufthansa: 500 und 915 € (nonstop nach Miami und Orlando)
Air Berlin: 350 und 800 € (nonstop nach Fort Myers und Miami)
Delta Airlines: 350 und 800 € (über Paris oder New York)
British Airways: 550 und 900 € (über London)

In jedem Fall ist ein Preisvergleich im Internet zu empfehlen, da sich die Preise ständig ändern und der Überblick über die zahlreichen Sonderangebote mitunter schwer fällt: z.B.: www.ebookers.com, www.followme.de, www.orbitz.com, www.expedia.de, www.cheaptickets.com, www.travelcity.com, www.flug.de.

Mietwagen

Florida bietet die preiswertesten Mietwagen in den USA an. Bei einer Mietdauer von einer Woche muss man in der kleinsten Kategorie mit etwa 315 € rechnen; ein Minivan kostet ca. 490–572 €. In der Hochsaison (Osterzeit, Sommerferien) kosten die Fahrzeuge geringfügig mehr. Generell sollten die Autos von Deutschland aus vorausgebucht werden, da Sie so in den Genuss der besten Tarife kommen. Auf den Webseiten der Autovermieter gibt es häufig auch einen Frühbucherrabatt. Die o.a. Preise beinhalten alle km, Vollkaskoversicherung. Dazu kommen noch die örtlichen Steuern in Höhe von 6 % sowie Kosten für zusätzliche Versicherungen (z.B. Insassenversicherung/„PAI" ca. 4 US$ pro Tag sowie die Erhöhung der Haftungssumme auf 1 Mio. US$ ca. 7 US$/Tag). Bei noch preiswerteren Fahrzeugen lassen Sie bitte Vorsicht walten! Die genauen Versicherungsbedingungen schwanken von Anbieter zu Anbieter.

Camper

Ein Camper für 4 Personen kostet mit unbegrenzten Kilometern je nach Saison zwischen 90 und 200 €/Tag. Je nach Ausbuchung der Fahrzeugflotten werden die Camper auch billiger angeboten.

Benzinpreise

Normalbenzin (regular) 2,80–3,80 US$ pro Gallone (3,8 l); in und um Orlando und Miami kann Benzin auch erheblich teurer sein. Immer auf von außen sichtbar angeschlagene Preise achten.

Rundreisen

15-tägige Mietwagenrundreise mit Flug ab Deutschland (Miami – Key West – Ft. Myers – Clearwater Beach – Orlando – St. Augustine – West Palm Beach) inkl. Übernachtungen, Mietwagen der kleinsten Kategorie, Preis pro Person (auf der Basis Doppelzimmer) 1.500 €
8-tägige Busrundreise mit Flug ab Deutschland (Miami – Cape Canaveral – Orlando – St. Petersburg – Ft. Myers) inkl. Übernachtungen und deutschsprachiger Leitung für 2 Personen im Doppelzimmer, Preis pro Person ca. 1.100–1.300 €

Übernachtungskosten

Hier ist es wirklich sehr schwer, genaue Preise anzugeben. Vor Ort bestimmen Angebot und Nachfrage, Saison und Wochentag, Lage und Strandnähe die Preise. Entlang den Highways kämpfen die verschiedenen Hotels und Motels mit „specials" (Sonderangebote). Generell zahlt man in Florida den Preis für einen Raum, unabhängig von der Belegung.

Einige Anhaltspunkte:
Einfache Motels kosten je nach Saison 50–140 US$/Zimmer
Mittelklassehotels kosten je nach Saison 140–250 US$/Zimmer
Luxushotels kosten je nach Saison ab 250 US$/Zimmer – nach oben offen

Verpflegungskosten

(Durchschnittliche Lebensmittelpreise eines Supermarktes in US$, Stand Januar 2012)

Milchprodukte

227g amerikanische Butter	2,29
227 g importierte Butter	4,09
200 g Gouda	2,99
12 große Eier	2,69
1 l Vollmilch	1,85
1 kl. Becher Joghurt (170 g)	0,69

Fisch

1 Pfund Lachsfilet	9,99
1 Pfund Garnelen (groß)	12,99
1 Pfund Tilapia Filet	7,99
1 Pfund Catfish	6,99
1 Pfund Thunfisch-Nuggets (kleine Stücke)	6,99
1 Pfund Flunder	12,99

Fleisch

340 g Fleischwurst	3,39
1 Pfund Rindergehacktes fett	3,29

1 Pfund Rindergehacktes mager	4,69
1 Pfund Rindergulasch	4,49
1 Pfund New York Strip Steak	11,99
1 Pfund Rinderbraten	4,49
1 Pfund Kalbsgulasch	7,49
1 Pfund Schweineschnitzel	3,99
1 Pfund frisches Hähnchen	1,19
1 Pfund Hühnerbrust (o. Knochen)	4,39
1 Pfund Schweinebraten	3,69
1 Pfund T-Bone Steak	10,99
Obst	
1 Pfund Äpfel (Golden Delicious)	2,50
1 Pfund Birnen	1,69
1 Pfund weiße Weintrauben, kernlos	2,69
1 Mango	1,99
1 Kiwi	0,50
1 großer Eisbergsalat	1,69
1 Pfund Fleischtomaten (on the vine)	2,99
1 Pfund Bananen	0,69
1 großer Romaine-Salat	1,99
Brot	
1 Pfund Dreikorn-Brot	3,69
1 Pfund Weißbrot	2,69
1 Brötchen	0,50
1 Toastbrot	1,79
1 Apple Pie (800 g)	5,39
Alkoholfreie Getränke	
1,75 l frischer Orangensaft	3,89
1,9 l Apfelsaft (aus Konzentrat)	3,49
1,9 l Tomatensaft (aus Konzentrat)	3,09
12er-Pack Sprite, 355-ml-Dosen	4,99
12er-Pack Coca Cola, 355-ml-Dosen	4,99
1 Fl. einheimisches Mineralwasser (1 l)	0,99
Weine	
kalifornischer Rotwein (1 Fl. à 0,75 l)	
Woodbridge Pinot noir	7,99
Fetzer Cabernet Sauvignon	6,99
Behringer Cabernet Sauvignon	9,99
kalifornischer Weißwein (1 Fl. à 0,75 l)	
Turning Leaf	6,99
Behringer Chardonnay	9,99
Bier	
US amerikanisch	
Budweiser 12 pack (355-ml-Flaschen)	11,49
Busch 18 pack (355-ml-Dosen)	12,49
importiert	
Warsteiner 12 pack (355-ml-Flaschen)	12,99
Becks 12 pack (355-ml-Flaschen)	12,99

Eintrittspreise/Beispiele der gängigsten Vergnügungsparks

Hinweis
Bei einer Vorab-Buchung im Internet und Ausdruck des Tickets zuhause kann man einige Dollar sparen. Alle Preise zzgl. MwSt.

Walt Disney World/aktuelle Infos: www.waltdisneyworld.com
Tagesticket (1 Park) Erwachsene: 85 US$, Kinder (3–9 Jahre): 79 US $
4-Tage-Pass (mit Park-Hopper-Option) zu Magic Kingdom Park, Epcot, Disney's Hollywood Studios, Animal Kingdom. Erwachsene: 298 US$, Kinder (3–9 J.): 279 US$,
5-Tage-Pass (mit Park Hopper) zu allen Parks sowie auch zu den Water Parks Blizzard Beach und Typhoon Lagoon. Erwachsene: 361 US$, Kinder (3–9 J.): 342 US$.

5-Parks Orlando Flex Ticket
beinhaltet Besuch von Sea World Florida/Orlando, Islands of Adventure, Universal Studios/Orlando, Wet'n'Wild-Park und dem neuen Aquatica: 275 US$, Kinder (3–9 J.): 255 US$

Sea World/Orlando/aktuelle Infos: www.seaworld.com
Tagesticket Erwachsene: 82 US$, Kinder (3–9 J.): 74 US$, zusammen mit dem gegenüber gelegenen Wasserpark Aquatica: Erwachsene: 125 US$, Kinder (3–9 J.): 117 US$ (das Kombiticket ist für die Dauer des Aufenthalts, max. 14 Tage, gültig).

Wet'n'Wild/Orlando/aktuelle Infos: www.wetnwild.com
Erwachsene 48 US$, Kinder (3–9 J.) 42 US$

Universal Studios/Orlando/aktuelle Infos: www.universalorlando.com
Das Universal Resort besteht aus den beiden Themenparks Universal Studios und Islands of Adventure. Tagesbesuch 1 Park Erwachsene 85 US$, Kinder (3–9 J.) 79 US$, Tagesbesuch 2 Parks 120 US$, Kinder (3–9 J.) 114 US$, zudem sind Mehrtagespässe und Kombinationen mit Wet'n'Wild möglich.

Spartipps
- *Wer sparen möchte, sollte sich der angebotenen Coupon-Hefte bedienen. Es werden bei Vorlage eines Coupons bei dem entsprechenden Unternehmen Rabatte bis zu 20 % gewährt. Erhältlich in den regionalen Fremdenverkehrsämtern (Chamber of Commerce) oder an Tankstellen, Highways etc.*
- *ADAC-Mitglieder können sich mit einem AAA-Ausweis Nachlässe bei Hotels, Motels, Autovermietungen und Themenparks ergattern.*
- *Tickets für Themenparks werden außerhalb der Themenparks mitunter günstiger angeboten, und man braucht auch nicht in Warteschlangen zu stehen.*

Ticketkauf auch unter der Internet-Adresse www.greatorlandodiscounts.com.

REISEN IN FLORIDA

Routenvorschläge

Um Florida in allen Teilen bereisen zu können, die in diesem Reisehandbuch vorgestellt werden, benötigt man etwa 4–5 Wochen.

Alternative 1: Tagesausflüge vom Urlaubsstandort aus

Viele Urlauber wollen einen Strandurlaub verbringen, doch trotzdem vom Standort aus Tagesausflüge unternehmen. Ob man nun in Miami Beach, Naples, Ft. Myers (Sanibel Island) oder St. Petersburg/Clearwater Beach wohnt: Alle eignen sich, um Tagesausflüge in die Umgebung zu unternehmen. Bitte in diesem Fall das entsprechende Kapitel lesen, das den Urlaubsort beschreibt.

Alternative 2: Florida-Rundfahrt südlich von Orlando

Die meisten Urlauber aus Deutschland kommen in Miami an und fliegen wieder in Miami ab. In ca. 14 Tagen kann man die Rundfahrt unternehmen, die das Reisegebiet der Westküste bis nach Orlando beinhaltet. Diese Rundfahrt umfasst insbesondere die bekannten landschaftlichen Ziele wie den Everglades National Park und die Florida Keys, schließt sowohl die Ost- als auch die Westküste (Golf von Mexico) ein und führt zu den großen touristischen Magneten wie Disney World und Kennedy Space Center.

Alternative 3: Florida-Rundfahrt nördlich von Orlando

Diese Rundfahrt eignet sich vor allem für Urlauber, die in Orlando (oder Tampa) ankommen und wieder abfliegen. Im Verlauf dieser Strecke kommen Sie zu den Attraktionen wie Disney World und Kennedy Space Center sowie an die weiten Strände der Atlantikküste und nach St. Augustine, der ältesten Stadt der USA. Die Route führt dann weiter in den viel weniger bekannten Teil Floridas, den Panhandle (Pfannenstiel). Dieses Gebiet unterscheidet sich von der südlich Orlando gelegenen Region dahingehend, dass es hier viel weniger Touristen, umso mehr aber eine unverfälschte Natur, Ruhe und z.T. die schönsten Strände des Staates (am Miracle Strip) gibt. Unterwegs besuchen Sie die ruhige Hauptstadt Tallahassee und fahren bis zum historisch bedeutsamen Pensacola. Zurück geht es direkt an den herrlich weißen Stränden der Golfküste entlang über verträumte Hafen- und Fischerstädtchen wie Apalachicola und Cedar Key durch die zentralen Teile Mittelfloridas (Geheimtipp: Inverness und die Seenplatte) nach Orlando.

Alternative 4: Große Florida-Rundfahrt

Diese Rundfahrt schließt den Süden und Norden ein. Hierfür empfehlen sich wohl am besten Miami als Beginn und Orlando/Tampa als Ende der Reise. Die große Rundfahrt dürfte 4–5 Wochen Urlaubszeit in Anspruch nehmen.

Tipp: individuell Reisen

America Unlimited ist ein kleiner Nordamerika-Spezialist, der Mietwagenrundreisen mit oder ohne Flug anbietet. Es stehen mehrere Touren durch Florida auf dem Programm, wobei die Routen individuell abgeändert werden können.

America Unlimited, *Leonhardtstr. 10, 30175 Hannover, ☎ (0511) 37444750, und Buchenstraße 3, 22299 Hamburg (Winterhuder Markt), ☎ (040) 53034834, www.america-unlimited.de.*

Routen des Buches
ATLANTIK
GOLF VON MEXICO
ALABAMA
GEORGIA
Jacksonville
St. Augustine
Daytona Beach
St. Johns River
John F. Kenedy Space Center
Orlando
Disney World
Ocala
Inverness
Tampa
Cedar Key
Crystal River
St. Petersburg
Sarasota
Suwannee River
Tallahassee
Apalachicola
Panama City
Fort Walton Beach
Pensacola
Palm Beach
Ft. Lauderdale
Miami Beach
Miami
Homestead
Key Largo
Flamingo
Florida Keys
Key West
Lake Okeechobee
Ft. Meyers
Naples
Sanibel Island
Kap. 3
Kap. 4
Kap. 5
Kap. 6
Kap. 7
Kap. 8
Kap. 9
N
0
200 km
© graphic

Vorschlag für die Zeiteinteilung bei der großen Florida-Rundfahrt, einschließlich touristischer Interessen

Gebiet	ab Seite	Unternehmungen/Ausflugsziele	Tage	ca. km	touristische Interessen
Miami und Umgebung	120	Miami Stadtbesichtigung; Coral Gables – Coconut Grove – Key Biscayne – Miami Beach	2–3	200	Baden – Völkervielfalt – Sport – Stadt- und Strandleben – Architektur
Miami – Everglades N.P.	169	Everglades National Park: Rundfahrten – Miccosukee Indian Village	2	200	Pflanzen- und Tierwelt – Wanderungen – Boots- und Kanufahrten – Indianer
Everglades N.P. – Key West	199	Biscayne Nat. Park – John Pennekamp Coral Reef State Park – Key Largo – Islamorada – Indian Key – Seven Mile Bridge – Bahia Honda – Key West – Dry Tortugas	3	300-350	Landschaft – Geschichte – Tauchen – Baden
Key West – Naples	245	Big Cypress National Preserve – Everglades City – Collier Seminole State Park – Marco Island – Naples	2	400	Landschaft – Geschichte – Baden – Pflanzen- und Tierwelt – Sport
Naples – Fort Myers/ Sanibel Island	262	Corkscrew Swamp Sanctuary – Fort Myers – Sanibel und Captiva Island	2	100	Pflanzen- und Tierwelt – Geschichte (Edison) – Baden – Sport
Sanibel Island – Sarasota	287	Residenz und Ringling-Museum	1	120	Geschichte – Baden
Sarasota – St. Petersburg	300	De Soto Memorial – Dalí-Museum – South Florida Museum – Sunken Gardens – Strände von St. Petersburg Beach – Clearwater Beach	2–3	60	Geschichte – Baden – Attraktionen – Kultur
St. Petersburg – Tampa	319	Ybor City – Busch Gardens – Tarpon Springs – Weeki Wachee	1–2	25	Geschichte – Stadtleben – Attraktionen – Griechen
Tampa – Orlando	339	Cypress Gardens – Walt Disney World (Magic Kingdom + Epcot) – Sea World	2–3	200	Hauptattraktion Floridas
Orlando – Kennedy Space Center (Titusville)	421	Besichtigung des Kennedy Space Center	1	100	Raumfahrt-Technik
Titusville – St. Augustine	436	Baden in Daytona Beach – Besichtigung der ältesten Stadt der USA	2	160	Baden – Geschichte

Gebiet	Seite	Unternehmungen/Ausflugsziele	Tage	ca. km	touristische Interessen
Jacksonville – Amelia Island	460	Strände von Amelia Island – Abstecher zum Okefenokee Swamp (GA)	1–2	200	Baden – Natur
St. Augustine – Tallahassee	471	Ocala National Forest – Silver Springs Osceola Nat. Forest – Suwannee River S. P. – „alte" Städtchen mit Atmosphäre	2	400	unberührte Landschaft – Pflanzenwelt – Südstaaten-Einfluss
Tallahassee – Pensacola	500	Florida Cavern State Park – Falling Waters – Blackwater River State Forest	2–3	410	Geologie – Landschaft – Geschichte – Schwimmen – Kanufahrten
Pensacola – Apalachicola	515	Sandestin Beach – Shell Island – St. George Island S.P. – Apalachicola National Forest	2–3	300	Baden – Geschichte – unberührte Küstenlandschaft
Apalachicola – Crystal River	528	Manatee Springs State Park – Cedar Key – Yankeetown	2	400	Tierwelt – Landschaft – alte Siedlungen
Crystal River – Orlando	541	Inverness Seenplatte – Citrus Tower	1–3	160	Landschaft – Erholung – Sport – Ursprünglichkeit
Orlando – Miami	550	Strände – Palm Beach	2–3	420	Strand-Erholung (mondän) u. Ft. Lauderdale („Venedig" Amerikas)

3. MIAMI UND UMGEBUNG

Überblick

Die amerikanischen Krimiserien von einst wie Miami Vice und von heute wie CSI Miami malen es in allen Farben: das Klischeebild von Miami. Die Parallelen zur Realität sind dabei durchaus vorhanden: Miami ist tatsächlich die vom subtropischen Klima verwöhnte Stadt, das bunte Völkergemisch sorgt durch den starken Einfluss der hier lebenden Lateinamerikaner für eine exotische Note.

Einst galt Miami als Metropole des Verbrechens, denn schließlich lebte hier sogar *Al Capone*. In den 1980ern wurde die Stadt Drogenumschlagplatz Nummer eins der USA, was einerseits an der Nähe zu Südamerika lag, andererseits durch die Küstensituation begründet war. Insider meinen, dass damals jedes dritte Hotel von Drogengeldern finanziert worden sei. Die Kriminalitätsrate ist aber glücklicherweise längst nicht mehr so hoch wie damals.

Miami & Umgebung

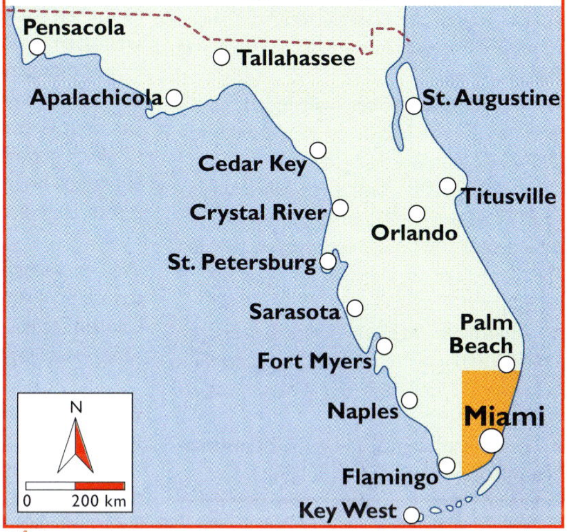

© i graphic

Entfernungen

von Miami nach:

Everglades N.P. (Eingang):	61 km	Naples:	171 km
Flamingo (Evergl. N.P.):	122 km	Orlando/ Disney World:	354 km
Fort Lauderdale:	40 km	Palm Beach:	104 km
Fort Myers:	232 km	Pensacola:	1.058 km
Kennedy Space Center:	345 km	St. Augustine:	394 km
Key West:	249 km	St. Petersburg:	404 km
		Tampa:	398 km

Die Investition in Bauvorhaben, z. B. von Super-Luxus-Malls, war eine beliebte Methode, das Drogengeld zu waschen. In der Folge kamen die Reichen und Schönen nach Miami. Die Zeiten, in denen es im Art-déco-Gebiet von South Beach (auch *SoBe* genannt) preiswerte Zimmer gab, sind längst vorbei. Stattdessen erwarten einen hier aufwändig gestaltete und bis ins Detail wunderschön restaurierte Art-déco-Hotels. Hier flaniert man, um zu sehen und gesehen zu werden.

In Miami hat sich seit den 1990ern eine überraschend positive Wandlung vollzogen. Früher viel geschmäht, kann die größte Handelsmetropole Floridas dem Besucher ein buntes Kaleidoskop an Eindrücken und Erlebnissen bieten:

Zwischen hypermodern und exotisch

- eine hypermoderne City mit immer neuen extravaganten Hochhäusern – besonders der Bauboom zwischen 2001 und dem Beginn der Krise hat der Stadt eine beeindruckende Skyline verschafft;

Redaktionstipps

- Das Treiben der Passagierschiffe im Hafen von Miami beobachten - am besten von einem Hochhaus aus.
- **Bedeutendste Sehenswürdigkeiten**: Allen voran das Art-déco-Gebiet von Miami Beach (S. 147); die mondäne Shoppingwelt von Coconut Grove (S. 138); Little Havana mit seinen kubanischen Einflüssen (S. 133); ferner Vizcaya Museum & Gardens (S. 139), das Seaquarium (S. 140) und The Cloisters of the Monastery of St. Bernhard (S. 142).
- **Panorama**: Das Miami-Panorama kann man am besten vom Metro Mover (S. 166) oder vom Causeway (S. 139) nach Key Biscayne aus genießen.
- Besuch des mondänen Ortsteils **Coral Gables** mit dem Venetian Pool (S. 135).

• Little Havana an der *Calle Ocho* mit den hier heimisch gewordenen Exilkubanern, mit duftendem kubanischen Kaffee und interessanten kulinarischen Genüssen;
• der mondäne Stadtteil Coral Gables sowie das von einem künstlerischen Ambiente umgebene Coconut Grove.
• gleich gegenüber sozusagen wartet Miami Beach mit seinen breiten Stränden, Hotelpalästen und dem restaurierten Art-déco-Gebiet auf.

Wen es weiterzieht: Nördlich von Miami Beach liegt das Venedig Amerikas, Fort Lauderdale (s. S. 560). Und ein Tagesausflug führt in die Siedlung der Millionäre, in das legendäre Palm Beach (s. S. 554).

Zunächst einmal einige Fakten: Der Name Miami leitet sich vom indianischen Wort *Mayaime* ab, was so viel wie „großes Wasser" bedeutet. Gemeint ist damit der Miami River, der unmittelbar südlich des Stadtzentrums am Brickell Point den Atlantik erreicht. Über 2.000 km südlich von New York gelegen, liegt Miami im Bereich der Subtropen mit ganzjährig mildem Klima. Man vergegenwärtige sich, dass die Stadt einige Breitengrade südlicher liegt als Kairo. Zum Großraum Miami (Greater Miami) zählt fast der gesamte Raum des Miami Dade County mit 27 Städten. In Miami selbst leben mittlerweile 400.000 Menschen, die Agglomeration von Miami, einschließlich der das Dade County umgebenden Counties, zählt rund 3 Mio. Einwohner.

Modern: Miami Downtown

Auch wirtschaftlich geht es Miami, gemessen an der Wirtschaftslage Gesamtfloridas, gut. *Wirtschaft* Der Umschlagswert der Waren im Hafen von Miami schlägt mit 17 Milliarden Dollar zu Buche: Etwa 3.500 Hochseefrachter legen jährlich in Miami an – und eine steigende Anzahl von Kreuzfahrtschiffen vor allem mit Destinationen in der Karibik. Miamis Wirtschaft floriert sowohl durch die Ansiedlung von Leichtindustrie als auch durch den Sitz zahlreicher Banken. Ein wichtiger Arbeitgeber ist auch der Flughafen sowie die touristische Industrie (Hotels, Banken). Auch der Geldfluss aus südamerikanischen Ländern ist enorm.

Miami hatte sich in den 80er Jahren als Drogenmetropole Nr. 1 einen fragwürdigen Superlativ hinzugefügt: Man schätzt, dass damals 75 % der in den USA gehandelten Dro- *Drogen* gen über Miami eingeführt wurden. Die dadurch gemachten „Narkodollars" dienten u. a. der Finanzierung großer Projekte, so z.B. von Hotels oder Einkaufszentren.

© graphic

Auch wenn die Kriminalitätsrate bei weitem nicht mehr so hoch ist wie in den 1980ern: Miami hat – wie andere US-Städte auch – seine „no go areas", Gebiete also, wohin man auch tagsüber als Fremder besser nicht gehen sollte. Dazu zählt der Nordwesten der Stadt, etwa westlich der Biscayne Ave. in der Nähe des Interstate 195. Abends sollte man zudem nicht in der ohnehin fast menschenleeren Downtown auf Erkundungen gehen. Immerhin ist die Mordrate im Dade County während der letzten Jahre zurückgegangen (um fast 20 %), ebenso sanken die Raubüberfälle um über 25 %.

Miami wird heute als eine der exotischsten Städte Amerikas bezeichnet. Sicherlich liegt dies vor allem an der Bevölkerungsvielfalt. Fast die Hälfte der Bewohner spricht Spanisch und sorgt gemeinsam mit den Zugereisten aus allen Teilen der USA für ein lebendiges *social life*. Das dokumentiert sich wohl nirgends lebendiger als an der Calle Ocho von **Little Havana**, dem Viertel der Exilkubaner. In

> **Hinweis**
>
> Eine mögliche **Zeiteinteilung** bei 2 Tagen Aufenthalt wäre folgende: Man übernachtet in Miami Beach und erkundet morgens die Umgebung und die Strände. Nachmittags bietet sich ein Abstecher in Miamis Innenstadt an, evtl. noch ein Besuch der *Cloisters of the Monastery*. Anschließend über die Bay Harbour Broad Causeway-Brücke zurück nach Miami Beach. Dort den Abend verbringen. Am 2. Tag sollte man sich Zeit nehmen für die *Neighborhoods* von Miami (Little Havana, Coral Gables, Coconut Grove) und das Vizcaya-Museum besuchen. Abends kubanisch bzw. südamerikanisch essen.
>
> **Mietwagen**: Den Mietwagen erst am Folgetag am Hotel in Miami Beach übernehmen.
>
> **Kriminalität**: Sie hat in den letzten Jahren insgesamt abgenommen, doch trotzdem gilt:
>
> - Nicht mit offenem Wagen fahren, denn besonders an Ampeln ist man dann beliebtes Opfer von Handtaschendieben
> - Wertsachen und Reisedokumente stets im Hotelsafe deponieren
> - Nur wenig Bargeld bei sich tragen
> - Meiden Sie in Miami Dunkelheit und abgelegene Gegenden
> - Achten Sie im Gedränge auf Ihre Handtasche, Fotosachen etc.

Exotisch! **Miami Downtown**, also der Stadtmitte, erlebt der Reisende einen Hauch des futuristischen Amerika: Glitzernde Wolkenkratzer und der vollautomatische Metro Mover (auch People Mover genannt, eine Hochbahn) sprechen die Sprache des 21. Jahrhunderts. Im Gegensatz dazu stehen die vornehmen und z.T. recht romantischen Wohnviertel von **Coral Gables** oder **Coconut Grove**. Das hochinteressante Seaquarium oder der Zoo Miami, der größte und älteste Zoo Floridas, sind die beliebtesten Frei-

Promenade in Miami Beach

zeitstätten. Besuchenswert ist auch das spanische Kloster St. Bernhard oder die Villa Vizcaya, von einem Landmaschinen-Millionär 1916 im italienischen Renaissancestil erbaut.

Miami Beach

Miami Beach, durch verschiedene *Causeways* (Dammstraßen) erreichbar, dient ausschließlich dem Tourismus. Von Miami durch den *Intracoastal Waterway* getrennt, liegen auf der Westseite herrschaftliche Villen inmitten schattiger Parks, auf der Ostseite die Hotelburgen. Sehenswert ist hier vor allem das im Süden von Miami Beach gelegene Art-déco-Gebiet, wo Häuser und Hotels z.T. sehr detailgetreu restauriert wurden. Und natürlich lockt hier der kilometerlange, künstlich aufgeschüttete Sandstrand.

Ein Blick in die Vergangenheit

Missionsstation

Schon vor etwa 4.000 Jahren siedelten Indianer am Fluss des Miami. 1567 schließlich gründeten die Spanier hier eine Missionsstation. Nachdem sie endgültig im Jahre 1821 den Einfluss über diese Region verloren hatten (Annektierung Floridas durch die USA), begann nach der systematischen Vertreibung der Indianer die „Erschließung" der Umgebung von Miami durch Weiße (der *Removal Act* von 1830 ordnete die Übersiedlung der Indianer in Reservate der Weststaaten an).

Im Jahre 1821 waren südlich des Suwannee River nur 317 Menschen ansässig. Erste Siedlungen entwickelten sich im südlichen Florida (Key West, Indian Key, Cape Florida/auf Key Biscayne), die auf der Nutzung des landwirtschaftlichen Potentials sowie der Bergung alter spanischer Schatzschiffe basierten. 1826 baute die US-Regierung zur Sicherung des Schifffahrtsverkehrs einen Leuchtturm am Cape Florida. Um diese Zeit siedelte hier auch der Plantagenbesitzer *Richard Fitzpatrick*. Er kam aus Carolina und machte mit seinen Sklaven Ländereien um den Miami River landwirtschaftlich nutzbar, indem er Baumwolle und verschiedene tropische Früchte anbaute.

Erster Leuchtturm

Doch den verbliebenen Indianern, die sich der Deportierung in den Westen entziehen konnten, waren die neuen Herren nicht willkommen. Sie töteten 1835 eine Familie, die auf den Plantagen von Fitzpatrick arbeitete. Und 1836 zündeten sie den Leuchtturm am Cape Florida an – eine Provokation für die USA. 1839 wollte die Staatsmacht diesem Treiben nicht weiter zusehen, ließ Soldaten kommen und den Indianern den Kampf ansagen. Der Seminolenhäuptling *Chekika* griff Indian Key an und tötete dabei 7 US-Soldaten. Durch einen Trick wurde der Indianerchef getötet: Amerikanische Soldaten verkleideten sich als Indianer und „besuchten" Chekika in den Everglades, um ihn zu töten.

„Geschenktes" Land

1842 erbte der Neffe *William English* den Besitz von Richard Fitzpatrick. English baute ein Dorf namens Miami am Südufer des Miami-Flusses und verkaufte Land: pro Grundstück für $ 1! Und die US-Regierung verschenkte gar Land an alle, die den ihnen übertragenen Besitz, und sei es mit Gewalt, gegen Indianer verteidigen konnten.

Nach dem amerikanischen Bürgerkrieg (1861–65) ging es kontinuierlich aufwärts. 1870 wurde in Miami eine Poststation gebaut, *William Brickell* gründete eine Handelsniederlassung und neue landwirtschaftliche Siedlungen entstanden, so Lemon City, Coconut Grove, Buena Vista.

1891 siedelte sich die reiche Witwe *Julia Tuttle* an. Ihr gehörten 65 ha Land, und sie war es, die den Eisenbahnkönig *Henry Flagler* überzeugte, die zunächst bis Palm Beach führende East Coast Railway bis nach Miami weiterzubauen. Als der enorme Kälteeinbruch im Winter 1894/95 den größten Teil der nördlicher gelegenen Zitrusfruchtplantagen vernichtete, konnte sich *Flagler* der Argumentation nicht verschließen, dass der frostfreie Süden besonders gute Entwicklungschancen habe. Julia Tuttle, eine geschickte, weitsichtige Diplomatin, schickte Flagler während des Frosteinbruchs im nördlichen Florida einen Strauß blühender Orangenzweige – Flagler war überzeugt. Im Jahre 1896 ließ er seine Bahn bis Miami weiterbauen, wo er das Royal Palm Hotel erbaute – Grundstein für den beginnenden Tourismus.

Raffinierter Bahnanschluss

Am 28. Juli 1896 wurde durch den Zusammenschluss mehrerer Gemeinden die Stadt Miami gegründet (343 Einwohner!). Man begann mit der Anlage von Straßen, Brücken, Geschäften, Hotels – bis zu Weihnachten des gleichen Jahres ein Brand fast alles vernichtete. Das mondäne Royal Palm Beach Hotel wurde jedoch nicht von den Flammen zerstört, sondern im Januar 1897 mit seinen 350 Zimmern eröffnet. Die ersten reichen Feriengäste kamen nach Miami.

1898 wurde die positive Entwicklung jäh unterbrochen: Mit der Versenkung des US-Marinekreuzers Maine im Hafen von Havanna brach der Spanisch-Amerikanische Krieg aus. Über 7.000 Soldaten wurden in die Gegend von Miami verlegt, und als nach wenigen Monaten das Kriegsbeil begraben war, gab es **zwei Gewinner**: Flaglers Eisenbahn hatte durch Truppen- und Materialtransporte gutes Geld verdient, und Miami erlebte einen großen Bevölkerungszuwachs, denn den unfreiwilligen Gästen, den Soldaten, gefiel die floridianische Umgebung sehr. Sie sorgten durch eine Mund-zu-Mund-Werbung für einen weiteren Zuzug.

Kriegsgewinner

In den darauf folgenden Jahren erweiterte Flagler die Eisenbahnlinie über Homestead und Florida City bis nach Key West (1912). Der Schienenstrang wurde gleichzeitig Leitlinie für die Besiedlung und landwirtschaftliche Erschließung.

Zu Beginn des 20. Jh. begann ein gewisser *John Collins* in Miami Beach mit dem Aufbau einer Avocadoplantage. Der geschäftstüchtige Farmer verdiente daneben sein Geld mit Grundstücksverkäufen und begann 1912 mit dem Bau einer Verbindungsbrücke zwischen Miami Beach und dem Festland. Doch das Unternehmen war eine Nummer zu groß für den von Ehrgeiz besessenen 70-Jährigen: Das Kapital ging ihm aus. Aus diesem Dilemma half *Carl Fisher*, der weitsichtig genug war, um das touristische Potenzial von Miami Beach richtig einzuschätzen. Er finanzierte nicht nur den Brückenbau, sondern er rodete und entwässerte das Land, schüttete Strand auf und legte die Grundlage für die spätere touristische Infrastruktur durch den Bau von Golf- und Tennisplätzen.

Mondäner Stadtteil

Nach dem 1. Weltkrieg stürmten viele Menschen nach Miami, das mondäne Coral Gables entstand auf die Initiative des Stadtplaners *George Merrick* hin. Die Grundstückspreise stiegen ins Unermessliche. In den folgenden Jahren stoppten jedoch zwei Ereignisse Miamis Entwicklung:

- der heftige Hurrikan im Jahre 1926, der beinahe jedes Gebäude zerstörte;
- der Börsenkrach von 1929, der zur Weltwirtschaftskrise führte und somit weitere Investitionen auf Eis legte.

Doch schneller als andere Regionen konnte sich Miami wieder erholen. Der durch den beginnenden Flugverkehr auflebende Tourismus sorgte bereits 1938/39 für mehr als 800.000 Feriengäste. Das **Art-déco-Gebiet** im Süden von Miami Beach entstand.

Art déco in Miami Beach

Eine stürmische Weiterentwicklung kennzeichnete die Zeit nach dem 2. Weltkrieg. Den im Krieg hier stationierten Soldaten (die z. T. in Hotels untergebracht waren) folgten nun Feriengäste und neue Einwohner. Die ersten großen Hotels – wie z. B. das Fontainebleau – entstanden. Auch das Verbrechen gedieh, hatte doch schon *Al Capone* während der 20er Jahre Miami als Standort seiner Unternehmungen auserkoren…

In den Jahren 1965 bis 1980 kamen viele Kuba- und Haitiflüchtlinge nach Florida; das Bevölkerungsbild von Miami wurde dadurch farbiger, die Atmosphäre erhielt lateinamerikanische Züge. Zu Beginn der 1980er Jahre entstanden in Downtown viele neue Hochhäuser, deren Skyline für ein neues Stadtgesicht sorgte. Die ultramoderne Metrorail sowie der vollautomatische Metro Mover (auch People Mover genannt) setzten neue Akzente. Liebevoll besann man sich in den vergangenen Jahren auch der alten, heruntergekommenen Viertel: Insbesondere begab man sich an die Restaurierung der Bauten im Art-déco-Bezirk von Miami Beach.

Tourismus

1993/94 geriet Miami leider aufgrund einiger Morde an Touristen in negative Schlagzeilen. Insbesondere lauerten dunkle Gestalten Touristen in Mietwagen auf, die sie dann ausraubten oder bei geringstem Anlass töteten. Die Besucherzahl nicht nur Miamis, sondern Gesamt-Floridas erlitt insbesondere aus deutschsprachigen Ländern einen enormen Einbruch. Sofort setzten massive Sicherheitsmaßnahmen der Polizei ein, Mietwagengesellschaften machten ihre Wagen nicht mehr identifizierbar, indem sie auf Aufkleber ihres Unternehmens verzichteten. Die Tourismusindustrie bewarb ihre in den Verruf der Unsicherheit geratene Destination. Und siehe da: Miami gehört heute mit San Francisco, New York und Los Angeles zu den Top-Besucherzielen der USA mit immer weiter sinkenden Kriminalitätsraten. 2008 wurde die Stadt auf forbes.com gar zur saubersten Stadt der USA gewählt.

info

Die Exilkubaner

Das Thema Exilkubaner gehört zu Miami einfach dazu, denn das politische Trauma ist es, was **Little Havana** zusammengeschweißt hat. Radikalisierte Kommunistenhasser setzten einst sogar auf militärische Aktionen, die Gruppe „Alpha 66" oder die Brigade „2506" hielten sich durch Kommandoübungen für den Ernstfall fit...

Die *Brigada de Asalto 2506* unternahm 1961 vergeblich in der Schweinebucht den Versuch, das Castro-Regime zu stürzen, um nach Kuba zurückzukehren. Und viele Veteranen träumten jahrelang von einer Rückkehr. Doch das Klischeebild des in der Calle Ocho sitzenden Kubaners, der grimmig seinen Kaffee trinkt und Hassreden gegen *Fidel Castro* hält, stimmt längst nicht mehr mit der Wirklichkeit überein. Man hat sich arrangiert und dem „American Way of Life" angepasst. Natürlich: Diejenigen, die Kuba als Erwachsene im Jahre 1959 verließen, sind „kubanisch" geblieben, während ihre Kinder im hohen Maße amerikanisiert sind. Im Kongress und im Senat sind mittlerweile viele Kuba-Amerikaner vertreten und auch wirtschaftlich sind sie ein wichtiger Faktor.

Calle Ocho in Little Havana

Die Kinder der einstigen Flüchtlinge sind auch heute in der Regel noch konsequente Antikommunisten und wählen vorwiegend republikanisch. Aber sie verstehen, was viele ältere Exilkubaner nicht verstehen wollen: dass die lokalen Politiker wenig gegen Kuba unternehmen können und die einst schrille Propaganda gegen Castro und die Kommunisten viele Amerikaner abschreckte. In den 80ern wurde z. B. die heute noch sehr aktive *Cuban American National Foundation* (CANF, www.canf.org) gegründet mit dem expliziten Ziel, das Regime in Kuba zu stürzen.

Als Fidel Castro im Jahr 2006 erkrankte, freute man sich in „Little Havana" und feierte. Als er aber im Februar 2008 von allen Ämtern zurücktrat, war das für die „alten" Exilkubaner aufregender als für ihre Nachkommen, die amerikanisiert sind und nur in manchen Lebensbereichen wie Essen, Musik und gesellschaftlichem Zusammensein ihre kubanischen Wurzeln bewusst erhalten. Doch es war für alle ein großer Schritt, als *Barack Obama* im September 2009 die Beziehungen zu Kuba verbesserte: Die Reisebeschränkungen für Exilkubaner wurden aufgehoben und Geldüberweisungen nach Kuba freigegeben. Die Jüngeren stimmten in einer Umfrage von 2008 sogar mit über 65 % für ein komplettes Ende des seit 1962 bestehenden Handelsembargos gegen Kuba - die Mehrheit der Älteren war dagegen. Bezeichnend: Während eines Konzertes des kolumbianischen Popsängers *Juanes* im September 2009 auf dem geschichtsträchtigen „Platz der Revolution" in Havanna, zu dem über eine Million Kubaner kamen, zertrümmerten rechtsgerichtete Exilkubaner in Miami seine CDs, da er einen „Unrechtsstaat" unterstütze. Das Konzert war zu Verbesserung der Beziehung zwischen Kuba und den USA gedacht.

Miami Downtown und Little Havana

Überblick

Die Stadtmitte von Miami spiegelt architektonisch die Vielfalt der heutigen Stadt wider: Hypermodernes gesellt sich zum Alten, Spanisch-Lateinamerikanisches vermengt sich mit dem American Way of Life – was immer man damit auch verbinden mag. Kurzum: Miami ist lebendig und attraktiv.

Miami Tower

1987 erbaut, ist dieser Wolkenkratzer auch noch heute ein Wahrzeichen. Er trug schon verschiedene Namen, zuletzt hieß er Bank of America Tower, bis er 2010 umbenannt wurde. Mit 47 Stockwerken und einer Höhe von 191 m war der Tower einstmals das höchste Gebäude von Miami.

Orientierung in Miami – eigentlich ganz einfach

- Die **Flagler Street** verläuft von Ost nach West und unterteilt Miami in Nord- und Süd-Miami. Die Miami Avenue dagegen verläuft von Nord nach Süd und gliedert die Stadt in einen kleineren östlichen und größeren westlichen Stadtteil.
- Die **Avenues** verlaufen grundsätzlich von Nord nach Süd, die **Streets** von Ost nach West. Je kleiner ihre Nummer ist, desto dichter liegen sie am Stadtzentrum.
- Bei einem **Besuch der Downtown** lässt man den Wagen am besten am Bay Front Park stehen und steigt dort in den Metro Mover ein. So gewinnt man einen Überblick über die Stadt.

Historisch: das Dade County Courthouse

Metro-Mover-Station

Hier befindet sich auch eine Metro-Mover-Station (Knight Center Station). Im 11. Stock gibt es die elegante Sky Lobby sowie die Sky Terrace, von der aus man einen tollen Blick auf die Stadt hat. Hier gibt es auch den Sky Grill, der Kleinigkeiten zum Essen zwischen 7.30 und 4.30 Uhr anbietet.

Toll ist die Illuminationsanlage des Gebäudes: Die Fassade kann in weißem, rotem, blauem, dunkelgrünem, orange-, lila- und rosafarbenem Licht angestrahlt werden: auf Bestellung sogar in allen Farben gleichzeitig.
Miami Tower, *100 SE 2nd Street, www.miamitower.net.*

Mit dem **Metro Mover** (s. S. 166) erreicht man zwei interessante Ziele in der Innenstadt:

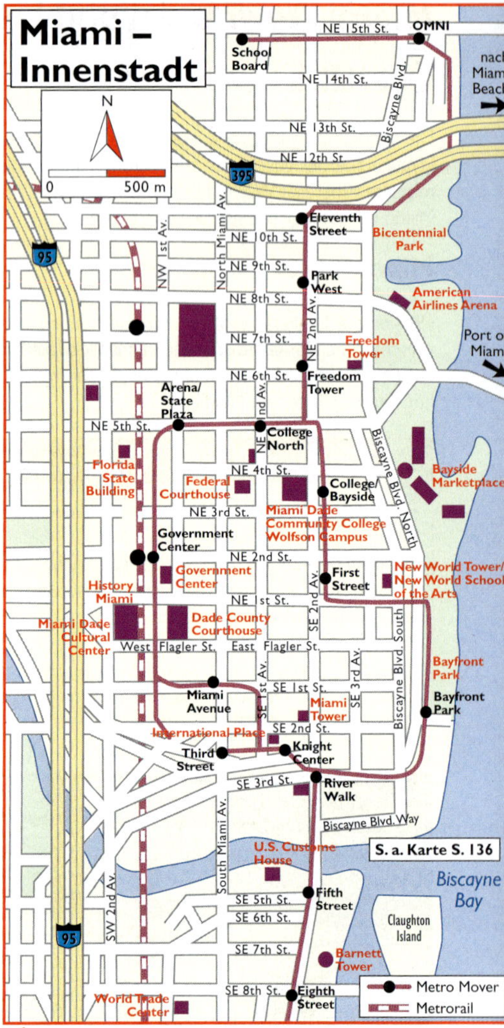

© graphic

Miami-Dade Cultural Center

Kultur-Insel

Der im mediterranen Stil 1982 gebaute Komplex (geplant von dem amerikanischen Star-Architekten *Philip Johnson*) hebt sich von den ultramodernen Hochbauten der City ab und schafft dadurch stadtarchitektonisch einen wunderbaren Kontrast. Hier sind neben der Miami Dade Public Library *(www.mdpls.org)* zwei Museen untergebracht:

- das **Miami Art Museum**, hier wurden bereits viele international hoch gelobte Ausstellungen präsentiert (u. a. Miró und Picasso).
- **HistoryMiami** (ehemals Historical Museum of Southern Florida). Die Exponate dokumentieren die Geschichte Floridas, beginnend mit den indianischen Siedlungen, der Zeit der Spanier sowie der Inbesitznahme durch die Vereinigten Staaten. Die Exponate reichen bis in das Jahr 1945.

Miami Art Museum

Miami Art Museum, *Station Government Center, 101 West Flagler Street, ☏ (305) 375 3000, www.miamiartmuseum.org, Di–Fr 10–17, Sa/So 12–17 Uhr, Mo geschlossen, $ 8.*
HistoryMiami, *101 West Flagler Street, ☏ (305) 375 1492, www.historymiami.org, Di–Sa 10–17, Do –21 Uhr, So 12–17 Uhr, $ 8.*

Direkt dahinter liegt das **Miami Dade Courthouse** (*73 West Flagler Street, www.miami-dadeclerk.com*), das Gebäude stammt aus den 1920er Jahren. Mit seinen 120 Stockwerken war es zu seiner Zeit und bis in die 70er Jahre das höchste Gebäude Floridas und ist heute im *National Register of Historic Places* gelistet. In den 30er Jahren fungierten die oberen neun Stockwerke als Gefängnis, da sie aufgrund der Höhe als „ausbruchssicher" galten. Dessen ungeachtet gelang während dieser Zeit über 70 Gefangenen der Ausbruch. Heute befinden sich hier das Gericht des County und das Familiengericht.

Ehemals Gefängnis

Bayfront Park/Bayside Marketplace

Der Park erstreckt sich ostwärts des Biscayne Boulevards. Hier befinden sich die Miami Public Library und *die John F. Kennedy Torch of Friendship* (eine Fackel, die die Freundschaft mit Lateinamerika symbolisieren soll). Der Park ist sehr schön angelegt (Springbrunnen, Freiflächen, Glasdach).

Angrenzend liegt der Bayside Marketplace, eine Einkaufsstadt. Über 150 Geschäfte und Restaurants (u. a. ein Hard Rock Café) laden zum Bummeln ein. Von hier aus kann man auch den Kreuzfahrthafen sehen und einen Blick auf schicke Privatyachten werfen. Der Bayside Marketplace wurde mit einem Aufwand von über 100 Millionen Dollar gebaut, u. a. mit dem Ziel, die Downtown von Miami auch nach Arbeitsschluss lebendig zu halten.

Lebensfreude pur

Shoppen mit Blick auf den Yachthafen: Bayside Marketplace

Bayfront Park/Bayside Marketplace, *Station Bayfront Park, 301 North Biscayne Blvd., Öffnungszeiten Bayside Marketplace: Mo–Do 10–22, Fr/Sa 10–23, So 11–21 Uhr; Restaurants z. T. länger, www.baysidemarketplace.com*

Freedom Tower

Inmitten des modernen Miami verwundert der an die spanische Giralda in Sevilla erinnernde barock anmutende, hellgelbe Turm. 1925 erbaut und 78 m hoch (17 Stockwerke) diente er 32 Jahre lang als Haus der Miami News. Von 1962 bis 1974 wurden hier die Aufnahmeformalitäten von über 500.000 kubanischen Flüchtlingen abgewickelt *(Cuban Refugee Center)*. Auf der interessanten Website *www.latinamericanstudies.org/*

Für Wetterfreunde: das National Hurricane Center

Dieses Zentrum ist für die USA und die karibischen Nachbarstaaten die wichtigste Institution für alles, was mit Hurrikans zu tun hat. Hier wird dokumentiert und die Hurrikans verfolgt. Der so genannte *landfall*, wo ein Hurrikan auf Land trifft, ist besonders heikel in der Vorhersage: Stimmt sie oft nicht, dann nimmt die Bevölkerung Warnungen in Zukunft nicht ernst. Die Tour dauert 40 Minuten und veranschaulicht die Entstehung von Hurrikans. Es werden auch die Einrichtungen gezeigt, die bei der Hurrikanvorhersage und Hurrikanverfolgung (*tracking*) zur Anwendung kommen.

National Hurricane Center, *11691 SW 17 Street, Besichtigung nur in der hurrikanfreien Zeit von ca. Anfang Feb. bis Ende April möglich, www.nhc.noaa.gov, ☎ (305) 229 4404, nhc.public.affairs@noaa.gov. Touren nur nach Voranmeldung, nur Di und Do zwischen 10 und 12 Uhr. Das Zentrum liegt auf dem Gelände der Florida International University (12 Meilen westlich der Downtown Miami, 8 Meilen südwestlich des International Airport).*

refugee-center.htm kann man anhand historischer Bilder nachvollziehen, wie es während der Flüchtlingsaufnahmen zuging.

1988 restaurierte man das Äußere, und heute ist der Freedom Tower ein Denkmal für alle Kubaner, die in die USA flüchteten. Derzeit wird der Freedom Tower als Galerie des Miami Dade College genutzt, vor allem für wechselnde Ausstellungen kubanischer Künstler. 2008 wurde das Gebäude als *National Historic Landmark* unter Schutz gestellt. **Freedom Tower**, *600 Biscayne Boulevard, Infos zu Ausstellungen und Öffnungszeiten ☎ (305) 237 7186, galleries@mdc.edu.*

Wechselausstellungen

Vis-à-vis sieht man die 1999/2000 errichtete American Airlines Arena. Sie bietet 20.000 Personen Platz und dient als Konzert- und Sportstätte (www.aaarena.com).

Gleich östlich des Bay Front Parks liegt der

Port of Miami

Miami hat sich in den letzten Jahren zum größten Passagierhafen der Welt entwickelt. 4,1 Millionen Passagiere reisten 2010 per Kreuzfahrtschiff von oder nach Miami. Auch im Frachtbereich sind die Zahlen beeindruckend: Über 250 Häfen werden von hier aus bedient, 2010 wurden 7,4 Mio. Tonnen Waren umgeschlagen. Den Hafen erreicht man ein wenig nördlich des Bayside Marketplace, und zwar geht es von der Biscayne Ave. Richtung Ozean (Osten) ab. Hier kann man einen herrlichen Blick auf die Stadt genießen (*www.miamidade.gov/portofmiami*).

Toller Blick!

Lateinamerikanische Atmosphäre kann man anschließend in der Flagler Street schnuppern.

Flagler Street

Mittlerweile sprechen über 50 % der Bewohner des Großraums Miami Spanisch. Und hier in der Flagler Street – benannt nach dem Eisenbahnkönig *Henry Flagler*, der Miami im April 1896 an seine zunächst nur bis Palm Beach führende East Coast Railway anschloss – spürt man allenthalben lateinamerikanischen Einfluss: Spanisch rangiert mindestens gleichberechtigt neben Englisch. Und in der Parallelstraße, der SW 8th Street, wird karibisch-spanischer Einfluss noch deutlicher.

Little Havana

Little Havana liegt entlang der *Calle Ocho* (die 8. Straße, am empfehlenswertesten ist der Besuch zwischen der 11th und 17th Avenue). Diese Straße ist auch der Beginn des „Tamiami Trail" (Verbindungshighway zwischen Tampa und Miami). Hier ist nun Spanisch die Sprache Nr. 1. Dies ist das Viertel der Exil-Kubaner, das auf einem ca. 9 km^2 großen Stadtgebiet zwischen der West Flagler Street, dem Coral Way sowie des Interstate 95 und der 27th Avenue liegt. Etwa 380.000 Menschen leben hier, die Schulen sind zweisprachig, die weißen Amerikaner werden als „*Anglos*" bezeichnet. Die Calle Ocho ist die Hauptstraße und nur für (stadteinwärts gerichteten) Einbahnverkehr zugelassen.

Cuban Memorial Plaza

Die Atmosphäre lebt von der spanischen Sprache, den kleinen Obstständen, Hinterhoffabriken – und vom Duft kubanischen Kaffees. Zwischen der 10th und 12th Ave. kann man der Zigarrenherstellung zusehen und Zigarren preiswert erwerben. In kleinen Schreinen wird die Verehrung spezieller Heiliger deutlich. Der Heilige Lazarus genießt dabei eine Vorzugsstellung. In der religiösen Symbolik steht er für den Umgang mit Entbehrung und Schmerz.

Zigarren Interessant ist ein Besuch der **El Rey de los Habanos Cigar Factory**. In dieser kleinen Zigarrenfabrik kann man die Herstellung von Zigarren beobachten und Zigarren kaufen. Die Tabakblätter kommen heute aus Nicaragua, entwickelten sich aber aus kubanischen Samen.
El Rey de los Habanos Cigar Factory, *1120 S.W. 8th St., ☎ (305) 858 0001, www.elreydeloshabanos.com.*

Tipp: Viernes Culturales

Jeden letzten Freitag im Monat findet der „kulturelle Freitag" in der Calle Ocho statt, ein lebendiges Straßenfest mit zahlreichen Ausstellungen, Live-Musik, offenen Geschäften und Galerien und kubanischen kulinarischen Kostproben. Infos und Programm unter www.viernesculturales.org.

Der politische Bezug zur Vergangenheit der Flüchtlinge wird am Cuban Memorial Boulevard offensichtlich: Das Bay-of-Pigs-Denkmal erinnert an die vergebliche Landung kubanischer Soldaten in der Schweinebucht 1961.

Der Miami Design District

info

Nördlich von Downtown Miami, etwa in den Straßen zwischen NE 36th Street, NE 43rd Street, NW 1st Avenue und Biscayne Boulevard, hat sich auf einer Fläche von ca. 18 Blocks die Künstlerszene Miamis etabliert: Über 130 Möbelläden, Galerien, Showrooms, moderne Läden, Antiquitätenhändler, Bars und Restaurants gibt es im sog. *Design District*. Jeden 2. Samstag im Monat findet die *Art & Design Night* statt - von 19 bis 22 Uhr öffnen dann Galerien und Läden ihre Türen, es gibt Musik und Drinks. Schön zum Bummeln. **Info**: www.miamidesigndistrict.net, Anfahrt: Von Downtown Miami vom Biscayne Blvd. North links in die 36th Street abzweigen, dann rechts auf die 2nd Ave.

Die mondänen Außenbezirke Coral Gables, Coconut Grove und Key Biscayne

Coral Gables

Nach dem Besuch der Innenstadt und Little Havanas kann man seinen Weg fortsetzen nach Coral Gables, dem mondänen, im Grünen liegenden Stadtteil Miamis. Wer Coral Gables auf Höhe der Douglas Road/Tamiami Trail erreicht, sieht links *La Puerta del Sol*, das Sonnentor. Ein 30 m hoher Wasserturm, ein Uhrenturm und eine Stadtuhr sorgen für mediterranes Flair.

Mediterranes Flair

Coral Gables, auch heute noch eine sehr wohlhabende Gemeinde im Bezirk von Greater Miami, wurde von *George Edgar Merrick* in den 1920er Jahren geplant und erbaut. Coral Gables war damals die erste Privatsiedlung, wo u. a. schlüsselfertige Luxusapartments angeboten wurden. Das Giebelhaus des Ortsgründers bestand aus Korallensteinen, und daraus leitet sich der Name Coral Gables ab. Dieses Haus liegt am Coral Way und wurde bereits 1906 erbaut. Merricks Anliegen war es, die Siedlung mediterran wirken zu lassen. Und so spürt man allenthalben spanische, italienische oder südfranzösische Bauelemente in der Architektur.

Biegt man in die S.W. 42nd (Le Jeune Road) ein, gelangt man direkt nach Coral Gables. An der Kreuzung mit dem Coral Way liegt die City Hall. Hier gibt es Stadtpläne *(www.coralgables.com)*. Westlich der City Hall liegt die Miracle Mile (Coral Way) mit ih-

Anfahrt

Autofahrer: Man kehrt von der S.W. 8th. Street (Calle Ocho) um, benutzt die Parallelstraße (S.W. 7th Street), um wieder nach Westen zu fahren und gelangt damit auf die US 41, die später wieder auf die S.W. 8. Street (Tamiami Trail) mündet, sobald diese nicht mehr Einbahnstraße ist.
Öffentliche Verkehrsmittel: Metrorail, Station Douglas Road
Karte: s. S. 156

Miami – Übersicht
VIRGINIA GARDENS
NW 41 St.
NW 36 St.
Airport
N River Dr.
Miami Int. Airport
826
836
Homestead Extension
Dolphin Exprwy
W. Flagler St.
SW 8 St.
Tamiami Trail
41
SWEETWATER
WEST MIAMI
Florida Turnpike
Palmetto Exprwy
Coral Way
SW 22 St.
Venetian Pool
SW 40 St.
Bird Rd.
Le Jeune Rd.
Ponce de León
Douglas Rd.
SW 37 Av.
CORAL GABLES
SW 67 Av.
Miller Dr.
SW 56 St.
S Dixie Hwy
Sunset dr.
SW 72 St.
Don Shula Exprwy
878
SOUTH MIAMI
North Kendall Dr.
SW 88 St.
874
KENDALL
Red Rd.
SW 177 Av.
SW 137 Av.
SW 112 St.
SW 87 Av.
Ludlam Dr.
Killian Dr.
Old Cutler Rd.
1
Krome Av.
SW 136 St.
SW 107 Av.
HOWARD
SW 152 St.
Coral Reef Dr.
Zoo Miami
PALMETTO BAY
Eureka Dr.
Monkey Jungle
CUTTLER BAY
SW 216 St.
Hainlin Mill Dr.
SW 157 Av.
SW 147 Av.
SW 232 St.
SW 248 St.
Florida Turnpike
Biscayne Dr.
SW 288 St.
Cambell Dr.
SW 312 St.
Mowry Dr.
HOMESTEAD
Lucy Dr.
N Canal Dr.
Palm Dr.
FLORIDA CITY
SW 217 Av.
SW 192 Av.
zu den Florida Keys

© igraphic

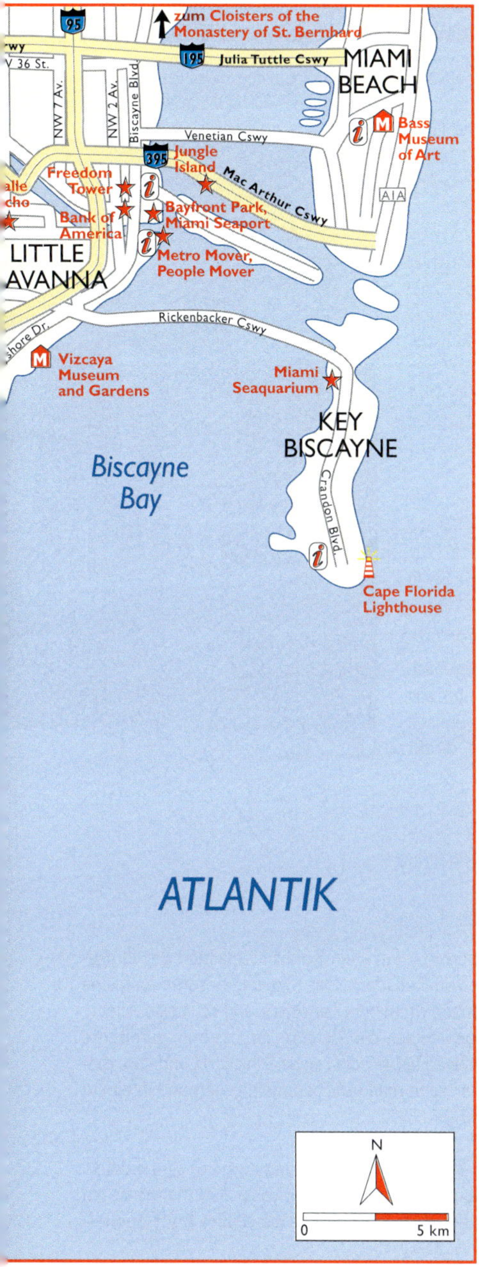

Venetian Pool in Coral Gables

ren luxuriösen Geschäften. Doch besonders sehenswert in Coral Gables ist der **Venetian Pool**, einem venezianischen Lido vergleichbar. Das öffentliche Schwimmbad ist sicherlich einer der schönsten Swimmingpools der Welt. Ein alter Korallensteinbruch wurde zu einer tropischen Wasserlandschaft mit herrlichen alten Bäumen, Blumen, Farnen und Wasserfällen gestaltet. Die Anfahrt ist ausgeschildert. **Venetian Pool**, *2701 De Soto Boulevard, ☎ (305) 460 5306, www.coralgablesvenetianpool.com, die Kernöffnungszeiten sind Di–Fr 11–16.30, Sa/So 10–16.30, im Sommer auch Mo und insgesamt länger, $ 11.*

Super Swimmingpool!

Das **Biltmore Hotel** *(1200 Anastasia Avenue, www.biltmorehotel.com)* ist schon von weitem an seinen hohen Türmen erkennbar. Am 15. Januar 1926 öffnete das von *George Merrick* konzipierte Hotel nach nur 10-monatiger Bauzeit. Der 100 m hohe Glockenturm – dem Giralda-Glockenturm von Sevilla nachempfunden – ist so etwas wie ein Wahrzeichen geworden.

Nicht mehr weit ist es zum südlich gelegenen Interstate 1, der Miami

info

George E. Merrick – der Visionär von Coral Gables

George Edgar Merrick, ein Wanderprediger aus Massachusetts, kam in den Süden Floridas, nachdem die Bahnverbindung hergestellt war. Er erstand für ungefähr 1.000 US$ ein 64 ha großes Landstück. Hier baute er zunächst ein Blockhaus, später errichtete er an gleicher Stelle ein Haus aus Korallengestein, dem er den Namen „Coral Gables" (Korallengiebel) gab.

Zusammen mit seinem Vater Solomon betrieb er eine Farm und kaufte umliegendes Land dazu. Bald kam George auf die Idee, hier eine Stadt zu entwickeln. Er ließ Architekten, Planer und Künstler nach Europa reisen, um im Mittelmeergebiet Ideen und Anregungen zu sammeln. Und bereits 1921 konnte *George Merrick* an baulustige Investoren Land verkaufen. 1925 wurde dann offiziell die City of Coral Gables gegründet.

Im **Merrick-House** kann man die Geschichte von Coral Gables zurückverfolgen. Sehenswert! (907 Coral Way, ☎ (305) 460 5361, Mi und So 13-16 Uhr, $ 5)

Biltmore Hotel

mit den Florida Keys verbindet. Man biegt nach links in diese Straße ein und folgt ihr bis zur Kreuzung mit der Douglas Road, wo es nach rechts geht. Die Douglas Road führt direkt nach Coconut Grove.

Coconut Grove

Hinweis
s. Karte S. 155

Der südwestlichste Stadtteil Miamis, benannt nach den Kokosnusspalmen der Umgebung, gilt als bevorzugtes Wohngebiet von Künstlern. Das Ortsbild bestimmen kleine Straßen, spanisch anmutende Privathäuser, vornehme Landsitze und schattige Alleen. Kleine Cafés, Restaurants und Boutiquen setzen die Akzente, die das bunt gemischte Publikum mag; Künstler und alt gewordene Hippies, die reiche Schickeria und sportbesessene Jugend bestimmen das Bild. Hier kann man nett bummeln gehen und in einem Straßencafé die Atmosphäre genießen.

Künstlerkolonie

Im Coco-Walk-Zentrum sowie in der Street of Mayfair (Grand Avenue) sind exklusive Geschäfte und Restaurants untergebracht, der Yachthafen Dinner Key Marina ist ein Schauplatz exklusiver Yachten. Hier findet stets im Oktober die größte Bootsausstellung der Welt statt.

Wenn man vom Coconut Grove dem S. Bay Shore Drive stadteinwärts folgt, gelangt man nach etwa 5 km zur Villa Vizcaya.

Vizcaya Museum and Gardens

Erbaut wurde das der italienischen Renaissance nachempfundene Anwesen in den Jahren 1912–1916. Erbauer war der reiche Erntemaschinen-Produzent *James Deering*. Den Namen entlehnte er dem Baskischen „Vizcayia", was so viel wie „erhobener Platz" bedeutet. Das Gebäude hat 34 Zimmer und beherbergt heute das Dade County Art Museum. Die Sammlung enthält französische, spanische und italienische Kunstwerke, vor allem Gemälde, Skulpturen, Teppiche und wertvolle Möbel. Am 10. September 1987 traf Präsident *Ronald Reagan* Papst *Johannes Paul II.* in diesen historisch anmutenden Räumlichkeiten.

Italienisches Kleinod

Vizcaya Museum and Gardens

Besonders schön sind auch die Außenanlagen der Villa: In Würde gealterte Gärten, verschlungene Wege und die Lage an der Biscayne Bay machen einen Aufenthalt sehr reizvoll. Etwas außerhalb des Geländes liegt ein von einer Kaimauer umschlossenes Hafenbecken, wo zur Bay hin ein steinernes Schiff zu sehen ist.
Vizcaya Museum and Gardens, *3251 South Miami Avenue, ☎ (305) 250 9133 www.vizcayamuseum.org, Mi–Mo 9.30–16.30 Uhr, $ 15.*

Key Biscayne

Sobald man Vizcaya verlässt, erreicht man wieder den Interstate 1, und nach etwa 3 km kann man über den Rickenbacker Causeway (Straßengebühr) zum Seaquarium auf Virginia Key fahren.

Wenn man von Miami Beach über den MacArthur Causeway nach Miami fährt, erhascht man einen kurzen Blick auf die Kreuzfahrtschiffe im Hafen von Miami. Interessanter und

erlebnisreicher ist es, vom **Bayside Marketplace** auf eine ca. 1½-stündige Bootstour zu gehen, die nicht nur Blicke auf den Hafen ermöglicht, sondern auch an Fisher Island, Star Island, Palm Island und Hibiscus Island vorbeiführt. All diese Inseln wurden künstlich aufgeschüttet, heute liegen hier besonders mondäne Ansiedlungen.
Bootstouren: *Island Queen Cruises, 401 Biscayne Blvd., ☏ (305) 379 5119, www.islandqueencruises.com. Die Sightseeing-Touren („Millionaire's Row Cruises", 1½ Stunden) starten stündlich um 11–19 Uhr, $ 26, auch andere Touren im Angebot.*

Am Marketplace starten die Bootstouren

Die **Biscayne Bay**, die zwischen dem Festland und Miami Beach liegt, leidet wegen der vielen aufgeschütteten Inseln ökologisch am sehr schlechten Wasseraustausch mit dem Atlantik. Das Wasser in diesem Teil ist brackig und sauerstoffarm.

Seaquarium

Größtes See-Aquarium

Das Seaquarium ist ein großes Meerwasseraquarium, mittlerweile über 50 Jahre in Betrieb. Über 100 verschiedene Meereslebewesen sind hier untergebracht; u. a. kann man hier Seekühe und Schildkröten, Haie und Riff-Fische beobachten.

Interessant sind die verschiedenen Shows. Da füttern z.B. Taucher Haie, man kann Delfine bewundern und mit ihnen schwimmen (*Dolphin Interaction Programs*) oder Killerwale beobachten. In typisch amerikanischer Weise ist hier die Tierwelt in Shows eingebunden.

Neben all dem Spektakulären sollte man wissen, dass unmittelbar ans Seaquarium meeresbiologische Forschungsstätten grenzen. Aber: Gegen Sea World in Orlando ist das Seaquarium eindeutig zweitrangig.
Seaquarium, *4400 Rickenbacker Causeway, Öffentliche Verkehrsmittel: Bus B von Brickell Ave., ☏ (305) 361 5705 (hier kann man auch die Shows des entsprechenden Tages erfah-*

ren), www.miamiseaquarium.com, tgl. 9.30–18 Uhr, die letzte „Runde" der Show beginnt um 14.30, $ 38,95 + $ 8 Parkticket.

Man sollte wissen, dass vor allem an Wochenenden die Anfahrt über den Rickenbacker Causeway wegen Verkehrsstaus sehr lange dauern kann.

Die Hauptprotagonisten im Seaquarium

Hotel-/Restaurantempfehlung

Ritz Carlton Key Biscayne $$$$$, *455 Grand Bay Drive, ☎ (305) 365 4500, www.ritzcarlton.com. Luxushotel mit 452 Zimmern/Suiten, 3 Restaurants, 2 Pools, Strand und 11 Tennisplätzen. Der „übliche" legendäre Luxus dieser Hotelkette wird wieder mal perfekt vorgeführt.*

Bill Baggs Cape Florida State Park

Wer nicht bis Key Biscayne fahren möchte, kann südlich des Virginia Key die Bear Cut Bridge *(Gebühr)* überqueren. Nördlich von Key Biscayne liegen auf der Atlantikseite sehr beliebte Badestrände im Bereich des Crandon Parks.

Schöner Sandstrand

Noch weiter südlich liegt der **Bill Baggs Cape Florida State Park**, mit einem sehr schönen Sandstrand. Am äußersten Küstenende steht das historische **Cape Florida Light House von 1825**. Im Restaurant *Boater's Grill* gibt es einfache Gerichte, im *Lighthouse Café* Kubanisches und Seafood mit Blick aufs Wasser. Man kann hier Fahrräder und Strandstühle sowie Sonnenschirme mieten. Einfache Plätze zum Zelten sind vorhanden.

Bill Baggs Cape Florida State Park, *1200 S. Crandon Blvd., Key Biscayne, Florida 33149, ☎ (305) 361 5811, www.floridastateparks.org/capeflorida, Eintritt ca. $ 8 pro Auto. Der Park ist ganzjährig von 8 Uhr bis Sonnenuntergang geöffnet, der Leuchtturm Do–Mo 9–17 Uhr.*

Weitere Ziele von Miami

Hinweis
s. Karte S. 123

Nördlich der Stadtmitte: The Cloisters of the Monastery of St. Bernhard

Das Kloster ist das älteste Gebäude in den USA. Wenn man durch den Eingang in die Klosteranlage tritt, lässt man die Hektik hinter sich. Die Steinmauern und der schöne Garten mit den frischen Blumenbeeten wirken wohltuend, wie eine Oase der Ruhe. The Monastery of St. Bernard de Clairvaux wurde in den Jahren 1133–1141 in Sacramenia (in der spanischen Provinz Segovia liegend) erbaut. Benannt wurde es nach dem Zisterziensermönch *Bernhard de Clairvaux*. Über 700 Jahre besaßen die Zisterzienser die Klosteranlage. Nach politischen Wirren um 1835 wurde der Besitz beschlagnahmt und verkauft, um als Getreidespeicher und als Stallungen zu dienen.

Kreuzgang des Klosters

Im Jahre 1925 kaufte der Großverleger *Randolph Hearst* das Kloster mitsamt Nebengebäuden für $ 500.000. Er beabsichtigte, es auf seinem kalifornischen Besitz San Simeon wiederzuerrichten. Es sollte, so die Gerüchte damals, die passende Kulisse für seinen Swimmingpool abgeben.

In Spanien wurde das Gebäude Stein für Stein demontiert, in Heu eingepackt, nummeriert und in die Vereinigten Staaten verschifft. Da in Segovia die Maul- und Klauenseuche ausgebrochen war, befürchtete das Department of Agriculture, dass die Schiffsladung wegen der Heu-Verpackung der Steine auch verseucht sei und beschlagnahmte alles. Die Verpackungskisten wurden aufgebrochen und das Heu verbrannt. Unglücklicherweise versäumten die Arbeiter, die Steine in die gleichen nummerierten Kisten zurückzulegen, und nun konnte „The World's Largest and Most Expensive Jigsaw Puzzle" beginnen, also das größte und kostspieligste Puzzle aller Zeiten.

Kloster im „Lego"-Bau

Kurz nachdem die Schiffsladung ankam, geriet *Hearst* in finanzielle Schwierigkeiten. Die Steine wurden in einem Lagerhaus in Brooklyn aufbewahrt, 26 Jahre lang. 1952, ein Jahr nach dem Tode von *Hearst*, wurde das Sammelsurium von *W. Edgemon* und *R. Moss* gekauft, um daraus eine Touristenattraktion zu machen, und an die Stelle gebracht, an der nun das Kloster steht. Man benötigte 19 Monate und gab 1½ Millionen Dollar aus, um das Puzzle zusammenzufügen. Diejenigen Steine, die man nicht einem Bauteil zuordnen konnte, lagern noch immer.

Die Kreuzgänge sind ein Beispiel frühgotischer Architektur. Obwohl man versuchte, sie genau nach dem spanischen Original aufzubauen, sind einige Details doch anders. So waren z.B. die Böden der Kreuzgänge in Segovia mit kleinen Steinen bedeckt, nun wurden sie durch kubanische Fliesen ersetzt. 1964 wurde die Anlage von der Episkopalkirche aufgekauft.
The Cloisters of the Monastery of St. Bernhard, *16711 W. Dixie Highway, parallel zum 11 in der Höhe der 167th St., ☎ (305) 945 1461, www.spanishmonastery.com, Mo–Sa 9–16, So 12–16 Uhr, $ 8.*

Südlich der Stadtmitte

Zoo Miami

Ein landschaftlich „offen" angelegter Zoo (flächenmäßig der größte der USA), der die Tiere von den Besuchern durch Wassergräben und kaum mittels Gittern trennt. Am besten orientiert man sich mit Hilfe der Zoobahn (20 Minuten) und verschafft sich einen Überblick. Oder man fährt bis zur Station 4 und läuft zurück.
Über 2.000 Tiere gibt es hier zu sehen, die 500 Arten angehören. 2011 wurde im Kinderzoo der neue Bereich *Wacky Barns* eingeweiht, in dem Kinder den Umgang mit Farmtieren wie Ziegen oder Schafen erlernen können. Ein Highlight ist der Bereich *Amazon&beyond* mit über 100 Tierarten aus Südamerika.
Zoo Miami, *1 Zoo Boulevard, 12400 SW 152 Street, öffentliche Verkehrsmittel: Metrorail (Dadeland North), dann Zoobus, ☎ (305) 251 0400, www.miamimetrozoo.com, tgl. 9.30–17.30 Uhr, $ 15,95.*

Monkey Jungle

Besucher in Käfigen

Hier wurde das Prinzip von Zooanlagen umgekehrt: Während die Affen in Freiheit herumtollen, bewegen sich die Besucher in Käfigen. Die 1933 angelegte Dschungellandschaft ist auch heute noch bestimmten Forschungsprogrammen verpflichtet. Die etwa 80 Java Monkeys ernähren sich u. a. dadurch, dass sie an Wasserläufen und in den Sümpfen Krustentiere suchen.
Monkey Jungle, *14805 SW 216th Street, öffentliche Verkehrsmittel: Metrorail (Dadeland South), danach Buslinie 1152 bis Cutler Ridge Mall, danach leider Taxi; ☎ (305) 235 1611, www.monkeyjungle.com, tgl. 9.30–17 Uhr, $ 29,95 + MwSt.*

Jungle Island

Papageien-Shows

Es erwartet Sie eine subtropische Anlage mit etwa 1.000 Vogelarten. Viele der Vögel sind sehr zahm und posieren auf dem Arm der Besucher. Daneben gibt es Leoparden, Tiger, Lamas, Pinguine, verschiedene Primatenarten sowie Reptilien, Fische und exotische Pflanzen zu sehen. Täglich finden verschiedene Vogel-, Raubkatzen- und allgemeine Wildlife-Shows statt. Auf der gesamten Anlage wird auf künstliche Dünger und Pestizide verzichtet, um den Tieren einen möglichst natürlichen Lebensraum zu bieten. Vom Lakeside Café kann man ohne Eintritt zu zahlen die herrlichen Flamingos bewundern.
Jungle Island, *1111 Parrot Jungle Trail (Mac Arthur Causeway, Watson Park, zwischen Downtown Miami und South Beach), ☎ (305) 400 7000, www.jungleisland.com, Mo–Fr 10–17, Sa/So 10–18 Uhr, $ 32,95 + MwSt.*

Miami Beach

Überblick

Miami Beach ist durch den Intracoastal Waterway, hier Teil der Biscayne Bay, vom Festland getrennt. Die Verbindung über das Wasser stellen Dämme her, so genannte „Causeways": der M. Arthur Causeway, der Julia Tuttle Causeway, der Venetian Causeway und der North Bay Causeway.

In der Biscayne Bay liegen heute 28 künstlich aufgeschüttete Inseln, die mittels Brücken oder Dämmen verbunden sind. Hier liegen die exklusiven Villen der wirklich Reichen, während für die „Massen" etwa 80.000 Hotelzimmer zur Verfügung stehen. Miami Beach ist völlig frei von jeder Art von Industrie und lebt ausschließlich vom Tourismus. Dieser Teil mauserte sich zum totalen „in-Viertel" mit restaurieren Art-déco-Häusern und super-schicken neuen Hotels und Restaurants.

Miami Beach

Reichen-Zuflucht Nach dem 2. Weltkrieg, teilweise aber auch schon vorher, war Miami Beach das bevorzugte „Fluchtgebiet" für Reiche aus den kalten Oststaaten. Viele verbrachten hier die Wintermonate, immer mehr fanden Miami Beach auch als Domizil nach ihrem Arbeitsleben attraktiv. Doch je mehr Menschen auf die gleiche Idee kamen, desto mehr wurden Hochhäuser mit Eigentumswohnungen immer billigerer Bauart hochgezogen.

Doch ganz im Stile Amerikas hat sich das Bild wieder gewandelt. Investoren aus allen Teilen der USA und auch aus Südamerika haben die Anziehungskraft des Art-déco-Gebietes für den Tourismus (auch den Lokaltourismus) erkannt und viele der Gebäude

Miami Beach
Florida Int. University (North Campus)
NE 135 St.
NORTH MIAMI
Bay Harbour Island
A1A
Public Beach
Haulover Beach Park & Golf Course
NE 125 St.
Broad Cswy (Toll) Kane Concourse 96 St.
Bal Bay Dr.
Bal Harbour
Surfside
91 St.
Harding Av.
North Shore State Recr. Area
N Miami Av.
NE 2 Av.
Biscayne Blvd
North Bay Village
Normandy Island
Normandy Dr.
71 St.
John F. Kennedy Cswy
Public Beach
Caribbean Marketplace
Public Beach
Pine Tree Dr.
Collins Av.
Alton Rd.
MIAMI BEACH
Public Beach
195
Julia Tuttle Cswy
Arthur Godfrey Rd.
Bayshore Golf Course
A1A
Alton Rd.
Dade Blvd.
Bass Museum of Art
Venetian Cswy
South Florida Art Center
New World Center
Bicentennial Park
Watson Island Seaplane Base
Flamingo Park
Meridian Av.
Washington Av.
The Wolfsonian Museum
Art-déco Welcome Center
Mac Arthur Cswy
Cruise Ship Docks
Port of Miami
Art-déco District
395
5 St.
Jewish Museum of Florida
Public Beach
South Point Park
Fisher Island
N
0
2 km

© graphic

wieder aufgepäppelt. Damit aber wird Miami Beach für die untere Einkommensschicht immer unerschwinglicher. Ganze Straßenzüge, besonders die westlich vom Ocean Boulevard, erlangen mondänen Charakter. Langsam schreitet diese Tendenz immer weiter nach Norden, und wer sich diesen Lebensstil nicht leisten kann, der muss abwandern.

Entlang der Collins Avenue reihen sich die Hotelhochhäuser und Apartmentbauten aneinander. Der Strand ist – wie überall in Florida – für alle da. Der gelbe Sand wurde aufgeschüttet und stammt von der Biscayne Bay. Ein künstliches Paradies also, wenn man bedenkt, dass dies einst eine von Mangroven bewachsene, moskitoreiche Insel war.

info

Carl Graham Fisher – der Finanzier von Miami Beach

Carl Graham Fisher wurde 1874 in Greensburg/Indiana geboren. Bereits nach der Klasse 6 musste er die Schule verlassen und begann seine Karriere: Im Alter von 37 Jahren war er bereits 5facher Millionär, als Fünfzigjähriger war sein Vermögen schon auf 50 Millionen Dollar angewachsen, im Alter von 65 Jahren starb er als armer Mann.

Mit 19 begann Fisher als Radrennfahrer und besaß ein Fahrradgeschäft in Indianapolis. Sein Unternehmen florierte, und als das Auto populär wurde, verkaufte er in seinem Fahrradgeschäft ebenfalls Fahrzeuge. Stets hielt er nach neuen Geschäften Ausschau, spezialisierte sich bald auf Autorennen und eröffnete 1909 die noch heute bekannte Indianapolis-Autorennstrecke mit dem 500-Meilen-Rennen am Memorial Day, heute als Indy 500 bekannt. Mit einem Patent für Autolampen vermehrte Fisher weiter sein Vermögen, ebenso war er maßgeblich am Bau des Lincoln Highway beteiligt, der ersten Teerstraße, die ab 1915 New York mit San Francisco verband.

Mit 30 verbrachte er in Miami seine Ferien und entdeckte einen schönen Strand, den die Touristen nur per Boot von Miami aus erreichen konnten. Zuvor war *John S. Collins*, dem Plantagenbesitzer von Miami Beach, das Geld zum Bau einer Holzbrücke ausgegangen. Fisher lieh ihm 50.000 US$ und erhielt im Gegenzug ein Grundstück am Strand von einer Meile Länge. Er erwarb noch mehr und verkündete seinen Plan, das Gebiet in eine tropische Insel zu verwandeln. Dazu nahm er Boden (oder besser Sand?) aus der Biscayne Bay, um damit die Mangrovenküste von Miami Beach aufzufüllen. Auf diese Weise gewann er etwa 4 km² neues Land. Da er die reiche Gesellschaft von Palm Beach nicht für Miami Beach erwärmen konnte, gewann er stattdessen durch den Verkauf kleiner Parzellen Tausende von Käufern.

Fisher schuf - und das machte Miami Beach für die Investoren attraktiv - das, was man heute als touristische Infrastruktur bezeichnen würde: Tennis- und Golfplätze, Annehmlichkeiten wie Strandkörbe und Duschen. Immer mehr Leute legten hier ihr Geld an - Fisher wurde reicher und reicher. Alleine 1925 verkaufte er Land im Wert von 25 Mio. US$.

Miami Beach war vom Boom erfasst: Hotels, Poloplätze, Swimmingpools, Schulen, Kirchen, Apartments und Privathäuser standen Besuchern wie Bewohnern zur Verfügung. Doch die Weltwirtschaftskrise durchkreuzte alle seine Pläne. 1932 hatte Fisher sein gesamtes Vermögen verloren. Verarmt starb er 1939.

Sehenswertes in Miami Beach

Hinweis
s. Karte S. 159

Collins Avenue

Die Collins Avenue ist die Hauptverkehrsader von Miami Beach und verläuft von Süden nach Norden. Hier liegen die großen Hotels, u. a. das Fontainebleau, einst das größte Ferienhotel der Welt mit über 1.500 Zimmern. 2008 wurde dieser Mammutbau mit einem Aufwand von 100 Millionen US$ renoviert. Mitten im pompösen Swimmingpool des Hotels liegt eine kleine, von Palmen bewachsene Insel, Wasserfälle ergießen sich in das Becken.

Größtes Ferienhotel

Bass Museum of Art

Hier befindet sich eine Gemäldesammlung u. a. mit Werken von *van Gogh, Botticelli, Picasso, Renoir, El Greco* und *Rubens*. Ebenso sieht man Holzskulpturen sowie zwei der größten Wandteppiche der Welt.
Bass Museum of Art, *2121 Park Avenue (zwischen 21st and 22nd), ☎ (305) 673 7530, www.bassmuseum.org, Mi–So 12–17 Uhr, $ 8.*

Art-déco-Gebiet

Für den Besucher ist dieser südliche Teil von Miami Beach vielleicht der interessanteste. Etwa in Höhe der 5th Street nordwärts beginnt das Gebiet, dessen besterhaltene Häuser vor allem zwischen der Collins Avenue, aber in besonderer Weise am Ocean Drive liegen (Gebiet zwischen 23rd Street, Ocean Drive, 5th Street und Lennox Court = eine Quadratmeile, die zum National Historic District erklärt wurde).

Tipp: New World Center

Das Anfang 2011 eröffnete Konzerthaus wurde vom Star-Architekten Frank Gehry entworfen. Hier treten in erster Linie die jungen Musiker der Orchester-Akademie New World Symphony (*www.nws.edu*) auf.

Die ca. 800 Gebäude stammen aus den zwanziger und dreißiger Jahren. 1926 wurde Miami Beach von einem verheerenden Hurrikan getroffen, der plötzlich Raum schuf für einen architektonischen Neubeginn. In dieser Zeit – man steckte inmitten der Weltwirtschaftskrise – entstanden viele kleine Hotels und Wohnhäuser, die höchstens drei Stockwerke hoch gebaut wurden und über keine Klimaanlagen verfügten. Die Brise vom Atlantik sorgte für entsprechende Kühlung…

Hinweis

Die ***Miami Design Preservation League*** bietet verschiedene Rundgänge an, u.a. Deco & Design Tours und Art déco Bike Tours, auf denen man noch einiges erfahren kann zum Thema Architektur in Miami Beach. Informationen zu Uhrzeiten und Preisen unter ☎ (305) 672 2014, info@mdpl.org, www.mdpl.org, Historic City Hall, 1130 Washington Ave. Sie betreibt auch den **Official Art Déco Gift Shop**, 1200 Ocean Drive.

Belebt und beliebt: der Ocean Drive

1979 entsprach die Stadtverwaltung den Vorschlägen der Miami Design Preservation League (s.o.) und stellte das Viertel unter Denkmalschutz, zumal Investoren große Bettenburgen planten. Dies ist eines der vielen Beispiele – besonders der vergangenen 25 Jahre –, dass sich Amerika seiner erhaltenswerten Bausubstanz bewusst wird und vermehrt große Summen in die Restaurierung investiert. Die Miami Design Preservation League hat sich zum Ziel gesetzt, diese kunsthistorisch bedeutsame Bausubstanz vor Baulöwen zu schützen und Besitzer zu motivieren, lieber in eine Restaurierung zu investieren. Besonders am Ocean Drive ist eine Reihe von Häusern – heute meist Hotels – liebevoll innen wie außen restauriert worden. Schauen Sie sich vor allem an:

Rettung der Bausubstanz

- Palm Gardens (Baujahr 1923, 760 Meridian Ave.)
- Old City Hall (Baujahr 1927, 1130 Washington Ave.)
- Waldorf Towers (Baujahr 1937, 860 Ocean Drive)
- Essex (Baujahr 1938, 1001 Collins Ave.)
- Cardozo Hotel (Baujahr 1939, 1300 Ocean Drive)
- Breakwater (Baujahr 1939, 940 Ocean Drive)
- Carlyle (Baujahr 1941, 1250 Ocean Drive)

Wolfsonian Museum

In diesem Haus arbeitete ursprünglich die Washington Storage Company, bei der reiche Bewohner von Miami ihre guten Sachen deponierten, wenn sie im Sommer wieder in den Norden zogen. Heute gibt es hier eine Ausstellung mit etwa 70.000 Exponaten von Kunst und Kunstgewerbe vor allem aus den Jahren 1885–1945. U.a. gibt es einen Art-déco-Bereich, der Schwerpunkt der Sammlung liegt in den Bereichen Nationalismus, Propaganda, Industrialisierung und Architektur.

The Wolfsonian Foundation, *1001 Washington Avenue, Ecke 10th Street und Washington Ave., ☎ (305) 531 1001, www.wolfsonian.org, $ 7.*

Informationen über den Art-déco-Stil

info

Mit Art déco ist eine Kunstepoche gemeint, die sich zwischen dem 1. Weltkrieg und der Weltwirtschaftskrise zur Blüte entwickelte. Der eher einfach-kühle Stil des Funktionalismus wurde hierbei um jugendstilähnliche Elemente erweitert. Sind für den Funktionalismus eher gerade und geometrische Figurationen typisch, so werden sie im Art déco durch verzierte Glasfenster, pastellene Farben und verspielte Innendekorationen bereichert, die sich in der Art z. B. von esoterischen Wandbildern mit Flamingos, Spiegeln mit eingesetzten Nymphen, Meerjungfrauen und tropischen Vögeln präsentieren. Ebenso finden des Öfteren Glasbausteine Verwendung. Art déco wurde insbesondere durch die „Exposition des Arts Décoratifs et Industriels Modernes" (Kunstausstellung in Paris im Jahre 1925) populär. Sowohl in der Außen- als auch Innenarchitektur entstand ein Modetrend. In diese Stilrichtung flossen Elemente der neuen technischen Welt ein. Manche Fassadengestaltung erinnert an Ozeandampfer (Essex). Manche Gebäude zeigen waagerechte Linien, die an die Racing Stripes der damaligen Autos erinnern.

Streamline Moderne – Art déco in Miami Beach

Aufgrund der stromlinienförmigen Gebäudeformen und Fassadenmomente werden die Art-déco-Gebäude auch als „Streamline Moderne" bezeichnet.

Die Art-déco-Richtung von Miami Beach bezeichnet man als „Tropical Art déco". Viele Motive, die an Seefahrt und Meer erinnern, wurden in die Gestaltung übernommen. So erinnern Bullaugen an alte Dampfer, vorspringende Überdachungen an Schiffsdecks.

Nördlich von Miami Beach: Oleta River State Park

Ruhige Natur

Dieser State Park ist der größte städtische Naturpark in Florida. Er liegt an der Biscayne Bay, und bietet stadtnah und abseits des quirligen Miami Beach ruhige Naturerlebnisse. Es gibt ca. 8 km lange Trails für Wanderer und Mountainbiker. Von einem Pier aus kann man angeln. Ein kleiner Strand am Mangrovenwald sowie ein 6 km langer Kanu-Trail bieten weitere Aktivitäten.

Oleta River State Park, *3400 N.E. 163rd St, off I-95 in Miami, North Miami, ☎ (305) 919 1844, www.floridastateparks.org/oletariver/, Eintritt: $ 6 /Auto, Cabins und einfache Campingplätze vorhanden, ebenso Kanuverleih.*

Reisepraktische Informationen Miami und Miami Beach

Redaktions-Tipps

Übernachten:

- In Miami: luxuriös im „Biltmore Coral Gables"
- In Miami Beach: in einem der **Art-déco-Hotels**, im Hotel Victor, im Hotel Setai oder im tollen Delano.

Essen:

Kubanisch im „Yuca"; exquisit im „The Biltmore"; Steinkrabben in „Joe's Stone Crab"; ausgefallen, intim und ganz im Stile von Miami Beach im Restaurant des „Indian Creek Hotel". Wer sehen und gesehen werden möchte, der sollte sich ein Restaurant am Ocean Boulevard von Miami Beach aussuchen.

Kultur und Unterhaltung:

- Das Fremdenverkehrsamt veranstaltet verschiedene jährlich wiederkehrende Aktionstage bzw. -wochen. Im „Miami Attractions Month" (Oktober) zum Beispiel gibt es bis zu 50 % Rabatt auf den Eintritt in verschiedene Attraktionen wie Seaquarium oder Jungle Island. Auch Stadtführungen werden zu ermäßigten Preisen angeboten. Informationen zu weiteren Aktionen und zu den Attraktionen generell unter www.amazingmiamiattractions.com.
- Ein Highlight ist die „Sleepless Night" in Miami Beach, bei der verschiedenste Künstler ab 18 Uhr bei unzähligen kostenlosen Theater-, Tanz- und Kunstevents die Nacht zum Tage werden lassen. Infos unter http://sleepless night.org.

Vorwahl: *305*

Informationen

The Greater Miami Convention & Visitors Bureau: *701 Brickell Avenue, Suite 2700, Miami, FL 33131, ☎ 539 3000, www.miamiand beaches.com. Auf der Homepage kann man einen „Free Vacation Planner" bestellen.*

Geführte Touren

Zu Fuß

Das **HistoryMiami** *bietet geführte Touren zu unterschiedlichen Themen an, unter anderem historische Touren (auch mit Bus, Fahrrad und Boot). Infos unter: www.historymiami.org, ☎ 375 1621, citytours@history miami.org, 101 West Flagler Street*

Miami Design Preservation League, *1200 Ocean Dr., ☎ 672 2014, www.mdpl.org, Touren durch das Art-déco-Gebiet in Miami Beach*

Mit dem Fahrrad

South Beach Bike Tours, *1100 11th St., Suite 406, Miami Beach, ☎ 673 2002, www.southbeachbiketours. com: mit dem Rad durch Miami Beach*

s. auch S. 165

Mit dem Bus/Van

Duck Tours, *1661 James Ave., Miami Beach, ☎ 673 2217, www.ducktoursmiami.com. Touren zu Wasser und Land in einem Amphibienfahrzeug, mit „Unterhaltung" an Bord.*

Gray Line Tours Miami, *☎ (877) 643 1258 www. graylinemiami.com*

Mit dem Heißluftballon

Miami Balloon Rides, *☎ 860 5830, www.miami balloonrides.com*

Tipp: Sightseeing mit dem sprechenden Auto

Eine ungewöhnliche und recht witzige Art, die Stadt zu erkunden, sind die kleinen gelben und offenen **Go-Cart-Miniautos** mit Navigationssystem für Selbstfahrer. Sie sind GPS-gesteuert und leiten einen auf verschiedenen Routen, wobei der eingebaute Reiseführer die Sehenswürdigkeiten kommentiert – auch in deutscher Sprache. Das nicht gerade billige Vergnügen ist vor Ort buchbar, empfehlenswert aber ist eine Online-Reservierungen. Weitere Infos auf der Website.

GoCar Tours Miami, *www.gocartours.com, 1661 James Ave., ☎ 908 8497, Art déco District/South Miami Beach.*

Konsulate
s. S. 71

Übernachtung
Wie in allen großen amerikanischen Städten gibt es auch in Miami und Miami Beach eine Vielzahl an Hotels und Motels für jeden Geldbeutel. Viele preiswerte Unterkünfte liegen an den Ausfall- und Hauptdurchgangsstraßen – so z. B. zwischen dem Miami International Airport und der Innenstadt Miamis bzw. Miami Beach. Wem es nichts ausmacht, außerhalb des Großraumes Miami und damit billiger zu übernachten, der findet zahlreiche preiswerte Hotels und Motels in der Umgebung von Homestead entlang der US 1 (ideal auch als Ausgangspunkt zum Everglades National Park, Biscayne National Park, als Startpunkt zu den Keys oder an die Westküste via Tamiami Trail nach Naples). Lückenlose Hotel- und Motelverzeichnisse gibt es bei: The Greater Miami Convention & Visitors Bureau (Adresse s. o. bei Information) im „Greater Miami & Beaches Travel Planner". Website für fast alle Hotels in Miami/Miami Beach: www.miami.hotelguide.net. Wer sich besonders für die kreativen und individuellen Boutique-Hotels interessiert, der sollte sich nach der Broschüre „A Collection of Desire" erkundigen oder auf der Internetseite www.miamiboutiquehotels.com umschauen.

Restaurants
Zudem werden ausgewählte Restaurants aufgeführt, die vom Essen, dem Ambiente und dem Service her besondere Erwähnung verdienen. Allenthalben gibt es ohnehin – wie überall in den USA – unzählige preiswerte Möglichkeiten der Verpflegung, sei es in den Cafeterias der Restaurants oder in den vielen Restaurant-Ketten entlang der (Ausfall-)Straßen (weitere Restaurants in Miami Beach, Coral Gables und Coconut Grove finden Sie in den entsprechenden Abschnitten). Viele Restaurants gibt es vor allem im Bayside Marketplace Center.

Hier eine Auswahl, nach Stadtvierteln geordnet:

FLUGHAFENGEBIET UND DOWNTOWN

Hotels
Days Inn Miami International Airport $$, *7250 N.W. 11th St. & 72 Ave EW, Palmetto Expressway, ☏ 261 4230, www.daysinn.com. Preiswert, sauber, funktional. Weitere Hotels der Kette in der Stadt.*

Miami River Inn $$ (5), *118 SW South River Drive, ☏ 325 0045, www.miamiriverinn.com. Kleines Hotel mit 40 Zimmern im Zentrum Miamis. Die Räume sind mit schönen antiken Möbeln im Stile New Englands eingerichtet, sehr freundliches Personal.*

Hampton Inn & Suites Miami Doral/Dolphin Mall $$ (8), *11600 Northwest 41st St., ☏ 500 9300, www.hamptoninn.com. Etwas außerhalb, dennoch günstig zum Zentrum, aber auch nach Coral Gables, Coconut Grove etc. gelegen. 121 Zimmer, die freundlich und hell eingerichtet sind. Swimmingpool.*

Holiday Inn Port of Miami $$ (2), *340 Biscayne Boulevard, ☏ 371 4400, www.ichotelsgroup.com. Das recht preisgünstige Hotel liegt vis-à-vis dem Bayside Marketplace, Pool.*

Courtyard Miami Downtown $$$$ (3), *200 SE 2nd Ave., ☏ 374 3000, www.marriott.com. Schöne Zimmer, sehr gutes Preis-Leistungs-Verhältnis, Pool.*

Hyatt Regency Miami $$$$ (4), *400 S. E. 2nd Ave., ☏ 358 1234, www.miamiregency.hyatt.com. Luxushotel (561 farblich sehr freundliche Zimmer/51 Suiten) mit allem erdenklichen Komfort und 2 guten Restaurants. Nahe zum Metro Mover.*

Miami – Downtown
Hotels, Restaurants
0 Hotels
1 Hilton Miami Downtown
2 Holiday Inn Port of Miami
3 Courtyard Miami Downtown
4 Hyatt Regency
5 Miami River Inn
6 Mandarin Oriental
7 Four Seasons Miami
8 Hampton Inn
0 Restaurants
9 Los Ranchos Steak House
10 Ceviche 105
11 Fratelli Milano
12 Perricone's Marketplace and Café
13 Dolores
nach Miami Beach
Venetian Cswy
Mac Arthur Cswy
Biscayne Bay
Bicentennial Park
Port of Miami
Port Blvd.
HAFEN
Hard Rock Café
Bayside Shopping Mall
Bayfront Park
Museum Bayfront
Federal Courthouse
Florida State Building
Government Center
Dade County Courthouse
Miami Dade Cultural Center
Gibson Park
Reeves Park
Lummus Park
Miami River
SW South River Drive
North South Expwy
Biscayne Blvd.
Brickell Av.
Brickell Key
Barnett Tower
Calle Ocho) (Tamiami Trail)
SW 7th St.
SW 8th St.
SW 15th Rd.
Metrorail
zu den Vierteln Little Havanna und Coral Gables
N
0 250 m

Hilton Miami Downtown $$$$ (1), *1601 Biscayne Blvd., ☏ 374 0000, www.hiltonmiamidowntown.com. Frisch renoviert, guter Hilton-Standard.*
Four Seasons Miami $$$$$ (7), *1435 Brickell Ave. (Downtown), ☏ 358 3535, www.fourseasons.com/miami. Sehr elegantes, 70 Stockwerke hohes Hotel mit Art-déco-Interieur. Riesige Poolanlage auf dem 7. Stock mit 24 Inseln, auf denen Cocktails serviert werden und wo man einen tollen Blick auf die Downtown genießen kann.*
Mandarin Oriental Hotel $$$$$ (6), *500 Brickell Key Drive, ☏ 913 8288 www.mandarinoriental.com. Auch dieses Hotel, exzellent direkt am Wasser auf einer kleinen Insel in der Biscayne Bay gelegen, bietet alles, was das Herz begehrt. Eine großzügige und sehr ansprechende Poolanlage lädt zur Entspannung ein. Dem Luxus entsprechend teuer.*

Camping

Miami Everglades Camping, *20675 S.W. 162nd Ave., ☏ 233 5300, www.miamicamp.com. Schöner Swimmingpool – gepflegt, Stellplatz für Campmobile ab ca. $ 39, für Zelte ab $ 31. Auch Hütten werden vermietet.*
Larry and Penny Thompson Park, *12451 S.W. 184th St., ☏ 232 1049, www.miamidade.gov/parks, nahe Zoo Miami. Eigener See mit Strand und Wasserrutsche, Jogging- und Fahrradtrail. Ca. $ 30 pro Nacht, Zeltplatz ca. $ 15.*

Restaurants

City Hall The Restaurant, *2004 Biscayne Blvd, ☏ (305) 764 3130, www.cityhalltherestaurant.com. Im neuen lebendigen Szeneviertel Miami Midtown eröffnete Steve Haas sein eigenes Restaurant, nachdem er in drei Jahrzehnten schon einige andere für Kunden entworfen und umgesetzt hatte. Das City Hall Restaurant setzt sich wohltuend vom Mainstream in South Beach ab und setzt mehr auf Einheimische als auf Touristen. In einem sachlich-modernen Ambiente mit Art-déco-Einlagen und einer einladenden Bar wird der Gast verwöhnt. Auf den Teller kommt Altbewährtes, aber auch ungewöhnliche Kreationen. Natürlich alles nicht ganz billig, aber gut und sensationell frisch. Tgl. durchgehend geöffnet.*
Los Ranchos Steak House (9), *401 Biscayne Blvd. (Bayside Marketplace), ☏ 375 8188, www.beststeakinmiami.com (zwei weitere Niederlassungen in Miami). Küche aus Nicaragua, Jazzmusik. Sehr interessante Karte mit schmackhaften und manchmal ungewöhnlichen Zubereitungsweisen.*
Dolores, But You Can Call Me Lolita (13), *☏ 403 3103, 1000 S Miami Ave., www.doloreslolita.com. Gemütliches Lokal mit Terrasse und nettem Service, italienisch und spanisch angehauchte Gerichte.*
Ceviche 105 Restaurant (10), *105 NE 3rd Ave., ☏ 577 3454, www.ceviche105.com. Gutes und eher günstiges peruanisches Restaurant, besonders gut sind die Ceviche-Gerichte (in Zitronensaft marinierter roher Fisch), daneben gibt es u.a. Chili-Hühnchen und weitere peruanische Spezialitäten.*
Ristorante Fratelli Milano (11), *213 SE 1st St., ☏ 373 2300, www.ristorantefratellimilano.com. Kleines italienisches Familien-Restaurant mit einem ausgezeichneten Preis-Leistungsverhältnis. Selbstgemachtes Brot und frische Pasta, Pizza und Salate. Hauptgerichte $ 10–20.*

Tipp: Perricone's Marketplace and Café (12)

Perricone's Marketplace and Café (12), 15 S. E. 10th St., Brickell Village, ☏ 374 9449, www.perricones.com. Das ungewöhnliche Restaurant befindet sich in einer 120 Jahre alten Scheune aus Vermont. Das bodenständige Essen beruht auf immer wieder von Generation zu Generation weitergereichten Rezepten. Man kauft sich im hier befindlichen Spezialitätenladen seinen Wein und lässt ihn gegen geringes Korkgeld öffnen.

COCONUT GROVE

Informationen

www.coconutgrove.com, *Infos über Veranstaltungen, Restaurants, Hotels, Galerien etc.*

Übernachtung

Hampton Inn $$$ (3), *2800 S. W. 28th Terrace, Miami, ☏ 448 2800, www.hamptoninncoconutgrove.com. Nur 1,5 km nach Coconut Grove, MetroRail Station gegenüber, ordentliche Zimmer, Swimmingpool.*
Grove Isle Club & Resort $$$$ (2), *4 Grove Island Dr., ☏ 858 8300, www.groveisle.com. Kleines, sehr gepflegtes und entsprechend teures Hotel.*
Mayfair Hotel & Spa $$$$$ (1), *3000 Florida Ave., ☏ (1-800) 433 4555, www.mayfairhotelandspa.com, Luxusklasse. Ein interessantes Haus mit einer unglaublichen Formenvielfalt, Farben, Wasserfällen und Galerien, umgeben von exklusiven Geschäften, Bistros und Cocktailbars.*

Restaurants

Scotty's Landing (4), *3381 Pan American Dr., ☏ 854 2626. Gutes Seafood und Burger zu bezahlbaren Preisen in entspannter Atmosphäre, direkt am Wasser gelegen mit Terrasse.*
Jaguar Ceviche Spoon Bar & Latin Grill (5), *3067 Grand Ave., ☏ 444 0216, www.jaguarspot.com. Leckere südamerikanische Küche, Ceviche und viel vom Grill. Hübsche Terrasse, drinnen fröhlich gelb gehalten. Am Wochenende Brunch.*
Green Street Outdoor Lounge & Restaurant (6), *3468 Main Highway, ☏ 444 0244, www.greenstreetcafe.net. Leckeres Frühstück, das man draußen auf der Terrasse essen kann, auch zum Lunch und Dinner geöffnet mit Salat, Suppe, Steaks, Pasta und Pizza – und zu jeder Tageszeit empfehlenswert.*
Le Bouchon du Grove (7), *3430 Main Highway, ☏ 448 6060, www.lebouchondugrove.com. Nettes kleines französisches Restaurant, auf der Karte viel Fisch und Meeresfrüchte, aber auch Steaks und Geflügel – alles auf französische Art zubereitet. Gehobene Preise, tgl. zu Frühstück, Lunch und Dinner geöffnet.*

Öffentliche Verkehrsmittel

Metrorail, *Station Coconut Grove*

CORAL GABLES

Information

Coral Gables Chamber of Commerce, *224 Catalonia Ave., Coral Gables, ☏ 446 1657, www.coralgableschamber.com, www.coralgables.com*

Übernachtung

Holiday Inn $$ (5), *1350 S. Dixie Hwy., ☏ 667 5611, www.ichotelsgroup.com. Preiswertes Mittelklassehotel.*
Courtyard Miami Coral Gables $$$ (4), *2051 South Le Jeune Rd., ☏ 443 2301, www.marriott.de. Sauber und modern eingerichtet, in Flughafennähe.*

Miami – Coconut Grove

Hotels
1 Mayfair Hotel
2 Grove Isle Club
3 Hampton Inn

Restaurants
4 Scotty's Landing
5 Jaguar Ceviche Spoon Bar & Latin Grill
6 Green Street Lounge
7 Le Bouchon du Grove

Shopping
8 Mayfair in the Grove
9 Coco Walk

Miami – Coral Gables
Hotels, Restaurants
SW 57th Av. (Red Rd.)
Country Club Prado
Country Club Prado
Ferdinand St.
Alhambra Cir.
N Greenway St.
Coral Cables Canal
Biltmore Golf Course
SW 24th St. (Coral Way)
Castile Av.
Asturia Av.
S Greenway Dr.
N Greenway Dr.
Alhambra Cir.
Madeira Av.
Palermo Av.
Sevilla Av.
Valencia Av.
Catalonia Av.
Malaga Av.
Anastasia Av.
Columbus Blvd.
Cordoba St.
Granada Golf Course
University of Miami
de Soto Blvd.
Almeria Av.
Andalusia Av.
Granada Blvd.
Venetian Pool
Merrick House
Toledo St.
Anderson Rd.
N
0 500 m
Gardena St.
Riviera Dr.
Romano Av.
Anastasia Av.
Santander Av.
Segovia St.
Hernando St.
Riviera Dr.
University Dr.
Coral Gables City Hall
SW 42nd Av. (Le Jeune Rd.)
SW 22nd St. (Miracle Mile)
Giralda Av.
Alhambra Av.
Alcazar Av.
Minorca Av.
Navarre Av.
Majorca Av.
Madeira Av.
Salzedo St.
Cadima Av.
Aledo Av.
Camilo Av.
Sarto Av.
Romano Av.
San Sebastian Av.
Santander Av.
Catalonia Av.
Ponce Circle Park
Ponce de León Blvd.
Aragon Av.
Merrick Way
Galiano St.
SW 37th Av. (Douglas Rd.)
Hotels
1 Biltmore Hotel Coral Gables
2 Hyatt Regency Coral Gables
3 Hotel Place St. Michel
4 Courtyard Miami Coral Gables
5 Holiday Inn
Restaurants
6 Pascal's on Ponce
7 Christy's
8 Café Abracci
9 Houston's
10 Seasons 52
11 Maroosh Restaurant
© graphic

Hotel Place St. Michel $$$-$$$$ (3), *162 Alcazar Ave., ☎ 444 1666, www.hotelstmichel.com. Individuell geführtes Haus, nahe zu den Venetian Pools, Romantik aus den 1920er Jahren pur – mit gutem französischen Restaurant (s.u.).*
Hyatt Regency Coral Gables $$$$ (2), *50 Alhambra Plaza, ☎ 441 1234, www.coralgables.hyatt.com. Sehr gediegener, kolonial wirkender Bau mit hervorragendem Restaurant und Spitzenservice.*
Biltmore Hotel Coral Gables $$$$$ (1), *1200 Anastasia Avenue, ☎ 445 1926, www.biltmorehotel.com. Ein wirklich sehenswerter Bau, sehr luxuriös ausgestattet. Riesiger Swimmingpool, tolles Restaurant (s. weiter unten).*

Restaurants

Palme d'Or, *1200 Anastasia Ave. (im Biltmore Hotel), ☎ 445 1926. Ganz hervorragende Menüs zum Zusammenstellen in sehr gediegener Umgebung. Etwas für den besonderen Anlass – natürlich teuer.*
Pascal's on Ponce (6), *2611 Ponce de León Blvd., ☎ 444 2024, www.pascalmiami.com. Französische Küche mit ein bisschen Italien – So geschlossen, Hauptgericht um $ 35.*
Christy's (7), *3101 Ponce de León Blvd., ☎ 446 1400, www.christysrestaurant.com. Atmosphäre gleicht einem Privatclub („viktorianisch“). Steaks und Seafood mit Cesar's Salad.*
Maroosh Mediterranean Restaurant (11), *223 Valencia Ave., ☎ 476 9800, www.maroosh.com. Mit mediterran ist hier v.a. nordafrikanisch gemeint: Hummus, Falafel, Taboulé und viele weitere köstlich gewürzte Gerichte gibt es hier zu moderaten Preisen. Sa/So mit Bauchtanz. Mo geschlossen.*
Seasons 52 (10), *321 Miracle Mile, ☎ 442 8552, www.seasons52.com. Restaurant mit Piano-Bar, angenehme Atmosphäre, sehr guter Service. Das Speisenangebot variiert je nach Saison und es gibt tolle Weine dazu.*
Cafe Abbracci (8), *318 Aragon Avenue, ☎ 441 0700, www.caffeabbracci.com. Gute norditalienische Küche.*
Houston's (9), *201 Miracle Mile, ☎ 529 0141, www.hillstone.com. Klassische amerikanische Gerichte wie Burger, Hühnchen und Ribs, Cesar's Salad, aber auch Sushi. Mittlere Preisklasse.*

LITTLE HAVANA

Restaurants

La Carreta, *3632 S. W. 8th St., ☎ 444 7501, www.lacarreta.com. Hier können Sie kubanische Sandwichs probieren (knuspriges, kubanisches Brot dient als Grundlage), sehr beliebt bei den Kubanern, preiswert, viel Leben.*

Casa Juncho in Little Havana

La Camaronera Fish Market & Restaurant, *1952 W Flagler St., ☎ 642 3322, http://lacamaronera.com. Turbulent und authentisch, viele Einheimische. Frische Fischgerichte zu günstigen Preisen.*

The Versailles, *3555 S.W. 8th St., Miami, ☎ 444 0240. Beliebtes kubanisches Restaurant an der Calle Ocho mit typischen Gerichten und ausgezeichneten Sandwichs und tollem Service! Sollte Ihnen die Zeit zu einem Essen nicht reichen, sollten Sie auf jeden Fall außer kubanischem Kaffee einmal „Churros" probieren. Dies sind frittierte Teigspiralen, die mit Zucker bestreut werden und die man in ein Tässchen kubanische Schokolade taucht. Zum Hauptgericht könnte ein „Ropa Vieja" schmecken (würziges, geschabtes Rindfleisch auf Reis).*

Casa Juancho, *2436 S.W. 8th St., ☎ 642 2452, www.casajuancho.com. Gilt als bestes spanisches Restaurant in den USA. Hervorragende Tapas, sehr schmackhafte Hauptgerichte, alles in einem spanischen Ambiente. Gut ist z. B. das Red-Snapper-Filet mit Muscheln und Shrimps an Knoblauchsoße. Hauptgericht um die $ 30.*

@ Tipp

Siehe dazu auch die Website: www.10best.com/destinations/florida/miami/restaurants/cuban.

Öffentliche Verkehrsmittel

Bus 11 ab Downtown, Bus 8 und 24 ab Coral Gables

MIAMI BEACH

Information

Miami Beach Visitor Information Center: *510 Lincoln Road, www.miamibeach.org, geöffnet Mo–Fr 9–17.30 Uhr.*

Post Office Miami Beach, *1300 Washington Avenue, Öffnungszeiten Mo–Fr 8–17, Sa 8.30–14 Uhr. Übrigens in einem Art-déco-Haus aus dem Jahre 1937 gelegen.*

Übernachtung

Century $$ (14), *140 Ocean Drive, ☎ 674 8855, www.centurysouthbeach.com. Kleines (31 Zimmer) Hotel mit Art-déco-Fassade und Zugang zum Strand, 1939 erbaut, sehr guter Service.*

Howard Johnson Plaza Dezerland Beach & Spa $$, *8701 Collins Ave., ☎ 865 6661, www.dezerhotels.com. Für alle, die den Lebensstil der 1950er Jahre nachempfinden möchten, ist dies ein originelles Haus (225 Zimmer) mit einer Sammlung alter Autos. Im Restaurant isst man sogar in entsprechend umgestalteten Karossen. Die Zimmer sind groß und gut eingerichtet.*

Villa Paradiso $$-$$$ (8), *1415 Collins Ave., ☎ 532 0616, www.villaparadisohotel.com. Schöne große Zimmer mit eigener Küche, besonders lohnend für Selbstversorger, die mehrere Nächte bleiben möchten.*

The Betsy South Beach $$-$$$ (7), *1440 Ocean Drive, ☎ 531 6100, www.thebetsyhotel.com. Schöne Aussicht auf den Strand, komfortable Zimmer.*

Cadet Hotel $$$ (11), *1701 James Ave., ☎ 672 6688, www.cadethotel.com. Zentral gelegen und trotzdem ruhig. Die Zimmer sind nicht besonders groß, dafür aber sauber und geschmackvoll eingerichtet. Guter Service mit persönlicher Note.*

Indian Creek Hotel $$$ (3), *2727 Indian Creek Dr., ☎ 531 2727, www.indiancreekhotel.com. Dieses Hotel ist mit viel Liebe zum Detail restauriert worden. Ob man nun in der*

South Miami Beach – Hotels, Restaurants
Collins Av.
23rd St.
22nd St.
21st St.
20th St.
19th St.
18th St.
17th St.
Lincoln La N
Lincoln Rd. Mall
16th St.
15th St.
Espanola Way
14th Place
14th St.
13th St.
12th St.
11th St.
10th St.
9th St.
8th St.
7th St.
6th St.
5th St.
4th St.
3rd St.
2nd St.
1st St.
Commerce Street
Biscayne St.
Sunset Dr.
N Bay Rd.
Alton Rd.
North Meridian Av.
Prairie Av.
Convention Center Dr.
Washington Av.
James Av.
Dade Blvd.
Purdy Rd.
Bay Rd.
West Av.
Meridian Av.
Pennsylvania Av.
Drexel Av.
Lenox Av.
Michigan Av.
Jefferson Av.
Euclid Av.
Ocean Dr.
Alton Road
Bass Museum of Art
Collins Park
Holocaust Memorial
City Park
City Hall
Island View Park
Venetian Cswy
nach Miami Downtown
New World Center
South Florida Art Center
Flamingo Park
The Wolfsonian Museum
Art-déco Welcome Center
Biscayne Bay
Mac Arthur Cswy
41
Jewish Museum of Florida
South Point Park
N
0
500 m
Hotels
1 The Alexander
2 Fontainebleau Resort Miami
3 Indian Creek Hotel
4 Setai
5 Delano Hotel
6 Clay Hostel
7 The Betsy
8 Villa Paradiso
9 Cardozo Hotel
10 Hotel Victor
11 Cadet Hotel
12 Hotel Astor
13 The Bentley Hotel
14 The Century
Restaurants
15 Osteria del teatro
16 8 oz. Bar
17 Blue Door
18 YUCA
19 Pasha's
20 News Cafe
21 B.E.D. Miami Beach
22 Monty's
23 Tap Tap
24 Baires Grill
25 Joe's Stone Crab
Sonstiges
26 Miami Beach Bicycle Center
27 Bike & Roll

Für Individualisten

Es empfehlen sich die sehr schön restaurierten Art-déco-Hotels – viele davon am Ocean Drive im Süden von Miami Beach, direkt an der Uferstraße mit Seeblick gelegen. Allerdings sind die Art-déco-Hotels, die nicht am Ocean Drive liegen, genauso schön. Die niedrigeren Preise, der auch nicht allzu weite Weg zum Strand und die günstigen Taxipreise in Miami sprechen also für diese Hotels.

gemütlichen, tiefen Badewanne sitzt oder mit dem quietschenden Fahrstuhl fährt, man fühlt sich in jeder Hinsicht in die alten Zeiten versetzt. Und der Chef kann so einige Anekdoten aus der Hotelgeschichte erzählen, von denen es zu einigen noch Relikte im Hause zu finden gibt. Das Hotel liegt nicht weit vom Strand entfernt.

Cardozo Hotel $$$-$$$$ (9), *1300 Ocean Drive, ☎ 535 6500, www.cardozohotel.com. Eines der schönsten Art-déco-Hotels (1939 erbaut), 43 Zimmer.*

Delano Hotel $$$$ (5), *1685 Collins Avenue, ☎ 672 2000, www.delano-hotel.com. Sehr beeindruckendes Hotel, die Zimmer alle in Weiß, toller Pool, eindrucksvoller Eingangsbereich: Überall ist die Handschrift des Designers Phillip Starck zu spüren. Für Liebhaber stilvoller Einrichtung ein Muss!*

The Bentley Hotel $$$$ (13), *510 Ocean Drive ☎ 538 1700, www.thebentleyhotel.com. Luxuriöses Art déco Hotel, alle Suiten haben eine Küche, zudem gibt eine Dachterrasse mit Pool und einen schönen Spa-Bereich. Auch Madonna und Jennifer Lopez haben hier schon ihr Haupt gebettet… Guter Ausgangspunkt, um ins Nachtleben zu starten.*

The Alexander $$$$$ (1), *5225 Collins Ave., ☎ 865 6500, www.alexanderhotel.com. 140 sehr geräumige Suiten mit Blick auf den Atlantik, Internetzugang, im Zimmer Zubereitungsmöglichkeit von Kaffee und Tee, hoteleigene Parkplätze, sehr schöne Poolanlage, gutes Steakrestaurant,*

Fontainebleau Resort Miami Beach $$$$$ (2), *4441 Collins Ave., ☎ (1-800) 548 8886, www.fontainebleau.com – Luxusklasse, schöner Pool inmitten eines herrlichen Gartens, über 1.500 Zimmer, d a s Prestigehotel.*

Hotel Astor $$$$$ (12), *956 Washington Avenue, ☎ 531 8081, www.hotelastor.com. Hotel aus den 1960er-Jahren mit einer besonderen Eleganz. Das Möbeldesign stammt von französischen Schreinern, die auf die Ausstattung von Luxusyachten spezialisiert sind, Marmorbäder. Gutes Hotelrestaurant („Astor Cuba") mit moderner kubanischer Küche.*

Hotel Victor $$$$$ (10), *1144 Ocean Drive, ☎ 779 8700 www.hotelvictorsouthbeach.com. Das superelegante Hotel liegt in unmittelbarer Nähe zur Versace-Villa. Dieses architektonische „Meisterstück" verbindet Art-déco-Elemente mit den Grundzügen des Bauhausstils.*

Für den besonderen Geschmack: das „Setai" (4)

Dieses Luxushotel am South Beach repräsentiert das obere Ende auf der Luxusskala. Im klaren, etwas nüchtern anmutenden Design merkt man asiatische Stilelemente. Die Küche dieses zu den „Leading Hotels of the World" gehörenden Hauses ist ebenso herausragend wie das außergewöhnlich geschulte Personal. Es stehen 75 Zimmer und 50 Suiten zur Verfügung, ebenso ein wunderschöner Spa-Bereich.

The Setai, *2001 Collins Avenue, ☎ 520 6000, www.setai.com. Ab ca. $ 1.000 pro Zimmer ist man dabei, eine 3-Zimmer-Suite kann schon mal $ 6.000 kosten – pro Nacht!*

Am Ocean Blvd. reiht sich ein Hotel an das andere

Angeboten werden 91 Zimmer und Suiten, alle sehr luxuriös eingerichtet. Der Clou: Jedes Zimmer bietet eine Bar mit – wie der hoteleigene Prospekt sagt – „essential South Beach lifestyle accessories". Selbstverständlich sind auch die hauseigenen Restaurants VIX Spice Route Restaurant und das VUE von außerordentlicher Exzellenz. Die Außenanlagen setzen den Anspruch eines außergewöhnlichen Hauses fort: Von einem „rimless" Pool schaut man auf den Atlantik. Davor allerdings liegt der viel befahrene Ocean Drive... Ab etwa $ 300/Doppelzimmer ist man dabei, die Topsuite kostet $ 2.000/Tag.

Hotel Impala $$$$$, *1228 Collins Ave., ☎ 673 2021, www.impala-miami.com. Tolles, kleines Art-déco-Hotel mit nur 17 Zimmern, sehr schön und gediegen mit hölzernen und schmiedeeisernen Möbeln eingerichtet.*

Hostels/sehr preiswerte Übernachtung

Clay Hostel (6), *1438 Washington Ave., ☎ 534 2988, www.clayhotel.com. Schönes Hostel im Art-déco-Gebiet, 4–12-Bett-Zimmer, gemeinsame Küchennutzung. Auch Hotel.*

Miami Beach International Travellers Hostel, *236 9th Street, ☎ 534 0268, www.hostelmiamibeach.com. 1–6-Bett-Zimmer, alle mit eigenem Bad, inkl. Frühstück.*

Nördlich von Miami Beach, *entlang der A1A, gibt es im Bereich Bal Harbour – Golden Beach noch das:*

The Inn of Fisher Island $$$$$, *Fisher Island (nicht in Miami Beach), ☎ 535 6000, www.fisherislandclub.com. Genau südlich von Miami Beach und Virginia Island liegt die nur per Fähre erreichbare Privatinsel Fisher Island, die einst den Vanderbilts gehörte und nun auch für den Normalbürger zur Verfügung steht. Unterkunft im Hauptgebäude und in Cottages, die inmitten schöner Gartenanlagen liegen. Golf- und Tennisplätze vorhanden.*

Restaurants

Tap Tap Haitian Restaurant (23), *819 5th St., ☎ 672 2898. Exotische Gerichte aus Haiti. Spezialitäten wie Muscheln mit Maniok oder Garnelen in einer cremigen Kokosnuss-Sauce sind super – alles recht preiswert. Innenarchitektur? Sehr bunt und fröhlich. Sehr beliebt bei Haitianern.*

Joe's Stone Crab (25), *Miami Beach, 11 Washington Ave., ☎ (800) 780 2722, www.joesstonecrab.com. Das Restaurant, seit 1913 existierend, ist für seine Stone Crabs (große Steinkrabben) bekannt, die von Joe's eigener Flotte gebracht werden. Ein Nachteil: Reservierungen werden nicht angenommen, und wenn man sich nicht etwa bis 17.30–18 Uhr da ist, muss man sich in eine immer länger werdende Warteschlange einreihen. Vom 15. Mai bis 15. Oktober geschlossen (da keine Fangzeit für Stone Crabs), sonst täglich geöffnet.*

Blue Door Fish (17), *im Delano Hotel, 1685 Collins Ave., ☎ 674 6400. Sehr elegant, extravagante Gerichte, zum Frühstück, Lunch und Dinner geöffnet. Reservierungen erforderlich, teuer.*

Baires Grill (24), *1116 Lincoln Road, ☎ 538 1116, www.bairesgrill.com. Argentinisches Steakhouse der gehobenen Art. Perfekte Steaks, guter Service, angenehme Atmosphäre.*
Osteria del teatro (15), *1443 Washington Ave, ☎ 538 7850, http://osteriadelteatro miami.com. Kleines, mit viel Engagement und Begeisterung geführtes italienisches Restaurant. Gehobene Preise.*
8 oz. Bar (16), *1080 Alton Rd., ☎ 397 8246, www.8ozburgerbar.com. Hier gibt es gute Burger zu bezahlbaren Preisen – und das Fleisch ist von hormonfrei, von frei laufenden Angus-Rindern. Auch die Cocktails bestehen aus ökologischen Sirups und Kräutern.*
Monty's (22), *300 Alton Road, ☎ 672 1148, www.montyssouthbeach.com. Hier kann man es sich in ungezwungener Atmosphäre bei einem kühlen Bier und Chicken Wings oder einer der Meeresfrüchte-Spezialitäten gut gehen lassen, zudem gibt es frische Austern. Mo–Fr von 16–20 Uhr ist Happy Hour – alle Cocktails zum halben Preis.*

B.E.D. Miami Beach (21): Essen auf Betten und in Schlafgemächern!

Tatsächlich wird das Essen im Bett serviert - doch B.E.D. heißt nicht nur Bed, sondern dahinter stehen die Abkürzungen für **B**everage, **E**ntertainment, **D**ining.
Das originelle Restaurant, in dem man in und auf Betten isst, serviert nur abends (außer Di und So) von 20-23 Uhr Dinner, ist aber bis 5 Uhr morgens geöffnet (bis dahin werden nur Getränke angeboten). Die Küche serviert einen Mix unterschiedlicher Küchen aus aller Welt. Als Nachtisch können Sie sich mit einer Art Tiramisu in Bettenform verwöhnen lassen (Tiremedacama). Hochpreisig!
929 Washington Avenue, Miami Beach, ☎ 532 90 70, www.bedmiami.com

News Cafe (20), *800 Ocean Drive, ☎ 538 6397, www.newscafe.com. Pasta, Pizza, Burger, Salate – das Café ist ein rund um die Uhr geöffnetes „In"-Restaurant. Treffpunkt von Schönheiten, Künstlern – und Besuchern von M. B. Schön zum Gucken!*
YUCA (18), *501 Lincoln Road, ☎ 532 9822, www.yuca.com. Hier erwartet Sie eine sehr kreative kubanische Küche. Fr- und Sa-abend ist im Obergeschoss ein Nachtclub einladend. Beste traditionelle kubanische Gerichte (YUCA = Abkürzung für „Young Upwardly Cuban Americans").*
Gotham Steak, *4441 Collins Ave., ☎ (877) 326 7412. Sehr elegantes Restaurant mit hervorragender Küche (u. a. auch Fisch- und Pastagerichte), Kerzenlicht, natürlich teuer. Im Hotel Fontainebleau (s.o.).*
Pasha's (19), *900 Lincoln Road, ☎ 673 3919, www.pashas.com. In der kleinen Kette (sieben Mal in Miami vertreten) gibt es mediterran/nordafrikanisch angehauchte Kost für die gesundheitsbewussten Bewohner von Miami Beach, ohne Konservierungs- oder Zusatzstoffe. Auch Brunch. Gut und günstig.*
Taste Bakery Café, *900 Alton Rd., ☎ 695 9930. Hier gibt es die besten Muffins – gut und günstig und in zahllosen Sorten wie Karotte-Rosine und Zitrone-Mohn. Dazu guter Kaffee.*
The Dilido Beach Club, *One Lincoln Road, ☎ (786) 276 4000, www.ritzcarlton.com. Restaurant und Lounge direkt am Strand, der allerbeste Platz zum „people-watching". Es gibt leichte Snacks mit Seafood, Salaten und Sandwiches, besonders gut ist das Sorbet.*

Bar/Nachtclubs

Club Deuce Bar, *222 14th St, Miami Beach, ☎ 531 6200. Einer der ältesten Clubs in South Beach, einst wurde er berühmt, weil hier eine Folge von Miami Vice gedreht wurde.*

Auch heute noch gibt es hier gute Cocktails und zahlreiche Biersorten, für Miami Beach moderate Preise.
Rose Bar Hotel Delano, *1685 Collins Avenue, www.delano-hotel.com. Wer gerne schöne Menschen sieht, ist in den Bars der schicken Hotels an der Collins Ave. richtig. In der rosa gehaltenen Bar im Hotel Delano kann man bei einem gepflegten Drink sogar die Lobby sehen.*

Einkaufen

Consign of the Times, *1635 Jefferson Ave./Ecke Lincoln St., Miami Beach, ☏ 535 0811, www.consignofthetimes.com. Einer der besten Läden, um günstige Designer-Ware zu erstehen, von Gucci über Prada bis Dolce&Gabbana kann man hier dem Shopping frönen.*
Brownes & Co., *841 Lincoln Rd., ☏ 538 7544, Miami Beach, www.brownesbeauty.com. In diesem Schönheits-Tempel gibt es alle möglichen Kosmetika aus der ganzen Welt, zudem werden Maniküre, Pediküre und Spa-Anwendungen angeboten. Entspannung pur.*
Miami Life Center, *736 6th Street, ☏ 534 8988, Miami Beach, www.miamilifecenter.com. Im Shop des Miami Life Center gibt es alles, was im weiteren Sinne mit Yoga zu tun hat: von Designer-Yoga-Kleidung über ökologische Yoga-Matten bis zu einer großen Auswahl von CDs und Büchern zum Thema. Des Weiteren werden hier zahlreiche Kurse und Workshops angeboten.*

In Miami und Umgebung gibt es eine Vielzahl gehobener Shopping Malls:
Bayside Marketplace, *s. S. 131*
Mayfair in the Grove *(8/Karte Coconut Grove, S. 155), 3390 Mary St., Coconut Grove.*
Bal Harbour Shops, *9700 Collins Avenue, Bal Harbour, www.balharbourshops.com, mit Edelwaren von Gucci, Cartier, Saks Avenue, Tiffany etc.*
Aventura Mall, *19501 Biscayne Blvd., www.shopaventuramall.com. Alle bekannten amerikanischen Markengeschäfte sind hier zu finden.*
Coco Walk *(9/Karte Coconut Grove, S. 155), 3015 Grand Avenue, Coconut Grove, www.cocowalk.net. Eine schöne Shopping Mall im mediterranen Stil mit Lokalen und Clubs – viel Leben. Mehr als 40 Geschäfte und viel Unterhaltung.*
Zum Einkaufsbummel eignen sich außerdem die vielen kleinen Geschäfte an der Calle Ocho (8th Str.) in **Little Havana** *sowie kleine Lädchen mit Töpferprodukten, Kunsthandwerk-Erzeugnissen usw. in* **Coconut Grove**.

Strände

Man sollte wissen, dass alle Strände in Florida öffentlich sind, aber: die Zugänge hierzu können durchaus privat sein.

Shoppen in Miami

Schöner Strand für alle

In **Miami Beach** *sind dies die Abschnitte zwischen dem 5000er und 7100er Block. Sonst überall breiter Sandstrand, künstlich aufgeschüttet, überall zugänglich.*
Zwischen der 14 St. und der 6. St. *liegt parallel zum Ocean Drive (Art-déco-Gebiet) ein weiterer öffentlicher Strand (Public Beach). Dies ist das Gebiet des Lummus Park, wo es u. a. auch Spielgeräte für Kinder gibt. Ein Teil des Strandes wird von Lebensrettern bewacht.*
Gute und sichere Strandabschnitte *gibt es des Weiteren parallel zur A1A Richtung Norden (Gegend Bal Harbour – Sunny Isles – Golden Beach). Haulover Beach Park in Sunny Isles (nördlich Miami Beach) erlaubt FKK.*
Key Biscayne *(zu erreichen über den Rickenbacker Causeway) und die Bear Cut Bridge (südlich von Miami Downtown, Richtung Seaquarium): Hier liegen sehr beliebte Strände (Bereich Crandon Park, mit Umkleidekabinen, Picknickplätzen etc.). Weiter südlich liegt der Bill Baggs Cape Florida State Park, wo unter Kiefern gegrillt und gepicknickt werden darf (s. S. 141).*
Die wunderschöne Anlage des **Venetian Pool** *in Coral Gables, unbedingt ein Muss (s. S. 137).*

Golf

Golf ist in Florida nicht von solch einem exklusiven Hauch umweht. Der Key Biscayne Golf Links zählt zu den besten öffentlichen Anlagen. Die Golfanlage des Biltmore Hotels ist einen Besuch für die Freunde des grünen Sports wert. Auch lassen viele private Clubs Gäste zu. Manche Hotels haben mit Golfclubs Arrangements getroffen, damit ihre Gäste Golf spielen können – fragen Sie einmal nach. Genaue und aktuelle Informationen erhalten Sie über das Greater Miami Convention and Visitors Bureau (s. S. 150).
Einige öffentlich zugängliche Golfanlagen:
Biltmore, *1210 Anastasia Ave., Coral Gables, ☎ 445 1926, www.biltmorehotel.com/golf.*
Doral Golf Resort & Spa, *4400 N.W. 87th Ave., Miami, ☎ 592 2000, www.doralresort.com.*

Miccosukee Golf & Country Club, *6401 Kendale Lakes Dr., Miami, ☎ 382 3930, www.miccosukee.com.*
Miami Beach Golf Club, *2301 Alton Rd., Miami Beach, ☎ 532 3350, www.miamibeachgolfclub.com.*

Jogging

Besonders beliebt bei den Joggern ist der David Kennedy Park in Coconut Grove (220 S. Bayshore Dr.). Aber auch die Strände sind beliebtes Areal der Jogger.
Weitere Jogging-Gebiete:
Greynolds Park *in Miami, 17530 W. Dixie Hwy.*
Morningside Park, *750 N.E. 55th. St.*
Miami and Tropical Park, *7900 SW. 40th St.*

Rad fahren

Städtische Leihfahrräder; „DecoBikes" stehen an rund 100 grünen und mit Solarenergie betriebenen Stationen im berühmten Art-Déco-Viertel zwischen 1. und 85. Straße bereit. Besonders beliebt sind auch Strecken in Coral Gables, Coconut Grove sowie Key Biscayne. Fragen Sie nach Möglichkeiten des Fahrrad-Verleihs in Ihrem Hotel nach oder schauen Sie in den gelben Seiten des Telefon-Buchs (Yellow Pages) unter dem Stichwort „bike rental" nach. Einige Adressen:
Miami Beach Bicycle Center *(***26***/Karte Miami Beach S. 159), 601 5th Street, ☎ 531 4161 und 674 0150, www.bikemiamibeach.com, Öffnungszeiten: Mo–Sa 10–19, So –17 Uhr.*
Bike & Roll Miami (27), *210 10th Street (Ecke Collins), ☎ 604 0001, www.bikeandroll.com/miami, Öffnungszeiten Mo–Fr 9–17, Sa/So –19 Uhr. Verleih von Fahrrädern und Inline-Skates.*
Key Biscayne Mangrove Cycles, *260 Crandon Blvd., Key Biscayne, ☎ 361 5555, www.key-biscayne.com/mangrove/, Öffnungszeiten Di–So 10–18 Uhr, Mo geschlossen.*
Scooter Super Shop, *900 Washington Ave., Miami Beach, ☎ 673 5121, Verleih von Scootern und Fahrrädern.*

Tipp für Radfahrer

Tipps für Fahrrad-Trails gibt das **Miami Dade County Park and Recreation Department** (☎ 755 78 00, www.miamidade.gov/parks, „Find a Bike Trail"). Hier werden Vorschläge z. B. für „Eco Bike Tours" gemacht. Auf Key Biscayne lässt es sich toll radeln. Oder es gibt den Old Cutler Bike Path, der am Sunset Drive in Coral Gables beginnt und zum Fairchild Tropical Garden führt.

Reiten

Bar-B Ranch, *3500 Peaceful Ridge Road (SW 121 Ave.) Davie, ☎ (954) 424 1060, www.bar-b-ranch.com, ca. 35 km von Miami entfernt.*

Windsurfing

Die meisten Windsurfer findet man entlang dem Rickenbacker Causeway, der vom Festland nach Key Biscayne führt. Verleiher ist u.a.:

Sailboards Miami, *1 Rickenbacker Cswy., ☎ 361 7245, www.sailboardsmiami.com. Öffnungszeiten Fr–Di 11–17 Uhr (Nov.–März 10–18 Uhr), sonst nach Vereinbarung.*

Bootsverleih

Miami Beach Marina, *MacArthur Causeway, 300 Alton Road, South Beach, ☎ 673 6000, www.miamibeachmarina.com: Hier verleihen Firmen Motorboote.*
Viele Bootsverleihe unter: www.sailmiami.com/Boat_rentals/florida.htm.

Bootstouren

Auf der Biscayne Bay können Sie sehr schöne Bootstouren unternehmen, in deren Verlauf Sie nicht nur Blicke auf den interessanten Hafen mit seinen Kreuzfahrtschiffen werfen können, sondern auch auf die Skyline Miamis sowie die Reichen-Siedlungen auf den vorgelagerten Inseln.
Island Queen Cruises, *401 Biscayne Blvd. (Bayside Marketplace), ☎ 379 5119, www.islandqueencruises.com. Die Sightseeing-Touren (Millionaire's Row Cruises, 1½ Stunden) starten stündlich 11–19 Uhr, $ 26, auch andere Touren im Angebot.*

Öffentliche Verkehrsmittel in der Stadt

Das Miami Dade Transit System bietet ausgezeichnete Verbindungen in alle Himmelsrichtungen und zu allen Sehenswürdigkeiten. Es gibt **Metrobus, Metrorail** *und* **Metromover**.

Eine einfache Fahrt mit **Metrobus** *und* **Metrorail** *kostet $ 2, zum Umsteigen braucht man ein Transfer-Ticket für $ 0,50.*

Metro Mover: *Der Metro Mover – manchmal auch als People Mover bezeichnet – ist eine vollautomatisierte Hochbahn, die in zwei Schleifen (3 km) durch die Innenstadt – besser: über die Innenstadt – Miamis führt und sehr schnell und in dichter Fahrfolge die Gebiete nördlich und südlich der Miami Downtown verbindet. An der Government Central Station hat man Anschluss an die Metrorail. Der Metro Mover, 1986 erbaut, fährt und hält vollautomatisch, es gibt keinen Zugführer. Die Bahnhöfe werden von Videokameras überwacht. Die Nutzung des Metro Mover ist* **kostenlos**.
Die Route führt u. a. an dem höchsten Gebäude der Stadt, dem 233 m hohen Southeast Financial Center mit seinen 55 Stockwerken, vorbei. Auch der ehemalige Centrust Tower als zweithöchstes Gebäude mit 179 m Höhe und 47 Stockwerken wird an der Convention Center Station tangiert. Tolle Ausblicke!
Weitere Infos *unter ☎ 770 3131 und www.miamidade.gov/transit/, hier gibt es auch einen Fahrplan zum Runterladen sowie Informationen zu Routen.*

Metro Mover

Taxi

All American Taxi *945 5152*
Metro Taxi *888 88 88*
Central Cab *532 55 55*
Super Yellow Cab *8887777*

Wassertaxi

Mit dem Wassertaxi nach Ft. Lauderdale: Ablegestelle ist der Bayside Marketplace und South Beach (Miami Beach Marina, 300 Alton Rd.). Die Touren finden nur in der Hauptsaison statt, Uhrzeiten und Routen unter ☎ 467 6677, www.watertaxi.com

Mietwagen

Wie überall in den USA sind alle großen und auch z.T. regionale Mietwagenfirmen am Flughafen, in der Innenstadt sowie in Miami Beach vertreten. Kleine, private Firmen vermieten manchmal auch Oldtimer. So ein „Cruising" im alten „Chevy" muss in Miami nicht teuer sein. Die Nummern der Autovermietungen stehen unter „Car Rental" in den Gelben Seiten („Yellow Pages"). Für den allgemeinen Bedarf wendet man sich am besten an eine der großen, unten angegebenen Firmen. Am günstigsten ist es ohnehin, gleich am Flughafen ein Auto zu mieten, da man dort mit einem Shuttlebus kostenlos zu den Vermietungen gefahren wird. Andererseits kann man auch erst am Folgetag ein Auto vom Hotel aus nehmen. Das ist sicherer und auch nicht teurer, man muss dafür zwar das Taxi (ca. $ 25) bezahlen, spart aber einen Tag Mietwagenkosten.
Stationen in der Stadt (auch alle am Flughafen und meist in Downtown und anderen Standorten in der Stadt vertreten):
Hertz, *1619 Alton Road Miami Beach, ☎ (786) 276 1121, www.hertz.com*
Avis, *2318 Collins Ave, South Miami Beach, ☎ (305) 538 4441, www.avis.com*
Budget, *6742 Collins Ave, Miami Beach, ☎ (305) 865-4447, www.budget.com*

Flughafen

Der Miami International Airport liegt ca. 15 Minuten von der Innenstadt und 30 Minuten (ca. 17 km) von Miami Beach entfernt. Taxipreis: bis zur Innenstadt ca. $ 17–20, bis Miami Beach ca. $ 20–25.
Miami International Airport, *☎ 876 7000, www.miami-airport.com*

Züge

AMTRAK-*Bahnhof in 8303 NW 37th Ave., www.amtrak.com (relativ weit von der Innenstadt entfernt).*

Überlandbusse

Es gibt im Großraum Miami drei **Greyhound**-*Terminals (www.greyhound.com):*
Miami Greyhound Station, *4111 NW 27th St., ☎ 871 1810*
North Miami Greyhound Station, *16000 NW 7th Ave, Miami North, ☎ 688 7277*
Miami Cutler Ridge, *American Service Station, 10801 Carribean Blvd., ☎ 296 9072*

4. IN DEN SÜDEN: EVERGLADES NATIONAL PARK UND DIE FLORIDA KEYS

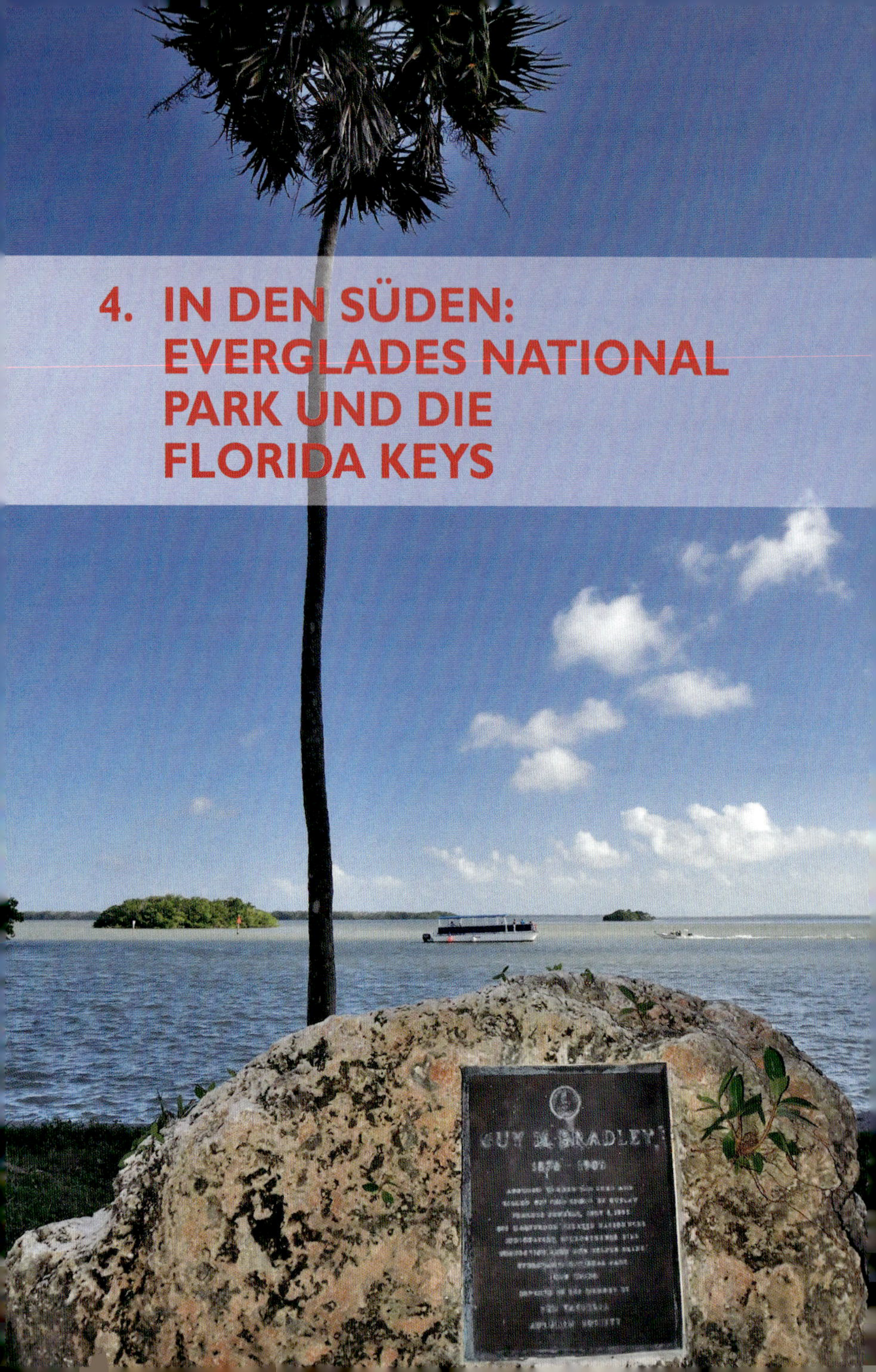

Everglades National Park

Streckenübersicht

Entfernungen vom Parkeingang: 64 km nach Miami, 20 km nach Homestead
Empfohlene Route: US 1 nach Homestead und Florida City, dann die Straße 9336 zum Everglades National Park

Die Landschaft der Everglades mag vielleicht auf den ersten Blick enttäuschen: Das flache Land sowie die tristen Mangrovensümpfe entbehren der lauten, aufsehenerregenden Attraktivität. Vor allem sind diejenigen Besucher enttäuscht, denen die großartigen Landschaftsszenerien des Westens der USA vor Augen schweben.

© graphic

Doch die Everglades sind ein Nationalpark für Kenner, eine Liebe sozusagen auf den zweiten Blick. Ein Eldorado für Ornithologen, ein Paradies für beschauliche Landschaftsgenießer – eine Enttäuschung für den Hastigen. Umso wichtiger sind Vorabinformationen, um Gesehenes besser einordnen und würdigen zu können.

Überblick

Größe und Lage

Der 1947 entstandene Everglades National Park umfasst eine Gesamtfläche von knapp 6.000 km². Der Park grenzt im Norden an das Big Cypress National Preserve und im Bereich des Shark Valley an den Tamiami Trail, die Verbindungsstraße zwischen Miami und Tampa. Im Osten grenzt das Naturschutzgebiet an das Farm- und Siedlungs-

Die Everglades sind ein Paradies für Ornithologen

©graphic

Redaktionstipps

- Mindestens einen Tag Zeit nehmen, um den Nationalpark entlang der **Strecke nach Flamingo** zu erkunden (S. 177)
- **Übernachten:** In **Homestead** oder **Everglades City** (s. S. 197). Im Park selber gibt es zzt. nur Campingplätze.
- Ein 1- bzw. mehrtägiger **Kanutrip** ist der organisierten, z. T. etwas langweiligen Bootstour vorzuziehen; für eintägige Kanutrips ist Flamingo als Ausgangspunkt Everglades City vorzuziehen; Zeit für 2–3 Trails (Lehrpfade) sollte man sich ebenfalls nehmen (S. 178).
- **Was man dabei haben bzw. im Park besorgen sollte**: Mückenschutzmittel, Regenkleidung, einigermaßen wetterfestes Schuhzeug, Fernglas. Für Kanutrips: Lebensmittel, Behälter, Erste-Hilfe-Ausrüstung, eine Decke oder ein Kissen als Sitzunterlage sowie einen Lappen/ Schwamm/ Gefäß, um nach starkem Regen das Boot zu trocknen.

land der Gegend um Homestead. Die Südausläufer umfassen die Florida Bay, also das Gebiet des Golfs von Mexico bis zu den Keys. Die Westgrenze bilden die „Ten Thousand Islands" am Golf von Mexico.

Der Everglades National Park umfasst ein extrem tief liegendes Gebiet mit Höhen von 0–3 m über dem Meeresspiegel. Aus dem Landesinneren, dem Seengebiet Mittelfloridas, führen der Shark River Slough und der Taylor Slough Süßwasser heran. Die Flüsse fließen sehr träge aufgrund des extrem niedrigen Gefälles. Sie sind äußerst flach, ihre kilometerweite Breite ist aufgrund der Graslandschaft, durch die sie ziehen, nur zu erahnen.

Klima

Generell kann man das Klima der Everglades als subtropisch klassifizieren. Die Sommer sind heiß und feucht, Nachmittagsgewitter eher die Regel als die Ausnahme. Nach Gewittern kühlt es sich überraschend stark ab. Die Sommerregengüsse sind gewöhnlich kurz, die Regendauer entspricht im Durchschnitt ca. 2–2 ½ Stunden pro Tag. Im Winter sind die Tage sonnig, trocken und klar (Dezember–April). In diesen Monaten hält sich auch die Mückenplage in Grenzen. Die Klimaübersicht bietet einen genauen Überblick. *Subtropisch*

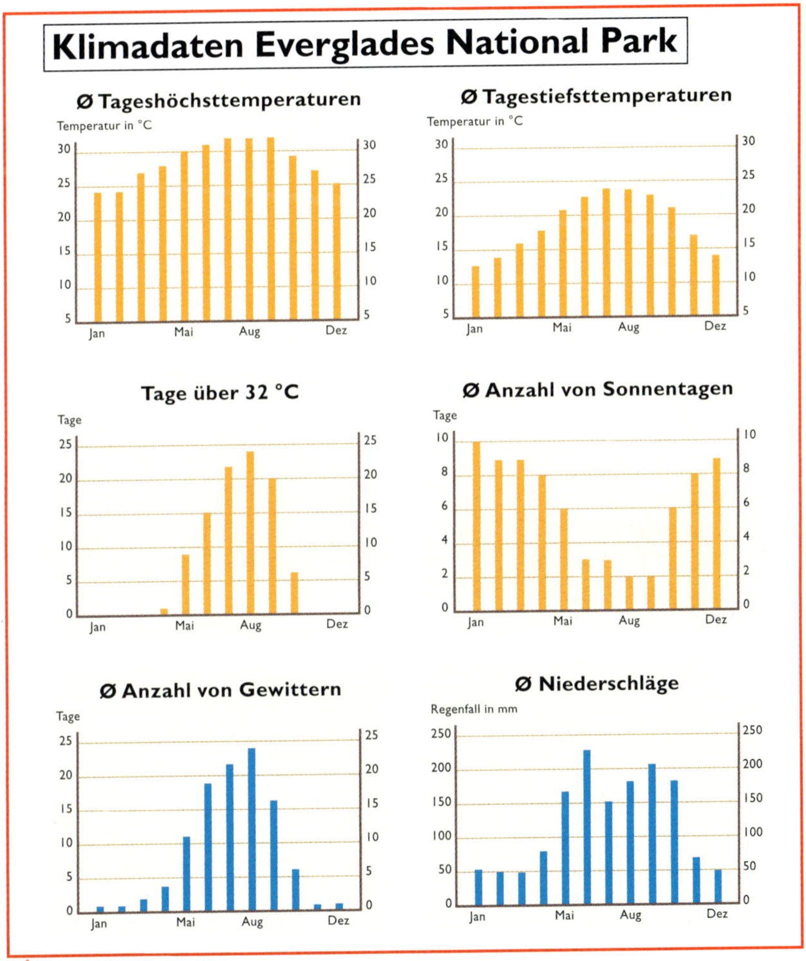

© graphic

Landschaften

Obwohl die Everglades aufgrund ihrer Flachheit ziemlich monoton wirken, weist der Nationalpark doch sehr unterschiedliche Landschaften auf. Allgemein kann man die Everglades als eine Sumpfsteppe bezeichnen, von den Indianern sehr treffend als Grasfluss (*Pa-Hay-Okee*) bezeichnet. Vor dem menschlichen Eingriff bedeckte diese Feuchtregion etwa 1/3 der Gesamtfläche der Halbinsel Florida. Als vor etwa 90 Jahren mit der Entwässerung der Sumpflandschaften begonnen wurde, um neues Agrar- und Siedlungsland zu gewinnen, blieb als karger Rest nur der Süden, das heutige Nationalparkgebiet, übrig.

Grasflüsse

Urweltliche Wildnis

Hier ist – mit Einschränkungen – eine unberührte, schwer zu durchdringende Wildnis erhalten geblieben, Standort vieler tropischer und subtropischer Pflanzen sowie Heimat z.T. vom Aussterben bedrohter Tiere wie dem Puma (*Cougar*), den urweltlichen Manatees (*Seekühe*), dem Aschreiher (*Great White Heroon*), dem Weißkopfseeadler (*Southern Bald Eagle*) sowie dem Amerikanischen Krokodil.

Alle Landschaften der Everglades weisen die **typischen Charakteristika von Feuchtregionen** auf:

- **Zypressensümpfe**: Sie findet man auf den Mergelschichten über den Kalksteinablagerungen.
- **Shark River Slough**: Als *Slough* bezeichnet man aus dem Landesinneren Richtung Florida Bay fließende, breite und flache Süßwasserzuflüsse, gespeist von den zahlreichen Quellen, Flüssen und Seen (vor allem des „Sammlers" Lake Okeechobee).
- **Hammocks**: Als Hammock bezeichnet man die im „Grasfluss" liegenden Bauminseln. Sie liegen gerade wenige Zentimeter über dem Wasser. Auf ihnen wachsen Hartholzbäume, wie z.B. der Mahagoni- oder Gumbo-Limbo-Baum.

Alligator

Typische Sumpflandschaft mit Bauminseln

Hammocks sind von einem Wassergraben umgeben, der so die auf dieser Insel wachsenden Bäume und Pflanzen, und natürlich auch die Tiere, vor Bränden schützt: Faulsäuren werden von dem Hammock ausgeschieden, die wiederum bei Abfließen auf die Außenseite dafür sorgen, dass rund um die Bauminsel das Kalkgestein gelöst wird und auf diese Weise ein Graben entsteht, der auch in trockenen Zeiten mit Wasser gefüllt ist. Man vergleicht gerne einen Hammock mit einer Burg, die von einem Wassergraben umgeben ist.

Bauminseln

Da Hammocks aufgrund der hohen Bäume und der dichten Vegetation sehr schattig sind, halten sie in besonderem Maße Feuchtigkeit. Im Gegensatz zu den Pinelands (Nadelbaum-Gebieten) und Glades (Grasflächen) bleiben sie frostfrei, denn die Fäulnisprozesse der Pflanzen erzeugen Wärme. Die Vegetationsperiode auf den Hammocks umfasst das ganze Jahr.

- **Mangrovensümpfe**: Sie umfassen den südwestlichen Rand der Everglades, also das Mischgebiet von Süß- und Salzwasser, und dienen als natürliche Wellenbrecher. Nicht alle Mangroven vertragen Salzwasser. Die Salzwasser-resistenten Arten sind:

- die Weiße Mangrove (*White Mangrove*),
- die Buttonwoods,
- die Schwarze Mangrove (*Black Mangrove*),
- die Rote Mangrove (*Red Mangrove*).

John Steinbeck nannte einmal Mangroven „Bäume, die niemand liebt". Früher holzte man sie rücksichtslos ab. Doch ihr ökologischer Nutzen ist eindeutig: Sie schützen das Land und halten Boden fest, sie sind eine erstklassige natürliche Pufferzone bei Stürmen und Fluten und sie versorgen mit ihrem entstehenden Kompost Kleintiere, die wiederum Nahrung für Fleischfresser und Raubfische sind.

„Hässlich", doch ökologisch wertvoll

- **Kiefernwälder**: Sie wachsen auf erhöhtem Gelände auf Kalkuntergrund.

Pflanzenwelt

Im Folgenden werden die wichtigsten Pflanzen bzw. Begriffe, die mit diesen Pflanzen zusammenhängen, **alphabetisch** vorgestellt. Zunächst werden die **englischen Bezeichnungen** angegeben, damit man bei den verschiedenen Informationstafeln im Park leichter die nachfolgenden Beschreibungen zuordnen kann. Diese Pflanzen können zum größten Teil am Parkplatz des Visitor Center besichtigt werden.

- **Boston Fern (Boston-Farn).** Dieser Name irritiert, richtiger wäre die Bezeichnung Florida Fern, da dieser Farn nur in Florida beheimatet ist. Zur viktorianischen Zeit diente er als Raumschmuck. Es kam zu seinem Namen, weil Gärtner aus Boston diesen Farn als Boston Fern in alle Welt exportierten.

Floridas Staatsbaum

- **Cabbage Palm (lateinisch: *Sabal palmetto*, Palmenart)** erreicht eine Höhe von bis zu 15 m. Sie ist der Staatsbaum Floridas, da ihre Bedeutung früher außerordentlich hoch war: Die Indianer sowie die ersten Weißen, die nach Florida kamen, genossen ihre Früchte. Die wächsernen Blätter wurden als Dachmaterial, als Kleidung sowie als Matten benutzt.
- **Coco Plum (lat.: *Chrysobalanus icaco*, deutsch: Kokospflaume).** Dieser Baum kann eine Höhe von 10 m erreichen. Die Früchte sind besonders bei Vögeln und Waschbären beliebt. Die Pflanze ist verwandt mit Pfirsichen, Mandeln und Kirschen. Die weißen oder roten Früchte sind im Spätsommer/Frühherbst reif.
- **Coontie (lat.: *Coontie hateka*, deutsch: Weißbrot).** Die Blätter dieser Pflanze ähneln einer Kreuzung zwischen Palme und Farn.

Medizinisch wertvoll

- **Gumbo Limbo (lat.: *Bursera simaruba*, Gruppe der Balsambaumgewächse).** Die Bezeichnung leitet sich aus dem Spanischen „Goma Elemi" ab und wurde in Jamaika zu „Gumbo Limbo" abgewandelt, womit der stark aromatische Balsam bezeichnet wird, der aus der angeritzten Rinde tropft. Charakteristisch sind die Abzweige, an denen 5 bis 7 hell- bis dunkelgrüne Blätter wachsen. Der Gumbo Limbo zählt zu den als Torchwood (Fackelholz) bezeichneten tropischen Gehölzen. Der Baumstamm besitzt eine rote, sich abschälende Rinde. Deswegen nennt man ihn auch *Sunburn* (Sonnenbrand) oder *Tourist Tree* (Touristenbaum).

  Das leichte Holz bricht schnell. Wirtschaftlich bedeutsam ist der Gumbo Limbo als Holzlieferant für Schwimmer und Karussellpferde. Der harzreiche Baumsaft wird u. a. für die Herstellung von Klebstoffen, Lacken sowie in der Pharmazie für Mittel gegen Asthma und Würmer verwertet.
- **Live Oak (lat.: *Quercus virginiana*, deutsch: Eiche)** ist an sich in den gemäßigten Breiten heimisch. Da die graue Rinde rau und rissig ist, finden hier Scheinschmarotzerpflanzen (Epiphyten), die auf anderen Pflanzen wachsen, gute Lebensbedingungen. Die Indianer aßen die Eicheln, die ersten europäischen Siedler nutzten das Eichenmehl als Ersatz für Getreidemehl. Das harte Holz der Live Oaks diente früher zum Bau von Schiffen.

Vorsicht, giftig!

- **Poisonwood (lat.: *Metopium toxiferum*, deutsch: Baumpflanze).** Auch sie ist überall in Florida und der Karibik heimisch und zählt zu den giftigen Efeuarten. Vom giftigen Pflanzensaft werden bei Menschen Hautausschläge hervorgerufen. Poisonwood hat dunkelgrüne, glänzende Blätter mit gelbem Rand. Auf alten Blättern sowie der gesprenkelten Rinde findet man sehr oft dunkle Flecken, die davon zeugen, dass hier Pflanzensaft oxidiert ist. Poisonwood wächst in der Nähe von Pinien und auf Hammocks. Der Baum regeneriert sich schnell nach Bränden.

- **Satin Leaf (lat.: *Chrysophyllum olivforme*, deutsch: Seidenblatt).** Dieser überall in Florida sowie der Karibik vorkommende bis zu 10 m hohe Baum wächst auf den Hammocks. Auf der Unterseite weisen die Blätter eine kupferähnliche Färbung auf. Die olivenartigen Früchte sind wohlschmeckend und eignen sich als Überlebensnahrung. *Überlebensnahrung*
- **Saw Palmetto (lat.: *Serenoa repens*, deutsch: Sägepalme).** Diese Palmenart ist in Florida besonders häufig vertreten. Sie wächst bevorzugt zusammen mit Pinien. Der Name „Sägepalme" rührt von ihren sehr scharfen Zacken am Ende ihrer fächerartigen Blätter. Die Indianer ernährten sich früher von ihren Früchten. *Essbare Früchte*
- **Spanish Stopper (lat.: *Eugenia myrtoides*).** Die Bezeichnung dieser Pflanze ist auf ihre medizinische Wirkung zurückzuführen: Sie stoppt Durchfall.
- **Tetrazygia (lat.: *Tetrazygia bicolor*, deutsch: Wildguave).** Auch diese Pflanze wächst in der Nähe von Pinien und auf Hammocks. Im Frühjahr trägt sie viele Beeren, die bei Vögeln beliebt sind. Die Beeren sind auch für Menschen – zu Gelee verkocht – genießbar (Überlebensnahrung). Ihre Blätter sind dunkelgrün und von der Unterseite silbern schimmernd.
- **Wild Coffee (lat.: *Psychotria undata*, deutsch: Wilder Kaffee).** Die ersten Siedler Floridas rösteten die Samenkörner des Wild Coffee, vermengten sie mit gebrannten Kartoffelschalen und nutzten diese „Mixtur" als Kaffee-Ersatz. Wie der echte Kaffee enthält auch der Wilde Kaffee Koffein in den Bohnen und Blättern. Die Früchte sind rot und ziehen in besonderer Weise Vögel an. *Kaffee-Ersatz*
- **Wild Tamarind (lat.: *Lysiloma*, deutsch: Wilde Tamarinde).** Ursprünglich stammt die Tamarinde aus Asien, kommt aber heute im gesamten Florida sowie der Karibik vor. Die Schatten spendende Pflanze ist auch in Gärten sehr beliebt. Besonders im Herbst besetzen Grasmückenschwärme die Tamarinde, wo sie sich von den vielen Insekten ernähren. Raubvögel verwenden die äußerst weichen Blätter der Tamarinde zur Auspolsterung ihrer Nester.

Ökologische Gefährdungen

Die Everglades, seit 1979 UNESCO-Welterbe, sind ein Spiegelbild der Klima- und Oberflächenverhältnisse Floridas: Den Grundsockel dieser Landschaft bildet Kalkstein, den die Meere durch wiederholte Überflutungen innerhalb von 6 Millionen Jahren abgelagert haben. Es ist ein extrem flaches Gebiet, selten höher über dem Meer gelegen als 1–2 m. Die hohen Niederschläge Floridas, insbesondere in den Sommermonaten, können daher naturgemäß nur langsam abfließen, wobei sie vor dem Eingriff des Menschen große Gebiete überschwemmten. Den breiten Strom, der vom Seengebiet Mittelfloridas (Gegend um Kissimmee) über 320 km in südwestliche Richtung in einer Breite bis zu 110 km „zerfließt", nannten die Indianer „Grasfluss", da er mit durchschnittlich 15 cm „Tiefe" durch die Prärie floss. Der 1.800 km² große Lake Okeechobee diente dabei als natürliches Staubecken, welches nach starken Regenfällen allmählich überfloss und Land unter Wasser setzte. *Flusstiefe: 15 cm!*

Die ersten Menschen, die diese Sumpflandschaft als Siedlungs- und Lebensraum entdeckten, waren die Calusa-Indianer. Das war vor etwa 2.000 Jahren. Als Jäger, Fischer und Sammler gingen die Indianer sanft mit den Naturgegebenheiten um. Sie passten sich den natürlichen Lebensrhythmen an und lebten bevorzugt auf den Hammocks. Doch diese Idylle ist längst vorbei. Ende des vergangenen Jahrhunderts erfasste ein Siedlungsboom Florida, nicht zuletzt ausgelöst durch die neuen Eisenbahnverbindungen. Zwei Din- *Indianer als Erstsiedler*

Gefährdetes Ökosystem

ge brauchten die Menschen: Trinkwasser sowie trockenes Land zum Siedeln und für die Landwirtschaft. 1909 war der Bau des Miami-Kanals, der Miami mit dem Lake Okeechobee verbindet, beendet. Unter Gouverneur *Napoleon Bonaparte Broward* forcierte man große Trockenlegungsprojekte. Auf den dadurch gewonnenen fruchtbaren Torfflächen baute man wie heute Gemüse an.

Austrocknung der Landschaften

Es waren die Jahre der „*Swamp Boomers*", jener Makler, die das gewonnene Land verkauften. Im Eifer nahm man nicht wahr, welche Gefahren lauerten. Jetzt nämlich fehlten Niederschlag aufnehmende Flächen, es gab keinen natürlichen „Schwamm" mehr, der Wasser aufsaugen und langsam abgeben konnte. Fazit: Wann eine verheerende Überschwemmung kommen sollte, war nur noch eine Frage der Zeit. 1926, dann 1928 war es so weit: Verheerende Hurrikan-Regen ließen den Lake Okeechobee überschwappen und setzten große Landflächen unter Wasser. In Trockenzeiten dagegen musste man mit einem anderen Extrem rechnen: Durch die Kanalisierung floss Wasser zu schnell ab und verstärkte Dürren. Trinkwasserbrunnen wurden plötzlich unbrauchbar, weil durch verringerten Grundwasserdruck Richtung Mündung nun das Meer Salzwasser landeinwärts in Trinkwasser führende Schichten drückte.

1947 gab die Natur ein weiteres Alarmsignal: Ein heftiger Hurrikan setzte große Teile des Dade County unter Wasser. Kaum war die Flutkatastrophe überstanden, gründete man den *Central and South Florida Flood Control District*. Diese Behörde verfolgt hauptsächlich drei Ziele:

- den **Schutz** vor Überflutungen;
- die **Sicherstellung** der Wasserversorgung;
- die **Regulierung** des Wasserzuflusses für die Glades.

Wasserschutz-Probleme

Die Versorgung des Nationalparks mit Wasser – dem Zyklus der Jahreszeiten entsprechend – ist allerdings eine Aufgabe, die in der Vergangenheit eher vernachlässigt wurde. Man muss sich vergegenwärtigen, dass der Tamiami Trail (Verbindungsstraße Tampa – Miami) parallel zum Deich 29 gebaut wurde. Dieser verläuft quer zum Shark River Slough. Die Wasserbehörde konnte – je nach Wasserbedarf der Menschen – die Schieber öffnen und schließen. Wenn in bestimmten Jahren die Niederschlagsmenge außergewöhnlich niedrig war, stand an erster Stelle die Versorgung der Menschen und der Industrie – die Everglades gingen dann fast leer aus.

1970/71 war dies der Fall, und die Folge waren verheerende Brände im Nationalpark. Wurde man des Wassers nicht mehr Herr, dann überflutete man sozusagen künstlich die Everglades. Das war beispielsweise 1982/83 der Fall, als man völlig antizyklisch zur natürlichen Trockenzeit den Everglades 3,5-mal mehr Wasser als es von Natur aus der Fall gewesen wäre, zuleitete. Das eingeleitete Wasser war darüber hinaus ausgesprochen stark mit Resten von Dünge- und Pflanzenschutzmitteln angereichert. Auch die Hurrikans Katrina und Wilma 2005 richteten beträchtlichen Schaden an, allerdings eher an den Gebäuden im Park.

Hurrikan-Schäden

Die Parkverwaltung konnte nur noch dem sicheren Niedergang des Naturschutzgebietes entgegensehen. Mitte der 90er-Jahre wurden Initiativen ins Leben gerufen, um die Wiederherstellung des Ökosystems in den Everglades voranzutreiben: der **Comprehensive Everglades Restoration Plan** (CERP, *www.evergladesplan.org*) trat 2000 in Kraft. Er soll rund 11 Milliarden Dollar kosten und ist auf Jahrzehnte angelegt. Hauptanliegen: Entlang den Durchlässen am gesamten Tamiami Trail soll Wasser analog zu den natürlichen Rhythmen der Trocken- und Regenzeiten eingelassen werden, und zwar in ausreichender Menge. Zurzeit kommen nur 20 % der einstigen Wassermengen. Der Staat Florida kaufte teilweise umliegende Gebiete, die nun renaturiert werden sollen. Trotzdem wird es noch einige Jahrzehnte dauern, bis das ökologische Gleichgewicht wieder hergestellt ist.

Entlang der Verbindungsstraße vom Coe Visitor Center nach Flamingo

Ernest F. Coe Visitor Center

Das Besucherzentrum, in dem sich auch das Park Headquarter befindet, liegt direkt am Eingang des Parks, den man über den Palm Drive (State Road 9336) von Homestead erreicht. Hier gibt es alle notwendigen und aktuellen Informationen über den Everglades National Park, Karten und Literatur. Für Fragen zu Campingplätzen in Flamingo, Wanderungen, Kanufahrten etc. stehen die Park-Ranger zur Verfügung.

Informationszentrum

Zur Einstimmung auf die Landschaft trägt der im Auditorium gezeigte Film bei. Hier wird über die Geschichte des Parks ebenso berichtet wie über die wesentlichen Aspekte der spezifischen Fauna und Flora. Am Parkplatz des Visitor Center befindet sich eine Ausstellung, die mit der zu erwartenden Pflanzenwelt vertraut macht. Die nach Flamingo verlaufende Straße ist 61 km lang. Von ihr zweigen kurze Stichstraßen zu interessanten Besichtigungspunkten ab, die man auf kurzen *Trails* (Spazierwegen) erreichen kann. Infotafeln informieren stets über die zu sehenden Pflanzen und Tiere.

Im Folgenden werden die einzelnen Strecken und Haltepunkte auf dem Weg vom Parkeingang bis nach Flamingo vorgestellt. Die entsprechenden Hinweistafeln wurden z.T. übersetzt, damit man an Ort und Stelle den notwendigen Erklärungen leichter folgen kann. Allerdings wiederholen sich die Aussagen einiger Tafeln, da nicht alle Reisenden jeden dieser Haltepunkte aufsuchen.

Royal Palm Area (6 km vom Parkeingang)

Dieser erste Stopp, nach den hier wachsenden majestätischen Palmen benannt, ist Ausgangspunkt zweier sehr interessanter Trails, dem **Anhinga** (ca. 1.200 m lang) und dem **Gumbo Limbo Trail** (ca. 800 m lang). Im kleinen Visitor Center weisen Tafeln und Schaubilder auf die umgebende Natur hin.

Anhinga Trail

Dieser Trail (Anhinga bedeutet Schlangenhalsvogel) führt auf Holzstegen über den *Taylor Slough*. Dem Anhinga fehlen im Gegensatz zu seinen Artgenossen Fettdrüsen, sodass

Auf Stegen geht es durch die Wildnis

seine Federn nicht Wasser abweisend sind. Deshalb aber kann er umso besser unter Wasser tauchen und geschickt Fische mit seinem spitzen Schnabel aufspießen. Aufgetaucht, wirft er sie dann in die Luft, um sie zu verschlingen. Danach kann man den Vogel – nun zufrieden – mit ausgebreitetem Gefieder auf Ästen beobachten.

Als *Slough* bezeichnet man flache Wasseradern, in denen aufgrund der Vertiefungen im Kalkgestein (*Dogger*) auch während der Trockenzeiten Wasser vorhanden ist. Neben dem Shark River Slough ist der Taylor Slough einer der wichtigsten Süßwasser-Lieferanten der Everglades. Aufgrund der hier herrschenden Schwüle wachsen die Pflanzen üppig. Unter der starken Sonneneinstrahlung gedeihen Algen besonders gut. Sie bieten Nahrung für Kleinstlebewesen, u.a. für Mücken.

Mosquito Fish, *Sailfin* und *Mollies* ernähren sich von Mückenlarven und werden ihrerseits wieder von größeren Fischen wie Brassen und Seebarsch gefressen. Brassen und Seebarsche werden wiederum vom *Garfish* gefressen, der wiederum Lieblingsbeute von hier überall vorkommenden Alligatoren ist.

Nur zwei Jahreszeiten!

Im Gegensatz zu den ausgeprägten vier Jahreszeiten der nördlichen Regionen unterscheidet man in den Everglades nur zwei Jahresabschnitte: die Trocken- und die Regenzeit. Die **Sommermonate im Slough**, beginnend mit April, Mai, Juni, führen zur verstärkten Wolkenbildung und zu häufigen starken, von Gewittern begleiteten Regengüssen. Allmählich werden die flachen Grasflächen der Glades überflutet, die Tiere verstreuen sich in der Landschaft und sind nicht mehr auf den Slough als einzige Wasserquelle angewiesen. Deshalb sieht man in den Sommermonaten entlang des Anhinga Trails viel weniger Tiere. Erst wenn im November die Trockenzeit wieder beginnt, konzentrieren sie sich wieder auf den Taylor Slough. Einige Tiere bleiben jedoch hier. In der Sommerzeit baut zum Beispiel der *Cow Alligator* unter Weidenbäumen sein Nest.

Anhinga: Schlangenhalsvogel

Der **Winter** im Slough bedeutet in Florida, dass es kaum regnet und die Temperaturen niedriger sind. Außer dem Slough gibt es in dieser Zeit nur wenige permanente Wasserstellen. An ihnen konzentrieren sich zunehmend die Tiere.

Unterwegs entlang dieses Trails gewinnen Sie einen fantastischen Überblick über Fauna und Flora der Everglades. Vielleicht wartet hier schon der erste Alligator!

Kurze Inhaltsangaben der Informationsschilder

Sharing the water (das Wasser wird geteilt)
Der Alligator wird oft als Ingenieur der Everglades bezeichnet. Er gräbt sich ein Schlammloch ins Kalkgestein, das er mit seiner Schnauze so weit vergrößert, dass ein regelrechtes Wasserbecken entsteht. Der Alligator reißt dabei viel Vegetation heraus, die ohne seine Aktivitäten bald so stark wuchern würde, dass Fische und andere Wasserbewohner nicht mehr existieren könnten.
Das Alligatorenweibchen baut unterdessen mit Hilfe der abgestorbenen Pflanzenreste ein Nest, in das es seine Eier ablegt. Durch die beim Verfaulen der Pflanzen entstehende Wärme reifen die Eier. Die Bausubstanz dieses Nestes - Pflanzenreste sowie angeklebte Erde - ist wiederum ein Mikrolebensraum für Farne und Nährboden für Baumsamen. Allmählich kann sich so ein kleiner Hammock, eine Bauminsel, entwickeln.
Alligatoren lieben Stellen, wo sie das ganze Jahr über genug Wasser und Nahrung haben.

Pond Apple
Dies ist ein tropischer Baum, manchmal auch als Alligator Apple bezeichnet, weil der Alligator, aber auch Schildkröten, die nach Terpentin schmeckenden Früchte lieben. Das Holz

dieses Baumes eignet sich aufgrund seiner Leichtigkeit als Schwimmer für Angeln (der Baum wird deswegen auch manchmal Corkwood (Korkholz) genannt).

Wildlife in the Slough
Der Slough ist ein langsam fließender Kanal, der sich durch die höher gelegenen Grasflächen zieht. Das ist der Lebensraum für:

- den Garfish. Er ernährt sich von kleinen Fischen und wird seinerseits von Alligatoren verspeist. Da der Garfish eine gut entwickelte Lunge hat, vermag er trockene Zeiten zu überleben und ist sogar in der Lage, sehr kurze Zeitspannen ohne Wasser zu verbringen.
- den Anhinga. Der Anhinga wird auch als Schlangenvogel bezeichnet. Anhingas kann man häufig beobachten, wenn sie nach einem Tauchvorgang (sie haben regelrechte Schwimmfüße) aus dem Wasser kommen und sich mit ausgebreitetem Gefieder in der Sonne trocknen lassen.

Airplants (Scheinschmarotzer)
Die an Bäumen wachsenden, ananasähnlichen Pflanzen gehören zur Pflanzengruppe der Epiphyten (griech. epi = auf, phyton = Pflanze). Sie ernähren sich nicht vom Baum, sondern suchen an ihm nur Halt. Ihre Ernährungsgrundlage sind Regenwasser, Luft und Reste von Pflanzen, die sich in den Vertiefungen der Blätter verfangen. Sie bieten Fröschen, Schlangen und Insekten Lebensraum. Auch das Spanische Moos (Spanish Moss), das so malerisch von vielen Baumzweigen in Florida herabhängt, ist wie manche Orchideenart eine Scheinschmarotzerpflanze.

Coco Plums (Kokospflaumen)
wachsen hier in den Everglades, auf den Westindischen Inseln, in Brasilien und Afrika. Die reifen Früchte sind tiefrot und essbar.

Etwas weiter entlang des Trail kann man **Sawgrass** beobachten. Übersetzt bedeutet es „Sägegras". Es bedeckt weite Flächen der Everglades und ist die auf dem Festland am weitesten verbreitete Pflanze. Die Indianer glaubten, dass stets, wenn das Sawgrass blühe, ein Hurrikan käme. Und das ist ja jedes Jahr der Fall. Sawgrass wächst stets auf etwas höherem Gelände, das mal trocken, mal überflutet ist. Weiden dagegen ziehen als Lebensraum die Sumpfgewässer der Sloughs vor. Harthölzer jedoch konzentrieren sich ausschließlich auf die höher gelegenen, stets trockenen Stellen. Geringe Höhenunterschiede definieren also sehr unterschiedliche Pflanzenwelten.

An einer weiteren Tafel wird über die Hauptelemente, die den Naturhaushalt der Everglades bestimmen, informiert:

Ingredients („Zutaten")
Wasser, tropisches Klima, Höhenlage sowie Brände ließen die Everglades sich zu einer unverwechselbar typischen Landschaft Nordamerikas entwickeln. Das Klima ist ganzjährig frostfrei, teilweise feucht und warm, sodass hier Lebewesen sowohl der gemäßigten als auch der tropischen Breiten leben. Schon geringe Höhenunterschiede (wenige Zentimeter genügen) bieten unterschiedlichen Lebensraum für unterschiedliche Tiere und Pflanzen. Selbst die Brände haben eine wichtige ökologische Bedeutung, da durch sie undurchdringliches Dickicht gelichtet wird und so neuen Pflanzen Raum geschaffen wird.

Gumbo Limbo Trail

Der **Gumbo Limbo Trail** führt über eine für die Everglades typische Landschaft, die Hammocks. Dieses Gebiet liegt etwa 30 cm höher als das umgebende Grasland. Auf dem Hammock wachsen Schlingpflanzen und Palmen, hier Royal Palm genannt. Aufgrund der Vegetationsdichte ist ein Hammock vor Tropenstürmen (Hurrikans) sowie vor Frösten sicher. Diese Lebensbedingungen erlauben auch seltenen Tropentieren, hier heimisch zu sein, so der Schneckenart *Liguus Tree Snail* sowie dem Zebraschmetterling, dem *Zebra Butterfly*.

Dieser Trail (800 m) führt auf schattigen Wegen in einen regelrechten Dschungel. Entlang des Weges werden Sie über die Landschaft durch Tafeln informiert, deren Inhalt kurz wiedergegeben werden soll:

Kurze Inhaltsangaben der Informationsschilder

Paradise Key Hammock
Als Hammock bezeichnet man die typischen höher gelegenen Bauminseln, auf denen Harthölzer wachsen. Dieser Hammock galt bis zu seiner Zerstörung durch ein großes Feuer im Jahre 1945 als der schönste.
Hammocks sind Inseln in einem Grasmeer vergleichbar. Zwischen den tropischen Harthölzern ringen andere Pflanzen um Lebensraum: so beispielsweise Scheinschmarotzer, Flechten, Sträucher. Insekten, Reptilien, Säugetiere und Vögel teilen diesen Lebensraum. Die Scheinschmarotzer hängen girlandenartig von Bäumen herunter und fangen so die nötige Feuchtigkeit, Baumsäfte, Staub und Bakterien auf („feed by the wind“).
Etwa 70 % der im Everglades National Park anzutreffenden Pflanzen entstammen dem tropischen Klimabereich, der Rest ist in gemäßigten Breiten heimisch (z.B. die Pinien). Die Blattform und -oberfläche vieler tropischer Pflanzen ist ähnlich: Die Blätter sind oval, haben keine Ränder und eine wachsartige Schicht: So kann Wasser schnell ablaufen, gleichzeitig ist aber das Blatt durch seine Wachsversiegelung bei Trockenheit in besonderer Weise geschützt. Die tropischen Pflanzen wurden ursprünglich durch Winde, Meeresströme oder Vögel zu den Hammocks gebracht. Winde transportierten ebenso wie Meeresströmungen Samenkörner von den Westindischen Inseln zu den Everglades. Auch Vögel brachten am Gefieder klebende Samenkörnchen hierher oder schieden solche mit ihrem Kot aus.
Für Hammocks typisch sind die so genannten **Solution Holes**. Hierbei handelt es sich um Wasserlöcher, die durch Säuren in den Kalkuntergrund gefressen wurden. Man stelle sich vor, dass die Menge der tropischen Pflanzen beim Verwesungsprozess Faulsäuren produziert. Die Faulsäuren lösen allmählich den Kalkstein, an diesen Stellen sammelt sich danach Wasser. In den Löchern finden die Tiere selbst noch in der Trockenzeit genügend Wasser.

Bedrock (Felsuntergrund)
Das Grundgestein Floridas ist eine Kalksteinschicht, die im Verlaufe von Jahrmillionen abgelagert wurde. Mehrmals hat das Meer Florida überflutet und dabei kalkige Ablagerungen von Meerestieren hinterlassen, die sich zu den Kalksteinschichten verdichteten. Kalkstein ist stets sehr porös und deshalb extrem wasserdurchlässig.

Pflanzenwelt

Strangler Fig (Würgefeige)
Sie ist ein interessanter Scheinschmarotzer. Ihre Samen beginnen, in den Rissen der Rinde anderer Bäume aufzugehen. Allmählich umschlingt die Pflanze den „Wirtsbaum". Die Feigenwurzeln werden immer dicker und stärker und klammern sich schließlich so stark am Baumstamm fest, dass sie den Baum am Weiterwachstum hindern und zum Schluss regelrecht erwürgen.

Mit „Sonnenbrand": Gumbo Limbo

Gumbo Limbo
Dieser Gummibaum gab dem Trail seinen Namen. Aufgrund seiner sich abschälenden roten Rinde wird er auch als „Sunburn Tree" bzw. als „Touristenbaum" (wegen der Sonnenbrände) bezeichnet.
Nützlich ist dieser Baum vor allem wegen seines Harzes, das sich für Heilsalben eignet. Die Indianer benutzten es als Holzschutzmittel für ihre Kanus. Dieses Baumharz ist auch als Gegenmittel bei Hautreizungen, die die Berührung mit Poisonwood (Giftbäumen) hervorrufen, geeignet.

Recycling
Diese Tafel informiert über den Nährstoffkreislauf von Wäldern der gemäßigten und tropischen Breiten.
Im Norden der Vereinigten Staaten wachsen Harthölzer auf tiefgründigen Böden, d.h. die nährstoffhaltige Bodenschicht ist dick, sodass die Bäume auch tiefe Wurzeln treiben können.
Typisch für tropische Zonen sind flachgründige Böden, d.h. ihre Nährstoffschicht ist äußerst dünn, sodass die tropischen Bäume gezwungen sind, sehr flache Wurzeln anzulegen, um möglichst viel an Nährstoffen zu erhalten. Werden diese Bäume groß, so können sie besonders leicht Opfer von Stürmen werden, da sie nicht den nötigen Halt besitzen.

Palms (Palmen)
Alleine 6 der 14 in den Vereinigten Staaten heimischen Palmenarten wachsen in den Everglades. Die Royal Palm – Königspalme – erreicht Höhen von 30 m und ein Alter von bis zu 100 Jahren. Ihre Blätter können über 4 m lang werden.

Long Pine Key (9 km vom Parkeingang)

Nur wenige Kilometer hinter der Royal Palm Area zweigt man in Richtung Flamingo nach links zum Long Pine Key ab. Das Gebiet liegt inmitten von Pinienwäldern. Überhaupt gedeihen hier, da es trockener ist, etwa 200 verschiedene Nadelgewächse, 30 davon sind sogar endemisch, d.h., sie kommen nur hier vor. Während der Wintermonate gibt es Vorträge von Parkrangern am Lagerfeuer, zudem gibt es 108 Campingplätze (Infos s. S. 197).

Pinelands (11 km vom Parkeingang)

Der hier angelegte Trail ist insgesamt 1,2 km lang und windet sich durch die Pinienlandschaft. Auch hier geben Informationstafeln die nötigen Erläuterungen:

Kurze Inhaltsangaben der Informationsschilder

Fire
Schon immer war Feuer ein wichtiges natürliches Gestaltungselement der Everglades-Landschaft. Früher griff der Mensch nicht ein, sodass sich die Feuer unkontrolliert in den Pinienwäldern und der Sawgrass-Prärie ausbreiten konnten. Diese Brände verhinderten ein häufigeres Wachsen von Hartholzbäumen.

Bis vor einigen Jahren verfolgte man das Ziel, Feuer möglichst sofort zu löschen. Dadurch allerdings konnten sich sehr schnell Büsche und Gestrüpp entwickeln - neue Nahrung für ein neues Feuer. Die Gefahr von Bränden nahm vor allem durch die Maßnahmen der Wasserregulierung zu, die die Everglades von dem natürlichen Wasserzufluss teilweise abschnitt. Die nun entstandenen Brände waren von den Folgen her verheerender als früher, da sie die fruchtbaren Humusschichten angriffen und verglühten. Um dies zu verhindern, hat der National Park Service ein Programm entwickelt, welches regelmäßige, kontrollierte Brände des Pine Forest sowie der Sawgrass-Prärie vorsieht.

Pinnackle Rock (14 km vom Parkeingang)

Ein kurzer Weg macht mit dem typischen Untergrundgestein, das für den größten Teil Südfloridas typisch ist, vertraut. Diese hier als *Oolitic Limestone* bezeichneten Kalkgesteine wurden vor etwa 5 Millionen Jahren abgelagert, als Florida von einem flachen Meer überflutet war. Dieser Kalkstein bildete sich aus der Ablagerung von Muscheln und anderen Skeletten von Meerestieren. Über dem Kalkstein entstand allmählich eine dünne fruchtbare Schicht aus verwittertem Pflanzenmaterial. Die Kalksteinschicht kann man mit einem porösen Schwamm vergleichen, der Wasser speichert. In der Tat sind diese Gesteinsschichten die Wasserlieferanten für Südfloridas Trink- und Bewässerungswasser.

Wasserspeicher

„Pinnackle Rock" heißt wörtlich übersetzt „Steinspitze": z.T. bildet der schnell verwitternde Kalkstein regelrechte Steinzacken, die bizarre Formen aufweisen.

Rock Reef Pass (19 km vom Parkeingang)

Pass mit 0,9 m Höhe

An diesem Pass erreicht man die „atemberaubende" Höhe von 0,9 m über dem Meeresspiegel. Diese Erhöhung besteht wie die Umgebung aus Kalkgestein, das insgesamt widerstandsfähiger gegen die Kräfte der Erosion ist. Wenn man diese Straße befährt, wird einem diese Stelle wohl nicht als Pass bewusst werden. Doch aus der Vogelperspektive betrachtet wird deutlich, dass sich entlang des Rock Reef Bäume und Hammocks häufen.

Hier in der Nähe wachsen auch die **Dwarf Cypress** (Zwergzypressen). Ihr Lebensraum sind sehr flache, wenig wasserreiche und nährstoffarme Mulden.

Pa-Hay-Okee (20 km vom Parkeingang)

Dieser kurze Trail führt nach 200 m zu einer höher gelegenen Aussichtsplattform. Hier kann man den „Grasfluss" weit überblicken. Informationstafeln erläutern die Natur.

Kurze Inhaltsangaben der Informationsschilder

Tree Island
Hierbei handelt es sich um die schon erwähnten Hammocks, d.h. Bauminseln, Heimat der Hartholzgewächse.

Water (Wasser)
Bevor der Mensch den floridianischen Naturhaushalt durch Kanäle und Staudämme „zügelte", floss ungehindert das Wasser des Lake Okeechobee als 80 km breiter und nur 20-30 cm „tiefer" Fluss zu den Everglades. Dieses Süßwasser vermengt sich allmählich mit dem salzigen Meerwasser der Florida-Bucht. Ein Problem stellen die mittlerweile installierten Schleusen für den Durchfluss des Wassers entlang des Tamiami Trail dar (siehe Kapitel „Ökologische Gefährdungen").

Mahagony Hammock (31 km vom Parkeingang)

Viele wurden gefällt

Früher waren Mahagonibäume wesentlich stärker in den Everglades verbreitet, doch man fällte sie, bevor die Landschaft zum Nationalpark erklärt wurde. Obwohl sich nun die Informationen wiederholen, hier kurz den Inhalt der englischsprachigen Tafeln:

Kurze Inhaltsangaben der Informationsschilder

A Sheltered Island (eine geschützte Insel)
So kann man Hammocks umschreiben. Sie wissen ja bereits, dass Hammocks frostfrei und im Gegensatz zu den Pinelands (Nadelbaumgebieten) und Glades (Grasebenen) vor Feuer geschützt sind. Diesen Feuerschutz bewirken vor allem zwei Faktoren:

- der hier herrschende Schatten und damit größere gespeicherte Feuchtigkeit;

- der natürlich entstandene Wassergraben (Faulsäuren der abgestorbenen Pflanzen haben das Kalkgestein vertieft – hier sammelt sich Wasser, sodass ein natürlicher Wasserschutzgraben entsteht). Nur wenn die Trockenzeit extrem lang wird, trocknen diese Gräben aus und setzen den Hammock der Gefahr eines Brandes aus.

Hammocks and other Forests (Hammocks und andere Wälder)
Hier wird ein Vergleich der Hammocks mit den Wäldern gemäßigter Breiten angestellt. Im Wald der gemäßigten Breiten ist die Wachstumszeit durch Frost begrenzt. Die Hammocks im Everglades National Park dagegen haben eine ganzjährige Wachstumsperiode, bestehen aus tropischen Bäumen und Pflanzen und sind quasi vor Bränden geschützt.
Der Mahagoniwald, den Sie hier betreten, ist erst seit 1959 zugänglich. Mahagonibäume besitzen einen raffinierten Selbstschutz: Sie verlieren ihre Blätter im Verlauf lang andauernder Dürreperioden, um sich so effektiver vor lebensbedrohendem Flüssigkeitsverlust zu schützen. Früher war dieser Mahagoni-Hammock viel dichter von Mahagonibäumen bestanden, die anderen Pflanzen unter ihrem dichten, schattigen Blätterdach keine Existenzmöglichkeiten ließen. Im Jahre 1960 raste der Hurrikan Donna mit fast 290 km/h über diese Landschaft hinweg und stürzte so manchen Baumriesen um. Damit war Raum geschaffen für andere Pflanzen.

In diesem Mahagoni-Hammock finden Sie außerdem den Ihnen schon bekannten Gumbo Limbo Tree vor.

Mangrove Zone

Auf dem weiteren Verlauf der Straße nach Flamingo gibt es Informationen zu den Mangroven:

Kurze Inhaltsangaben der Informationsschilder

Mangroven wachsen im brackigen Wasser und haben stelzenartige Wurzeln. „Niemand liebt Mangroven", schrieb einmal John Steinbeck, doch diese so melancholisch-unattraktiv wirkenden Bäume, die sich entlang der Vermischungszone von Süß- und Salzwasser zu wahren Wäldern und Dickichten formieren, sind ein besonders guter Nahrungsraum für Garnelen und anderes Meeresgetier. Die Nährstoffe stammen von den vielen unterschiedlichen Pflanzen des Everglades-Gebietes.

Paurotis Pond (39 km vom Parkeingang)

Die Hinweistafel weiß von einer Räubergeschichte zu berichten:

Kurze Inhaltsangaben der Informationsschilder

Auf einem in der Nähe befindlichen Hammock hatte eine Bande eine Whiskey-Brennerei gebaut. Ihre Erzeugnisse mit dem Markennamen „Cape Sable Shine" bzw. „Aquadent" transportierten sie mit Booten bis an die Straße. Drei Mitglieder dieser Bande gerieten einst auf der Straße an Gesetzeshüter. Sie kamen bei der Schießerei um.

Mangrovenwald

Nine Mile Pond (42 km vom Parkeingang)

In diesem Teich leben u.a. Alligatoren, Wasserschildkröten *(Terrapins)*, Wasserschlangen *(Water Snakes)*, Waschbären *(Raccoons)*. In diesem Teich vermengt sich Süßwasser mit Salzwasser.

West Lake (49 km vom Parkeingang)

Direkt am Parkplatz befindet sich eine kleine Ausstellung, hier beginnt auch der kurze Mangrove Trail durch den Mangrovensumpf. Tafeln informieren über die Welt der Mangroven:

Kurze Inhaltsangaben der Informationsschilder

Dwellers of the Mangrove (Bewohner der Mangroven)
Das Mangrovendickicht bietet vielen Lebewesen ideale Lebensbedingungen, so der Tree Oyster (Auster), dem Panther, der Barred Owl (Eule), dem Raccoon (Waschbär), der Water Snake (Wasserschlange), der Diamond Back Rattlesnake (Klapperschlange), der Fiddler Crab (Krabbe), dem Bobcat (Amerikanischer Luchs) sowie dem Marsh Rabbit (Kaninchen).

The Mangrove Forests (die Mangrovenwälder)
Mangroven helfen, Land aufzubauen. Ihre stelzenartigen Wurzeln halten Schlamm und Erde gut fest.

The Mangrove Trail (400 m lang)

Dieser Pfad führt durch einen Mangrovenwald, der insbesondere durch den Hurrikan Donna im September 1960 stark zerstört wurde. Dieser Hurrikan fegte mit fast 290 km/h über Südflorida hinweg und sorgte für über 3,5 m hohe Wellen. Doch Mangroven sind an diese „Schicksalsschläge" angepasst: Genau zur Hurrikan-Saison, also im September, sind ihre Samen reif, die der Wind dann verstreut.

Hurrikane sorgen auch dafür, dass salzhaltiger Schlamm landeinwärts transportiert wird. Das verändert die Lebensbedingungen der Pflanzen. Generell vertragen Mangroven Salz, jedoch in unterschiedlicher Konzentration.

Vier Mangrovenarten sind hier im Everglades National Park vertreten:
① **Buttonwood Tree:** Diese Mangrovenart wächst nur an etwas höher gelegenen Stellen, an denen Niederschlagswasser das Salz aus dem Boden ziemlich auswäscht.
② **White Mangrove:** Das gleiche gilt für diese Mangrovenart.
③ **Black Mangrove:** Diese Mangrovenart wächst in den tiefer liegenden Gebieten, die von Ebbe und Flut erfasst werden.
④ **Red Mangroves:** Das gleiche gilt für diese Mangrovenart.

Für den **Nährstoffhaushalt von Mangrovenregionen** sind folgende Prozesse kennzeichnend:

Nahrungskette in Mangrovenregionen

Langsam werden abgestorbene Baumteile von Ameisen und Käfern zersetzt. Diese Kleintiere sind wiederum Beute von Fröschen und Eidechsen, für die sich ihrerseits Schlangen interessieren. Bussarde halten wiederum Ausschau nach den Schlangen – ein immer währender Kreislauf. Mangroven scheiden aus ihren Wurzeln „Tannic Acid" (Gerbsäure) aus, die das Wasser tiefrot färbt. Der Verwesungsprozess der Pflanzen sorgt für einen Geruch nach faulen Eiern: Das rührt her von dem dabei entstehenden Schwefelwasserstoff.

Schnecken und Krabben zersetzen allmählich die Blätter. Schimmelpilze und Bakterien fördern den Fäulnisprozess. Sie verdreifachen in diesem Mangrovenblätterkompost den ursprünglichen Proteingehalt. Von diesem Kompost ernähren sich Kleintiere, die Beute von Fleischfressern und Raubfischen sind.

Ein interessanter Zahlenvergleich macht uns deutlich, wie kompliziert und mit welchem Aufwand die **Nahrungskette** funktioniert:

Für die Erzeugung von 0,1 Pound menschlichen Fleisches
(1 Pound = 0,453 kg) **werden benötigt:**
- 1 Pound Seebarschfilet.
- Dazu werden wiederum 100 Pounds kleiner Fische benötigt.
- Diese brauchen 1.000 Pounds an Pflanzenteilchen, Plankton sowie Mangrovenkompost.
- Dazu sind Grundvoraussetzung: sauberes Wasser, Sonne, natürlicher Süßwasserzufluss sowie geschützte Meeresarme.

Birds of Mrazek Pond

Dieses Gebiet ist ein Paradies für Ornithologen. In der feuchten, sommerlichen Jahreszeit gibt es hier weniger Vögel als in der trockenen, winterlichen Zeit.

Coot Bay Pond

Die hier angebrachte Informationstafel fasst die Unterschiede zwischen Alligatoren und Krokodilen zusammen:

Informationen zu Alligatoren und Krokodilen in Florida

info

Während Alligatoren überall im Everglades National Park vorkommen, lebt die wesentlich kleinere Anzahl an scheuen Amerikanischen Krokodilen im nordöstlichen Gebiet der Florida Bay. Alligatoren und Krokodile sind etwa gleich groß. Das Krokodil hat eine schmalere Schnauze, ist heller und hat ein anderes Gebiss. Der Alligator zieht Süßwasser, das Krokodil Salzwasser vor.

Die Bezeichnung „Alligator" leitet sich aus dem Spanischen ab: „el lagarto" bedeutet „die Eidechse". Alligatoren kommen im Süden der USA, aber auch in China vor. Sie gehören biologisch zur Gruppe der Panzerechsen. Der Florida-Alligator wird als „Alligator mississippiensis" bezeichnet und bis zu 5 m lang. Im südöstlichen Teil der USA leben heute etwa 1,75-2 Millionen Alligatoren. Sie stehen seit Jahrzehnten unter Naturschutz und haben sich entsprechend vermehrt. Indirekt ist der Mensch weiterhin ihr Feind: Zwar tötet er Alligatoren nicht mehr, dafür aber engt er immer mehr den Lebensraum dieser Tiere ein, indem er Gebiete entwässert und zu Farmland „kultiviert".

Im Ökosystem der Everglades ist der Alligator sehr wichtig: Er gräbt große, tiefe Löcher in den Boden, so genannte „Wollows". Diese Wollows fangen Regenwasser auf und halten es auch in der Trockenzeit. Für Tiere sind diese Wasserstellen in der Trockenzeit überlebenswichtig.

Der weibliche Alligator legt seine Eier in ein Nest aus Schlamm und Blättern. Aus den Eiern schlüpfen die Jungen, die etwa 10-15 cm lang sind. Nur etwa 10 % der Brut überleben: Die meisten werden von Vögeln, Ottern oder Schildkröten gefressen. Feind Nr. 1 sind aber die männlichen Alligatoren, die das ganze Nest plündern und auffressen. Etwa ein Jahr lang werden die Jungen von der Mutter beschützt - und das total. Vorsicht besonders in den Monaten Mai und Juni sowie August und September, wenn die Mütter über ihre Eier wachen. In der Trockenzeit (Wintermonate) fressen Alligatoren im Allgemeinen nicht. Ihr Herzschlag geht auf 1-2 Schläge pro 2 Minuten zurück. Deshalb kann der Alligator in dieser Zeit für mehrere Stunden unter Wasser ohne Luft überleben.

Alligatoren werden etwa 25-35 Jahre alt. Man findet sie heute in allen Gebieten Floridas. Flüsse, Seen, Kanäle und sogar die Gewässer auf den Golfplätzen sind Alligatorenlebensräume. Mittlerweile dürfen Alligatoren von lizenzierten Jägern geschossen werden: Das Alligatorensteak, das Sie vielleicht manchmal in Restaurants angeboten bekommen, ist damit absolut legal. Alligatoren sind relativ gute Kletterer: Sie können - wenn sie etwas interessiert - über Zäune und Mauern kriechen und sogar springen: Ein knapp 2 Meter langer Alligator kann fast seine Körperlänge hoch springen.

Wie gefährlich sind Alligatoren?

Die Furcht einflößenden Tiere meiden von Natur aus den Kontakt mit Menschen. Geräusche sowie das Nähern von Menschen mögen sie nicht. Gefährlich wird es, wenn Alligatoren von Menschen gefüttert werden. Dann identifiziert der Alligator den Menschen als Nahrungsquelle - sicherlich kein angenehmes Gefühl. Selbstverständlich ist deshalb das Füttern von Alligatoren gesetzlich verboten (500 US$ Strafe und/oder 60 Tage ins Gefängnis...). Wenn man die trägen Tiere im Wasser sieht, kann man sich kaum vorstellen, dass sie auf kurzen Distanzen auf dem Lande sehr schnell laufen können, indem sie ihre Flossenbeine heben.

Die meisten Unfälle mit Alligatoren passieren im Wasser, wenn Menschen baden. Alligatoren sind dann vom Planschgeräusch angezogen. Seit 1948 zählt man 25 Tote durch Angriffe. Durch immer stärkere Besiedlung, aber auch während der Trockenperioden, wagen sich die an sich scheuen Tiere immer mehr in besiedelte Regionen vor.

Weitere interessante Fakten zum „Gator“:

- Der größte jemals erlegte Alligator maß 5,3 m, 1956 am Lake Apopka.
- Männliche und weibliche Alligatoren kann man äußerlich nicht unterscheiden, sie haben die gleiche Farbe.
- Zur Nachahmung nicht empfohlen: Das Maul selbst eines erwachsenen Alligators kann man ohne weiteres geschlossen halten, indem man die Kiefer zusammenpresst.
- Alligatoren fressen zumeist an ruhigen Tagen, das Wasser muss mindestens 73 Grad Fahrenheit aufweisen.

Flamingo (61 km vom Parkeingang)

Flamingo, ursprünglich ein kleines Fischerdorf, wurde nach dem Spoonbill (Rosa Löffler), der dem Flamingo ähnelt, so benannt. Hier befinden ein Campingplatz, ein Geschäft für Andenken und Lebensmittel (Grundversorgung), ein Fahrradverleih sowie eine Tankstelle. Am Hafen werden Kanus und Boote ausgeliehen, von hier aus legen auch die Ausflugsschiffe ab.

Hinweis

Seit den Hurrikans Wilma und Katrina 2005 gibt es nur noch Campingmöglichkeiten in Flamingo, keine Lodge und kein Restaurant. Ein Wiederaufbau ist zzt. nicht geplant.

Das **Visitor Center** informiert über die Natur der Everglades, insbesondere über Hurrikans und die Pflanzenwelt der Everglades.

Die Marina von Flamingo

Kanuwanderungen

Eine der besten Möglichkeiten, die wahre Natur der Everglades zu entdecken, bieten Kanutrips. Die Kanu-Trails sind klar beschildert, während der Fahrt sollte man nur auf die Zeichen achten. Wenn man kein Kanuprofi ist, mag als Einstieg ein Tagestrip vorerst genügen.

Bei allen Tagestrips muss man sich am Beginn des Kanu-Trails (Trail Head) eintragen. Möchte man unterwegs übernachten (Zelt muss man selbst mitnehmen), dann benötigt man ein Backcountry Use Permit (s. S. 197). Diese Registrierung schützt den einsamen Camper, sorgt aber auch dafür, dass nur eine begrenzte Zahl an Besuchern die Wildnis aufsucht, sodass der Besucher auf jeden Fall die Gewähr hat, unberührte Natur zu erleben.

Hinweis

Für einen (Tages-)Kanutrip sollte man mitnehmen:

- **Mückenschutz** und **Sonnenschutzmittel**;
- genügend zu **essen** und zu **trinken**;
- eine Decke oder ein Kissen als **Sitzunterlage**;
- je nach Jahreszeit guten **Regenschutz**;
- **Lappen/Schwamm/Gefäß**, um nach starkem Regenfall das Boot zu trocknen;
- **Fernglas/Kamera** (in Schutzbeutel einpacken).

In der Zeit von Februar bis Mai sind manche Strecken nicht befahrbar, da dann der Wasserstand zu niedrig ist. **Informationen über den Wasserstand** der einzelnen

Trails erhält man in der Flamingo Ranger-Station oder beim Kanuverleih der Flamingo Marina.

Trotz der guten Ausschilderungen der Kanu-Trails sollte man sehr sorgfältig auf die Trail-Zeichen unterwegs achten, da man sich in der Wasserwildnis leicht verirren kann. Ebenso beachten sollte man, dass Alligatoren stärker sind… also Augen auf!

Einer der Tages-Trips ist **Hells Bay**: An der Parkstraße zwischen Nine Mile Pond und West Lake gelegen; insgesamt 12 km lang mit Übernachtungsmöglichkeiten unterwegs und in Hells Bay (Zeltplätze, sind markiert). Zudem gibt es den Nine Mile Pond Canoe Trail und die **Gulf Coast Canoe Trails**. Aktuelle Infos über Zustand und Zugänglichkeit unter www.nps.gov/ever/planyourvisit/trailguides.htm.

Eine besondere Spezialität für Naturfreunde und kanuerfahrene Besucher ist der von Flamingo nach Everglades City führende

Wilderness Waterway

Traumhafter Kanu-Trail

Dieser Kanu-Trail führt in die absolute Wildnis der Everglades und verbindet auf seinen 99 Meilen Everglades City mit Flamingo. Entlang des Trail gibt es Möglichkeiten, sein Zelt aufzuschlagen, allerdings gibt es hier nirgends Frischwasser oder gar Elektrizität. Der Wasserweg führt zunächst durch die Whitewater Bay, folgt dann dem Oberlauf des Shark River, führt über den Harney River an die Küste, dann weiter stromaufwärts dem Broad River folgend landeinwärts. Als Gesamtzeit muss man 1 Woche ansetzen.

i Informationen zum Wilderness Waterway

Reisezeit: *Die beste Reisezeit sind die Monate November bis Ende März. Die Temperaturen sind dann nicht hoch, ebenso regnet es praktisch nie. Auch die Moskitoplage hält*

sich in dieser Zeit in Grenzen. Im Sommer ist von einer Kanutour abzuraten, da sehr häufig heftige Gewitter niedergehen.
Voraussetzungen: *Man sollte über eine gute Kondition sowie gute Karten- und Navigationskenntnisse verfügen. Der Weg ist zwar mit roten Pfählen markiert, trotzdem kann man sich in dieser Wildnis leicht verirren.*
Kanumiete und Ausrüstung: *In Everglades City sowie Flamingo ist das Anmieten von Kanus möglich. Man sollte einen guten Kompass mitführen. Das Zelt sollte auch ohne Heringe stehen, da man z.T. auf Holzplattformen übernachtet. Außerdem braucht man Detailkarten, Erste-Hilfe-Ausrüstung, einen leichten Schlafsack, Taschenlampe, Gaskocher, Kochgeschirr und Besteck, Sonnenschutz, Moskitomittel aller Art, wasserdichte Kleidung und wasserdichte Packsäcke. Die Nahrungsmittel sowie das Trinkwasser müssen für den gesamten Kanutrip mitgenommen werden. Wasserbedarf pro Tag ca. 4 Liter pro Person.*
Erlaubnis: *Der Kanutrip muss beim Ranger angemeldet und ein genauer Terminplan vorgelegt werden. Die Zahl der erlaubten Kanuten ist begrenzt (wer zuerst kommt, darf zuerst fahren). Ausführliche Infos auf der www.nps.gov/ever.*

Parkeingang bei Chekika

Nördlich vom Haupteingang liegt **Chekika** *(24200 SW 160th St, ☏ (305) 242 7700)*. Der Eingang ist wegen der Überflutung in der Regenzeit aber nur vom **1. Dez.–30. April geöffnet** (Sonnenauf- bis Sonnenuntergang). Den Rest des Jahres ist er geschlossen. Hier gibt es einen Picknickplatz und einen kurzen Wanderweg durch einen Hammock.

Tram-Tour am Shark Valley

An der nördlichen Parkgrenze, entlang des Tamiami Trail (US 41, Verbindung Tampa – Miami) führt eine Abzweigung ins Shark Valley. Die genau nach Süden verlaufende 24 km lange Straße ist allerdings für den **individuellen Autoverkehr gesperrt**, kann aber zum Wandern und Radfahren (**Fahrradverleih**, $ 7,50 pro Stunde) benutzt werden. Entlang dieser Straße verkehrt die **Wildlife Viewing Tram Tour**. An ihrem südlichen Wendepunkt befindet sich ein Beobachtungsturm. An diesem Observation Tower wird während der Tour ein ca. 15-minütiger Stopp eingelegt.
Shark Valley Tram Tours, *☏ (305) 221 8455, www.sharkvalleytramtours.com, Dauer: ca. 2 Stunden, Ende Dez.–April stündlich von 9–16 Uhr, sonst 9.30/11/13/15 Uhr, $ 18,25.*

Miccosukee Indian Village

„Touri-Rummel"

Das „Indianerdorf", leider längst zu einer typisch amerikanischen Touristenstätte degradiert, ist mittlerweile eher weniger an der Vermittlung indianischer Kultur als vielmehr an der Einnahme der Besucherdollars interessiert, insofern nur sehr bedingt zu empfehlen. Mittlerweile entstand sogar das **Miccosukee Resort & Gaming** *(500 S.W. 177th Avenue, Miami, www.miccosukeeresort.com)*, ein Casinohotel an den westlichen Ausläufern von Miami. Geschäftstüchtigkeit also ist angesagt und weniger die kulturellen Eindrücke…

Schon lange bevor man das Village erreicht, kündigen große Reklameschilder das Ereignis an. Der Miccosukee-Indianerstamm (Micco bedeutet „Häuptling") betrachtet dieses Gebiet als seine Heimat. Im Museum werden Kleidungsstücke, Kochgegenstände, Spiele und andere Artikel ausgestellt, und ein kleiner Teil eines Familiendorfes ist nachgeahmt. Außerdem gibt es einen kurzen Film über die Geschichte der Miccosukee sowie Schaustücke aus der Pflanzen- und Tierwelt der Everglades. Hauptattraktion sind die „Kämpfe" mit Alligatoren.

Der Alligator muss wresteln, ob er will oder nicht

Auf der anderen Seite der Überlandstraße werden Fahrten mit dem Luftkissenboot angeboten. Mit einem Propellerboot (**Air Boat**) kann man eine Fahrt (15 Minuten) zu einem „Secluded Miccosukee Camp" unternehmen. Diese Fahrt ist allerdings ohrenbetäubend laut. Dennoch: Hier erlebt man eindrucksvoll, was „River of Grass" (Grasfluss) meint: Das Boot flitzt über das im flachen Wasser stehende Gras. Solche Fahrten sind im Everglades National Park verboten, da sie zu viel Lärm machen und auch die Vegetation zerstören *(ca. 9–17.30 Uhr; ca. $ 15)*.

Im **Miccosukee-Restaurant** mit Blick auf den River of Grass kann man Catfish (amerikanischer Wels) und das Fry Bread (gebratenes Brot) probieren, zudem die „Miccosukee Platter" mit verschiedenen indianische Leckereien, u. a. Alligatorenfleisch.
Miccosukee Indian Village, *Tamiami Station, Miami, Milemarker 70, ☏ (305) 552 8365, www.miccosukeeresort.com, tgl. 9–16.30 Uhr, ca. $ 8 (aktuelle Preise per Telefon nachfragen). Ende des Jahres findet das Indian Arts Festival statt (26. Dezember bis 1./2. Januar): echtes indianisches Kunsthandwerk von über 40 Stämmen sowie indianische Tänze und Musik. Im Sommer gibt es das Everglades Music and Craft Festival.*

Im weiteren Verlauf Richtung Golfküste liegt **Everglades City** (s. S. 248). Von hier aus führen die besonders bei Sportfischern beliebten Bootstouren in das Gebiet der Ten Thousand Islands.

Reisepraktische Informationen Everglades National Park

Vorwahl: *305*

Informationen

Visitor Centers im Park (alle ganzjährig geöffnet)

Ernest Coe Visitor Center/Everglades Park Headquarters, *Haupteingang, 40001 State Rd. 9336, Homestead, FL 33034, ☎ 242 7700, Öffnungszeiten: 9–17, Dez.–April 8–17 Uhr, www.nps.gov/ever. Auf der Hompage gibt es detaillierte Infos zu Aktivitäten und Unterkunft. Eintritt $ 10/Auto (7 Tage gültig).*

Flamingo Visitor Center *(etwa 1 Stunde vom Parkeingang entfernt), ☎ (239) 695 2945, Öffnungszeiten: 9–16.30 Uhr. Hier gibt es aktuelle Infos über Wanderwege, Kanu-Trails usw. Hier erhalten Sie auch das Backcountry Use Permit, d.h. die* **Genehmigung** *für den Besuch des Hinterlandes (s. S. 197). Ebenso gibt es hier Informationen über Vorträge, geführte Wanderungen mit Vogelbeobachtung usw.*

Shark Valley Visitor Center, *36000 SW 8th St., Anfahrt über US 41 (Tamiami-Trail, SW 8th St), ☎ 221 8776, Öffnungszeiten: 9.15–17.15 Uhr. Infos, Bücher, WC vorhanden. Hier startet die Tram Tour (s. S. 193), außerdem werden Fahrräder vermietet. Zwei kleine Wanderwege.*

Gulf Coast Visitor Center, *5 Meilen südlich des Highway 41 (Tamiami Trail) an der State Road 29, in Everglades City. ☎ (239) 695 3311, Öffnungszeiten: 9–16.30, Nov.–April 8–16.30 Uhr. Idealer Ausgangspunkt, um das Gebiet der Ten Thousand Islands zu erkunden. Backcountry Permits, Bootsfahrten und Kanuverleih.*

in Everglades City

Everglades Area Chamber of Commerce, *Route 41/State Route 29, Everglades City, ☎ (239) 695 3941, Öffnungszeiten 9–16.00 Uhr, www.evergladeschamber.com*

Allgemeine Informationen für einen Besuch

Propellerboote *sowie* **Geländefahrzeuge** *sind innerhalb der Parkgrenzen verboten, da dadurch sowohl die Vegetation zerstört wird als auch die Tiere durch Motorenlärm belästigt werden.*

Die **Höchstgeschwindigkeit** *im Park beträgt 55 Meilen/h.*

Es gibt von Rangern **geführte Wanderungen** *wie auch Kanutouren. Bei der Parkverwaltung gibt es einen Veranstaltungskalender.*

Die nasse Jahreszeit *dauert etwa von Mai bis Oktober. Dann sind große Teile des Parkgebietes überflutet und unzugänglich. Die besten Tierbeobachtungsmöglichkeiten hat man gegen Ende der Trockenzeit (Dezember bis April), wenn sich die Tiere an die verbliebenen Wasserstellen zurückziehen.*

Zeiteinteilung

Kurzbesuch von 2–4 Stunden:

Dann muss man auf jeden Fall das Visitor Center am Parkeingang besuchen sowie zur Royal Palm Area fahren und hier den Gumbo Limbo sowie Anhinga Trail gehen.

Besuchszeit ca. 6 Stunden:

Man kann bis nach Flamingo fahren und beispielsweise am Pa-Hay-Okee Overlook Trail, Mahagony Hammock Trail, West Lake Trail und Mrazek Lake einen Stopp einlegen.

Längerer Besuch mit Übernachtung(en):

Auf jeden Fall lohnend, da dann Zeit verbleibt, Bootsausflüge zu unternehmen. Ab der Flamingo Marina werden Bootstouren in die Whitewater Bay angeboten. Infos unter ☏ (239) 695 3101.

Auf jeden Fall sollte man – wenn genügend Zeit bleibt – auf eigene Faust und mit einem gemieteten Kanu einen der schönen Wasser-Trails befahren. Erst dann erlebt man die Schönheit und Ursprünglichkeit der Everglades.

Achtung

Besonders in den Sommermonaten Mai bis November ist die **Mückenplage** *entsetzlich. Ziehen Sie sich zur Vorsorge langärmelige Hemden bzw. Blusen sowie lange Hosen an. Mückenschutzmittel, die in ganz Florida sowie in Flamingo und dem Visitor Center angeboten werden, begrenzen die Belästigungen durch die Plagegeister.*

Fernglas *nicht vergessen!*

Camping

Seit 2005 gibt es keine feste Unterkunft mehr im Park, sondern nur noch Campingmöglichkeiten.

Es gibt zwei „Frontcountry" Campsites, die man mit dem Auto erreichen kann. Der Campingplatz kostet zzt. $ 16 pro Nacht. $ 30 kosten die Plätze mit Stromanschluss bei Flamingo. In der „wet season" von Mai bis November ist es meistens kostenlos.

Flamingo Campground, *nahe des Flamingo Visitor Centers, Buchung unter www.recreation.gov oder ☏ 1-877-444-6777 (International: (518) 885 3639). 234 Plätze (55 davon mit Blick aufs Wasser), Toiletten, Duschen mit kaltem Wasser, Picknicktische, Grillplätze, für Wohnwagen gibt es zwei Dump Stations für Toilette und Abwasser. Seit 2011 gibt auf 41 Plätzen Stromanschluss.*

Willkommen in den Everglades

Long Pine Key Campground, zzt. kann hier nicht reserviert werden, sondern es gilt „first come, first serve“. ☎ des Campingplatzes (305) 242 7873. Hier gibt es 108 Campingplätze, eine Vielzahl von Wanderwegen und einen Fischteich. Toiletten, Tische, Grills und ebene Flächen zum Aufbau von Zelten sind vorhanden. Fahrer von Camperfahrzeugen finden hier eine Dump Station.

Es gibt zudem die Möglichkeit, entlang der Kanu-Trails im **Backcountry** (also in der echten Wildnis) zu übernachten. Dafür bedarf es der Anmeldung und eines Backcountry Permit, das man nur persönlich bekommt (nicht per Telefon).
Im Ernest Coe Visitor Center wird das Permit **nur** für zwei Plätze in der Long Pine Key Gegend ausgestellt: Ernest Coe und Ingraham Highway. Für alle anderen Plätze gibt es die Genehmigung am Flamingo und Gulf Coast Visitor Center. **Gebühren:** $10 pro Permit plus $ 2 p.P. pro Nacht.

Übernachtung außerhalb des Nationalparks

In **Homestead** gibt es entlang des Highway 1 sowie in **Florida City** eine Reihe von Motels, wo man auch in der Hochsaison in der Regel noch Zimmer bekommen kann (wenn man früh ankommt!), z.B. im **Holiday Inn Express**, 35200 S. Dixie Highway, Florida City, ☎ 247 3414, www.hiexpress.com.

Außerdem gibt es **Motels** in **Everglades City** (s. S. 249).

Restaurants

Restaurants gibt es nur in Everglades City und entlang des Tamiami Trail.
In Everglades City: Captain's Table Restaurant, 102 E. Broadway, ☎ (239) 695 0075, www.captainstablehotel.com. Frischer Fisch – prima sortierte Bar. Auch Hotel.

Wanderungen

Entlang der Verbindungsstraße vom Parkeingang nach Flamingo gibt es zahlreiche kleinere Trails. Hier erreicht man mit kurzen Spaziergängen (meist unter 1 km) eine besonders sehenswerte Stelle. Richtige Wanderwege dagegen sind z.B. der
Snake Bight Trail (insgesamt knapp 6 km lang, 6 km nördlich des Flamingo Visitor Centers gelegen)
Coastal Prairie Trail (insgesamt 24 km)
Eine Liste aller Wanderungen mit Länge und Sehenswertem unter www.nps.gov/ever/planyourvisit.
Zudem werden saisonal unterschiedliche geführte Wanderungen von den Rangern angeboten, zum Ende der Regenzeit im Oktober z.B. ein **Slough Slog**, bei der Wanderung watet man bis zu den Knien durch das langsam sinkende Wasser. Aktuelle Infos unter www.nps.gov/ever/planyourvisit.

Nike Missile Site

Während der trockenen Monate (Januar bis Ende April) gibt es noch eine andere Attraktion in den Everglades, die nichts mit Natur zu tun hat: nämlich ein alter Militärstützpunkt aus dem Kalten Krieg, der sich seit seiner Schließung im Originalzustand erhalten hat. Die Nike Herkules Missile Site war 2009 das erste Mal der Öffentlichkeit zugänglich, nachdem das Gelände 1979 dem Nationalpark übertragen wurde. Die Nähe zu Kuba (160 Meilen) machte sie damals zu einem wichtigen Stützpunkt. Die geführten Touren finden bis Ende April ein-

mal täglich statt (ca. 2 Std.). Man muss sich beim Ernest Coe Visitor Center anmelden oder unter ☎ (305) 242 7700, aktuelle Infos unter www.nps.gov/ever/planyourvisit/nikemissle.htm.

Kanuwanderungen/Hausboote/Boote

Eine besonders intensive Art des Kennenlernens der Everglades-Wildnis sind Kanuwanderungen entlang klar ausgeschilderter Kanu-Trails. Der längste Kanuweg ist der 160 km lange „Wilderness Waterway“ von Flamingo nach Everglades City (7-Tage-Tour, wegen Mückenplage auf keinen Fall zwischen Juni und September zu empfehlen). Kanus können in Flamingo sowie auf Anfrage in Everglades City ausgeliehen werden, ebenso Hausboote.

***Kanus** und **Skiffs** (flache Motorboote) werden vermietet an der Flamingo Marina, ☎ (239) 695 3101, sowie Kanus an der Gulf Coast Marina, ☎ (239) 695 2591.*

Die Trails im Park sind in jedem Fall lohnend

Fahrradverleih

Am Shark Valley Visitor Center (s.o.) und in Flamingo.

Einkaufen

*In **Flamingo** und **Everglades City** (Lebensmittel, Souvenirs).*

Krankenhaus

*Das nächste Krankenhaus befindet sich in **Homestead**, 77 km von Flamingo entfernt. An den Park-Ranger-Stationen kann Erste Hilfe geleistet werden.*

Florida Keys

Streckenübersicht

Entfernung: Flamingo (Everglades N. P.) - Key West: ca. 295 km (direkt).
Empfohlene Route: Von Flamingo über die 9336 zurück nach Florida City, dann auf die US 1, die direkt nach Key West führt.
Alternativen:
- Zum Biscayne N. P.: über Homestead, s. u.
- Hinter Florida City zweigt die Straße 997 ab, die über die 905 A/905 zum nördlichen Teil von Key Largo führt (John Pennekamp Coral Reef State Park). Weiter südlich mündet die 905 wieder auf die US 1.

Reisevorschlag/Übernachtung: Bei genügend Zeit sollte man auf dem Weg nach Key West auf einem der Keys übernachten. Vorschläge siehe weiter unten.

Überblick

Floridas Landkarten„gesicht" ist durchaus interessant: Im Norden weist der *Panhandle*, Floridas „Pfannenstiel", nach Alabama. Im Süden dagegen kleckert der „Sunshine State" förmlich aus: Eine Reihe von kleinen Inseln – die Keys – ziehen einen Bo-

42 Brücken nach Key West

Insgesamt 42 Brücken liegen zwischen den Keys, manche extrem kurz - manche sehr lang. Von Norden nach Südwesten überquert man:

Brücke	*Länge*	*Brücke*	*Länge*
Jewfish Draw Bridge	68 m	**North Pine**	189 m
Key Largo Cut	110 m	**South Pine**	246 m
Tavernier Creek	41 m	**Torch Key Viaduct**	237 m
Snake Creek	59 m	**Torch-Ramrod**	187 m
Whale Harbour	188 m	**Niles Channel**	1.351 m
Tea Table Relief	69 m	**Kamp's Channel**	302 m
Tea Table	187 m	**Bow Channel**	397 m
Indian Key	611 m	**Park Bridge**	237 m
Lignum Vitae	241 m	**North Harris**	119 m
Channel 2	524 m	**Harris Gap**	11 m
Channel 5	1.376 m	**Harris**	119 m
Long Key	3.645 m	**Lower Sugar Loaf**	369 m
Tom's Harbour 3	369 m	**Saddle Bunch 2**	169 m
Tom's Harbour 4	425 m	**Saddle Bunch 3**	200 m
Vaca Cut	37 m	**Saddle Bunch 4**	244 m
Seven Mile Bridge	10.886 m	**Saddle Bunch 5**	245 m
Little Duck Missouri	425 m	**Shark Channel**	606 m
Missouri-Ohio	425 m	**Rockland Channel**	375 m
Ohio Bahia Honda	306 m	**Boca Chica**	784 m
Bahia Honda	1.633 m	**Stock Island**	110 m
Spanish Harbour	1.006 m	**Key West**	48 m

gen bis zu den Dry Tortugas. Alle Eilande bis Key West sind mittels Brücken – z.T. gigantische Konstruktionen wie die Seven Mile Bridge/ca. 11 km – miteinander verbunden.

Apropos *Keys*: Die Bezeichnung der Inseln hat nichts mit dem englischen Wort *key* (Schlüssel) gemeinsam. Vielmehr leitet sich diese Benennung aus dem spanischen Wort *cayo* (kleine Insel) ab. In der anglikanischen Entstellung wurde daraus *key*.

Geografisch wird die Inselkette in drei Hauptabschnitte unterteilt:

- **Upper Keys**: Abschnitt von Key Largo bis Long Key
- **Middle Keys**: Abschnitt von Long Key bis an die Seven Mile Bridge
- **Lower Keys**: Seven Mile Bridge bis Key West

info

MM – die Meilen-Markierung

Über die Keys, Inseln aus Kalk- und Korallengestein, führt als einzige Hauptverbindungsstraße der Interstate 1, auch Overseas Highway genannt. So genannte *Mile markers*, **abgekürzt als MM**, geben die jeweilige Meilen-Entfernung nach Key West an. Wenn man von Norden kommt, passiert man als ersten *Mile marker* den MM 106, hier beginnen dann offiziell die Florida Keys. Davor gibt es schon den MM 126 von Florida City auf dem Festland. Diese grünen Schilder begleiten Sie bis nach Key West (MM 0).

Die Adressen von Hotels, Motels, Geschäften, Stränden und Sehenswürdigkeiten werden nach der Lage zum nächsten *Mile marker* angegeben; somit ist eine sehr leichte Orientierung möglich. Verfeinert wird das System, indem die Lage zum Ozean (also nach Süden) oder nach Norden (zur Florida Bay) kurz angegeben wird: **B/S** bedeutet *Bay Side* und meint die dem Golf (Florida Bay) zugewandte Seite, **O/S** bedeutet *Ocean Side*, also die dem Atlantik zugewandte Seite.

Brücke auf die Keys

Traumziel Keys

Auf den ersten Blick sind die Florida Keys eher etwas enttäuschend: Statt spektakuläre Szenerien durchfährt man meist einen nicht enden wollenden Wald von Reklameschildern, Motels, Schuppen und Gebäuden, und nur selten erblickt man das Meer.

Auf den langen Brücken allerdings, vor allem auf der Seven Mile Bridge, die ihren Gipfelpunkt mit 25 m über dem Meer erreicht, erlebt man das Gefühl, als ob der Wagen zwischen Himmel und See schweben würde. Zur linken Seite dehnt sich der zumindest in Strandnähe türkisfarbene Atlantik aus, zur Rechten blickt man auf den Golf von Mexico.

Dies ist auch das Bild, welches das Klischee der Keys maßgeblich prägt. Ihre Schönheit entdeckt man erst, wenn man von der Hauptstraße abbiegt und eventuell mit einem Boot die Inselkette von der Seeseite genießt.

Redaktionstipps

- Die **Korallenriffe** im Biscayne National Park (S. 202) oder dem John Pennekamp Coral Reef State Park anschauen (S. 207).
- Einen Tag Zeit nehmen für die Anreise von Miami bis Key West, um die **kleinen Naturreservate, die Inseln** und Brücken der Keys voll zu genießen (S. 216).
- Sich 2 Tage in Key West treiben lassen und den **Spuren Hemingways** folgen (S. 227).
- Mit **Delfinen schwimmen** im Dolphin Research Center (S. 209).
- **Bedeutendste Sehenswürdigkeiten:** die Brückenkonstruktionen (S. 199); Baden in der Bahia Honda State Recr. Area (S. 216). In Key West: Fahrt mit dem Old Town Trolley (S. 231), die **alten Häuser** im Stadtzentrum, The Wreckers' Museum (S. 224), Audubon House (S. 224), Mel Fisher Maritime Museum (S. 225) und Ernest Hemingway Home and Museum (S. 226).
- **Optimale Zeiteinteilung: 3–4 Tage. 1. Tag:** Früh aufbrechen und eine Bootstour zu den Korallenriffen unternehmen. Übernachten in Key Largo. **2. Tag:** Die Keys entlangfahren bis Key West. Dabei baden auf Bahia Honda und entweder das Dolphin Research Center oder Pigeon Key besuchen. Abends erste Erkundungen in Key West. **3. Tag:** Fahrt mit dem Old Town Trolley. Anschließend Hemingway Home, Shipwrecker's Museum und die alten Häuser erkunden. Abends unbedingt ein Fischrestaurant aufsuchen. **4. Tag** (Zusatztag): Ausflug zu den Dry Tortugas.

Unterwegs nach Key West

Hinweis

Vermeiden sollte man die Anreise am Freitagnachmittag bzw. am Samstag. Denn viele Floridianer zieht es am Wochenende zu den Inseln, sei es zum Angeln (weniger zum Baden) oder zum „High Life" in Key West. Dann wird der Overseas Highway zu einer nicht endenden Qual: Im Tempo von 20–40 km/h kriecht die Blechlawine westwärts Richtung Keys. Das Gleiche spielt sich während der Hauptrückreisezeit am Sonntagnachmittag ab.

Vom Everglades National Park fährt man über Florida City entweder auf die US 1, die über die Florida Keys gleich nach Key West führt, oder aber man unternimmt einen Abstecher zum Biscayne National Park.

Biscayne National Park

Welt der Korallen

Dieser über 700 km² große, 1980 eingerichtete Nationalpark bietet, wie der nachfolgend aufgeführte **John Pennekamp Coral Reef State Park**, einen hervorragenden Einblick in die Welt der Korallen, die aber leider zunehmend von Umweltgiften angegriffen werden. Nur 18 km² (4 %) des Parks bestehen aus Landfläche, davon der überwiegende Teil aus der Koralleninsel Elliott Key.

Der Name verrät es bereits, auch diese Insel sowie die 44 weiteren kleinen Inseln im Park haben eine enge geologische Verwandtschaft zu den Keys weiter südlich und bestehen ebenfalls aus fossilen Resten eines alten Korallenriffs. Im Parkgebiet merkt man

Fast karibische Verhältnisse

Informationen über Korallen

info

Riffe werden von den ineinander gehakten und verkrusteten Skeletten von Korallen, Algen und Schalentieren gebildet. Sie unterstützen die vielfältige Gemeinschaft von Riff bewohnenden Pflanzen und Tieren und bilden ein Gleichgewicht zwischen Leben und Zerstörung. Das Riff lebt nur, solange die Polypen leben – aber es wächst nur, wenn sie sterben.

„Star-Architekten" sind die winzigen, geleeartigen Korallenpolypen, Verwandte der Seeanemonen, die die Fähigkeit besitzen, Kalzium aus dem Meer aufzunehmen und es auch wieder abzugeben. Nicht weniger wichtig sind die verkrusteten kalkhaltigen Algen, welche die Korallen einzementieren, und die Winde und Wellen, die die Entstehung und den Verfall organischen

Ein echtes Erlebnis: Schnorcheln am Elkhorn Reef

Lebens rund um das Korallenfachwerk physikalisch verdichten. Die Kräfte, die das Riff zerstören und zerreißen, sind damit die gleichen, die das Riff bilden.

Die Korallenpolypen werden von zementierenden Algen erstickt, donnernde Wellen tun ihr übriges und zerren an dem Korallen-Festungswall, brechen große Blöcke heraus und zermahlen sie zu Geröll. Weniger augenscheinlich, aber nicht weniger wichtig ist die unnachgiebige Aktivität der Riffbewohner selbst. Algen, Würmer, Schalentiere, Seesterne und Schnecken sind ständig an der Arbeit, bohren an der sich verfestigenden Koralle, zerstören sie, mahlen sie zu einem feinen Sand, welcher wieder in ständigem Wechsel durch Wind und Wellen vor anderen Stützpfeilern des Riffs abgelagert wird.

Die meisten Polypen haben die Form eines kleinen zylindrischen Beutels aus fleischartiger Zusammensetzung mit einer Gruppe von Tentakeln auf dem Kopf, die sofort eingezogen werden, wenn das Lebewesen sich angegriffen fühlt. Die Fangarme dienen sowohl der Verteidigung als auch zum Heranspülen von Kleinstorganismen (Plankton).

Nahrung nehmen die Polypen üblicherweise nur nachts auf. Dadurch bleiben viele Korallen tagsüber farblos und fahren ihre Fühler nicht aus. Die Tentakel spülen die Beute in den Schlund, bzw. durch die Wasserbewegung wird das Plankton angespült und durch den Schlund in eine Art Magen bewegt. Hier werden die verwertbaren Teile verdaut und die Restteile wieder ausgeschieden. Wenn man bedenkt, dass die kleinsten Polypenarten kleiner als 1 mm sind, sind die Größen der Fangarme bzw. des Magens schwer vorstellbar.

Früher war man sich nicht einig, ob die Koralle den Pflanzen oder den Tieren zuzuordnen sei. Sextus Empiricus, ein griechischer Physiker und Philosoph des 4. Jh., war der erste Wissenschaftler, der sich für das Leben der Korallen interessierte und feststellte, sie seien Tiere mit mehr oder weniger pflanzlichem Aussehen und Charakter. Tausend Jahre später wurde die Koralle von den meisten Forschern als eine Pflanze angesehen, und nur wenige benutzten die lächerlich anmutende Bezeichnung „Koralleninsekt", um dieses Naturphänomen zu beschreiben. Erst im Jahre 1744 entdeckte der französische Biologe *Peysomel* bei der Untersuchung von Korallen an der nordafrikanischen Küste, dass diese blumenähnlichen Organismen in Wirklichkeit Fleisch fressende Tiere waren. Unglücklicherweise wurde seine Entdeckung nicht anerkannt, und man verspottete ihn sogar. Einem jungen Landsmann - *Reaunur* - blieb es vorbehalten, die Lebewesen als Polypen zu bezeichnen.

Eine mögliche **Korallen-Klassifikation**:

- **Weichkorallen**: Sie haben meist abgerundete Formen und kleben an Steinen fest.
- **Ast- und Zweigkorallen**: Sie sind fest und verzweigen sich ständig weiter.
- **Stechende Korallen**: Diese Korallen rufen bei Berührung einen unangenehmen Juckreiz hervor.

schon einen Hauch des karibischen Klimas: Meeresluft und Wärme schmeicheln besonders im Winter.

Siedlungsgeschichte

Schon 1513 segelte der Spanier *Ponce de León* durch das Gebiet der Biscayne Bay, um die Quelle der ewigen Jugend zu suchen. Im 17. und 18. Jh. sanken hier viele spanische Schiffe. Allein 1733 gerieten 19 spanische Segelschiffe in einen Hurrikan und sanken mit ihrer Goldfracht. Danach siedelten auf den Keys Fischer und Mahagoni-Holzfäller. Mahagoni wurde damals in großen Mengen für den Schiffsbau benötigt. Nachfolgende Siedler rodeten die Landflächen, um Zitronen und Ananas anzubauen. Und um 1900 kamen Taucher, um nach Schwämmen Ausschau zu halten.

Glasbodenboote

Um den Biscayne National Park zu erleben, sollte man mit mindestens einem Tag rechnen. Abgesehen von den Mangrovenwäldern an der Küste finden sich die interessanten Dinge nur auf den Inseln und vor allem unter Wasser. Während die Koralleninseln nur etwas „natürlicher" veranschaulichen, was es auch auf den Keys weiter südlich zu sehen gibt, sind es vor allem die Korallenriffe, die es zu erkunden gilt. Dazu muss man entweder mit einem **Glasbodenboot** mitfahren oder aber mit Schnorchel- bzw. Tauchausrüstung unter Wasser gehen. Ausgangspunkt/Buchung: das Dante Fascell Visitor Center (10 km östlich von Homestead, an der S. W. 328th Street, s.u.). Das Unternehmen erfordert Zeit, denn das interessante Riff liegt etwa 3 Meilen östlich des Elliot Key – lohnt sich aber.

Diese zeitaufwändige und z.T. etwas umständliche Erkundung hat auch einen großen Vorteil: Der Biscayne National Park gehört zu den am wenigsten besuchten Parks in den USA. Hat man sich also erst einmal zu einer Tour entschlossen – besonders auch einer eigenständigen mit einem Kanu –, dann wird man die Keys so erleben, wie man es in dieser Form nirgends mehr machen kann. Eines aber ist auch auf diesen Inseln nicht mehr rechtzeitig erhalten worden, und zwar der Hartholzwald. Diesen haben bereits die Spanier und später vor allem die Schiffsbauer nahezu abgeholzt. Die Bäume, die man heute noch zu sehen bekommt, ist so genannter Zweitwuchs und großenteils von Menschen hier angepflanzt bzw. ungewollt eingeschleppt worden.

Sehr wenig besucht

Mit etwas Geduld und Spürsinn kann man sich auch an der **Tierwelt** des Parks erfreuen. Besonders die Meerestiere sind beeindruckend. Seekühe, Delfine, bis zu 2 m lange und 700 kg schwere Meeresschildkröten sowie eine einzigartige Artenvielfalt an Fischen, von Haien über Barrakudas bis hin zu den kleinen, bunten Tropenfischen, gibt es in den Gewässern des Parks und vor allem am Riff zu sehen. Zu den über 240 **Vogelarten** gehören Pelikane, Reiher und zahlreiche Seevögel (z. B. alleine 6 Möwenarten), von denen letztere ihre Nester auf den Inseln bauen.

Tolle Tierwelt!

Reisepraktische Informationen Biscayne National Park

Vorwahl: *305*

Information

Convoy Point & Dante Fascell Visitor Center (Headquarter und Visitor Center), *Biscayne Nat. Park, 9700 SW 328 Street, Homestead, FL 33033-5634, ca. 15 km östlich von Homestead, ☎ 230 7275, www.nps.gov/bisc. Öffnungszeiten: tgl. 7–17.30 Uhr. Das Visitor Center (9–17 Uhr) bietet zahlreiche Anschauungsobjekte zum Thema Korallen und Unterwasserwelt. Zudem wird ein Film gezeigt. Während der Hochsaison (hier von Nov. bis Anfang Mai) werden Ranger-Programme (Vorträge, Rundgänge usw.) durchgeführt.*

Öffnungszeiten

Das Wasser-Gebiet des Parks ist das ganze Jahr 24 Stunden offen. Adams Key ist von 8 Uhr bis Sonnenuntergang geöffnet.

Anfahrt

Der wenig besuchte Park ist nur spärlich bzw. mit sehr kleinen Zeichen ausgeschildert.

Von Miami: *Vom US 1 nimmt man den Exit S.W. 137th Ave. und folgt dieser nach Süden (später übergehend in Tallahassee Rd. bis zum North Canal Drive). Diesen fährt man nach Osten bis zum Convoy Point Visitor Center. Vom Florida Turnpike aus nimmt man den Exit 6 und folgt, wie oben beschrieben, der Tallahassee Rd. sowie dem North Canal Drive.*

Von Homestead: *Sowohl von der US 1 als auch vom Florida Turnpike aus den Exit S.W. 328th St. nehmen. Man folgt der 328th St., die übergeht in den North Canal Drive, nach Osten, bis man zum Convoy Point Visitor Center gelangt.*

Das Fascell Visitor Center

Park-Konzessionär

Ein Park-Konzessionär erhält von der Nationalparkbehörde die ausschließliche Genehmigung, die touristische Erkundung des Nationalparks zu lenken. Dabei unterliegt er strengen ökologischen Richtlinien. Für den Biscayne Nat. Park ist dieses:
Biscayne National Underwater Park Inc., *9710 SW 328th Street, Homestead, ☎ 230 1100, www.biscayneunderwater.com. Bei diesem Unternehmen können Sie sich ausgiebig über alle Aktivitäten und Rundtouren in und um den Park erkundigen, zudem betreibt es einen Souvenir-Laden (9–17 Uhr), Glasbodenbootfahrten und vermietet Kajaks und Kanus.*

Übernachten

Am Besucherzentrum gibt es keine Hotels. Die nächsten Hotels liegen in Homestead, wobei entweder ein Tagesbesuch von Miami aus oder aber eine anschließenden Übernachtung in Key Largo empfehlenswert ist.

Camping

Es gibt zwei einfache Campingplätze auf den Keys, die nur per Boot erreichbar sind: einen am Elliott Key und den anderen auf der kleinen, nördlich davon gelegenen Insel Boca Chita Key. Für die Bootsanreise muss man selbst sorgen, sie werden auch vom Park-Konzessionär angeboten. Infos (s.o.). $ 15/Nacht.

Bootstouren

Glasbodenboote (Abfahrt: zzt. 10 und 13.30 Uhr) und „normale" Boote verkehren täglich vom Convoy Point Visitor Center zu den Keys und den Korallenriffen. Die Touren kosten ca. $ 45 für 2,5–3 Stunden und $ 30 für Kinder unter 12 J. Infos beim Park-Konzessionär.

Kanu

Ein Erlebnis ganz eigener Art ist die Erkundung der Küstenmangroven mit einem Kanu. Um aber z. B. zum Elliott Key zu paddeln, bedarf es einer guten Kondition, denn vom Convoy Point, wo sich die Ausleihstation befindet, bis zum Elliott Key Visitor Center sind es 14 km. Egal, wie weit Sie fahren wollen, ist ein früher Aufbruch dringend anzuraten, denn die Mittagshitze kann extrem sein.

Schnorchel- und Tauchtouren

Schnorcheln und Tauchen sind sehr beliebt in den Korallenriffen des Parks. Es sei aber darauf hingewiesen, dass es nur für Geübte empfehlenswert ist. Infos und Preise ebenfalls beim Park-Konzessionär.

Beste Reisezeit

Aufgrund der Sommerhitze und der Moskitoplage beschränkt sich die empfehlenswerte Reisezeit auf die Monate November bis Anfang Mai. Zu jeder Jahreszeit sollte man aber Insektenmittel dabeihaben. Die meisten Besucher kommen von Januar bis April und von Juli bis September.

John Pennekamp Coral Reef State Park, MM 102

Auf dem Weg nach Key West kann man nun – falls man den Biscayne National Park nicht besucht hat – kurz hinter Homestead die US 1 wieder verlassen, um auf die State Route 905 nach links einzubiegen. Über eine gebührenpflichtige Brücke, die über den Barnes Sound führt, erreicht man den nördlichen Teil von Key Largo. Auf Key Largo macht die Straße 905 einen scharfen Knick nach rechts (Süden). Kurz darauf erreicht man den John Pennekamp Coral Reef State Park.

Dieses Unterwasser-Naturschutzgebiet umfasst eine Fläche von 34 km Länge und 13 km Breite. Insgesamt sind etwa 460 km^2 unter Naturschutz gestellt. Ein Teil dieses Gebietes ist Korallenriff, knapp 10 km vom Ufer seewärts gelegen. Diese Korallen gehören zu einer Riffkette, die in der Höhe von Fort Lauderdale beginnt und sich über 300 km entlang der Küste bis zu den unteren Keys hinzieht. Benannt wurde der Park nach dem Reporter *John Pennekamp*, der sich als Mitarbeiter des *Miami Herald* stets für den Naturschutz der Everglades sowie der Florida vorgelagerten Korallenriffe einsetzte.

! Wichtig!

Die unterseeischen Korallenriffe sind wohl die faszinierendsten Bereiche der Meereslandschaft, sehr empfindlich und einzigartig in ihrer Schönheit, deshalb ist das **Herausbrechen von Korallen** unter allen Umständen nicht erlaubt! Es wird an das Verantwortungsgefühl der Taucher appelliert, dieses sensible Ökosystem nicht zu zerstören. Außerdem können Sie bei der Ausreise aus den USA und der Einreise in Ihr Heimatland große Probleme bekommen.

Man sollte unbedingt die Fahrt mit dem Glasboden-Boot zum knapp 10 km vorgelagerten Molasses Reef unternehmen, um einen Eindruck von der Zauberwelt der Korallen zu gewinnen. Die Schnorcheltouren werden von erfahrenen Tauchern begleitet. Wer noch nie geschnorchelt ist, hat hier gute Gelegenheit, dies zu lernen. Auf der „Snorkel and Diving Tour" kann man zur etwa 2,7 m großen Unterwasser-Christus-Statue („Christ of the Deep") gelangen, die in 7 m Tiefe, vom Korallenriff umgeben, steht.

Reisepraktische Informationen John Pennekamp Coral Reef State Park

Vorwahl: *305*

Informationen

John Pennekamp Coral Reef State Park, *MM 102,5 (von Miami aus kommend links) P.O. Box 487, Key Largo, ☎ 451 1202, www.floridastateparks.org/pennekamp/, www.pennekamppark.com. Öffnungszeiten: Visitor Center täglich von 8–17 Uhr; der State Park ist bis Sonnenuntergang geöffnet.*

Im Visitor Center befindet sich eine gute Ausstellung über Korallen, Fische, Mangroven und die Florida Keys. Ebenso vermittelt ein großes Aquarium einen Eindruck von Korallenriffen. Eintritt: $ 8 pro Wagen (2–8 Personen).

Camping

Es gibt 47 Stellplätze, ausgestattet mit Wasser- und Elektrizitätsanschluss, $ 36 pro Campsite (max. 8 Personen). Infos unter ☎ (800) 326 3521.

Aktivitäten

Glasboden-Boote *verkehren zum Riff 3-mal täglich (9.15/12.15/15 Uhr), $ 24 für eine Fahrt, Kinder unter 12 J. $ 17.*

Schnorcheltouren *(geführt), tägliche Abfahrtszeiten 9/12/15 Uhr. Schnorcheltour 2 ½ Std.: $ 29,95, Kinder unter 18 J. $ 24,95.*

Scuba Diving, *Tauchen mit mitgebrachter Ausrüstung, auf Key Largo an unzähligen Stellen zu leihen: $ 60, ☎ 451 6322.*

Ein **Kanu** *kostet $ 12 pro Stunde.*

Voranmeldung und Infos für alle Touren: *Coral Reef Park Co.: P.O.Box 1560, Key Largo, Florida 33037, ☎ 451 6300, www.pennekamppark.com.*

Key Largo

Film-Kulisse

Zu „Berühmtheit" gelangte Key Largo durch Filmszenen im Film „Key Largo", in dem *Humphrey Bogart* und *Lauren Bacall* mitspielten (1948). Damals hieß die Insel Rock Harbor, benannte sich dann aber in Key Largo um, damit man von dem Film-Image profitieren konnte. Die Szenen mit den berühmten Schauspielern wurden damals aber ausschließlich in den Hollywood-Studios gedreht, Bogart selbst war nie in Key Largo. Als Reminiszenz aus den glorreichen Filmzeiten kann man vor dem Holiday Inn die „African Queen" bewundern.

Schwimmen mit Delfinen

info

Dieses Thema wurde in vielen Zeitungsberichten und TV-Sendungen bereits einem breiten Publikum nahe gebracht. Seit *Milton Santinis* Film vom Flipper (1963) werden Delfine als sehr „menschennah" wahrgenommen. Und dieser Tatsache nehmen sich verschiedene Unternehmungen an den Keys an:

MM 101.9 BS: Dolphin Cove, 101900 Overseas Highway, Key Largo, ☏ (305) 451 4060, www.dolphinscove.com. Es wird eine Vielzahl an Programmen angeboten, bei denen man den Delfinen auf verschiedene Weise näher kommen kann, darunter der *structured dolphins swim*, bei dem man die Tiere berühren darf, Schwimmen oder Malen mit Delfinen oder auch das *trainer for a day*-Programm, bei dem man einen ganzen Tag mit den Tieren verbringt und mehr über ihre Pflege und Dressur lernt.

MM 91: Dolphins Plus, 31 Corrine Place, Key Largo, ☏ (1-800) 451 1993, www.dolphinsplus.com. Auch hier gibt es verschiedene Angebote. Neben dem obligatorischen Schwimmen mit Delfinen wird hier auch die nähere Begegnung mit einem trainierten Seelöwen angeboten. Beim *natural dolphins swim* erhält der Besucher zunächst eine einstündige Belehrung, dann zieht man sich eine Schnorchelausrüstung an und geht von einer Schwimmplattform aus ins Wasser, um in die Welt der Delfine einzutauchen.

MM 84.5: Theater of the Sea, Overseas Highway, Islamorada, ☏ (305) 664 2431, www.theaterofthesea.com/dolphin.swim.htm, Programm: Zunächst wird man in einem 30-minütigen Schnellkurs in die Welt der Delfine eingeführt. Danach kann man sich nach Anweisung bestimmter Verhaltensweisen mit den Meerestieren in einem 5 Meter tiefen Salzwasserbecken tummeln. Auch mit Seelöwen und mit Rochen kann man hier baden gehen.

MM 61 OS, Dolphin Connection at Hawk's Cay Resort, 61 Hawks Cay Blvd., Duck Key, ☏ (1-888) 251 3674,www.dolphinconnection.com. Programm: Hier fördern Meeresbiologen das Verständnis für Delfine und ihren Schutz. Man kann in einer Lagune mit den Tieren schwimmen oder sie von einem Steg aus im Wasser anfassen und füttern.

MM 59: Dolphin Research Center, 58901 Overseas Highway, Grassy Key, ☏ (305) 289 0002, www.dolphins.org. Diese Non-Profit-Organisation bietet sowohl ein interaktives Schwimmprogramm mit Delfinen als auch den *dolphin dip* an, bei dem man auf einer Schwimmplattform steht, die abgesenkt ist und mit Delfinen Kontakt hat.

Die Insel ist der erste Florida Key. Hier leben heute etwa 13.000 Menschen (in der Hochsaison bis zu 23.000). Die Infrastruktur des beiderseits des Overseas Highway gelegenen Ortes ist ganz auf den Tourismus eingestellt. Der Ort eignet sich für Übernachtungen, wenn man vom Everglades National Park kommt und von hier den oben beschriebenen John Pennekamp Coral Reef State Park besuchen möchte.

Reisepraktische Informationen Key Largo

Vorwahl: *305*

Information

Key Largo Visitor Center, *MM 106, gleich am Ortseingang, ☎ (1-800) 822 1088, www.floridakeys.org, geöffnet 9–18 Uhr, hier gibt es Infos zu den gesamten Keys.*
Key Largo Chamber of Commerce, *106000 Overseas Highway, Key Largo, ☎ 451 4747*

Postamt

Auf der Höhe MM 100/Bayside, ☎ 451 3155

Übernachtung

Auf Key Largo gibt es entlang des Overseas Highway eine Vielzahl von Hotels und Motels. Hier eine kleine Auswahl:
Marina Del Mar Resort & Marina Key Largo $$$$, *MM 100, 527 Caribbean Drive, ☎ 451 4107, www.marinadelmarkeylargo.com. Die Anlage liegt an der Atlantikseite und eignet sich aus diesem Grunde gut für Taucher. Swimmingpool und Tennisplätze sowie eigenes Restaurant sind vorhanden.*
Kona Kai Resort $$$$, *97802 Overseas Highway, ☎ 852 7200, www.konakairesort.com. Schöne Zimmer, umgeben von tropischen Pflanzen, Pool mit Meerblick – ein wahre Oase der Ruhe. Die Besitzer, das Ehepaar Harris, sind Kunstliebhaber und stellen in ihrer Galerie Werke floridianischer Künstler aus (www.g-k-k.com).*
Largo Lodge $$$$, *Route 1, Box 302, 101740 Overseas Highway, ☎ 451 0424, www.largolodge.com. Kleine Lodge mit gepflegtem Palmen- und Orchideengarten.*
Key West Inn $$$$, *MM 100, 201 Ocean Drive, ☎ 451 5081, www.keywestinn.net. Geräumige Suiten mit Küche.*
Hilton Key Largo Resort $$$$-$$$$$, *MM 97, 97000 Overseas Highway, Reservierung ☎ 888-871-3437, Hotel direkt ☎ 852 55 53 -*

Ein besonderes Erlebnis: die Undersea Lodge

505, www.keylargoresort.com. Schöne tropische Ferienanlage mit 200 Zimmern, zwei Pools, Hafen und weißem Strand.
Jules Verne's Undersea Lodge $$$$$, *MM 103.5, 51 Shoreland Dr., ☎ 451 2353, www.jul.com. Dieses 2-Zimmer-Hotel ist ein Unikum: Es liegt 10 m unter dem Meeresspiegel. Nach dem Abtauchen findet man Hotelkomfort mit TV, Telefon und Stereoanlage. Das Essen kommt in wasserdichten Koffern. Man ist von einer tropischen Fischwelt umgeben (inkl. Taucherausrüstung), Anmeldungen mindestens einen Monat vorher.*

Camping

American Outdoors at Key Largo: *voll ausgestattet für Wohnmobile, Sandstrand, schattige Plätze, die durch Büsche und Bäume voneinander getrennt sind; nahe MM 98; Adresse: 97450 Overseas Hwy., ☎ 852 8054, www.floridaparks.com/floridacampgrounds/. Bootsvermietung, Windsurfen, Angeln.*

Restaurants

The Fish House Restaurant, *MM 102.4, 102401 Overseas Highway, ☎ 451 4665, www.fishhouse.com. Hervorragende Fischgerichte mit den Gewürzen der westindischen Inseln verfeinert. Täglich kommt der Fang quasi durch die Hintertür herein, das Lokal wird von lokalen Fischern bedient. Die Atmosphäre ist locker-leger – also erwarten Sie keine Eleganz, dafür aber sagenhafte Frische. Wie wäre es mit Coconut Shrimps, einem Florida Lobster oder dem tagesfrischen Fang auf Jamaica-Art („Jamaican „Jerk" style catch")?*
Mrs. Mac's Kitchen, *MM 99,4, ☎ 451 3722. Sehr rustikale Möglichkeit, frischen Fisch und Steak zu genießen. Seit den 1950er Jahren, als hier nur lokale Fischer einkehrten, fast unverändert – eine wahre Institution! Die Küche ist amerikanisch orientiert. Nicht zu verachten ist das Mahi-Mahi-Filet mit einer würzigen Tomatensauce, schwarzen Bohnen und Reis. Preiswert.*
Marker 88, *MM 88, ☎ 852 9315, www.marker88.info. Mehrfach prämiertes Gourmetrestaurant zu vergleichsweise moderaten Preisen. Über 300 verschiedene Weine und 60 Biere stehen zur Auswahl.*

Bar

Caribbean Club, *MM 104 am Overseas Highway, nicht zu verfehlen, ☎ 451 4466. Hier wurde der Film „Key Largo" mit Humphrey Bogart, Lauren Bacall und Edward G. Robinson gedreht. In dieser urigen Bar kann man von der Veranda aus bei einem Bier und Pizza den Sonnenuntergang genießen. Interessant ist übrigens auch die Geschichte von Bar und ehemaligem Hotel, die an den Wänden anhand von Fotos und Zeitungsartikeln eindrucksvoll erläutert wird.*

Einkaufen

Pink Junktique, *MM 98.2 (achten Sie auf den pinken Flamingo), ☎ 853 2620, tgl. 10–17 Uhr. Der Name lässt es bereits vermuten: in dem pinken Haus gibt es ein wunderbares Sammelsurium aus alten Möbeln, Schmuck und Vintage-Kleidung. Ein Traum zum Stöbern.*

Upper Matecumbe Key – Islamorada

Zwischen Key Largo und Islamorada liegt die erste größere Brücke, die die Keys miteinander verbindet. Hier kann sich beim Besucher erstmals das Gefühl einstellen, von Insel zu Insel zu fahren.

Auf Islamorada befindet sich auch das täglich geöffnete **Theater of the Sea**. Bestaunt werden können Haie und Barrakudas; auf die Delfinshow kann man verzichten, wenn man im Seaquarium von Miami war oder in Orlando Seaworld besuchen möchte.
Theater of the Sea, *MM 84.5, P. O. Box 407, Islamorada, ☏ (305) 664 2431, www.theaterofthesea.com, tgl. 9.30–16 Uhr, Erwachsene $ 26,95, Kinder unter 11 J. $ 19,45.*

Lebensbäume

In der Nähe liegt auch der **Lignumvitae Key**. Hier „gipfeln" die Florida Keys mit 5 m über dem Meeresspiegel. Lignumvitae erreicht man vom Upper Matecumbe Key mit einem Boot. Die kleine Insel liegt ca. 3 km im Golf und leitet ihren lateinischen Namen von einem Baum her, der hier auf Felsuntergrund wächst. Die Lignumvitaebäume wurden von den Spaniern als „Lebensbäume" bezeichnet, denen man die wundersamen Kräfte eines Jungbrunnens nachsagte.

Islamorada

Islamorada ist einer der besten Orte für das Sportfischen, und das seit über 100 Jahren. Berühmtheiten wie *Ted Williams* (Amerikas legendärer Baseballspieler), *Harry S. Truman, Jimmy Carter* und *George W. Bush* haben hier geangelt. Mehr als 400 Kapitäne bieten ihre Dienste an, Angler auf See zu fahren.

Ideal zum Angeln: ein Bootsausflug von Islamorada

Die Nauti-Limo – ein Cadillac auf dem Wasser

info

Wer Sinn für Spaß hat und Verrücktes sehen und erleben möchte, ist auf Islamorada richtig. Captain Fox, Erfinder und Chauffeur der Nauti-Limo, erwartet seine Gäste an der Papa Joe's Marina.

Die Nauti-Limo ist die Replik einer Cadillac-Stretch-Limousine aus Fiberglas, die auf ein Boot montiert ist. Von außen sieht es aus, als ob ein Auto mit den Rädern übers Wasser fährt. Angetrieben wird das Ganze von einem 100-PS-Yamaha-Motor. So gehört zu einer 2-stündigen Sunset-Tour, die ca. 110 US$ kostet, auch Champagner. Tagestouren sind etwas günstiger.
Infos: Nauti-Limo, 79701 Overseas Highway (Lorelei Restaurant & Yacht Club, MM 82), Islamorada, FL 33036, ☎ (305) 852 3776 oder (305) 942 3793 (mobil), www.nautilimo.com

Reisepraktische Informationen Islamorada und Umgebung

Vorwahl: *305*

Information

Islamorada Visitor Center, *Mile Marker 83.2 B/S, ☎ 664 4503, www.islamoradachamber.com*
Lignumvitae Key State Botanical Site, *P. O. Box 1052, Islamorada, ☎ 664 2540, www.floridastateparks.org/lignumvitaekey/. Der Park ist nur mit dem Boot zu erreichen, Eintritt $ 2,50. Verleih von Booten und Kajaks, außerdem geführte Touren an Robbie's Marina, Infos unter ☎ 664 9814.*

Übernachtung

Casa Thorn B&B $$, *114 Palm Lane, Islamorada, ☎ 852 3996, www.casathorn.com. Gemütliches Bed&Breakfast mit 5 Zimmern unterschiedlicher Ausstattung, Pool. Sehr freundliche Gastgeber.*
Cheeca Lodge & Spa $$$$$, *81801 Overseas Highway, MM 82, ☎ 664 4651, www.cheeca.com. Ein wahrlich exklusives Kleinod mit nur 86 Zimmern, direkt am Palmenstrand gelegen und entsprechend teuer.*

Restaurants

Lorelei Cabana Bar & Restaurant, *MM 82,5, 81924 Overseas Hwy, Islamorada, ☎ 664 2692, www.loreleifloridakeys.com. Diese schöne Strandbar offeriert frische Shrimps.*
Green Turtle Inn, *MM 81.5, Overseas Highway, ☎ 664 2006, www.greenturtlekeys.com. Restaurant, das auch Einheimische lieben. Es gibt viel Fisch, Fleisch und Salate. An manchen Abenden gibt es dazu Klaviermusik. Auch gutes Frühstück.*
Bentley's, *MM 82.8, 82779 Overseas Hwy, ☎ 664 9094. Gutes Seafood.*
Atlantic's Edge, *MM 82, 81801 Overseas Highway, ☎ 664 4651, www.cheeca.com. Hier erwarten Sie gute Key Lime Pie sowie fangfrischer Fisch, schöner Blick auf das Meer, recht teuer. Auch Hotel (s.o. Cheeca Lodge).*

Tipps für Sportfischer

Florida Keys Outfitters, *MM 81.2 Oceanside BS, ☎ 664 5423, www.floridakeysoutfitters.com. Dieser Laden mit der angegliederten Florida Keys Fly Fishing School zieht*

Angler aus der ganzen Welt an. Ein 2-Tage-Kurs (mit Verpflegung, Instruktionen) kostet ca. $ 695.
Bud N' Mary's Fishing Marina, *MM 79.8, 79851 Overseas Highway, ☏ 664 2461, www.budnmarys.com. Bootsvermietung und Angeltouren verschiedenster Art. Tagestour ab $ 550.*
Fishabout Charters, *☏ 853 0741, www.floridakeysflyfish.com. Captain Geoff Colmes bietet Halb- und Ganztagstouren an, die u. a. bis in die Küstengewässer der Everglades führen (starten von Flamingo). Ein Tag Everglades kostet z.B. $ 550.*

Indian Key – Duck Key

Ort der Wrack-Plünderer

Indian Key liegt auf der Höhe des MM 78, etwa 3 km im Atlantik. Hier lag im 18. Jh. ein Hauptquartier der „Wreckers", jener legendär gewordenen Wrackplünderer, die von ihrer Beute lebten.

1770 gab es auf Indian Key ein Massaker zwischen Indianern und schiffbrüchigen Franzosen: 400 Franzosen sollen dabei unzählige Calusa-Indianer getötet haben. 1836 wurde Indian Key – mittlerweile über einen Hafen verfügend – zum ersten Sitz des Dade County. Anfang August 1840 bäumten sich die Indianer unter ihrem Häuptling Chekika auf: Sie zerstörten alle Bauten und töteten einige Weiße.

Reisepraktische Informationen Indian Key – Duck Key

Vorwahl: *305*

Übernachtung

Hawk's Cay Resort $$$$, *MM 61, 61 Hawks Cay Boulevard Duck Key, ☏ 743 7000, www.hawkscay.com. Die Hotelanlage gehört zu den luxuriösesten und gleichzeitig schönsten auf den Keys. Palmen, eine feine Sandbucht, Möglichkeiten zu Bootsfahrten etc. lassen keine Wünsche für einen aktiven, erholsamen Aufenthalt offen, Golfplatz. Familienfreundlich.*

Schwimmen mit Delfinen

Das **Dolphin Research Center** *(58901 Overseas Highway, www.dolphins.org, Marathon Shores, Grassy Key, ☏ 289 0002) ermöglicht bei Vorreservierung das Schwimmen mit diesen gutmütigen und geschickten Tieren und informiert über alle Aspekte eines Delfin-Lebens. Tgl. 9–16.30 Uhr geöffnet. Eintritt: $ 20, Schwimmen mit Delfinen ca. $ 190. Bitte möglichst früh vorab anmelden!*

Seven Mile Bridge

Super-Brückenbauwerk

Diese mit 11 km längste Brücke, die hinter dem Knight's Key beginnt und auf dem Ohio Key endet (dazwischen fußt dieses gigantische Bauwerk auf einem Mini-Key), gipfelt an ihrem Scheitelpunkt 25 m über dem Meer. Hier stellt sich das Gefühl ein, zwischen Himmel und Wasser sozusagen in ein „Nichts" zu fahren. Diese Brücke prägt das Klischee-

Die längste der Brücken über die Keys: Seven Mile Bridge

Bild der Florida Keys in Büchern und Prospekten, sodass man geneigt ist anzunehmen, überall entlang der Keys sähe es so aus.

Die Seven Mile Bridge war Höhepunkt der Eisenbahnstrecke nach Key West, die der Eisenbahnmagnat *Henry Morrison Flagler* im Rahmen seiner Florida East Coast Railway nach Süden trieb. Am 22. Januar 1912 rollte der schon 82-jährige ehrgeizige Geschäftsmann mit dem Zug in Key West ein.

Pigeon Key

Etwa 3,5 km westlich von Marathon – unterhalb der Autobrücke – liegt die winzige, gerade einmal 2 ha große Insel Pigeon Key, die von 1908 bis 1935 der Eisenbahngesellschaft als Stützpunkt und als natürlicher „Brückenpfeiler" gedient hatte. Mehrere Gebäude aus der Zeit zwischen 1912 und 1920 zeugen von dieser Wirtschaftsperiode und sind heute ins National Register of Historic Places aufgenommen worden. Auch nach der Stilllegung der Eisenbahn hatte Pigeon Key Bedeutung. Bis 1953 befand sich hier die Brückenzollstation für die mittlerweile auf der Eisenbahntrasse geführte Straße, und später unterhielt das meeresbiologische Zentrum der Universität von Miami hier 30 Jahre lang eine Station.

Man kann Pigeon Key entweder zu Fuß über die alte Autotrasse erreichen (je Strecke ca. 1 Stunde) oder aber ab 1 Knights Key Boulevard mit einem Trolley/Fähre. Am MM 47 liegt der Pigeon Key Gift Shop, in einem alten, silbernen Eisenbahnwaggon.
Infos: Pigeon Key Foundation Offices & Marine Science Center, *PO Box 500130, Marathon, ☎ (305) 289 0025. www.pigeonkey.net. Die Touren starten viermal tgl. zwischen*

10 und 14.30 Uhr (alle 1,5 Stunden). Die letzte Rückfahrt von Pigeon Key ist um 16 Uhr. Reservierung für die Fähre unter ☎ 743 5999, $ 12.

Bahia Honda

Wärmster Ort der USA

Der wohlklingende Name leitet sich aus dem Spanischen ab und bedeutet „tiefe Bucht". Aus diesem Grunde war der Bau der Bahia Honda Bridge wesentlich teurer als der der viel längeren Seven Mile Bridge. Außerdem gibt es hier sehr schöne, von Palmen bestandene, weiße Strände im Bereich des Bahia Honda State Park (MM 36.5). Die Wasserqualität ist ausgezeichnet und die Luft- und Wassertemperaturen sind die höchsten der kontinentalen USA. Bahia Honda liegt geologisch gesehen im Übergangsgebiet zwischen den nordöstlichen Koralleninseln und den südwestlichen Kalkinseln.

Reisepraktische Informationen Bahia Honda State Park

Vorwahl: *305*

Camping

Beim MM 36,5 kann man zum sehr schön gelegenen und ausgebauten **Bahia Honda State Park** *abbiegen. Hier liegt zweifelsohne der schönste Strand der Keys. Blaugrünes, glasklares Wasser (leider liegt manchmal Seegras auf dem Strand). Der Campingplatz liegt in einem Hammock am Sandspur Beach und bietet Schatten. Er ist ganz nahe zum herrlichen Strand und weiter von der verkehrsreichen US 1 entfernt. Ebenso gibt es hier einen kurzen Naturwanderweg (Nature Trail).* **Buchungsadresse:** *Bahia Honda State Park, 36850 Overseas Hwy., Big Pine Key, ☎ 872 2353, www.floridastateparks.org/bahiahonda/. Kosten: Eintritt $ 8 pro Auto zzgl. $ 0,50 p.P., Camping $ 36 Tag, Cabins $ 120–160.*

Infos

zu **Aktivitäten** *im Park wie Schnorcheln, Kajak- und Bootsverleih unter ☎ 872 3210, www.bahiahondapark.com.*

Big Pine Key und National Key Deer Refuge

Interessant ist der Besuch des vom Bahia Honda State Park aus über einige Brücken erreichbaren Big Pine Key, der größten Insel nach Key Largo (Abzweigung in Höhe MM 33). Von hier aus kommen Sie nach kurzer Fahrt (Hinweisschilder) zum National Key Deer Refuge.

Angepasste Florida-Rehe

Hier gibt es kleine, rehähnliche Tiere, die Key-Rehe, die eine Höhe von etwa 70 cm und eine Länge von etwa 90 cm erreichen. Diese so gar nicht ins tropische Florida passenden Tiere sind in der letzten Kaltzeit, als Gletscher die Wassermassen auf dem nordamerikanischen Kontinent eingefroren hatten und demzufolge der Meeresspiegel um etwa 7 m tiefer lag, über eine Landbrücke in diese wärmeren Regionen gelangt. Und als das Klima milder wurde, sahen sich die Rehe eines Tages von Wasser umschlossen und entwickelten sich auf der nun entstandenen Insel weiter. In den vierziger Jahren gab es nur noch 50 Exemplare dieser niedlichen Tiere, da Jäger vor ihnen keinen Halt machten. Sie wurden dann unter Naturschutz gestellt, sodass ihre heutige Zahl auf 400–800 geschätzt wird.

Im Blue Hole (Abzweigung MM 30, man folgt dem Key Deer Boulevard), einem kleinen Süßwassersee, leben Schildkröten und Alligatoren. Andere Tiere kommen hierher zum Trinken. Es gibt eine gute Aussichtsplattform. Auf dem Jack Waterson Wildlife Trail gelangt man in einen stillen Pinien- und Palmenwald (ca. 45 Minuten).
National Key Deer Refuge, *28950 Watson Blvd., Big Pine Key, ☎ (305) 872 2239, www.fws.gov/nationalkeydeer. Das Visitor Center liegt am Key Deer Blvd., ca. ¼ Meile nördlich der Ampel auf Big Pine Key.*

Unterkunft
Barnacle Bed&Breakfast $$$, *1557 Long Beach Dr. (Abzweig am MM 33), Big Pine Key, ☎ (305) 872 3298, www.thebarnacle.net. Schönes B&B mit Familienanschluss, Zimmern im Florida-Stil (auch ein Cottage mit Küche), ruhige Lage am Strand, ideal zum Entspannen.*

Tipp: Kanu fahren und Angeln am No Name Key

Etwas ab vom Weg, aber dafür umso lohnender: Eine Kanu-Tour bei Big Pine Kayak Adventures mit Captain *Bill Keogh*. Seit über zwei Jahrzehnten lebt er hier und kennt die Gegend wie seine Westentasche – u.a. ist er Autor des „The Florida Keys Paddling Guide". Angeboten werden zudem Angeltouren mit dem Katamaran. Start der Touren am **Old Wooden Bridge Fishing Camp** auf Big Pine Key, 1791 Bogie Drive. Anfahrt: von Miami kommend am MM 30 auf Big Pine Key rechts abbiegen (an der einzigen Ampel auf dem Key), rechts halten auf die Wilder Rd., nach ca. 1 Meile am Stoppschild links (Schild zum No Name Key), dann rechts auf den Watson Blvd. Das Camp liegt rechts, kurz vor der Brücke zum No Name Key (großes gelbes Kayak). **Info und Reservierung**: Captain Bill Keogh, ☎ (305) 872 7474, bigpinekayak@aol.com, www.keyskayaktours.com.
Restaurant-Tipp: Wen das Paddeln hungrig gemacht hat: im **No Name Pub** (*North Watson Blvd. Big Pine Key, (305) 872 9115, www.nonamepub.com*) nebenan kann man sich bei Pizza, Sandwich und Pasta stärken. Man kann schön im Garten sitzen oder drinnen – die Deko ist originell: Die Wände sind komplett mit 1-Dollar Noten beklebt.

Little Palm Island

Südsee-Idylle

Diese kleine, wunderschöne Insel ist nur von Little Torch Key (MM 28,5) per Boot oder Wasserflugzeug zu erreichen. 4,5 km von der Küste entfernt gelegen, erwartet den Gast hier ein tropisches Refugium: 28 Cottages mit jeweils 2 Suiten im Südseestil. Die Badezimmer sind mit mexikanischen Kacheln dekoriert. Viele Aktivitäten werden angeboten: Schnorcheln, Kanu- und Segelbootfahrten stehen obenan. Super Anlage, super Strände, sehr gutes Restaurant, und... entsprechend exklusiver Preis (*☎ 800 343 8567, www.littlepalmisland.com*).

Key West

Südlichste US-Stadt „Key West – the last resort" bejubelten einst die Reiseführer die südlichste Stadt der kontinentalen USA. Das letzte Paradies? Die Ankunft zumindest wirkt etwas desillusionierend: Sobald man auf dem Key ankommt, gabelt sich der Highway in den North und South Roosevelt Boulevard. An ihm entlang liegen die einschlägigen Motels: Einheitsverschnitt mit fast steten Sonderangeboten aufgrund des Konkurrenzdrucks.

Gut restauriert Erst wenn man sich dem alten Kern von Key West nähert, dessen Hauptstraße und gleichzeitig Flanierboulevard die **Duval Street** ist, entdeckt man liebevoll restaurierte alte Holzhäuser, von einem kaum zu entwirrenden Mischstil der Neuengland- und Bahamas-Architektur geprägt. Viele dieser z. T. sehr herausgeputzten, alten Gebäude mit ihren Schatten spendenden Veranden sowie ihrer Lage inmitten tropisch-üppiger Vegetation wirken gerade wegen ihrer Über-Restaurierung nicht mehr authentisch. In den Seitenstraßen mag man dagegen mehr in Würde gealterte Häuser antreffen, die weniger Lack, dafür aber schon so manchen Besitzer überlebt haben und von verwilderten Tropengärten umgeben sind.

Key West zählt heute 33.000 Einwohner und liegt 250 km südwestlich von Miami. Nach Kuba sind es gerade mal 145 km.

Auffallend und anregend ist das bunte Völkergemisch: Alte Hippies aus den Sechzigern und frühen Siebzigern tun so, als sei die Zeit an ihnen vorübergegangen. Homo-Pärchen und neugierig umherstreunende Touristen, Fischer und Weltumsegler, Playboys und Le-

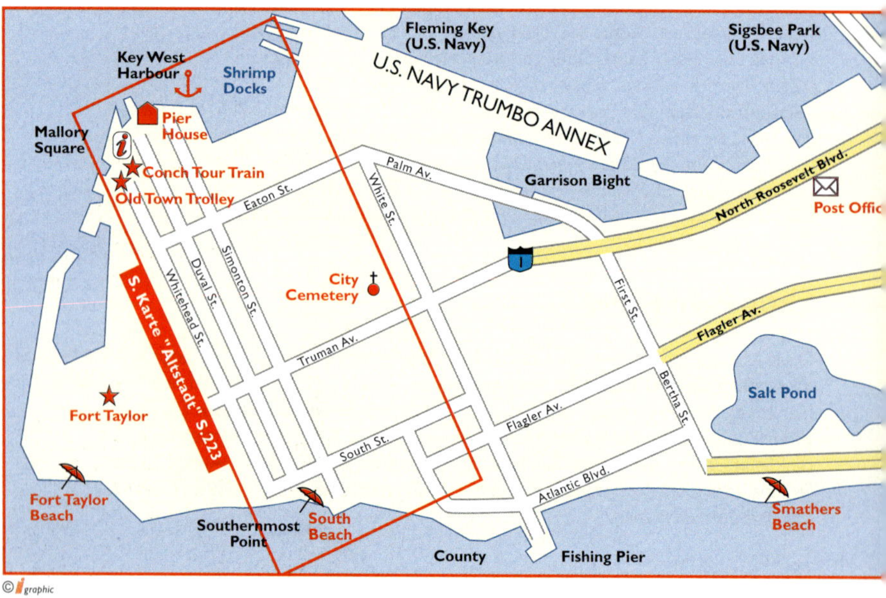

© graphic

bensküstler beleben die Straßenszenerie. All das erlebt man zum Beispiel beim Bummel entlang der Duval Street. Das milde Klima und die herrlichen Sonnenuntergänge motivieren mehr zum Genuss denn zur Arbeit.

Key West, das im geografischen Schnittpunkt zwischen dem nordamerikanischen Kontinent und den Inseln der Karibik liegt, hat so manch schöpferischen Geist in der Vergangenheit angezogen: *Harry S. Truman* wählte den ehemaligen Piratenort zu seiner Winterresidenz und wohnte im „kleinen weißen Haus". *Ernest Hemingway* lebte fast 10 Jahre hier, der Dramatiker *Tennessee Williams* ebenso. Der berühmte *James Audubon* zeichnete in Key West seine fast naturidentisch-genauen Vogelbilder.

Nach Jahren des Niedergangs besann man sich auf die eigene Historie. Immer mehr Menschen werden angelockt, um die „Atmosphäre" zu schnuppern. Probleme? Ja, vielleicht die Wasserversorgung. Längst ist man von den Zisternen abgegangen und transportiert Wasser vom Festland über eine 45 cm dicke Wasserleitung (die man im Verlauf des Overseas Highway zu sehen bekommt). Als sie nicht

Redaktionstipps

- **Übernachten:** Nach wie vor erste Adresse wegen seiner Lage und Aussicht auf das Meer ist das **Pier House**. Gediegen und historisch wohnt es sich z. B. im **The Curry Mansion Inn**.
- **Unternehmungen/Aktivitäten:** zu Fuß die Duval und Whitehead Street entlanglaufen (S. 223) - und schon kommt man automatisch an fast allen Sehenswürdigkeiten vorbei. Abends vor Sonnenuntergang unbedingt zum **Mallory Square** (S. 224) gehen, um hier die Gaukler, Zauberer, Darsteller und den Sonnenuntergang zu erleben. Bootsausflug zu den **Dry Tortugas** (S. 240) unternehmen.
- **Abendessen:** Besonders schön, da mit Aussicht auf das Meer, ist das Restaurant des **Pier House**. Tolles Essen und ausgezeichneter Service. Individuell und abseits der Touristenströme: **Martin's** (S. 237) mit seiner international-deutsch geprägten Küche auf hohem Niveau oder im **A & B Lobster House** (S. 236) mit hervorragenden Fischgerichten.

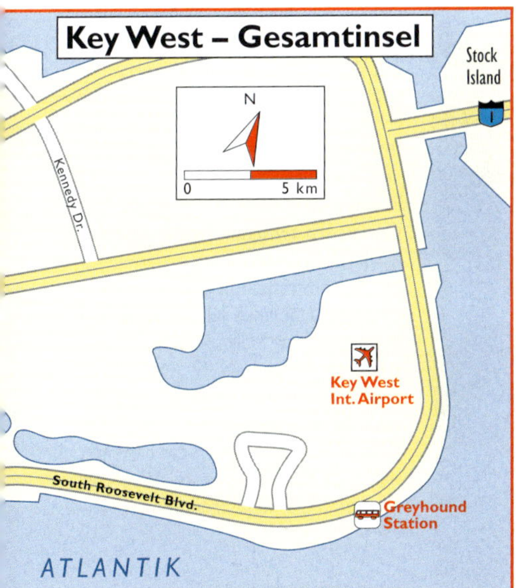

Schön bunt: Shop in der Duval Street

Meer-wasserent-salzung

mehr reichte, baute man eine moderne Meerwasser-Entsalzungsanlage. Heute stammen 70 % des Trinkwassers (über 11 Mio. Liter täglich) aus dem Atlantik.

Tipp

Mit einem ***Katamaranboot*** kann man von der Westküste (Fort Myers) einen Tagesbesuch von Key West einplanen und sich lange Autofahrten ersparen (s. S. 240).

Geschichte

Viele Einflüsse

Key West lag stets am Schnittpunkt vieler Einflüsse: Die Nähe zum amerikanischen Festland prägte ebenso seine Entwicklung wie die Nähe zur Karibik. *Wright Langley*, ein Ortschronist, fand auf dem Gelände der Navy alte Knochenreste. Auch die Spanier berichteten Mitte des 18. Jh., dass sie menschliche Knochen entdeckt hatten. Ob es sich dabei um einen Beweis für Kannibalismus handelt oder um einen Hinweis auf kriegerische Auseinandersetzungen verfeindeter Indianerstämme, ist nicht auszumachen. Die Funde inspirierten die Spanier zur Namensgebung: Sie nannten die Insel *caya hueso* (Insel der Knochen). Sprachliche Großzügigkeit anglikanisierte diesen Namen in Key West.

Der erste weiße Besitzer von Key West war der Spanier *Juan P. Salas* aus St. Augustine (1815), dem das Land von der spanischen Krone übereignet wurde. 1821 verkaufte *Salas* seinen Besitz für 2.000 US$ an den Geschäftsmann *John W. Simonton* aus Alabama. Seit 1822 gilt Key West als dauerhafte Siedlung: Am 23. März 1822 setzte sich hier die US-Navy unter Kommandant *Matthew Perry* fest. Als er mit der Flotte hier landete, hisste er sogleich die US-Flagge: Damit wurden formell die Florida Keys sowie Key West unter US-Herrschaft gestellt.

In dieser Zeit nahm die Piraterie in den Gewässern zwischen Florida und den karibischen Inseln immer stärker zu. Unter Kommandant *David Porter* wurde deshalb im Jahre 1823 eine Schutzflotte, die West Indian Squadron, aufgestellt. Ihr gehörten 17 Schiffe und über 1.000 Mann Besatzung an. Heimathafen wurde Key West. Die über 2.000 Piraten lehrte man das Fürchten, selbst ihr durchtriebenster Vertreter, *Gasparilla*, wurde festgenommen.

Historische Häuschen

Allabendliche Show vor dem Sonnenuntergang am Mallory Square

Die Entwicklung des strategisch so günstig gelegenen Key West schritt schnell voran:
- Um 1868 brachten kubanische Einwanderer die Zigarrenfabrikation nach Key West. Etwa 100 Millionen Zigarren wurden jährlich um 1890 produziert. 2.700 Männer und Frauen rollten in 166 Betrieben Tabakblätter.
- Der Handel mit Schwämmen blühte.
- Das „Wrecking" blieb zunächst eine wichtige Einkommensquelle: Mit dem Ausbeuten von Schiffswracks war eine ganze Meute von Beutefängern beschäftigt! Ab 1825 wurde ein Gesetz erlassen, nach dem nur US-Bürger Schiffswracks entlang der Florida-Küste bergen durften. Die eingefleischten Wrecker von den Bahamas verlegten daraufhin ihren Wohnsitz an die floridianische Küste. Diese Eingewanderten nannte man **„Conchs"**, analog zur Bezeichnung einer häufig hier vorkommenden Muschelart.

Wirtschaftlich erfolgreich

Schiffsfriedhof

Man muss sich vergegenwärtigen, dass aufgrund der Strömungen, Riffe, Sandbänke und Stürme Floridas südwestliche Küste stets ein wahrer Schiffsfriedhof war. Key West entpuppte sich als idealer Ausgangspunkt der meisten „Hilfsaktionen". Wer als erster das Wrack erreichte, durfte es ausbeuten, nachdem er die Schiffbrüchigen in Sicherheit gebracht hatte.

1888 zählte Key West 18.000 Einwohner. Damit war es die größte Stadt Floridas. Das Pro-Kopf-Einkommen in den USA lag nirgendwo höher als hier. Ab 1912 gab es einen weiteren wirtschaftlichen Impuls: Die Bahn über die Florida Keys war fertig gestellt, der **Touristenzustrom** begann und brachte neues Geld. Doch um 1930 zeigte der Börsenkrach erste Spuren: Die Weltwirtschaftskrise tangierte auch Key West, die US-Navy zog sich zurück, die Schwammbänke wurden von einer verheerenden Krankheit befallen. Den letzten Stoß versetzte der Hurrikan des Jahres 1935, als die Eisenbahnver-

Krisen von Key West

bindung völlig zerstört wurde. Auch die Zigarrenproduzenten zogen ab: Sie gingen nach Tampa, da sie der hiesigen Arbeitskonflikte überdrüssig waren.

Beginnender Touristenboom

Im Zuge der Kubakrise im Jahre 1962 floss verstärkt Navy-Geld nach Key West. Die Krabbenfischerei boomte, Restaurierungsaktivitäten verschönerten den alten Stadtteil, Touristen kamen immer lieber und in immer höherer Zahl nach Key West. Die Piraten von heute haben es eher auf Touristen abgesehen…

info

Die Conchs – die „Ureinwohner" von Key West

Conch - damit bezeichnet man eigentlich eine Riesenmuschel. Ein waschechter Conch muss natürlich in Key West geboren sein, wer allerdings mindestens 7 Jahre hier lebt, ist immerhin der Weihen eines „Freshwater Conch" würdig. Probieren sollten Sie auf jeden Fall die „Conch Chowder", eine cremige Suppe, die aus Muschelfleisch hergestellt ist.

Stadtbesichtigung

Treiben lassen!

Es ist schwer, einen „Stadtrundgang" durch Key West festzuschreiben. Am besten lässt man sich einfach treiben. Auf dem Stadtplan sind zur Orientierung die folgenden interessanten Stellen vermerkt.

Wenn man am zentralen Punkt, dem **Mallory Square**, losgeht, schlendert man am besten zunächst durch die **Whitehead Street** zum **Key West Aquarium** *(Whitehead*

Weltberühmt: der Sonnenuntergang von Key West

> **Hinweis**
>
> Man kann - außer in den heißen Sommermonaten von Juni bis Mitte September - Key West am besten zu Fuß erkunden. Praktisch alle Hauptsehenswürdigkeiten liegen entlang zweier Straßen. Ansonsten bieten sich die Rundfahrten mit dem Trolley oder der Conch Train an (s. S. 230).

Street – Ecke Mallory Square), zum **Shipwreck Historeum** *(1 Whitehead Street)*, gleich um die Ecke *(in der 200 Green Street)* liegt das **Mel Fisher Maritim Museum (4)**, ebenso das **Little White House (8)** *(111 Front Street)*. Dann weiter das **Audubon House (3)** *(205 Whitehead Street)*, danach das **Hemingway House (5)** *(in der Nr. 907)* und das **Key West Lighthouse (7)** *(938 Whitehead Street)*. Endpunkt der Straße: der **Southernmost Point**.

Von da aus geht es zurück über die Truman Avenue, in die man nun nach rechts abbiegt, bis zur **Duval Street.** Hier liegen viele Souvenirläden und viele der Touristenbars und -lokale. Dazu gehört das **Margaritaville** (Nr. 500, Besitzer ist *Jimmy Buffet*) sowie **Sloppy Joe's** (Nr. 2001, angeblich die Lieblingsbar von Hemingway).

Vielleicht haben Sie auch Lust, durch das alte afrikanisch-karibische Viertel von **Bahama Village** zu schlendern. Hier gibt es neben schönen restaurierten Häusern einige Boutiquen, Lokale und Kunsthandlungen.

© graphic

Mallory Pier und Mallory Square

Der Mallory Square ist ein Platz mit vielen kleinen Geschäften, Souvenirläden und Boutiquen. Benachbarte Restaurants und Bars laden zum Verweilen ein. Eine halbe Stunde vor Sonnenuntergang wird es hektisch: Alle Welt eilt über den Square zum Mallory Pier. Hier zelebriert man den Sonnenuntergang: Touristen, Gaukler und Hippies, Clowns und Künstler, Popcornverkäufer und Banjospieler sorgen für buntes Treiben. In der Bucht legen riesige, die Häuser überragende Kreuzfahrtschiffe an, die allerdings vor Sonnenuntergang verschwunden sind, nachdem die Touris ihre Dollars in Sloppy Joe's Bar vertrunken oder in T-Shirts investiert haben. Dann, wenn die Kulisse von keinem Dampfer verdeckt ist, darf die Sonne malerisch untergehen und die Menschenmenge klatschen. Langsam verteilt sich der Menschenstrom dann in der Altstadt und ihren vielen Restaurants (*www.sunsetcelebration.org*).

Pier House Resort (1)

Dies ist das Vorzeigehotel von Key West mit kleinem Privatstrand und einem guten (wenn auch teuren) Restaurant. Super Lage und sehr ruhig. Sehenswert ist der Innenhof mit seinen sehr schönen Gartenanlagen, dem Swimmingpool und Koi-Teich (*www.pierhouse.com*).

Museen

Vom Mallory Square kann man gut folgende Museen erkunden:

Shipwreck Historeum (10)

In einem „alten" Haus zeigen Darsteller die Geschichte des gesunkenen Schiffs Isaac Allerton, das 1857 auf ein Riff lief. An diesem Beispiel wird gezeigt, wie die „Bergungsindustrie" von gesunkenen Schiffen in Key West entstand. So mancher Seemann, der auf die gesunkenen Schätze wartete, wurde dadurch reich.

Shipwreck Historeum, *1 Whitehead Street, ☎ (305) 292 8990, www.shipwreckhistoreum.com, tgl. 9.45–17 Uhr, ca. $ 15.*

The Wreckers' Museum/Oldest House (2)

In dem „ältesten" (?) Haus von Key West kann man sich ein Bild vom Leben der alten Schiffsplünderer, der „Wrecker", machen. Interessant ist zu sehen, wie man damals lebte und sich einrichtete.

The Wreckers' Museum/Oldest House, *322 Duval Street, ☎ (305) 294 9501, www.oirf.org, 10–16 Uhr, So und Mi geschlossen.*

Audubon House and Garden (3)

Klassiker der Vogelbücher

Der berühmte Naturzeichner *John James Audubon* hielt sich 1832 einige Wochen hier auf, um Floridas Vogelwelt zu studieren und zu zeichnen. Sein 4-bändiges Nachschlagewerk „Birds of America" gilt als Klassiker. Dieser kurze Aufenthalt von *Audubon* sollte genügen, um dem nun liebevoll restaurierten Haus einen attraktiven Namen zu geben. Audubon wurde als *Jean Jacques Audubon* 1785 als Sohn eines französischen Militärs auf Haiti geboren. Seine Jugend verbrachte er in Frankreich, ging dann aber als 18-Jähriger nach Amerika, da seine Familie im Verlauf der Revolution verarmte. 5 Jahre später heiratete er eine wohlhabende Amerikanerin. Er widmete sich fortan verstärkt dem Zeich-

nen, insbesondere von Vögeln. Wissenschaftliche Genauigkeit und künstlerische Begabung ließen ihn sein Lebenswerk „The Birds of America" schaffen. 435 der wichtigsten und schönsten Vögel des Kontinents hat er hier illustriert. Seine Aquarelle wurden von einem Kupferstecher in Europa umgesetzt.
Das Haus wurde 1830 von Captain *John Geiger* gebaut, einem der besonders erfolgreichen „Wrecker". Bis 1956 lebten hier Nachfahren von Geiger. Danach bewohnte es ein schrulliger Junggeselle namens Smith. Als er nach 30 Jahren starb, organisierte die Familie Wolfsons im Rahmen einer für Amerika so typischen „Foundation" (Stiftung) die Rettung des lokalhistorisch bedeutsamen Hauses. Der privaten Initiative gelang es, genügend Geld aufzutreiben, um das Haus zu restaurieren und um es mit kostbaren Möbeln des 18. Jh. auszustatten. Ein sehr schönes architektonisches Kleinod!
Audubon House and Garden, *205 Whitehead St., ☏ (305) 294 2116, www.audubonhouse.com, tgl. 9.30–17 Uhr, $ 12.*

Mel Fisher Maritime Heritage Society Museum (4)

Dieses sehr interessante Museum liegt praktisch gegenüber dem Audubon House. Hier hat der weltberühmte Schatzsucher *Mel Fisher* (1998 verstorben) die 1622 in einem Hurrikan gesunkenen spanischen Galeonen „Nuestra Señora de tocha" und „Santa Margarita" ausgestellt. *Schatzsucher Nr. 1*
Mel Fisher Maritime Heritage Society Museum, *200 Greene St., ☏ (305) 294 2633, www.melfisher.org, Mo–Fr 8.30–17.30, Sa/So ab 9.30 Uhr, $ 12,50.*

Little White House (8)

Das ehemalige Ferienhaus von Präsident *Harry S. Truman* kann man besichtigen, wobei der Truman-Annex (zwei Räume, die seine Präsidentschaft und sein politisches Wirken

Mel Fisher Maritime Heritage Society Museum

dokumentieren), keinen Eintritt kostet. Bei der Besichtigungstour kann man Trumans Piano und sein Mobiliar sehen sowie sich ein 15-minütiges Video über sein Leben anschauen.
Little White House, *111 Front Street, ☏ (305) 294 9911, www.trumanlittlewhitehouse.com, tgl. 9–16.30 Uhr, Tour alle 20 Min., ca. $ 16.*

Birthplace of „Pan American World Airways" (6)

Dies war das erste Bürogebäude der Fluggesellschaft Pan Am. Der Flug Nr. 1 startete am 28. Oktober 1927 nach Havanna – gleichzeitig war dies der allererste Linienflug von den USA ins Ausland. Heute ist in diesem Gebäude Kelly's Caribbean Bar, Grill & Brewery untergebracht, in dem noch einige Flugmemorabilien zu bestaunen sind.
Birthplace of PanAm, *Kelly's Caribbean Bar, Grill & Brewery, 301 Whitehead, ☏ (305) 293 8484, www.kellyskeywest.com.*

Erstes Büro der Pan Am

Ernest Hemingway Home and Museum (5)

Dieses Haus kaufte *Hemingway* im Jahre 1931 für 6.000 US$. Damals war es bereits 32 Jahre alt und ziemlich heruntergekommen. Nach einer Renovierung lebte er in diesem typischen „Conch"-Haus etwa 10 Jahre mit seiner zweiten Frau *Pauline*, bevor er nach Kuba zog. Ende der 30er Jahre baute Hemingway hier einen Swimmingpool, den ersten in Key West. Oft wird behauptet, Hemingway sei ein Katzennarr gewesen und die hier umher schleichenden Katzen seien Nachfahren der Hemingway-Katzen ... Die Führer erzählen oft, Hemingway habe 50 6–7-zehige Katzen besessen. Dem widersprechen der langjährige Freund Hemingways, *Toby Bruce*, sowie Hemingways letzte Frau, *Mary*. Der Schriftsteller habe lediglich 2 Katzen für eine kurze Zeit gehalten, die Vorfahren der vielen Katzen gehörten dagegen dem Nachbarn.

Katzen-Idylle?

Informationen über Hemingway

info

Ernest Miller Hemingway wurde am 21. Juli 1899 in Oak Park (Illinois) geboren. Schon in jungen Jahren entwickelte er sich zu einer sehr eigenwilligen Persönlichkeit. Er lehnte sich – so würde man heute sagen – gegen das Establishment auf: Aus einem eher konservativen Elternhaus (sein Vater war Arzt) stammend, stand er in einem steten Spannungsverhältnis zu Schule, gesellschaftlichen Konventionen und der materialistisch ausgerichteten amerikanischen Lebensweise. Im Verlaufe des 1. Weltkrieges diente er als freiwilliger Sanitäter an der italienischen Front. Die hier gesammelten Erfahrungen dienten ihm als Hintergrund zu seinem Roman „A Farewell to Arms" (deutsch: In einem anderen Land).

Hemingway gehörte, wie die ihn stark beeinflussende *Gertrude Stein* einmal bemerkt hatte, zur verlorenen Generation, die nach Identifikationsfiguren suchte. Dies war die Generation, die durch den ersten Weltkrieg und seine Folgen desillusioniert wurde und nun um künstlerische Ausdrucksmittel für ihre Gefühls- und Gedankenwelt rang. Der Leere und Monotonie der Gesellschaft versuchte Hemingway durch eine „barometrische Genauigkeit" zu begegnen, indem er einen lakonisch-sachlichen Stil anstrebte. Seine Romanfiguren, die sich in einer scheinbar sinnlos gewordenen Welt zurechtfinden müssen, verkörpern die Gefühle und Aktivitäten des damaligen Lebens.

Literarisch wurde Hemingway stark von *Gertrude Stein*, aber auch *Ezra Pound, Mark Twain, Sherwood Anderson* und *T. S. Eliot* beeinflusst.

Um 1937 schuf Hemingway hier in Key West „To Have and Have Not" (Haben und Nichthaben), einen Roman, dessen Hintergrund das von wirtschaftlichen Krisen geschüttelte Key West bildet. Hier bringt ein karibischer Desperado die Ohnmacht der sozial Benachteiligten zum Ausdruck, während die Oberschicht im Prozess eines kulturellen und sittlichen Niedergangs begriffen ist. Das war natürlich nicht der Stoff, aus dem in Amerika Romane entstanden, denn Sozialkritik war nicht angesagt... Dementsprechend war dieses Werk nicht sehr erfolgreich. Später war Hemingway Berichterstatter im Nahen Osten und im Spanischen Bürgerkrieg, der den Rahmen für seinen Roman „For Whom the Bell Tolls" (Wem die Stunde schlägt) bildet. Seinen großen Durchbruch erreichte er erst mit „The Old Man and the Sea" (Der alte Mann und das Meer). 1954 erhielt er für diese Erzählung den Nobelpreis der Literatur.

Hemingway wurde oft als „Haudegen" bezeichnet, der sehr grob, sehr oberflächlich und sehr aggressiv mit anderen Literaten und Kritikern umgehen konnte. Wahrscheinlich waren aber diese Ausbrüche eher eine Art Entladung und Ausgleich, denn er arbeitete sehr hart an seinen Manuskripten. In Wirklichkeit war Hemingway ein sehr sensibler, mitfühlender Mensch, der zutiefst Unterdrückung hasste. Wie schrieb doch *Werner Krum* in seinem lesenswerten Florida-Buch (Florida, Prestel Verlag, S. 113): „*Ernest Hemingway war in all seiner Explosivität und zugleich Zartheit ein Mensch, der weniger dem Intellekt als den mythischen und schicksalhaften Zusammenhängen zugetan war. In manchen seiner Erzählungen liegt etwas vom ahnungsüberschatteten Ausgeliefertsein gegenüber den Göttern des alten Griechenland.*"

Ernest Hemingway beging am 2. Juli 1961 in Ketchum/Idaho Selbstmord.

Man kann alleine durch das Haus wandeln, sich in dem in Würde gealterten Garten niedersetzen und die umher schleichenden Katzen beobachten.

Ständig ist ein Kommen und Gehen: Hemingways Haus gilt als Touristenattraktion Nr. 1. Der Reiseschriftsteller *Mark Hugh Miller* schreibt:
„Der Führer geleitet eine höfliche Besuchergruppe von Zimmer zu Zimmer. Er erzählt etwas über die Kristall-Leuchter, über die Installation, über die Kachel-Ornamente und über Hemingways Frauen im gleichen Atemzug… so, als ob die Frauen, mit denen Hemingway unter einem Dach lebte, ein Teil des Hausstandes des literarischen Genius waren…"

Berühmte Werke

In diesem Haus schrieb Hemingway seine berühmten Werke „Wem die Stunde schlägt" (For Whom the Bell Tolls), „Schnee am Kilimandscharo" (The Snows of Kilimanjaro) und „Haben und Nichthaben" (To Have and Have Not). Obgleich Hemingway das Haus bis 1961 besaß, zog er nach der Scheidung von seiner zweiten Frau mit seiner neuen Lebensgefährtin *Martha Gelhorn*, einer Korrespondentin, nach Kuba. Gelegentlich kehrte er jedoch hierher zurück. Nach seinem Tode wurde das Haus für 80.000 US$ verkauft und zwei Jahre später zu einem Museum umgestaltet.
Ernest Hemingway Home and Museum, *907 Whitehead St., ☎ (305) 294 1136, www.hemingwayhome.com, tgl. 9–17 Uhr, $ 12,50.*

Key West Lighthouse/Keeper's Quarters Museum (7)

Es mag verwundern, dass der einst knapp 30 Meter hohe Leuchtturm mitten im Ort steht. Er wurde 1847 erbaut, nachdem ein Hurrikan den alten Leuchtturm an der Küste zerstörte. Ursprünglich war der Turm nur 15 Meter hoch. 15 große Öllampen und etwa 40 cm große Reflektoren zeigten den Schiffen den Weg. 88 Stufen führen nach oben, sodass man einen guten Überblick über die Stadt gewinnt. Man muss sich vorstellen, dass der Leuchtturmwärter täglich hier rauf musste, um die Öllampen zu füllen und die Reflektoren zu säubern. Die Witwe eines Leuchtturmwärters, *Barbara Mabrity*, nahm diesen Dienst 32 Jahre bis zum Alter von 82 Jahren wahr (nachdem der ursprüngliche Leuchtturm 1846 vom Hurrikan zerstört wurde), bis sie gefeuert wurde, weil sie sich im Bürgerkrieg gegen die Unionsstaaten stellte. Key West war zu dieser Zeit eine strategisch wichtige Stelle.
Heute kann man sich auch ein Bild davon machen, wie die Familien damals lebten. Das Haus wurde komplett restauriert. Im „Keeper's Quarters Museum" gibt es Karten, Fotos und Instrumente zu besichtigen.
Key West Lighthouse/Keeper's Quarters Museum, *938 Whitehead Street, ☎ (305) 295 6616, www.kwahs.com, tgl. 9.30–16.30 Uhr, $ 10.*

Key West Lighthouse

Southernmost Point (9)

Er markiert den südlichsten Punkt der *kontinentalen* USA, denn Hawaii als 50. Bundesstaat der USA liegt noch deutlich südlicher, aber halt im Pazifik. Bis 1983 stand hier eine Holztafel, die aber oft als Souvenir mitgenommen wurde. Mit diesem Betonklotz – sicherlich dem meistfotografierten in den USA – würden es „Sammler“ deutlich schwerer haben. Eine kleine Hintergrundgeschichte: *Ronald Reagan* lud man zwecks Einweihung ein und wollte ihn motivieren zu kommen, indem man ihm anbot, die hier beginnende South Street nach ihm zu benennen. Da er der Einladung nicht nachkam, blieb alles beim Alten...

Southernmost Point

Reisepraktische Informationen Key West

Vorwahl: *305*

Informationen

Greater Key West Chamber of Commerce, *510 Greene Street, 1st Floor,* ☎ *294 2587, www.keywestchamber.org, www.fla-keys.com, www.keywest.com*

Touren

Um sich einen Überblick von Key West zu verschaffen, kann man Besichtigungsrundfahrten entweder mit dem **Conch Train** *oder der* **Old Town Trolley** *unternehmen. Empfehlenswerter ist aber eine Erkundung per Motorroller, Elektrowagen, Fahrrad oder zu Fuß.*

The Conch Tour Train: *Verkaufsstand (Ticket Booth): 303 Front Street; 501 Front Street; 901 Caroline Street; 3840 N. Roosevelt Blvd., ☏ 294 5161 www.conchtourtrain.com ($ 29, im Internet sind die Tickets günstiger). Es werden auch packages zusammen mit anderen Sehenswürdigkeiten angeboten. Die offenen, überdachten Wagen werden von einer „Lokomotive" durch die Straßen gezogen. Der Conch Train (erstmals 1958 in Betrieb genommen) verkehrt von 9 bis 16.30 Uhr. Abfahrten je nach Andrang in kurzen Abständen. Haltestationen sind der Mallory Square und North Roosevelt Blvd. Depot (zwischen Quality Inn und Trave-*

info

Zigarren aus Key West

Key West ist eine alte Zigarrenmetropole. Die geografische Nähe zu Kuba mit seinen Tabakplantagen sowie eingewanderte Zigarrenroller machten Key West in den vergangenen 100 Jahren zu einer wichtigen Produktionsstätte. Da es aber Ärger mit lokalen Gewerkschaften der Zigarrenroller gab, zog die Zigarrenproduktion nach Tampa (Ybor City). Und bis vor einem Jahrzehnt gab es nur noch eine einzige Zigarrenfabrikation in Key West, die Key West Cigar Factory. Heute werden - wie vor bald einem Jahrhundert - in Key West an verschiedenen Produktionsstätten Zigarren von kubanischen Einwanderern gerollt, ein guter Arbeiter schafft 300 Stück am Tag.

Seit über 40 Jahren werden in der **Key West Cigar Factory** Zigarren hergestellt, und noch heute kann man sie auch kaufen (*1200 Fourth Street Suite 134, www.kwcigarfactory.com, ☏ 294 3470*).
Eine weitere Möglichkeit, tagesfrische Zigarren zu kaufen, ist die **Conch Republic Cigar Factory** (*512 Green Street, www.conch-cigars.com*).

Key West Cigar Factory

Conch Train Tour

lodge gelegen). Die Tour dauert etwa 1 ½ Stunden und führt an den wichtigsten Sehenswürdigkeiten der Stadt vorbei. Unterwegs sieht man: das Key West Aquarium, das Key West Shipwreck Museum, die Flagler Station, das Hemingway House, Sloppy Joe's Bar, den Mallory Square, Harry S. Truman Little White House, den Schoner Western Union und die Key West Handprint Fabrics. Allerdings ist man die ganze Zeit der Dauerberieselung durch den Fahrer ausgesetzt... Unterwegs kann man auch nicht aussteigen.

Old Town Trolley, *1910 N. Roosevelt Blvd., ☎ 296 6688, $ 29. Tickets gibt es im Internet mit 10 % Rabatt: www.trolleytours.com. Parken möglich am Mallory Square, Hilton Parking Garage oder Key West Welcome Center (N. Roosevelt Blvd.).*
Die Trolleys sind Wagen, die der Cable Car von San Francisco nachgebildet sind. Die Trolley-Tour führt etwa an den gleichen Sehenswürdigkeiten vorbei wie der Conch Train. Man kann aber im Gegensatz zum Conch Train an vielen Stellen zusteigen, aussteigen und mit der nächsten Trolley weiterfahren. Die Trolleys verkehren etwa zwischen 9 und 16.30 Uhr in halbstündigem Abstand. Dauer: ca. 90 Minuten.
Haltestationen sind:

1. *Mallory Square*
2. *Historic Waterfront*
3. *Simonton Row, Simonton und Greene St.*
4. *Duval Street am La Concha Crowne Pl.*

Redaktionstipps

- **Übernachten:** Empfehlenswert sind die individuellen Bed-&-Breakfast-Häuser, sie verfügen meist über mehr Charme als die großen Hotels, besonders schön sind auf Key West, z.B. „Eden House" oder „Cypress House". Wer lieber in einem Resort absteigen möchte: Die „Sheraton Suites" sind besonders großzügig geschnitten und es gibt einen tollen Pool.
- **Essen:** Eines der vielen Seafood-Restaurants entlang der Keys sollte Ihnen den Lunchstopp wert sein. Die Meeresfrüchte sind immer frisch! In Key West: Dinner mit Blick aufs Wasser im „Pier House"; für den schmalen Geldbeutel und der Atmosphäre wegen: „Half Shell Raw Bar" und kubanisch im „El Siboney" (alle S. 236).

5. Bahama Village Market
6. Fairfield Inn
7. Key West Welcome Center
8. Best Western Key Ambassador
9. Casa Marina Resort
10. Southernmost Point
11. Truval Village und Duval Street
12. Angela und Duval Streets

Übernachtung

Es gibt eine Vielzahl von Übernachtungsmöglichkeiten. Neben den internationalen Hotels und üblichen Motels gibt es vor allem sehr schöne, individuelle Hotels oder B&B-Häuser, die zumeist geschmackvoll restaurierte „Conch"-Häuser sind (also Holzhäuser, meist eingeschossig, mit großen überdachten Veranden wie sie in den Südstaaten üblich sind).

Individuelle Häuser

Diese Unterkünfte sind im Allgemeinen nicht billiger als die Hotels/Motels „internationalen" Stils (s.u.). Sie sind aber auf jeden Fall individueller, stilvoller und erlebnisintensiver. Bedenken Sie bitte, dass die Preise bei diesen Häusern je nach Saison stark variieren. Eine Auswahl:

Heron House Court $$$ (4), *412 Frances St., ☎ 296 4719, www.heronhousecourt.com. Das Haus wurde einst als Wohnraum für Flaglers Arbeiter gebaut, heute ist es ein angenehmes B&B mit 16 Zimmern, AC.*

Duval House $$$ (17), *815 Duval St., ☎ 294 1666, www.duvalhousekeywest.com. 28 Zimmer, AC, Pool, sehr gut ausgestattet.*

Eden House $$$ (5), *1015 Fleming St., ☎ 296 6868, www.edenhouse.com. AC, Pool, Jacuzzi, Fahrradverleih. Ein gutes Haus im Jugendstil, 1924 erbaut. Im tropischen Garten kann man auf Hängematten oder Korbstühlen relaxen.*

Key West Bed & Breakfast (The Popular House) $$$ (7), *415 William Street, ☎ 296 7274, www.keywestbandb.com. In dem im Bahamas-Stil errichteten Holzhaus von ca. 1898 wurde von der Besitzerin Jody Carlson ein liebevoll dekoriertes B&B eingerichtet. Die acht Zimmer im karibischen Design sind so richtig zum Wohlfühlen. Jacuzzi, Sauna, Gemeinschaftsraum und Garten.*

The Merlin Guesthouse $$$ (14), *811 Simonton St., ☎ (800) 642 4753, www.historickeywestinns.com. Freundliche Zimmer, schöner Garten, Swimmingpool.*

Old Town Manor $$$-$$$$ (10), *511 Eaton St., ☎ 292 2170, www.oldtownmanor.com. Schönes B&B mitten in der Altstadt mit 14 Zimmern und Suiten mit AC.*

Paradise Inn $$$$ (13), *819 Simonton St., ☎ 293 8007, www.theparadiseinn.com. Gediegenes Haus mit einem tropischen Garten.*

Wicker Guesthouse $$$$ (18), *913 Duval St., ☎ 296 4275, www.wickerhousekw.com. Komplex von neuen und restaurierten Häusern inmitten der Altstadt.*

The Mermaid & The Alligator $$$$ (15), *729 Truman Ave., ☎ 294 1894, www.kwmermaid.com. Ein sehr persönlich geführtes, luxuriöses Bed-&-Breakfast-Haus. Ausgezeichnetes Frühstück.*

Marrero's Guest House $$$$ (16), *410 Fleming St., ☎ 294 6977, www.marreros.com. 13 Zimmer mit AC, schöner Pool.*

Cypress House $$$$ (3), *601 Caroline St., ☎ 294 6969, www.cypresshousekw.com. Historisches Haus von 1888, als Historic Place gelistet. 15 Zimmer, Pool.*

Artist House $$$$ (8), *534 Eaton St., ☎ 296 3977, www.artisthousekeywest.com. 7 Zimmer, AC.*

The Curry Mansion Inn $$$$$ (2), *511 Caroline St., ☎ 294 5349, www.currymansion.com. AC, bestens restauriertes historisches Haus (einstige Winterresidenz eines Millionärs) im viktorianischen Stil mit 28 Zimmern, stilvolle Inneneinrichtung, erstklassiges Frühstück!*

Key West – Hotels, Restaurants
Golf von Mexico
U-Boot Basin
Atlantik
Pier House
Old Town Trolley Tours
Key West Shipwreck Historeum Museum
Tropical Gardens
Mel Fisher Maritime Heritage Museum
Audobon House
Wreckers' Museum/ Oldest House
Little White House
Hemingway House
Key West Lighthouse
Southernmost Point
zur Greyhound Station
Front St.
Wall St.
Fitzpatrick St.
Greene St.
Simonton St.
Ann St.
Caroline St.
Rose Ln.
Eaton St.
Elizabeth St.
Peacon Ln.
James St.
Frances St.
Grinnell St.
Fleming St.
Margaret St.
William St.
Love Ln.
Angela St.
Bahama St.
Duval St.
Southard St.
Windsor La.
Whitehead St.
Thomas St.
Emma St.
Petronia St.
Center St.
Olivia St.
Truman Av.
Fort St.
Dekalb Av.
Julia St.
Virginia St.
Amelia St.
Catherine St.
Louisa St.
United St.
South St.
N
0
300 m
Hotels
1 Pier House Resort & Caribbean Spa
2 The Curry Mansion Inn
3 Cypress House
4 Heron House Court
5 Eden House
6 Island City House Hotel
7 Key West B&B
8 Artist House
9 The Banyan Resort
10 Old Town Manor
11 The Marquesa
12 The Gardens Hotel
13 Paradise Inn
14 The Merlin Guesthouse
15 The Mermaid & The Alligator
16 Marrero's Guest House
17 Duval House
18 Wicker Guesthouse
19 Crowne Plaza
20 Hyatt Key West
Restaurants/Bars
21 Antonia's
22 Louie's Back Yard
23 Seven Fish
24 Captain Tony's Saloon
25 Sloppy Joe's Bar
26 Hot Tin Roof
27 A&B Lobster House
28 Turtle Kraals
29 Bagatelle
30 Michael's
31 Mangia Mangia
32 Croissant de France
33 Pisces
34 Martin's
35 La-Te-Da
36 915 Restaurant
© graphic

Viele Bed&Breakfast-Unterkünfte sind in restaurierten Häusern untergebracht

The Gardens Hotel $$$$$ (12), *526 Angela St., ☎ 294 2661, www.gardenshotel.com. Sehr gepflegtes Haus mit einem schönen alten Garten (die verstorbene Besitzerin Peggy Mills war Gartenarchitektin!). Es erwartet Sie zurückhaltender Luxus. Alles ist hell und freundlich. Gelistet in „1000 places to see before you die".*
Island City House Hotel $$$$$ (6), *411 William St., ☎ 294 5702, www.islandcityhouse.com. Tolles B&B-Haus mit tropischem Garten, wo ein Frühstücksbuffet serviert wird.*
The Banyan Resort $$$$$ (9), *323 Whitehead St., ☎ 296 7786, www.thebanyanresort.com. Großzügige, sehenswerte Anlage, bestehend aus 7 historischen Häusern, 8 Apartments mit AC, 2 Pools, Tiki-Bar, schöner Gartenanlage.*

<u>International geprägte Hotels und Motels (Auswahl):</u>
Days Inn Key West $$, *3852 N. Roosevelt Blvd, US-1 & Roosevelt, ☎ 294 3742, www.daysinn.com. Günstiges Motel in floridianischem Rosa.*
Best Western Key Ambassador Resort Inn $$$, *3755 S. Roosevelt Blvd., ☎ 296 3500, www.keyambassador.com. Mittelklasse-Hotel mit 100 Zimmern, kostenlosem Frühstück und ansprechender Poolanlage.*
Quality Inn $$$, *3824 N. Roosevelt Blvd., ☎ 294 3773, www.comfortinn.com. Einfach und zweckmäßig, sauber.*
Parrot Key Hotel & Resort $$$$, *2801 N. Roosevelt Boulevard, ☎ 809 8251, www.parrotkeyresort.com. Schöne, relativ neue Anlage mit 118 großen Zimmern. Alles sehr sauber und gepflegt.*
Crowne Plaza Key West - La Concha $$$$ (19), *430 Duval St. (Altstadt), ☎ 296 2991, www.laconchakeywest.com. Bereits 1925 erbaut, hier wohnte schon Tennessee Williams.*
Pier House Resort & Caribbean Spa $$$$$ (1) *(in der Altstadt am Wasser gelegen), 1 Duval Str., ☎ 296 4600, www.pierhouse.com. Sehr romantisches Traditionshaus (126 Zim-*

mer) mit kleinem Strand, hübschem Pool und tropischem Garten. Relativ kleine Zimmer. Besonderheit: Sonnenuntergang vom Havanna Deck. Schönes Wellness-Center mit Swimmingpoolanlage, sehr gutes Restaurant mit Außenterrasse und schönem Blick auf das Meer.

The Marquesa $$$$$ (11), *600 Fleming St., ☎ 292 1919, www.marquesa.com. Ein professionell geführtes Luxushotel mit 25 Zimmern, aus Holz gebaut, aber innen mit allem Luxus ausgestattet. Besteht aus 4 restaurierten Häusern mit 2 sehr schön in die Anlage integrierten Pools mit Spa. Gutes Restaurant im Hause. Etwas Besonderes für den individuellen Geschmack!*

Casa Marina Resort $$$$$, *1500 Reynolds Ave., ☎ (888) 303 5717, www.casamarinaresort.com. Dieses Hotel baute hier der Bahnkönig Flagler 1921 am Ende seiner Florida East Coast Railway.*

Hyatt Key West $$$$$ (20), *601 Front St., ☎ 809 1234, www.keywest.hyatt.com. Luxuriöses Großhotel, geheizter Pool und Spa. Im hoteleigenen SHOR American Seafood Grill kann man mit Blick auf den Golf von Mexico eine moderne floridianisch-karibisch geprägte Küche genießen.*

Sheraton Suites $$$$$, *2001 South Roosevelt Blvd, ☎ 292 9800, www.sheratonkeywest.com. Großzügige Suiten und auch der lagunenähnlich angelegte Hotelpool sind eine Wucht. Shuttle in die Innenstadt.*

Für Budgetreisende:

Key West Youth Hostel, *718 South St., ☎ 296 5719, www.keywesthostel.com. Preiswerte, gepflegte Jugendherberge, Fahrradverleih. Es werden auch einfache Motel-Zimmer (mit eigenem Bad) angeboten. Internationales Rucksackpublikum, sehr preiswertes Essen.*

Camping

Sugarloaf Key KOA, *251 County Road 939, Sugarloaf Key, ☎ 745 3549, www.sugarloafkeykoa.com. Privater Campingplatz mit Strand und Bootsvermietung.*

Boyd's Key West Campground, *6401 Maloney Avenue, ☎ 294 1465, www.boydscampground.com. Außerhalb des Ortes gelegen auf Stock Island (Abzweig vom MM 5 nach Süden), Pool, sehr saubere sanitäre Anlagen, teilweise liegen die Plätze am Wasser.*

Restaurants

Generell: Es gibt in Key West fast unzählige Möglichkeiten, seinen Appetit und Durst zu stillen. Lassen Sie sich vielleicht einfach treiben und von einer Augenblickslaune und einem momentanen Eindruck inspirieren. Trotzdem ein paar Empfehlungen:

Cafe Marquesa, *600 Fleming St., ☎ 292 1919 und 292 1244, www.marquesa.com. Im Cafe Marquesa (im gleichnamigen Hotel) kann man abends wunderbar essen Die Starköchin Susan Ferry überrascht täglich mit neuen Gerichten. So sind neben den Fischgerichten u. a. der Lammrücken mit Ziegenkäse und einer Pistazienkruste eine Versuchung wert, oder die „Grilled Marinated Key West Shrimps". Überhaupt legt die Küche eher auf Leichtigkeit Wert.*

Louie's Back Yard (22), *700 Waddell Ave., ☎ 294 1061, www.louiesbackyard.com. Das 1909 erbaute Haus wurde nach einer Renovierung im Jahre 1971 zu einem Restaurant umgestaltet. Geöffnet zum Lunch und Dinner, teuer, aber man hat einen herrlichen Blick von der Terrasse auf Sonnenuntergang und Meer. Gerichte: kubanisch, karibisch und thailändisch beeinflusst. Viele Fischgerichte! Probieren sollte man als Nachtisch die Key Lime Pie mit einer Pistazienkruste. Mittags isst man bedeutend billiger und kann das Ambiente ebenso genießen.*

Bagatelle (29), *115 Duval St., ☎ 296 6609, www.bagatellekeywest.com. Das Restaurant liegt in einem alten, 1884 erbauten Haus. Spezialität: Snapper Rangoon (Fisch mit tropischen Früchten). Man kann auch draußen auf der Veranda essen.*

A & B Lobster House (27), *700 Front St., ☎ 294 5880, www.aandblobsterhouse.com. Spezialisiert (seit 1947) auf Fischgerichte. Elegante Atmosphäre, schöner Ausblick vom ersten Stock auf den Hafen. In der Berlin Bar kann man sich Zigarren und einen After Dinner Drink gönnen.*
Pisces (33), *1007 Simonton St., ☎ 294 7100, www.pisceskeywest.com. Sehr gute Seafood-Küche mit kreativen Menüs, unter anderem dem „Lobster Tango Mango". Nicht ganz billig.*
Pier House Restaurant, *One Duval St., ☎ 296 4600, www.pierhouse.com. Viele Fischgerichte, raffiniert und delikat zubereitet, elegant, herrlicher Blick auf das Wasser, dezente Bedienung.*
Half Shell Raw Bar, *231 Margaret Street, ☎ 294 7496, www.halfshellrawbar.com. Das Geschirr ist hier nicht aus Porzellan, aber der Fisch, die Austern und Muscheln sind ausgezeichnet. Am Historic Seaport gelegen.*
Turtle Kraals (28), *231 Margaret St, ☎ 294 2640, www.turtlekraals.com. Gute Fischgerichte, Muscheln, sehr leger – nette Hafenatmosphäre.*
Antonia's (21), *615 Duval St., ☎ 294 6565, www.antoniaskeywest.com: Für Nudel- und Fischliebhaber.*
Restaurant at the La-Te-Da Hotel (35), *1125 Duval St., ☎ 296 6706, www.lateda.com. Gute Gerichte mit Elementen der kalifornischen, kubanischen und nahöstlichen Küche.*
El Siboney, *900 Catherine St, ☎ 296 4184, www.elsiboneyrestaurant.com. Sehr gutes kubanisches Essen für den großen Hunger. U.a. „Paella Valencia" für 2 Personen und preiswerte Fleischgerichte. Allerdings sehr lebendig, d. h. laut. Das „kubanische" wird durch die „Black Bean Soup" deutlich. So geschlossen, keine Kreditkarten!*
Michaels Restaurant (30), *532 Margaret St., ☎ 295 1300, http://michaelskeywest.com. Feine Küche (v.a. Seafood) zu vernünftigen Preisen. Man kann auch draußen auf einer schönen Gartenterrasse mit Bar essen. Der Clou: das Käse-Fondue! Nur Dinner. Sa–Do von 17.30–19.30 Uhr gibt es auf Wunsch die „Light Side"-Menükarte: kleinere Portionen zu ebensolchen Preisen.*
Hot Tin Roof (26) *(im Ocean Key Resort), Zero Duval Street, ☎ 296 7701, www.oceankey.com. Schön ist, hier beim Sonnenuntergang und mit Blick auf das Wasser und die vorbeiziehenden Boote die tropische Atmosphäre zu genießen. Küche (Seafood) auf hohem Niveau.*

Martin's (34), *917 Duval Street, ☎ 295 0111, www.martinskeywest.com. Elegantes Restaurant in der Hauptstraße, gehört einem ausgewanderten Deutschen, wie man dem Menü ansehen kann: Dort findet sich u.a. Entenbrust „Schwarzwald" und Wiener Schnitzel, Jägerschnitzel und Grouper Dijon (raffiniert mit Rosmarin-Kartoffeln und Champagnerkraut). Aber auch Seafood steht auf der Karte. Nicht zu verachten: das selbstgebackene Brot!*
Seven Fish Restaurant (23), *632 Olivia St., ☎ 296 2777, www.7fish.com, in Gehweite von der Duval Street entfernt. Vorzügliche Fischgerichte für jeden Geldbeutel (es gibt aber auch Fleisch), viele Einheimische, dafür weniger Touristen, Reservierung empfohlen.*
Mangia Mangia (31), *900 Southard St., ☎ 294 2469, www.mangia-mangia.com, kein Lunch. In einem alten restaurierten Haus kommen Freunde selbst gemachter Pasta und selbst gemachter Saucen voll auf ihre Kosten. Hinter „Bollito Misto di Mare" verbirgt sich ein leckeres Fischgericht mit Knoblauch, Zwiebeln und Weißwein. Und es gibt fast 350 Weine zur Auswahl! Das Preisniveau ist angenehm niedrig.*
915 Restaurant and Bar (36), *915 Duval Street, ☎ 296 0669, www.915duval.com. Moderne Küche mit thailändischem Einschlag, schöne Weinbar mit über 20 offenen Weinen.*

Frühstück und Lunch

Croissant de France (32), *816 Duval Street, ☎ 294 2624, www.croissantsdefrance.com. Guter Kaffee und Brötchen zum Frühstück. Im schattigen Garten werden auch ausgezeichnete Crêpes und Croissants, aber auch Salate, Sandwichs und Desserts offeriert.*

Bars

Sloppy Joe's (25), *201 Duval Street, ☎ 294 8759, www.sloppyjoes.com. Die perfekt vermarktete, angebliche Stammkneipe von Ernest Hemingway, sehr groß, sehr laut, 24 Stunden offen! Muss aber nicht sein – man kann auch vorbeigehen!*
Captain Tony's Saloon (24), *428 Greene St., ☎ 294 1838, www.capttonyssaloon.com. Versuchen Sie hier „Pirate's Punch". Sehr beliebt, mit Livemusik.*
Jimmy Buffet's Margaritaville Café, *500 Duval St., ☎ 292 1435, www.margarita villekeywest.com. Ein Livemusik-Club des Popsängers Jimmy Buffet. Gute Fisch-Sandwichs, Key West Shrimps. Tolle Margaritas! Sehr lebendig und immer voll…*

Einkaufen

Vor allem entlang der Duval St. und am Mallory Market gibt es unzählige Mode-, Schmuck- und Andenkengeschäfte. Eine kleine Auswahl:
Smaragde *gibt es bei Emeralds International Inc., 104 Duval St., ☎ 294 2060. Außerdem werden Repliken von alten spanischen Münzen angeboten.*
„Inselschmuck" *bietet an: Sunlion Jewelry, 1111 Truman Ave., ☎ 296 8457.*
Zigarren: *Caribbean Cigar Factory, 1200 Fourth Street Suite 134, ☎ 517 7273, www.keywestcigarfactory.com*
Lime-Saft *von Nellie & Joes (http://keylimejuice.com) gibt es in vielen guten Supermärkten, so auch bei Publix oder Winn Dixie. Geeignet für Margarita-Drinks nach dem Urlaub!*

Bücher

The Red Door Gallery, *812 Caroline St./Ecke Williams St. Bücher, Galerie und Café in einem.*
Key West Island Bookstore, *513 Fleming Street, ☎ 294 2904. Buchliebhaber kommen hier auf ihre Kosten, haben sich doch stets viele Schriftsteller in der Stadt wohl gefühlt. Spezialisiert u. a. auf Titel von Hemingway und Tennessee Williams.*

Strände

Wer nach guten Stränden in Key West sucht, wird enttäuscht sein. Die einzigen, grobkörnigen „Sand"strände (alle am Atlantik):

Fort Zachary Taylor Beach and State Park: *palmenbestandener Sandstrand, Picknickareal*

George Smather Beach *entlang dem Roosevelt Blvd.,*

County Beach *am Atlantic Blvd. jenseits der Fishing Pier und*

City Beach *am Ende der Simonton St.*

Strand in Key West

Fahrradverleih

Eine der besten Möglichkeiten, in Key West mobil zu sein, ist das Ausleihen eines Fahrrades. Die ebenen Straßen und Gässchen sind ideal dazu. Es gibt sehr viele Verleiher, sozusagen fast an jeder Ecke, hier eine Auswahl:

Tropical Bicycles & Scooter Rentals, *1300 Duval St, ☎ 294 8136, Tagesmieten ca. $ 15 für ein Rad mit 7 Gängen*

The Bike Shop, *1110 Truman Ave., ☎ 294 1073, www.thebikeshopkeywest.com.*

Moped Hospital, *601 Truman Ave., ☎ (866) 296 1625, www.mopedhospital.com/rentals.html. Tolle Auswahl an Scootern, z. B. für $ 35/Tag, auch Fahrradverleih.*

In allen Varianten möglich: Wassersport

A&M Rentals *verleiht Scooter, Fahrräder und elektrische Autos an 2 Verleihstationen: 523 Truman Ave., 513 South St., ☎ 896 1921, www.amscooterskeywest.com.*

Bootsverleih

Florida Keys Boat Rentals, *201 Margaret St., ☎ 797 8954, www.boatrentalskw.com*

Boat Rentals of Key West, *617 Front St., Galleon Marina, ☎ 294 2628, www.boatrentalsofkeywest.com*

Bootsausflüge

Fury Water Adventures, *☎ 294 8899, www.furycat.com. Abfahrten an Westin Marina und am Ende der Duval Street, es werden Fahrten mit dem Glassbottom Boat, Schnorchel-Touren und Parasailing angeboten.*

Danger Charters, *404 Cactus Drive, ☎ 304 7999, www.dangercharters.com. Segel-, Kajak- und Schnorcheltouren.*

Verkehrsmittel

Bus

Greyhound *(☎ 296 9072, 3535 S Roosevelt Blvd., www.greyhound.com) verkehrt 2-mal täglich zwischen Miami und Key West (Abfahrt je einmal morgens, einmal nachmittags, ca. $ 35, 4,5 Stunden).*

Flüge

American Airlines *(www.aa.com, wird von der regional operierenden Tochter American Eagle angeflogen) verbindet Miami mit Key West,* **Cape Air** *(www.flycapeair.com, Buchung über www.continental.com) bedient die Strecke Key West – Fort Myers.*

Boot

Mit dem **Key West Express** *(www.seakeywest.com, ☏ (1-888) 539 2628) kommt man tgl. in 3,5 Stunden von Fort Myers per Boot nach Key West und zurück.*
Außerdem gibt es eine Verbindung nach Marco Island (in der Nähe von Naples, *s. S. 251**).*

Anderes

In Key West selbst *kommt man gut mit einem Fahrrad, Moped oder einem bis zu 25 Meilen schnellen „Conch Cruiser" (2–4-sitzige Elektrowagen, seitlich offen, aber überdacht) voran.*
Das Bussystem **City Transit System** *(www.kwtransit.com, ☏ 292 8160) verbindet alle touristisch relevanten Stellen.*
Der **Bone Island Shuttle** *fährt zzt. nur vom Hafen zum Mallory Square, wenn Schiffe ankommen.*

Ausflug zum Dry Tortugas National Park (Fort Jefferson)

Die Dry Tortugas liegen etwa 112 km westlich von Key West. Der spanische Entdecker *Ponce de León* kam im Jahre 1513 hierher und war von der Vielzahl an Schildkröten überrascht.

Zwar endet das Straßensystem der Keys in Key West, aber schon 30 km weiter setzen sich die Insel-„Kleckse" fort: Hier liegen die verstreuten Marquesa Keys und später die sieben Inseln der Dry Tortugas. Letztere bilden den 1992 gegründeten Nationalpark, der aber aufgrund seiner schweren Erreichbarkeit sehr wenig besucht wird.

„Gibraltar des Golfes"

Auf dem Weg mit dem Boot zum Nationalpark beeindruckt das türkisfarbene, klare Meerwasser. Auf dem Meeresgrund sieht man sogar Schiffswracks liegen. In diesem Gebiet fand man auch die spanischen Schatzschiffe Atocha und Margarita. Manchmal sieht man sogar Haie oder große Schildkröten. Auf dem zu den Dry Tortugas gehörenden Garden Key liegt das legendäre Fort Jefferson National Monument, auch als „Gibraltar des Golfes" bezeichnet.

Risse im Bau

Das imposante, sternförmige Fort, im Jahre 1846 als strategischer Stützpunkt im Golf von Mexico erbaut, nimmt den gesamten Garden Key ein. 2,5 m dicke und bis zu 15 m hohe Mauern lassen das Fort als uneinnehmbar erscheinen. Die militärische Bedeutung der Anlage blieb gering. Im Durchschnitt befanden sich 500 Mann in der Garnison, die zumeist mit dem Ausbau beschäftigt waren. Bis zu 1.500 Soldaten vermochte das Fort zu beherbergen. Das Problem der Trinkwasserversorgung wurde durch ein ausgeklügeltes System von unterirdischen Zisternen gelöst, die das Regenwasser aufnahmen. 1864, als der Bau in seiner heutigen Ausdehnung beendet war, entdeckte man, dass der Bau nicht – wie ursprünglich vermutet – auf festem Korallenstein fußte, sondern auf Sand und Korallenfindlingen. Allmählich senkte sich das Gebäude aufgrund seines hohen Eigengewichts ab und zeigte bald Risse.

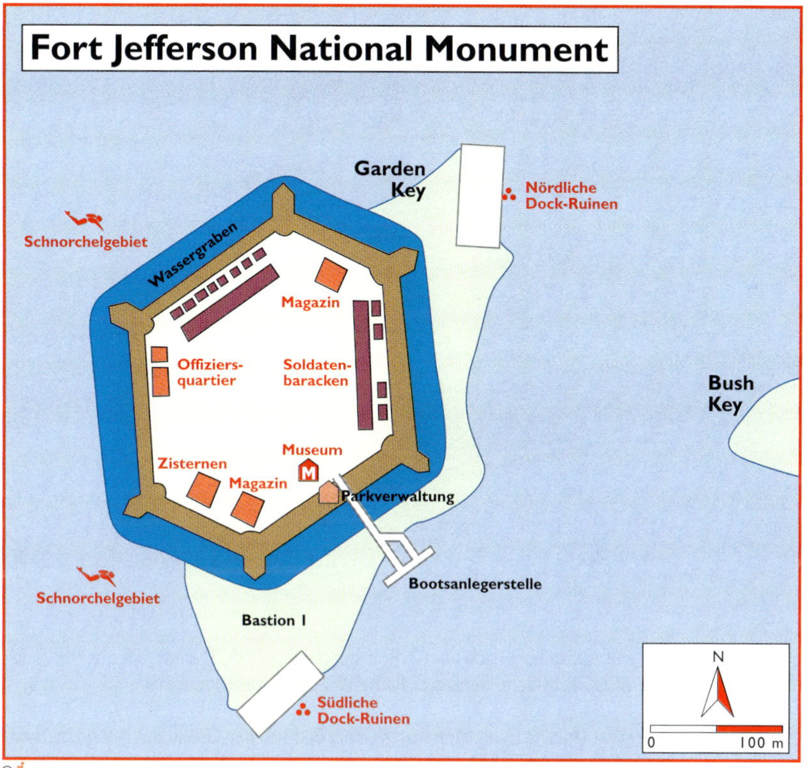

© graphic

Während des Bürgerkrieges und weitere 10 Jahre nach dessen Ende diente das Fort als Militärgefängnis. Unter den Gefangenen, die im Jahre 1865 hierher gebracht wurden, befanden sich die so genannten „Lincoln Conspirators", jene 4 Männer, denen eine Beteiligung am Mordanschlag auf Präsident *Abraham Lincoln* zur Last gelegt wurde: *Michael O'Loughlin*, *Samuel Arnold*, *Edward Spangler* und Dr. *Samuel Mudd*. Letzterem warf man Komplizenschaft vor, denn er hatte 1865 einem Verletzten Hilfe bei einem Beinbruch geleistet. Und dieser Verletzte war – ohne dass es Dr. Mudd wusste – der Präsidentenmörder *Wilkes Booth*. Wie es der hippokratische Eid gebot, behandelte Dr. Mudd unwissentlich den Mörder. Das genügte, um ihn zu lebenslanger Haft zu verurteilen.

Gefängnis

Als 1867 im Fort Jefferson eine Gelbfieber-Epidemie ausbrach, half Dr. Mudd bei der Bekämpfung der Seuche unermüdlich, sodass man ihn daraufhin 1869 begnadigte. Einer Verwandten des Dr. Mudd genügte diese Begnadigung nicht, da damit immer noch nicht der Verdacht ausgeräumt war, am Präsidentenmord, wenn auch nicht direkt, beteiligt gewesen zu sein. Erst 1979 sprach der US-Präsident den längst Verblichenen von jeglichem Vorwurf frei.

Begnadigung eines Unschuldigen

Fort Jefferson

Benannt wurde das Fort nach dem 3. Präsidenten der USA, *Thomas Jefferson*. 1935 deklarierte es US-Präsident *Franklin D. Roosevelt* zum Nationaldenkmal.

Auf einer „Self Guiding Tour" kann man sich ein Bild von der Größe der Anlage machen. U. a. kann die auch die Zelle besichtigt werden, in der Dr. Mudd eingesperrt war. In einem kleinen Ausstellungsraum gibt es eine Diashow, die über die Geschichte des Forts Auskunft gibt. Auch geführte Touren werden angeboten.

Bush Key

Gleich gegenüber dem Fort liegt, von einer etwa 100 m breiten Meeresstraße getrennt, der Bush Key. Diese Mini-Insel ist Heimat Tausender Rauchschwalben (*Sooty Terns*). Diese Vögel kommen nicht nur aus dem karibischen Raum hierher, sondern sogar aus Westafrika. In den warmen Sand legen die Rauchschwalben ihre Eier. Das einzige Ei wird von den Vogeleltern sorgsam vor zu starker Sonneneinstrahlung geschützt. Wenn der Nachwuchs geschlüpft ist, tritt er gemeinsam mit den Eltern den 14.000 km langen Flug nach Westafrika an. Und nach 4 Jahren kommen die Vögel wieder. Die Brutzeit liegt zwischen März und September, deshalb kann der Key von Februar bis September nicht besucht werden.

Rauchschwalben

Reisepraktische Informationen Dry Tortugas National Park (Fort Jefferson)

Vorwahl: *305*

Information

Dry Tortugas National Park, *P.O. Box 6208, Key West, ☎ 242 7700, www.nps.gov/drto/. Der Eintritt kostet $ 5 und wird zzt. von den Fährbetreibern eingesammelt (s.u.).*

Camping

Campen ist möglich, allerdings gibt es keinerlei Versorgungsmöglichkeiten: Alles – auch Getränke – muss selbst mitgebracht werden. Kosten: $ 3.

Anreise

Dry Tortugas kann nur mit dem Boot oder per Wasserflugzeug erreicht werden. Zzt. gibt es keine Flugverbindung in den Park, aktuelle Infos auf www.nps.gov/drto.

Yankee Freedom II: *Lands End Marina, 240 Margaret Street, ☎ 294 7009, www.yankeefreedom.com. Der 100-feet-Katamaran (30 Meilen/Stunde schnell!) ist sehr bequem, da sehr geräumig (3 Toiletten, Sonnendeck, aber auch schattige Plätze, klimatisierter Salon). Frühstück und Lunch sind im Fahrpreis inbegriffen. Der etwa 2½-stündigen Überfahrt folgt eine 45-minütige Führung, nach dem Lunch hat man eigene Zeit zum Schwimmen, Schnorcheln (man erhält kostenlos eine Schnorchel-Ausrüstung) oder man geht auf eigene Faust über die Insel. Preis $ 165. Die Fahrt geht um 8 Uhr pünktlich los (ab 7.30 Uhr kann man an Bord). Camper müssen bereits um 6.30 Uhr da sein. Rückkehr in Key West: ca. 17.10 Uhr).*

5. DER SÜDWESTEN: NAPLES UND DIE GOLFKÜSTE BIS TARPON SPRINGS

Von Key West nach Naples

Big Cypress National Preserve

(auch „OASIS" genannt)

Das Big Cypress National Preserve gehört zu den Big Cypress Swamps, einem Gebiet, das insgesamt 6.200 km² umfasst. Die Bezeichnung „Swamp" (Sumpf) mag auf den ersten Blick irreführend sein, denn die Landschaft besteht aus sandigen Inseln, auf denen lichte Pinienwälder wachsen, aus so genannten Hartholz-Hammocks (Bauminseln), aus feuchten Prärien, trockenen Graslandschaften, Marschen und Mangrovenwäldern. Das gesamte Gebiet ist eine wahre Wildnis, in die sich der selten gewordene Florida-Panther sowie der Schwarzbär zurückgezogen haben. Schwarzbären ernähren sich von Flusskrebsen, die in den „Sloughs" (Süßwasserkanälen) leben, sie lieben aber auch die weichen Früchte der Palmetto-Palmen.

© graphic

Das Gebiet ist zu 1/3 mit Zypressen bedeckt. Bevorzugt

Streckenübersicht

Entfernung: Key West - Naples: ca. 380 km
Empfohlene Route: US 1 von Key West bis Homestead, dann Straße 997 und weiter über den Tamiami Trail (Tamiami = Tampa - Miami) (41) nach Naples.
Alternativ-Strecke: Alligator Alley (Interstate 75). Auf dieser Strecke kann man ein Stück unendlicher Weite kennenlernen. Links und rechts des Highways erstrecken sich bis zum Horizont Grasebenen, später fährt man entlang dem baumbestandenen Big Cypress National Preserve und erreicht dann die Nordteile von Naples. Schnellste Strecke nach Naples.
Reisevorschlag: Wer es nicht eilig hat und sich das Miccosukee Indian Village (s. S. 193) anschauen und evtl. in das Big Cypress National Preserve fahren möchten, dem empfiehlt sich eine Zwischenübernachtung in Everglades City.
Übernachtung: Möglichkeiten in Everglades City, Naples oder Marco Island.
Tanken: Entlang des Tamiami Trail gibt es nur wenige kleine Tankstellen, die nicht immer geöffnet sind. Also besser in Homestead noch einmal volltanken.
Hinweis: Auf dem Tamiami Trail mit Licht fahren.

Redaktionstipps

- **Kanutrip** von Everglades City (S. 248).
- **Boutiquenshopping** im mondänen Naples (S. 252).
- **Übernachten** in **Everglades City**: „The Ivey Bed & Breakfast"; auf **Marco Island**: „Marriott Beach Resort"; in **Naples**: „Fairways Resort" oder luxuriös im „Ritz Carlton".
- **Essen**: Vergina in Naples bietet gute italienische Küche, bei IM Tapas geht es spanisch zu (S. 260).
- Der westliche Abschnitt des Tamiami Trail bietet zahlreiche schöne Plätze zum **Picknicken**.
- **Sehenswürdigkeiten**: ökologische Wanderung im Big Cypress National Preserve (S. 245).

wachsen die Zypressen in der Nähe der feuchten Prärien und entlang der Süßwasserflüsse. In der Zeit, als die Miccosukee und Seminolen hier lebten, war die Landschaft in ihrem natürlichen Rhythmus nicht gestört. Erst als der „moderne" Mensch die Sümpfe trockenlegte, um Land für Zuckerrohrfelder und den Anbau von Zitrusfrüchten zu gewinnen, begann die Gefährdung der Ökologie. 1928 war der Tamiami Trail fertig gestellt, der die Sümpfe nun durchzog und Menschen anlockte, die sich als Jäger und Fischer, Viehzüchter und Pflanzensammler niederließen.

So entstanden die kleinen Siedlungen Ochopee, Monroe Station und Pinecrest. Im Jahre 1943 bohrte man bei Sunniland (an der Nordwestecke des heutigen Naturschutzgebietes liegend) erfolgreich nach Erdöl. In den 1960er Jahren schritt die Trockenlegung des Gebietes weiter voran, die Landspekulation blühte und eskalierte gar 1968 im wahnwitzigen Plan, inmitten dieser Naturlandschaft einen riesigen Flughafen zur Entlastung von Miami zu bauen. Doch die sich diesen Plänen energisch widersetzenden Naturschützer siegten.

s. Karte S. 170

Anhinga (Schlangenhalsvogel) beim Trocknen der Flügel

Informationen über das Big-Cypress-Ökosystem

info

Den Untergrund dieser Landschaft bildet Kalkgestein. Die höher gelegenen Flächen sind sandig, hier wachsen bevorzugt Pinien. Die tiefer gelegenen Gebiete werden in der sommerlichen Regenzeit überflutet: Hier wachsen viel mehr Pflanzen, hier lagert über dem Kalkgestein und der Sandschicht Torf. In diesem Gebiet gedeihen Zypressen, auf den höher gelegenen Stellen (Hammocks) Palmen, der Gumbo Limbo sowie andere Harthölzer. Die Gebiete, die abhängig von den Regenzeiten mal trocken, mal überflutet sind, werden vom Sägegras eingenommen. Man kann sich leicht vorstellen, wie empfindlich die Pflanzenwelt reagiert, wenn ihr das periodisch im Jahreszyklus auftretende Wasser fehlt bzw. nur in unzureichendem Maße zur Verfügung steht.

Selten: der Florida-Panther

Man bekommt einen guten Überblick über die Landschaft des Big Cypress Preserve, wenn man von Forty Mile Bend über Pinecrest der Park Loop Road zur Monroe Station folgt, wo man wieder den Anschluss an die US 41 bekommt (die Loop Road wird derzeit ausgebaut und kann auf Teilstrecken gesperrt sein, Infos unter www.nps.gov/bicy). Westlich von Pinecrest liegt das Loop Road Education Center. Vorsicht nach starken Regenfällen – es kann sehr matschig sein.

Weiter westlich der US 41 zweigt die Turner River Road (Straße 839) genau nach Norden ab und stellt die Verbindung mit dem Everglades Parkway (Alligator-Alley-Verbindung zwischen Miami und Naples/gebührenpflichtig) her.

Kleinstes Postamt der USA

Wenn Sie entlang der 41 in **Ochopee** vorbeikommen, dann sollten Sie sich unbedingt das kleinste Postamt der USA ansehen (von Miami kommen links an der Straße): Es misst ganze 2,5 mal 2,2 m! Die Posthalterin stempelt persönlich Briefe und Karten mit einem Sonderstempel ab.

Reisepraktische Informationen Big Cypress National Preserve

Informationen

Visitor Center, *50 Meilen westlich von Miami und 50 Meilen östlich von Naples am Tamiami Trail (Highway 41), ☎ (239) 695 1201, geöffnet tgl. 9–16.30 Uhr, www.nps.gov/bicy. Der Eintritt zum Park ist frei.*
Preserve Headquarters, *nahe Naples und Everglades City, am Highway 41, 5 Meilen östlich der Kreuzung mit State Road 29, ☎ 695 2000*

Camping

In diesem Naturschutzgebiet gibt es einige einfache Zeltplätze mit keinerlei Ausstattung (nur **Monument Lake Campground** *und* **Midway Campground** *kosten $ 16* *pro Zeltplatz und haben Trinkwasser und Toiletten). Reservierungen sind nicht möglich (first come, first serve).*

Wanderungen

Von der Oasis-Ranger-Station am Tamiami Trail führen Wanderwege zu Zeltplätzen in der Wildnis.

Everglades City und 10.000 Islands

In Everglades City (aber keine Stadt erwarten, der Ort hat nur 500 Einwohner) endet der etwa 160 km lange, in Flamingo beginnende Wilderness Waterway. Everglades City ist der westliche Wasserweg-Zugang zum Everglades National Park. Hier informiert ein Visitor Center über den Nationalpark. Verschiedene Aktivitäten werden angeboten, so kleine Wanderungen mit Park-Rangern durch die flache Chokoloskee Bay, Fahrrad- und Kanuwanderungen sowie Veranstaltungen am Lagerfeuer (*Campfire Talks*). Vor der „Haustür" sozusagen liegen die „Ten Thousand Islands", die Zehntausend Inseln. Die Everglades National Park Tours bieten täglich mehrere Touren an. Die Fahrten führen durch Mangrovensümpfe sowie zu mehreren Inseln.

Wilderness Waterway

Zudem gibt es das kleine **Museum of the Everglades** (*105 West Broadway, Di–Fr 9–17, Sa 9–16 Uhr, ☎ (239) 695 0008, www.evergladesmuseum.org*), das sich in einer 1927 eröffneten Wäscherei befindet. Hier werden rund 2.000 Jahre Geschichte der Gegend und die ersten Siedlungsversuche gezeigt.

Abstecher nach Chokoloskee

Wenn man die kleine Straße von Everglades City nach Süden fährt, erreicht man nach wenigen Meilen das „Ende der Welt". Dort, umgeben von den flachen Gewässern des Golf von Mexico, liegt das kleine, verschlafen wirkende Nest Chokoloskee. Hier siedelten schon vor über 2.000 Jahren die Calusa-Indianer. Die ersten Weißen ließen sich gegen Ende des 19. Jahrhunderts hier nieder. Es waren vor allem Jäger, später folgten Fa-

Ideal für Bootsfahrten: Everglades City

milien, die vom saisonalen Jagen, Fischen und Ackerbau lebten. 1906 wurde der urige Smallwood Store eröffnet und blieb bis 1982 aktiv. Schon 1974 wurde er in die „National Registry of Historic Places" aufgenommen. Heute ist der Store ein Museum, in dem die Zeit stehen geblieben zu sein scheint. Gegenstände des täglichen Bedarfs sowie viele Zeitzeugnisse in Form von Bildern, Prospekten und Zeitungsartikeln erzählen lebendig die Geschichte der Pioniere Südwest-Floridas.

Reisepraktische Informationen Everglades City

Vorwahl: *239*

Information

Gulf Coast Visitor Center, *☎ 695 3311, geöffnet von 8–16.30, April–Nov. 9–16.30 Uhr, www.nps.gov/ever, am südlichen Ende des Ortes gelegen (5 Meilen südlich des Highway 41). Hier werden auch Boots- und Kanutouren angeboten.*

Übernachtung

Rod & Gun Club $$$, *200 Riverside Drive, ☎ 695 2101, www.evergladesrodandgun.com (Swimmingpool, Tennisplätze), direkt am Baron River gelegen, gepflegt und relativ preiswert. Es handelt sich hier um die frühere, 1920 erbaute Jagdhütte des Baron Collier, der einst der größte Landbesitzer in Florida war. Hier lebt noch etwas vom alten Florida.*

The Ivey House Bed & Breakfast $$$, *107 Camelia St., ☎ 695 3299, www.iveyhouse.com. Dieses Haus geht hervor aus einer ehemaligen Herberge für die Arbeiter des Tamiami-Trails (1928). Neben einfachen Zimmern im alten Teil gibt es Räume im 2001 erbauten Inn mit einem schönen Pool-Areal. Ebenso werden von hier aus sehr lohnende Naturtrips vermittelt.*

Restaurant

Als Restaurant ist das **Oyster House** *zu empfehlen, Chokoloskee Causeway, Highway 29, South Everglades City, ☎ 695 2073, www.oysterhouserestaurant.com, das direkt gegenüber dem Eingang des Nationalparks und der Anlegestelle der Boote liegt. Hier kann man auch kleine flache Motorboote sowie Kanus leihen.*

Bootsfahrten in den Nationalpark *(Parkeingang)*

Everglades National Park Boat Tours, *☎ 695 2591. Die Boote fahren von den Park Docks an der Chokoloskee Bay (Route 29) ab. Die Bootsfahrten vermitteln einen guten Eindruck von den Mangrovensümpfen und den 10.000 Islands.*

Collier Seminole State Park

Auf dem Wege nach Naples führt der Tamiami Trail am Collier Seminole State Park vorbei (gegenüber Marco Island auf dem Festland im Bereich der CR 92/US 41. Das Gebiet ist nach *Barron Gift Collier* benannt, der sich um die Urbarmachung dieses Landstriches verdient gemacht hat.

Zwischen Land und Meer

Das ganze Gebiet ist eine Mischregion zwischen Süß- und Salzwasser – ähnlich dem Everglades National Park. Im Englischen bezeichnet man diese Salzwasser-Süßwasser-Gebiete als „Estuary", ein Begriff, der einem in Florida häufig begegnen wird. Dementsprechend wechselt die Vegetation von Hartholzbäumen zu den salzwasserresistenten Mangroven. Im Royal Palm Hammock ragen Königspalmen hoch. Das Gebiet wird bei Flut vom Meerwasser überschwemmt, im Sommer dagegen von Niederschlagswasser. Entlang des Royal Palm Nature Trail (ca. 1 Stunde) erlebt man hautnah die Fauna und Flora dieses Gebietes. Bootstouren durch den State Park sind preiswert, der Campingplatz ist toll angelegt und liegt sehr idyllisch.

Collier Seminole State Park, *20200 E Tamiami Trail, Naples, FL 34114, ☏ (239) 394 3397, http://floridastateparks.org/collierseminole – 12 Meilen östlich von Marco Island, täglich geöffnet von 8 Uhr bis Sonnenuntergang. Eintritt: $ 5 pro Auto, Camping $ 22 pro Nacht (inkl. Elektrizität und Wasser), Kanus: $ 6/Stunde*

Tipp

Mit einem Kanu durch die Wildnis paddeln!

Marco Island

Marco Island (14 Meilen südlich von Naples), erreichbar über eine Brücke, die den Marco River überspannt, gibt sich mondäner als die anderen typischen Ferien-Hochburgen an der Atlantik- bzw. hier an der Golfküste. Alles wirkt gediegener, die Bebauung ist – insgesamt betrachtet – nicht ganz so bombastisch wie an den anderen Küstenorten. Das ist nicht zuletzt einer Reihe dem Naturschutz verbundener Vereinigungen zuzuschreiben, die den bauwütigen Investoren entgegentraten. Zwar darf gebaut werden, auch hoch, doch bitteschön: nicht ganz so ausufernd wie anderswo. Publikumswirksam hat man sogar versucht, durch künstlich angelegte Adlerhorste den Greifvögeln die angestammte Heimat zu erhalten.

Gediegen

Marco Village

Trotzdem: Entlang des – sehr breiten und schönen – Sandstrandes reihen sich Hochhäuser (Hotels, Apartments) aneinander. Nur das alte Dorf Marco am Nordende der Insel erinnert mit seinen Holzhäusern an die alte Zeit. Ein Muss-Ziel wird Marco Island deshalb aber nicht…

Alte Zeit? Ja, schon um 500 v. Chr. lebten hier nachweislich Calusa-Indianer. Beweise für diese frühe Besiedelung lieferten die hier gefundenen Indian Mounds (indianische Grabhügel) sowie die von Archäologen zutage geförderten indianischen Waffen, Schnitzereien, Werkzeuge und Masken. Auf Marco Island leben heute etwa 6.000 Menschen, wobei diese Zahl insbesondere in der Winterzeit durch Touristen verdoppelt wird. Früher lebten die Einwohner hier vorwiegend vom Fischfang, vom Muschelverkauf sowie vom Ananasanbau – heute allerdings mehr von den ausgabefreudigen Touristen und wohlhabenden Ruheständlern.

Ein kleines Museum (*180 South Heathwood Dr., ☏ (239) 642 1440, www.themihs.org, geöffnet Di Sa 9 16 Uhr, kein Eintritt*) widmet sich der Geschichte der Gegend und insbesondere der Kultur der Calusa-Indianer. Es werden auch Wechselausstellungen lokaler Künstler gezeigt

Zu den Hauptattraktionen von Marco Island gehören die angebotenen Bootsausflüge in allen Variationen: Angeltouren, Dinner und Sunset Cruises, nach Key West, in die Everglades oder einfach nur mit dem geliehenen Pontoon-Boot herumschippern. Hier findet garantiert jeder etwas.

Goodland ist ein altes Fischerdorf bei Marco Island und hat nur etwa 300 Einwohner. 2006 veräußerten *Elhanon* und *Sandra Combs* ihren Campingplatz für den weit unter dem Marktwert liegenden Preis von 2,5 Millionen US$ an das Collier County, um die Einrichtung eines Erholungsparks zu ermöglichen. Inzwischen wurden im Margood Harbor Park ein Volleyballfeld, ein Picknickplatz, ein kleines Museum und vieles mehr eingerichtet. Die Eröffnung ist für 2012 geplant.

Am Strand von Marco Island

Reisepraktische Informationen Marco Island

Vorwahl: *239*

Informationen

Marco Island Area Chamber of Commerce, *1102 N. Collier Blvd., Marco Island, ☎ 394 7549, www.paradisecoast.de, www.marcoislandchamber.org, geöffnet Mo–Fr 9–17 Uhr.*

Bootsausflug

Marco Island Princess, *951 Bald Eagle Drive, ☎ 642 5415, www.marcoisland princess.com, bietet Lunch-, Sightseeing- und Sunsettouren.*

Mit dem **Key West Express** *(www.seakeywest.com, ☎ 1-888-539-2628) kann man von Marco Island einen Tagesausflug nach Key West unternehmen,* *s. S. 273.*

Übernachtung

The Boat House Motel $$$, *1180 Eddington Place, Old Marco Island, ☎ 642 2400, www.theboathousemotel.com. Nur 20 Zimmer (2-stöckig), mit Bootshafen. Sehr gutes Preis-Leistungs-Verhältnis.*

Marco Island Marriott Beach Resort $$$$, *400 South Collier Boulevard, ☎ 394 2511, www.marcoislandmarriott.com. Erstklassiges Beachhotel (zwei 11-stöckige Türme) mit allen Aktivitäten, u. a. 16 Tennisplätzen, 736 Zimmer. Der hoteleigene Golfplatz liegt 10 Mi-*

nuten entfernt. Die Poollandschaft ist durch einen Wasserfall und Rutschen besonders reizvoll.
Hilton Marco Island Beach Resort and Spa $$$$, *560 S. Collier Blvd., ☎ 394 5000, www.hiltonmarcoisland.com. Das 11-stöckige Strandhotel erfreut sich eines sehr guten Rufs und ist deutlich kleiner als die anderen Großhotels (300 große Zimmer mit Balkonen und unverbautem Blick auf den Golf).*

Restaurants

Das Restaurantangebot ist groß, hier nur eine kleine Auswahl:
Old Marco Crab House, *401 Papaya St., Goodland, ☎ 642 7227, www.oldmarcolodge.com. Das gute Fischrestaurant liegt direkt am Wasser (das Haus wurde 1869 erbaut) und ist u. a. auf Krebse spezialisiert. Sehr gut als Nachtisch: die Key Lime Pie. Teuer.*
Bistro Soleil, *100 Palm St., ☎ 389 0981. Gehört zu den Olde Marco Inns & Suites (www.oldemarcoinn.com) und bietet französisch angehauchtes Essen, Hauptgericht um $ 25.*
Sunset Grille, *900 S Collier Blvd. (in den Apollo Condominiums), ☎ 399 0509. Auch bei Einheimischen sehr beliebtes, typisch amerikanisches Restaurant mit einem Blick auf den Strand. Angesagt sind Ribs, Sandwichs, Chicken Wings und Shrimp Baskets. Alles ist preiswert und es geht leger zu.*
Cafe de Marco, *244 Palm Street, ☎ 394 6262. Kleines, schon seit 1983 existierendes Bistro mit bestem Ruf. Viele erstklassige Fischgerichte, aber auch Lamm- und Geflügelvariationen. Beachten Sie besonders die „Daily Specials". Nur abends ab 17 Uhr geöffnet.*

Strände

Tiger Tail Beach Park *(im Südwesten der Insel gelegen, am Ende des Hernando Drive, Intersection mit Spinnaker Drive, Parken $ 3): herrlicher Strand, Pavillon, Kinderspielplatz, Duschen, Toiletten Vermietung von kleinen Segeljollen und Kajaks.*

Fahrräder/Scooter

Verleih bei **Scootertown**, *1095 Bald Eagle Dr., ☎ 394 8400, www.islandbikeshops.com. Zwischen Strand und den Hotels verläuft ein Fahrradweg.*

Naples

Vornehm Naples vermittelt den – berechtigten – Eindruck eines sehr vornehmen Städtchens, wesentlich stärker als Marco Island. Hier leben viele Millionäre, und eine Fahrt entlang der küstennahen Straße südwärts *(Golf Shore Boulevard)* vermittelt einen Eindruck von „Schöner Wohnen"… Alles ist super gepflegt, und vielerorts scheinen die Grashalme stündlich gekämmt und die Blumenrabatten täglich gezupft zu werden. Man kann sich die

Tipp

Ein Fahrrad leihen und südlich und nördlich des Gulf Shore Boulevard parallel zur Küste entlang fahren. Im Norden geht es dann auf die Crayton Road. Es geht an Villen, eleganten Apartmentanlagen, privaten Siedlungen (stets durch Tore gesichert) und Golfanlagen vorbei.

Schöner Wohnen in Naples

Stadt auch mit einem Trolley ansehen, der acht Mal am Tag am Vanderbilt Inn on the Gulf *(11000 Gulf Shore Dr.)* startet und 27 Stationen abfährt *(www.naplestrolleytours.com)*.

Naples ist das Pendant zu Palm Beach an der Ostküste, denn es macht dem Prominentenort am Atlantik aufgrund seiner Mondänität Konkurrenz. Die architektonischen Vorgaben scheinen aus Italien und Spanien zu stammen, und im Einklang mit dem herrlichen Wetter und der tollen Vegetation kann man sich schnell wie in einem irdischen Paradies vorkommen. Nur im Norden von Naples ist es erlaubt worden, Hochhäuser zu bauen, im ortsnahen Gebiet am Strand blieb alles flach.

Eisenbahnanschluss als Entwicklungsmotor

Die Strände hier sind nicht ganz so breit wie auf Marco Island, dafür aber doch deutlich weniger frequentiert. Lange stand Naples im Schatten der Entwicklung der anderen Regionen Floridas. Wie auch auf Marco Island, lebten hier schon vor Christi Geburt Calusa-Indianer. Die ersten weißen Siedler ließen sich im 19. Jh. nieder: 1867 wurde Naples gegründet. Erst als eine Eisenbahnverbindung fertig gestellt war und der Tamiami Trail 1928 Naples mit den anderen Teilen Floridas verband, begann der Aufschwung dieses Ortes.

Heute leben hier 22.000 Menschen, vermehrt durch annähernd 100.000 Besucher in der Wintersaison. Naples ist „Hauptstadt" des Collier County, dem viertgrößten Produzenten von Gemüse in Florida.

Sehenswertes in Naples

Der Ort bietet an besichtigungswerten Zielen nicht allzu viel, hier eine Kurzauswahl:

Naples Depot Museum

Vom Beginn der Eisenbahnverbindung (1927) zeugt die alte, restaurierte Bahnstation, heute Sitz einiger Läden. Kleine Eisenbahnausstellung, lokales Museum.
Naples Depot Museum, *1051 5th Avenue, ☏ (239) 262 6525, www.colliermuseums.com, Mo–Fr 9–17, Sa 9–16 Uhr.*

Naples Museum of Art

Das Museum liegt im *Naples Philharmonic Center for the Arts*. Zu sehen ist hier zeitgenössische amerikanische Kunst, ausgestellt sind aber auch alte asiatische Exponate. Imposant ist die Glaskuppel im Zentralbereich mit einem außergewöhnlichen Lüster des Glas-Künstlers *Dale Chihuly*.
Naples Museum of Art, *5833 Pelican Bay Blvd., ☏ (239) 597 1900, www.thephil.org, Di–Sa 10–16, So 12–16 Uhr, Juli–September geschlossen, $ 8.*

Naples Pier

Lebendige Szenerie

Seit den Tagen, als Naples nur mit dem Schiff erreichbar war, spielte sich am Pier „das Leben" ab. Im Jahre 1964 zerstörte der Hurrikan Donna den Pier, der jedoch wieder aufgebaut wurde und heute etwa 300 m lang ist. Besonders schön ist es hier zur Zeit des Sonnenuntergangs, aber auch sonst ist den ganzen Tag etwas los: Schaulustige, Spaziergänger und Angler sorgen für eine lebendige Szenerie (*Golf Shore Blvd. und 12th Ave. www.naplespier.com*).

Tipp

Vom Pier aus kann man gute Fotos vom Strand machen!

Palm Cottage mit Weihnachts-Deko

Palm Cottage

Dies ist das älteste Gebäude von Naples (1895) und vermittelt mit seinem Interieur ein Bild vom Leben in der „vor-touristischen" Zeit. Das weiß getünchte Haus mit seiner Veranda erinnert etwas an die Südstaaten oder an Key West.
Palm Cottage, *137 12th Avenue, ☏ (239) 261 8164, www.napleshistorical*

society.org, es werden Touren durch das Haus angeboten, Infos auf der Homepage.

5th Avenue

Hier gibt es elegante Geschäfte, Kunstgalerien und Boutiquen. Es ist erholsam, von einem der Straßencafés und Restaurants aus die Flanierenden zu beobachten.

Ein besonderer Tipp: Im Vergina *(s. S. 260)* einkehren. Das italienisch geprägte Restaurant hat Tische direkt an der Straße. Idyllischer aber ist es, im Seitengässchen ein Glas Wein und gutes Essen zu genießen.

3rd Street

Um die Nummer 1220 (Tommy Bahama) geht es besonders lebendig zu. Hier reihen sich edle Geschäfte und Restaurants aneinander. Die (wenigen) alten Gebäude sind schön restauriert, die neuen in gediegenem architektonischen Stil erbaut.

Old Marine Marketplace at Tin City

Hier hat man an der Waterfront alte Fischerhäuser und Bootsschuppen restauriert, in denen heute Geschäfte und Restaurants untergebracht sind. Zum Gucken und Schlendern nett.

Tin City, *U.S. 41 East an der Goodlette Road, ☏ (239) 262 4200, Mo–Sa 10–21 Uhr, So 12–18 Uhr, www.tin-city.com.*

Collier County Museum

Das Museum, im County-Verwaltungskomplex untergebracht, zeigt lokale Exponate aus der Zeit der Frühgeschichte der Calusa-Indianer bis zur Gegenwart. *Lokale Exponate*

Collier County Museum, *3301 E. Tamiami Trail, ☏ (239) 774 8476, www.colliermuseums.com, Mo–Fr 9–17, Sa bis 16 Uhr.*

Koreshan State Historical Site

„Neuer Messias“

An dieser Stelle lebte die Glaubensgemeinschaft der Koreshan nach ihrer Weltanschauung. Im Jahre 1869 hatte *Cyrus Reed Teed* (1839–1908), ein damals 30-jähriger Arzt aus New York, der sich später der Homöopathie verschrieb, einen Traum, der ihm vorgab, als ein neuer Messias eine bessere Welt zu entwickeln. Er änderte zunächst seinen Vornamen zu Koresh, der hebräischen Form von Cyrus, was „der Gesalbte“ bedeutet.

Das Amerika des 18. und 19. Jh. war unter anderem dadurch geprägt, dass sich Gemeinschaften bildeten, die dem Messianismus anhingen. So gründeten die Shakers schon vor 1800 eine Reihe von Gemeinden, die dem Zölibat und dem Gemeinschaftseigentum verpflichtet waren. *Joseph Smith* führte nach seiner Vision die Mormonen nach Utah an den Großen Salzsee und *George Rapp* gründete die Sekte der Harmonists.

Teed war leidenschaftlicher Verfechter eines eigenartigen Weltbildes, der *„Cellular Cosmogony“*. So hieß auch der Titel seines Buches, in dem er die Physik der Hohlwelt erläuterte. Er war vom Glauben beseelt, dass die Erde nicht im Weltraum schwebe, sondern eine Hohlkugel sei, die auf ihrer Innenseite die Ozeane und Kontinente trüge.

In dieser Kugel leben wir Menschen. Und die Sonne, der Mond sowie die Sterne befänden sich ebenfalls in der Kugel und nicht irgendwo in einem unendlichen Weltraum. Die Sonne, so Teed, sei aus zwei Hälften zusammengesetzt: eine sei hell, eine dunkel. Durch ihre Drehung entstünde Tag und Nacht. Als Beweis wurden vielerlei Experimente angeführt, die das Weltbild von Kopernikus in Frage stellten. Diese Weltanschauung, so glaubte Teed, vermittle dem Menschen Sicherheit, da dadurch das Universum endlich und damit verstehbar wäre.

1894 kam er mit 200 seiner wohlhabenden Anhänger in die sumpfige Wildnis im Südwesten Floridas, und hier in Estero gründete er die Glaubensgemeinschaft der Koreshan Unity. Das gekaufte Land sollte eine Nachbildung des Garten Eden sein. Estero sollte Neu-Jerusalem werden, und aus der am Höhepunkt ihrer Entwicklung 200 Seelen zählenden Gemeinde sollten – so die Vision – in der Zukunft 10 Millionen Bewohner werden.

In den Anfangsjahren schufen die Anhänger in den von Mücken verseuchten Sümpfen eine eigene Welt mit herrlichen Gärten, Wegen und einer eigenen Infrastruktur. Alles war Gemeinschaftsbesitz, und die Gemeinde versprach die Sicherung aller Bedürfnisse. Teed verwirklichte damit seiner Meinung nach die Rückkehr zum wahren Christentum.

Im Alltag backte man in der eigenen Bäckerei bis zu 600 Brote, die man auch nach „draußen" verkaufte. Sport sowie Kultur wurden großgeschrieben. Es gab Tennis- und Baseballplätze, in einer eigenen Druckerei wurde eine Wochenzeitung verlegt. Ein eigenes Elektrizitätswerk versorgte die Gemeinschaft mit Strom.

Der Ausbildung der Kinder und Jugendlichen wurde eine große Bedeutung zugeschrieben. Neben der rein schulischen Ausbildung übernahmen die Schüler Aufgaben in der Bäckerei, Druckerei, im Gartenbau, in der Sägemühle, im Laden oder Postamt. Neben

Koreshan – Weltbild

© i graphic

sportlicher Betätigung legte man Wert auf eine musische Erziehung. Da sich die Gemeinschaft für die Gleichberechtigung von Frau und Mann aussprach, wurden viele Frauen Anhängerinnen dieser Bewegung. Auf dem Gelände lebten aber Frauen und Männer getrennt, die Kinder wurden von der Gemeinschaft erzogen.

Teed, der von sich glaubte, unsterblich zu sein, starb dennoch 1908. Danach zerfiel die Gemeinschaft allmählich. Während der Weltwirtschaftskrise verkaufte man einen Teil des Grundbesitzes. Wissenschaftlicher Fortschritt, die beiden Weltkriege und die strenge Auslegung des Zölibats führten zu einer immer stärkeren Schrumpfung der Gemeinde. 1962 starb mit *Hedwig Michael* der letzte Anhänger dieser Bewegung, zuvor aber übergab man den gesamten Grundbesitz dem Staat.
Koreshan State Historical Site, *US 41 (Tamiami Trail) und Corkscrew Road (Estero), www.floridastateparks.org/koreshan, http://koreshan.mwweb.org, ☎ (239) 992 0311, geöffnet von 8 Uhr bis Sonnenuntergang, Eintritt: $ 5/Auto, Camping: $ 26. Man kann hier auch am Fluss Kanus mieten ($ 25/Tag oder $ 5/Stunde, zudem gibt es geführte Touren zum Koreshan Settlement.*

Reisepraktische Informationen Naples

Vorwahl: *239*

Information

Visitor and Information Center, *900 Fifth Avenue S., Naples, FL 34103, ☎ 262 6141, www.napleschamber.org, www.paradisecoast.com, www.naples.com, Mo–Sa 9–17 Uhr.*

Übernachtung

Hinweis: Wer preiswerte Übernachtungen sucht und gerne Schnäppchen macht: Am Interstate 75 im Bereich der Exits 101 und 107 gibt es eine Reihe von **Motels***. Allerdings kein „Naples-Feeling"…*

Empfehlenswert: Unterkunft in Strandnähe

Ask Renate! Geheimtipp für Naples

Renate war jahrelang Stewardess bei der Lufthansa und als diplomierte Concierge in den besten Hotels der Welt tätig. Nun bietet sie in ihrem privaten Refugium (sehr gepflegt und ruhig) eine großzügige Unterkunft mit Schlafzimmer, Wohnzimmer, Küche, Terrasse und Internet-Anschluss an. Es gibt wohl niemanden, der Ihnen Florida und insbesondere die Westcoast einschließlich Naples besser erklären und zeigen kann. Mit Frühstück ... und tausend Geheimtipps.

Ask Renate: Renate Riebel, 133 Illinois Dr., Naples, Fl 34103, ☎ 434 27 57, renateriebel@yahoo.com.

Renate Riebel

Fairways Resort $$-$$$, *103 Palm River Blvd, ☎ 597 8181, www.fairwaysresort.com. Dieses Motel ist unter deutscher Leitung und liegt im Norden der Stadt in einem ruhigen Wohngebiet zwischen Golfanlagen. Die Zimmer haben eine vollständige Kücheneinrichtung. Schwimmbad und schöner Garten vorhanden. 4 Gehminuten zum schier endlosen Vanderbilt-Strand.*
Cove Inn $$-$$$, *900 Broad Ave. S., ☎ 262 7161, www.coveinnnaples.com. Einfaches Haus am Hafen, 50 Zimmer mit Balkonen und Blick auf die Boote am City Dock.*
Bellasera $$$, *221 9th Street South (Ecke 3rd St.), ☎ 649 7333, www.bellaseranaples.com. Schönes Apartmenthotel (1–3 Schlafzimmer) mit gutem Preis-Leistungs-Verhältnis, Leihfahrräder sind im Preis inbegriffen.*
The Naples Beach Hotel & Golf Club $$$$, *851 Gulf Shore Blvd., ☎ 261 2222, www.naplesbeachhotel.com. Sehr gut geführtes Haus an einem schönen Sandstrand gelegen, Swimmingpool, 18-Loch-Golfplatz, Tennisplätze. Seit 1946 im Besitz und unter Leitung der Watkins-Familie.*
The Ritz-Carlton $$$$$, *280 Vanderbilt Beach Rd., ☎ 598 3300, www.ritzcarlton.com. Das zurzeit vornehmste Hotel von Naples, alle 235 Zimmer bieten einen Blick auf das Meer, hoteleigener Strand, 4 Restaurants, toller Spa-Bereich.*

Camping

Naples KOA, *1700 Barefoot Williams Rd., ☎ 774 5455, www.koa.com, 7,5 Meilen südöstlich von Naples, dann ¾ Meile südlich auf dem Highway 951 und ½ Meile östlich auf der TV Tower Rd. Swimmingpool. Schöner ist allemal das Campen im* **Collier Seminole State Park** *(s. S. 249).*

Restaurants

Le Lafayette, *13th Ave. South., ☎ 403 7861, www.lelafayette.com. Das schmucke Restaurant im Familienbesitz ist ein kulinarisches und optisches Highlight. Höherpreisig.*
Chardonnay, *2331 N. Tamiami Trail, ☎ 261 3111, kein Lunch, So/Mo geschlossen. Seit Jahrzehnten eine wahre Institution guter, französisch geprägter Küche mit Florida-Einflüssen. Elegante, „schwere" Atmosphäre mit Lüstern, Blick in einen Garten. Hervorragend: Der „Red Snap-*

per" in einer Basilikum-Sauce. Die Lobster-Fischsuppe (Lobster Bisque) ist mit Orangensaft verfeinert. Teuer.

Chops City Grill, *837 5th Avenue. S., ☎ 262 4677, www.chopscitygrill.com. Leger, kreative Gerichte von hervorragender Qualität mit teilweise asiatischen Einflüssen („Beef Satai", Sushi), gute Steaks. Man kann auch draußen sitzen. Kein Lunch.*

Vergina, *700 Fifth Avenue, ☎ 659 7008, www.verginarestaurant.com. Feine italienische Küche, man kann außen an der Avenue sitzen und einfach den Vorbeigehenden zuschauen. Aber lauschiger ist es, im Seitengässchen neben dem Restaurant zu essen. Gute kräuterreiche italienische Küche, gute Weine. Es geht lebendig und leger, aber stilvoll zu (viel Stammpublikum). Angemessene, nicht extrem hohe Preise.*

Bayside Seafood Grill & Bar, *4270 N Gulfshore Blvd., ☎ 649 5552, www.bayside seafoodgrillandbar.com. Elegantes Restaurant mit toller Terrasse und Bar. Legerer Service, praktisch keine Touristen.*

Bistro 821, *821 5th Av. S., ☎ 261 5821, www.bistro821.com. Lebhaftes Bistro mit raffinierten Pasta- und Risottogerichten.*

Tommy Bahama's Tropical Café, *1220 3rd St. S., ☎ 643 6889. Lebendiges Café mit Restaurant Innen- und Außenterrasse. Es gibt gute Salate, Sandwichs, gegrillte Fischgerichte und gratis dazu ein „tropisches" Gefühl. Hier werden auch sehr schöne an die Karibik erinnernde, eher hochwertige Kleidungsstücke verkauft (T-Shirts, Hemden, Blusen, Shorts etc.).*

Sea Salt Restaurant, *1186 Third Street, ☎ 434 7258, www.seasaltnaples.com, Restaurant ist im Stil lässiger Eleganz. Die Küche ist norditalienisch geprägt, im Zentrum steht Fisch und nochmals Fisch. Eher teuer, aber es wird auch entsprechend etwas geboten.*

M Waterfront Grille, *4300 Gulf Shore Blvd., ☎ 263 4421, www.mwaterfrontgrille.com. Im Venetian Village gelegen. Die Speisekarte ist übersichtlich, dafür ist alles sehr frisch und hausgemacht. Viele lokale Produkte aus biologischem Anbau werden verwendet.*

IM Tapas, *965 4th Ave. N. (zw. US 41 und 10th St.), ☎ 403 8272, http://imtapas.com, Di–Sa ab 17.30 geöffnet. In dem kleinen Bistro europäischen Stils gibt es eine große Auswahl leckerer Tapas (über 40), gekocht und serviert werden sie von den beiden äußerst charmanten Eigentümerinnen Isabella Pozo Polo und Mary Shipman.*

Freddo Gelateria, *995 5th Ave. Parkway, ☎ 234 6770, www.freddogelateria.com. Wie der Name vermuten lässt: ein typisch italienisches Eiscafé mit über 20 verschiedenen Sorten.*

Piola, *9118 Strada Place, ☎ 592 5056, www.piola.it. Beste Pizzen der Stadt in relaxter Atmosphäre – etwas gehobenere Preise.*

USS Nemo Restaurant, *3745 Tamiami Trail North Naples, ☎ 261 6366, www.ussnemo restaurant.com. Von außen unscheinbar und ein Insider-Tipp. Das gehobenere Restaurant ist vor allem auf Fisch spezialisiert. Der Besitzer und Chefkoch Nicolas Mercier stammt aus Kanada und verwöhnt mit außergewöhnlichen Gerichten wie Macadamia Nut encrusted Mahi Mahi oder außergewöhnlichen Thunfisch-Gerichten. Reservierung empfohlen!*

Einkaufen

Naples hat eine Reihe sehr vornehmer Geschäfte. Die „Rentner", die sich hier niedergelassen haben, gehören zur besonders reichen Schicht – dementsprechend ist das Angebot. Die meisten Geschäfte liegen an der 5th Avenue sowie der 3rd Street und in Old Naples (am Pier).

Im **Village on Venetian Bay** *(4200 Gulf Shore Blvd.) gibt es etwa 60 Geschäfte und Restaurants.*

Die **Waterside Shops** *(US 41/Seagate Drive) liegen architektonisch sehr schön an angelegten Wasserfällen. Hier geht es eher hochpreisig zu – u.a. hat das Nobelkaufhaus Nordstrom* (www.nordstrom.com) hier eine Niederlassung, die keine Designer-Wünsche offen lässt.

Einkaufen für Gutbetuchte

Strände

Barefoot Beach, *guter Sandstrand, am Beginn der State Road 8865 gelegen.*
Lowdermilk Beach Park, *Abzweigung von der US 41, Millionaire's Row at Gulf Shore Blvd., ebenfalls Sandstrand, Picknicktische, Volleyball-Spielfelder.*
Bester langer Sandstrand: **Delnor – Wiggins Pass State Recreation Area**, *11100 Gulf Shore Dr. N., Vanderbuilt Beach. Sehr gut eingerichtet mit Grillmöglichkeiten, Picknicktischen, Duschen, Toiletten und Parkmöglichkeiten.*

Bootsfahrten

Cruise Naples, *1200 Fifth Avenue South (US 41 E), bei Tin City, ☎ 263 4949, www.cruisenaplesflorida.com. Geboten werden 1½-stündige Bootsfahrten durch die Bay of Naples, zudem gibt es Sunset-Cruises und verschiedene Angel-Touren. Abfahrt an mehreren Tagen der Woche – je nach Nachfrage – also vorher anrufen.*
Conservancy Nature Center of Southwest Florida, *1450 Merrihue Drive (14th Avenue North und Goodlette-Frank Road), ☎ 262 0304, www.conservancy.org, geöffnet Mai–Okt. Mo–Sa 9–16.30, So geschl., Nov–April zudem So 12–16 Uhr, $ 9. Von dem Nature Center gibt es Fahrten mit dem elektrischen Boot, oder man paddelt durch die schöne Natur (Infos ☎ 262 0304, www.saltwatersportsflorida.com). Das Nature Center wurde 2011 um- und ausgebaut, die Neueröffnung ist für das Frühjahr 2012 angekündigt.*

Bootsverleih

Naples Watersports at Port-O-Call, *550 Port-O-Call-Way (gegenüber von Tin City), ☎ 774 0479, www.naples-boatrentals.com. Hier kann man kleine Motorboote leihen (21 Fuß lang – man benötigt keinen Bootsführerschein)*

Fahrradverleih

Naples Cyclery, *813 Vanderbilt Beach Road, ☎ 566 0600, www.naplescyclery.com. Vermietung für 1, 2, 5 Stunden oder Tage/Wochen.*
The Bike Route Naples, *655 Tamiami Trail, ☎ 262 8373, www.bikeroutenaples.com.*

Bus

Greyhound, *2669 Davis Boulevard, ☎ 774 5660, www.greyhound.com. Nach Miami 3½ Stunden, nach Orlando knapp 6 Stunden, nach Tampa 5½ Stunden*

Die Golfküste von Naples bis Tarpon Springs

Unterwegs nach Fort Myers

Corkscrew Swamp Sanctuary

© graphic

Nördlich von Naples zweigt nach Osten die Straße 846 (Interstate 75, Ausfahrt 111, danach CR 846) zum Corkscrew Swamp Sanctuary ab. Dieses Naturschutzgebiet – ein Idyll für Vogelliebhaber – wird von der National Audubon Society unterhalten. Benannt wurde das 1954 unter Naturschutz gestellte Gebiet nach dem Fluss, der sich korkenziehergleich windet. Es ist die Heimat des Wald-Ibis, einer Storchenart, die vom Aussterben bedroht ist. Die Vögel werden etwa 1 m groß, ihre Flügelspannweite misst bis 1,80 m. Von den ursprünglich 50.000 Exemplaren in den 1930er Jahren leben heute nur noch 10.000. Über 1.000 Baumnester hüten hier diese Störche und brüten (fast) ungestört ihre Eier aus. Die Nahrung für den hungrigen Nachwuchs holen sie vom 80 km weiter nordöstlich gelegenen Lake Okeechobee.

Storchen-Schutzgebiet

Streckenübersicht

Entfernung: Naples – Ft. Myers: ca. 55 km (80 km inkl. Sanibel Island)
Empfohlene Route: Der Weg von Naples nach Fort Myers führt stets entlang der US 41 parallel zum Küstenverlauf. Je nach Zeit sind unterwegs einige Abstecher möglich:

- zum **Naples Zoo at the Caribbean Gardens**
- zu den **Everglades Wonder Gardens** nördlich von Naples
- zum **Corkscrew Swamp Sanctuary**

Übernachtung: Empfehlenswert ist es, auf Sanibel Island/Captiva Island zu übernachten, nachdem man das Edison Winter Home in Fort Myers besucht hat. Hier auf den vorgelagerten Inseln, die durch eine mautpflichtige Brücke verbunden sind, kann man die Schönheit der Golfküste in vollen Zügen genießen.

Stege in die Wildnis

Durch das sumpfige Gebiet führt ein Holzsteg, von dem aus man u. a. auch Alligatoren und das sehr seltene Zwergsultanshuhn beobachten kann. Die Vegetation wird von Zypressen und Mangroven dominiert. Es gibt hier riesige, bis zu 40 m hohe und 600 Jahre alte Sumpfzypressen, die zu den Ausläufern der südöstlich gelegenen Big Cypress Swamps gehören.

Corkscrew Swamp Sanctuary, *375 Sanctuary Rd., Naples, ☏ (239) 348 9151, www.corkscrew.audubon.org, April–Sept. 7–19.30, Okt.–März 7–17.30 Uhr, $ 10.*

Naples Zoo at Caribbean Gardens

Wenn man Naples in nördlicher Richtung verlässt, liegt östlich der US 41 der Naples Zoo. Einst als *Africa Safari Park* von „*Jungle Larry Tetzlaff*" und seiner Frau „*Safari Jane*" gegründet, erweiterten ihre Kinder das Gelände zu einem Zoo. Die Gegend erinnerte beide an die für Afrika typische Savannenlandschaft – und die Idee, hier einen Safaripark zu gründen, war geboren.

Heute kann man durch den tropischen Zoo spazieren, an Bootsfahrten teilnehmen und beim Füttern der Alligatoren zusehen.

Naples Zoo, *1590 Goodlette-Frank Road, Naples, ☏ (239) 262 5409, www.napleszoo.com, tgl. 9–17 Uhr, $ 19,95.*

Redaktionstipps

- **Edison & Ford Winter Estates** besuchen (S. 268).
- Stranderlebnis, Muscheln sammeln und Shrimps essen auf **Sanibel Island** (S. 277).
- **Übernachten:** Auf Sanibel Island, z.B. im „Island Inn", oder auf Captiva Island im vornehmen „South Seas Island Resort".
- **Essen:** In **Ft. Myers** gibt es die besten Meeresfrüchte im unscheinbaren „Prawnbroker"; auf **Sanibel Island** bestechen die zahlreichen Shrimp-Restaurants.
- **Bedeutendste Sehenswürdigkeiten:** Corkscrew Swamp Sanctuary für ornithologisch Interessierte (S. 262); Naples Zoo (S. 263).
- **Optimale Zeiteinteilung: 2 Tage.**

1. Tag: Zuerst den Zoo besuchen und dann bis nach Sanibel Island fahren, wo man sich ein Hotel sucht. Den Rest des Tages am Strand genießen und in einem Shrimp-Restaurant essen.

2. Tag: Strand, Muscheln sammeln und eine Sehenswürdigkeit Ihrer Wahl.

Everglades Wonder Gardens

Nicht zu vergleichen

Bei Bonita Springs (an der alten US 41) liegt diese „Attraktion", nicht unbedingt sehenswert und nicht zu vergleichen mit den Naturlandschaften des Everglades National Park. Der Park wurde als einer der ersten privaten Naturparks schon 1936 eröffnet. Eine Art Gartenzoo, wo man u. a. Panther sowie das vom Aussterben bedrohte Florida-Krokodil sehen kann. Alligatoren-Fütterungen finden fast laufend statt.
Everglades Wonder Gardens, *27180 Old US 41, ☎ (239) 992 2591, tgl. 9–17 Uhr, $ 15.*

Alternativstrecke

Weiterfahrt nach Fort Myers/Sanibel und Captiva Island über die „Inselroute" Lover's Key – Estero Island/Fort Myers Beach (State Road 865).

Bonita Springs

Dieser Bereich hat sich von einem kleinen Camp für Landvermesser zu einem Feriengebiet vor allem für Golfer entwickelt. Einst lebten hier die Calusa-Indianer, die dem heutigen Imperial River Heilkräfte zusprachen. Sie wurden mit der Ankunft der Spanier auf der Suche nach der Quelle der ewigen Jugend stark dezimiert und später vertrieben. Ende des 19. Jh. wurden die ersten Plantagen errichtet. Mit dem Anschluss an die Eisenbahn begann die touristische Karriere.

Der **Bonita Springs Public Beach** (Bonita Beach Road) bietet gute Schwimmmöglichkeiten, Picknicktische und ein Restaurant.

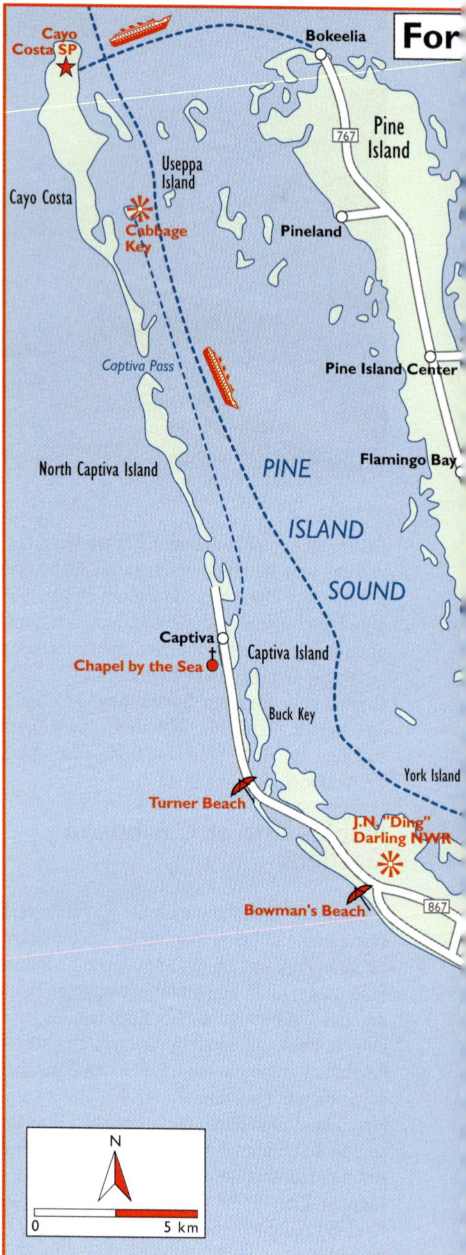

...yers/Sanibel Island
nach Sarasota
nach Sarasota
Echo
Tice
Kismet Pkwy.
North Fort Myers
Edison & Ford Winter Estates
Imaginarium
Fort Myers
Calusa Nature Center and Planetarium
Cape Coral
Chiquita Blvd.
Del Prado Blvd. S.
Cape Coral Pkwy.
Cape Coral Bridge
College Pkwy.
Page Field
Pine Field
Daniels Pkwy.
...atlacha
Little Pine Island
Matlacha Pass NRW
St. James City
Iona
Biggar
Punta Rassa
Alico Road
San Carlos Bay
San Carlos Park
zum Corkscrew Swamp Sanctuary
Point Ybel
Historical Village
Sanibel Island
Estero
Estero Bay
Estero
Corkscrew Rd.
Fort Myers Beach
Estero Island
Koreshan SHS
Coconut
C. Johnson County Park
Lovers Key State Park
GOLF VON MEXICO
Everglades Wonder Gardens
Bonita Beach
nach Naples
78
80
765
41
865
82
867
75
884
869
876
767
865
869

Reisepraktische Informationen Bonita Springs

Vorwahl: *239*

Information
www.fortmyers-sanibel.com, www.bonitasprings.com, www.cityofbonitasprings.org

Übernachtung
Homewood Suites by Hilton, Bonita Springs $$$, *8901 Highland Woods Blvd., ☎ 949 5913, www.homewoodsuites.hilton.com. Schönes Hotel mit sehr freundlichem Service, Pool, Suiten mit Küche. Gutes Preis-Leistungsverhältnis.*
Trianon Bonita $$$-$$$$, *3401 Bay Commons Drive, ☎ 948 4400, www.trianon.com. Europäisch anmutendes Hotel mit 100 Zimmern, Pool und Frühstück. Schöne Bibliothek mit einem Kamin für die seltenen kalten Tage. Ruhige Lage, nahe zu Geschäften und Restaurants.*
Hyatt Coconut Point Resort & Spa $$$$, *5001 Coconut Road, ☎ 444 1234, http://coconutpoint.hyatt.com. Das Luxushotel (18 Stockwerke, 454 Zimmer) hat 7 Swimmingpools (darunter einen mit Wasserrutsche, einen weiteren mit Wasserfall), 3 Restaurants. Zum eigenen privaten Inselstrand geht es mit einer Fähre. Alles ist sehr gediegen mit bestem Service.*

Restaurant
Doc's Beach House, *27908 Hickory Boulevard, ☎ 992 6444, www.docsbeachhouse.com. Das Restaurant mit Obergeschoss (schöner Blick auf das Strandleben) bietet vom Frühstück bis zum Abendessen alles: Pizzas, Sandwichs, Fischplatten, Steaks…*

Gleich am Beach House werden Parasailing und Waverunners angeboten.

Fahrradverleih
Bonita Bike & Baby, *Bay Landing Shopping Center, ☎ 947 6377, www.bonitabikeandbaby.com. Mobiler Service, die Räder (und Kinderwagen) werden nach telefonischer Bestellung geliefert.*

Bootsverleih
Pontoon-Boote können geliehen werden am **Bonita Beach Resort Motel**, *26395 Hickory Boulevard, ☎ 992 2137, www.bonitabr.com.*

Lovers Key State Park

Von der US 41 zwischen Naples und Fort Myers und Bonita Beach geht es auf die SR 865. Über Bonita Beach gelangt man nach Norden zum Lovers Key. Vom Parkplatz aus gelangt man mit einer kleinen Beach-Tram zum herrlich weißen, 4 km langen **Strand**. Die Strandanlage ist sehr gepflegt. Sehr beliebt bei Familien, da der Strand sehr allmählich abfällt. Ideal zum Baden, Wandern (Trails), zum Mieten eines Bootes oder Kanus. Gute sanitäre Einrichtungen, Duschen, Picknicktische. Geringer Eintrittspreis.

Toller Strand!

Reisepraktische Informationen Lovers Key

Information
Zwischen Bonita Beach und Fort Myers Beach, 8700 Estero Blvd., Fort Myers Beach, ☎ (239) 463 4588, www.floridastateparks.org/loverskey/. Eintritt mit Auto $ 8. Infos und Reservierung von Boots- und Angeltouren sowie Vermietung von Kajaks, Kanus und Fahrrädern ☎ (239) 765 7788.

Übernachtung
Lovers Key Beach Club & Resort $$$, *8771 Estero Blvd., ☎ (239) 765 1040, www.loverskey.com. Hotel mit 14 Stockwerken und sehr schönen Aussichten aus den oberen Etagen auf den Golf. Sehr schöner, lagunenartiger Swimmingpool. Gutes Restaurant, manche Zimmer haben eine kleine Küchenzeile.*

Fort Myers Beach auf Estero Island

Die etwa 8 Meilen lange Insel ist bei weitem nicht so reizvoll wie Sanibel und Captiva Island. Dennoch gibt es hier schöne, weite Strände, aber auch jede Menge Motels, Restaurants und Apartmentanlagen eher billigen Zuschnitts. Etwas „Ballermann" schwingt mit…

Info und Unterkünfte
s. S. 272

Fort Myers

Stadt der Palmen

Fort Myers geht auf die Gründung eines Militärpostens im Jahre 1850 zurück, der aufgrund der Auseinandersetzung mit den Seminole-Indianern errichtet worden war. Längst ist die Stadt (ca. 62.000 Einwohner) mit Cape Coral (s. S. 274) zu einer großräumigen Siedlung zusammengewachsen.

Die Stadt der Palmen (offizieller Beiname: City of Palms) ist ansprechend angelegt. Herrliche Königspalmen säumen den McGregor Blvd. Die meisten Häuser sind von üppigem Grün und blühenden Bougainvilleen umgeben. Der

Attraktive Lage: die Ft. Myers vorgelagerten Inseln

äußerst starke Zuzug in diese Region hält unvermindert an. Meistens lassen sich hier gut situierte Pensionäre aus dem Nordosten nieder. Und das hat seinen guten Grund: Nicht nur das Klima und die Stadt sind angenehm, die Nähe zu den vorgelagerten Inseln Sanibel und Captiva Island machen Fort Myers als Wohnort äußerst attraktiv. Haupterwerbszweige sind Tourismus und Landwirtschaft (Viehzucht, Gemüseanbau, Blumenzucht, Fischerei). Aber auch die Lage am breiten Caloosahatchee River ist reizvoll. Er markiert den Beginn des Wasserweges von der Westküste Floridas durch den Lake Okeechobee zur Ostküste bei Stuart.

Edison & Ford Winter Estates

Winterresidenz des Erfinders Edison

Durch das **Edison Winter Home and Museum**, den entscheidenden Teil der gesamten Anlage, finden Führungen statt. Zunächst einmal überquert man auf der „Tour" die Straße, deren Palmen *Edison* selbst gepflanzt hat. Er war, so erfährt man, nicht nur ein genialer Erfinder technischer Geräte, sondern ebenso ein begabter Botaniker. Seine beiden Häuser umgab er mit tropischen Pflanzen, insgesamt über 6.000 verschiedenen Arten: So begegnet man in den alten Gärten nicht nur Florida-Palmen und heimischen Blumen, sondern auch Kalabash-Bäumen aus Südamerika, Zimtbäumen aus Asien und alten Feigenbäumen. Lange Zeit verfolgte *Edison* das Ziel, Bäume mit einem möglichst hohen Kautschukertrag zu züchten. Um die amerikanische Rüstungsindustrie vom Kautschuk-Import unabhängig zu machen, experimentierte er erfolgreich auf dem Gebiet der Herstellung synthetischen Kautschuks.

Überzeugungen von Thomas Alva Edison

„Genius is 1 % inspiration and 99 % perspiration".
„I shall make the electric light so cheap that only the rich will be able to burn candles!"
„Anything that won't sell, I don't want to invent. Its sale is proof of utility, and utility is success."

Die ersten Fertighäuser

Die beiden **Häuser**, die man auf dem Rundgang sieht, waren die ersten Fertighäuser. Sie wurden in Maine (Nordosten der USA) gebaut und dann – zerlegt – per Schiff nach Florida gebracht. In wenigen Tagen waren sie wieder aufgebaut. Beide Häuser haben den gleichen, aber gespiegelten Grundriss. Es wird Edison nachgesagt, dass er eine Abneigung gegen Essensgerüche hatte. So diente das eine Haus später, nachdem er es von seinem Freund *Gilliland* gekauft hatte, ausschließlich dem Wohnen und Schlafen, das andere dagegen beherbergte die Küche sowie die Esszimmer.

Swimming pool mit Jahrhundert-Garantie!

Interessant ist der Swimmingpool, den Edison bereits 1910 baute: Mit dem eigenen Edison-Portland-Zement stellte er Beton für die Swimmingpoolwände her und verstärkte die Konstruktion mit galvanisierten Eisenstäben. Bis heute zeigt das Schwimmbad keinerlei Risse! Edison selbst ist nie in dem Pool geschwommen, er hat ihn für seine Kinder gebaut. Schwimmen, so seine Meinung, gehöre zu Vergnügungen, die nur Zeit kosten, aber nichts brächten... Übrigens: Das Wasser für das Bad stammt aus einem über 300 m tiefen artesischen Brunnen.

Als Edison die elektrische Glühbirne erfunden hatte, bot er dem Stadtrat von Fort Myers an, kostenlos Straßenlaternen aufzustellen. Doch die Stadtväter winkten ab: Sie befürchteten, dass die Kühe nicht mehr schlafen könnten!

Thomas Alva Edison

info

Wir schreiben das Jahr 1885. *Thomas Alva Edison* ist auf der Suche nach dem perfekten Material für die Glühbirne. Dabei kommt er nach Fort Myers, einem im Vergleich zu heute verschlafenen Nest, und folgt mit seinem Freund *Ezra T. Gilliland* einem Bambustrail am Caloosahatchee River. Und er entscheidet sich, 1½ Meilen unterhalb des aufstrebenden Fort Myers, an einem Viehtreck mit seinem Freund Land zu kaufen. Noch heute kann man verstehen, wieso es ihm hier am Flussufer so gut gefiel. Die Gillilands übrigens waren es, die Edison mit seiner zweiten Frau, *Mina Miller*, zusammenbrachten. 1886 heiratete Edison dann im Keystone Hotel von Fort Myers. Unglücklicherweise verkrachten sich beide Familien und Edison kam 14 Jahre nicht nach Fort Myers. Danach kaufte er Gillilands Haus, und nach einer gründlichen Renovierung verbrachte er bis zu seinem Tode 1931 die Winter immer in der Seminole Lodge, wie er sein Anwesen nannte.

In seiner Weitsicht prophezeite Thomas A. Edison bereits 1910: *„There is only one Fort Myers and ninety million people are going to find it out"* (Es gibt nur ein Fort Myers, und 90 Millionen Menschen werden das herausfinden). Im Februar gibt es das „Pageant of Light Festival", mit dem man den Geburtstag des Erfinders feiert.

Täglich begegnet man den wegweisenden Erfindungen dieses Mannes, der am 11. Februar 1847 in Milan (Ohio) geboren wurde. Seine Vorfahren kamen um 1730 aus Holland nach Amerika. Es waren einfache, arbeitsame Leute, die als Farmer ihren Lebensunterhalt verdienten. Das kleine Backsteinhaus, in dem Thomas Edison geboren wurde, steht noch heute in Milan. „Al", wie Edison kurz genannt wurde, zeigte schon im Vorschulalter seine besondere Gabe, Dinge nach ihrem Funktionieren zu hinterfragen. Dass ein solches Kind seine Lehrer vor Probleme stellte - keine Frage. In seiner Klasse bildete er (trotz oder wegen seiner extremen Begabung) leistungsmäßig das Schlusslicht. Seine Mutter musste ihn bald von der Schule nehmen und selbst unterrichten. Und da sie Lehrerin war, besaß sie dazu auch die notwendigen Fähigkeiten. Viele Jahre später, als Edison schon ein gemachter Mann war, erkannte er den großen Wert guter Bildung und vergab die berühmten Edison-Stipendien.

Edison eignete sich das meiste Wissen im Eigenstudium an. Schon im Alter von 11 Jahren besaß er in Port Huron (Michigan), wohin seine Eltern gezogen waren, ein eigenes Laboratorium. Im Alter von 12 Jahren verkaufte er im Zug von Port Huron nach Detroit Zeitungen und Süßigkei-

Edisons Haus

ten. Schon bei diesem seinem ersten Job zeigte er Geschäftssinn: Im Gepäckwagen der Bahn hatte er ein kleines Labor und eine Druckerpresse untergebracht, wo er die erste in einem Zug gedruckte Zeitung herausgab, verlegte und druckte, den „The Weekly Herald". Als Zusatzgeschäft kaufte er entlang der Zugstrecke frisches Gemüse und Obst, um es an Detroiter Markthändler weiterzuverkaufen.

Edisons Labor

Während dieses Jobs auf der Eisenbahn, der ihm ein gutes Einkommen brachte, riskierte er eines Tages sein Leben, um den Sohn eines Bahnhofsvorstehers vor einem herannahenden Eisenbahnwaggon zu retten. Der Vater zeigte sich auf seine Weise dankbar: Er führte Edison in die Telegraphentechnik ein. Von da an war Edison von allem, was mit Elektrizität zu tun hatte, fasziniert. In den weiteren Jahren arbeitete Edison als Telegraphentechniker und versuchte stetig, die Telegraphentechnik zu verbessern. In seiner Freizeit erfand er bald den Stromzähler, doch hatte zunächst niemand an dieser Erfindung Interesse. 1869 zog Edison nach Washington und erfand hier eine neuartige Druckmaschine. Diese Erfindung brachte ihm 40.000 US$ ein. Aber Geld bedeutete dem Erfinder nur insofern etwas, als er dadurch neue Experimentiergeräte kaufen konnte.

In der folgenden Zeit erfand er stetig und in wachsendem Tempo neue Dinge, die vielen Tausenden von Menschen neue Arbeitsplätze brachten. Er arbeitete oft bis zu 20 Stunden am Tag. Nach seiner außerordentlichen Begabung befragt, antwortete Edison stets: „Genie setzt sich zu 98 % aus Perspiration (Schwitzen) und nur zu 2 % aus Inspiration (Eingebung) zusammen." Seine Mitarbeiter wurden spöttisch als „Schlaflosentruppe" bezeichnet, weil ihr „Chef" sie ständig in Atem hielt.

Seine Erfindungen waren bahnbrechend, sein Glaube an den technischen Fortschritt blieb eine nicht erlahmende Triebfeder. Die Liste seiner insgesamt 1.097 Patente reicht von einfach anmutenden Erfindungen (z.B. ließ er sich das erste variable Kinderbett patentieren) bis zu technisch hochkomplizierten Geräten. Er erfand z.B.:

- das **Kohlenkörper-Mikrophon** und verbesserte damit das von *Alexander Graham Bell* konstruierte Telefon
- das **Grammophon**
- die **Kohlefaden-Lampe**
- den **Generator**
- den **Kinetographen**, einen Filmaufnahme-Apparat (Filmkamera)
- das **Vitaskop**, ein Gerät zur Laufbildprojektion (Filmprojektor).

Edison starb am 18. Oktober 1931 in West Orange (New Jersey).

Überzeugungen von Henry Ford

„The greatest thing we can produce is character. Everything else can be taken away from us."
„A market is never saturated with a good product, but it is very quickly saturated with a bad one."

Im **Museum** kann man die ganze Palette der Erfindungen Edisons bewundern: u.a. die erste Schallplatte, die noch immer *„Mary had a little lamb"* wiedergibt. Interessant sind die verschiedenen Entwicklungsstufen der Glühbirne, des Grammophons oder das Ford Model T, ein Geschenk des Edison-Nachbarn *Henry Ford*, dessen Winterdomizil auch zu besichtigen ist. Apropos Nachbarn: Dazu gehörte auch der Reifenzar *Harvey Firestone*, für den Edison viele Experimente auf der Suche nach geeignetem Reifen-Kautschuk durchführte! Im **Laboratorium** sieht man unzählige Flaschen, z. T. noch mit Chemikalien gefüllt. Hier verbrachte Edison einen großen Teil seines Lebens in Fort Myers. Der Erfolg fiel ihm nicht in den Schoß. So führte er z. B. über 40.000 Versuche durch, bis er den Akkumulator erfunden hatte. Einer seiner hervorstechenden Persönlichkeitszüge war es, nie etwas aufzugeben, was er sich vorgenommen hatte. Das Laboratorium befindet sich im gleichen Zustand wie zu seinem Tode 1931. Als ob der Genius es gerade verlassen hätte…

Ford Winter Home

Fords „Mangoes" ist das etwas schlichtere, 1916 erbaute Ferienhaus von Henry Ford, dem lebenslangen Freund von Edison. Die Familien von Ford und Edison wollten in den Ferien zusammen sein. Man sagt, auf der Veranda habe Ford den V-8-Motor in seinen Grundzügen konzipiert. In einem kleinen Gebäude direkt am Haus kann man Variationen der Ur-T-Modelle bewundern. U. a. das Urmodell eines Pick-up. Der Erfinder der Fließbandarbeit steht aber hier in Fort Myers deutlich im Schatten seines berühmten Nachbarn.

Edison & Ford Winter Estates, *Edison Winter Home, 2350 McGregor Blvd., ☎ (239) 334 7419, www.efwefla.org, tgl. 9–17.30 Uhr. Der Eintritt ($ 20) berechtigt zur Besichtigung beider Häuser (Edisons „Seminole Lodge" und Henry Fords „Mangoes").*

The Imaginarium Hands-on Museum and Aquarium

Untergebracht im ehemaligen Wasserwerk der Stadt, ist dieses Museum für Kinder und Erwachsene gleichermaßen interessant. Im Hands-on Museum (Dinge zum Anfassen) gibt es u.a. ein „*Hurrican Experience*" und 3-D-Filme. Im Aquarium, bestehend aus drei kleinen Innenbecken und einem großen Außenbecken, wird anschaulich erläutert, worin die Unterschiede zwischen Salz-, Brack- und Süßwasser-Biotopen bestehen und wie die Wassertiere darin leben. Auch hier dürfen Tiere angefasst werden.

Museum zum Anfassen

Hands-on Museum and Aquarium, *2000 Cranford Avenue, ☎ (239) 321 7420, www.imaginariumfortmyers.com, Mo–Sa 10–17, So 12–17 Uhr, $ 12.*

Reisepraktische Informationen Fort Myers

Vorwahl: *239*

Information

Lee County Visitor & Convention Bureau, *12800 University Drive, Suite 550, ☎ 338 3500, www.fortmyers-sanibel.com, www.leevcb.com.*
Greater Fort Myers Chamber of Commerce, *2310 Edwards Dr., FL 33912, ☎ 332 3624, www.fortmyers.org.*
Greater Fort Myers Beach Chamber of Commerce, *17200 San Carlos Blvd, Fort Myers Beach, ☎ (239) 454 7500, www.fortmyersbeach.org, Mo–Fr 9–17, Sa 10–17, So 11–16 Uhr.*

Übernachtung

Entlang der Cleveland Ave. (Abfahrt „International Airport" von der I 75) liegen zahlreiche Hotels und Motels, u.a. finden Sie hier **Days Inn ($$)** *und* **Holiday Inn ($$$)**.
Quality Suites Airport $$, *13651 Indian Paint Ln. (Nähe S Cleveland Ave, nahe Southwest Florida International Airport), ☎ 768 0005, http://www.qualityinn.com. Gutes Preis-Leistungsverhältnis.*
The Dolphin Inn Resort $$, *6555 Estero Boulevard, Fort Myers Beach, ☎ 463 6049, www.dolphininn.net. Nah am Strand gelegen, 20 günstige Zimmer mit Küchenecke, Pool, empfehlenswert.*
Mango Street Inn B&B $$, *126 Mango Street, Fort Myers Beach, ☎ 233 8542, www.mangostreetinn.com. Schöne Zimmer mit 1 oder 2 Schlafzimmern, mit Küche, hilfsbereite Gastgeber. Je nach Saison 3 Nächte Mindestaufenthalt.*
Flamingo Inn Motel $$, *6090 Estero Blvd., Fort Myers Beach, ☎ 463 9194, www.flamingo-inn.com. Kleine aber saubere Zimmer, nah am Strand gelegen*
Gullwing Beach Resort $$$, *6620 Estero Blvd, Fort Myers Beach, ☎ 765 4300, www.gullwingfl.com. Condominium-Hotel direkt am Strand, die Suiten mit 1–3 geräumigen Schlafzimmern bieten Platz für die ganze Familie, schöner Pool.*
Pink Shell Beach Resort $$$, *275 Estero Blvd., Fort Myers Beach, ☎ 463 6181, www.pinkshell.com. Echtes Familienhotel direkt am schönen Strand, etwa 200 Zimmer. Pool für die Kleinen, entspannte Atmosphäre.*
Hilton Garden Inn $$$$, *12600 University Drive, ☎ 790 3500, www.hiltongardeninn.com. Schöne Außenanlagen, niedrig gebaut, 109 Zimmer mit Mikrowelle, Kühlschrank (Selbstversorger werden sich freuen!). Geräumige Zimmer in Floridadekor (freundlich) mit Marmorbädern, Pool. In der Lobby gibt es ein riesiges Aquarium.*

Camping

Red Coconut RV on the Beach, *3001 Estero Blvd., ☎ 463 7200, www.redcoconut.com. Campingplatz direkt am Strand.*

Restaurants

The Veranda, *2122 2nd St, ☎ 332 2065, www.verandarestaurant.com. Das Restaurant ist in zwei schönen alten Häusern von 1902 untergebracht. Das Ambiente ist entsprechend. Das Essen orientiert sich an der Südstaatenküche. Gut sind entsprechend der gegrillte Grouper, aber auch der Snapper mit Cajun-Butter ist nicht zu verachten. Lunch gibt es Mo bis Fr, Dinner täglich außer So. Hauptgericht um $ 30.*

Prawnbroker Restaurant & Fish Market, *13451 McGregor Boulevard, ☎ 489 2226, www.prawnbroker.com. Frische Meeresfrüchte und Fisch – der Besitzer ist Inhaber eines Fischmarktes. Ab 16 Uhr geöffnet.*

Bennett's Fresh Roast, *2011 Bayside Parkway, ☎ 332-0077, www.bennettsfresh roast.com. Mo Fr 6 18 Uhr, Sa/So 7 15 Uhr. Täglich wechselnde Speisekarte, frische Salate und Backwaren. Toller Kaffee!*

French Connection Café, *2282 1st Street, ☎ 332 4443. Preiswertes Café im Downtown River District mit guten Sandwichs, Crêpes und einer leckeren französischen Zwiebelsuppe. Bar und Außentische. Geöffnet von 11–22, Fr/Sa bis 20 Uhr. Gut und günstig.*

Kenwood Lane Grill, *12791 Kenwood Lane, ☎ 728 5400, http://kenwoodlanegrille.com. Kreative Küche zu vernünftigen Preisen. Mittags gibt es hausgemachte Suppen, Salate, Sandwiches und Burger, abends wird es dann etwas raffinierter, mit frischer Pasta oder Pilzrisotto. Sehr empfehlenswert!*

Einkaufen

Eine der zahlreichen **Shopping Malls** *ist die* **Edison Mall** *(4125 Cleveland Avenue, an der Kreuzung US 41 und Colonial Boulevard). Hier bekommt man in über 160 Läden fast alles, was das Herz begehrt. Auch das* **Gulf Coast Town Center** *(9903 Gulf Coast Main St. (I 75, Exit 123), www.gulfcoasttowncenter.com) bietet eine große Auswahl der gängigen Geschäfte, Kinos und zahlreiche Restaurants. In der Nähe liegt das* **Miromar Outlet Center** *(10801 Corkscrew Rd., ☎ 948 3766, in Estero zw. Naples und Fort Myers, Kreuzung I-75 (Exit 123) und Corkscrew Road/Miromar Outlets Blvd., www.miromaroutlets.com).*

Harley Davidson, *2160 Colonial Boulevard, ☎ 275 4647, www.hdfortmyers.com. Hier gibt es alles, was das Biker-Herz begehrt – nicht nur die chromblitzenden Maschinen, sondern auch eine ganze Harley-Modekollektion. Wer sich keine Harley kaufen möchte, kann trotzdem eine Runde drehen – hier kann man sie auch mieten.*

Strand

Fort Myers Beach *(über die SR 865 erreichbar, s. S. 267). Der Strand ist breit und schön, den hier liegenden Hotels haftet leider mitunter „Billigcharakter" an.*

Tipp: Per Schnellboot nach Key West

Mit dem **Key West Express** (1200 Main Street, Fort Myers Beach, ☎ 1-888-539-2628, www.seakeywest.com) kann man sich 300 Landmeilen sparen. Am Morgen um 8.30 Uhr verlässt man mit einem 170-Fuß-Katamaran Fort Myers und kommt gegen 12 Uhr in Key West an. Um 18 Uhr geht es zurück, in Fort Myers ist man dann gegen 21.30 Uhr. Kosten: $ 146, Parken kostet $ 5 pro Tag. Der gleiche Fahrpreis gilt auch dann, wenn man am nächsten Tag erst wieder nach Fort Myers möchte.

Ausgangspunkt: Fisherman's Wharf & Salty Sam's Marina. Man fährt den Highway 865 (San Carlos Blvd.) Richtung Fort Myers Beach. Vor der Brücke rechts abbiegen, dann wieder nach links unter der Brücke fahren, die Fisherman's Wharf ist erreicht! Parkplätze reichlich vorhanden.

Mit dem Katamaran nach Key West

Öffentliche Verkehrsmittel

Lee Tran, *☎ 533 8726, www.rideleetran.com, betreibt 18 Buslinien in Fort Myers und Umgebung, zudem den „Park and Ride trolley service“ nach und von Fort Myers Beach. Eine Fahrt kostet $ 1,25, ein Tagespass $ 3,50 (passend zu zahlen).*

Greyhound, *2250 Peck Street, ☎ 334 1011, www.greyhound.com, u.a. nach Miami, Orlando, Tampa.*

Flughafen

Der Southwest Florida International Airport (Kürzel RSW) wird u. a. von Air Berlin angeflogen. ☎ 590 4800, 11000 Terminal Access Road, Fort Myers, www.flylcpa.com. Taxi Airport – City: ca. $ 20, nach Sanibel Island ca. $ 35.

Cape Coral

Das Brachland nördlich des Caloosahatchee River, wo heute Cape Coral liegt, wurde erst Ende der 50er Jahre „siedlungsbereit“ gemacht. Um das Gebiet für künftige Investoren attraktiv zu gestalten, legte man Kanäle (heute 640 km) und breite Wasserwege an, ergänzt durch ein dichtes Straßensystem. Die ersten Häuser wurden 1958 gebaut, und dank großer nationaler und internationaler Werbekampagnen gelang es, das Land zu verkaufen. Doch so mancher Anleger, der das Gebiet nie in Augenschein genommen hatte, musste beim Besuch vor Ort feststellen, dass sein „Traumgrundstück“ sehr weit von Versorgungseinrichtungen entfernt lag, sumpfig war und so gar nicht zum Traum vom palmenbestandenen Florida passte.

Cape Coral (170.000 Einwohner) ist heute die flächenmäßig zweitgrößte Stadt Floridas und mit zwei mautpflichtigen Brücken (Cape Coral Bridge (1964) und Midpoint Bridge (1997) von Fort Myers über den Caloosahatchee River verbunden, Maut $ 2/nur bei Fahrt nach Cape Coral). Viele Investoren freuen sich mittlerweile über hohe Wertsteigerungen ihrer Häuser und Grundstücke, wenn auch die jüngste Wirtschaftskrise dem ungebremsten Wachstums-Optimismus einen gehörigen Dämpfer versetzte. Die erste Besiedlung von Cape Coral begann im Südosten, wo auch der Yacht-Club liegt. Die Bebauung folgte nachher an der „Gold Coast“ im Osten sowie dem südlichen Pelican-Gebiet. Die Versorgungs-Infrastruktur hielt natürlich Schritt mit der Entwicklung – alleine vier der beliebten PUBLIX-Supermärkte gibt es.

Tipp

Deutsche Bäckerei „Old Times German Bakery“ (*1507 SE 47th Street, ☎ 549 5984*). Beliebt wegen ihres deutschen Brotes (tgl. außer So ab 7 Uhr geöffnet).

Pine Island

Einen Ausflug wert ist die Fahrt nach **Pine Island** westlich von Cape Coral über die SR 78. Diese größte Insel an Floridas Westküste (27 km lang, bis knapp 4 km breit) bietet ein eher beschauliches, ländlich-gemütliches Bild. Es gibt keine hohen Häuser, dafür viel Individualität, die sich vor allem in dem kleinen Ort **Matlacha** (auf dem Wege nach Pine Island) widerspiegelt: Alles ist einzigartig, die Gleichförmigkeit des z.T. manikürt wirkenden Cape Coral wird hier abgelöst durch Kreativität: Bunte Kunstgalerien, Boutiquen, Fischrestaurants und typische „Florida cottages“ zeichnen ein buntes Bild der knapp 1.000 Menschen zählenden Gemeinde.

Bunte „Florida cottages“

Reisepraktische Informationen Cape Coral und Pine Island

Künsterkolonie Matlacha

Vorwahl: *239*

Information

Pine Island Chamber of Commerce/ Welcome Center, *3640 Pine Island Road, Matlacha, ☎ 283 0888, www.pineislandchamber.org.*

Übernachtung

Bridgewater Inn $$$, *4331 Pine Island Road, Matlacha, ☎ 283 2423, www.bridgewaterinn.com. In der Künstlerkolonie Matlacha gelegenes Inn, in dem man buchstäblich auf dem Wasser sitzt: Es ist auf einem Pier erbaut. Von der Veranda aus kann man also direkt ins Wasser springen, angeln oder Boot fahren.*

Restaurants

Brew Babies Bistro & Coffee Shop, *1520 Lafayette St., ☎ 542 2224, www.mybrewbabies.com. Leckeres frisches Essen wie Salate, Seafood und Fleisch vom Grill. Dazu gibt es ab 17 Uhr Live-Jazz im lauschigen Innenhof. So u. Mo geschlossen.*

Geo's Italian Restaurant, *1140 Ceitus Terrace, ☎ 549 4367, www.geositalianrestaurant.com. Einfacher, aber gemütliches Italiener mit leckerem Essen – wie in Italien.*

Bonefish Grill, *900 SW Pine Island Rd., ☎ 574 1018, www.bonefishgrill.com. Für Fisch-Fans gibt es hier eine reichhaltige Auswahl, dazu gute Cocktails.*

Panera Bread, *1830 NE Pine Island Road, ☎ 458 4162. Leckeres Brot und Brötchen (über 20 verschiedene Sorten) frisch aus dem Ofen, zudem gibt es Salate, Sandwiches und Suppen. Ideal zum Frühstück und Lunch.*

Einkaufen

Cape Harbour Marina, *5785 Cape Harbor Drive, ☎ 945 6116, www.capeharbour.com. An der Marina in Cape Harbour reihen sich Boutiquen aneinander, die neben Schickem auch Ausgefallenes zu bieten haben (Taschen, Schuhe, Modeschmuck) – z.T. zu durchaus bezahlbaren Preisen.*

Lovegrove Gallery & Gardens, *4637 Pine Island Road, Matlacha, ☎ 282 1244, www.leomalovegrove.com. Entlang der Pine Island Road reihen sich bei Matlacha die bunten Fischerbuden auf, in denen Künstler und Überlebenskünstler ihre Werke verkaufen. In der Lovegrove Gallery z.B. geht es floridianisch bunt zu, im Garten kann man ein leckeres Sorbet genießen – und dabei Hunderte bunt angemalter Kokosnüsse bestaunen.*

Bootsverleih

Paradise Boatrentals, *3013 Del Prado Blvd. South, ☎ 645 4217, www.bootsvermietung.net. Motor- und Pontoon-Boote verschiedener Größe. Ab $ 220/Tag.*

Umgebung von Fort Myers: Sanibel und Captiva Island

Streckenhinweis

Von Fort Myers erreicht man die beiden Inseln über die palmengesäumte SR 867.

Muschel- und Sandstrände

Es gibt zwei Möglichkeiten, diese herrliche Landschaft mit den lang gestreckten Sandstränden zu genießen: Entweder unternimmt man von Fort Myers aus einen **Tagesausflug**. Dann empfiehlt es sich, früh morgens aufzubrechen, um die Ruhe der Landschaft zu genießen – später wird es hektischer, wenn mehr Touristen auf die gleiche Idee kommen. Alternativ kann man einen **2–3-Tage-Aufenthalt** in einem der Beach Resorts einplanen. Dann kann man neben Baden und dem hier verbreiteten Muschelsammeln vor allem die Landschaft per Fahrrad erkunden. Aber auch alle anderen Freizeitmöglichkeiten stehen offen (Kanufahrten, Tennis, Golf, Angeln, Ausflug zum Hochseefischen).

Gleich hinter dem Sanibel Causeway (Brückendamm, mautpflichtig, $ 6) liegt rechts die **Informationsstelle** der Chamber of Commerce (s. S. 279), wo man über Übernachtungen und Aktivitäten Auskunft erhält.

Keine Hochhäuser

Angenehm fällt auf, dass es auf Sanibel und Captiva Island keine Hochhäuser gibt. Bereits früh widersetzten sich die Bewohner der Inseln einem ungezügelten Bauboom. Zwar konnten sie nicht verhindern, dass 1963 die Brückenverbindung gebaut wurde, doch setzte die eigene Stadtverwaltung ein Bauverbot für Hochhäuser durch. So entwickelten sich beide Inseln zu „edleren" Ferienoasen, die nicht für jeden Geldbeutel bestimmt sind (obwohl es auch relativ preiswerte Unterkünfte gibt, die allerdings zumeist nicht am Strand liegen).

Die Hauptstraße von Sanibel Island ist der Periwinkle Way, wo es verschiedene Geschäfte, Restaurants, Fahrrad- und Mopedvermieter gibt.

Auf dem Weg nach Sanibel Island

Bowman's Beach (Sanibel Island)

Sanibel Island

Dieses Gebiet ist unter Naturschutz gestellt, sodass sich an diesem Ort die heimische Pflanzenwelt erhalten konnte. Noch heute finden hier in den Sanddünen heimische Tiere ihren Lebensraum. Diese Region ist auch eines der letzten Rückzugsgebiete der Loggerheads und der Leatherback Turtles, jener **Schildkröten**, die in alten Zeiten an den subtropischen Küsten Floridas heimisch waren. In den Zeiten der alten Seefahrt, als Segelschiffe lange Zeit unterwegs waren und Probleme mit dem Proviant hatten, rückten die Schildkröten in das Interesse der Menschen: Man konnte sie fangen und als lebendige Fleischkonserve mitnehmen. Später trugen zur Ausrottung weltweit Feinschmecker bei, die als Krönung des Genusses die Schildkrötensuppe entdeckten.

Schildkröten-Paradies

Hier an den Küsten von Sanibel und Captiva Island legen noch heute etwa 200 Schildkröten in den heißen Dünen ihre Eier ab, die im Juli/August ausgebrütet werden. Naturschützer achten darauf, dass die unbeholfen wirkenden Tiere bei der Eiablage nicht gestört werden. Später gräbt man die Eier aus, um sie unter Infrarotlicht auszubrüten. Nachdem die kleinen Schildkröten eine lebensfähige Größe erreicht haben, entlässt man sie wieder in die Natur. Man muss allerdings sehr viel Glück haben, um eine Schildkröte zu Gesicht zu bekommen.

Muschelsammeln am Strand

Berühmt ist Sanibel Island für seine muschelübersäten Strände. Lebende Muscheln dürfen nicht gesammelt werden, sondern nur leere Muschelschalen.

Zweifelsohne zählen diese Strände zu den muschelreichsten Gebieten der Vereinigten Staaten. Der Grund dafür liegt darin, dass es am Golf von Mexico keine Felsenriffe gibt, an denen die Muscheln zerrieben werden. Die Gewässer sind sehr warm und flach, die Meeresbrandung sachte. Dazu kommt noch, dass sich auf einem Meeresplateau südlich von Sanibel die Muscheln sozusagen sammeln und zum Strand gespült werden. Die meisten Muscheln findet man im Winter oder nach Stürmen direkt an der Wasserkante. Das ergiebigste Sammelgebiet liegt bei Bowman's Beach und dem Blind Pass (die Enge zwischen Sanibel Island und Captiva Island). Insgesamt wurden über 400 Muschelarten aufgelistet. Besonders beliebt sind die „Sand-Dollars", Jakobsmuscheln (Scallops), die seltene Junonia-Muschel (Junonia Volute) und die Venusmuschel (Venus clam).

Über 400 Muschelarten

info

Informationen über die Loggerheads (Meeresschildkrötenart)

Der Lebensraum der so archaisch anmutenden Tiere ist in den letzten Jahrzehnten nicht nur im mediterranen Raum (bis auf eng begrenzte Naturschutzgebiete, z. B. in der Lara Bay auf Zypern), sondern auch auf dem amerikanischen Kontinent stark eingeschränkt worden. Einsame Strände sind weltweit zu einer Rarität geworden.

Die Loggerhead Turtle (Caretta caretta) legt allerdings noch immer ihre Eier im heißen Strandsand von Sanibel und Captiva ab. Diese Meeresschildkröte gehört zu einer alten Gruppe von Reptilien und hat, wie die maritimen Säuger (z.B. Delfine und Wale), ihren Evolutionsprozess umgekehrt und sich in die See zurückgezogen. Doch dieser Umkehrungsprozess ist nicht vollständig gelungen: Obwohl Meeresschildkröten sich sehr gut im Wasser zurechtfinden, schnelle Schwimmer sind und lange tauchen können, ist ihre Verwandtschaft zu den an Land lebenden Vorfahren doch unübersehbar. Wie diese müssen auch Meeresschildkröten Luft atmen und an Land zurückkehren, um ihre Eier abzulegen.

Die Loggerhead Turtle erreicht eine Länge von etwa 1-1,5 m und wiegt bis zu 150 kg. Die Muttertiere kriechen im Abstand von 2-3 Jahren vorwiegend im Schutze der Nacht an Land, hinterlassen dabei eine Art Raupenspur und graben dann im Sand Nester von 0,5-1 m Tiefe, wo sie ca. 100 Eier ablegen. Beim Rückzug ins Meer glätten sie den Sand wieder und verwischen so ihre Spur.

Wer nicht selber suchen möchte: Muscheln werden auch verkauft

Unter Muschelsammlern gelten die Strände als Eldorado. Kenner suchen vor allem nach der „Florida Miter" sowie nach seltenen Austernarten. Die Hotels motivieren auch den Laien zum Muschelsuchen und geben dem Besucher oft am Empfang sofort Sammeltaschen mit einer Identifikationskarte der Muschelsorten mit. Der Stadtrat von Sanibel Island allerdings möchte verhindern, dass es bald keine Muscheln mehr gibt. Deshalb dürfen keine lebenden Muscheln mehr mitgenommen werden. Wie wichtig das Muschelsammeln genommen wird, zeigt übrigens die alljährlich am ersten Märzwochenende stattfindende Sanibel Shell Fair: Während dieser Muschelmesse sind die Zimmer besonders knapp. Von den Muschelsammlern wird die Gegend um den Leuchtturm auf Sanibel Island favorisiert.

Wer nicht nur sammeln, sondern sich auch eine Vielfalt an unterschiedlichen Muscheln ansehen möchte, kann das tun im **Bailey Matthews Shell Museum**, *3075 Sanibel Captiva Road, Sanibel Island, ☎ (239) 395 2233, www.shellmuseum.org, tgl. 10–17 Uhr geöffnet, $ 9.*

South Seas Island Resort

Auf Captiva Island dominiert das riesig angelegte **South Seas Island Resort**. Dabei handelt es sich um einen professionell angelegten luxuriösen Ferienkomplex, der für jeden Geschmack das Rechte zu bieten vermag. Inmitten einer paradiesischen Vegetation, die an die Südsee erinnert, kann man seinen Traumurlaub verbringen. Dies ist vielleicht die am besten gelungene Anlage in ganz Florida, und wenn man bereit ist, tief in die Tasche zu greifen, wird man sicherlich nicht enttäuscht werden.

South Seas Island Resort

Neben Hotelzimmern werden Ferienhäuser und Ferienwohnungen vermietet. Mehrere Restaurants, Boutiquen, Souvenir- und Lebensmittelläden versorgen den Urlauber. Alle Aktivitäten sind möglich: ob Tennis (19 Plätze), Golf (9-Loch-Platz), Wasserski, Schwimmen (17 Swimmingpools, 4 km weißer Sandstrand), Boot- und Fahrradverleih… alles ist vorhanden.

Traumhafte Strandanlage

5400 Plantation Rd., Captiva Island, P. O. Box 194, FL 33924, ☏ (239) 472 5111, www.southseas.com.

Reisepraktische Informationen Sanibel Island/Captiva Island

Vorwahl: *239*

Information

Sanibel-Captiva Islands Chamber of Commerce, *1159 Causeway Road, Sanibel Island, FL 33957, ☏ 472 1080. www.sanibel-captiva.org. Lage: Direkt rechts hinter der Brücke, die Sanibel Island mit dem Festland verbindet. Aktuelle Informationen sind hier erhältlich, tgl. geöffnet.*

Übernachtung

Tipp

Wer ein Apartment mieten möchte, kann das in den USA über die kostenlose Telefonnummer (1-800) 237 6004 oder 472 3191 machen (Sanibel Accommodations, 2341 Palm Ridge Road, Sanibel Island, www.sanibelaccom.com). Bitte beachten, dass Übernachtungen im Winter häufig den doppelten Preis kosten. Unter $ 100 wird's schwierig, billiger natürlich sind die Übernachtungen auf dem Festland in Fort Myers.

Sanibel Island

Palm View and Sandpiper Motel $$, *706 Donax St., ☏ 472 1606, www.palmviewsanibel.com. 5 Apartments, sehr gutes Preis-Leistungsverhältnis.*

Kona Kai Motel $$-$$$, *1539 Periwinkle Way, ☏ 472 1001, www.konakaimotel.com. 15 Gehminuten zum Strand, sehr großer Pool in einer tropisch anmutenden Gartenanlage.*
Beach View Cottages Sanibel $$$, *3325 W. Gulf Drive, ☏ 472 1202, www.beachviewsanibel.com. Direkt am Strand gelegen, 32 Zimmer mit Kochmöglichkeiten – direkt am Strand ist auch ein Pool vorhanden.*
Island Inn $$$, *3111 W. Gulf Dr., ☏ (800) 851 5088, www.islandinnsanibel.com. Nettes Resort im alten Florida-Stil.*
Waterside Inn $$$, *3033 W. Gulf Drive, ☏ 472 1345, www.watersideinn.net. Zimmer mit Balkon direkt am Strand, schöner Palmengarten mit Liegen am Strand, schöner Swimmingpool.*
Sanibel Inn $$$$, *937 E. Gulf Drive, ☏ 472 3181, www.sanibelinn.com. 68 Zimmer, sehr schöne Gesamtanlage (Garten mit 600 Palmen) direkt am Strand, Fahrräder und kontinentales Frühstück kostenlos, hoher Freizeitwert.*
Song of the Sea $$$$-$$$$$, *863 East Gulf Dr., ☏ 472 2200, www.sanibelcollection.com. Kleine Anlage mit 30 Zimmern (ausgestattet mit einer kleinen Küchenzeile und Mikrowelle), schön dekoriert, sehr persönlich, einladender Swimmingpool. Preise je nach Saison von $ 150 bis $ 450.*
Casa Ybel Resort $$$$-$$$$$, *2255 West Gulf Drive, ☏ 472 3145, www.casaybelresort.com. Vermietet werden Apartments mit 1–2 Schlafzimmern, Kochmöglichkeit, Blick auf den Golf. Von Februar bis März ist ein Mindestaufenthalt von 1 Woche festgesetzt (Sa–Sa), Pool, sehr gepflegte Außenanlagen.*

Camping

Periwinkle Park & Campground, *1119 Periwinkle Way, ☏ 472 1433, www.sanibelcamping.com. Schattiger Platz, Swimmingpool, etwa 10 Gehminuten zum Strand.*

Auf Captiva Island

Tween Waters Inn $$$$, *15951 Captiva Drive, Captiva Island, ☏ 472 5161, www.tween-waters.com. Hübsche Feriensiedlung mit Hütten und Hotelzimmern, mittlere Preise.*
South Seas Island Resort $$$$-$$$$$ *(s. S. 279)*

Restaurants

Sanibel Island

Sweet Melissa's Cafe, *1625 Periwinkle Way, ☏ 472 1956, www.sweetmelissascafe.net. Die Speisekarte wechselt je nach Saison, die Gerichte sind kreativ und schmackhaft. Es werden auch kleinere Portionen angeboten, sodass man verschiedene Speisen probieren kann. An manchen Abenden gibt es Live-Gitarrenmusik*
Thistle Logde, *Casa Ybel Resort, 2255 West Gulf Drive, ☏ 472 3145, www.thistlelodge.com. Gutes Fischrestaurant, direkt am Wasser gelegen.*
Timbers, *703 Tarpon Bay Road, ☏ 395 3128. Sehr gutes Fischrestaurant, auch bei Einheimischen beliebt.*
Gramma Dot's Seaside, *634 N. Yachtman Drive, ☏ 472 2723, www.sanibelmarina.com/gramma.html. Direkt an der Marina gelegen, besonders beliebt zum Lunch wegen der guten Sandwiches und Salate, die sonstigen Gerichte sind „typisch amerikanisch". Abends um 20.30 Uhr ist hier Schluss.*
Hungry Heron, *2330 Palm Ridge Road/Periwinkle Way, ☏ 395 2300, www.hungryheron.com. Preiswertes Familienrestaurant, große Speisenkarte.*
The Mad Hatter, *6460 Sanibel-Captiva Road, ☏ 472 0033, www.madhatterrestaurant.com. Teures, sehr elegantes Restaurant mit schönem Meerblick, kreative amerikanische Küche.*

Gramma Dot's Seaside

Doc Ford's Rum Bar & Grill, *975 Rabbit Road, ☎ 472 8311, www.docfordssanibel.com. Klassische amerikanische Sportsbar. Neben den üblichen Burgern und Salaten gibt es auch überraschend kreative Seafood-Gerichte. Alles frisch und lecker. Viele Stammgäste.*

Captiva Island

Bubble Room, *15001 Captiva Drive, ☎ 472 5558, gute Küche (probieren Sie die großen Golf-Shrimps in Knoblauchbutter), viele Möbel aus den 1930er und 40er Jahren im witzigen Ambiente eines alten Florida-Hauses. Die Bedienung läuft in Pfadfinderuniformen herum. Kein Lunch in der Nebensaison (Sommer), ebenso kein Lunch am Wochenende in der Hauptsaison. Reservierung ist ratsam!*

Einkaufen

Knapp 60 Geschäfte gibt es am Periwinkle Place (2075 Periwinkle Way, Sanibel). Alles, was mit Muscheln zu tun hat und was man mit ihnen anfangen kann, gibt es bei **She Sells Sea Shells** *(1157 Periwinkle Way, Sanibel).*
Für Selbstversorger bietet das größte, supermarktähnliche Angebot **Jerry's Foods** *(1700 Periwinkle Way).*

Strände

Sanibel Island

- *in der Nähe des Leuchtturms (Sanibel Lighthouse Beach) am Ostende der Insel mit Fishing-Pier. Vorsicht, hier gibt es Strömungen!*
- *parallel zum East Gulf Drive und West Gulf Drive (Bowman's Beach). Naturbelassene Strände, vor allem für Muschelsucher interessant. Der Zugang erfolgt über die Sanibel-Captiva Road in nördlicher Richtung.*

Badeparadies Captiva Island

- *an der Nahtstelle von Sanibel Island und Captiva Island (Blind Pass).*
- *im Feriengebiet des South Seas Island Resort. Wenn Sie Probleme mit dem Parken auf den wenigen öffentlichen Parkplätzen haben sollten, fragen Sie bitte bei der Chamber of Commerce nach Parkplaketten. Das Parken auf den öffentlichen Parkplätzen kostet ca. $ 2/Stunde!*

Fahrradverleih

Billy's Rentals *(Mopeds, Segways und Fahrräder), 1470 Periwinkle Way, Sanibel Island, ☎ 472 5248, www.billysrentals.com. Fahrräder: ca. $ 15/Tag*

Jim's Rentals, *11534 Andy Rosse Lane, Captiva Island, ☎ 472 9656, www.yolowatersports.com. Zudem kann man hier Stühle und Sonnenschirme, Scooter, Paddelboote und weiteres ausleihen. Fahrräder: ca. $ 16/Tag.*

Tipp: Fahrradausflug ins J. N. „Ding" Darling National Wildlife Refuge

Die etwa 5 Meilen lange Einbahnstraße verläuft parallel zur Sanibel Captiva Road. Das Naturschutzgebiet, das 2/3 der Insel einnimmt, ist relativ wenig besucht und eignet sich besonders zu einer Fahrradtour. Benannt ist es nach J. N. Darling, der sich als Karikaturist hervortat und sich vehement für den Umweltschutz einsetzte. Die Mangrovenwälder, die insgesamt 20 km² bedecken, sind Rückzugsgebiet vor allem der **Rosa Löffler**, die man morgens und am frühen Abend beobachten kann. Sie besitzen einen löffelförmigen Schnabel, mit dem sie in sehr flachen Wassertümpeln nach geeigneter Nahrung suchen. Die Schnabelform unterscheidet sie am meisten von Flamingos, mit denen sie oft verwechselt werden.
Außerdem leben hier braune Pelikane mit Flügelspannweiten von bald 2 m, Kaninchen, Waschbären und selbstverständlich Alligatoren. Von der Tarpon Bay Marina aus kann man sich auch ein Kanu mieten, um das Gebiet vom Wasser aus zu entdecken.

„Ding" Darling National Wildlife Refuge*, das Center liegt 2 Meilen westlich der Tarpon Bay Rd. an der Sanibel Captiva Rd., www.fws.gov/dingdarling. Das Center ist von Jan.-April von 9-17, Mai-Dez. bis 16 Uhr geöffnet. Der Wildlife Drive, die öffentliche Straße in das Refuge, ist offen Sa-Do von 7.30 bis 30 Min. vor Sonnenuntergang. Freitags geschlossen. Der Eingang ist am Education Center, $ 5 pro Auto, $ 1 für Fußgänger.*

Bootsverleih

Sanibel Marina, *634 N.Yachtsman Drive, ☏ 472 2723, www.sanibelmarina.com. Motorbootverleih (kein Bootsschein erforderlich).*

Tarpon Bay Explorers, *900 Tarpon Bay Road, Sanibel Island, ☏ 472 8900, www.tarponbayexplorers.com. Kanu- und Kajakverleih, auch geführte Touren. Im J.N. „Ding" Darling National Wildlife Refuge gelegen.*

Captiva Kayak Co. & Wildside Adventures, *11401 Andy Rosse Lane (Bayside) an der McCarthy's Marina, Captiva Island, ☏ 395 2925, www.captivakayaks.com. Kajaks, Kanus und Segelboote werden vermietet, auch geführte Touren.*

Touren

Captain Mike Fuery Grey Pelican Charters, *Tween Waters Marina, 15951 Captiva Dr., Captiva Island, ☏ 466 3649, http://mikefuerystours.com. Captain Mike bietet dreistündige Muscheltouren an, bei denen er per Boot mit bis zu vier Passagieren zu besonders muschelreichen Sandbänken fährt und bei der Suche nach seltenen und besonderen Muscheln behilflich ist. Nebenbei gibt es spannende Biologie- und Ökologielektionen. Die Touren starten um 8 Uhr morgens und nur nach Voranmeldung.*

Vorschläge für Aktivitäten

Die Möglichkeit zu Bootsausflügen sollte man unbedingt wahrnehmen, denn die dem Festland vorgelagerte Inselwelt ist wirklich toll. Wer es sich zutraut, kann mit einem gemieteten Boot (kein Führerschein notwendig) den Intracoastal Waterway entlangfahren. Beachten Sie unbedingt den durch rote und grüne Marker/Bojen gekennzeichneten Weg bzw. die entsprechenden Hafeneinfahrten. Denn außerhalb der Fahrrinne kann es sehr plötzlich sehr flach werden.

Angeboten werden die Touren u.a. von **Captiva Cruises,** *Andy Rose Lane, McCarthy's Marina, ☏ 472 5300, www.captivacruises.com.*

Hinweis

Unter zwei Bedingungen sollte man nicht fahren:
Im Hochsommer, wenn sich die Wetterlage schnell ändert und Gewitter aufziehen.
Bei windigem Wetter, da es dann an den offenen Stellen des Intracoastal rasch ungemütlich werden kann.

Bootsfahrt nach Cabbage Key

Dollarscheine an der Wand

Wenn Sie gerne ein paar Stunden auf dem Wasser verbringen und auch etwas für die Romantik einer kleinen Insel übrig haben, sollten Sie einen Ausflug nach Cabbage Key machen (Marker 60 auf dem Gulf Intracoastal Waterway). Hier kann man sich das Cabbage Key Inn ansehen, in dem früher die Fischer Dollarscheine aufgehängt haben, damit sie nach einem schlechten Fang noch Geld für einen Drink hatten. Daraus entstand ein Brauchtum, und so haben auch spätere Besucher dazu beigetragen, dass die Wände der Gaststube mit Tausenden von Dollarnoten aufgewertet wurden. Man schätzt das Dollar-Vermögen an den Wänden auf 20.000–30.000 US$.

Reisepraktische Informationen Cabbage Key

Information und Buchung

Insel an der Westküste nördlich von Captiva und Sanibel Island, nur per Boot/Schiff zu erreichen. Buchung bei **Captiva Cruises** *(s.o.), $ 35. Die Tour ist auch mit einem gemieteten Boot möglich.*

Übernachtung

Cabbage Key Inn $$$, *Pineland 33945, ☎ 283 2278, www.cabbagekey.com. Das Insel-Gasthaus, direkt am Intracoastal Waterway gelegen, ist eher rustikal und vermietet 6 einfache Zimmer und 7 Cottages. Marina und ein legeres Restaurant mit schönem Blick auf das Wasser auf der Inselanhöhe vorhanden. Durch die tropische Vegetation verlaufen kurze Trails.*

Immer den Schildern nach: Cabbage Key

Bootsfahrt nach Useppa Island

Die kleine Insel ist in Privatbesitz und nur den Mitgliedern des Yachtclubs sowie den Eigentümern der Boote zugänglich. Mit Captiva Cruises kann man die pittoreske Insel aber besuchen, die seit den zwanziger Jahren ein Mekka für reiche Sportfischer war. Der Verleger *Barron Collier* baute auf der Insel ein großes Haus, um seine einflussreichen Freunde einzuladen. Dazu gehörten damals *Rockefeller, Edison, Dupont* und *Ford*. Heute dient dieses Haus als Clubhaus. Im kleinen History Museum wird die Geschichte des Eilands lebendig. Bei diesem Ausflug, der von Sanibel aus etwa eine Stunde dauert, haben Besucher für die Besichtigungen etwa 2 Stunden Zeit *(Info: www.useppa.com)*.

Bootsfahrt nach Boca Grande auf Gasparilla Island

Boca Grande liegt auf Gasparilla Island (s. S. 287). Die Bootstour ab Sanibel dauert ca. 1½ Stunden und man kommt an der Miller's Marina an. Von hier aus sind es 10 Gehminuten in den kleinen Ort Boca Grande. Man kann aber auch an der Miller's Marina Fahrräder und Golfwagen mieten, um sich auf der Insel zu bewegen. Dafür gibt es z.T. eigene Wege! Im Ort laden eine Reihe Restaurants, Geschäfte und Kunstgalerien zum Verweilen. Die Insel und der Hauptort Boca Grande vermitteln den Eindruck eines ruhigen, gemütlichen Florida. Die Strände sind endlos weit und eignen sich gut zum Baden.

Endlos weite Strände

Schon um 1700 siedelten hier spanische Fischer, und in den von ihnen errichteten Camps trockneten sie Fische, die sie nach Kuba verschifften. Ab 1900 spielte die Insel vor allem bei **Tarpon-Fischern** eine besondere Rolle. Der Bereich des Boca-Grande-Passes, der die Insel von der Nachbarinsel Cayo Costa trennt, wurde als das beste Fanggebiet für Tarpon bekannt.

Das älteste Gebäude der Insel ist der 1890 erbaute **Leuchtturm** am Süd-Ende der Insel, mit einem Golfwagen ab Hafen in ca. einer halben Stunde erreichbar. Hier ist heute ein kleines, sehr informatives Museum untergebracht (*Öffnungszeiten: 10–16 Uhr von Nov.–Mai*).

Auf die Insel gelangt man von Sanibel mit Captiva Cruises oder mit einem gemieteten Boot. Weitere Infos zu Gasparilla Island s. S. 287.

Marina auf Gasparilla Island

Bootsfahrt zum Cayo Costa Island State Park

Der Cayo Costa State Park ist nur per Boot oder Fähre zu erreichen und liegt direkt südlich von Boca Grande. Ab der Anlegestelle fährt man mit einem offenen Wägelchen und in Begleitung eines Rangers zum Strand. Den Besucher erwarten 9 Meilen Sandstrände und gute Tierbeobachtungen: Delfine und Manatees tummeln sich in den herrlichen Gewässern. Es gibt Wanderwege, Schnorchelmöglichkeiten und muschelreiche Strände. Übernachtungsgäste, die zelten wollen oder in einer einfachen Hütte übernachten möchten, müssen sich die Lebensmittel selbst mitbringen. Es gibt aber Koch- und Picknickgelegenheiten im Park.

Delfine und Manatees

Die Insel eignet sich hervorragend zum Fahrradfahren.

Reisepraktische Informationen Cayo Costa Island State Park

Vorwahl: 239

Information

Cayo Costa Island State Park, *880 Belcher Road, Boca Grande, ☎ (941) 964 0375, www.floridastateparks.org/cayocosta/, Eintrittsgebühr Park: $ 2 /Person, Gebühr für Zeltplatz: $ 22 /Nacht, einfache Cayo Costa Cabins $ 40/Nacht.*

Anreise

Nur erreichbar per Boot/Ausflugsschiff oder Fähre u. a. ab Bokeelia (Pine Island, erreichbar vom Festland/North Fort Myers) über die SR 78.

Tropic Star, *Jug Creek Marina, 16498 Tortuga St. Bokeelia, ☎ 283 0015, www.tropicstarcruises.com. Fähre ab Bokeelia (Pine Island), Reservierung erforderlich. Täglich mehrere Fahrten, Zeiten bitte per Telefon erfragen, $ 35.*

Captiva Cruises, *Andy Rose Lane, McCarthy's Marina, ☎ 472 5300, www.captivacruises.com. Bietet Tagesausflüge an.*

Mit dem Bähnchen durch den Park

Fort Myers – Sarasota

Streckenübersicht

Entfernung: Fort Myers - Sarasota: 115 km
Empfohlene Route: US 41 über Venice
Reisevorschlag: Zwischenstopp im schönen Städtchen Venice, denn zwischen Sarasota und Venice liegen herrliche Badestrände.
Übernachtung: Sarasota, wenn genügend Zeit vorhanden, dann in Venice (s. S. 290 und S. 288).

Gasparilla Island

Diese der Westküste vorgelagerte Insel liegt westlich zwischen Fort Myers und Port Charlotte. Zu erreichen ist die Insel von der Straße 41 North aus, Abzweig nach Westen auf die 776 und 771. Von Placida aus führt eine Brücke („Causeway") zur Insel. Im Bereich des Gasparilla Island State Park ist ein wunderschönes Naturschutzgebiet erhalten geblieben, wo in Mangrovenwäldern u. a. Greifvögel ideale Brutvoraussetzungen finden.

Wunderschönes Naturschutzgebiet

Die Insel verdankt ihren Namen dem spanischen Piraten *José Gaspar Tomás Rodríguez de Francia* (1766–1840) genannt „Gasparilla". Der Hauptort Boca Grande liegt ziemlich am südlichen Ende der Insel und wurde früher mit einer Bahn mit dem Festland verbunden. Am Südende befindet sich auch der alte Leuchtturm, direkt gegenüber der Insel Cayo Costa. Heute tuckern hier keine Züge mehr, der alte Bahndamm wurde zu einem Fahrradweg ausgebaut. Die tollen Strände sind relativ einsam (weitere Informationen zu Boca Grande s. S. 284).

Wer es noch abgeschiedener mag, sollte auf **Palm Island** übersetzen. Das Palm Island Resort ist von der Harbourtown Marina per Boot zu erreichen. Auf der Insel gibt es keine Autos (man wandert, fährt Fahrrad oder Tram). Hier werden Ferienwohnungen und -häuser vermietet.

Erholungsidylle

Reisepraktische Informationen Gasparilla Island

Vorwahl: *941*

Informationen

Boca Grande Chamber of Commerce, *480 East Railroad Ave, Boca Grande, ☏ 964 0568, www.bocagrandechamber.com, Mo–Fr 9–17 Uhr.*
Gasparilla Island State Park, *zu erreichen über den Boca Grande Causeway bei C.R. 775 und Placida, ☏ 964 0375, www.floridastateparks.org/gasparillaisland/, $ 3 Eintritt.*

Übernachtung

Innlet on the Waterfront $$, *1251 12th St. E., Boca Grande, ☏ 964 4600, www.theinnlet.com. Einfaches, aber sauberes Haus mit 32 Zimmern.*

Strand im Gasparilla State Park

Gasparilla Inn and Club $$$$, *500 Palm Ave., Boca Grande, ☎ 964 4500, www.the-gasparilla-inn.com. Altes, sehr gepflegtes Hotel mit Golfanlagen, 2 Swimmingpools, wovon einer direkt am Meer liegt. 137 Zimmer. Alles ist bestens restauriert, das Restaurant strahlt Gediegenheit in heiteren Farben (gelb/grün) aus.*

Palm Island Resort $$$$, *7092 Placida Road, Cape Haze, ☎ (800) 824 5412, www.palmisland.com. Dieses Hotel liegt auf der Barrier-Insel Palm Island (südlich von Gasparilla Island). Man kann sie nur von der Harbourtown Marina per Boot erreichen. Auf der Insel können sich die Hotelgäste mit einem Bähnchen, zu Fuß oder mit Fahrrädern fortbewegen. Schönes Resort mit Swimmingpools, Tennisplätzen und Möglichkeiten zu allen Arten von Wassersport. 160 Villen werden vermietet.*

Restaurants

Besonders gut essen kann man im **Gasparilla Inn** *(s.o.).*

Loose Caboose, *433 W 4th Street/Park Avenue, ☎ 964 0440. Hier kann man guten Lunch einnehmen, Abendessen nur in der Hauptsaison. Das selbst gemachte Eis schmeckt besonders lecker.*

Temptation Restaurant, *350 Park Avenue, ☎ 964 2610. Genießen Sie wirklich frischen Fisch vom Grouper, Tuna bis zum Snapper. Seit Jahrzehnten auch bei Einheimischen sehr beliebt, deshalb sind Reservierungen angeraten. Ein Stückchen „Old Florida".*

Fahrradverleih/Golfwagen

Gasparilla Inn Adventures, *500 Palm Ave, ☎ 964 4625, www.the-gasparilla-inn.com. Fahrräder, Kajaks, Golfwagen und mehr.*

Golfwagen *werden u. a. direkt am Hafen von Boca Grande vermietet.*

Venice

Um es gleich vorwegzunehmen: Die Gemeinsamkeiten mit dem italienischen Original halten sich in Grenzen… Venice hier liegt aber auch am Wasser und ist mit dem Festland durch eine Brücke verbunden, die über den Intracoastal Waterway führt. Drumherum verwöhnt das meist warme Wasser des Golfs von Mexico Strandliebhaber. Das Städtchen (25.000 Einwohner) mutet durchaus mediterran an, nicht nur das Klima trägt dazu bei, sondern auch die an Italien angelehnte Architektur. Die Stadt wurde großzügig geplant, breite Alleen, viele Parks, Schatten. Am Südende des Harbor Drive lädt der mit Palmen bestandene Caspersen Beach zum Schwimmen ein. In diesem Gebiet werden von der Flut regelmäßig versteinerte Haizähne angeschwemmt, die man mit Maschenkörben aus dem Sand heraussieben kann. Stolz nennt sich der Ort (wir sind ja in Amerika…) „The Shark Tooth Capital" (Hauptstadt der Haizähne).

Versteinerte Haifischzähne

Reisepraktische Informationen Venice

Vorwahl: *941*

Übernachtung

Inn at the Beach Resort $$$, *725 West Venice Avenue, ☎ 484 8471, www.innatthebeach.com. Freundlich-legeres typisches Florida-Hotel am Meer, sehr beliebt. Mit Swimmingpool.*

Holiday Inn Express Venice $$$, *380 Commercial Court, ☎ 584 6800, www.hiexpress.com. In einem Vorort gelegen, einfach, aber sauber und günstig. Pool.*

Banyan House Historic B&B $$$, *519 S. Harbor Drive, ☎ 484 1385, www.banyanhouse.com. Persönlich, mit Swimmingpool. Viktorianische Einrichtung in einer mediterran anmutenden Umgebung.*

Ein besonderer Tipp ...

... von Dirk Rheker, dem Chefredakteur des Florida Sun Magazine:

Leben „wie zu Hause" in einem stilvollen Anwesen, nahe zu Traumstränden und urigen Restaurants

Ein Hauch von „Old Florida" im Herzen von Nokomis: Mit dem „Palm Garden Beach and Tennis Estate" haben die gebürtige Münchnerin Gabriele Charity und ihr amerikanischer Ehemann Bruce eine Enklave der Ruhe für ihre Feriengäste (darunter viele Deutsche) geschaffen. Eine verträumte Alternative zu Kettenhotels und anonymen Bettenburgen! Das Haupthaus im „Tudorstil" (ein bisschen Gotik, ein bisschen Renaissance, wie es die Briten mochten) verfügt über zwei geschmackvoll eingerichtete Ferienwohnungen („Hibiscus-Suite" im Erdgeschoss und „Gulf Breeze Suite" im ersten Stock) mit je zwei Schlafzimmern und voll eingerichteter Küche, im Nebenhaus bietet die „Tree House Suite" romantische Abgeschiedenheit. Am Pool und im weitläufigen tropischen Garten laden Liegestühle und Hängematten zum Verweilen ein - hier geht's relaxt zu. Zum feinsandigen Strand von Casey Key gelangt man über eine Brücke in fünf Minuten, urige Fischrestaurants wie das Pelican Alley (www.pelicanalley.com) oder Pops Sunset Grill (www.popssunsetgrilltogo.com) am Intracoastal Waterway sind bequem zu Fuß zu erreichen. In den 1940er Jahren als Anwesen eines prominenten Arztes erbaut, haben die Charitys das Feriendomizil liebevoll restauriert und kümmern sich heute rührend um ihre Gäste. Und wer will, kann mit Ex-Profi Bruce auf dem hauseigenen Tennisplatz sogar den Schläger schwingen.

Palm Garden Beach and Tennis Estate $$, *424 Albee Road West, Nokomis, ☏ 346 0249, www.florida-sarasota.de. 4 Wochen ab ca. $ 2.200 in der Nebensaison, wöchentliche Preise auf Anfrage.*

Restaurants

Sharky's on the Pier, *1600 S. Harbour Drive, ☏ 488 1456, www.sharkysonthepier.com. Direkt am Wasser gelegenes, sehr legeres Restaurant. Viele gegrillte Fischgerichte. Spezialität: Grouper mit Macadamianüssen und Pasta mit Fisch. Mo geschlossen (Juli–September).*

The Crow's Nest Marina & Restaurant, *1968 Tarpon Center Drive, ☏ 484 9551, www.crowsnest-venice.com. Tolle Lage direkt am Intracoastal mit Blick auf das türkisfarbene Wasser. Gediegenes Restaurant mit sehr guter Küche und Bar, Außenterrasse oben. Leckere Fischgerichte, aber auch interessante Fleischgerichte (sehr gute Steaks) und diverse Salate.*

Fahrradverleih

Beach Bikes & Trikes, *668 Tamiami Trail South, ☏ 412 3821, www.beachbikesandtrikes.com. Gute Fahrradwege, auch entlang dem Intracoastal Waterway.*

Sarasota

Kulturmetropole Floridas

Sarasota (52.000 Einwohner) war einst die Stadt des Zirkus. Ein „Muss" ist der Besuch der Ringling-Museen sowie der Ringling-Residenz. Wer Erholung sucht, ist auf der vorgelagerten Insel Longboat Key gut aufgehoben. Heute ist Sarasota stolz auf seinen Ruf als Kulturmetropole von Florida: Die Stadt verfügt über mehrere Theater, Orchester, eine Oper und unzählige Kunstgalerien. Die Einwohner gelten als wohlhabend und eher konservativ – „Flippigkeit" wird man hier vergeblich suchen. Besonders schön ist das Viertel um die Main Street und die Palm Avenue. Hier gibt es in schön hergerichteten

Häusern Restaurants und Antiquitätenläden. Auch die Umgebung an der Marina kurz vor der Brücke über den Intracoastal Waterway ist einen Besuch wert. Es ist schon ein schönes Erlebnis, hier im Restaurant zu sitzen und dem Treiben am Yachthafen am Intracoastal Waterway zuzuschauen.
Sarasota ist eine der boomenden Küstenmetropolen, wo die Eleganz der neu entstandenen Großbauten keineswegs stört, sondern eher das Stadtbild belebt.

Redaktionstipps

- **Übernachten**: Übernachten auf **Longboat Key**, z.B. im „Longboat Key Club" (S. 298).
- **Essen**: „Café L'Europe" oder „Columbia Restaurant" (S. 299).

Ringling-Museen

Der Komplex besteht aus verschiedenen Museen und Gebäuden und ist von schönen Gärten umgeben, die auch den Besuch lohnen. Es gibt u.a. den Rose Garden, den Mable's Secret Garden und den Millennium Tree Trail.

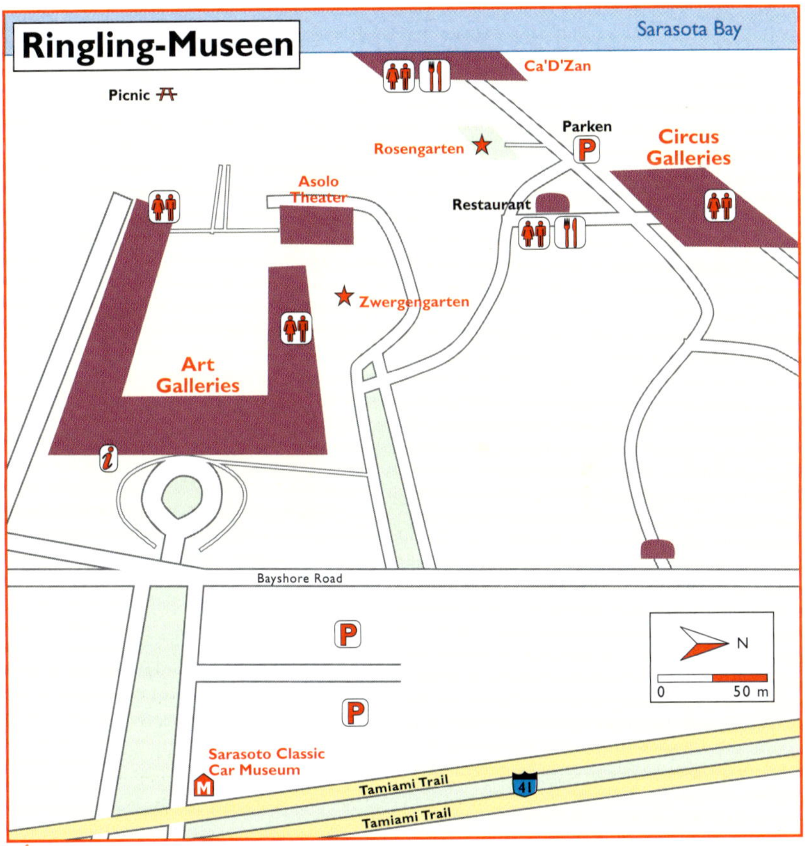

info

John Ringling – Amerikas Zirkuszar

John Ringling schrieb Zirkusgeschichte - auf seinen Lebensspuren können Sie in Sarasota wandern. *Ringling* wurde 1866 in McGregor/Iowa geboren. Er war einer von sieben Söhnen deutscher Einwanderer. Seine Kindheit und Jugend verbrachte er in Baraboo/Wisconsin, wo sein Vater als Sattler arbeitete.

Im Alter von 4 Jahren besuchte John zum ersten Mal einen Zirkus. Begeistert von den Vorstellungen, arrangierte er zusammen mit seinen Brüdern am folgenden Tage eine Show - und der „Eintritt" brachte ihnen einen Gewinn von 8,67 US$. Das war der Anfang. Sie bauten ihre Vorstellungen aus: In den folgenden Jahren führten sie ein dressiertes Schwein und eine Hyäne vor. Als junge Männer zogen die Ringling-Brüder durch den Mittleren Westen. Der Zirkus gewann immer mehr an Ansehen. 1908 kauften sie das Konkurrenzunternehmen von *P. T Barnum* auf und etablierten damit den weltberühmten Ringling Brothers, Barnum and Bailey Circus: Die „Greatest Show on Earth" war damit geboren.

John war der Motor, der Vordenker und Planer des Zirkusunternehmens. Mit seinen 270 Pfund und seiner Größe von 2 m war er ein wahrer Hüne. Als seine Brüder starben, war er alleiniger Zirkuskönig. Mit seinen Ranchs und Ölquellen im Mittleren Westen, seinen Farmen und Theatern in Wisconsin sowie seinem Grundstückshandel in Florida verdiente er ein Vermögen. Als er mit seiner Frau *Mable* durch Europa reiste, kaufte er wertvolle Gemälde europäischer Meister. Mit der Zeit trugen beide eine immense Sammlung zusammen.

1909 besuchten *Ringling* und seine Frau Sarasota. Ihnen gefielen das Dorf sowie die herrliche Küste so sehr, dass sie sich zum Kauf einiger Inseln sowie einiger Meilen auf Longboat Key entschlossen. Sie bauten einen Brückendamm hinüber zum Key und planten den Bau eines großen Hotels. Doch stattdessen baute *Ringling* den direkt am Wasser gelegenen Herrensitz „Cà d'Zan". Sarasota wurde fortan zum Winterquartier des Zirkus.

Später fügte *Ringling* seinem Anwesen ein Museum hinzu, das die kostbaren Gemäldesammlungen beherbergte. Das Wohnhaus sowie das Museum wurden von kunstvoll angelegten Gärten umgeben, die seine Frau *Mable* plante. In jener Zeit waren beide Gebäude die wohl imposantesten von Florida.

Wenige Monate vor dem Börsenkrach 1929 starb *Mable Ringling*. Die Weltwirtschaftskrise raffte *John Ringlings* Vermögen dahin. Im Jahre 1932 verlor der trübsinnig gewordene *Ringling* den Einfluss über das Zirkusunternehmen. Er starb 1936, seine Erben, Gläubiger und die Finanzämter stritten 10 Jahre lang über den Nachlass.

Heute erinnert man sich dieses Mannes immer dann, wenn man das Wort „Zirkus" in Amerika in den Mund nimmt. *Ringling* überließ seinen Sitz, das Museum sowie die Kunstsammlung dem Bundesstaat Florida. 1948 fügte die Regierung von Florida dem Anwesen ein Zirkusmuseum hinzu, 1950 das Asolo-Theater, das von Studenten der Florida State University's School of Theatre betrieben wird.

The John and Mable Ringling Museum of Art (Art Galleries)

Das 1929 erbaute Gebäude wurde im italienischen Baustil errichtet, 1931 wurde das Museum eröffnet. Im Innenhof, von kunstvoll angelegten italienischen Gärten umgeben, steht eine Bronzefigur von Michelangelos David (Nachbildung). Man ist überrascht, welche erstklassigen Gemälde hier zu bewundern sind; u. a. ist hier eine der größten Rubens-Sammlungen untergebracht. Des Weiteren sind hier Werke von *Gianlorenzo Bernini, Anton Raphael Mengs, Piero di Cosimo, Frans Hals* und *Paolo Veronese* zu sehen.

Cà d'Zan Mansion

Dies war die Winterresidenz der Ringlings, direkt an der Sarasota Bay gelegen. Das herrschaftliche Haus ist stark an die Architektur des Dogenpalastes in Venedig sowie an den Turm des New Yorker Madison Square Garden angelehnt. Immer, wenn die Ringlings im Haus waren, brannte hier ein besonders helles Licht. Das Haus wurde 1920 fertig gestellt und hat insgesamt 30 Zimmer. Die Räume sind großzügig ausgestattet. Die Fenster enthalten venezianisches Glas, schön sind die Schmiedearbeiten sowie die alten flämischen und englischen Tapeten. „Cà d'Zan" heißt auf venezianisch „Haus des Johannes" (John).

Historic Asolo Theater

Italien in Sarasota

Ursprünglich stand das Gebäude im italienischen Asole und wurde 1798 im Rokokostil gebaut. An seiner Stelle entstand 1930 ein Kino, aber man hatte das Asolo-Theater vorher Stein für Stein abgebaut und alles sorgfältig registriert. 1949 kaufte es der Bundesstaat Florida und ließ es hier auf dem Ringling-Gelände wieder aufbauen.

Das Asolo-State-Theater genießt in den Vereinigten Staaten einen hervorragenden Ruf, zahlreiche Veranstaltungen finden hier statt (Programm auf der Homepage).

Ringling Museum of Art

Circus Museum

Dies ist eine Art Zirkusmuseum mit imposanten, wirklich schönen Zirkuswagen, Requisiten, Lithographien, dekorativen Plakaten und einem Souvenirladen mit Andenken, die sich um das Thema „Zirkus" drehen.
Ringling Museum, *5401 Bayshore Road, Sarasota, ☎ (941) 359 5700, Programmansage zu Veranstaltungen ☎ 351 1660, www.ringling.org, Abzweigung von der US 41, tgl. 10–17 Uhr, Do 20 Uhr, $ 25. Das Gelände der Gärten ist von 9.30–18 Uhr geöffnet.*

Wenn man das das Ringling-Gelände verlässt, erwartet einen direkt an der US 41 das

Sarasota Classic Car Museum

Hier kommen Fans alter Automobile (über 100 Ausstellungsstücke) auf ihre Kosten. Besonders sehenswert sind Oldtimer wie ein Packard-Cabrio (Modell 120 aus dem Jahre 1954) oder ein Rolls Royce Silver Wraith von 1955. Ebenso gibt es Autos berühmter Leute zu sehen, wie die von *John Lennon* und *John Ringling*. Das Museum wird ständig ausgebaut und die Ausstellung selbst ist sehr liebevoll gestaltet.

Oldtimer satt

Sarasota Classic Car Museum, *5500 N. Tamiami Trail, ☎ (941) 355 6228, www.sarasotacarmuseum.org, tgl. 9–18 Uhr, $ 9,85.*

Andere besuchenswerte Ziele sind, falls es die Zeit erlaubt:

Myakka River State Park

Ein großes Erholungsgebiet mit sehr schön angelegtem Campingplatz, Wandermöglichkeiten, Bootstouren (Kanu- und Kajakfahrten), Fahrradverleih. Dieser State Park veranschaulicht in eindrucksvoller Weise die Schönheit und Eigenart der floridianischen Landschaften: mit Spanish Moss behangene Zypressen, Palmen, ruhig dahin fließende Gewässer wie der namensgebende Myakka River.

Palmenhaine wechseln mit Eichenwäldern und Nadelgehölzen. Es gibt Sümpfe, Seen – aber auch Prärielandschaften. An den Ufern des Myakka River kann man Weißkopfadler, Ibisse, Geier, verschiedene Kranicharten, Alligatoren, Schildkröten und mit Glück Otter beobachten. Herrlich ist es, mit einem Kanu dahinzugleiten (Ausleih: Boat Basin,

Natur pur

Entspannung und Natur pur: mit dem Kajak durch den Myakka State Park

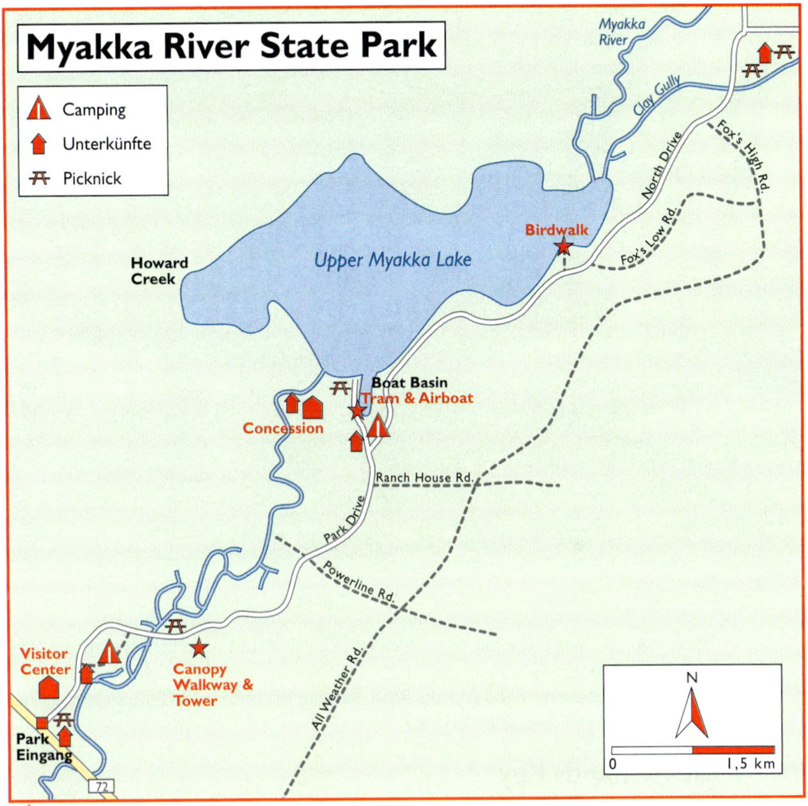

© graphic

5 km vom Haupteingang entfernt). Auch sind (leider!) Airboat-Fahrten möglich. Der „Gator Gal" gehört mit einer Aufnahmekapazität von 70 Personen zu den größten solcher Lärm-Ungetüme. Von Mitte Dezember bis Mai wird zudem eine Safari Tram Tour angeboten.

Naturliebhabern stehen zudem insgesamt 63 km sehr gut markierte Wanderwege zur Verfügung. Im Park selbst kann man u. a. von langen Holzstegen und einem Aussichtsturm aus die urwüchsige Natur bewundern.

Myakka River State Park, *13208 State Road 72 (27 km südöstlich von Sarasota), ☎ (941) 361 6511, Reservierungen für den Campingplatz unter ☎ (800) 326 3521, www.floridastateparks.net/myakkariver, www.myakkariver.org, $ 6/Auto, Camping $ 26/Nacht, es werden auch Hütten ($ 70) vermietet.*

Crowley Museum and Nature Center

Das direkt nördlich des Myakka State Park gelegene Crowley Museum hat sich der Erhaltung und Information über die Natur verschrieben. Auf verschiedenen Naturwegen

„Wildlife" im Nature Center

kann man z.T. über Stege mit einem kleinen Büchlein Fauna und Flora entlang des Weges entdecken.

Crowley Museum, *16405 Myakka Road, Sarasota, ☎ (941) 322 1000, www.cmncfl.org, Do–So 10–16 Uhr (letzter Einlass), $ 7.*

St. Armands Key

Shopping-Paradies

Im Süden von Sarasota führt ein Causeway zur Insel. Am St. Armands Circle laden unzählige Geschäfte zum Shopping ein, tolle Restaurants machen ein Verweilen sehr angenehm – die Atmosphäre mutet mediterran an. Ringling kaufte 1917 die Insel, um bereits damals ein mondänes Einkaufszentrum zu schaffen, umgeben von Gärten und den von ihm heiß geliebten Statuen. Zirkuselefanten schleppten damals das Holz für die erste Brücke an, die heute längst durch eine Betonkonstruktion ersetzt ist, welche den Intracoastal Waterway überspannt. Doch die Weltwirtschaftskrise machte einen Strich durch seine Rechnung. Erst nach 1950 griff man die Pläne auf und baute das Gebiet fast analog zu Ringlings Plänen aus: Von einem kreisförmigen Zentrum aus zweigen schattige Straßen speichenartig ab *(www.longboatkeychamber.com)*.

Mote Marine Aquarium

Hier befindet sich eines der anerkanntesten Zentren für Haistudien. Neben Schildkröten und Hummern ist insbesondere der 135.000 Gallonen große Hai-Tank interessant, in dem sich außer Haien auch Grouper und Barrakudas tummeln. Man kann dem Treiben unter Wasser durch Glasscheiben zuschauen. Zu empfehlen ist der 1¾-stündige

Bootstrip auf die Sarasota Bay. Mit einem Netz werden u. a. Fische gefangen, kurz erklärt und wieder freigelassen. Garantiert wird man Delfine sehen!
Mote Marine Aquarium, *1600 Ken Thompson Parkway, City Island, östlich der Ziehbrücke zwischen Lido und Longboat Key gelegen, ☎ (941) 388 4441, www.mote.org, tgl. 10–17 Uhr, $ 17 (Zugang Mote Aquarium, Ann and Alfred E. Goldstein Marine Mammal Research and Rehabilitation Center und Immersion Cinema), mit Bootsfahrt $ 36 (s.u.)*
Sarasota Bay Explorer, *☎ (941) 388 4200, www.sarasotabayexplorers.com, bietet Bootsfahrten an, die am Aquarium starten, unter anderem eine Sea Life Encounter Cruise ($ 26, auch Kombiticket mit Aquarium), Nature Safari ($ 45) und geführte Kajak-Touren ($ 55). Reservierungen werden empfohlen.*

Tipp: die schönste Küstenstraße

Über etwa 20 Meilen führt die Straße 789 von Lido Key über Longboat Key bis nach Anna Maria Island. Die herrliche Strecke führt an wunderbaren Sandstränden vorbei. Anna Maria Island, am nördlichen Ende am Eingang der Tampa Bay gelegen, lädt zu einem Aufenthalt ein (s. S. 300).

Reisepraktische Informationen Sarasota, Siesta Key und Longboat Key

Vorwahl: *941*

Informationen

Sarasota Convention and Visitors Bureau, *701 N. Tamiami Trail, ☎ 957 1877, www.sarasotafl.org, geöffnet Mo–Sa 10–17 Uhr.*
Longboat Key Chamber of Commerce, *5570 Gulf of Mexico Drive, Longboat Key, ☎ 383 2466, www.longboatkeychamber.com. Infos für die Inseln.*
Siesta Key Chamber of Commerce, *5118 Ocean Boulevard, ☎ 349 3800, www.siestakeychamber.com, geöffnet Mo–Fr 9–17 Uhr.*

Unterkunft

In Sarasota

Southland Inn $$, *2229 N Tamiami TRL, ☎ 954 5775. Einfach, aber sauber und zentral gelegen, die meisten Zimmer mit Küchenecke. Pool. Gutes Preis-Leistungsverhältnis.*
Hotel Ranola $$$, *118 Indian Place, #6, ☎ 951 0111, www.hotelranola.com. Boutique-Hotel mit 9 Zimmern in einem 1926 errichteten Haus, mitten in Downtown Sarasota gelegen. Moderne Zimmer mit Küche und W-Lan, freies Parken.*
The Cypress B&B Inn $$$-$$$$, *621 Gulfstream Ave. South, ☎ 955 4683, www.cypressbb.com. Schönes B&B mit fünf individuell gestalteten Zimmern und sehr freundlichen Gastgebern. Leckeres Frühstück, direkt gegenüber vom Bayfront Park und 2 Block von Downtown Sarasota gelegen. Am frühen Abend gibt es zur „afternoon social hour" einen Drink.*
Ritz Carlton $$$$$, *1111 Ritz Carlton Drive, ☎ 309 2000, www.ritzcarlton.com. Sehr luxuriöses*

Hinweis

Die meisten Motels der unteren Preiskategorien liegen am US 41.

Hotel am Ostufer des Intracoastal Waterway (266 Zimmer). Schöne Swimmingpool-Anlage, sehr gutes und teures Restaurant. In Fußnähe zum Yachthafen.

Auf Siesta Key (südwestlich von Sarasota)

Siesta Beach Resort & Suites $$$, *5311 Ocean Blvd., ☎ 349 3211, www.siestakeyflorida.com. Direkt gegenüber des Siesta Beach gelegen, Pool. Zimmer z.T. mit Kitchenette und Jacuzzi.*

Tropical Beach Resorts $$$, *6717 SaraSea Circle, ☎ 349 3330, www.tropicalbeachresorts.com. Hotel in Strandnähe mit sauberen Zimmern.*

Sunsets on the Key $$$$, *5203 Avenida Navarre, ☎ 312 9797, www.sunsetsonthekey.com. Saubere Zimmer mit einem hervorragenden Preis-Leistungsverhältnis, „Key-West-Stil", also gemütlich, tropisch, ferienmäßig. Alle 8 Einheiten verfügen über eine komplett eingerichtete Küche mit Mikrowelle.*

Auf Longboat Key (gegenüber von Sarasota)

Sandpiper Inn $$$, *5451 Gulf of Mexico Drive, ☎ 383 2552, www.sandpiperinn.com. Schöne Ferienanlage zu moderaten Preisen, alle Zimmer mit kleinem Garten, privater Strand.*

Longboat Key Club & Resort $$$$-$$$$$, *220 Sands Point Road, ☎ 383 8821, www.longboatkeyclub.com. Am Strand gelegen und sehr schön angelegt, zwei 18-Loch-Golfplätze, 218 Zimmer und Suiten mit Küchenzeilen/Pool/Balkon, einige nur für eingebuchte Gäste offene Restaurants (5), 38 Tennisplätze.*

Camping

Sun-N-Fun Resort, *Highway 780, 7125 Fruitville Rd., ☎ 371 2505, www.sunnfunfl.com. 6 Meilen östlich von Sarasota, großer Swimmingpool, See, Restaurant. Zelten nur im Sommer.*

Gulf Beach Campground, *8862 Midnight Pass Road, Siesta Key, ☎ 349 3839, www.floridaparks.com/floridacampgrounds/gulfbeachcg.htm, $ 27–62 /Tag je nach Stellplatz (Zelt oder Campingfahrzeug). Direkt am Strand gelegen, zum Teil schattige Plätze.*

Myakka River State Park, *13208 State Road 72 (27 km südöstlich von Sarasota), ☎ (941) 361 6511, Reservierungen für den Campingplatz unter ☎ (800) 326 3521, www.floridastateparks.net/myakkariver, www.myakkariver.org, $ 6/Auto, Camping $ 26/Nacht, es werden auch Hütten ($ 70) vermietet. Mitten in ursprünglicher Natur gelegen.*

Restaurants

In Sarasota

Michael's on East, *1212 East Av., ☎ 366 0007, www.bestfood.com. Gutes Restaurant in Downtown Sarasota, mit Fisch- und Pastagerichten, aber auch z.B. Ente. So geschlossen, Sa kein Lunch.*

Café Epicure, *1298 N. Palm Avenue/Ecke Main Street, ☎ 366 5648, www.cafeepicuresrq.com. Das luftige Downtown-Restaurant bietet italienisch geprägte Küche, aber man kann auch ein hervorragendes New York Strip-Steak genießen. Sehr beliebt bei Einheimischen, denn von der Terrasse kann man bei einem Drink wunderbar das umliegende Treiben beobachten.*

Marina Jack, *2 Marina Plaza, ☎ 365 4232, marinajacks.com. Schöne Lage an der Bay und am Yachthafen vor der Brücke, die über den Intracoastal Waterway nach Lido Key führt. Man genießt eine lebendige Atmosphäre drinnen wie draußen, und es gibt alles, was die moderne floridianische Küche bietet. Zu empfehlen ist der Red Snapper.*

Im Hafen von Sarasota

Roessler's, *2033 Vamo Way, ☎ 966 5688, www.roesslers restaurant.com. Amerikanische und kontinentale Küche, sehr gutes Essen und guter Service.*

Am Armand's Key

Café L'Europe, *431 St. Armands Circle, Lido Key, ☎ 388 4415, www.cafe leurope.net. Neben Meeresfrüchten bekannt für geröstete Ente mit schwarzen Kirschen in Cognacsauce, Lammgerichte, gute Weinauswahl – sehr beliebt bei Einheimischen, gepflegte, eher elegante Atmosphäre, gehobene Preise.*

Columbia Restaurant, *411 St. Armands Circle, Lido Key, ☎ 38839 87, www.columbiarestaurant.com. Restaurant mit spanisch-legerer Atmosphäre, sehr geschmackvollem Salat (unbedingt probieren!) – nicht billig. Klassisch ist der „1905 Salad".*

Crab & Fin, *420 St. Armands Circle, ☎ 388 3964. Beliebtes Fischrestaurant, das vor allem Krebsgerichte und andere Fisch-Köstlichkeiten anbietet.*

Auf Longboat Key (gegenüber von Sarasota)

Euphemia Haye, *5540 Gulf of Mexico Dr., ☎ 383 3633, www.euphemiahaye.com. Fischgerichte, Lamm, Schnecken, sehr gute Desserts in einer tropischen Umgebung. Nur zum Dinner ab 18 Uhr (Fr und Sa ab 17 Uhr) geöffnet.*

Moore's Stone Crab, *800 Broadway St., ☎ 383 1748. Altbekanntes Restaurant, das sich seit 1927 auf die Zubereitung von Steinkrebsen bzw. deren Scheren spezialisiert hat.*

Bars

Beach Club, *5151 Ocean Blvd., Siesta Key, ☎ 349 6311, www.beachclubsiestakey.com. Bar mit Livebands, meist Rockmusik.*

Veranstaltungen

*Alljährlich finden in Sarasota mittelalterliche Ritterspiele statt (***Medieval Fair***). Ritter in Rüstungen liefern sich „Kämpfe", Balladen- und Minnesänger ziehen Besucher an, altes Handwerk wird wieder lebendig. Infos: www.sarasotamedievalfair.com, Sarasota County Fairgrounds, 3000 Ringling Blvd.*

Einkaufen

In Sarasota kann man vor allem gut entlang dem St. Armands Circle einkaufen. Allerdings gibt es hier viele teure und exklusive Geschäfte (Designerwaren), vielleicht vergleichbar mit der Worth Avenue in Palm Beach.

Strände

Von Sarasota aus kann man schnell die vorgelagerten Inseln Siesta Key (der Strand hier wurde 2011 von Dr. Beach zum besten Strand der USA gekürt) und Longboat Key (belebter) erreichen. Auf Lido Key gibt es am Südende den South Lido Park mit ebenfalls sehr guten Stränden. Wenn man sich hier „niederlässt", kann man in Tagesausflügen vormittags die Sehenswürdigkeiten von Sarasota und St. Petersburg besuchen und nachmittags am Strand faulenzen. Eine hervorragende Alternative zu den meist stärker bevölkerten Stränden zwischen St. Petersburg und Clearwater Beach.

Segeln

Sara Bay Sailing, *☎ 914 5132, www.sarabaysailing.com (gegenüber dem Mote Marine Laboratory. Segelschule und Vermietung.*
O'Leary's Sarasota Sailing School, *5 Bayfront Drive, Sarasota, ☎ 953 7505.*

Bus

Sarasota County Area Transit, *1st Street and Lemon Avenue, ☎ 861 1234, www.scgov.net/SCAT/. Der öffentliche Nahverkehr, Fahrten u. a. auf die vorgelagerten Inseln, betreibt auch den Longboat Key Trolley.*
Greyhound-*Terminal, 575 N. Washington Blvd., ☎ 955 5735. U.a. Verbindungen nach Fort Myers, Miami, Tampa.*

Sarasota – St. Petersburg

Streckenübersicht

Entfernung: Sarasota - St. Petersburg: 60 km
Empfohlene Route: von Sarasota die US 19 (I-275) über den Sunshine Skyway nach St. Petersburg.
Übernachtung: Wenn Sie nur einen Tag einplanen, dann Übernachtung in St. Petersburg. Bei zwei und mehr Übernachtungen am besten eines der Hotels an der Küste nehmen.
Strände bei Sarasota: Siesta Key/Longboat Key/Anna Maria Island: westlich von Sarasota. Schöne, weite Sandstrände, die sich vor allem für den Familienurlaub eignen.

Unterwegs nach St. Petersburg – Bradenton

Folgt man der US 19, gelangt man nach Bradenton. Die Stadt (53.000 Einwohner) ist Zentrum des Manatee County. Durch zwei Brücken ist die Stadt mit Anna Maria Island verbunden, wo es herrliche Sandstrände und Dünen gibt.

Ein Geheimtipp für die Golfküste: Anna Maria Island

Allabendlich wiederholt sich das Spektakel: Kameras klicken, und jeder versucht, den genauen Zeitpunkt abzufangen – wenn die Sonne am Horizont verschwindet. Wer den Zeitpunkt auf die Minute genau voraussagen kann, bekommt im Sandbar Restaurant sogar eine Flasche Sekt. Die berühmten **Sonnenuntergänge** von Anna Maria Island sind sicherlich eine der Attraktionen der Insel, aber bei Weitem nicht die einzige. Die kleine Insel ist über zwei Brücken, die Manatee Avenue und den Palma Sola Causeway, mit der Stadt Bradenton verbunden. Zu den herrlichen Sandstränden und Dünen des südlich der Tampa Bay an der Westküste Floridas gelegenen Eilands hat man es dabei nie weit – die Insel ist nur 2 km breit.

Die **Hauptorte** im Norden sind Santa Maria, in der Mitte Holmes Beach und am Südende Bradenton Beach. Anna Maria Island liegt sowohl am **Golf von Mexico** als auch im Intracoastal Waterway. Die Insel verbreitet noch die Atmosphäre des „alten" Florida: Keine Restaurantketten, keine Fastfood-Buden, keine Hotelriesen, dafür eine niedrige Bebauung, fast zu 100 % aus privaten Häusern bestehend, nur ein kleines Shopping Center sowie eine Tankstelle – *that's it.* Viele Einwohner vermieten Zimmer, Ferienhausbesitzer ihr Domizil. Ausflüge nach St. Petersburg, Tampa oder Sarasota mit den dortigen Sehenswürdigkeiten sind einfach zu bewerkstelligen: Alle

Redaktionstipps

- **Baden** im Fort de Soto Park oder am Indian Rocks Beach (S. 313).
- **Übernachten**: elegant im „Loews Don Cesar Hotel" (S. 315) oder entspannt auf Anna Maria Island; alternativ dazu in einem Strandhotel, z.B. im „Keystone Motel" oder dem „Palm Pavillon Inn" (S. 316).
- **Essen**: edel in „Marchand's Grill" oder spanisch-südamerikanisch im „Columbia Restaurant" (beide S. 317).
- **Bedeutendste Sehenswürdigkeiten**: de Soto National Memorial (S. 305); The Salvador Dalí Museum (S. 310); Sunken Gardens (S. 313); Fort de Soto Park (S. 313); die Strände von St. Petersburg und Clearwater Beach (S. 318).
- **Programm-Vorschlag für den Aufenthalt**
  - Unterwegs das de Soto National Memorial in Bradenton besuchen.
  - In St. Petersburg: Dalí Museum.
  - Baden in St. Petersburg Beach/Clearwater oder Caladesi Island.

Strände wie aus dem Bilderbuch

Umgebung von St. Petersburg
nach Ocala
Bayport
Brooksville
Mascotte
Weeki Wachee Springs State Park
Hernando Beach
Ridge Manor
Spring Hill
Aripeka
Hudson
Dade City
Bayonet Point
Gowers Corner
Pasco
Withlacoochee
Port Richey
Lumberton
New Port Richey
Zephyrhills
nach Orlando
Holiday
Land O'Lakes
Tarpon Springs
Innisbrook
Lutz
Lakeland
Caladesi Island State Park
Thonotosassa
Knights
Busch Gardens
Adventure Island
Dunedin
Plant City
Eaton Park
Old
Clearwater
Tampa Bay
Ybor City
Largo
Brandon
Tampa
Indian Rocks Beach
Mulberry
Gibsonton
Riverview
Madeira Beach
St. Petersburg
Great Explorations/ Salvador Dalí Museum
Bradley
St. Petersburg Beach
Prong
Tampa Bay
Ruskin
Sunshine Skyway
Fort Green Springs
Fort de Soto
Gillette
de Soto National Memorial
Parrish
Duette
Manatee
Anna Maria
Holmes Beach
Manatee Village/ Historical Park
Palm Sola
Bradenton
Ona
Bradenton Beach
Myakka Head
Longboat Key
Verna
Ringling Museum
Myakka
Myakka City
Sarasota
Horse Cr.
GOLF VON MEXICO
Bee Ridge
Pine Level
Myakka River State Park
Crescent Beach
Peace
Laurel
Nokomis
Fort Ogden
Venice
South Venice
nach Naples/Fort Myers
N
0
20 km

diese Orte erreicht man mit dem Auto in ca. ½–1 Stunde – wenn man es schafft, sich von der entspannten Atmosphäre der Insel und seinem Liegestuhl loszureißen.

Guter Ausgangspunkt

Nicht nur das Baden an dem meilenlangen, wunderbaren Sandstrand am Golf ist herrlich, auch Radtouren auf der Insel und lange **Strandwanderungen** sind angesagt. Und natürlich **Wassersport**: Boot, Jetski, Parasailing, Kajak fahren und Schnorcheln sind möglich. Wer nicht selber fahren möchte, der mietet sich einfach ein Boot mit Captain…

In den kleinen Open Air Bars und Restaurants oder an einem der Piers kann man sich nach dem Müßiggang bei Seafood stärken. **Drei Piers** gibt es, den Santa Maria Pier, 1910 erbaut, Rod & Reel Pier und den Bridge Street Pier. Auf ersteren kann man sich bei einem kühlen Drink den Sonnenuntergang anschauen.

Im Sommer gibt es auf der kleinen Insel noch etwas anderes zu sehen: **Seeschildkröten**. Die Strände der Insel dienen nämlich nicht nur der menschlichen Erholung, sondern auch als Brutplatz für Schildkröteneier. Nachts im Mai kommen die Schwergewichte an den Strand und graben ihre Eier ein – nur die Spuren zum Meer zeugen von der nächtlichen Aktivität. In dieser Zeit sind Häuser direkt am Strand abends wenig beleuchtet, um die Schildkröten nicht zu irritieren.

Reisepraktische Informationen Anna Maria Island

Vorwahl: *941*

Informationen

Anna Maria Island Chamber of Commerce, *5313 Gulf Drive N., Holmes Beach, ☎ 778 1541, www.annamariaislandchamber.org. Sehr freundliches Personal – ob Fahrradverleih, Bootsanmietung usw. – hier hilft man mit aktuellen Tipps weiter.*

Übernachtung

Harrington House Bed & Breakfast $$$, *5626 Gulf Drive, Holmes Beach, ☎ 778 5444, www.harringtonhouse.com. Wunderschönes B&B-Haus am Strand, sehr gepflegt. Es werden auch Bungalows vermietet (direkt gegenüber).*

Sea Isle Motel $$$, *601 N. Bay Blvd., Anna Maria, ☎ 778 2919, www.seaislemotel.com. Nettes, familiäres Motel mit 6 Apartments mit Küche, Pool, unweit des Fishing Pier (Municipal Pier).*

Blue Water Beach Club $$$, *6306 Gulf Drive, Holmes Beach, ☎ 778 6688. www.bluewaterbeachclub.com. 29 schöne Apartments für 2–5 Personen mit Küche und Telefon sowie Balkon oder Patio, direkt am herrlichen Strand gelegen. Der Club war eines der ersten Motels auf der Insel und ist seit 35 Jahren in deutschem Familienbesitz.*

Anna Maria Beach Cottages $$$$, *112 Oak Ave., Anna Maria, ☎ 778 1503, www.annamariabeachcottages.com. Ruhig gelegene Apartments, geheizter Pool, Waschküche, in der Nebensaison ab ca. $ 140/Tag und Einheit. In der Hochsaison 7 Nächte Mindestbuchung.*

Restaurants
an der Intracoastal-Seite

Rod & Reel Pier, *875 N. Shore Dr., ☎ 778 1885. Einfaches Lokal direkt am Pier mit entsprechend toller Aussicht. Leckere und frische Seafood-Gerichte.*

City Pier Restaurant, *100 S. Bay Blvd., ☎ 779 1667. Das urige Restaurant ist bei Einheimischen wie Besuchern gleichermaßen beliebt. Die Atmosphäre ist äußerst ungezwungen, Angler warten geduldig auf ihren Fang, eine einfache Bar bietet Bier und andere Getränke. Man kann drinnen oder draußen auf dem Dock essen – und genießt u. a. den Blick auf die imposante Sunshine Sky Bridge in der Ferne. Kulinarisch erwartet Sie der amerikanische Standard zu günstigen Preisen: Vom Burger bis zum Fish Basket ist die schnelle Küche vertreten. Auf dieser Seite der Insel gibt es allerdings keinen Sonnenuntergang zu sehen, da man nach Osten schaut.*

Waterfront Restaurant, *111 South Bay Boulevard, ☎ 778 1515, www.thewaterfrontrestaurant.net. Täglich geöffnet, direkt an der Tampa Bay mit Blick auf die Sunshine Sky Bridge. Haus bietet gute amerikanische Küche mit vielen Fischgerichten. Mittlere Preise, leger.*

direkt am Golfstrand

Sandbar Restaurant, *100 Spring Avenue, ☎ 778 0444, www.sandbar-restaurant.com. Wunderschön – direkt am Strand – gelegenes Restaurant mit herrlichem Blick auf den Sonnenuntergang. Typisch amerikanische Gerichte. Allerdings auch viel Seafood, sehr oft spielt draußen eine Live-Band. Wer auf die Minute genau den Sonnenuntergang vorhersagt, gewinnt einen (amerikanischen) Champagner. Keine Reservierungen möglich! Kommen Sie also sehr früh, um garantiert den Sonnenuntergang zu erleben.*

Beach House Restaurant, *200 Gulf Drive, ☎ 779 2222, www.beachhouse-restaurant.com. Wie das nördlich gelegene Sandbar Restaurant gibt es hier quasi das gleiche Angebot inkl. Sonnenuntergangsraten (gleicher Besitzer!). Unterschied: Die Anlage ist größer und nicht so gemütlich. Liegt ebenfalls am Sandstrand.*

im Ort

Hurricane Hank's, *5346 Gulf Dr., Holmes Beach, ☎ 778 5788. Leckeres amerikanisches Essen, gutes Bier, angenehme rustikale Atmosphäre und moderate Preise.*

Sandbar Restaurant

Manatee Village Historical Park

Hier kann man sich ein Bild vom Leben der ersten Siedler machen. Zu sehen gibt es ein Gerichtsgebäude (Courthouse) aus dem Jahr 1860, eine Kirche von 1887, einen Krämerladen (The Wiggins Store) von 1903 und ein Siedlerhaus von 1912 (Stephens House – The Settler's House).
Manatee Village Historical Park, *1404 Manatee Ave. East/SR 64., ☎ (941) 749 7165, www.flamuseums.org/museums, geöffnet Mo–Fr 9–16.30 Uhr, Eintritt frei.*

De Soto National Memorial

Auf de Sotos Spuren

Der Memorial Park, der an den spanischen Konquistador erinnert, liegt an der Mündung des Manatee River im Westen von Bradenton, nördlich von Sarasota. Gedacht wird hier der Landung von *Hernando de Soto* im Jahre 1539. Auf der Suche nach riesigen Goldschätzen verschlug es den Spanier hierher. Die Zeiten *de Sotos* werden lebendig bei den Vorführungen der Park-Ranger. Sie zeigen, wie die Arkebuse, ein einfaches Gewehr aus dem 16. Jh., geladen wird. Über 2,5 Minuten dauert der Ladevorgang, dann wird abgefeuert. Ein Film im Visitor Center veranschaulicht die 4-jährige und 6.500 km lange Suche des Spaniers nach den vermeintlichen Goldschätzen. Man vermutet, dass *de Soto* am 30. Mai 1539 hier landete. Über 500 Soldaten begleiteten ihn auf dem Zug nach Norden. Den ersten Winter verbrachten sie in der Nähe der heutigen Florida-Hauptstadt Tallahassee. Der **de Soto Trail** beginnt hier in Bradenton und zieht sich bis nach Tallahassee.

De Soto

1540 zogen die Spanier weiter nach Norden und schlugen ihren Weg in die Wildnisse von Georgia, Süd-Carolina, Nord-Carolina und ins südliche Tennessee. Dann zogen sie weiter nach Süden und kämpften mit Indianern in der Nähe von Mobile. Den Winter 1540/41 verbrachten sie im Gebiet des heutigen Bundesstaates Mississippi, den Fluss selbst sichteten sie im Mai 1541. Schließlich überquerte die

Über die Landung de Sotos informieren einige Geschichtstafeln:

Knight of Santiago (der Ritter von Santiago): Schon mit 19 Jahren, geschult im Umgang mit Waffen und Pferden, kam de Soto 1520 nach Peru. 16 Jahre später kehrte er in seine spanische Heimat zurück, als reicher Mann, da er viel geplündertes Gold mitbrachte. De Soto konnte wegen dieser Erfolge den spanischen König überzeugen, Florida zu erforschen, zu erobern und der spanischen Krone einzuverleiben. Er tat dies auf eigene Kosten. Am 6. April 1538 startete er von Spanien aus das Unternehmen.

The Landing (die Landung): Die Armada setzte sich aus 9 Schiffen zusammen und erreichte am 29. Mai 1539 die Bucht. Die Schiffe waren zum Bersten voll beladen: 700 Mann, 350 Pferde, Bluthunde, Schweine, Waffen und Proviant waren an Bord. Schon am nächsten Tag gingen die Männer an Land, obwohl aus der Ferne Rauchsignale der Indianer sichtbar waren. Man versprach sich viel von Florida: Gold, Silber, Edelsteine und Sklaven - mehr als in Mexiko und Peru zu holen war.

The Spanish Crown (die spanische Krone): De Soto war nicht der einzige Eroberer, der auf Geheiß des spanischen Königs Florida erobern sollte. Das spanische Königshaus war fein heraus, da es kein Risiko einging: Die Expeditionen mussten privat finanziert werden, der größte Teil der erbeuteten Schätze musste dem König übergeben werden.
De Soto hatte keinen Erfolg. 3 Jahre nach seiner Landung starb er an Fieber, sein persönlicher Besitz betrug gerade mal 3 Pferde, 5 Sklaven sowie 700 Schweine.

immer kleiner werdende Truppe den Mississippi und gelangte nach Arkansas, wo sie den Winter verbrachte. De Soto starb am 21. Mai 1542, verzweifelt und niedergeschlagen, da er das gelobte Goldland nicht gefunden hatte. Der Rest der Truppe kämpfte ums nackte Überleben. Zunächst wollten die Männer über Land Mexiko erreichen, doch sie kehrten wieder zum Mississippi zurück. Im Juli 1543 trieben sie flussabwärts, anschließend über den Golf von Mexico ins mexikanische Tampico.

De Soto National Memorial, *75th Street N.W., Bradenton, 8 km westlich vom Stadtzentrum Bradenton, ☎ (941) 792 0458, www.nps.gov/deso, tgl. 9–17 Uhr. Von Dezember bis Mitte April finden „Living-History"-Vorführungen der Park-Ranger statt. Eintritt frei.*

South Florida Museum, Parker Manatee Aquarium and Bishop Planetarium

Hier gibt es Exponate zur Geschichte Floridas von der Steinzeit bis zur Gegenwart zu sehen, zudem interessante altindianische Exponate. Und in einem 60.000-Gallonen-Wassertank lebt „Snooty", das älteste Manatee in Gefangenschaft. Das Planetarium ist ebenfalls sehr sehenswert: Ab 12 Uhr finden in etwa stündlichem Abstand verschiedene Vorführungen statt.

South Florida Museum, Parker Manatee Aquarium and Bishop Planetarium, *Downtown, 201 10th St., West Bradenton, ☎ (941) 746 4131, www.southfloridamuseum.org, Jan.–April und Juli Mo–Sa 10–17, So 12–17 Uhr, alle anderen Monate Mo geschlossen, $ 15,95. Die genaue Uhrzeit der Vorstellungen im Planetarium unter o.g. Internetadresse und Tel.-Nummer.*

Star des Museums: Snooty

83 m über dem Meer!

Von hier aus geht es weiter der US 19 folgend Richtung St. Petersburg. Über die Tampa Bay führt der imposante **Sunshine Skyway** *(Gebühr)*. Über 17 km lang ist dieses Bauwerk, am höchsten Punkt der Brücke befindet man sich 25 Stockwerke (83 m) über der See. Die Brücke wurde 1954 fertig gestellt, ihre Pfeiler-Konstruktion war für die damaligen Schiffsdimensionen ausgelegt. Bei stürmischer See bekamen später große Tanker immer öfter Probleme beim Hindurchmanövrieren.

St. Petersburg und Umgebung

Entfernungen

St. P. - Sarasota:	60 km
St. P. - Miami:	405 km
St. P. - Key West:	613 km
St. P. - Orlando:	186 km
St. P. - Naples:	336 km
St. P. - Tampa:	32 km

St. Petersburg zählt heute etwa 250.000 Einwohner (Großraum Tampa-St. Petersburg: über 2 Mio. Einw.). Die Stadt, zum Touristikzentrum Nr. 1 an der Golfküste avanciert, verdankt wie so manch andere Siedlung ihre Entstehung der Eisenbahn. 1885 baute *Peter Demens*, ein russischer Emigrant, seine Orange Bell Railroad bis zur Pinellas-Halbinsel aus. Er benannte den Ort nach seiner Geburtsstadt St. Petersburg. Das bis dahin verschlafene Nest erlebte einen großen Aufschwung, denn das sonnenreiche, gesunde Klima (350 Sonnentage im Jahr) lockte viele „Yankees" aus dem Norden.

Touristikzentrum der Golfküste

Direkt nach Miami ist St. Petersburg mit seinen Stränden (St. Petersburg Beach) das beliebteste touristische Reiseziel im floridianischen „Winter". Im Vergleich zur Miami-Region ist die Golfküste hier insgesamt etwas ruhiger. Aufgrund seiner vielen Segelyachten und der berühmten Rennen, wie der „Southern Ocean Racing Conference" sowie der „Southland Regatta" (im Februar), nennt sich „St. Pete's" auch „Sailing Capital of the World" (Segelhauptstadt der Welt).

The Municipal Pier

Auffallend ist hier am Ende des Piers (730 m) die umgestülpte Pyramide. Auf 5 Stockwerken befinden sich 4 Restaurants und Shopping Malls. Vom legeren Dachrestaurant aus hat man einen sehr guten Blick auf St. Petersburg und die Tampa Bay. Buntes Leben ringsum: Angler, Straßenkünstler, Boutiquen, Yachten am Wasser. Auf der 2. Ebene befindet sich ein Aquarium (www.pieraquarium.org).
The Municipal Pier, *Verlängerung der 2nd Avenue N. E. Öffnungszeiten der Pyramide: Mo–Do 10–20, Fr–Sa 10–21, So 11–19 Uhr, www.stpete-pier.com. Zwischen dem Parkplatz am Ufer und der Pyramide gibt es einen regelmäßigen Beförderungsservice.*

Pier St. Petersburg

St. Petersburg
Hotels
1 Pier Hotel
2 Renaissance Vinoy Resort
3 Ponce de Leon Hotel
4 Dickens House
5 Mansion House B&B
6 Hotel Indigo
Restaurants
7 Chateâu France
8 Columbia Restaurant
zur Sunshine Skyway Bridge, zum Boyd Hill Nature Park, Fort de Soto Park & Beach
zum International Airport
nach Sunken Garden, Great Explorations
9th St. (Martin Luther King Jr Blvd.)
4th St. S
4th St. N
Central Av.
5th Av. N
4th Av. N
Mirror Lake
Florida Holocaust Museum
Florida International Museum
Bay Walk
Salvador Dalí Museum
Museum of Fine Arts
Museum of History
University of South Florida at St. Petersburg
Bayboro Harbor
South Yacht Basin
North Yacht Basin
Tampa Bay
The Pier
Beach Dr. NE
Bayshore Dr. NE
0 500 m
N

© graphic

Bay Walk

Die gemütliche, verwinkelte Mall in Downtown – direkt vor dem Pier gelegen (zwischen 2nd Street N., 2nd Avenue N., 1st Street N. und 3rd Avenue N.) – bietet viele Geschäfte, Restaurants und Unterhaltungsmöglichkeiten. So recht zum Herumschlendern!

Schön zum Shoppen

Florida Holocaust Museum

Das dreistöckige Gebäude beherbergt permanente und temporäre Ausstellungen. Im Erdgeschoss kann man die Geschichte von der Weimarer Republik bis zu den Nürnberger Prozessen verfolgen. Die Geschichte des Antisemitismus, aber auch des heutigen Rassismus wird am Beginn und am Ende der Ausstellung dargestellt. Gegründet wurde das Museum von *Walter Lobenberg*. Der aus Frankfurt stammende KZ-Überlebende konnte in Polen einen alten Waggon ersteigern, der zum Transport in Konzentrationslager diente. In diesem Wagen fand man einen Mädchenring – ein stummer Zeuge der Gräueltaten. Das Museum stellt sicherlich einen nachdenklichen Kontrast zu den Sonnenstränden der Küste dar.

Florida Holocaust Museum, *55 5th Street S., St. Petersburg, ☎ (727) 820 0100, www.flholocaustmuseum.org, tgl. 10–17 Uhr, $ 14.*

St. Petersburg Museum of History

In der Nähe des Piers gelegen, vermittelt das Museum einen guten Überblick über die letzten 500 Jahre der regionalen Geschichte. Eine Ausstellung widmet sich der Luftfahrt. Man kann einen Nachbau des Benoist Airboat in Originalgröße bewundern, vom Luftfahrtpionier *Tony Jannus* geflogen. 1914 verkehrte die Maschine zwischen St. Petersburg

und Tampa – sie brauchte für die Strecke 23 Minuten und die Passagiere zahlten ganze $ 5.
St. Petersburg Museum of History, *335 2nd Avenue N. E., ☎ (727) 894 1052, www.spmoh.org, Di–Sa 10–17, So 13–17 Uhr, $ 12.*

Luftfahrtpionier Tony Jannus im Air Boat

Florida International Museum

Untergebracht im **St. Petersburg College Downtown Center**, ist insbesondere ein Klassenzimmer interessant, in dem die Kubakrise von 1962 nachgestellt wird. Damals stand die Welt am Rande eines Atomkriegs. Präsident *John F. Kennedys* dramatische Rede lässt nachvollziehen, wie sehr die Lage angespannt war. Dieses „Lernmuseum" bietet interaktive Erfahrungen, welche die geschichtlichen Begebenheiten emotional näher bringen. Wechselausstellungen.
Florida International Museum, *244 2nd Avenue N., ☎ (727) 341 7900, www.floridamuseum.org, Di–Sa 10–17, So 12–17 Uhr, $ 10.*

The Salvador Dalí Museum

40 Jahre Dalí-Sammler

Das neue, eigens errichtete Museum wurde 2011 eröffnet, nachdem die riesige Sammlung, die innerhalb von 40 Jahren vom *Dalí*-begeisterten Ehepaar *Morse* zusammengetragen wurde, vorher jahrelang im Gebäude eines ehemaligen Einkaufszentrums zu sehen gewesen war. Dort konnte aus Platzmangel jeweils nur ein kleiner Teil der Werke ausgestellt werden. Die **Morse-Sammlung** umfasst die gesamte Schaffensperiode des Künstlers, besonders aber die bekannten surrealistischen Werke aus den frühen 1930er Jahren.

Das Ehepaar glaubte fest daran, dass Dalí einer der herausragenden Künstler des 20. Jh. sei. *Eleanor Reese* und *A. Reynolds Morse* begegneten 1941 zum ersten Mal den Dalí-Werken im Rahmen einer Wanderausstellung und waren hingerissen. Das frisch vermählte Ehepaar trat in Korrespondenz mit *Gala Dalí*, der Frau des Künstlers. 1942 lud Dalí das Paar zu einem Drink in der King Cole Bar des New Yorker St. Regis Hotels ein: der Beginn einer lebenslangen Freundschaft.

Zur Hochzeit einen Dalí

Am ersten Hochzeitstag kaufte sich das Ehepaar Morse das erste Dalí-Bild. Für das kleine Ölgemälde mussten sie 1,25 US$ zahlen – der mitgelieferte antike holländische Rahmen kostete weitere 1.500 US$. *Dalí* bestand auf dieser Kombination – die Morses lernten zum ersten Mal die Verbohrtheit dieses exzentrischen Künstlers kennen. Innerhalb des nächsten Jahres kauften die Morses drei weitere Dalí-Werke aus den frühen 1930er Jahren. Von ihren Freunden wurden sie als verrückt erklärt, doch in ihrer Dalí-Faszination konnten die beiden den Spott ertragen.

Nur ein Bild weiterverkauft

Anders als viele Kunstsammler betrachtete das Ehepaar Morse, das sein gesamtes Geld fortlaufend in Dalí investierte, diese Kunstwerke nicht als Quelle der Geldvermehrung. Sie spekulierten nicht auf Wertzuwachs, sie sammelten aus Liebe zu dieser Kunst, die ihr Leben bereicherte. Nur ein einziges Bild verkauften sie, und zwar auf Drängen von Dalí persönlich, der dem Opernsänger *Richard Tucker* einen Gefallen erweisen wollte.

Informationen zu Salvador Dalí

info

Salvador Dalí wurde am 11. Mai 1904 in Figueras/Spanien geboren. 1921 trat er in die Kunstschule von Madrid ein, wo er mit verschiedenen Stilen, vom Impressionismus bis zum Kubismus, experimentierte und durch die metaphysische Malerei der Zeit beeinflusst wurde. Frühzeitig begann er mit verschiedenen Kunstexperimenten und schloss sich 1928 in Paris den Surrealisten an. Gleichzeitig überzeugte er als Schriftsteller und lieferte mit seiner Schrift „Kritische Methode der Paranoia" einen theoretischen Beitrag zum Surrealismus.

Nach der Hochzeit mit *Gala Eluard* ließ er sich in Port Lligat nieder, wo er an einer weiten Bucht ein verfallenes Fischerhaus als Wohnung und Atelier herrichtete. 1940 verließ Dalí Europa und siedelte in die Vereinigten Staaten über; 1941 brach er mit dem Surrealismus und bekannte sich zur abendländischen Tradition in Form und Thema, verzichtete dabei jedoch nicht auf technische Experimente. Eine umfangreiche Ausstellung im **Museum of Modern Art** im Jahre 1941 und die Veröffentlichung seiner Biografie „Das geheime Leben von Salvador Dalí" im darauf folgenden Jahr erregten erste Aufmerksamkeit; ästhetische Provokationen, Verrücktheiten, Skandale und „lustvolle Selbstentblößung" machten ihn in aller Welt bekannt. In Amerika fand Dalí den geeigneten Schauplatz für zahlreiche Aufsehen erregende, selbst inszenierte Spektakel, die seine Kunst inspirierten und zugleich in Werbung und Showgeschäft Gewinn bringend umgesetzt wurden.

1974 wurde in seinem Heimatort Figueras das Theater-Museum-Dalí eröffnet, das vielfach als „versteinerte Selbstaufführung" bezeichnet wurde; 1975 wurde in Cleveland/Ohio eine große Bildersammlung der Öffentlichkeit vorgestellt. Im Jahre 1982 starb seine Frau Gala, die maßgeblichen Einfluss auf das Leben und Wirken Dalís hatte. Am 23. Januar 1989 starb Dalí und wurde, seinem Wunsch entsprechend, im Innenhof des nach ihm benannten Museums in Figueras beigesetzt. Aus dem weißgrauen Marmor seiner Heimat wurde eine Grabkammer als letzte Ruhestätte errichtet, die von einem Vexierbild seiner Frau und Muse Gala bewacht wird.

Dalí hat sein beachtliches Vermögen und seine Bildersammlung dem spanischen Staat vermacht mit der „inständigen Maßgabe, die Kunstwerke zu erhalten, zu verbreiten und zu schützen". Das Gesamtwerk ist geprägt durch die widersprüchliche, häufig zwiespältige und exzentrische Persönlichkeit Dalís; zu seinen bekanntesten Werken gehören die „Zerrinnende Zeit", die „Brennende Giraffe", die Illustration von Dantes „Göttlicher Komödie", aber auch ein Taxi, in dem es nach Münzeinwurf regnet, oder das „Mund-Sofa".

Die Morses kauften nur Bilder, die ihnen persönlich gefielen. Vor Ausstellungen durften sie exklusiv die neuen Werke des Meisters in Augenschein nehmen. Dalí beriet sie, sagte, welche Bilder ihm besonders bedeutend erschienen. Im Jahre 1954 fuhren die Morses nach Spanien, um Dalís Heimat kennen zu lernen. Dalí selbst bezeichnete seine katalonische Heimat als den schönsten Ort der Welt. Bei ihrer Reise erkannten sie, dass Dalís Motive nicht imaginäre Träume waren, sondern eine eigenwillige künstlerische Umsetzung von Eindrücken der Orte und Landschaften, wo er lebte.

Das Ehepaar Morse sammelte Dalí-Werke über 40 Jahre, und es entwickelte sich zu anerkannten Kennern des Künstlers. Reynolds Morse veröffentlichte alleine sieben Bücher über Dalí. Eleanor Morse übersetzte eine Reihe von Dalí-Büchern aus dem Französischen und Spanischen ins Englische. Die ungeheure Breite und Vielseitigkeit des Schaffens von Dalí wird in der Ausstellung hier im Museum deutlich: Er malte in Öl, mit Wasserfarben, er schuf fantasievolle Grafiken, Skulpturen, er lieferte das Design für Stoffe, Möbel, Schmuck… Konservativen Schätzungen zufolge beträgt der Wert der Sammlung über 35 Millionen US$. Die Morses überließen der Stadt St. Petersburg ihre Dalí-Sammlung. Die Bedingung: Die Sammlung dürfe nicht auseinander gerissen werden und müsse der Öffentlichkeit zur Verfügung stehen.

35 Millionen US$ wert!

The Salvador Dalí Museum, *1 Dali Boulevard, ☏ (727) 823 3767, www.salvadordalimuseum.org, Mo–Mi und Fr–Sa 10–17.30, Do 10–20, So 12–17.30 Uhr, $ 21.*

Great Explorations! Childrens Museum

Dieses Hands-on-Museum ist eine gute Gelegenheit, Kindern zu zeigen, dass Museen nicht immer langweilig sein müssen. Das Anfassverbot – in anderen Museen allgegenwärtig – gilt hier nicht, im Gegenteil. Das Highlight ist die Neuauflage des „Touch Tunnel“. Hier kann man in der Dunkelheit seine Sinne und seine Orientierungsfähigkeit testen. An weiteren Stationen kann man an einem Feuerwehreinsatz teilnehmen, in einem Supermarkt in Kindergröße etwas über gesunde Ernährung lernen oder „kranke“ Stofftiere untersuchen und versorgen.

Museum zum Anfassen

Great Explorations, *1925 4th St. S., ☏ (727) 821 8992, www.greatexplorations.org, Mo–Sa 10–16.30, So 12–16.30 Uhr, $ 10.*

Great Explorations

Museum of Fine Arts

Für Kunstliebhaber bietet dieses Museum eine Dauerausstellung von Impressionisten. Man findet hier Werke amerikanischer Künstler wie *Whistler, O'Keeffe, Rauschenberg*

oder *Lichtenstein*, aber auch europäische Meisterwerke (etwa von *Fragonard, Cézanne, Monet, Gauguin, Renoir*). Daneben gibt es auch Skulpturen, Fotografien und viele Wechselausstellungen zu sehen.
Museum of Fine Arts, *255 Beach Drive N. E., ☎ (727) 896 2667, www.fine-arts.org, Mo–Sa 10–17, So 12–17 Uhr, $ 17.*

Sunken Gardens

Das 20.000 m² große Gebiet ist Heimat von etwa 5.000 verschiedenen Pflanzen: Orchideen, verschiedene Palmenarten, violettfarben blühende Jacaranda-Bäume, Azaleen, Gardenien, Kamelien – ein Blütenmeer. Täglich finden auch interessante Vorstellungen mit Papageien statt, deren Dressur gezeigt wird. Der botanische Garten ist bereits 100 Jahre alt. Wasserfälle und Teiche mit Koi-Karpfen sprechen die Sinne der Besucher an. Aber … bevor Sie die „versunkenen Gärten" betreten, müssen Sie sich durch „the World's Largest Gift Shop" hindurchschlängeln, einer ungeheuren Ansammlung von noch ungeheurerem Kitsch…
Sunken Gardens, *1825 4th Street N., ☎ (727) 551 3100, www.stpete.org/sunken, Mo–Sa 10–16.30, So 12–16.30 Uhr, $ 8.*

Ausflüge in die Umgebung: Fort de Soto State Park und Pinewood Cultural Park

Landschaftlich interessant ist eine Fahrt über den Pinellas Bay Way zum Fort de Soto State Park. Dieses Naturschutzgebiet liegt am Mullet Key. Das Fort wurde 1898 erbaut, um die Tampa Bay im Verlauf des Spanisch-Amerikanischen Krieges zu beschützen, die installierten Kanonen wurden aber nie gebraucht. Die Sandstrände sind sehr schön. Interessant ist es, von den Aussichtspunkten die einfahrenden Ozeanriesen zu beobachten. Von zwei Piers kann man schöne Aussichten genießen. Natürlich gibt es für die Badenden Duschen und saubere Toiletten sind mehrfach vorhanden. Ein sieben Meilen langer Wanderweg sowie Fahrradwege ermöglichen weitere Aktivitäten.

Gute Aussicht

Fort de Soto State Park und Beach, *3500 Pinellas Bayway South, ab Pinellas Bayway zweigt die Road 679 ab (Gebühr $ 1), ☎ (727) 893 9185, Camping-Office: ☎ (272) 893 9185, www.pinellascounty.org/park/, geöffnet von 7 Uhr bis Sonnenuntergang. Wunderbares Camping ist hier möglich (238 Plätze!).*

Ein Ausflug in den Pinewood Cultural Park verspricht dagegen Einblicke in die Geschichte sowie in die Botanik. Im Heritage Village, einem Living History Museum, erlebt man die Sorgen eines Alltags ohne technische Hilfsmittel hautnah. Wie erledigte man die häuslichen und landwirtschaftlichen Aufgaben? Wäsche waschen, Beete wässern und Teppiche ausklopfen – das Leben damals erforderte eine Menge Muskelkraft. Im Botanischen Garten kann man sich über heimische Pflanzen, ihre Pflege und Aufzucht informieren – oder einfach die Blütenpracht genießen.
Pinewood Cultural Park: *Heritage Village, 11909 125th Street N., Largo, ☎ (727) 582 2123, geöffnet Mi–Sa 10–16, So 13–16 Uhr, Eintritt frei. Florida Botanical Gardens, 12520 Ulmerton Road, Largo, ☎ (727) 582 2100, geöffnet tgl. 7–18 Uhr. Eintritt frei. Weitere Infos: www.pinewoodculturalpark.org.* yyy

Reisepraktische Informationen St. Petersburg und Umgebung

Vorwahl: 727

Informationen

St. Petersburg/Clearwater Area Convention & Visitors Bureau, *13805 58th Street N., Suite 2-200, Clearwater, ☎ 464 7200, www.visitstpeteclearwater.com, www.stpete.org, www.discoverdowntown.com*
St. Petersburg Area Chamber of Commerce, *100 2nd Ave. N., St. Petersburg, ☎ 821 4069, www.stpete.com*

Postamt

1275 66th Street N., geöffnet Mo–Fr 8.30–17.30, Sa 9–12 Uhr.

Übernachtung

in St. Petersburg *(s. Karte S. 308)*
Hotel Indigo $$$ (6), *234 3rd Ave. North, ☎ 822 4814, www.hotelindigo.com. Gediegenes Hotel mit 70 Zimmern, im Stadtzentrum gelegen. Gehört zu einer internationalen Kette – erinnert aber trotzdem etwas an ein B&B, da es teilweise in einem alten (1926) Haus viktorianischen Stils untergebracht ist.*
Ponce De Leon Hotel $$$ (3), *95 Central Avenue, ☎ 550 9300, www.poncedeleonhotel.com. An der Waterfront gelegenes Boutique Hotel mit 79 geschmackvoll eingerichteten Zimmern und „europäischen Betten". 1922 eröffnet, damit eines der ältesten Hotels der Stadt. Gutes Preis-Leistungsverhältnis.*
Dickens House $$$ (4), *335 8th Ave. N. E., Coffee Pot Bayou, ☎ 822 8622, www.dickenshouse.com. Sehr gemütliches Haus (5 Zimmer), umgeben von viel Grün. Drinnen verleihen Holz und alte Möbel das Gefühl von Gediegendeit. Fußnähe zur Downtown. Das Frühstück wird auf der Veranda serviert.*
Mansion House B&B $$$ (5), *105 Fifth Avenue, N.E., ☎ 821 9391, www.mansionbandb.com. Das B&B, im Country Style eingerichtet, besteht aus 2 Häusern, die durch einen Garten mit Pool verbunden sind. Nette Gastgeber, zentral gelegen (ca. 10 Min. zum Pier zu Fuß).*
Pier Hotel $$$-$$$$ (1), *253 2nd Avenue N., ☎ 822 7500, www.thepierhotel.com. 1921 erbaut, bietet das Hotel einen gemütlichen Aufenthalt für den Individualreisenden. Besonders schön ist die Veranda. Fußnähe zur Downtown und, wie der Name schon sagt, zum Pier.*
Renaissance Vinoy Resort and Golf Club $$$$$ (2), *501 Fifth Ave. N. E., ☎ 894 1000, www.mariott.com. 1925 erbautes Hotel. Zu den illustren Gästen der Vergangenheit zählte kein Geringerer als der Schriftsteller F. Scott Fitzgerald. 347 Zimmer/14 Suiten. Wenn man dort nicht wohnt, sollte man zumindest das Restaurant einmal ausprobieren. Ein Hotel mit Atmosphäre und schönem Blick auf die Tampa Bay. 18-Loch-Golfplatz, 12 Tennisplätze, 2 Swimmingpools. In Fußweite zur Downtown und dem Pier bzw. dem Bay Walk.*

St. Petersburg Beach
Trade Winds Islands Resort $$$-$$$$, *5500 Gulf Boulevard, ☎ 367 6461, www.tradewindsresort.com. Strandhotel-Komplex mit 11 Restaurants, 7 Pools… und und und. Besonders auch für Kinder geeignet. Auf dem Gelände gibt es einen Wasserweg mit Paddelbooten. Das Resort ist unterteilt in Island Grand (378 Zi., 207 Suiten – mehr für Familien, viel Unterhaltung für die Kids) und Sandpiper (56 Zi./103 Suiten).*

Tipp

Entlang dem Gulf Boulevard durch St. Petersburg Beach reiht sich ein Hotel an das andere, alle Kategorien und fast alle US-Ketten sind hier ansässig. Im Süden von St. Petersburg Beach (südlich des Komplexes von Don Cesar) wird die Gegend ruhiger. Hier gibt es eine Reihe preiswerterer, kleinerer Hotels und Guesthouses in Strandnähe, so z.B. das

Keystone Motel $$, *801 Gulf Way, St. Petersburg Beach, ☎ 360 1313, www.keystonemotel.com. Das Motel liegt im ruhigen Südteil der Insel direkt am herrlich weiten Sandstrand.*

Historisches Gemäuer in St. Petersburg: das Vinoy Resort

Beach House Suites $$$$, *3860 Gulf Blvd., ☎ 363 0001, www.beachhousesuites.com. Schicke Suiten mit voll eingerichteter Küche, direkt am weißen Strand gelegen. Unmittelbar neben dem Don Cesar gelegen, sodass man dessen Einrichtungen auf Wunsch mit nutzen kann.*

Sirata Beach Resort $$$$, *5300 Gulf Boulevard, ☎ 363 5100, www.sirata.com. Nettes Strandhotel der mittleren Klasse mit schönem Garten und Swimmingpool.*

Loews Don Cesar Hotel $$$$$, *3400 Gulf Boulevard, ☎ 360 1881, www.loewshotels.com. Erstklassiges Hotel (234 Zimmer/43 Suiten.), direkt am Strand gelegen, sehr teuer, aber ein Erlebnis! Der pinkfarbene Bau wurde 1928 eingeweiht. Absolut erste Adresse an der Westküste. Das Restaurant „Maritana Grille" bietet beste floridianische Küche mit vielen Fischgerichten. 2 Pools. Eine halbe Meile vom Hauptgebäude entfernt liegen die Beach House Suites by the Don Cesar. Hier werden kleine Apartments vermietet, es gibt auch eine kleine tolle Beach-Bar.*

Zwischen St. Petersburg Beach und Clearwater Beach

reihen sich Motels/Hotels aneinander. Aus der Vielfalt seien vier Häuser herausgegriffen:

Swashbuckler Motel $$, *11875 Gulf Boulevard, Treasure Island, ☎ 686 6467, www.swashbucklermotel.com. Zum Strand muss man zwar die Straße überqueren, aber das familiengeführte Motel ist sauber und günstig. Pool.*

Trade Winds Motel $$, *10300 Gulf Blvd., Treasure Island, ☎ 360 0490. Das kleine Motel zeichnet sich durch maßvolle Preise, Pool und vor allem Sauberkeit aus.*

Island's End Resort $$$, *1 Pass A Grill Way, St. Petersburg Beach, ☎ 360 5023, www.islandsend.com. Einfache, aber saubere Cottages, mit Kücheneinrichtung. In Fußweite zum Strand, zu Läden und Restaurants.*

Bilmar Beach Resort $$$$, *10650 Gulf Blvd., Treasure Island, ☎ 360 5531, www.bilmarbeachresort.com. Strandhotel für Familien, direkt am breiten Sandstrand, alle Zimmer zum Meer hin.*

in Clearwater Beach

Palm Pavilion Inn $$, *18 Bay Esplanade, ☎ (1-800) 433 7256, www.palmpavilioninn.com. Gepflegtes Art-déco-Hotel am Strand, dazu gehört der Beachside Grill & Bar.*

Sheraton Sand Key Resort $$$$, *1160 Gulf Blvd., ☎ 595 1611, www.sheratonsandkey.com. Strandhotel (9 Stockwerke), 375 Zimmer/15 Suiten, 4 Restaurants, eins davon die Mainstay Tavern mit Seefahrer-Ambiente. Großzügig angelegt, eigener Strand und toller Ausblick auf den Golf.*

Sandpearl Resort & Spa $$$$, *500 Mandalay Ave., ☎ 441 2425, www.sandpearl.com. Luxuriöses Hotel direkt an einem weiten weißen Strand mit 250 schicken Zimmern. Im Spa wird der Schwerpunkt auf traditionelle Ozean-Therapien gelegt, zudem werden Kajaks vermietet und Bootsausflüge angeboten. Es wird Wert auf ökologische Aspekte gelegt – der Pool wird z.B. mit Erdwärme geheizt.*

Clearwater Beach Marriott Suites on Sand Key $$$$, *1201 Gulf Blvd., ☎ 596 1100, www.marriott.com. Ungewöhnlich ist, dass man von jedem Zimmer einen Blick auf den Ozean genießt. Liegt aber nicht direkt am Strand (2 Minuten Bus-Shuttle), große Zimmer mit Küche.*

in Safety Harbor

Safety Harbor Resort & Spa $$$-$$$$, *105 N. Bayshore Dr., ☎ 726 1161, www.safetyharborresort.com. Dieses etwas antiquierte Kurhotel (175 Zimmer, 4 Suiten) bietet Thermalquellen sowie Essen aus ökologischem Anbau; ruhig gelegen, Swimmingpool, sehr gute Kurabteilung. Die warmen Quellen speisen noch heute die Pools. Im kleinen Örtchen Safety Harbor gibt es eine Anzahl einladender Geschäfte.*

Camping

St. Petersburg KOA, *5400 95th St. North, ☎ 392 2233, www.koa.com, z.T. schattiger Platz, Swimmingpool, nah zum Strand (10 Auto-Minuten).*

Tipp

Der schönste Campingplatz: Fort de Soto State Park und Beach

3500 Pinellas Bayway South, ab Pinellas Bayway zweigt die Road 679 ab (Gebühr $ 1), ☎ (727) 893 9185, Camping-Office: (272) 893 9185, www.pinellascounty.org/park/. Es gibt 238 Stellplätze, auch für Campingfahrzeuge, alle sind mit Grill und Picknicktisch ausgestattet. Sehr saubere sanitäre Einrichtungen.

Restaurants

In St. Petersburg

Columbia Restaurant (8), *The Pier, 800 2nd Avenue N.E. ☎ 822 8000, www.columbiarestaurant.com. Spanisches Restaurant, Paellas und Tapas sowie andere schmackhafte Fisch- und Fleischgerichte. Vom oberen Stockwerk genießt man einen schönen Blick auf die Tampa Bay.*

Chateau France (7), *136 4th Avenue, ☎ 894 7163, www.chateaufrancecuisine.com. In einem 1901 erbauten viktorianischen Haus findet man hier die Küche Frankreichs (fast) pur. Die „Sea Scallops au Caviar" und die Soufflés sind ein Gaumenschmaus. Reservierungen erforderlich, kein Lunch.*

Marchand's Grill, *im Renaissance Vinoy Resort gelegen, 501 5th Avenue NE, ☎ 824 8072, www.marchandsbarandgrill.com. Sehr stilvolles Restaurant mit Deckenfresken und tollem Blick auf die Tampa Bay und den Hafen. Sehr gute, abwechslungsreiche Menükarte, die ständig wechselt. Ein Eindruck: Gnocchi mit Wildpilzen, Bouillabaisse, Spargelravioli – alles Zeugnisse von Könnerschaft am Herd. Natürlich teuer. Di bis Do gibt es zu aller Vergnügen noch Livemusik.*

Einfach, aber gut: Burger mit Pommes

Ansonsten: Jede Menge Restaurants im Bereich des Bay-Walk-Viertels in Downtown.

in St. Petersburg Beach, Redington Shores

Hurricane Seafood Restaurant, *809 Gulf Way/9th Ave., St. Petersburg Beach, ☎ 360 9558, www.thehurricane.com. Am Pass A Grille Beach gelegen. Viele tagesaktuelle Fischgerichte, die nach Belieben zubereitet werden. Sehr beliebt, besonders die Dachterrasse, von der aus man den Sonnenuntergang genießen kann.*

The Wine Cellar, *17307 Gulf Blvd., North Redington Beach, ☎ 393 3491, www.thewinecellar.com. Guter Wein zu angemessenen Preisen, gute europäische und amerikanische Küche in einem etwas gediegeneren Ambiente (von außen allerdings ist das Restaurant eher unscheinbar).*

Lobster Pot, *17814 Gulf Blvd., Redington Shores (südl. Indian Shores), ☎ 391 8592, www.lobsterpotrestaurant.com. 22 unterschiedliche Hummergerichte und ausgezeichneter Fisch. Und das Schönste ist: Die Preise sind nicht überzogen. Reservierungen sind ratsam.*

in Clearwater/Clearwater Beach und nördlich (Dunedin)

Bob Heilman's Beachcomber, *447 Mandalay Ave. (North Clearwater Beach), ☎ 442 4144. Sehr gute Steaks. Spezialität u.a.: Red-Snapper-Filet, Shrimps, Lamm. Eher höherpreisig.*

Frenchy's Southbeach Cafe, *351 S. Gulfview, Clearwater Beach, ☎ 441 9991, schöne Aussicht, leger, typisch floridianische Speisekarte, preiswert.*

Bon Appetit, *150 Marina Plaza, Dunedin, ☎ 733 2151, www.bonappetitrestaurant.com. Das Lokal bietet eine sehr gute Küche mit aufmerksamem Service in verhalten-eleganter Atmosphäre mit Blick auf das Wasser. Direkt am Hafen gelegen, auch auf der Terrasse kann man speisen. Zumeist einheimisches Publikum.*

Einkaufen

John's Pass Village & Boardwalk, *150 John's Pass Boardwalk, www.johnspass.com. In Höhe Madeira Beach: nettes Geschäftsviertel, das einem Fischerviertel ähnlich gebaut wurde, mit Boutiquen, Kunstgalerien, Restaurants und einer Promenade entlang dem Wasser.*

Fahrrad fahren

In und um St. Petersburg kann man gut Rad fahren: Unter **www.stpete.org/transportation/citytrails** *gibt es eine City Bike Map zum Runterladen. Der* **Pinellas Trail** *(www.pinellascounty.org/trailgd/) ist z.B.. ein 34 Meilen langer Trail, der von Downtown St. Petersburg entlang der Küste über Clearwater bis nach Tarpon Springs führt. Das „Pinellas Trail Guidebook" kann man bestellen bei: Pinellas County Planning Dept., 600 Cleveland Street, Suite 750, Clearwater, FL 33755, ☎ 464 8200.*

Mittlerweile gibt es in Florida alle Nase lang einen Fahrradverleih. Für alle, die trotzdem nicht fündig werden: **Beach Cyclist**, *St. Petersburg Beach, 7517 Blind Pass Boulevard, ☎ 367 5001, www.beachcyclistsportscenter.com. Mo–Sa 10–18, So 11–16 Uhr.*

Strände

St. Petersburg Beach

Entlang der gesamten Küste von St. Petersburg Beach gibt es breite Sandstrände. Besonders schön: **Pass A Grille Beach** *im Süden von St. Petersburg Beach.*

Fort de Soto Park, *wunderschöne Sandstrände, die sich über 11 km und 5 Inseln erstrecken. Der De-Soto-Strand wurde 2005 zum Besten der USA gewählt.*

Indian Rocks Beach und Sand Key: *Richtung Clearwater ist besonders für Kinder geeignet: kleine Wellen, wärmeres Wasser, guter Sand zum Burgenbauen.*

In Clearwater/Umgebung

Ben T. Davis Municipal Beach, *zwischen Clearwater und Tampa am Courtney Campbell Causeway an der State Road 60 gelegen: ebenfalls sehr für Kinder geeignet, sehr flach und guter Sand.*

Caladesi Island, *beste Sandstrände der Umgebung, 2008 zum schönsten Strand der USA gewählt. Nur mit dem Boot zu erreichen. Regelmäßige Fährverbindungen der Honeymoon Island Recreational Area. Am westlichen Ende der Straße verkehrt eine Fähre (www.caladesiferry.org, ☎ 734 1501, $ 14) täglich stündlich von 10–17 Uhr, am Wochenende halbstündlich nach Honeymoon Island. Hier gibt es auch Wanderwege und Sanddünen. Picknick an schattigen Plätzen möglich. Eintritt $ 8/Auto. Infos: www.floridastateparks.org/CaladesiIsland/, ☎ 469 5918.*

> **Achtung: Stachelrochen!**
>
> s. S. 83

Wandern

Boyd Hill Nature Reserve, *St. Petersburg, 1101 Country Club Way S., ☎ 893 7326, www.stpete.org/boyd/. Im Süden der Stadt gelegenes Gebiet am Westufer des Lake Maggiore, 6 kleinere Wanderwege. Der Park ist Di–Fr von 9–19, Sa 7–19 und So von 9–19 Uhr geöffnet. Nov.–Feb. –18 Uhr, $ 3.*

Auch Caladesi Island eignet sich gut zum Wandern (Trails).

Bus/Öffentliche Verkehrsmittel

Looper Trolley, *☎ 821 5166, www.loopertrolley.com, Mo–So 10–17, Fr–Sa –24 Uhr, alle 15 Min. Stoppt an vielen Stellen. Wenn man die 30-Minuten-Runde ab dem Pier fährt, hat man eine Art Stadtbesichtigung. Ticket nur 50 Cents.*

Greyhound, *180 9th Street N, ☎ 898 1496, www.greyhound.com. Nach Miami 6–10 Stunden; nach Orlando 3–4 Stunden; nach Tampa ½ Stunde.*

Tampa

Streckenübersicht

Entfernung: Von St. Petersburg kommend, erreicht man nach **ca. 25 km** Tampa über drei die Bucht überspannende Brücken bzw. Dämme:

- über die **Gandy Bridge** (folgt der US 92; beste Variante, wenn man z.B. **Ybor City**, das restaurierte, lateinamerikanische Viertel, besuchen möchte);
- über die **Howard Frankland Bridge** (folgt dem Interstate 275; gut, wenn man ins **Stadtzentrum** will);
- über den **Courtney Campbell Causeway**; (gut, wenn man **von Clearwater aus** Tampa erreichen möchte).

Überblick

Im Unterschied zu St. Petersburg ist Tampa viel stärker industrialisiert und steht mit seinen knapp 336.000 Einwohnern (Großraum Tampa/St. Petersburg: über 2 Mio. Einw.) was die Bevölkerungszahl angeht an dritter Stelle in Florida, hinter Miami und Jacksonville. Durch seine Nähe zur Golfküste, dem wichtigen Hafen (rangiert an 7. Stelle in den USA, Verladung von Phosphaten, Vieh, Zitrusfrüchten) und zu den Feriengebieten an der Küste (St. Petersburg Beach/Clearwater Beach) ist die Großregion um Tampa ein schnell wachsendes Ballungszentrum. Der Tampa International Airport ist hochmodern; die im Süden liegende MacDill Air Force Base markiert die strategische Bedeutung und ist ein wichtiger Arbeitgeber in der Region. Daneben spielen Brauereien und Betriebe der Elektroindustrie sowie des High-Tech-Bereichs eine große Rolle.

Die Bucht von Tampa war schon für die Seefahrer des 16. Jh. ein sicheres Zufluchtsplätzchen: *Juan Ponce de León* kam 1521 hierher, *Panfilo de Narváez* verschlug es 1528 in die Gegend, 1539 schließlich folgte der berühmte *Hernando de Soto*. In dieser Zeit gab es hier lediglich ein kleines Indianerdorf, wo die Menschen vom Fischfang lebten. Gold aber fanden die spanischen Konquistadoren auch hier nicht, also zogen sie weiter. Später, im

Redaktionstipps

- **Unbedingt anschauen: Henry Plant Museum** (S. 323) im ehemaligen, pittoresken Tampa Bay Hotel (heute Teil der Universität).
- Den **Zigarrendrehern** in Ybor City zuschauen (S. 324).
- **Übernachten:** im „Don Vicente de Ybor Historic Inn" in Ybor City (S. 327).
- **Essen:** Ein Knüller ist das „Columbia Restaurant" (vorher reservieren!); gute Steaks gibt es in „Bern's Steak House". Beides seit Jahrzehnten Traditionsrestaurants erster Güte!
- Den Abend in **Ybor City** verbringen – hier ist für jeden etwas dabei, ob Essen gehen, Bars oder Livemusik (S. 328).
- **Bedeutendste Sehenswürdigkeiten:** Ybor City (S. 324); der Themenpark Busch Gardens (S. 329); Tarpon Springs (S. 334); Weeki Wachee (S. 337).
- **Shopping:** In der International Plaza nahe des Flughafens: Tolles Einkaufen und viele Restaurants!
- **Optimale Zeiteinteilung: 1–2 Tage**. **1. Tag:** Von St. Petersburg aus kommend, kann man zuerst den Themenpark Busch Gardens besuchen, der sich doch in vielem von den Parks in Orlando unterscheidet. Am späten Nachmittag fährt man dann nach Ybor City, wo sich die Gelegenheit zu einem Bummel durch die Läden bietet, dann essen gehen und den Abend schließlich in einer der Bars bei Livemusik ausklingen lassen. Der **2. Tag** bietet sich an für Ausflüge in den Norden, z.B. nach Weeki Wachee.

19. Jh., kamen dann die landhungrigen Pioniere, die hier sesshaft wurden. Die amerikanische Bundesregierung steckte 1824 die Seminolen in ein Reservat, zu dessen Bewachung das Fort Brooke erbaut wurde.

Yachthafen von Tampa

Aus dieser Keimzelle weißer Inbesitznahme entstand Tampa, wie die Indianer die Umgebung selber nannten. Fort Brooke diente während der Seminolenkriege als Versorgungsstation. In den Jahren 1861 bis 1864 war das Fort von Truppen der Konföderierten besetzt.

Tampas großer Aufschwung begann mit dem Eisenbahn-Anschluss der Stadt an die South Florida Railroad, die dem Eisenbahn-Magnaten *Henry B. Plant* gehörte. Plant spielte bei der Entwicklung der Westküste eine ähnliche Rolle wie der Eisenbahnkönig *Henry Flagler* an der Ostküste.

info

Henry Bradley Plant – Eisenbahn-Magnat der Westküste

Henry Bradley Plant wurde 1819 in Connecticut geboren. Er besuchte Florida zum ersten Mal 1853, da der angeschlagenen Gesundheit seiner Frau das milde Klima gut tun sollte. Zunächst arbeitete er als Manager der Adams Express Company, einer Schifffahrtsgesellschaft. Während des Bürgerkrieges blieb er weiter in der Branche tätig, die Gesellschaft wurde allerdings zur Southern Express Company umbenannt. Nach dem Krieg sammelte Plant Kapital, um die bankrotte Southern Railroad aufzukaufen. Er fing an, das Eisenbahnnetz systematisch auszubauen. Er begann mit der Inbetriebnahme einer lokalen Eisenbahn in Jacksonville. Von hier aus trieb er den Schienenstrang in Richtung Südwesten nach Tampa. 1884 war es so weit: Die Eisenbahnverbindung zwischen Jacksonville, Sanford, Platka und Tampa war hergestellt.

1895 gehörte ihm ein Eisenbahnnetz mit einer Gesamtlänge von etwa 2.400 km und eine Küsten-Schifffahrtslinie mit dem Heimathafen Tampa. Seine Schiffe wickelten Transporte bis Key West und Kuba ab. Plant erkannte schon früh - ähnlich wie Flagler - die Bedeutung des Tourismus. So baute er in Tampa für über 3 Millionen US$ das luxuriöse Tampa Bay Hotel (heute Universitätssitz), dessen Minarett-Türme noch heute das Gesicht Tampas mitprägen.

Plant, so kann man sagen, war der Motor für die Entwicklung der Gebiete an der Westküste. Seine Eisenbahn, der Hotelbau, seine von Tampa auslaufenden Schiffe sowie sein Grundstückshandel lockten viele Neusiedler an. Seinen Namen findet man in der Bezeichnung von Straßen, Hochschulen und sogar einer Stadt wieder: Plant City (östlich von Tampa). Plant starb im Jahre 1899.

1 Busch Gardens
2 Adventure Island
3 Florida State Fairgrounds
4 Mac Dill Air Force Base

Zigarren-Produktion

1886 bekam Tampa einen weiteren Wachstumsimpuls: *Vicente Martinez Ybor* zog mit seiner Zigarrenproduktion von Key West nach Tampa, andere Zigarrenfabrikanten folgten, so die berühmten Zigarrenhäuser Cuestas und Ignacio Haya. Aus Kuba kamen viele Arbeitssuchende. Die hispanische Bevölkerung siedelte in Ybor City, nordöstlich der Innenstadt von Tampa. Im Verlaufe des Spanisch-Amerikanischen Krieges wurden 1898 Truppen von Tampa nach Kuba entsandt. Das kubanische Freiheitsidol *José Martí*, ein fanatischer Verfechter der Loslösung Kubas von Spanien, warb unter seinen Landsleuten für den Kampf gegen Spanien. Als 1898 die amerikanischen Truppen die Spanier auf Kuba besiegten, war Martís Ziel – wenn auch nicht mehr zu seinen Lebzeiten (er starb 1895) – erreicht.

Spanien in Ybor City

Das Tampa von heute ist längst zur größten Stadt an der Westküste avanciert. Downtown mit seinem Hafen erinnert e t w a s an Miami: Glitzerndes Wasser, spiegelnde Hochhäuserfassaden und (wenige) einladende Restaurants. Touristisch spielt die Stadt daher eine eher untergeordnete Rolle: Auf dem Wege von Pinellas Sonnenstränden fahren die Touristen an der Stadt vorbei direkt zu Floridas Touristen-Magnet Nr. 1, Disney World. Tampa widmet sich dagegen dem Business. Das pulsierende „Leisure-Leben" fehlt der Innenstadt.

Tampa Museum of Art

Das Museum wurde komplett neu gebaut, entworfen hat den Bau der Architekt ***Stanley Saitowitz***. Eröffnung war im Februar 2010. Ausgestellt werden u.a. Exponate aus der Römerzeit und aus Griechenland. Zeitgenössische Kunst vom eigenen Kontinent rundet den Eindruck ab.

Tampa Museum of Art, *120 W. Gasparilla Plaza, ☏ (813) 274 8130, www.tampamuseum.com, Mo–Do 11–19, Fr bis 20, Sa/So 11–17 Uhr, $ 10.*

Die Skyline von Tampa

Henry B. Plant Museum

Das kleine Museum ist ein *National Historic Landmark* und im ehemaligen „Tampa Bay Hotel“ untergebracht, welches Plant als Eisenbahnhotel 1891 erbauen ließ. Das Gebäude mit seinen minarettähnlichen Türmchen fällt bereits von weitem auf, und seine Größe und aufwändige Gestaltung lassen schnell erahnen, warum der Hotelbetrieb bereits

© i graphic

Anfang der 1930er Jahre aus Rentabilitätsgründen seinen Betrieb einstellen musste. Heute befindet sich hier die Universitätsverwaltung. Im Museum gibt es einiges zu sehen zur Geschichte von Tampa. Sehr eindrucksvoll ist der Film zur Stadtgeschichte.

Henry B. Plant Museum, *401 W. John F. Kennedy Blvd., ☏ (813) 254 1891, www.plantmuseum.com, Öffnungszeiten: Di–Sa 10–17, So 12–17 Uhr, $ 10.*

Henry Plant Museum

Ybor City

Das bereits erwähnte „Latin Quarter" Tampas bedeckt eine Fläche von bald 5 km². Die „Zigarrenstadt" liegt zwischen der Nebraska Avenue, der 22nd Street, dem Columbia Drive und dem East Broadway. Seit 1886 ließen sich hier namhafte Zigarrenfabrikanten nieder. Der Kubaner *Vicente Martinez Ybor* war der erste. Das bunte, lebendige Völkergemisch von Menschen kubanischer, spanischer und italienischer Abstammung verleiht Ybor City noch heute ein etwas exotisches Flair.

Restaurierung in Ybor City

Wie in vielen anderen Städten Amerikas auch, besinnt man sich in den letzten Jahren der eigenen Vergangenheit: Nicht Abriss, sondern Restaurierung ist angesagt. Am Tage ist hier allerdings nicht viel los, und man kann sich nicht des Gefühls erwahren, dass es die Stadtväter schwer haben, dem alten Viertel neues Leben einzuhauchen.

Mittelpunkt der Zigarrenfabrikation war der Ybor Square *(südlich der 9th Avenue, zwischen 13th und 14th St.)*. Hier gründete Ybor seine Fabrik. Die drei ehemaligen Produktionsgebäude gehören inzwischen der Church of Scientology of Tampa. Es gibt immer noch eine Original-Tabakpresse und andere Gegenstände aus der Fabrikzeit zu sehen, überhaupt wurde das ganze Gebäude von Scientology restauriert. Allerdings ist auch die Werbung für die neukirchliche Bewe-

Zigarrenhersteller

gung allgegenwärtig. Man muss sich vorstellen, dass früher Hunderte von Arbeitern auf langen Bänken saßen und den ganzen Tag Tabakblätter zu Zigarren rollten. Das war eine tödlich langweilige Arbeit. Damit die Menschen dabei nicht einschliefen, gab es den Posten eines Vorlesers: Dieser Mann las mit lauter Stimme Passagen aus Romanen vor, trug Neuigkeiten aus Zeitungen zusammen, rezitierte Gedichte. Der Tabak kam aus Kuba; bald galten Tampas Zigarren als die besten der Welt. Doch als Kuba keine Tabakblätter mehr liefern durfte, mussten andere Quellen gefunden werden. Aus über 12 Ländern importierte man daher Tabak, um unabhängig zu sein. Das Ende der Zigarrenmacher läuteten Maschinen ein, welche die stupide Arbeit übernahmen – heute sind nur noch 5 % aller Zigarren von Hand gerollt. Doch in den ansonsten so raucherfeindlichen USA entwickelt sich seit Mitte der 1990er Jahre ein deutlicher Trend zur „Kultur“ des Zigarrenrauchens. Somit bieten mittlerweile einige Shops in der 7th Avenue handgerollte Zigarren an. Und „Cigar Bars“ wurden nicht nur in den USA trendy, sondern auch in Europa.

Vorleser gegen Langeweile

Zigarrenfabrikanten

Zurzeit gibt es in Tampa fünf große und etwa zehn kleine Zigarrenhersteller, die 500 Millionen Zigarren pro Jahr (Wert: 80 Mio. US$) produzieren.

Tipp

Wenn Sie Lust und Zeit haben: Im **Ybor City Museum State Park** gewinnt man einen guten Überblick über die Geschichte der Zigarrenherstellung. Das Museum befindet sich in einer umgebauten Bäckerei mit beeindruckenden Wandkeramiken.
Adresse: 1818 E. 9th Avenue, ☏ (813) 247 6323, www.ybormuseum.org, www.floridastateparks.org/yborcity, tgl. 9–17 Uhr, $ 4.

Das Museum von Ybor City

Kaufen, rauchen und gelegentlich beim Rollen zuschauen kann man u.a. hier:
King Corona Cigars, *1523 E. 7th Ave. Tampa, ☎ (1-888) 248 3812, www.kingcoronacigars.com, seit 5 Generationen in Ybor City, handgemachte Zigarren im Shop, Café.*
El Sol Cigars, *Crosstown Business Center, 4951-B East Adamo Dr., Suite 230, ☎ (813) 248 5905, www.elsolcigars.com, einer der ältesten Zigarrenläden Tampas, allerdings inzwischen mit neuer Adresse.*

„Szene" der 7th Avenue

Die **7th Avenue** und auch die Nebenstraßen haben sich im Laufe der letzten Jahre neben den Busch Gardens zum beliebtesten Touristenziel von Tampa entwickelt. Tagsüber bieten Antiquitäten- und ausgefallene Textilgeschäfte ihre Waren in den wieder hergerichteten alten Gebäuden an, und am Abend strömen besonders auch die jüngeren Leute in diesen Stadtteil, um sich in einem der zahlreichen Lokale und Musikschuppen zu vergnügen. Mit Sicherheit ist für jeden etwas dabei, ob exquisite Küche oder laute Rockmusik. Der alte Charme geht dabei leider zusehends verloren.

Florida Aquarium

Super-anschaulich!

Diese Anlage wurde 1995 eröffnet (84 Millionen US$ Baukosten!) und stellt eine Art Rekonstruktion der Wasser-Ökosysteme Floridas dar. Das Anwesen liegt direkt am Wasser und kann wegen der blauen, muschelartigen Bedachung gar nicht übersehen werden. Man kann hier die Wasserlebewesen Floridas in ihrer „echten" Umgebung beobachten. Sehr gut nachgebildet sind die für Florida typischen, unterirdischen Kalksteinhöhlen, Klarwasserquellen, Feuchtgebiete wie Sümpfe etc. Grundgedanke ist es, den Wasserlebensraum Floridas von der artesischen Quelle bis zum Meer zu veranschaulichen.

Interessant ist die **Florida Coral Reefs Gallery**: Hier kann man die herrliche Lebenswelt der Korallen und der Fische bewundern. Besonders beliebt sind die Haifütterungen. Und „Action" kommt nicht zu kurz: Kinder ab 6 können mit Fischen schwimmen, Taucher mit Taucherlizenz dürfen zu Haien tauchen. Draußen gibt es die Ausstellung „Explore a Shore": Kinder finden hier eine Wasserrutsche und u. a. ein „Piratenschiff". Mit dem Katamaran „Bay Spirit" kann man, wenn es die Zeit erlaubt, auf eine Öko-Tour auf die Tampa Bay gehen, um u. a. Delfine zu beobachten.
Florida Aquarium, *701 Channelside Drive, Downtown, Garrison Seaport Center, ☎ (813) 273 4000, www.flaquarium.org, tgl. 9.30–17 Uhr, $ 21,95, Eco-Tour mit dem Katamaran auf die Bay weitere $ 21,95, Kombiticket $ 35,95.*

Museum of Science & Industry

Das interessante Wissenschaftsmuseum bietet verschiedene (auch wechselnde) Ausstellungen, u.a. zum Thema Gesundheit und Körper (*The Amazing you*), man kann einen Hurrikan erleben, ein riesiges Dinosaurier-Skelett bestaunen, sich in einen Flugsimulator ($ 5) setzen und im *BioWorks Butterfly Garden* etwas über Schmetterlinge lernen. Zudem gibt es ein IMAX-Dome Theatre mit 3-D-Filmen und ein Planetarium. In der *Kids In Charge!* Sektion des Museum können Kinder bis ca. 12 Jahren an hunderten interaktiver Ausstellungsstücke ihren Spiel- und Wissenstrieb ausleben.
Museum of Science & Industry, *4801 E. Fowler Ave. (Nord-Tampa, gegenüber vom USF Sun Dome, ca. 1 Meile von Busch Garden), ☎ (813) 987 6000 , www.mosi.org, Mo–Fr 9–17, Sa/So 9–18 Uhr, $ 23,95 (inkl. $ 4 fürs Parken).*

Reisepraktische Informationen Tampa

Vorwahl: *813*

Information

Tampa Bay & Company, *401 East Jackson Street, Suite 2100, Tampa, Florida 33602, ☎ (813) 223 1111 oder (800) 44-TAMPA, Info@VisitTampaBay.com, www.visittampabay.com.*
Ybor City Visitor Center, *1600 East 8th Ave., Ste. B 104, ☎ 241 8838, www.ybor.org. Geöffnet Mo–Sa 10–17, So 12–17 Uhr.*

Post

401 N Ashley Drive, Mo–Fr 8.30–17.30 Uhr.

Übernachtung

Hotels in der Nähe der **Busch Gardens** *s. auch S. 333.*
Red Roof Inn $$, *2307 E. Busch Blvd., ☎ 932 0073, www.redroof.com. Ideal für Besucher von Busch Gardens (1,5 km) – einfach, aber ordentlich.*
University Inn Downtown $$, *830 West Kennedy Boulevard, ☎ 253 0851. 50 Zimmer, sauber, nahe zur Universität.*
Tahitian Inn $$, *601 S. Dale Mabry Hwy., ☎ 877 6721, www.tahitianinn.com. Im Süden Tampas (Beach Park) gelegen, 62 Zimmer/17 Suiten (mit Mikrowelle und Kühlschrank). Preiswertes Motel in Familienbesitz, 20 Minuten nach Busch Gardens.*
Don Vicente de Ybor Historic Inn $$$, *1915 Republica de Cuba (Ecke 14th St und 9th Ave), ☎ 241 4545, www.donvicenteinn.com. 16 Zimmer (manche mit Himmelbett) in einem schönen historischen Haus mit schmiedeeisernen Balkonen, in Ybor City.*
Doubletree Hotel Tampa Westshore Airport $$$, *4500 West Cypress St., ☎ 879 4800, www.doubletree.com. Gutes Mittelklassehotel, 5 min. vom Flughafen entfernt.*
Grand Hyatt Tampa Bay $$$$, *2900 Bayport Drive, ☎ 874 1234, www.hyatt.com. Luxusklasse-Stadthotel (14 Stockwerke, 445 Zimmer, 23 Suiten), Blick über Old Tampa Bay. Schöne Außenanlage (Board Walk durch ein Marschgebiet mit vielen Vögeln). 2 Swimmingpools, 2 Tennisplätze, Bootsverleih.*
Saddlebrook Resort $$$$$, *5700 Saddlebrook Way (State Rd. 54), Wesley Chapel, ☎ 973 1111, www.saddlebrook.com, 12 Meilen nördlich von Tampa. Golf- und Tennisresort (800 Zimmer, 420 Suiten), 3 Schwimmbäder, 2 18-Loch-Golfplätze, Arnold Palmer Golf Academy (Golfkurse für alle Könner-Stufen), 4 Restaurants, 45 (!) Tennisplätze, Fahrradverleih, und, und, und… Im Übernachtungspreis sind Frühstück und Abendessen inbegriffen.*

Camping

Nur außerhalb Tampas sinnvoll:
Hillsborough River State Park, *15402 N. US 301 North, Thonotosassa (9 Meilen nördlich von Tampa), ☎ 987 6771, www.floridastateparks.org/hillsboroughriver. 112 Campingplätze ($ 24), sehr gepflegt mit Picknicktischen, Grill, großem Swimmingpool. Schöne, natürliche Umgebung, Kanufahrten auf dem Fluss ($ 25/2 Stunden), 8 Meilen Wanderwege durch die stille Natur, Vermietung von Fahrrädern, Eintritt $ 6/Auto.*

Restaurants

Columbia Restaurant, *2117 E. 7th Ave., Ybor City, ☎ 248 4961, www.columbiarestaurant.com. Traditionsreiches Restaurant – seit 1905 in Familienbesitz – mit ausgezeichnetem spanischem Essen. Die Restauranträume sind riesig. Probieren Sie den Salat „Columbia 1905" mit Oliven, Schinken und Käse oder die Paella, die sicherlich zu den besten in Florida gehört! (Lesen Sie bitte auch unter „Ybor City" auf Seite 324). Zum Lunch und Dinner geöffnet, Mo–Sa Flamenco-Show. Nicht ganz billig. Nett ist es auch in der angeschlossenen* **Cigar Bar**, *denn hier kann man nicht nur essen und Jazzmusik hören, sondern es werden zudem die besten Zigarren (nach Karte) gereicht.*

Bern's Steak House, *1208 S. Howard Ave., ☎ 251 2421, www.bernssteakhouse.com. Das Restaurant wird als eines der besten Steakhäuser der USA bewertet. Und es gibt außer Steaks hervorragend zubereiteten Fisch! Der Besitzer David Laxer lässt das exzellente Rindfleisch selbst abhängen, der Kaffee wird selbst geröstet, und frische Fische werden im eigenen Salzwassertank gehalten bis Sie zum Essen kommen! Das Gemüse stammt von der eigenen Biofarm. Apropos Steaks: Sie werden nach Gewicht und Dicke berechnet. Über 6.500 Weine (davon 1.800 Dessertweine) stehen zur Auswahl – von $ 10 bis 10.000! Die Atmosphäre ist gediegen: Mahagoni und Lüster verbreiten Eleganz (bitte keine Jeans oder Shorts!). Kein Lunch, Reservierungen sind dringend anzuraten. Teuer.*

Mise en Place, *442 W. Kennedy Blvd., ☎ 254 5373, www.miseonline.com. In diesem Restaurant sind Hummer und geröstete Ente besonders zu empfehlen. Aber ebenso sind die Scaloppine mit Ziegenkäse, Apfel-Riesling-Sauce und Spätzle nicht zu verachten. So und Mo geschlossen, kein Lunch am Sa.*

Bars/Musik

Tampa Bay Brewing Company, *1600 E 8th Ave, ☎ 247 1422, www.tampabaybrewingcompany.com. Im Centro Ybor gelegene Mikro-Brauerei, die eine große Auswahl an Bieren bietet mit so schönen Namen wie Redeye Ale, Jack the Quaffer Porter und Wild Warthog Weizen. Auch Restaurant, man kann auch draußen im Patio sitzen.*

Fox Jazz Club, *5401 W. Kennedy Blvd., ☎ 289 8446, www.foxjazzclub.com. Beliebt seit über 20 Jahren für guten Jazz. Livemusik ab 21.30 bis 3 Uhr. Gute, wenn auch kleine, aber preiswerte Menükarte.*

Dallas Bull, *3322 N. US 301 North, ☎ 987 2855, www.dallasbull.com. Etwas für Liebhaber von Countrymusic, mit fast 30 Jahren (allerdings 2006 neu errichtet) einer der ältesten Country Clubs des Landes.*

Skippers Smokehouse, *910 Skipper Road, ☎ 971 0666, www.skipperssmokehouse.com. Restaurant mit Austernbar und geräuchertem Fisch, zudem karibische und Südstaaten-Einschläge, alles sehr urig. Geöffnet Di–So, täglich Livemusik, Programm auf der Homepage (meist Reggae, Blues).*

Einkaufen

Centro Ybor, *1600 East 8th Avenue, www.centroybor.com, kleineres Shoppingcenter in Ybor City.*

Ybor City, *7th Avenue, zahlreiche kleine Spezialgeschäfte, z.B.* **La France**, *Damenoberbekleidung der ausgefallenen Art, 1612 E. 7th Ave., ☎ 248 1381. Vieles ist Second Hand!*

Zigarren: *s. S. 326*

International Plaza, *2223 N. Westshore Boulevard (in der Nähe – südlich – des Tampa International Airport, www.shopinternationalplaza.com). Moderne, große Mall mit den gängigen nationalen und internationalen Marken, Restaurants.*

Feste

Der Stadtteil Ybor City ist für seine Festivitäten bekannt (Infos unter www.ybor.org, www.cc-events.org), unter anderem den Fiesta Day und die Parade **Knights of Santiago** *(Februar, www.knightparade.com) wo die spanische Vergangenheit lebendig wird. Die Italiener feiern sich mit der* **Festa Italiana** *(www.festaitalianatampa.com, März/April).*

Nahverkehr

Auf alt gemachte **Trolleys** *(Teco Line Street Cars, www.tecolinestreetcar.org) verkehren von Ybor City nach Downtown und Channelside, Tickets kosten One way $ 2,50, ein Tagesticket $ 5 (bei Kauf beim Fahrer muss passend gezahlt werden). Die Trolleys fahren Mo–Do 11–22, Fr/Sa bis 2 Uhr morgens, So 12–20 Uhr.*

Hart Line *(www.hartline.org, ☎ 254 4278) betreibt die lokale Buslinie ab/bis dem Marion Transit Center, 1211 N. Marion Street, z.B. zum Flughafen (einfache Fahrt lokal $ 1,75). Zudem gibt es die In-Town Trolleys und den Uptown Downtown Connector, er verkehrt kostenlos auf der Florida Avenue, Tampa Street und Franklin Street auf und ab von Mo–Fr von 6.30–18.30 Uhr.*

Bus

Greyhound-*Terminal, 610 Polk St., ☎ 229 8588, www.greyhound.com. Nach Miami 7–9 Stunden; nach Orlando 2–3 Stunden; nach Sarasota 2 Stunden.*

Eisenbahn

AMTRAK-*Station, 601 Nebraska Ave., ☎ 221 76 00, www.amtrak.com, mehrere Male täglich nach* **Orlando**.

Flughafen

Tampa International Airport, *☎ 870 8700, www.tampaairport.com, Taxi vom Flughafen in die Innenstadt von Tampa kostet ca. $ 25.*

Ausflug zu Busch Gardens

Ohne Zweifel sind die zum Bierkonzern Anheuser-Busch gehörenden Busch Gardens eine der Hauptattraktionen in Tampa, und dieser Themenpark zählt zu den interessantesten in Florida. Auf 140 Hektar gibt es Erlebenswertes aller Art, wobei ein wesentliches Thema die Tierwelt Afrikas ist. Im Verlauf des „Skyride" schwebt man über die floridianische „Serengeti Plain" (26 ha), hier leben Giraffen, Löwen, Zebras, Nilpferde, Büffel…

Afrika in Florida

Nicht immer wird der geografische Begriff Afrika ganz genau genommen – einige Tiere stammen auch aus anderen tropischen und subtropischen Regionen der Welt – aber mit 3.400 Tieren (300 verschiedene Arten) können die Busch Gardens mit Recht von sich behaupten, einer der besten Zoos in Amerika zu sein und dabei auch noch mit zahlreichen anderen Attraktionen aufzuwarten, wie z.B.:

- atemberaubenden Achterbahnen (bes. SheiKra)
- Schlauchboottouren auf dem „Congo",
- botanischen Regenwaldanlagen,

Redaktionstipps

- **Achterbahnfahrten** mit der *SheiKra, Kumba, Montu* oder der neuesten Attraktion: *Cheetah Hunt.*
- die Welt der „Menschenaffen" im **Myombe Reserve**.
- Mit der Monorail durch die **Serengeti Plains**.
- **Übernachten für Besucher aus Orlando:** Möchte man nur einem der beiden Parks (Busch Gardens und Adventure Island) einen Besuch abstatten, kann man dies auch auf einer Tagestour von Orlando aus tun und abends wieder dorthin zurückkehren. Die Anfahrt dauert ca. 1½ Stunden.
- **Essen gehen in den Busch Gardens:** Die BBQ-Steaks im „Zambia Smokehouse" schmecken am besten.

- architektonisch interessanten Bauten, die fast alle afrikanischen Regionen repräsentieren (Ägypten, Marokko, Sahelzone, Zaire, Kenia u. a.),
- einer „Serengeti-Ebene" mit entsprechenden Tieren,
- einer Tierforschungs- und Aufzuchtabteilung

Das Potpourri an Klischeebildern ist ohne Zweifel eindrucksvoll und mit der nötigen Muße und einem nicht zu kritischen Blick durchaus einen Tagesbesuch wert.

Verpassen sollte man nicht die Monorail-Tour durch die Tierwelt der Serengeti, und auch eine Vorführung im anmutigen Moroccan Palace ist sehenswert. Die Floßfahrt mit bis zu 12 Personen auf den Congo Rapids ist ebenso aufregend und spaßig wie die Wildwasser-Abenteuer Stanley Falls und Tanganyika Tidal Wave.

Zeiteinteilung

4 Stunden: Eigentlich ist es fast zu schade um den hohen Eintrittspreis, für nur 4 Stunden den Park zu besuchen. Hat man nicht mehr Zeit, sollte man sich bei dem Besuch

Fast wie in Afrika…

auf die Gebiete **Stanleyville/Congo** (1½ Stunden) konzentrieren, außerdem bleiben 30 Minuten für einen Spaziergang durch Timbuktu und Nairobi, 30 Minuten für die Gorillas und Schimpansen im Myombe Reserve, 1 Stunde für die Fahrt durch die Serengeti Plains und 30 Minuten für eine Attraktion Ihrer Wahl.

1 Tag: Je früher man startet, desto eher vermeidet man lange Schlangen. Über die Spezialprogramme (in den Theatern, Vorführungen etc.) am besten direkt informieren. Ein Besuch von **Bird Gardens** nimmt ca. 2 Stunden in Anspruch. Nach einem Kaffee und einem 2. Frühstück im Zagora Café könnte man sich dann 2 Stunden Zeit für die **Gebiete Stanleyville** und **Congo** nehmen, wobei die Achterbahnen und eine Vorführung im Garden-Theater zu den absoluten Highlights für Erwachsene zählen. Sollte der Hunger bereits groß sein, bietet sich anschließend das **Zambia Smokehouse** für den Lunch an.
Alternativ kann man nun entweder mit dem Zug einmal ums Gelände fahren (Abfahrt ab Stanleyville Station), wobei man dabei die Gelegenheit hat, auch den ersten Eindruck über die Tierwelt in der Serengeti zu erlangen, oder aber man läuft durch Timbuktu, welches vor allem wegen der „Architektur" interessant ist, nach Nairobi. Die Nairobi Animal Nursery und vor allem das angeschlossene Myombe Reserve sollten Ihnen 1–2 weitere Stunden wert sein.
Schauen Sie danach einmal, ob die Vorführung im Morrocan Palace beginnt bzw. für Sie von Interesse sein könnte.
Abschließender Höhepunkt ist schließlich die **Monorail-Fahrt** durch die Serengeti Plains. Wer nun aber noch in den Abend hinein bleiben möchte, kann sich die Attrak-

Kurz zur Geschichte der Anheuser Busch Entertainment Corporation und Informationen zu diesen Parks

info

Die Busch Gardens in Tampa sind die erste Anlage der heute zweitgrößten amerikanischen Freizeitparkgesellschaft (nach Disney). Es begann 1959 mit einem kleinen Vogelpark, ein paar afrikanischen Tieren - das Steckenpferd der Busch-Familie - und dem Hospitality Center, wo Produkte der Anheuser-Busch-Brauerei (Marken: Budweiser, Busch) verkauft wurden.

Hauptattraktion zu dieser Zeit war aber noch die Brauereibesichtigung. Doch im Laufe der Jahre fanden immer mehr Besucher ihren Weg hierher, um die afrikanische Tierwelt zu erleben. 1966 kam die erste große Attraktion: die Monorail durch die Serengeti, und 1971 wurde der Park um einiges ausgebaut. Hauptziel war nun, die afrikanische Tierwelt als Ganzes vorzustellen, aber auch Forschungen über Tierschutz und Arterhalt anzustellen sowie Pflege kranker Tiere zu gewährleisten. Die natürlichen Voraussetzungen (Klima, Boden) dafür schienen günstig in diesem Teil Floridas. Busch Gardens fand damals so großen Anklang, dass man sich bereits 1972 dazu entschied, einen eigenständigen Firmenzweig zu gründen, der 1979 schließlich gänzlich überging in die **Anheuser Busch Entertainment Corporation (BEC)**.

1975 wurde in Williamsburg (Virginia) ein zweiter Busch Gardens eröffnet sowie 1979 Adventure Island und Sesame Place (Philadelphia). 1989 dann gelang BEC durch den Erwerb von 4 **Sea World Parks** (Orlando, San Diego, Cleveland und San Antonio) der Sprung an die zweite Stelle unter den Themenpark-Gesellschaften.

tionen im Egypt-Gebiet noch anschauen, und Achterbahn-Fans können ihren Magen noch einmal mit einer Fahrt mit der „Montu" strapazieren.

Busch Gardens, *10165 N McKinley Dr. (Ecke Busch Boulevard und 40th Street), Tampa, FL 33612,* ☎ *1-888-800-5447, www.buschgardens.com,* **Anfahrt:** *Von Tampa aus auf der I 275 East, Abfahrt Busch Boulevard. Von Orlando: I 4 West, dann auf I 75, Exit 265 (Fowler Avenue),* **Öffnungszeiten:** *tgl. mind. 10–18 Uhr, in den Ferien und am Wochenende länger,* **Eintritt:** *Erwachsene $ 69,9, Kinder $ 61,95 (im Internet diverse Sonder- und Kombi-Angebote), alle Attraktionen sind im Eintrittspreis enthalten. Parken ca. $ 12, vergünstigte* **Kombi-Tickets** *mit u.a. Adventure Island ($ 89,95, s.u.) oder Sea World in Orlando ($ 99,95).* **Restaurants:** *In den Busch Gardens gibt es mehrere Restaurants, u.a. das Zagora Café (Snacks, 2. Frühstück, Kuchen), Crown Colony Restaurant (Lunch) und das Zambia Smokehouse (u.a. Steak-Restaurant, Gegrilltes). Hinzu kommen zahlreiche Stände mit Getränken und kleinen Snacks.*

Wildwasser-Vergnügen

Tipps für Erkundungen mit Kindern

- Für **Kleinkinder** gibt es Wickeltische in den meisten Damentoiletten. Kinderwagen/ Buggys können gleich am Eingang ausgeliehen werden.
- Kinder unter ca. 10 Jahren werden am meisten Spaß haben an den Spielelementen in der **Sesame Street Safari of Fun**, den **Karussells** in Timbuktu und an den Tieren. Besonders die Gorillas und Schimpansen im Myombe Reserve sowie die Tiere in den **Serengeti Plains** werden die Kleinen begeistern, während die Teenager eher Spaß an den Achterbahnen und **Schlauchboottouren auf dem Congo** haben werden.
- Auch in diesem Park gilt: Kleineren Kindern einen **Sticker** mitgeben, auf dem vermerkt ist, wo sie wohnen bzw. wo die Familie **im** Park ihren Treffpunkt hat. Mit größeren Kindern gleich zu Beginn einen Treffpunkt ausmachen, wo man sich z. B. zu jeder vollen Stunde verabredet, falls man sich verloren hat.

Adventure Island

Der Wasserpark Adventure Island gehört wie die Busch Gardens zum Anheuser-Busch-Konzern, sollte man beide Parks besuchen wollen, lohnt sich ein Kombi-Ticket. Es mag etwas paradox erscheinen, nur 45 Minuten vom schönen Strand am Golf von Mexico einen Wasserpark zu errichten, doch dieses speziell inszenierte Wasservergnügen hat seine eigenen Reize.

Wasservergnügen pur

Adventure Island wurde 1980 eröffnet und ist 15 ha groß. 17 unterschiedliche Wasservergnügungen – atemberaubende Rutschen, Spiralrutschen, Wellenbad, Lagune, Wasser-Kinderspielplatz, Gummireifenstrecken und vieles mehr – werden geboten. Dazu gibt es ein Beachvolleyball-Areal, Liegewiesen zum Sonnen, 2 Café-Restaurants und einige Souvenirshops. Wer also gerne einen Tag faulenzen mag und zwischendurch immer wieder ins kühle Nass springen möchte, der ist hier richtig.

Adventure Island, *10001 N McKinley Drive, direkt bei Busch Gardens (1 Meile nördlich), Tampa, FL 33612, ☏ 1-888-800-5447, www.adventureisland.com,* **Eintritt:** *Erwachsene $ 42,99, Kinder 3–9 J. $ 38,99, Öffnungszeiten je nach Saison ab 9.30/10 bis 17/18 Uhr, manchmal auch länger. Es gibt zwei einfache Snack-Restaurants,*

Reisepraktische Informationen Umgebung von Busch Gardens

Übernachten in der Umgebung von Busch Gardens und Adventure Island

Wingate By Wyndham Tampa $$-$$$, *3751 E Fowler Ave., ☏ (813) 979 2828, www.wingatetampa.com. 85 großzügige und saubere Zimmer. 1 Meile von Busch Gardens entfernt. Shuttle zu beiden Parks.*

Holiday Inn Busch Gardens $$$, *11310 North 30th Street, Tampa, ☏ (813) 971 7690, www.ichotelsgroup.com. Motel der Mittelklasse mit 315 Zimmern, Pool, Fitnesscenter, 1 Meile von Busch Gardens entfernt, Shuttle zu beiden Parks.*

Ausflüge nördlich von Tampa und St. Petersburg

Caladesi Island State Park

Gegenüber dem kleinen, malerischen Ort Dunedin liegt Caladesi Island, nur per Fähre ab Honeymoon Island erreichbar. Auch Caladesis Strände gehören nach „Dr. Beach" zu den saubersten und besten der USA. Die Insel ist unbewohnt, es gibt Trails sowie gute sanitäre Einrichtungen, einschließlich Duschen.

Caladesi Island, *regelmäßige Fährverbindungen der Honeymoon Island Recreational Area. Diese Insel ist mit dem Festland verbunden: Man fährt von Dunedin einige Meilen nach Norden und biegt dann in die SR 586 West ein. Nach ca. 2 Meilen erreicht man Honeymoon Island. Am westlichen Ende der Straße verkehrt eine Fähre (www.caladesiferry.org, ☎ (727) 734 1501, $ 14) täglich stündlich von 10–17 Uhr, am Wochenende halbstündlich nach Honeymoon Island. Hier gibt es auch Wanderwege und Sanddünen. Picknick an schattigen Plätzen möglich. Eintritt $ 8.* **Infos:** *www.floridastateparks.org/CaladesiIsland/, ☎ (727) 469 5918.*

Tarpon Springs

Anfahrt

- Von Tampa über die 580 und 586 zur US 19, dieser Straße nach Norden folgen (ca. 45 km).
- Von St.Petersburg/Clearwater Anschluss an die US 19 (ca. 35/55 km).

Schwammtaucher aus der Ägäis

Das Städtchen, etwa 24.000 Einwohner zählend, wurde 1876 von einem ehemaligen Gouverneur Arizonas, *A. P. K. Safford*, gegründet. Um die Jahrhundertwende, als die kleine Kolonie der Schwammtaucher von Key West dahinschwand, entdeckten Griechen diesen Flecken als Ausgangspunkt, um nach Schwämmen zu tauchen. *John Corcoris* rief seine Brüder aus Griechenland, weitere 13 Männer aus der Ägäis kamen mit. Mit kleinen Schonern fuhren sie hinaus, setzten dann Boote aus, um im flachen Gewässer mit Hilfe langer Stangen Schwämme einzusammeln. Später wagte man sich in tieferes Wasser vor.

Corcoris stattete seine Leute mit Taucheranzügen und Kup-

Fischerboote bei Tarpon Springs

ferhelmen aus. Der Schwammhandel blühte und erwirtschaftete viele Millionen Dollar pro Jahr, aber 1940 war das Geschäft dahin: Die Schwammbetten wurden von einer durch Bakterien verursachten Krankheit befallen und starben ab. Jahre später sollte der synthetisch hergestellte Schwamm seinen Siegeszug antreten – die Naturschwämme wurden zu teuer. Ab 1980 wurden wieder gesunde Schwämme gefunden, und heute ist Tarpon Springs erneut Führer im Vermarkten von natürlichen Schwämmen. An den Sponge Docks werden wöchentlich Auktionen abgehalten, um die Ernte bestmöglich auf dem Markt zu platzieren.

Tarpon Springs weiß das griechische Erbe zu verkaufen. So sind es hier nicht immer Restaurants, in die man einkehrt, sondern oft Tavernen, die sich Zorbas oder Mykonos nennen. Touristen bestimmen das Ortsbild. Am Dodecanese Boulevard in Hafennähe gibt es Tavernen mit griechischem Essen. Und statt an Hamburgern labt man sich an Keftedes und Tsatsiki. Der Ort scheint völlig in griechischer Hand zu sein. Jedermann scheint mit irgendjemandem hier verbrüdert oder verschwägert zu sein. Und überall Schwämme (endlich weiß man, was man braucht!).

© graphic

Spongeorama/The Sponge Factory

Hier erfährt man alles über Schwämme und Schwammtaucherei (Ausstellung, Filme). Der Eingang in die Ausstellung führt durch einen großen Verkaufsraum, in dem u. a. Schwämme und andere Souvenirs verkauft werden. Von hier werden auch Manatee- und Delfintouren angeboten (☎ *(727) 365 8793, www.spongeoramacruiselines.com*).
Spongeorama, *510 Dodecanese Blvd., Tarpon Springs,* ☎ *(727) 943 2164, www.spongeorama.com, 10–17.30 Uhr (vorher anrufen).*

Tipp

Westlich der Tarpon Avenue am Ufer des Spring Bayou kann man in der Umgebung von viktorianischen Häusern manchmal Manatees beobachten.

Greek Orthodox Church of St. Nicholas

Die 1943 errichtete Kirche (*N. Pinellas Ave. und Orange Street, www.epiphanycity.org*) ist mit Ikonen und schönen Glasmalereien ausgestattet. Sie wurde aus griechischem Marmor errichtet und ist eine Kopie der Hagia Sophia in Istanbul. Am 6. Januar findet das Epiphany-Fest statt (Fest der Heiligen Drei Könige), zu dem auch der Erzbischof kommt. Er segnet die örtlichen Gewässer und wirft in den Spring Bayou ein Kruzifix, nach dem Jungen tauchen. Sie erhoffen dadurch besonderen Segen für sich und ihre Angehörigen.

Reisepraktische Informationen Tarpon Springs

Vorwahl: 727

Informationen

Chamber of Commerce, *111 East Orange Street, ☏ 937 6109, an der Schiffsanlegestelle gelegen (Sponge Docks), www.tarponspringschamber.com.*

Übernachtung

Hampton Inn & Suites Tarpon Springs $$, *39284 U.S. Hwy 19 N., ☏ 945 7755, http://hamptoninn.hilton.com. Sauber, große Zimmer, guter Service, moderate Preise: Was will man mehr für eine Nacht auf der Durchreise?*

Ashley's Victorian Haven B & B $$$, *313 N. Grosse Ave., ☏ 505 9152, www.ashleysvictorianhaven.com. Zwei Suiten (max. 4 bzw. 6 Personen) in einem wunderschönen historischen Haus. Freundliche Gastgeber, die gerne Tipps für die Gestaltung des Aufenthalts geben.*

Innisbrook für Golffreunde

Golferparadies

Westlich von Tarpon Springs liegt ein wahres Paradies für Golffreunde mit zwei 18-Loch-Meisterschaftsplätzen sowie drei weiteren, kleineren Plätzen. Der Anfänger kann im The Innisbrook Golf Institute die Grundlagen dieses Sports ebenso erlernen wie der Erfahrene seine Abschlagtechnik verbessern kann. Die fünf Golfplätze – The Copperhead, The Island Course, North Course, South Course und Fox Squirrel Course – liegen in einer bezaubernden, hügeligen Landschaft umgeben von Wäldern und Seen. The Copperhead wird im „Golf Magazine" zu den 100 weltbesten Plätzen gezählt. Das „Florida Golfweek Magazine" hat diese Anlage sogar zur besten in Florida gewählt. Die Gesamtanlage ist sehr großzügig und luxuriös angelegt. Es gibt 14 Tennisplätze, 6 Swimmingpools, Spezialprogramme für Kinder, erstklassige Restaurants.

Hotel-/Restaurantempfehlung Innisbrook

Westin Innisbrook Golf Resort $$$$, *36750 US 19 N, Palm Harbor, ☏ (727) 942 2000, www.innisbrookgolfresort.com. Das riesige Golfgelände verfügt über 5 Golfplätze,*

3 Greens zum Üben des Puttens, 14 Tennisplätze, 620 Suiten in 24 2–3-stöckigen Lodges. Es gibt 5 Restaurants, manche Suiten haben Küchenzeilen, 6 Pools (u. a. mit Wasserrutsche). Der Golfer braucht das Gelände nicht zu verlassen; er kann sich hier die Haare schneiden lassen, zur Reinigung gehen, ein Fahrrad mieten... und wenn es beim „richtigen" Golf nicht klappt, sich auf Minigolf verlegen.

Weeki Wachee

Der lustig klingende Name leitet sich aus der Sprache der Creek-Indianer ab: „wekiwa" meint Quelle und „chee" bedeutet klein. Die kristallklare Quelle (ganzjährig 72 Grad Fahrenheit = 22 Grad Celsius) speist einen Fluss, der 20 km weiter in den Golf von Mexico mündet.

„Meerjungfrauen"

Es gibt zwei Attraktionen: Seit 1947 ist Weeki Wachee **Schauplatz der Show der „Meerjungfrauen"**. Das Ganze ist sicherlich kitschig, doch die halbstündige Vorführung lässt rätseln: Wo nehmen die Schönheiten die Luft her? An den verborgenen Seiten des Unterwasser-Theaters gibt es Schläuche mit Sauerstoff – und da verschwinden die Nixen zwischendurch, um aufzuatmen. Das Ganze will trainiert sein, und bis man Wasserjungfrau wird, vergeht ein Training von 6–8 Monaten. Die Leichtigkeit, mit der die Nixen die Show durchführen, nötigt durchaus Respekt ab. Aber auch 3 Wasserrutschen und Schwimmgelegenheiten sind geboten – im floridianischen Hochsommer ein Genuss, in vergleichsweise kaltem und kristallklarem Wasser zu schwimmen. An einem schönen weißen Strandabschnitt kann man sich ausruhen (**Buccaneer Bay Water Park** – gehört zum Komplex).

Die Anfänge gehen auf *Newton Perry* zurück, der Taucher bei der US-Navy war und jungen Mädchen und Frauen beibrachte, mit Hilfe von Atemschläuchen möglichst lange Unterwassertänze usw. vorzuführen. Bald verkleidete er sie als Meerjungfrauen, und die „Weeki Wachee Mermaids" waren geboren! Ihren Vorführungen kann man heute hinter einer dicken Glasscheibe folgen. In etwa 6 m Tiefe führen sie – choreographisch geschickt unterstützt (der „Vorhang" besteht aus Luftblasen) – ihre Shows vor. Außerdem kann man hier interessante Tiershows sehen (u.a. mit Alligatoren, Schildkröten und Schlangen).

Weeki Wachee, *70 km nördlich von Tampa an der Kreuzung der US 19/SR 50 gelegen, 6131 Commercial Way, ☎ (352) 596 5656, www.weekiwachee.com, tgl. 9–15.30 Uhr, Vorführungen der Mermaids 11, 13.30 und 15 Uhr (je nach Saison, vorher nachfragen), $ 13 nur für Weeki Wachee, inkl. Bucaneer Waterpark ca. $ 30 (der Wasserpark ist im Winter geschlossen).*

Übernachtung

Direkt gegenüber dem Eingang zu Weeki Wachee liegt ein **Best Western $$**, *9373 Cortez Boulevard, Weeki Wachee, ☎ (352) 596 9000, www.bestwestern.com, 122 Zimmer.*

6. ORLANDO UND UMGEBUNG

Von Tampa nach Orlando

Streckenübersicht

Entfernung: Tampa – Orlando: ca. 140 km (mit Abstecher Cypress Gardens ca. 200 km).
Empfohlene Route: Vom Tampa Interstate 4, der direkt nach Orlando führt (nach Walt Disney World Abzweigung US 192 West).
Übernachtung: Walt Disney World Area, Orlando oder Umgebung (s. S. 392 und 412).

Fantasy of Flights

© graphic

An einem ehemaligen Flugplatz wurde dieses Flugzeugmuseum eingerichtet (*World's Greatest Aviation Attraction*). Neben unzähligen Flugzeugen, viele davon aus der Zeit vor dem 2. Weltkrieg, sind Szenarien aus den beiden Weltkriegen sowie dem Vietnamkrieg nachgebaut worden. Sie laufen dabei z. B. durch Schützengräben oder können einen B-52-Bomber von innen erleben. Die Jüngeren werden zudem Spaß haben an verschiedenen Simulationsgeräten. Außerdem gibt es einen Hochseilgarten und es werden Rundflüge mit historischen Flugzeugen angeboten, bei denen man sich selbst ein bisschen wie ein Luftfahrtpionier fühlen darf.

Fantasy of Flights, *1400 Broadway Boulevard, Polk City, I-4-Exit 44, ☎ (863) 984 3500, www.fantasyofflight.com, tgl. 10–17 Uhr, Eintritt $ 28,95, inkl. Hochseilgarten $ 45,95. Anfahrt: Vom Interstate 4 Exit 44, dann Richtung Polk City und Fantasy of Flight. Am blinkenden Rotlicht links einbiegen, danach ¼ Meile (links).*

Legoland Florida

Der weltgrößte Legoland-Park öffnete im Oktober 2011 seine Pforten. Er befindet sich auf dem Gelände des Cypress Gardens Adventure Park in Winter Haven, der 2009 endgültig schließen musste. Mehr als 50 Attraktionen und Shows gibt es hier zu entdecken, die meist auf ein sehr junges Zielpublikum zugeschnitten sind. Für Familien mit Kindern bis etwa 10 Jahren kann der Park eine gute Alternative zu Disney und Co. darstellen. Allerdings: Wer vorher schon WDW oder die Universal-Parks besucht hat, dem wird der Unterschied zur innerhalb von Jahrzehnten gereiften und gut geölten Service-Maschinerie der Disney Company auffallen.

Weltgrößtes Legoland

© i graphic

Legoland Florida, *One Legoland Way, Winter Haven, ☎ (877) 350 5346, http://florida.legoland.com. Die Öffnungszeiten variieren je nach Saison, bitte vorher erkundigen, derzeit Mo/Do 10–17, Fr/Sa/So –18 Uhr, Di/Mi geschlossen, $ 75.*

Übernachtungstipp

Chalet Suzanne $$$, *3800 Chalet Suzanne Dr., Lake Wales, FL 33859, ☎ (836) 676 6011, www.chaletsuzanne.com. Schönes rosa Hotel im Chalet-Stil. Gutes Restaurant. Garten und Seelage. Das Hotel liegt 4 Meilen nördlich von Lake Wales am US 17A.*

Bok Tower Gardens

Glockenkonzerte und Blumenmärchen

Hier liegt Floridas höchster „Berg", der 90 m hohe Iron Mountain. Um 1929 baute an dieser Stelle der amerikanische Autor und Verleger *Edward Bok* einen Glockenturm aus Florida-Kalkstein und Georgia-Marmor, der ein Geläut aus 60 Glocken aufweist. Die größte Glocke wiegt 11 Tonnen! Schon von weitem sieht man den aus rosa und grauem Marmor gebauten Turm, dessen Fries verschiedene Szenen aus der typischen Tierwelt Floridas zeigt. Glockenspiel-Konzerte (zumeist amerikanische Folklore) finden stets um 13 und 15 Uhr statt, zwischendurch werden kurze Melodien angespielt. Berühmt gemacht haben aber den Bok Tower vor allem die herrlichen Gartenanlagen: Von Dezember bis Ende März blühen Azaleen, Magnolien und Kamelien kann man von November bis März bewundern. „Live Oaks" und Palmen repräsentieren den typischen Baumbestand Floridas.

Bok Tower Gardens, *1151 Tower Boulevard, Lake Wales, ☎ (863) 676 1408, www.boksanctuary.com. Nördlich von Lake Wales gelegen, vom I-4 Exit 55 auf die US 27 Richtung Süden, nach rechts auf CR 17 (Scenic Route), nach ¾ Meilen links in die 17 A (Burns Road). Der Garten ist tgl. von 8–18 Uhr, das Visitor Center von 9–17 Uhr geöffnet, $ 12.*

Orlando

Entfernungen

Von Orlando nach

Kennedy Space Center	45 mi/72 km
Key West	371 mi/597 km
Miami	228 mi/367 km
Tampa	85mi/137 km

Hinweis: Orientierung in und um Orlando

Die interessanten Punkte in und um Orlando liegen eindeutig im Südwesten der Stadt. Von hier aus sind die Wege zu den Themenparks erheblich kürzer.

Den I-4 kann man als Leitlinie ansehen. Von ihm aus sind die wichtigsten Parks und Sehenswürdigkeiten gut ausgeschildert. Der **International Drive** ist die Unterhaltungsmeile außerhalb von Walt Disney World und verläuft parallel zum I-4. Hier gibt es Hotels, Restaurants sowie Geschäfte und Einkaufszentren.

Zeiteinteilung

Bei allen vorherigen Planungen gilt: Reservieren Sie, was zu reservieren ist und rechnen Sie bei den einzelnen Attraktionen mit längeren Warteschlangen.

2 Tage:

Man sollte den Besuch vornehmlich auf **Walt Disney World** beschränken. Allein dafür sind zwei Tage bereits knapp. Wer trotzdem nur einen Tag durch WDW laufen und am zweiten

Blick auf den International Drive

Tag etwas anderes unternehmen möchte, dem sei ein Besuch der **Universal Studios** oder alternativ dazu – besonders, wenn man mit Kindern unterwegs ist – der eines Wasserparks empfohlen. Einen der Abende sollten Sie in eine **Dinnershow** gehen.

4 Tage:

Tage 1 + 2: Walt Disney World. Am besten überlegt man sich vorher, welchem Teilgebiet man den Vorzug geben möchte (Hollywood Studios, Magic Kingdom, Epcot, Animal Kingdom, Wasserparks). Mehr als zwei davon sind kaum zu schaffen, und auch dann gilt es, sich dabei gezielt die interessanten Punkte herauszusuchen. Die meistbesuchten Parks sind **Epcot** und **Magic Kingdom**.

Tag 3: Mindestens einen Tag braucht man für die Universal Studios. Auch hier sollte man den Besuch vorher planen. Abends kann man z.B. das Hard Rock Café besuchen.

Tag 4: Dieser Tag bietet sich schließlich an für die Alternativen Typhoon Lagoon (Wasserpark), Wet'n'Wild (Wasserpark) oder Sea World. Am späteren Nachmittag vielleicht noch Shopping und am Abend ein Restaurant außerhalb der Themenparks aufsuchen.

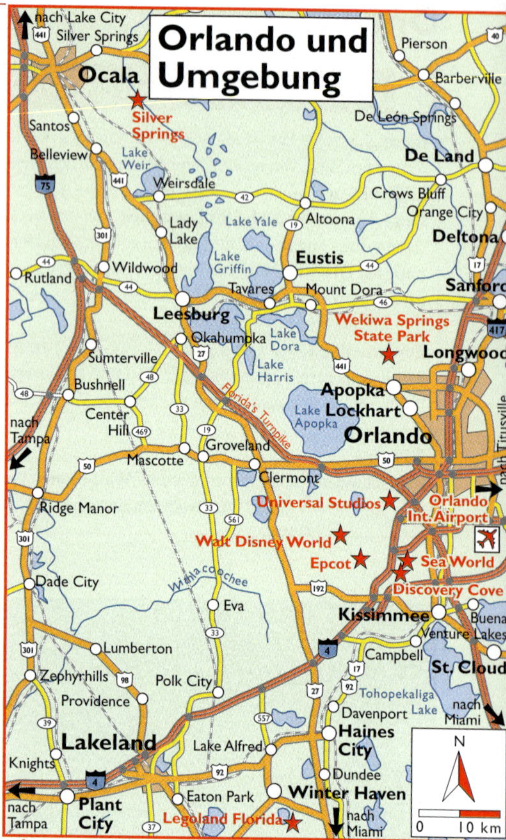

© graphic

Überblick

Orlando – heute etwa 240.000 (Großraum 2,1 Mio.) Einwohner zählend – wurde erst im Verlaufe der Seminolenkriege (1835–1842) besiedelt. Benannt wurde der Ort vermutlich nach einem während der Indianer-Kriege gefallenen Soldaten mit dem Namen Orlando. Lange Jahre schlief Orlando seinen Dornröschenschlaf als kleiner, zentraler Ort, umgeben von Orangenbaumhainen. Erst die Entwicklung des Raumfahrtzentrums an der Atlantikküste (Kennedy Space Center) und dann viel stärker noch der Bau von Walt Disney World (WDW) sollten Stadt und Landschaft nachhaltig verändern.

Langer Dornröschenschlaf

Die Infrastruktur ist mittlerweile ganz auf die Millionen von Touristen abgestellt:

- Über **110.000 Hotelzimmer** in 450 Hotels stehen zur Verfügung, davon gehören alleine Disney über 20.000 – nicht die Zimmer eingerechnet, die in Disney World anderen Hotelkonzernen gehören.
- Der **Internationale Flughafen** ist hochmodern angelegt, über ihn reisen jährlich fast 40 Millionen Besucher. Orlando ist auch ausgezeichnet an Europa angebunden: Es gibt z. B. Nonstop-Flüge von Frankfurt aus.
- Neben Walt Disney World haben sich in der Umgebung von Orlando eine Vielzahl von **Themen- und Wasserparks** etabliert.

Orlando gilt es zu erleben! Die Stadt ist so neu, dass abgesehen von einigen Teilen der Innenstadt und dem Gebiet südlich davon, kaum etwas älter als 30 Jahre zu sein scheint. Das Convention Center, die modernen Geschäfte und Restaurants am International Drive, die immer neuen Attraktionen in und um die Themenparks und und und… Nehmen Sie sich den Interstate 4 als Leitlinie, planen Sie nicht zu viel für einen Tag, treten Sie dem bunten Ambiente mit Gelassenheit entgegen und genießen Sie vor allem auch die zahlreichen guten Restaurants. Was die

Redaktionstipps

- Die **Themenparks**, von denen Walt Disney World (WDW, S. 356), Universal Studios (S. 397), und Sea World (S. 402) die beeindruckendsten sind.
- Einkaufsbummel durch die riesigen **Orlando Premium Outlets**.
- **Das Hotel weit im Voraus** von Europa aus buchen. Besonders die Hotels in WDW sind frühzeitig ausgebucht. Empfehlenswerte Buchungsadresse: **Walt Disney World Central Reservations Office**.
- Um beim Essen **Geld zu sparen** und dem lästigen Vorausbuchen und Schlangestehen zu entgehen, sollten Sie ein **Lunchpaket** zusammenzustellen.
- Besorgen Sie sich die **Orlando Magicard** im Visitor Bureau am Mercado. Mit ihr gibt es zahlreiche Preisnachlässe.
- **Fortbewegung und Parken:** Alle Parks verfügen über große Parkplatzflächen, wobei die Fortbewegung mit den Shuttle-Bussen von den Hotels bzw. in Walt Disney World am sinnvollsten erscheint, der Parkplatzgebühren und Verkehrsstaus wegen.

Willkommen in Orlando

Themenparken

1 zum Kennedy Space Center
2 Universal Studios
3 The Magic Kingdom
4 Epcot
5 Disneys Hollywood Studios
6 Gatorland
7 Zu Busch Gardens
8 Zu Legoland Florida

Wasserparks

1 Wet'n Wild
2 Sea World
3 Typhoon Lagoon
4 Aquatica
5 Blizzard Beach

Weitere Attraktionen

1 Orange County Regional History Center & Heritage Square
2 Orlando Premium Outlets
3 Ripley's Believe it or not
4 Downtown Disney
5 Arabian Nights
6 Medieval Times
7 Discovery Cove
8 Orlando Museum of Art
9 Orlando Science Center

Themenparks angeht, rate ich Ihnen, sich zwei bis drei davon vorher auszusuchen, wobei mindestens ein Park in Walt Disney World auf der Liste nicht fehlen sollte.

Sollten Sie übrigens vorhaben, das Basislager für den gesamten Floridaaufenthalt in Orlando aufzuschlagen, ist davon abzuraten. Hotels entlang der Spacecoast (Titusville und Cocoa) sowie in St. Petersburg sind z.T. um einiges billiger, besonders in der Nebensaison.

Attraktionen abseits der Themenparks

Auch wenn man sich nicht nur wegen der Museen auf den Weg nach Orlando machen sollte, gibt es ein paar Sehenswürdigkeiten, die nichts mit Mickey Mouse & Co zu tun haben.

Downtown

Die meisten Besucher kommen nicht bis in die Innenstadt Orlandos, obwohl es auch hier etwas zu sehen gibt. Die City selbst ist sehr sauber und gepflegt, die Kriminalität hat man sozusagen „beseitigt", es ist zumindest tagsüber sehr sicher, da viele Menschen in den Bürogebäuden arbeiten. Deshalb gibt es eine Reihe sehr guter Restaurants, aber auch einfacher Coffeeshops.

Die Ausgeh-Zone um die Church Street Station (*www.churchstreetdistrict.com*) befindet sich nach Jahren des Umbruchs und Umbaus wieder im Aufwind, viele neue Geschäfte und Restaurants wurden eröffnet. Konzerte, Festivals und Messen sorgen für neuen Schwung im historischen Viertel. Auch die neue Veranstaltungshalle Amway Center hat zum Aufschwung beigetragen. Hier finden neben den Spielen der Orlando Magic (Basketball) auch Konzerte und andere Veranstaltungen statt.

i Gute und aktuelle Infos erhält man unter
Downtown Orlando Info Center, 201 South Orange Avenue, ☏ (407) 246 4636, Mo–Fr 9–17 Uhr, http://downtownorlando.com/.

Orange County Regional History Center and Heritage Square (1)

Im Herzen der Innenstadt gelegen kann man sich hier auf drei Stockwerken mit

Heritage Square, Orlando Downtown

12.000 Jahren Geschichte Floridas befassen. Dazu gehören unter anderem die Bereiche Flora und Fauna, die Ureinwohner, die Ankunft der Spanier, das Leben der *Cracker* im 19.Jh., die touristische Entwicklung Floridas vor Disney und Afro-Amerikaner in Florida. Alles ist sehr ansprechend dargestellt.
History Center, *65 East Central Blvd., ☏ (407) 836 8500, www.thehistorycenter.org, Mo–Sa 10–17, So 12–17 Uhr, $ 9.*

Wells' Built Museum of African American History & Culture

Das kleine Museum ist im Haus von *William Monroe Wells* untergebracht, einem der ersten und lange einzigen farbigen Ärzte der Stadt, der sich in den Zeiten der Segregationspolitik, als Weiße keine Farbigen behandelten und ihnen der Zugang zu Hotels und Restaurants verwehrt wurde, einen Namen durch seinen Einsatz für die schwarze Gemeinde Orlandos gemacht hat.
Das Haus wurde 1921 erbaut, 1926 wurde daraus ein Hotel, von dem heute noch die Original-Fassade und einige Möbelstücke der 1920er Jahre zu sehen sind. Nebenan errichtete Wells zudem das South Street Casino, in dem zahlreiche namhafte Musiker wie *Louis Armstrong*, *B.B. King*, *Ella Fitzgerald* und *Ray Charles* auftraten. Das Casino wurde 1987 abgerissen. Das Museum zeigt zahlreiche Dokumente von historischem Interesse zur afro-amerikanischen Geschichte.
Wells' Built Museum, *511 South West Street, ☏ (407) 245 7535, www.pastinc.org, Mo–Fr 9–5 Uhr, $ 5.*

Loch Haven Park

Nördlich der Innenstadt liegt in einer schönen Seenlandschaft die Gemeinde Loch Haven Park. Hier befinden sich, neben Winter Park (s. S. 347), die meisten Kunstmuseen der Stadt, die rund um einen Cultural Park angelegt sind und eine ruhige Alternative zu den bunten Themenparks am anderen Ende der Stadt bieten.

Orlando Museum of Art (8)

Das Kunstmuseum verfügt über umfangreiche Sammlungen zu den Themen Afrikanische Kunst, Amerikanische Kunst (18.–20. Jh.) und Kunst der Ureinwohner des gesamten amerikanischen Kontinents von 2000 v. Chr. bis 1521. Außerdem werden interessante Wechselausstellungen gezeigt.
Orlando Museum of Art, *2416 N. Mills Ave., ☏ (407) 896 4231, www.omart.org, Di–Fr 10–16, Sa/So 12–16 Uhr, $ 8.*

Mennello Museum of American Art

Das Museum beherbergt eine permanente Ausstellung des amerikanischen Folk Artist *Earl Cunningham* (1893–1977) sowie Wechselausstellungen amerikanischer Künstler.
Mennello Museum, *900 East Princeton Street, ☏ (407) 246 4278, www.mennellomuseum.org, Di–Sa 10.30–16.30, So 12–16.30 Uhr, $ 4.*

Orlando Science Center (9)

Museum mit vielen technischen „Ausprobierstationen" für die Kleinen, zudem gibt es unter anderem ein Planetarium, Dinosaurierskelette und ein Terrarium mit Alligatoren.
Orlando Science Center, *777 East Princeton, ☏ (407) 514 2000, www.osc.org, Do–Di 10–17 Uhr, Mi geschlossen, $ 17.*

Zudem liegen im Loch Haven Park das **Orlando Shakespeare Theatre** *(☏ (407) 447 1700, www.orlandoshakes.org)* und das Familientheater **Orlando Repertory Theatre** *(☏ (407) 896 7365, www.orlandorep.com)*.

Harry P. Leu Gardens

Am südlichen Rand von Lake Rowena liegt der Botanische Garten, durch den ein insgesamt fünf Kilometer langer Weg führt, unter anderem zu einer großen Kamelien-Sammlung, dem größten Rosengarten Floridas, einem Kräutergarten und einem Schmetterlings-Zoo. In der Mitte steht das restaurierte Haus von *Harry Leu*, nun ein Museum. Alles in allem eine sehr entspannte Angelegenheit.

Harry P. Leu Gardens, *1920 N. Forest Ave., ☏ (407) 246 2620, www.leugardens.org, Museum 10–16 Uhr (stdl. Führungen, im Juli geschlossen), Garten tgl. 9–17 Uhr, $ 7.*

Ausflüge von Orlando

Winter Park – „Palm Beach" in Central Florida

Winter Park grenzt an die nördlichen Teile Orlandos. Der mehr als 100 Jahre alte Ort mit rund 24.000 Einwohnern strahlt Gediegenheit und Eleganz aus. Insbesondere die eher europäisch anmutenden Restaurants, Bars, Boutiquen und Fachgeschäfte laden auf der Park Avenue zum Verweilen ein. Zentral im Ort liegt inmitten schöner Parkanlagen der Bahnhof, den man fast übersieht. Durch die Siedlungen ziehen sich kleine, gewundene Straßen mit vielen mit Spanish Moss behangenen Eichen- und Kampferbäumen.

Auf einer **Bootsfahrt** mit Scenic Tours bekommt man den besten Eindruck: An kleinen Seen, die durch malerische Kanäle verbunden sind, liegen vornehme Villen und kleine Schlösser, die den Reichtum widerspiegeln.

Scenic Boat Tours, *312 E. Morse Boulevard, (Seitenstraße, die von der Park Ave. abzweigt), ☏ (407) 644 4056 www.scenicboattours.com, bietet von 10–16 Uhr einstündige informative Touren auf kleinen Pontoon-Booten an, $ 12.*

Idylle in Winter Park

Entspannend: mit dem Boot durch die Kanäle

Zudem finden sich hier einige der weniger bekannten **Museen** Orlandos:

Albin Polasek Museum & Sculpture Gardens

Im Herzen von Winter Park am Lake Osceola gelegen kann man hier eine Tour durch Haus, Galerien und Skulpturengärten des tschechischen Bildhauers *Albin Polasek* unternehmen.

Albin Polasek Museum, *633 Osceola Avenue, Winter Park, ☎ (407) 647 6294, www.polasek.org, Di–Sa 10–16, So 13–16 Uhr, Eintritt zu den Gärten ist frei, Galerie und Haus $ 5 (im Juli/August geschlossen, im Sommer am besten vorher anrufen und Öffnungszeiten erfragen).*

Charles Hosmer Morse Museum of American Art

Hier befindet sich die weltweit größte Sammlung der bunten Glasfenster von *Louis Comfort Tiffany* (1848–1933), zudem zahlreiche weitere Stücke von ihm und Werke anderer amerikanischer Künstler von Ende des 19. bis Anfang des 20. Jh.

Charles Hosmer Morse Museum, *445 North Park Avenue, ☎ (407) 645 5311, www.morsemuseum.org, Di–Sa 9.30–16, So 13–16 Uhr, $ 5.*

Cornell Fine Arts Museum

Das Museum auf dem Campusgelände des Rollins College bietet eine interessante Auswahl von Gemälden und dekorativer Kunst aus allen Epochen, zudem einen schönen Blick auf den Lake Virginia.

Polasek Museum

Cornell Fine Arts Museum, *Rollins College, 1000 Holt Avenue, ☏ (407) 646 2526, www.rollins.edu/cfam/, Di–Fr 10–16, Sa/So 12–17 Uhr, $ 5.*

Winter Park Historical Association and Museum

Im Farmer's Market in der Stadt gelegen kann man sich hier über die Geschichte Winter Parks informieren und sich eine Karte besorgen, die einen Rundgang zu den historischen Gebäuden und Stätten der Stadt beschreibt.
Winter Park Historical Association and Museum, *200 West New England Ave., ☏ (407) 647 8180, www.wphistory.org, Mi–Fr 10–16, Sa 9–14 Uhr.*

Restauranttipp

Park Plaza Gardens: *319 Park Avenue South, Winter Park, ☏ (407) 647 1072, www.parkplazagardens.com. Sehr gute moderne amerikanische Küche mit mediterranem Einschlag. Ganztägig geöffnet, mit Café. Sonntags gibt es Brunch ab 11 Uhr.*

West Orange Fahrrad-Trail

info

Florida und Radwandern? Bei der Hitze, bei dem Verkehr? Kann das sein? Und ob es das sein kann! Auf normalen Straßen zu fahren ist sicherlich nicht jedermanns Sache (und auch nicht wirklich zu empfehlen). Das Fahrradfahren auf besonders ausgeschilderten **Trails** ist dagegen sehr beliebt.

Auch unweit von Touristenzentren gibt es Dutzende idyllische Wege, zum Beispiel im Norden von Orlando: der **West Orange Trail**, insgesamt 32 Kilometer lang. Der vier Meter breite und durchgängig asphaltierte Weg ist sehr bequem zu befahren: Die Ausschilderung ist beispielhaft, und unterwegs gibt es alle Nase lang „Stations" zum Ausruhen und Picknicken. Beginnen kann man die Tour z.B. gegen 11 Uhr morgens an der Killarney Station. Dort, wo der Turnpike die SR 50 kreuzt, biegt man Richtung Clermont ab. Nach rund einer Meile rechts geht's in den Lake Boulevard und dann sofort wieder nach rechts: Hier startet der Trail, und die Anlage ist so schön, dass man fast hier bleiben möchte.

Bei *West Orange Trail Bikes and Blades* (Kontakt s.u.) kann man sich das Rad ausleihen. Es geht in östliche Richtung und bald überquert man auf der Fahrradbrücke den Turnpike und taucht in eine ruhige Landschaft mit Siedlungen und netten Häuschen ein. Schon nach zwei Meilen er-

Auf dem West Orange Trail

reicht man Oakland, und hier ist alles sehr idyllisch: das alte Townhouse, das Post Office, der Brunnen – herrliche Fotomotive mit wunderschönen alten Eichenbäume und ihrem Spanish Moss. Zwischen Meile 5 und 6 erreicht man das alte Städtchen Winter Garden. Der Trail läuft in der Mitte der Straße, umrahmt von tropisch anmutender Vegetation. Und rechts und links liegen verlockende Cafés und Restaurants, die zur Einkehr einladen. Allerdings sollte man sich das für den Rückweg aufsparen, denn jetzt wird's Ernst: Dass Florida nämlich nicht nur ganz flach ist, wird man spätestens jetzt merken.

Bei Meile 14 (hier überquert man die SR 435) taucht plötzlich ein buddhistischer Tempel auf – unbedingt anschauen! Nun sind es nur noch fünf Meilen nach Apopka, dem Endpunkt des Trails. Zum Teil fährt man hier lange, schattige Lauballeen entlang. Und dann ist das Ziel erreicht – nach knapp zwei Stunden gemütlicher Fahrt. Kurz vor der Apopka Station darf man sich nun stärken. Im Restaurant *The Catfish Place* genießt man Salate, Fisch und ein kühles Getränk. Zurück

Alles ist gut ausgeschildert

geht's oft bergab, und in Winter Garden darf man in *JR's Attic Door* nun einen schönen Kaffee und ein leckeres Eis probieren. Die letzten fünf Meilen vergehen nun schnell, und nach insgesamt rund sechs Stunden inklusive Fotostopps und Rast kann man auf einen wunderschönen Tag *off the beaten track* zurückblicken.

West Orange Trail Bikes and Blades, *17914 State Road 438, Winter Garden, ☎ (407) 877 0600, www.orlandobikerental.com: Miete und Anlieferung von Fahrrädern zu Hotels möglich, Preis: ab $ 6 pro Stunde und $ 30 pro Tag.*

The Catfish Place – Seafood Restaurant, *311 South Forest Avenue, Apopka, ☎ (407) 889 7980*

JR's Attic Door, *28 West Plant Street, Winter Garden, ☎ (407) 877 0266*

Hontoon State Park

Wildnis pur im „anderen" Florida – so könnte man Hontoon Island in aller Kürze beschreiben. Schon die Anreise per Boot stimmt ein: Idyllisch schlängelt sich der majestätische St. John's River durch eine geheimnisvolle Wildnis. Mal erblickt man dichte Wälder mit Sumpfzypressen und subtropischen Oak Trees mit dem legendären Spanish Moss, mal liegen Alligatoren träge am Ufer, während Ibisse und Fischadler auf Beute warten.

Es geht gemütlich zu: Mit 500 Kilometern ist der St. John's River der längste Fluss Floridas, doch mit nur neun Metern Höhendifferenz zwischen Quelle und Mündung gehört er zu den flachsten Flüssen der Welt. Rafting-Abenteuer sind hier also nicht angesagt. Aufgrund der Gerbsäure der ufernahen Vegetation ist das Wasser sehr dunkel. Im kleinen Ort Astor südlich des Lake George gibt es deshalb bezeichnenderweise das **Blackwater Inn**, wo man unter anderem Alligatorenfleisch probieren kann *(Blackwater Inn, 55716 Front Street, Astor, ☎ (352) 759 2802, www.blackwaterinn.com)*.

Der Hontoon Island State Park bietet einfache Ferien-Blockhäuser, einen weitläufigen, schattigen Campingplatz, Marina, Kinderspielplatz, Barbecue-Stellen und einen winzigen Laden beim Park Ranger. Kein Restaurant, kein Nachtleben – und wenn der Ranger mit

Tipp: Hausboot-Tour auf dem St. Johns River

Am schönsten kann man den St. John's River mit komfortablen Hausbooten oder »Pontoons« (flache Boote mit ebenem Deck, auf dem Bänke und Stühle stehen) auf etwa 240 Kilometer zwischen dem **Lake George** im Norden und **Lake Monroe** im Süden erkunden. Eine Kapitänslizenz braucht man dafür nicht. Seinen Anker kann man mitten in der Wildnis werfen, denn man ist vollkommen autark. Es gibt einen Generator an Bord, ein Warmwasser-System, Dusche und sogar einen Außen-Gasgrill. Und in der voll ausgestatteten Küche kann man endlich mal all die Rezepte ausprobieren, für die man zu Hause keine Zeit hat ...

Hausboote, wie vieles in den USA entsprechend der Landesgröße dimensioniert, gibt es für zwei bis zehn Personen. Die größeren Boote verfügen sogar über eine Wasserrutsche vom Sonnendeck aus. Doch keine Angst, sie muss nicht zwangsläufig in ein Alligatoren-Maul münden, vielmehr gibt es wunderbare, kristallklare Nebenflüsse, die durch artesische Quellen gespeist werden wie zum Beispiel die Blue Springs.

Verleihstationen für Pontoon- und Hausboote:
Hontoon Landing Resort&Marina, 2317 River Ridge Road, Deland, ☎ (386) 734 2474, www.hontoon.com. Sehr gepflegte familiäre Anlage, Verleih von Pontoon-Booten für $ 150-175 pro Tag und kleineren Fischer-Booten für $ 95 pro Tag. Außerdem werden Touren auf Ausflugsschiffen angeboten (www.blueheronrivertours.com).
Holly Bluff Marina, 2280 Hontoon Road, Deland, ☎ (386) 822 9992, www.hollybluff.com, Vermietung von Hausbooten (4-10 Personen), Preise rund $ 850-1.700 entweder für Fr-So oder Mo-Do; Pontoon-Boote $ 150-175 pro Tag.

Tipp: Mieten Sie sich unter der Woche - von Montag bis Donnerstag - ein Hausboot, dann ist alles noch ruhiger.

Oft komfortabel ausgestattet: Hausboot auf dem St. Johns River

seinem Boot bei Sonnenuntergang die Insel verlässt, dann bleiben die wenigen Gäste auf sich allein gestellt. Keine laute Musik stört dann die Stille. So mögen die Timucuan-Indianer einst Florida erlebt haben.

Hontoon Island State Park, *2309 River Ridge Road, Deland, ☎ (386) 736 5309, www.floridastateparks.org/hontoonisland/.* **Anfahrt:** *Ca. 50 Meilen von Orlando (ca. 80 Min.) und etwa zehn Kilometer westlich von Deland, das von Orlando Richtung Norden über den I-4 zu erreichen ist. Die Insel selber ist nur per Fähre erreichbar von 8 Uhr bis eine Stunde vor Sonnenuntergang.* **Preise:** *Bootsübernachtungen am Anleger $ 18. Kanus ca. $ 5 pro Stunde. Kanus $ 3 pro Stunde.* **Übernachtungen:** *zwölf einfache Holzhütten ohne Küche und Bad/WC, beides liegt in Extra-Gebäuden. Je nach Größe ab $ 30 pro Nacht, Camping $ 18 pro Person.* **Transport:** *Empfehlenswert ist das Anmieten eines Kanus beim Park Ranger, um gemächlich die Insel zu umrunden. Eine sehr romantische Unternehmung!*

Besondere Abendvergnügungen

Dinnershows

Dinnershows beinhalten, wie das Wort bereits verrät, zwei Dinge: Abendessen und eine Show. Die Eintrittspreise beinhalten ebenfalls beides. Die Shows haben einen typisch amerikanischen Charakter, und es ist allemal interessant zu erleben, wie hier in der „Neuen Welt" z. B. die Geschichte des europäischen Mittelalters bzw. orientalische Märchen „verarbeitet" werden. Dabei wird der Gast auch mal auf die Bühne geführt, um an einer Darbietung teilzunehmen. Das Dinner selbst sollte man als zweitrangig ansehen. Es ist in Ordnung, bietet aber keinen besonderen Gaumenschmaus. Man kann aber nicht auf das Dinner verzichten. Es ist Bestandteil der Show.

Hier eine Auswahl der beliebtesten Shows:

Arabian Nights (5)

In einer großen Arena wird eine exzellente Pferdeshow geboten. Das Thema bezieht sowohl den Orient als auch Texas ein. Dazu gibt es extravagante Kostüme, eine Lichtershow und Romantik mit Prinz und Prinzessin.

Kontakt: *3081 Arabian Nights Blvd. Kissimmee (Exit 64 vom I-4, dann 192 East, Kissimmee), ☎ (407) 239 9223 od. (1-800) 553 6116, www.arabian-nights.com, $ 40 (bis 11 Jahre) bzw. $ 65.*

Walt Disney World Dinner Shows

Die Shows in Walt Disney World ändern sich jedes Jahr. Zzt. läuft die **Spirit of Aloha Dinner Show** im Polynesian Resort (Lake Buena Vista). Artisten und Hula-Tänzerinnen treten im Südsee-Ambiente auf. Dazu gibt es Meeresgerichte und orientalische

Tipp

Bei den meisten Anbietern gibt es einen Discount, wenn man das Ticket bereits vorab im Internet ordert.

Küche. Im Fort Wilderness Resort läuft die **Hoop-Dee-Doo Musical Revue** mit Kabarett, Wild-West-Tänzen und ebenfalls *all-you-can-eat*-Angebot mit typisch amerikanischem Essen wie Spear Ribs, Hühnchen, gebackenen Bohnen etc.
Reservierung *(bis 180 Tage im Voraus möglich) und Infos unter ☏ (407) 939 3463, www.disneyworld.com, Erwachsene ab ca. $ 55, Kinder ab ca. $ 35.*

Medieval Times Dinner & Tournament (6)

Bevor man die riesige Burganlage inmitten der Shopping-, Strip- und Hotelmalls entlang des US 192 betritt, kann man – für einen zu entrichtenden Sonderbeitrag – das angeschlossene mittelalterliche Dorf („Medieval Life") besichtigen. Originalgetreu hat man ein Dorf aus dem England um 1000 n. Chr. nachgebaut und führt die verschiedensten Handwerkskünste aus dieser Zeit vor. Die Show dreht sich ebenfalls um ein Thema im Mittelalter. Mal spielt sie in Spanien, dann wieder in England. Zahlreiche Reiterkunststücke werden dargeboten.
Kontakt: *4510 W. Irlo Bronson Hwy., Kissimmee, ☏ (1-888) 935 6878, www.medievaltimes.com, $ 36 (bis 12 Jahre) bzw. $ 60 (zzgl. Steuern).*

Capone's Dinnershow

Show mit dem berühmten Chicagoer Gangsterboss als Mittelpunkt, die Location ist eine finstere Bar aus der Prohibitionszeit.
Kontakt: *4740 W. Irlo Bronson Hwy. (Hwy. 192), Kissimmee, ☏ (407) 397 2378, www.alcapones.com, $ 34 (bis 12 Jahre) bzw. $ 54.*

Sleuth's Mystery Dinnershow

Während des Abendessens geschieht ein Mord – und das Publikum muss den Mörder entlarven.
Kontakt: *8267 International Drive, ☏ (407) 363 1985, www.sleuths.com, $ 24 (bis 11 Jahre) bzw. $ 54.*

Bei der Piraten-Show

Comedy Dinner Show

Zu all-you-can-eat Pizza, Salat, Popcorn, Wein und Bier gibt es hier eine interaktive Ein-Mann-Comedy-Show mit Musik und Magie.

Kontakt: *9067 International Drive, ☎ (407) 351 8800, www.outtacontroldinnershow.com, $ 17 bzw. 25.*

Pirate's Dinner Adventure

Hier sitzen die Gäste in sechs Zuschauer„schiffe" aufgeteilt rund um eine künstliche Lagune, in der ein altes Segelschiff ankert. Jede Gruppe unterstützt ihren Piraten dabei, die schöne Prinzessin zu retten. Amüsant!

Kontakt: *6400 Carrier Drive, ☎ (407) 248 0590, www.piratesdinneradventure.com, Kinder (bis 11 Jahre) $ 38, Erwachsene 62 (zzgl. Steuern).*

Makahiki Luau Dinner and Show

Ebenfalls mit Südseeambiente ausgestattete Dinnershow, diesmal aber im Sea-World-Themenpark. Das Essen besteht aus einer Mischung indischer, polynesischer und karibischer Spezialitäten.

Kontakt: *☎ (1-888) 800 5447, www.seaworld.com, $ 29 (3–9 Jahre) bzw. $ 49.*

Theater, Musical und Orchester

Die klassische Theater- und Musicalszene ist in Orlando zurzeit noch als zweitrangig anzusehen und lohnt daher keiner besonderen Erwähnung. Hier nur ein paar Adressen, bei denen man sich nach aktuellen Aufführungen erkundigen kann.

Orlando Broadway, *100 South Eola Drive, Suite 101 (Büroadresse!), ☎ (1-800) 448 6322, http://orlando.broadway.com. Auf verschiedenen Bühnen der Stadt werden Broadwayshows mit Künstlern aus New York aufgeführt.*

Orlando Philharmonic Orchestra, *Bob Carr Performing Arts Centre, 401 West Livingston Street, ☎ (407) 770 0071, www.orlandophil.org*

Walt Disney World (WDW): All the Magic

Hinweise für den Besuch

Zur **Zeitplanung**: Am besten nimmt man sich für das Magic Kingdom 2 Besuchstage vor (+ 1 Tag für Epcot und ein weiterer Tag für Typhoon Lagoon oder/und Disney's Hollywood Studios; Minimalprogramm: 1 Tag Magic Kingdom und 1 Tag Epcot).
Auf jeden Fall am Eingang eine **Orientierungskarte** mitnehmen.

Tipps für die Planung

Fastpass-System nutzen: Bei den beliebtesten Attraktionen gibt es Automaten, an denen man mit seiner Eintrittskarte einen Fastpass ziehen kann. Auf diesem ist ein Zeitfenster angegeben, während dessen man nach Vorzeigen des Fastpass die oft sehr langen Schlangen umgehen und direkt die jeweilige Attraktion betreten kann.
Sonnenschutzmittel und Kopfbedeckung mitnehmen, da man manchmal sehr lange in der Sonne stehen muss.
Rollstühle sowie Kinderwagen sind an den Eingängen vorhanden.
Regencapes gibt es in den zahlreichen Souvenirshops für ca. $ 5.
Schließfächer finden sich an allen Eingängen.
Für **Familien**: Scherenschnitt-Porträts in der Shadow Box auf der Mainstreet machen lassen.
Im Folgenden wird Walt Disney World mit der oft benutzten Abkürzung **WDW** bezeichnet.

Überblick

Größter Freizeitpark der Welt

Keine Frage: Walt Disney World ist ein touristisches „Muss", und Jung und Alt kommen an einem Besuch nicht vorbei. Angefangen hat alles 1963: *Walt Disney* fasste den Entschluss, hier in Zentralflorida den größten Freizeitpark der Welt zu bauen. Die Pläne wurden geheim gehalten, um nicht die Bodenspekulation anzuheizen. 1965 ließ sich aber nichts mehr verbergen, die Grundstückspreise explodierten. Dort, wo ehemals Sümpfe und Orangenhaine das Landschaftsbild bestimmten, tummelten sich nun Bautrupps und Spekulanten.

Eigene „Währung"

Das von Disney erworbene Gelände, 113 km² groß, entspricht der doppelten Ausdehnung von Manhattan. Als Disney 1966 einem Krebsleiden erlag, gingen die Projektarbeiten mit über 9.000 Mann weiter. Im Jahre 1967 gestattete das Parlament von Florida den Disney-Leuten, die gesamte Fläche in ein „autarkes Königreich" zu verwandeln. In der Amtssprache liegen Walt Disney World und Epcot im „The Reedy Creek Improvement District". Doch der Marketing-Name Walt Disney Vacation Kingdom ist da griffiger und populärer. Innerhalb des Reedy Creek District liegen zwei Ortschaften, Bay Lake und Lake Buena Vista. In beiden Orten residieren eigene Bürgermeister, die von 22 wahlberechtigten Bürgern gewählt werden und einer eigenständigen Gemeindeordnung unterliegen. Sogar eine eigene „Währung" ist im Umlauf, der Disney-Dollar (entspricht 1 US$), auf dessen Scheinen uns Mickey Mouse begegnet.

Am 10. Oktober 1971 öffnete Walt Disney World mit dem ersten Themenpark, **Magic Kingdom**, seine Pforten. In seinen Ausmaßen und Attraktionen schlug es von An-

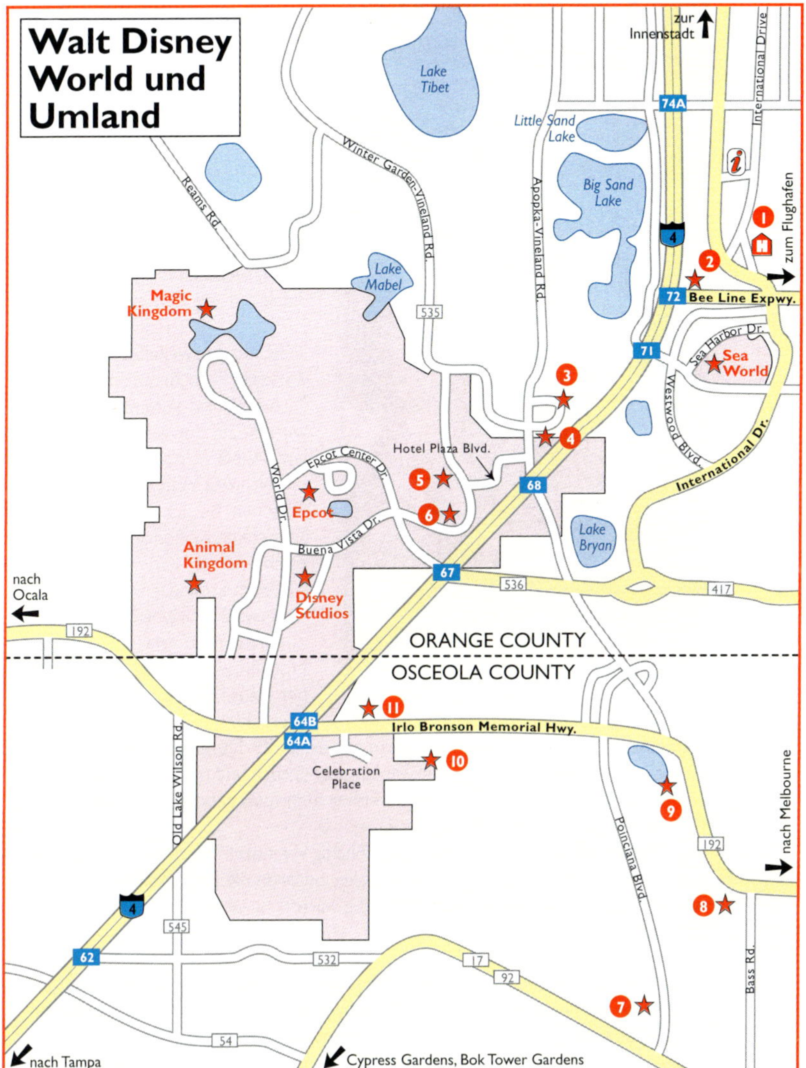

1 Peabody Hotel
2 Convention Center
3 Vista Center
4 Crossroads Shopping Center
5 Downtown Disney
6 Pleasure Island, WDW
7 Green Meadows Petting Farm
8 Medieval Times und Medieval Life
9 Capone's Dinner Show
10 Old Town Kissimmee
11 Arabian Nights

N

0 5 km

Zu Besuch bei der Maus

fang an sein kalifornisches Pendant Disneyland: In Anaheim, einem Stadtteil von Los Angeles, wurden keine Expansionen mehr genehmigt. Vor einigen Jahren, nachdem die Stadt Anaheim den Bankrott erklären musste, war man über die abwehrende Haltung der damaligen Stadtväter nicht so glücklich, ebenso wenig allerdings darüber, dass Disney der Stadt vor dem finanziellen Desaster nicht unter die Arme gegriffen hat.

Skeptiker bezweifelten, dass die erwarteten Besucherströme nach Walt Disney World kommen würden. Sie wurden auf der ganzen Linie widerlegt: Allein in den ersten 15 Jahren verzeichnete Walt Disney World 240 Millionen Besucher – keine andere Touristenattraktion auf der Welt kann solche Zahlen vorweisen. Im ersten Jahr nach Eröffnung von Epcot strömten etwa 27 Millionen Besucher in die ehemals gottverlassenen Gebiete Mittelfloridas. Und das alles wegen einer Maus! Auch die Deutschen Besucherzahlen haben kräftig zugelegt.

Rekorde, Rekorde

Den ersten „offiziellen" Besucherrekord gab es am 29. Dezember 1986 mit 148.000 Menschen! Seitdem hält Disney die Zahlen aber zurück und macht nur vage Angaben. Denen zufolge ist dieser Rekord aber seither mehrmals gebrochen worden.

Schattenseiten

Walt Disney World hat Zentralflorida nachhaltig verändert. Seit der Eröffnung stieg die Bewohnerzahl hier um knapp 60 %. Skeptiker betonen die Negativseiten: Da sind der wild um sich greifende Hotelboom, der stetig wachsende Verkehr und die steigende Kriminalität.

Arbeitsplätze

Doch man kann es auch anders sehen: Hier ist eine gewinnbringende Freizeitindustrie entstanden, die heute alleine in Walt Disney World 36.000 Menschen (in der Saison bis zu 45.000) Arbeit gibt. Dazugezählt werden müssen Hunderttausende von Arbeitsplätzen im Hotel-, Restaurant- und Transportsektor. Außerdem sind in der Nähe Orlandos weitere Fun Parks entstanden, so z.B. Universal Studios, Sea World und Wet'n'Wild, um nur drei zu nennen. Gemeinsam mit den unzähligen Hotels, Motels, Restaurants und Fastfood-Ketten im Umkreis wurden weitere Zehntausende von Arbeitsplätzen geschaffen.

Die Kritiker halten vor, dass in Walt Disney World die heile Welt vorgegaukelt wird. Tatsächlich entspricht dies weitgehend der Leitidee von *Walt Disney*: Der Besucher soll-

info

Walt Disney – der Vater der Mickey Mouse und die Walt Disney Company

Walt Elias Disney wurde am 5.12.1901 in Chicago geboren. Er war das vierte von fünf Kindern. Sein Vater war ein energiegeladener Mensch, was sich scheinbar auf Walt - der eigentlich Walter hieß - übertrug. Walt verbrachte seine Kindheit auf einer Farm in Marceline/Missouri. Und schon als kleiner Knirps zeichnete er gerne. Doch die Farmerei brachte immer weniger Geld ein, die Familie zog zunächst nach Kansas City, wo der Vater einen Zeitungsvertrieb übernahm, dann aber wieder nach Chicago. Mit 16 Jahren illustrierte Walt eine Schülerzeitung und besuchte abends Zeichenkurse. Nach einem kurzen Intermezzo auf dem europäischen Kriegsschauplatz (1918 in Frankreich als Angehöriger des Roten Kreuzes) kam er zurück in die Vereinigten Staaten, allerdings wartete eine herbe Enttäuschung auf ihn: Seine Freundin hatte geheiratet, ihn dies allerdings nicht wissen lassen. Sein Vertrauen zu Frauen blieb fortan gebrochen.

In den weiteren Jahren lebte er mehr schlecht als recht als relativ glückloser Illustrator, gründete mit einem holländischen Zeichner eine Firma, verließ diese aber, als ihm die Kansas City Film Ad Company einen neuen Job anbot. Walt stieg in die Zeichentrickfilmerei ein, die zwar schon erfunden war, die er aber entschieden verfeinerte. Bislang nämlich stellte man Figuren her, deren Glieder beweglich waren. In jedem Stadium einer Bewegungsphase, die man fein elementarisierte, fotografierte man die Figur. Doch der daraus entstandene Film gefiel nicht sonderlich durch die doch sehr ruckartigen Bewegungen. Disney verfeinerte das Verfahren, indem er dazu überging, jede einzelne, kleinste Bewegungsphase zu zeichnen. Daraus ergaben sich im Filmverlauf viel harmonischere Bewegungen: Den Zeichenfiguren wurde so Leben eingehaucht.

Walt Disney gründete 1922 ein eigenes Unternehmen, das Zeichentrickfilme produzierte. Sein Bruder *Roy* betreute die finanzielle Seite der Firma. Doch die Brüder gingen bankrott, obwohl sie ganz lustige Werbestreifen drehte, die beim Publikum gut ankamen: Der New Yorker Filmverleiher zahlte einfach nicht. Der erste Zeichentrickfilm Disneys hieß „Alice in Cartoonland". Walt zog an die Westküste, doch hier war man an Zeichentrickfilmen nicht interessiert. Trotzdem gelang ein entscheidender Schritt: Ein New Yorker Filmverleih kaufte Zeichentrickfilme der Alice-Serie für 1.500 US$/Stück. Walt heiratete 1925 *Lillian Bounds*. „Lilly" war Tuscherin in seiner Firma.

1927 schlug die Geburtsstunde der Maus, die die Welt verändern sollte: Man nannte sie zunächst Mortimer, doch Lilly erfand einen griffigeren Namen: **Mickey Mouse**. Nun begann allmählich der Erfolg. Die Maus wurde zu einem gefragten Publikumsliebling. Ohne einen Disney-Vorfilm in den Kinos vor der Hauptvorstellung lief nichts. Und schon 1933 floss reichlich Geld in die Kassen: Über 5 Mio. US$ für Mickey-Mouse-, Donald-Duck-, Pluto- und Goofy-Filme. Die Filme wurden technisch immer mehr perfektioniert, 1935 landete Disney mit „Schneewittchen und die sieben Zwerge" einen Bombenerfolg (Einnahme: 45 Mio. US$!).

Der Zweite Weltkrieg brachte den großen Einbruch, da aus Europa kein Geld mehr floss. Der Firma drohte der Bankrott, nur eine Umwandlung in eine Aktiengesellschaft und Propagandafilme für die Armee konnten den Ruin abwenden. *Walt Disney* war tief deprimiert.

Walt Disney auf einem Zeitschriften-Cover

Nach dem 2. Weltkrieg, als die Einnahmen aus dem Europa-Geschäft wieder anstiegen, drehte Disney einige hervorragende Dokumentar-, Cartoon- und Spielfilme, so z.B.:
Die Schatzinsel (1950)
Cinderella (1950)
Alice im Wunderland (1951)
Peter Pan (1953)
Die Wüste lebt (1953)
Wunder der Prärie (1954)
20.000 Meilen unter dem Meer (1955).

Seine Persönlichkeit wurde von seinem Lebensweg geprägt: Zunehmend ließ ihn der Erfolg arrogant werden, er trank viel, unterlag einem Waschzwang und wurde politisch immer konservativer. *Disney* avancierte zum Kommunistenhasser und Denunzianten. Allmählich reifte aber seine Idee, einen Vergnügungspark zu kreieren, wo man seine Zeichentrickfiguren anfassen konnte. Sein Bruder *Roy* und die Aufsichtsräte der Disney Productions wollten diesen Ideen aber nicht folgen und verschlossen sich dem Vorschlag, einen Fun Park zu errichten. So gründete *Walt Disney* ein eigenes Unternehmen, Disneyland in Los Angeles (Anaheim) wurde gebaut (Eröffnung 1955) – und zum Bombenerfolg.

Die weitere Geschichte ist eine amerikanische Erfolgsstory wie aus dem Bilderbuch: Anfang der 60er Jahre reifte bei *Walt Disney* die Idee, einen ähnlichen, aber viel größeren Vergnügungspark in Florida zu bauen. Hier wollte er auch seinen Traum von einer „Zukunftsgemeinde" realisieren, dem späteren Epcot (Experimental Prototype Community of Tomorrow). Er dachte an eine menschenwürdige Modellstadt, wo es keine Ernährungs- und Umweltprobleme gab. Doch die Ausführung der Floridapläne von Walt Disney World konnte er nicht mehr erleben. Am 7. November 1966 wurde der Kettenraucher an Lungenkrebs operiert, er starb am 15. Dezember.

Die Disney Company nach Walt Disneys Tod

Die Geschäfte führte sein Bruder *Roy* weiter, doch er besaß nicht die Genialität seines Bruders. Die Firma wurde zunehmend von geschulten Managern und einberufenen Aufsichtsräten verwaltet. Doch gerade diesen fehlten anfangs die Ideen. Disneys Bilanzen zeigten stetig bergab, und eine Übernahme durch einen großen Konzern drohte täglich. Doch *Roy Disney* verstand es, sich der Firmenjäger zu erwehren. Mit etwas Glück konnte Roy ein einzigartiges Managertrio zusammenstellen, welches Disney in nur 10 Jahren vom sicheren Bankrotteur zu einem der schillerndsten Unterhaltungskonzerne der Welt machte:

Michael Eisner: ehemaliger Manager bei Paramount,
Frank Wells: vorher Präsident bei Warner Brothers und
Jeffrey Katzenberg: ein junger Kollege Eisners, der für die Filmstudios zuständig war.

Der von diesem engagierten Trio professionell geplante Erfolg blieb nicht aus: Zwar ist Epcot nicht das geworden, was Walt Disney vorschwebte. Es ist aber eine Geldmaschine, welche die Aktionäre befriedigt. Die Filmproduktion wuchs ständig und der Disney Channel entwickelte sich zum zweitgrößten Pay-Sender der Welt, die produzierten Filme, wie z. B. „Pretty Woman", „Good Morning Vietnam", „Howards End" und „Pocahontas", spielten Riesensummen ein. Die Freizeitparks in Amerika und Japan laufen wie geschmiert und der Park in Paris hat die anfänglichen wirtschaftlichen Schwierigkeiten überwunden. Die Comic-Hefte machen heute nur noch einen Bruchteil des Geschäftes aus.

Das Konzernregime war streng: Früher Arbeitsbeginn, Bezahlung nur nach Leistung, keine Überstundenabgeltung und Disziplin waren Voraussetzung. Auch ein „sauberer" Lebenswandel - wie in Walts heiler Welt - wurde gefordert: „Fingernagelkontrolle", keine Homosexualität, kaum Alkohol usw. Der anfängliche Erfolg des Trios basierte aber auch auf kaufmännischem Gespür: Nicht die ganz großen Stars wurden engagiert, sondern die ehemals bekannten und in Vergessenheit geratenen, wie z.B. *Bette Midler* und *Nick Nolte*. Man wusste, sie waren gut, aber auch nicht so teuer. Bezahlt wurde immer schlecht bei Disney und... nur erfolgsorientiert. Nicht selten passierte es, dass ein Produzent einen selbst finanzierten und bestellten Film ablieferte, der dann nicht abgenommen wurde. Ein Manager charakterisierte dieses folgendermaßen: „Wir bezahlen dich nicht. Wir schubsen dich herum. Wir machen hier jede Menge Filme. Vielleicht bringen sie deinen gar nicht erst raus." *Disney* produzierte Mitte der 1990er Jahre um die 70 Filme im Jahr, wo andere vergleichbare Studios es nur auf 25 brachten, und blieb bei den durchschnittlichen Produktionskosten um über 50 % unter denen der Konkurrenz.

Glücklichsein als Tagesziel

te seinen Alltag vergessen und sich in einer Welt voller Freundlichkeit und Harmonie wohl fühlen. Und wie so oft bei Amerikanern wurde aus diesem Traum *Walt Disneys* etwas Übergeordnetes, eine Art Mission. Walt Disney World als Prototyp einer freundlicheren, humaneren und damit menschlicheren Gesellschaft? Sicherlich trifft das zumindest teilweise zu. Jedem Städteplaner müsste geraten werden, sich einmal hier umzusehen und die eine oder andere Idee aufzugreifen. Nicht nur der fußgängerfreundliche Wegbelag ist eine Übernahme wert...

Optimale Besuchszeiten

Florida hat zwei Saisonzeiten:
Wintersaison: von Mitte Dezember bis Ostern mit absoluten Spitzen um Weihnachten/Neujahr und Ostern.
Sommersaison: („Family Season") von etwa Mitte Juni bis Ende August.

Die **Besucherdichte** der einzelnen Attraktionen unterliegt Schwankungen, da in den Sommerferien Familien mit Kindern unterwegs sind und die kindgemäßen Attraktionen entsprechend größeren Andrang zu verzeichnen haben. Starken Besucherandrang gibt es außerdem in Zeiten von Raketenabschüssen in Cape Canaveral, während Autorennen oder anderer Großveranstaltungen. Die besucherärmsten Tage sind generell die (seltenen) Regentage. Die günstigsten Besuchszeiten sind Mitte April (mindestens 1 Woche nach Ostern) bis Anfang Juni und September bis Mitte Dezember. Am wenigsten Besucher gibt es nach dem Thanksgiving-Wochenende bis eine Woche vor Weihnachten.

Informationen für Erkundungen mit Kindern

Tipps

- Für **Kinder bis 12 Jahren** ein langer Besuch vom Magic Kingdom sowie ein Outdoor-Programm im Ft. Wilderness Resort.
- Für **Teenager**: ein Wasserpark und das Future World von Epcot
- Für **Erwachsene**: World Showcase von Epcot und Animal Kingdom.
- Die Stoßzeiten in den **Restaurants** (11-14 und 18-20 Uhr) vermeiden.
- Gleich **morgens** nach Betreten der Parks zu den beliebtesten Attraktionen gehen. Dann sind die Schlangen noch nicht so groß.

Der langen **Warteschlangen** wegen ist es allemal ratsam, ein paar Snacks und Getränke dabeizuhaben. Deshalb sollte man auch gerade mit Kindern die **amerikanischen Ferienzeiten** (Weihnachten-Neujahr/Ostern/die amerikanischen Feiertage) vermeiden. Die Schlangen an den Attraktionen, aber auch in den günstigeren Restaurants sind dann sehr lang.

Grundsätzlich ist WDW in fast allen Bereichen optimal auf Kinder eingestellt, so gibt es zahlreiche Spielplätze, Kindersitze in Restaurants und spezielle Kinderprogramme. **Babysitting** wird in jedem Disney-Hotel angeboten, und für Kinder zwischen 1 und 4 Jahren, für die WDW noch kein Erlebnis darstellen würde, gibt es ein so genanntes Kinder-Care-Center.

Kinderwagen/Sportwagen („Strollers") und auch Rollstühle können in allen Parks ausgeliehen werden. Zudem werden so genannte **Baby Services** in allen Parks angeboten. In diese Räumlichkeiten (gemütliche Stühle, Wickeltische etc.) können sich Eltern mit ihren Kleinkindern zurückziehen. Hier gibt es zudem alles, was man für ein Baby benötigt (Babynahrung, Plastiklöffel, Windeln etc.).

An der City Hall, dem Baby Center am Crystal Palace – beides im Magic Kingdom –, an den Guest Relations, dem Baby Service in Epcot oder den Guest Services in den Disney's Hollywood Studios kann man spezielle Schildchen („Tags") erwerben, auf denen man alles vermerken kann, was einen mit dem verlorenen Kind wieder zusammenführen wird.

Treffpunkt ausmachen

Es empfiehlt sich einen **Treffpunkt** auszumachen, an dem man sich z.B. zur immer nächstfolgenden vollen Stunde treffen kann, falls man sich verloren hat. Um dem vorzubeugen, lassen sich die Besucher einiges einfallen: So z. B. „verbinden" sich Familien mit einem Band (sehr lästig) oder es trägt jeder ein spezielles, deutliches Erkennungsmerkmal (z. B. eine Flagge) bzw. alle aus der Gruppe tragen das gleiche T-Shirt.

Die interessantesten Punkte für **Kinder bis 12 Jahren** finden sich mit Sicherheit im Magic Kingdom, hier sollte der Schwerpunkt vor allem im Bereich Fantasyland liegen. Dieser wird allerdings derzeit (Ende 2011) umgebaut und vergrößert, die neuen Attraktionen werden etappenweise eröffnet (geplanter Abschluss 2013).

Buchtipp
Der englischsprachige Führer **Birnbaum's Walt Disney World For Kids** *(10 US$) zielt besonders auf die* **Kinder im Alter von 7–15** *ab und gibt detaillierte Infos, ist aber auch sehr Disney-orientiert.*

Überblick über die WDW-Parks

Zentrale Anlaufstelle für Reisende, die außerhalb von WDW wohnen: das Ticket & Transportation Center nahe dem Magic Kingdom. Hier kann man zentral parken, Informationen einholen, Eintrittskarten kaufen, einen Wagen mieten (National Rent-a-Car) und mit Bus, Monorail oder Booten zu den einzelnen Attraktionen fahren.

Themenparks

- **Magic Kingdom**: das „Königreich". Besonders für die Kinder.
- **Epcot**: Die „Welt von morgen" in Future World und die besonders beliebten Ländervorstellungen im World Showcase.
- **Animal Kingdom**: Das Königreich der Tiere. Auf künstlichen Fluss-Systemen reist man durch die verschiedenen Tierwelten der Tropen sowie durch die Welt der Fabeltiere.
- **Disney's Hollywood Studios**: Wie die Universal Studios eine Erlebniswelt zum Thema Film.

Wasserparks

- **Typhoon Lagoon**: Großzügig angelegte „Strandanlage im Piratenlook".
- **Blizzard Beach**: Wasserpark unter dem Motto: „The hottest Ski Resort on Earth".

Andere Disneygebiete bzw. -anlagen

- **Downtown Disney**/Disney's Boardwalk: Ausgeh- und Restaurantzonen
- **Wide World of Sport**: Sportmöglichkeiten

Magic Kingdom

Die **beliebtesten Stationen für Kinder unter 10 Jahren**:
Tom Sawyer's Island; Peter Pan's Flight; Jungle Cruise; Pirates of the Caribbean; It's a Small World; Dumbo, the Flying Elephant; Prince Charming Regal Carousel. Für die ganz Kleinen gibt es zudem **The Many Adventures of Winnie the Pooh**, eine langsame Fahrt in viersitzigen Gefährten, während der man Tigger, Kanga und Poohs anderen Freunden

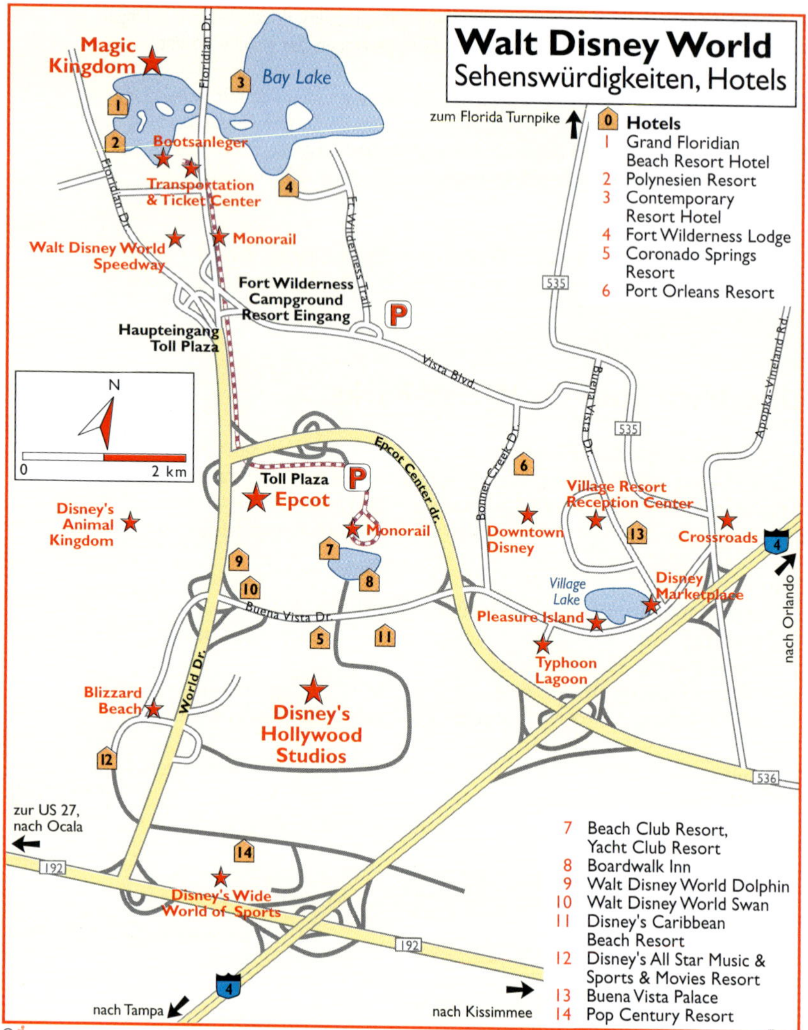

© graphic

begegnet. In der Pirates League kann man sich als Pirat schminken und verkleiden lassen, in der Bibbidi Bobbidi Boutique gibt's das gleiche für Prinzessinnen. Der Spaß kostet allerdings je nach Ausstattung **$ 50–180 – neben dem Eintritt**.

Orientierung

Die Orientierung im Magic Kingdom ist leicht: Die Hauptstraße – die Main Street U.S.A. – (Geschäfte, Kino, Bus- und Autofahrten) im Stil der Jahrhundertwende endet an einem Verteiler, von dem aus Wege in die 6 „Gebiete" abzweigen. Geradeaus erblickt man das Wahrzeichen, das Cinderella Castle. Im Uhrzeigersinn schließen sich die 6 Gebiete des Magic Kingdom an:

Main Street U.S.A.	Frontierland	Fantasyland
Adventureland	Liberty Square	Tomorrowland

Überblick

Der „Urpark"

Das Magic Kingdom ist der Inbegriff für Disneys Themenparks. Bereits das erste seiner Art, Disneyland in Anaheim, zog gleich nach seiner Eröffnung 1971 Millionen von erlebnishungrigen Besuchern an. Auch die Disney-Parks in Japan und Frankreich sind nach dem ersten Vorbild in Kalifornien gestaltet.

Magic Kingdom entspricht in fast allen Punkten den Vorstellungen von Walt Disneys „heiler Welt": Es ist sauber, verspricht Spaß und Fröhlichkeit für jedes Alter und erscheint als „magische Traumwelt". Die heutige Kommerzialisierung war zwar nicht bis ins letzte Detail von Disney so erdacht, doch war er dem Geld im Grunde auch nicht ganz abgeneigt. Disneys Wunsch, alle Menschen glücklich zu machen und zusammenzubringen, lässt sich am besten an dem nahezu überall präsenten Lied „It's a small World" erkennen. Es berieselt die Besucher aus den verschiedensten Lautsprechern und vor allem während der gleichnamigen Musicaltour mit einem Boot, einer der Hauptattraktionen im Fantasyland. Ob man nun mit den Ideen und der Verwirklichung dieser heilen und perfekten Welt immer übereinstimmt, ist eine andere Sache. Respekt sollte man dem Versuch und der Einzigartigkeit – und das war es während der Planung zu dem ersten Park und ist es bis zu einem gewissen Grad auch heute noch – allemal zollen. Das Magic Kingdom ist mit Sicherheit ein Vorreiter der Themenpark-Idee, und alle Versuche, etwas in diesem Stil zu kopieren, sind bei weitem nicht so gelungen.

Der Park ist angelegt auf 40 ha um Cinderella Castle herum, einem romantisch wirkenden Märchenschloss mit Türmchen und Zinnen, das in vielen Einzelheiten dem bayrischen Schloss Neuschwanstein nachempfunden wurde. Das Magic Kingdom hat aber noch viel mehr zu bieten. Aufgeteilt in sechs völlig unterschiedliche Themengebiete zielt Disney auf jede Altersgruppe. Entsprechend hoch ist dann aber auch der Besucherandrang, sodass sich ab

Redaktionstipps

- Mit dem **Holzboot** den Splash Mountain hinabjagen (S. 370).
- Die **3 O'Clock Parade** ansehen (S. 371).
- Die drei **besten Restaurants** im Park: Tony's Town Square (Italienische), Liberty Tree Tavern (im Kolonialstil mit Neuengland-Küche) und The Crystal Palace (Buffet, für alle Reservierung empfohlen).
- Die meisten Besucher gehen im Uhrzeigersinn. Machen Sie es andersherum.
- Empfehlung für die **Zeiteinteilung**: Mindestzeit: 7 Stunden, optimale Zeit: 1½ Tage.
- Die drei absolut nächsten **Hotels**: Grand Floridian Beach Resort, Contemporary Resort, Polynesian Resort.

mittags auf dem verhältnismäßig kleinen Gelände Zigtausende von Besuchern drängen. Obwohl es nahezu 50 Attraktionen gibt, kommt man kaum umhin, einen Großteil der Zeit in Warteschlangen von zum Teil über einer Stunde Länge zu verbringen, auch wenn diese seit 2009 angesichts der Wirtschaftskrise nicht ganz so lang sind, denn die meisten Besucher kommen immer noch aus dem eigenen Land. Am besten kommt man also früh.

Wartezeiten …

Auslassen sollte man diesen Park aber in keinem Fall, denn es gibt wirklich viel zu sehen und zu erleben, und das Magic Kingdom ist nun mal der Themenpark überhaupt. Man muss ja nicht zu viele Attraktionen mitnehmen, sondern kann sich einfach treiben lassen, bei vielen Attraktionen auch nur zuschauen und versuchen, den Besuch ruhig angehen zu lassen. Das Vorhaben, soviel als möglich „abzuhaken", würde spätestens zur Mittagszeit in Stress ausarten. Reisende aus Europa werden i. d. R. nach einem Besuchstag genug haben. Auch wenn es viel zu erleben gibt, ist der Bedarf an „heiler Welt" sowie umfassender optischer und akustischer Berieselung dann häufig gedeckt. Diesen einen Tag sollte man sich aber gönnen.

Möglicher Tagesplan für Erwachsene

1. Mind. 1 Stunde vor der offiziellen Öffnungszeit ankommen.
2. Statt mit der Fähre (was gemütlicher wäre) vom Transportation and Ticket Center, wo Sie Ihre Tickets erstanden haben, direkt mit der Monorail zum Magic Kingdom fahren.
3. An der City Hall einen Plan über die aktuellen Tagesprogramme besorgen.
4. Dann zunächst zum Space Mountain.
5. Nun zu den Snow White's Scary Adventures (Reise zu Schneewittchen und den 7 Zwergen).
6. Anschließend in Fantasyland zum Peter Pan's Flight gehen.
7. Fantasyland durch das Schloss verlassen und im Adventureland die Jungle Cruise unternehmen.
8. Nach dem Jungle Cruise geh es nach links ins Frontierland und zur Big Thunder Mountain Railroad oder zur Tour durch den Splash Mountain.
9. Besuch der Country Bear Jamboree. Allerdings ist diese Show mit viel Country Music nur für diejenigen schön, die genügend Englisch beherrschen.
10. Nach links geht es zum Liberty Square und dem Spukschloss „The Haunted Mansion".
11. Lunch im Diamond Horseshoe oder in der Liberty Tree Tavern.
12. Zum Liberty Square und der Hall of Presidents.
13. Nach Adventureland, um die Pirates of the Caribbean zu erleben.
14. Nach links kommt man ins Frontierland.
15. Anschließend ins Fantasyland zu „It's a Small World".
16. Besuch von 1-2 Attraktion nach Wahl in Tomorrowland.
17. Zum Schluss geht's zu Walt Disney's Carousel of Progress (auch in Tomorrowland).

Tagesplan für Eltern mit Kindern im Alter von 4–8 Jahren

(Nur durchführbar, wenn der Andrang nicht so groß ist)

Dieser Tagesplan ist sozusagen ein Kompromiss zwischen den Interessen der Eltern und denen kleinerer Kinder. Am besten wäre es, diesen Plan auf zwei Tage zu verteilen:

1. Mind. 30 Min. vor der offiziellen Öffnungszeit ankommen.
2. Benutzen Sie vom Transportation and Ticket Center aus die Monorail.
3. An der City Hall sollte man sich das aktuelle Tagesprogramm besorgen.
4. Anschließend in Fantasyland zu Snow White's Scary Adventures
6. Auch in Fantasyland: Peter Pan's Flight.
7. Ebenfalls im Fantasyland: Dumbo the Flying Elephant.
8. Nun ins Adventureland wechseln und am Jungle Cruise teilnehmen.
9. Vom Jungle Cruise zum Frontierland; hier Fahrt mit der Big Thunder Mountain Railroad (bei zu kleinen Kindern bitte nicht, da die Kleinen zu viel Angst bekommen).
10. Nun zu Country Bear Jamboree.
11. Nun zum Liberty Square und hier zum Haunted Mansion.
12. Lunch in der Liberty Tree Tavern
13. Besuch des Swiss Family Treehouse.
14. Zurück im Adventureland zu den Pirates of the Caribbean.
15. In Frontierland Tom Sawyer Island besuchen - ein idealer Tummelplatz für Kinder.
16. Mit dem Floß zurück von Tom Sawyer Island zur Frontierland Railroad Station.
17. Nun hinüber zu „It's a Small World".
18. Durch die Burg nach Tomorrowland.
19. Weiter zum Carousel of Progress.
20. Ausruhen und entlangschlendern auf der Main Street U.S.A.
21. Nun zurück mit der Monorail zum Transportation and Ticket Center, um zum Parkplatz zu gelangen.

Im Folgenden werden nun die Attraktionen im Magic Kingdom genauer vorgestellt, die als die interessantesten und aufregendsten gelten:

WDW-Railroad

Die historische Eisenbahn umkreist das gesamte Gelände vom Magic Kingdom in ca. 20 Minuten. Stopps und Aus-/Zusteigemöglichkeiten gibt es in der Main Street und im Frontierland. Eine gute Gelegenheit, um einen ersten Eindruck vom Königreich zu erhalten. Die vier Lokomotiven sind übrigens früher einmal in Yucatan (Mexiko) zum Ziehen der Zuckerrohrzüge eingesetzt worden. Sie tragen alle Namen: „*Walter E. Disney*", „*Roy O'Disney*" (Walt's Bruder), „*Lilly Belle*" (Walt's Frau) und „*Roger Broggie*" (ein Freund Walt's und großer Eisenbahnfan).

Guter Überblick

Cinderella Castle

Das Wahrzeichen des Magic Kingdom. Es ist an die 60 Meter hoch und dem Schloss Neuschwanstein in Bayern abgeguckt. Innen gibt es ein paar Geschäfte und ein Restaurant. Interessanter aber sind die Einzelheiten, die in und an das Schloss angebracht wurden. So z.B. goldene Mosaikarbeiten, die die Geschichte Cinderellas erzählen, und Glas-

„Neuschwanstein"

Übersicht: Die wichtigsten Attraktionen im Magic Kingdom

Die meisten Überseebesucher dürften wohl nicht mehr als einen Tag zur Verfügung haben, um die Sehenswürdigkeiten des Magic Kingdom zu erleben. Deshalb heißt die oberste Devise: auswählen!

Gebiet	*Attraktion*	*Kurzbeschreibung*	*Beste Besuchszeit*	*Wartezeit*	*Dauer*
Main Street (Straße im Stil der Jahrhundertwende)	Walt Disney World Railroad	Alte Dampflok-Eisenbahn nach Western-Art	bis 11.30 h	je 100 Leute 8 Minuten	Gesamtrundfahrt 20 Min.
	Main Street Vehicles	Fahrt mit historischen Fahrzeugen	jederzeit	relativ kurz	3 Minuten
Adventureland (Abenteuerland)	Swiss Family Tree House	Baumhaus auf einer „Robinsoninsel"	vor 11.30 h und nach 17 h	je 100 Leute 7 Minuten	10–15 Minuten
	Jungle Cruise (FASTPASS)	Bootsfahrt durch einen Dschungel mit Wasser speienden Elefanten etc.	vor 10 h oder ca. 2 Stunden vor Schluss	je 100 Leute ca. 3½ Minuten	8–9 Minuten
	Pirates of the Caribbean	Piraten der Karibik, Bootsfahrt	vormittags oder nach 17 h	je 100 Leute 1½ Minuten	7½ Minuten
	Enchanted Tiki Room	Audio-animatronische Vögel, Blumen, viel Musik	vor 11 h und nach 15.30 h	ca. 15½ Minuten	15 Minuten
	The Magic Carpets of Aladdin	Fahrt auf Aladdins Teppich mit Blick auf Adventureland	vor 11 h und nach 15.30 h	15 Minuten	7 Minuten
Frontierland (Wildwest-Land)	Big Thunder Mountain Railroad (FASTPASS)	Achterbahn mit guten Effekten	vor 10 h oder 1 Stunde vor Schluss	je 100 Leute 3 Minuten	4 Minuten
	Splash Mountain (FASTPASS)	atemberaubende Bootstour	sobald der Park öffnet, zu den Essenzeiten und kurz vor Schluss	10 Minuten	3½ Minuten
	Country Bear Jamboree	Country Music mit „automatischen" Bären	vor 11.30 h oder 2 Stunden vor Schluss	sehr lange, etwa 15–45 Minuten	15 Minuten
	Tom Sawyers Island/ Fort Sam Clemens	Tom-Sawyer-Insel, Spielplatz	Vormittag bis später Nachmittag	man geht einfach durch	
	Frontierland Shootin' Arcade	Schießstand	immer, 25 c/Spiel		
Liberty Square (Platz der Freiheit)	Hall of Presidents	Audio-animatronische Figuren der Präsidenten	jederzeit	relativ kurz	23 Minuten
	Liberty Square Riverboat	Mississippi-Raddampfer	jederzeit	10–14 Minuten	16 Minuten
	Haunted Mansion	Spukschloss mit Geistern	vor 11.30 h oder mit FASTPASS nach 20 h	je 100 Leute 2½ Minuten	8½ Minuten

Fantasyland (Fantasieland)	It's a Small World	Puppen singen und tanzen, während man Boot fährt	jederzeit	je 100 Leute 11 Minuten	11 Minuten
	Peter Pan's Flight (FASTPASS)	Themenfahrt	vor 10 h oder mit FASTPASS nach 18 h	je 100 Leute 5½ Minuten	3 Minuten
	The Many Adventures of Winnie the Pooh (FASTPASS)	Themenfahrt	vor 10 h und 2 Stunden vor Schluss	ca. 4 Minuten	4 Minuten
	Prince Charming Regal Carousel	Pferdekarussell	vor 11 h oder nach 20 h	je 100 Leute 5 Minuten	2 Minuten
	The Little Mermaid: Ariel's Undersea Adventure (eröffnet Herbst 2012)	Themenfahrt mit der kleinen Meerjungfrau	vor 11 h oder nach 17 h		6 Minuten
	Snow White's Scary Adventures	Reise zu Schneewittchen	vor 11 h und nach 18 h	je 100 Leute 6½ Minuten	2½ Minuten
	Dumbo, the Flying Elephant	Karussellfahrt auf Elefanten	vor 10 h oder nach 21 h	je 100 Leute 20 Minuten	1½ Minuten
	Mad Tea Party	verrückte Fahrt in großen Teetassen	vor 11 h und nach 17 h	je 100 Leute 17½ Minuten	1½ Minuten
	Mickey's PhilharMagic	4D-Film mit Szenen aus Disney Filmen	jederzeit	20 Minuten	12 Minuten
Tomorrowland (Zukunftsland)	Space Mountain (FASTPASS)	Achterbahn im „Weltall"	direkt ganz früh oder 18–19 h	je 100 Leute 3 Minuten	3 Minuten
	Tomorrowland Speedway	Rennstrecke mit Miniaturwagen	vor 11 h und nach 17 h	je 100 Leute 4½ Minuten	4½ Minuten
	Tomorrowland Transit Authority PeopleMover	Fahrt in futuristischem Verkehrsmittel durch Tomorrowland	zwischen 11.30 und 16.30 h, während der Parade	je 100 Leute 1½ Minuten	10 Minuten
	Astro Orbiter	Raumschiff-Karussell	vor 11 h oder nach 17 h	je 100 Leute 13½ Minuten	1½ Minuten
	Carousel of Progress	Audio-animatronische Vorstellung von technischen Erfolgen	jederzeit	ca. 10 Minuten	18 Minuten
	Buzz Lightyear's Space Ranger Spin (FASTPASS)	verrücktes Weltraum-Abenteuer-Kino	vor 10.30 h und nach 18 h	mehr als 3 Minuten	4½ Minuten
	Stich's Great Escape	Science-Fiction-Abenteuershow	vor 11 h und nach 18 h	ca. 12–35 Minuten	18 Minuten

kunstwerke in den Fenstern. Cinderella hält übrigens im Foyer des Öfteren „Audienzen" ab.

Space Mountain

Durch diesen knapp 60 m hohen Berg jagt eine Achterbahn (ohne Loopings). Nicht die Geschwindigkeit macht das Erlebnis aus, sondern die Tatsache, dass es durch das stockdustere All geht. Man hat keine Ahnung, ob es als nächstes aufwärts oder abwärts geht, und gleichzeitig wird man (beinahe) von vorbei fliegenden Kometen getroffen. Die Spannung wird durch ausgefeilte Soundeffekte noch erhöht. Also nichts für schwache Nerven… und wer zwischendurch doch zuviel hat, der kann die Fahrt sofort abbrechen. Lange Schlangen. Fahrtdauer: 3 Minuten.

It's a small World

Heile Welt

Die Bootstour durch die mit Klischees beladenen Länderdarstellungen gehört zu den Klassikern in der Disney World. Das Boot zieht langsam vorüber an „It's a small World" singenden Puppen, die alle Hautfarben und Ländervorstellungen vertreten: indische Schlangenbeschwörer, russische Volkstänzer, französische Cancan-Tänzerinnen, eine deutsche Blaskapelle usw. Die Hintergründe werden gebildet von holländischen Windmühlen, Bergziegen auf einer Schweizer Alm und Ähnlichem. Die Tour ist kitschig und melancholisch, und nicht selten entsteigen gerade die Erwachsenen den Booten am Ende mit feuchten Augen… wie schön wäre es doch, wenn sich alle Welt vertragen könnte. Dauer: 12 Minuten – lange Schlangen.

Big Thunder Mountain Railroad

Aufregende Bahnfahrt

Die nahezu 900 m lange Roller-Coaster-Bahn kurvt durch rote Sandsteingebilde (dem Monument Valley nachempfunden), tiefe Canyons, unter einem Wasserfall hindurch und durch Fledermaushöhlen. Dabei werden Goldgräberstädte, unzählige Audio-Animatronic-Figuren und einiges mehr passiert. Fluten und simulierte Erdbeben runden die abenteuerliche Zugfahrt noch ab. Diesen Spaß hat sich Disney einiges kosten lassen (man munkelt: an die 20 Mio. Dollar) und für die Planung benötigte man 16 Jahre. Dafür kann man schon mal in der Schlange stehen. Fahrtdauer: 4 Minuten.

Splash Mountain

Tolles Bootserlebnis mit „Absturz"

Dieser 12-minütige Trip in einem (großen) Einbaum ist eine der wohl meistbesuchten Attraktionen im Magic Kingdom. Die Schlangen sind lang, und Wartezeiten erreichen häufig Längen von 1½ Stunden und: Das Warten in einem unterirdischen Gang ist auch nicht jedermanns Sache. Doch für diesen Trip lohnt es: Das Boot kurvt kreuz und quer durch den Berg, und häufig werden Sie mit abrupten und unerwarteten Richtungsänderungen überrascht. Zu Beginn aber geht es ruhiger zu, und die Geschichte von Roger Rabbit aus dem Cartoon „Song of the South" wird mit zahlreichen Roboterfiguren wiedergegeben. Dreimal steigt das Boot dann an und viermal geht es steil bergab – am steilsten beim letzten Mal. 16 Meter geht es dort hinunter im 45°-Winkel, wobei das Boot eine Geschwindigkeit von über 60 km/h erreicht. Dieses ist die längste und steilste Bootsabfahrt überhaupt. Nichts also für mit Hamburgern gefüllte Mägen. Eine Belohnung für den zu erwartenden Stress bietet noch die Aussicht auf das Magic Kingdom, die Sie an den wenigen „überirdischen" Punkten genießen können. Am Ende des Trips können Sie ein Foto von sich erstehen, welches Ihr Gesicht während der steilen Abfahrt festgehalten hat.

Pirates of the Caribbean

„Yo-ho-ho" schallt es aus allen Lautsprechern, und schon bald wird es zum Ohrwurm. Nach einer längeren Wartezeit in einer Schlange erreicht man schließlich das Boot, mit dem es in die Karibik geht. Dort erwarten Sie eine Seeschlacht und… Piraten. Man befindet sich mitten zwischen den vorbei fliegenden Kanonenkugeln und wird schließlich Zeuge, wie die Piraten die von ihnen angegriffene Stadt erobern und plündern. Auch hier sind die Figuren „audio-animatronic"-gesteuert. Das Warten lohnt sich – dieses ist eine der Hauptattraktionen im Magic Kingdom. Kinder unter 5 Jahren würden sich hier aber fürchten. Fahrtdauer: 11 Minuten. *Piratenfahrt*

Jungle Cruise

Ein Führer nimmt Sie mit auf eine Bootstour über vier der großen Flüsse in den Tropen: Amazonas, Nil, Mekong und Kongo. Dabei gibt es so einiges zu sehen und erleben: Ein Krokodil greift nach Ihrem Boot, Nilpferde und Elefanten spritzen und tollen im Wasser, und am Ufer greift eine Horde Affen ein Buschcamp an. Diese Tour ist aber nicht so erschreckend für die Kleinen und bietet daher eine gute Alternative zu den „Pirates of the Caribbean". Dauer: 10 Minuten. *Im Urwald*

Paraden und Feuerwerke

Die 3 O'Clock Parade, die täglich um 15 Uhr von der Main Street bis zum Liberty Square und ins Frontierland zieht, ist ein Muss! Disney-Charaktere, Musikbands, Akrobaten, Geschichtenerzähler usw. nehmen daran teil. Die aktuelle Parade heißt *Celebrate A Dream Come True*.

Sollte es stattfinden (nur während der Hochsaison), verpassen Sie nicht das große Feuerwerk (Wishes Nighttime Spectacular) und die atemberaubende Lasershow (Main Street Electrical Parade) im Magic Kingdom. Beachten Sie den Veranstaltungsplan.

Reisepraktische Informationen Magic Kingdom

Information

Der Hauptinformationsstand befindet sich in der City Hall am Town Square, gleich links vom Eingang. Hier kann man sich eine Karte und einen aktuellen Veranstaltungsplan besorgen.

Öffnungszeiten und Preise

s. S. 392

Anfahrt/Parken

Der riesige Parkplatz am Ticket & Transportation Center (TTC) dürfte mit Sicherheit jedem Ansturm gewachsen sein. Von dort fahren dann die Monorail oder ein Boot zum Magic Kingdom. Das TTC ist ebenfalls Endstation der Buslinien.

Touren

Für einen Extrabetrag von ca. $ 75 können Sie an der 4- bis 5-stündigen Tour „Keys to the Kingdom" teilnehmen, die einen Überblick verschafft und auch mal hinter die Kulissen bli-

cken lässt. Der interessanteste Part ist die Besichtigung der unterirdischen Tunnelwelt. Warteschlangen an vielbesuchten Attraktionen umgeht man dabei aber nicht. Die Touren beginnen in der Regel nur morgens zwischen 9.15 und 9.30 Uhr. Vorher anrufen. Zudem gibt es noch andere Touren, Info auf der Homepage.

„Character Greetings"

Mickey Maus und andere Disney-Charaktere „posieren" für die Kinder bzw. geben Autogramme. Orte und Zeiten am Einfang erfragen.

Rollstühle/Kinderwagen (stroller)/Schließfächer

Direkt am Eingang kann man Kinderwagen, elektrische Scooter und Rollstühle ausleihen und direkt unter dem Bahnhof finden sich die Schließfächer.

Restaurants im Magic Kingdom

Im **Main-Street-Gebiet** *ist* **Tony's Town Square Restaurant** *(Ostseite des Town Square) am beliebtesten, dessen viktorianisches Ambiente u. a. an den Disneyfilm „Lady and the Tramp" erinnern soll. Für den Hunger zwischendurch bzw. süße Leckereien empfehlen sich zudem das* **Plaza Restaurant** *(Main Street) sowie der unter Glas beherbergte* **Crystal Palace** *(an der Adventureland-Brücke).*

Im **Frontierland** *empfiehlt sich das am Liberty Square gelegene* **The Diamond Horseshoe** *im Western Style. Für den kleinen Appetit lohnt ansonsten ein Stopp im* **Aunt Polly's Landing** *auf der Tom-Sawyer-Insel.*

Ein Muss ist eigentlich die **Liberty Tree Tavern** *am* **Liberty Square**, *einem auf alt getrimmten Pub mit kalorienhaltiger Landküche.*

Im **Fantasyland** *erwartet einen schließlich eine wahrhaft königliche Tafelrunde im* **Cinderella's Royal Table** *(in Cinderella Castle). Cinderella selbst hält Hof.*

Hinweis Restaurantreservierungen

Entweder wählt man ☏ 407-WDW-DINE bzw. 407-939 3463 oder man reserviert in den Restaurants selber.

Geld

Natürlich kann man mit echten Dollars bezahlen, doch wäre es nicht Disney World, würde es nicht auch den Disney-Dollar (Taler) geben. Er wird überall im Magic Kingdom akzeptiert und auf Wunsch auch als Wechselgeld herausgegeben.

Einkaufen

Keiner der Disney-Parks bietet so viele Souvenirshops, die aber nicht nur Disney-Kitsch verkaufen. Man sollte sich also ruhig etwas Zeit nehmen, die Main Street (wo es die meisten Geschäfte gibt) entlangzuschlendern. Aber auch in den anderen Abschnitten findet man immer wieder kleine und große Läden. Die größte Disney-Souvenirauswahl gibt es im Emporium an der Main Street.

Epcot

Epcot – Experimental Community of Tomorrow – wurde 1982 eröffnet. Der futuristisch anmutende Park war *Walt Disneys* letzter großer Traum. Er hatte vor, hier beispielhaft eine Stadt für 20.000 Menschen zu errichten. Sie sollten in Hochhäusern leben, die um einen autofreien Stadtkern lagen. Zur Arbeit sollten sie ausschließlich mit umweltfreundlichen Nahverkehrsmitteln fahren. Dieser Gedanke zur Errichtung einer menschenwürdigen Stadtlandschaft entsprang der Einsicht, dass die Städteagglomerationen der Welt zunehmend menschenunwürdiger wurden und die Umweltzerstörung zunehmen würde. Eine Entwicklung, der *Disney* seine Vision entgegensetzen wollte, um zu zeigen, dass es auch anders geht, wenn man nur radikal umdenken und den technischen Fortschritt für und nicht gegen den Menschen umsetzen kann. Epcot sollte ein Experimentierfeld für die Lösung der drängenden Probleme einer industriell geprägten Stadtgesellschaft werden.

Redaktionstipps

- Die Kommunikationsgeräte im **Innoventions** ausprobieren (S. 378).
- Im japanischen Teppan Edo, im norwegischen Akershus oder im Coral Reef (den besten Restaurants im Park) etwas essen gehen (S. 383).
- Eine Reise durch die Geschichte der Telekommunikation im **Spaceship Earth** erleben (S. 377).
- Den **3-D-Film** „Captain EO" im Imagination! Pavilion ansehen (S. 379).
- Gleich nach Betreten des Parks sollten Sie Ihren gewünschten Restaurantplatz **reservieren**. Das können Sie im Epcot Computer Center (World Key Terminals) links vom Spaceship Earth machen.
- Empfehlung für die **Zeiteinteilung**: Mindestzeit: 6 Stunden, optimale Zeit: 1½ Tage.
- Die nächsten **Hotels**: Old Key West Resort und Port Orleans Resort.

Nach seinem Tode haben sich seine Nachlassverwalter dieses Traumes angenommen – und die Chance dabei verpasst, ihn gemäß seiner ursprünglichen Intentionen zu verwirklichen. Statt diese Vision Disneys umzusetzen, haben sie schlicht einen neuen Vergnügungspark geschaffen, der, medial faszinierend umgesetzt, ungebremsten Fortschrittsglauben demonstriert und alle negativen Aspekte ausklammert. Auch eine Rolle dürfte gespielt haben, dass man zur Finanzierung der Gesamtinvestition von über 3 Milliarden US$ nach Sponsoren aus der Wirtschaft wie Exxon und General Motors schaute.

Statt Vision nur Illusion

Ein weiterer Teil von Epcot ist „The World Showcase". Diese „Länder-Dauerausstellung" ist eher die architektonisch und choreographisch bis ins Detail umgesetzte Darstellung von Klischees der einzelnen Länder. In den „Dörfern" wird in länderspezifischem Ambiente massenweise Kitsch verkauft. Sitten und Gebräuche, Handwerk und Kunst werden in exakt jener Art und Weise vorgestellt, wie es den Erwartungen der Besucher über das entsprechende Land entspricht.

Das Gesamtgebiet – etwa doppelt so groß wie das Magic Kingdom – gliedert sich wie folgt:

- **Future World** (Welt der Zukunft) mit den Themen-Attraktionen:
  - Universe of Energy (Universum der Energie)
  - Mission: Space
  - Innoventions (Innovationen/Neuerungen)

- The Land (Bootstour durch verschiedene Vegetationen)
- The Seas with Nemo & Friends (Leben im Meer)
- Test Track: Hier kann man in eine von Disneys schnellsten Attraktionen steigen und mit 60 mph ein Testfahrergefühl bekommen.
- Imagination! Hier dreht sich alles um Illusion und Realität. 3-D-Filme sind die Hauptattraktion.

Gleich am Beginn von Future World steht die große silberne Kugel, das **Spaceship Earth** (Raumschiff Erde), das zum Wahrzeichen von Epcot wurde und immer wieder ein futuristisches Bild abgibt, wenn man vom World Showcase über die Lagune schaut. Innerhalb der Kugel lässt sich die Geschichte der Menschheit nacherleben.

- **World Showcase** ist eine Art Länderdarstellung. Zurzeit sind folgende Länder repräsentiert: Mexiko, Norwegen, China, Deutschland, Italien, USA, Japan, Marokko, Frankreich, Großbritannien, Kanada.

Besuch von Epcot

Kürzere Warteschlangen als im Magic Klingdom

Generell betrachtet ist Epcot wesentlich weitläufiger als das Magic Kingdom. Das Spaceship Earth, die praktisch von überall sichtbare Weltkugel, ist nicht Mittelpunkt, sondern liegt praktisch am Eingang des Geländes. Man sollte sich deshalb auf einige Fußmärsche einrichten. Die Warteschlangen sind zwar lang, doch die Wartezeiten insgesamt kürzer als im Magic Kingdom. Die Disney-Leute haben dazugelernt und sich bei der Planung von Epcot besser auf „Massen" eingestellt. Problematisch dürfte der Besuch mit kleinen Kindern sein, da viele Attraktionen erst ab ca. 10 Jahren interessant sind.

Tagesplan für Erwachsene

Tipp

Sobald Future World zu voll wird, weichen Sie evtl. vom Plan ab und gehen zwischenzeitlich ins World-Showcase-Gebiet.

1. Etwa 45 Minuten vor der offiziellen Öffnungszeit ankommen. Oft werden die Pforten schon eine halbe Stunde früher geöffnet.
2. Als erstes zum Spaceship Earth. Wenn hier die Warteschlangen kurz sind, dann besuchen Sie die Vorführungen. Wenn die Schlangen schon lang sein sollten, sollte man evtl. erst in den späten Nachmittags-/frühen Abendstunden zurückkehren. Falls Sie mittags oder abends in einem der Restaurants essen möchten, dann sollten Sie hier (links neben Spaceship Earth) Ihre Reservierungen vornehmen. Als Dinnerzeit empfiehlt sich 20–21 Uhr.
3. Als nächste Station The Seas.
4. Anschließend zu The Lands. Hier die Bootsfahrt „Living with the Land" und den simulierten Flug „Soarin'" mitmachen.
5. Anschließend direkt zum World Showcase nach Frankreich gehen. Hier ist der Film „Impressions de France" sehenswert.

Tipp: IllumiNations

Das allabendliche Laser- und Feuerwerk-Spektakel „IllumiNations: Reflections of Earth“ mit bunten Lasern und Strahlern, dazu Lichtspielen auf Leinwänden, die auf Flößen im Wasser schwimmen sowie einem Feuerwerk – das Ganze untermalt von imposanter Orchestermusik. Beginn vor Ort erfragen – in der Regel aber 21 Uhr.
Beste Ausblicke auf die Beleuchtungsshow:

- von der Außenterrasse des englischen Pubs „Rose & Crown“
- von der Bar im japanischen Pavillon
- von einem Fensterplatz im Bistro de Paris,
- und vom Ufer am Showplace Plaza, dem Platz zwischen Spaceship Earth und Landungssteg der Boote.

Für alle guten Punkte gilt: **Rechtzeitig erscheinen!** Beim letzten gilt sogar: 45 Minuten vorher.

6. Durch Innoventions West direkt zum World Showcase nach Frankreich gehen. Hier ist der Film „Impressions de France“ sehenswert.
7. Nun weiter zu der amerikanischen Ausstellung. Hier läuft eine Vorstellung – „The American Adventure“ – über die amerikanische Siedlerzeit und den Verlauf der amerikanischen Nationalgeschichte.
8. Zurück nun zur japanischen Ausstellung. Von hier weiter nach Italien, Deutschland und China. In China ist der Film „Reflections of China“ sehenswert.
9. Nun an Mexiko vorbei und zurück zu Future World. Hier eine Fahrt auf dem Test Track.
10. Weiter zu „Mission: Space“.
11. Weiter zu „Universe of Energy“. Nur lohnend, wenn die Warteschlange nicht länger als 30 Minuten Wartezeit erfordert.
12. Nun ist die Zeit günstig geworden, im „Spaceship Earth“ der Vorstellung zu folgen.
13. Zurück zum World Showcase. Wenden Sie sich zunächst Großbritannien, später Kanada zu. Hier unbedingt „O Canada“ anschauen.

Spaceship Earth und Monorail

14. Danach weiter nach Mexiko (hier Bootsfahrt: „Gran Fiesta Tour Starring the Three Caballeros"), dann nach Norwegen.
15. In Norwegen die Bootsfahrt „Maelstrom" unternehmen.
16. Nun wird's Zeit, zum reservierten Abendessen zu gehen.
17. Abschließend IllumiNations, der Feuerwerks- und Lasershow von der Lounge im japanischen Restaurant oder dem französischen Bistro aus folgen.

Tagesplan für Erwachsene mit Kindern unter 8 Jahren

(den Sie aber nur durchführen können, wenn die Schlangen nicht zu lang sind)

Generell gilt, dass die jüngeren Kinder einigen der Vorstellungen in Future World lieber folgen als Rundgänge durch die World Showcase zu machen. Hier sind evtl. vor allem die relativ langen Filme des World Showcase langweilig. Ein Kompromissplan für den Besuch mit kleineren Kindern wäre folgender Tagesablauf:

1. Kommen Sie in Epcot ca. 45 Minuten vor der offiziellen Öffnungszeit an.
2. Wenn die Warteschlange noch nicht zu lang ist, besuchen Sie das Spaceship Earth.
3. Erkundigen Sie sich an der Information nach dem Tagesprogramm. Vieles ist besonders für Kinder interessant.
4. Nun weiter zu The Seas mit Nemo - wahrscheinlich das Interessanteste für die Kleinen.
5. Weiter zu The Land. Unternehmen Sie den Bootstrip „Living with the Land".
6. Besuch von „Journey Into Imagination With Figment". Im gleichen Pavillon sollten Sie „ImageWorks" besuchen, einen multimedialen Spielplatz.
7. Nun gehen Sie zum World Showcase und besuchen den Mexiko-Stand. Hier sollten Sie die Bootsfahrt „Gran Fiesta Tour Starring the Three Caballeros" besuchen.
8. Weiter nach Norwegen. Hier nicht die Bootstour „Maelstrom" versäumen.
9. Besuchen Sie nun kurz die Darstellungen von China, Deutschland und Italien.
10. Schlendern Sie durch Japan, Frankreich, England und Kanada. Hier eventuell „O Canada" ansehen.
11. Weiter zu Mission: Space.

Hinweis

Die Attraktionen von Future World öffnen zwei Stunden vor World Showcase und schließen auch eher.

Attraktionen FUTURE WORLD

Übersicht: Die wichtigsten Attraktionen in Epcot: Future World				
Attraktion	*Kurzbeschreibung*	*Beste Besuchszeit*	*Wartezeit*	*Dauer*
Spaceship Earth	Entwicklungsstufen der Menschheit vom Höhlenmenschen bis zum Satellitenzeitalter	gleich vor 10 h oder nach 16 h	je 100 Leute 3 Minuten	16 Minuten
Innoventions	Ausprobieren der neuesten technischen Errungenschaften	gleich morgens	20 Minuten	
The Seas with Nemo & Friends Ride	das Leben der Meere, riesiges Aquarium, über 4.000 Meereslebewesen	vor 13 h oder nach 17 h	je 100 Leute 3½ Minuten	5 Minuten
Living with the Land (FASTPASS)	Bootsfahrt durch die Vergangenheit, Gegenwart und Zukunft der Landwirtschaft	vor 11 h oder mit FASTPASS	je 100 Leute 3 Minuten	12 Minuten
Soarin' (FASTPASS)	Flugsimulator	die ersten 30 Min. nach Öffnung oder mit FASTPASS	je 100 Leute ca. 4 Minuten	5½ Minuten
Test Track (FASTPASS)	Achterbahn als Auto-Teststrecke	die ersten 30 Min nach Öffnung oder mit FASTPASS	je 100 Leute 4½ Minuten	4 Minuten
Mission: Space (FASTPASS)	Marsflug im Simulator	vor 11 h oder mit FASTPASS	je 100 Leute ca. 4 Minuten	5½ Minuten
Captain EO starring Michael Jackson (FASTPASS)	3-D-Film	vor 11.30 h oder nach 18 h	je 100 Leute 12 Minuten	17 Minuten

Die Pavillons bzw. Themenbereiche in Future World sind:

Spaceship Earth

Entwicklungsstufen der Menschheit

Die 55 m hohe Aluminiumkugel direkt am Eingang ist das Markenzeichen von Epcot geworden. Man nimmt in einem Wagen Platz, der an den verschiedenen Entwicklungsstufen der Menschheit vorbeiführt. Von steinzeitlichen Höhlenbewohnern, Hieroglyphen schreibenden Ägyptern, Szenen aus dem alten Griechenland, der Erfindung des Alphabets, des Buchdrucks sowie der audiovisuellen Medien, den Römern und ihren technischen Fähigkeiten (Straßenbau), Entdeckungen und Erfindungen im ausgehenden Mittelalter, dem Siegeszug der Dampfmaschine, des Telefons bis hin zu den modernen Kommunikationssatelliten: Der Bogen ist von der Prähistorie bis in die Gegenwart gespannt, und alles „rauscht" im Zeitraffer vorbei.

Innoventions East and West

Neueste Computer

Dieser Pavilion ist eine Spielwiese von Computern und anderen technischen Geräten. Viele große Computerfirmen fungieren als Sponsoren und haben hier ihre modernsten Geräte ausgestellt. Besonders Teenager werden das mögen. Naturgemäß ändert sich hier alles besonders schnell, sodass eine Beschreibung der einzelnen Stationen wenig sinnvoll wäre. Im interessanten Souvenirshop gibt es futuristisch anmutendes Spielzeug (nicht nur für Kinder!).

The Seas with Nemo & Friends

Für Kinder

Dies ist wohl die lehrreichste Ausstellung in Epcot. Hier befindet sich das zum 6. Weltmeer deklarierte fast 22 Millionen Liter fassende Aquarium. Künstliche Korallenriffe sowie etwa 4.500 Meereslebewesen geben einen „natürlichen" Einblick in das Leben unter Wasser. Durch dicke, große Scheiben aus Acrylglas kann man die Meeresbewohner betrachten und Tauchern zuschauen. Zertifizierte Taucher dürfen auch selbst in das Aquarium abtauchen, für dieses 3-stündige Spezialprogramm (DiveQuest) muss man sich vorher anmelden.

The Seas ist wohl der am besten für kleinere Kinder geeignete Pavillons in Epcot, auf dem **The Seas with Nemo & Friends Ride** ist Nemo erneut verschwunden und die Fahrgäste können Dory und Marlin bei der Suche zuschauen. Beim **Turtle Talk with Crush** kann man sich sogar mit der Schildkröte aus dem Film unterhalten.

The Land

Living with the Land ist eine Bootsfahrt, bei der man etwas über die Probleme der Landwirtschaft in verschiedenen Klimaregionen erfährt. In allen Klimabereichen

Das Meer entdecken mit Nemo

strebt die Menschheit nach Optimierung in der Nahrungsmittelproduktion. Um das Überleben der Menschheit zu sichern, werden schließlich zukunftsweisende Versuche im Rahmen einer so genannten „Controlled Environment Agriculture" gezeigt: Klima spielt hierbei keine Rolle mehr, denn das Klima der riesigen Gewächshäuser wird so kontrolliert, dass man das ganze Jahr über kontinuierlich ernten kann.
Eine beeindruckende Attraktion in The Land ist der IMAX-Film **Soarin'**: Man fliegt über amerikanische Landschaften mit Bergen, Flüssen und Städten hinweg, die Golden Gate Bridge, der Lake Tahoe und der Yosemite National Park sind nur einige der Sehenswürdigkeiten, die man hier aus der Luft betrachten kann. Lange Wartezeiten!
Eher für Kinder interessant ist der Film **Circle of Life**, in dem Simba, Timon, Pumbaa und andere Figuren aus „König der Löwen" die Hauptrollen spielen.

Universe of Energy

Woher kommt Energie?

An sich findet hier biederer Grundschulunterricht statt – medial perfekt umgesetzt. Die Entstehung der Energiequellen wird ebenso thematisiert wie ihre Nutzung in Gegenwart und Zukunft. In ziemlich unkritischer Weise wird der Nutzen der Atom- und Solarenergie erklärt. Anschließend weiß man: Es darf weiter verschwendet werden...
Unterhaltsam ist die Multimedia-Attraktion **Ellens Adventure** mit der Schauspielerin und Moderatorin Ellen DeGeneres, hier geht es u.a. um die Entstehung der Erde und der fossilen Brennstoffe.

Imagination!

Hier gibt es die Magic Journeys, Reisen ins Land der Illusionen. In zwei Theatern werden z. T. faszinierende 3-D-Effekte gezeigt. Und wie so oft bei 3-D gilt auch in diesem Fall: Nicht der Inhalt ist das Faszinierende, sondern die gezeigten Effekte.
Alle paar Jahre wechseln die Filme: Zzt. laufen: **Journey into Imagination with Figment** (für die kleineren Besucher, es geht um die fünf Sinne) und der Klassiker **Captain EO starring Michael Jackson**, der schon 1986–1994 gezeigt wurde.

Test Track

Hier handelt es sich um eine originelle Achterbahn, die wie eine Auto-Teststrecke aufgemacht ist. Wer mitfährt, fungiert quasi als Crash-Test-Dummy, was bei 60 mph schon ein leicht mulmiges Gefühl erwecken kann. Nicht nach dem Essen machen.

Mission: Space

Mars-Exkursion

Der Thrill-Faktor hier ist extrem hoch: für alle, die vor nichts mehr Angst haben. Als Mitglied eines Astronautenteams (Rollen als Kapitän, Navigator etc. werden vergeben) wird man in den Weltraum zum Mars katapultiert. Und hier weicht man Meteoriten aus oder navigiert in kosmischen Nebeln. Das „Orange Team" steht für das extreme Abenteuer, das „Green Team" lässt es etwas ruhiger angehen (ohne Rotation der Zentrifuge). Für manche dauern die vier Minuten wie eine kleine Ewigkeit.

Attraktionen WORLD SHOWCASE

Übersicht: Attraktionen (Vorführungen) in Epcot: World Showcase					
Gebiet	**Attraktion**	**Kurzbeschreibung**	**Beste Besuchszeit**	**Wartezeit**	**Dauer**
China	Reflections of China	Exzellenter Film über Chinas Menschen und Landschaften	immer möglich	ca. 10 Minuten	14 Minuten
Frankreich	Impressions de France	Film über Sehenswürdigkeiten in Frankreich	jederzeit	ca. 15 Minuten	18 Minuten
Mexiko	Gran Fiesta Tour Starring the Three Caballeros	Bootsfahrt mit Donald & Co. durch mexikanische Landschaften und Kulturgüter	vor 11 h oder nach 15 h	je 100 Leute 4½ Minuten	7 Minuten
Norwegen	Maelstrom	Schiffsfahrt durch die Geschichte der Wikinger, die durch Flüsse und stürmisches Meer führt	vormittags oder nach 16.30 h	je 100 Leute 4 Minuten	4½ Minuten
USA	The American Adventure	Show über Amerikas Geschichte, sehr nationalbewusst	jederzeit	ca. 25 Minuten	29 Minuten
Kanada	O Canada	360°-Film	jederzeit	ca. 25 Minuten	18 Minuten

Das World Showcase ist um eine Lagune gruppiert. Von Future World kommend liegen im Uhrzeigersinn folgende Länder-„Dörfer“:

Mexiko

Das mittelamerikanische Land erkennt man schon von weitem am Pyramidenbau. Geschickt wird mexikanische Atmosphäre inszeniert:

- Eine Ausstellung zeigt präkolumbianische Kunst. Man lernt, dass Mexiko schon in der Zeit vor Kolumbus (1000 v. Chr.–1500 n. Chr.) eine außerordentliche Kulturblüte zu verzeichnen hatte und Städte besaß, die z. T. größer als jede vergleichbare Stadt damals in Europa waren.
- Die Plaza de los Amigos lädt zu einem kleinen Einkaufsbummel ein.
- Das Restaurant La Hacienda de San Angel bietet gutes und preiswertes mexikanisches Essen an.
- Die Bootsfahrt „Gran Fiesta Tour Starring the Three Caballeros“ ist vor allem für kleinere Kinder und Fans des Disney-Klassikers „The Three Caballeros“ ein Vergnügen.

Norwegen

Hier befinden sich u. a.

- eine Replik der Akershus-Burg aus dem 14. Jh.
- eine Stabkirche aus Holz
- Gebäudenachbauten aus Bergen, Alesund und Oslo
- die Möglichkeit zu der Bootsfahrt „Maelstrom“ (4½ Minuten). Der „Wasserweg“ ist eine der interessantesten Bootsfahrten, die Walt Disney World anbietet und

führt durch die Geschichte Norwegens. Anschließend gibt es optional noch einen 5-minütigen Film über das heutige Norwegen.

China

Hier ist besonders sehenswert der aufwendig gedrehte Film „Wonders of China". Er wird in der nachgebauten Opferhalle des Himmelstempels (Ch'i-nien-tien) gezeigt. Dieser Tempel – Teil einer fast 42 km² großen Tempelanlage in Peking – gilt als eines der besten Bauwerke der Ming-Dynastie und wurde 1420 fertig gestellt. Während des Neujahrsfestes betete hier der Kaiser für das Wohlergehen seines Landes. Die Architektur birgt viel Symbolisches in sich: So stellt der Rundbau in seiner Kreisform den Himmel dar, die rechteckigen Formen sind Symbole für die Erde. Der Phönix innen stellt Glück und Friedlichkeit dar, während die Drachen traditionell für Stärke und stete Wachsamkeit gegenüber Feinden stehen. Die chinesisch anmutende Atmosphäre wird von weiteren architektonischen Details wie Lotusblumentoren sowie den typisch geschwungenen Satteldächern untermauert.

China perfekt…

Der in 360-Grad-Technik mit großem technischen Aufwand gedrehte Film ist wohl die beste Werbemaßnahme für das Land. Mensch und Landschaft werden in ihrer Vielfalt eindrucksvoll eingefangen. Auf neun Leinwänden werden u. a. die Wüste von Kansu (Tibet), die tropischen Regenwälder von Kwangtung, der eindrucksvolle Jangtsekiang (an dessen Ufern 10 % der Weltbevölkerung leben!) sowie natürlich eine Reihe kulturhistorischer Stätten gezeigt. Eindrucksvoll sind die Aufnahmen der Chinesischen Mauer, die sich über mehr als 6.000 km Länge von der Nordgrenze (Wüste Gobi) bis zum Gelben Meer erstreckt. Peking wird ebenso visualisiert wie die Verbotene Stadt: Die Chinesen des Altertums sahen in ihr den Mittelpunkt der Welt. Hier regierten die Kaiser; über 60 Paläste waren über das Gelände verteilt, und niemandem war es vergönnt, ohne die Genehmigung des Kaisers diese Stätte zu besuchen (seit 1949 dürfen dies alle Chinesen). Landschaftlich sehr sehenswert sind dann vor allem die bizarren Flusslandschaften von Kweilin.

Deutschland

Vielleicht vermag der Besucher aus Deutschland am deutschen Pavillon am besten zu beurteilen, wie sehr Klischees architektonisch perfekt umgesetzt wurden. Kuckucksuhren, Lederhosen, Butzenscheiben, Marktbrunnen, Bierkrüge, Bratwürste… alles ist „typisch" deutsch … Filme oder Fahrten werden in Deutschland nicht angeboten, dafür gibt es bayerische Musik und Souvenirshops zur Genüge.

Bayrische Töne

Italien

Auch Italien wird perfekt (d. h. eng an die gängigen Klischees angelehnt) präsentiert. Natürlich musste Venedig herhalten: Markusplatz, ein Nachbau des Dogenpalastes, italienische Waren (Kristall und Lederprodukte) prägen die Atmosphäre.

USA

Die nationalbewusste Selbstdarstellung wird besonders perfekt betrieben. Eine halbe Stunde dauert die Präsentation des „American Adventure". *Benjamin Franklin* und *Mark Twain* führen durch die Ereignisse. Von der Landung der Mayflower 1620 bis zum Zusammenschluss der 13 Kolonien zu den Vereinigten Staaten, vom Leben der ersten Siedler bis zu den Goldsuchern wird der Bogen gespannt. Kunterbunt durcheinander werden dann berühmte Amerikaner vorgestellt: Ob nun *Thomas A. Edison*, *Charles A. Lind-*

That's America

bergh, Franklin D. Roosevelt, Frank Sinatra, Elvis Presley, John Wayne, John F. Kennedy, Martin Luther King, Muhammad Ali oder *Neil Armstrong* – Amerika zeigt hier, wen es hervorbrachte. Und natürlich wird hier auch *Walt Disney* nicht vergessen.

Japan

Japanische Snacks

Japan präsentiert sich mit einem Schloss, das dem Shirasagijo nachempfunden ist (Schloss des Weißen Reihers, über der Stadt Himeji liegend). Der große Torii (nachempfunden dem Torii des Tempels Itsukushina Shrine), der Shishinden (gehörte zum Kaiserpalast von Kyoto) sowie ein Nachbau der Kyoter Kaiservilla Katsura sind weitere Bestandteile „Japans". Wechselnde Kunstausstellungen sind in der Bijutsu-Kan Gallery zu sehen. Sollten gerade die Trommelspieler (Matsuriza) auftreten, lohnt ein kurzes Verweilen mit einem japanischen Snack.

Marokko

Nordafrikanische Atmosphäre

Die marokkanische Atmosphäre wird einerseits durch die Architektur, andererseits durch das hier „ansässige" Handwerk erzeugt. Ein Minarett, Mosaiken und Souks (arabische Märkte), dazwischen Produkte der Handwerkskunst wie Teppiche, Keramik, Holz- und Ledererzeugnisse sowie Kleidung aus Baumwolle sorgen für einen interessanten Rundgang.

Frankreich

Leckerer Kuchen

Natürlich musste ein Eiffelturm her. Und Häuserfassaden sowie schmiedeeiserne Balkongitter untermauern das Gefühl, der Seine sehr nahe zu sein… Und was wäre Frankreich ohne seine Spezialitäten: Croissants und herrlichen Kuchen gibt es in einer Patisserie, in der Maison du Vin kann man sich mit französischen Kreszenzen eindecken. Sehr gut ist das Restaurant „Les Chefs de France" – eine gute Abendempfehlung, um einen Epcot-Tag zu beschließen. Der Circle-Vision-Film (200°) „Impressions de France" ist wirklich sehenswert.

Großbritannien

Toller Pub

Alles „typisch Britische" ist hier zusammengetragen. Trotzdem fehlt es an Atmosphäre. Zwar wird im gemütlichen Pub echtes englisches Bier gezapft, ein rotes Telefonhäuschen steht an einer Ecke, und in den Souvenirläden gibt es Tee. Doch das ist auch alles…

Kanada

Wollhemden gefällig?

Als ob man auf einer touristischen Messe wäre – Kanada präsentiert sich werbewirksam. In der Northwest Mercantile Trading Post gibt es die typisch großkarierten kanadischen Wollhemden. Im Restaurant kann man Lachssteak ordern. Beeindruckend ist das Hauptgebäude, das Hôtel du Canada, nachempfunden dem Château Frontenac in Quebec, einem ehemaligen Eisenbahnhotel der Luxusklasse. Der 360°-Film „O Canada" macht mit dem Land der Weite bekannt, mit seiner Bevölkerungsvielfalt, seinen Städten.

Reisepraktische Informationen Epcot

Information und Orientierung

Wahrzeichen von Epcot ist die große Aluminiumkugel, das Spaceship Earth (Raumschiff Erde), das auf knapp 5 m hohen Stelzen steht. Sowohl am Eingang als auch unterhalb der Kugel des Spaceship Earth gibt es einen Informationsstand. Besorgen Sie sich hier unbedingt eine Karte und einen Veranstaltungsplan.
Ebenfalls werden hier die – notwendigen – Tischreservierungen für die (zum Teil sehr guten) Restaurants des World Showcase getätigt.

Anfahrt/Parken

Epcot hat einen eigenen Parkplatz, der in der Nähe des Eingangs liegt. Man braucht also nicht wie im Magic Kingdom die Monorail oder Fähren zu benutzen. Merken Sie sich auf jeden Fall die Parkplatznummer! Verbindung mit dem Magic Kingdom durch die Monorail. Sehr schönes Panorama.

Restaurants

Kulinarische Leckereien aus allen Teilen der Welt locken hier die Gäste an. Doch hat die Sache einen Haken: Die Restaurants sind – besonders in der Hochsaison – oft frühzeitig ausgebucht. Daher empfiehlt sich eine telefonische Reservierung oder die Vorbestellung eines Tisches im Earth Center gleich nach Betreten des Geländes. Empfehlungen für dieses Gebiet zu geben, fällt schwer und ist im Grunde von Gaumen, Appetit und Portemonnaie abhängig.

Im Uhrzeigersinn gibt es im **World-Showcase-Gebiet** *u.a. folgende lohnenden Restaurants:* **San Angel Inn** *(Mexiko),* **Akershus Royal Banquet Hall** *(Norwegen),* **Nine Dragons** *(China),* **Biergarten** *(Deutschland),* **Tutto Italia** *(Italien),* **Teppan Eddo** *bzw.* **Yakitori House** *(Japan),* **Marrakesh** *(Marokko),* **Les Chefs de France** *und* **Bistro de Paris** *(Frankreich),* **Rose and Crown** *(Großbritannien) und* **Le Cellier** *(Kanada).*

Im **Future-World-Gebiet** *sitzen Sie im* **Coral Reef** *(The Seas with Nemo & Friends Pavilion) direkt um ein riesiges Aquarium herum, während Sie im sich drehenden* **Garden Grill** *(The Land) an den verschiedenen Ökosystemen dieser Welt „vorbeiziehen".*

Hinweis

Entweder wählt man ☎ 407-WDW-DINE bzw. 407-939 3463 oder man reserviert in den Restaurants selber.

Einkaufen

Neben einigen Souvenirshops in Future World empfehlen sich vor allem die Geschäfte der einzelnen Länder in World Showcase. Jedes Land bietet „Typisches". Empfehlung: Marokkos arabischer Markt.

Rollstühle/Kinderwagen (strollers)/Schließfächer

gibt es gleich am Eingang.

Disney's Hollywood Studios

Aktiver Betrieb

In diesem aktiven Film- und Fernsehstudio kann man bei der Produktion von Filmen und TV-Produktionen zusehen, aber natürlich auch einfach Spaß und Abenteuer erleben. Disney's Hollywood Studios nehmen flächenmäßig etwa den gleichen Raum wie das Magic Kingdom ein (54 ha). Den Disney-Leuten kam die Idee zu diesem Park, als man bemerkte, wie erfolgreich Universal Studios mit seinem (Film-) Themenpark in Hollywood war. *Michael Eisner* und seine Leute setzten alles daran, den nur wenige Monate älteren Universal Studios in Orlando keinen zu großen Vorsprung zu lassen.

Die Gebiete in Disney's Hollywood Studios:
- Hollywood Boulevard
- Sunset Boulevard
- Mickey Avenue
- Animation Courtyard
- Backlot
- Pixar Place
- Echo Lake

Hinter den Kulissen

Dass Disney zumeist andere Filme dreht als Universal, wird hier im Park deutlich. Während Universal Studios auf Abenteuer, „Risiko" und aufregende Erlebnisse setzt (wie z.B. „Jaws"), geht es in Disney's Hollywood Studios eher beschaulicher zu, auch „Indiana Jones" mag da nicht drüber hinwegtäuschen. Die pastellfarben gestrichenen Häuser am Hollywood Boulevard, Diner, Sequenzen aus Kinderfilmen und Comics, zahlreiche Spielwiesen und vor allem ein echtes Studio, in dem wirklich Filme gedreht (oder zumindest vorbereitet) werden und wo man hinter die Kulissen schauen kann, setzen Disney von seinem Konkurrenten ab. Man kann also beide Parks nur bedingt vergleichen, es ist eher Geschmacksache.

Mit beschaulicher ist aber nur dieser Vergleich gemeint. Der Rock'n'Roller Coaster, The Twilight Zone Tower of Terror oder die Stunt Shows haben durchaus ihren „Furcht einflößenden" Erlebniswert. Doch Disney's Hollywood Studios ist ein Park für Kinder, und die Erwachsenen sollten die Gelegenheit nutzen, hinter die Kulissen schauen zu können. Dort gibt es z. B. im American Film Institute Showcase Relikte aus vielen Filmen zu bestaunen. Und leider gilt auch für diesen Park: Die Schlangen sind z. T. sehr lang. Also am besten früh kommen.

Redaktionstipps

- Für die **Abenteuersuchenden**: Twilight Zone - Tower of Terror (S. 385).
- Für **Kinder**: The Voyage of the Little Mermaid.
- Das **beste Restaurant:** „The Hollywood Brown Derby".
- Das **lustigste Restaurant**: „Sci-Fi-Dine-In Theater".
- Der beste Platz für **Snacks**: „Hollywood & Vine".
- Sobald sich lange Schlangen bilden, bilden, gehen Sie zu den Touren hinter die Kulissen. Dort wird es erst am Nachmittag voll.
- Empfehlung für die **Zeiteinteilung**: Mindestzeit: 4 Stunden, optimale Zeit: 1 Tag.
- Die vier nächsten **Hotels**: World Swan und World Dolphin, Boardwalk Inn und Yacht Club Resort.

Paraden und Feuerwerke

Nahezu täglich wird eine bunte Parade durch die Hollywood Studios geboten. Die Themen wechseln jährlich, aber die Show auf der Straße lohnt allemal. Bunte Figuren und viel Musik werden jeden begeis-

Parade in den Hollywood Studios

tern, besonders aber die Kinder. Achten Sie auf die Zeiten dieser Parade (i. d. R. eine vormittags und eine nachmittags). Außerdem wird fast jeden Abend (i. d. R. 21 Uhr) ein Feuerwerk über den Studios gezündet. Es ist zwar nicht so spektakulär wie das über Epcot, aber trotzdem schön.

Für kleine Kinder

Die Show „The Voyage of the Little Mermaid" ist sehr beliebt. Wegen der langen Schlangen mittags sollte man zuerst hierher gehen. „The Great Movie Ride" mag nicht den ganz jungen Kindern gefallen, aber für Kinder ab 7 Jahren ist der „Ritt durch die Welt der Filmklassiker" durchaus eine Attraktion.
„Honey, I shrunk the Kids" ist ein abenteuerlicher Spielplatz für groß und klein und auch Jim Henson's Muppet Vision, die 3-D-Show mit den in aller Welt beliebten Muppet-Puppen, ist für alle Altersgruppen amüsant. Ebenfalls empfehlenswert ist die Musicalshow „Beauty and the Beast".

Im Folgenden die Attraktionen in Disney's Hollywood Studios, die ich für die interessantesten halte:

The Twilight Zone – Tower of Terror

Einfach schrecklich

Das 13-stöckige Gebäude, an einer Seite stark mitgenommen, stellt ein Hotel dar, wie es einst im Hollywood der 1930er Jahre gestanden hat. Am Halloween-Tag 1939 pas-

Übersicht: die wichtigsten Attraktionen in Disney's Hollywood Studios				
Attraktion	*Kurzbeschreibung*	*Beste Besuchszeit*	*Wartezeit*	*Dauer*
The Great Movie Ride	Szenen aus Casablanca, The Wizard of OZ und anderen Filmen	vor 11 h u. nach 16.30 h	je 100 Leute 2 Min.	19 Min.
The American Idol Experience	TV-Produktion des amerikanischen DSDS	nach 10.30 h	etwa 15 Min.	30 Min.
Star Tours (FASTPASS)	Weltraumflug in Simulation, absoluter Höhepunkt, unbedingt mitmachen	die ersten 90 Min. nach Öffnung	je 100 Leute etwa 5 Min.	7 Min.
Toy Story Mania	4D Fahrt mit den Charakteren von Toy Story	vor 11 h oder nach 16 h	15-30 Min.	15 Min.
Indiana Jones Epic Stunt Spectacular	Film-Stunt-Show	die ersten Morgenshows oder die letzte Abendshow	—	30 Min.
Lights, Motors, Action! Extreme Stunt Show	Beeindruckende Stunts	die ersten 90 Min. nach Öffnung	—	33 Min.
Muppets 3D	3D-Film der Muppets	vor 11 h oder nach 16 h	13 Min.	
Rock'n'Roller Coaster	Aerosmith-Achterbahn mit Loopings	vor 11 h oder nach 16 h	5 Min.	
Studio Backlot Tour	Blick hinter die Kulissen mit einer Tram	vormittags	35 Min.	35 Min.
The Twilight Zone Tower of Terror	Gruseln im Turm	die ersten 90 Min. nach Öffnung	20 Min.	
Beauty and the Beast	Hollywood-Musical-Open-Air-Theater	am Abend		20–30 Min.
Voyage of the Little Mermaid	Reise der kleinen Meerjungfrau	vor 9.45 h oder kurz vor Schluss	30 Min.	15 Min

sierte hier dann etwas Gespenstisches: Ein Blitz traf das Hotel, und ein Fahrstuhl, voll mit Menschen, stürzte ab, und man fand die Menschen unter dem Schutt niemals wieder…

Man geht hier durch die alte Lobby sowie eine Bibliothek mit Zeitungen aus dieser Zeit und besteigt anschließend einen 20-Personen-Fahrstuhl. Langsam fährt der Wagen zum 13. Stockwerk, und plötzlich schlägt der Blitz ein! Der Fahrstuhl stürzt unmittelbar danach runter, da ein Seil gerissen ist. Es geht steil bergab – nicht nur in freier Fallgeschwindigkeit, nein auch noch beschleunigt durch einen Motor. Kurze Zeit kann man über das Parkgelände schauen. Nicht gerade gut verträglich für einen vollen Magen, aber ein wahres Abenteuer. Und man stürzt gar siebenmal hintereinander ab, nachdem der Fahrstuhl stoppt und ein Stück aufwärts fährt. Ob und wie Sie unten wieder herauskommen… Dauer: 3–4 Minuten.

Fantasmic – eine Show der Superlative

Diese Supershow schlägt alles an Effekten. Lasereffekte, Animationen, über 100 Tänzerinnen und Tänzer, dazu ein Kampf zwischen „Gut und Böse" – fast 10.000 Zuschauer können diesem Schauspiel folgen (Sitzplätze für knapp 7.000). 90 Minuten vor Beginn ist Einlass (nur zu bestimmten Terminen).

Studio Backlot Tour

Es handelt sich hier um eine Kombination aus geführtem Spaziergang und Rundfahrt mit einer Tram hinter die Kulissen. Insgesamt gut 35 Minuten dauert der Spaß. Zunächst wird man in einige Geheimnisse der Filmtechnik eingeweiht und erfährt, wie mit Hilfe von Wassertanks und Pyrotechnik die heftigsten Unwetter entstehen. Dabei werden Freiwillige aus dem Publikum mit in die Demonstration einbezogen. Die Wassertanks sind Überbleibsel aus dem Dreh von „Pearl Harbour". Anschließend bekommt man in einem Lagerhaus Requisiten aus zahlreichen Filmen zu sehen. Bei der Tramtour geht es zunächst durch diverse Kulissen und an einer Art Fahrzeug-Friedhof vorbei, auf dem u. a. Raumschiffe aus den Star-Wars-Filmen zu sehen sind. Der Höhepunkt der Tour ist der Catastrophe Canyon, in dem ein Erdbeben simuliert wird, das den trockenen Canyon in Sekunden sowohl unter Wasser setzt (mit 270.000 Litern) als auch in ein Flammenmeer taucht. Wer hier links sitzt, bekommt auch einige Spritzer ab. Nach Verlassen des Canyons kann man sehen, wie diese „Show" technisch durchgeführt wird.

Künstliches Erdbeben

Muppet Vision 3-D

Auch in Deutschland waren die Muppets lange Zeit ein Hit, und wer kennt nicht Miss Piggy oder Kermit, den Frosch. Man betritt zuerst das „Hauptquartier der Muppets". Alle wichtigen Figuren stellen sich vor und unterbreiten atemberaubende Pläne und Vorstellungen. Anschließend geht es ins Haupttheater, wo in 3-D-Form eine lustige Show vorgeführt wird. Im Mittelpunkt steht immer wieder die rührselige Quasselstrippe Miss Piggy. Wenn das meiste auch auf der großen Filmleinwand spielt, sorgen geschickt eingesetzte multimediale Effekte für zusätzliche Reize und bieten Musicaleinlagen die Gelegenheit, auch einmal mitzusingen. Eine wirkliche gelungene Gesamtinszenierung… und nicht nur etwas für Kinder.

Gute Inszenierung

Indiana Jones Epic Stunt Spectacular

In einem riesigen Kuppelzelt (2.100 Sitze) werden Ihnen die aufregendsten Stunts aus den berühmten Indiana-Jones-Filmen gezeigt und erläutert. In 30 Minuten wird die Szenerie in Windeseile immer wieder umgebaut. Der überwiegende Teil spielt auf einer Marktstraße in Kairo. Indiana Jones' Double spielt natürlich immer die Hauptrolle, und inszeniert ist das Ganze von *Glenn Randall*, der diese Szenen auch für den wirklichen Film gestaltet hat. Einmal werden auch 10 Freiwillige aus dem Publikum zur Mithilfe aufgerufen. Aber keine Angst, Sie müssen sich nicht an einem Seil vom Zeltdach herunterschwingen oder versuchen, einer Explosion zu entgehen – das macht Indiana Jones für Sie.

Stunts vom Feinsten

Rock'n'Roller Coaster Starring Aerosmith

Dies ist eine Art Achterbahn mit Loopings und entsprechenden Abwärtsspiralen. Nach dem Start geht es in 3 Sekunden auf über 100 km/h. Im ersten Looping erlebt man bereits die 5fache Erdanziehungskraft. Entsprechende Lichteffekte und Musik von Aerosmith untermalen extrem laut (900 Lautsprecher – 32.000 Watt!) das schockartige Erlebnis. Nichts für kleine Kinder oder Besucher, die noch nie Achterbahn gefahren sind.

Reisepraktische Informationen Disney's Hollywood Studios

Information
Direkt am Eingang in einem Kiosk am Crossroads of the World erhalten Sie eine Karte und einen aktuellen Veranstaltungsplan. Man kann eigentlich nicht viel falsch machen. Am besten geht man gegen den Uhrzeigersinn durch den Park. Damit vermeidet man den großen Andrang zu Beginn.

Anfahrt/Parken
Die Parkflächen sind riesig und es gibt Zufahrten vom Buena Vista Drive und vom World Drive.

Verbindung
Die Studios sind nicht an das Monorail-System angeschlossen, dafür aber gut mit Bussen zu erreichen.

„Character Greetings"
Mo–Fr zw. 11 und 18 Uhr grüßen die unterschiedlichsten Disney-Charaktere auf der Mickey Ave.

Rollstühle/Kinderwagen/Schließfächer
Direkt am Haupteingang kann man Kinderwagen und Rollstühle in Oscar's Superstore ausleihen. Hier gibt es auch Schließfächer. Im Park gibt es noch eine zweite Alternative für Rollstühle und Kinderwagen: der Costume Shop neben dem Sci-Fi-Dine-in-Theater-Restaurant (New York Street).

Die besten Restaurants
Restaurantreservierungen: *Telefonisch unter 939 3463 (WDW-DINE) oder übers Internet (http://disneyworld.disney.go.com). Nicht alle Restaurants haben durchgehend geöffnet. Am besten beim Betreten des Parks nach den aktuellen Zeiten erkundigen.*

The Hollywood Brown Derby, *wo Sunset Blvd. auf Hollywood Blvd. trifft. Das Fine-Dining-Restaurant im Park. Bekannt ist es für den Cobb Salat (Truthahn, Ei, Avocado, Schimmelkäse, Schinken, Tomaten und Salat), dessen Original im gleichnamigen Restaurant in Hollywood kreiert worden ist. Auch andere gute Salate, Pasta, Fleisch- und Fischgerichte sowie eine erlesene Weinkarte warten hier auf Sie. Zu Lunch und Dinner geöffnet, eher elegant, teuer ($ 36–60 p. P.).*

Sci-Fi-Dine-In-Theater, *Backlot (Übergang zur New York Street). Amerikanische Fastfoodgerichte (Hamburger, Sandwiches, Salate). Sie sitzen dabei in 50er-Jahre-Cabrios, das gesamte Restaurant ist einem Drive-in aus dieser Zeit nachempfunden. Während des Essens schauen Sie auf eine große Leinwand – die Filme: Science-Fiction. Die Rechnung kommt abschließend in Form eines Strafzettels. Dieses Restaurant ist mit Sicherheit bei Kindern ab 9 Jahren beliebt. $ 15–35 p. P.*

Hollywood & Vine, *am Lakeside Circle. Hervorragende Fastfoodgerichte im Ambiente der 30er und 40er Jahre. Und auch die Fernsehgeräte haben die Bildschirmform von früher. Es gibt nicht nur Burger, sondern auch Salate, gegrillte Hühnchen, BBQ-Fleisch und Nudelgerichte. Gut für „Feinschmecker", die nur schnell (je nach Schlange) eine Kleinigkeit einnehmen möchten. $ 15–60 p.P.*

Mama Melrose's Ristorante Italiano, *Backlot. Hier gibt es Pizzas aus dem holzbefeuerten Ziegelofen, Pasta, Hühnerfleisch, knusprige Calamares und Fischgerichte. $ 15–36 p.P.*
50's Prime Time Café, *am Lakeside Circle. Abgezielt auf Fans der unterschiedlichsten amerikanischen Familienserien. Hier sitzen Sie nämlich in der Küche dieser Familien. Das Ganze bezieht sich zumeist aber auf Serien aus den 1950er Jahren, die bei uns wahrscheinlich nicht ganz so bekannt sind. Während der Mahlzeit können Sie dann noch an einem Fragequiz teilnehmen, das gerade in einem alten Fernsehgerät läuft. Die Speisen: gegrillte Hühnchen, Roast Beef, Sandwichs, Hacksteaks und dazu die während der 50er Jahre noch süßer gewesenen Softdrinks. $ 15–36.*

Einkaufen
Die meisten Geschäfte befinden sich um den Hollywood Boulevard. Neben Disney-Andenken gibt es hier auch einiges zum Thema Hollywoodfilme. Ein Bummel mag anregend sein, wobei die Einkaufsmöglichkeiten im Magic Kingdom besser sind.

Animal Kingdom

Dieser Themenpark ist spezialisiert auf Tiere und Natur. Er bietet eine „gestylte" Landschaft, die insgesamt 5-mal größer als die Fläche des Magic Kingdom ist. Über 1.700 Tiere (250 Arten) haben hier ihr Zuhause. Es gibt verschiedene Themen-Gebiete, von denen Discovery Island in der Mitte liegt, die anderen Gebiete sind rund herum angeordnet. *Safaris*

Discovery Island
Das Zentrum des Themenparks bildet der „**Tree of Life**" (Lebensbaum) auf Discovery Island. Versinnbildlichen soll er die Verwobenheit allen irdischen Lebens. In diesem Baum, der etwa 45 Meter hoch ist, wird die 3-D-Show mit dem Titel „It's Tough to Be a Bug" gezeigt (es ist schwer, ein Käfer zu sein). Man sieht die Welt mit den Augen eines Käfers.
Discovery Island ist ein Naturpark mit unzähligen tropischen Tieren, die z.T. hier auch zur Pflege hergebracht werden. Naturkundliche Vorführungen finden mehrmals täglich statt. Die Insel kann man auf verschiedenen Trails erlaufen, über Brücken und durch Tunnel und vorbei an unzähligen Tieren wie den Galapagos-Schildkröten, Kängurus, Affen, Lemuren, vielen bunten Vögeln und Reptilien. *Viel Abwechslung*

Oasis
Hier geht man durch die Natur spazieren und bewundert Bäche, Grotten und Tiere.

Africa
In der Sektion Africa kann man unter anderem an der Kilimanjaro Safaris Tour teilnehmen, bei der man mit einem offenen Fahrzeug durch die „Savanne" fährt und Giraffen, Löwen, Zebras und Warzenschweine zu Gesicht bekommt. Hier kann man in den **Wildlife Express Train** steigen, der Harambe mit Afrika und Rafiki's Planet verbindet.

Der Mount Everest

Asia

Hier gibt es einiges zu erleben: bei der **Expedition Everest** geht es mit einer atemberaubenden Achterbahn auf die Suche nach dem Yeti, die **Kali River Rapids** versprechen eine aufregende Rafting-Tour durch den asiatischen Regenwald, und beim **Maharajah Jungle Trek** stößt man auf Tiger, Tapire, exotische Vögel und Ruinen. **Flights of Wonder** ist eine Tiershow.

Rafiki's Planet Watch

Es gibt einen Streichelzoo und die Conservation Station, letztere zeigt die Bemühungen von Disney, das Wildleben im Park zu ermöglichen. Beim Gang durch Habitat kann man die vom Aussterben bedrohten Tamarin-Affen sehen.

Dinoland

Hier erfährt man alles über Dinosaurier. Kinder können im „Boneyard" (Knochenhof) oder mit „Fossil Fun Games" spielen oder sich mit *Dino-Sue* fotografieren lassen, einer Replik eines 67 Millionen Jahre alten Dinosauriers, der 1990 in den Black Hills, South Dakota, gefunden wurde. Die 30-minütige Show **Finding Nemo – The Musical** ist sehr sehenswert. Oder man lässt sich in einem Fahrzeug durch einen prähistorischen Wald voller blutrünstiger Dinosaurier („Dinosaur") fahren. **Primeval Whirl** ist eine Achterbahn, eher für die Kleinen geeignet ist das Dino-Karussell **TriceraTop Spin**.

Camp Minnie-Mickey

Hier ist die 30-minütige Live-Show **Festival of the Lion King** mit Musik, Tanz und Akrobatik ein Highlight.

Wasserparks

Typhoon Lagoon

Wasserrutschen bis 130 m

Neun Wasserrutschen und Ströme, manche über 130 m lang, fallen von dem 30 m hohen Mt. Mayday hinunter. Dieser „Berg" macht bereits von außerhalb des Parks auf sich aufmerksam, denn ein leckgeschlagenes Piratenboot – das Wahrzeichen des Parks – thront auf ihm. Natürlich fehlen auch nicht ein Wellenbad und ein Salzwasser-Schnorchel-Pool, wo Besucher zusammen mit echten Fischen schwimmen, ein altes Wrack untersuchen und ein paar Korallen zu Gesicht bekommen können.

Typhoon Lagoon ist eingebettet in einen tropischen Regenwald, und das nasse Vergnügen erhält weitere Anreize durch Höhlen, Lagunen und Felsen. Es ist ein großartiges Vergnügen für Jung und Alt.

Für Kinder gibt es „gezähmte" Attraktionen, für Mutige blitzschnelle Wasserrutschen, gewundene Röhrenslides und vieles mehr.

Gemütlich geht es auf dem 700 m langen Castaway Creek zu, der durch eine Grotte und Regenwald mäandriert.

Redaktionstipps

- Die **Humunga Kowabunga** herunterrutschen - eine Wasserrutsche über fünf Stockwerke in wenigen Sekunden.
- Durch das „Korallenriff" **Shark Reef** schnorcheln - mit echten Haien.
- Die Mayday Falls in einem Gummiring herunterfahren.
- Empfehlenswert ist ein mitgebrachtes **Picknick**. Zahlreiche Tische stehen dafür zur Verfügung. Alkohol und Glasflaschen dürfen nicht mitgebracht werden!

Blizzard Beach

Auch hier bietet Walt Disney World „eine Welt für sich" und Planschvergnügen für Jung und Alt in einer perfekten Alpen-Szenerie. Das Thema hier lautet: *The hottest Ski Resort on Earth*. Der Park ist wie ein Skigebiet angelegt, dessen Mittelpunkt der 28 m hohe „schneebedeckte" Mt. Gushmore bildet. Von ihm „schmilzt" der Schnee, und das wiederum sorgt für die Wassermassen, auf denen man hangabwärts rutschen kann und die letztendlich die Lagune – hier als Melt Away Bay bezeichnet – speisen. Alle Felsen wurden weiß angemalt, eine Sprungschanze, ein Sessellift und Häuser im Chalet-Stil sorgen für das Alpenambiente.

Blizzard Beach

Wie kam es zu dieser einzigartigen Idee? Anfang der 1990er Jahre hat es um Orlando geschneit und das so stark, dass der Schnee sogar für einige Stunden liegen blieb. Als die Sonne Floridas letztendlich doch siegte, beobachteten Disney-Manager durch Zufall, wie ein Alligator sich das Schmelzwasser zu-

Redaktionstipps

- Die „Sprungschanze", den **Summit Plummet**, hinunterrutschen.
- Mit dem Gummireifen den **Teamboat Springs** hinunterfahren.
- Mit dem Sessellift auf den **Mt. Gushmore** fahren.

nutze machte und einen Hang hinunterrutschte. Die Idee zu Blizzard Beach war damit geboren.

Typisch Disney, setzte man bei Blizzard Beach noch einiges drauf, denn es galt, der Typhoon Lagoon Konkurrenz zu machen. Der Mt. Gushmore ist somit ein paar Meter höher als der Mt. Mayday (wegen der aufgesetzten Sprungschanze), der Summit Plummet, die „Sprungschanze", wurde als steilste Rutsche der Welt konstruiert, und der Cross Country Creek ist der längste künstliche Schlauchbootfluss in Florida. Auch an kleinere Kinder, für die die großen Rutschen noch zu gefährlich sind, ist gedacht. Das Ski Patrol Training Camp ist ein abwechslungsreicher Wasserspielplatz, hier kann man auf Eisschollen balancieren, es gibt verschiedene kleinere Rutschen und eine Seilbahn. Blizzard Beach ist fürwahr ein einmaliges Erlebnis und die Gestaltung des Themas – Disney-like – gut gelungen. Für Spaß, Spannung und Erholungswert ist auch gesorgt.

Downtown Disney

In dem Gebiet liegen über 70 Geschäfte und Restaurants entlang des Village Lake (in der Nähe des Disney's Saratoga Springs Resort & Spa), unterteilt in die Gebiete Downtown Disney West Side (hier gibt es neben Restaurants ein Kino, den DisneyQuest Indoor Interactive Theme Park und die Show des Cirque du Soleil „La Nouba"), Downtown Disney Marketplace zum Shoppen und Essen und Pleasure Island.

Pleasure Island

Seit 2008 sind alle Nachtclubs von Pleasure Island geschlossen, das Gebiet wird derzeit noch umgebaut und neue Geschäfte und Restaurants sollen eröffnen. Einige, wie Raglan Road, Fuego by Sosa Cigars, Curl by Sammy Duval und Orlando Harley-Davidson bleiben durchgehend geöffnet. Aktuelle Infos zum Stand der Entwicklung auf der Homepage von Walt Disney *http://disneyworld.disney.go.com.*
Zudem gibt es noch den ESPN Wide World of Sports Complex mit der Möglichkeit zum Tennisspielen, mit Baseball-Stadion und vielem mehr.

Reisepraktische Informationen Walt Disney World

Vorwahl: *407*

Information und Preise

Walt Disney Word, *Lake Buena Vista, ☎ 939 6244, http://disneyworld.disney.go.com.* **Eintritt:** *Neben dem gewöhnlichen Ticket für 1 Tag/1 Park ($ 85) bis hin zu 10 Tagen ($ 291) gibt es Kombitickets für alle vier Disney-Parks und Pakete mit Unterkunft, deren Preise aber stark variieren. Große Ermäßigungen für Kinder gibt es nicht, unter 3 Jahren ist der Eintritt frei, 3–9-Jährige zahlen im Schnitt ca. $ 10 weniger als den Normaltarif. Der Entertainment-Komplex in Downtown Disney (tgl. 19–2 Uhr) ist frei zugänglich. Ein Einzelticket für einen der beiden Wasserparks kostet $ 49. Preisangaben exkl. Steuern.*

Nach den aktuellen **Öffnungszeiten** *sollte man sich am besten im Internet (http://disneyworld.disney.go.com/) oder nach der Ankunft unter ☏ 939 6244 erkundigen. Diese richten sich nach dem erwarteten Besucherstrom. Wichtig zu wissen ist es, dass man die Besucher schon vor der offiziellen Öffnungszeit hineinlässt (also statt offiziell um 9 schon gegen 8/8.30 Uhr). Auf jeden Fall kann man dann schon z. B. das Gebiet der Main Street im Magic Kingdom besuchen, die anderen Attraktionen öffnen dann etwas später. Generell haben alle Parks ab 9 bis mind. 18 Uhr geöffnet, in der Hauptsaison bzw. wenn es Abendshows wie Feuerwerke gibt auch deutlich länger. Shops, Lokale und Bars haben ebenfalls teilweise länger auf.*

Anfahrt

Via I-4 Exit 26B oder 25B und US Hwy. 192 (ausgeschildert).
Anfahrt von Orlando: I-4 – Abzweigung auf die US 192, dann auf den World Drive, von hier entweder den Schildern zu Walt Disney World oder Epcot oder den anderen Gebieten folgen.
Wenn man von Norden auf dem Turnpike kommt: Die Abfahrt von Clermont nehmen, der US 27 nach Süden folgen und in die US 192 einbiegen. Von hier aus gibt es entsprechende Beschilderungen.
Wenn man von Süden auf dem Turnpike kommt: Auf den I-4 West abbiegen und die Abfahrt am Epcot Center Drive nehmen.
Von Westen auf dem I-4: Die Abfahrt zur US 192 Nord(west).
Vom Orlando Int. Airport: die Rte. 528 (Beeline Expressway) in westlicher Richtung (Tampa). Diese trifft auf den I-4, dem man in westlicher Richtung folgt bis zu einem der o.g. Exits. Entfernung ca. 28 Meilen/45 Kilometer.
Mit einem Shuttle-Bus vom Orlando Int. Airport: Mears Motor Shuttles verkehrt im 10–25-Minuten-Takt (24 Stunden) zwischen Flughafen und allen Hotels auf dem WDW-Gelände.

Parken

Aufgrund einer optimalen Verkehrsleitung gibt es keine Parkprobleme. Vom Parkplatz holt Sie direkt ein kleines Bähnchen ab, das zum Transportation and Ticket Center fährt. Wichtig: Schreiben Sie sich Ihre Parkplatzkennzeichnung auf. Wer nur Epcot besuchen will, fährt direkt zu den dortigen Parkplätzen. Will man Magic Kingdom und Epcot an einem Tage besuchen, kann man auf beiden Parkplätzen parken: Epcot und Magic Kingdom sind durch die Monorail verbunden.

Bus-/Monorail-/Boots-Tickets

Das WDW-Transportation-Ticket erlaubt die Nutzung aller Verkehrsmittel in WDW für einen Tag.
Die WDW-Resort ID-Card erlaubt freie Nutzung aller WDW-Transportmittel.
Das Eintagesticket für das Magic Kingdom erlaubt nur die Nutzung der Boote im Magic Kingdom und die Fahrt vom Transportation and Ticket Center (TTC) zum Magic Kingdom.
Verschiedenste Mehrtagestickets können von Gästen, die von außerhalb der WDW kommen, erworben werden.
Wohnen Sie in einem Hotel außerhalb von WDW, gibt es mit Sicherheit einen Shuttle-Bus von dort. Fragen Sie bei Ihrem Concierge oder am Front Desk nach. Der Shuttle-Bus lohnt der Verkehrsstaus und Parkplatzgebühren wegen.

Touren/Sightseeing

Die großen Themenparks bieten auch **geführte Touren (VIP-Touren)** *durch die Anlagen durch, wobei diese Touren in der Regel über Monate im Voraus ausgebucht bzw. teuer sind (etwa das 2½–4fache des normalen Eintrittspreises). Sie müssen immer bei der Gruppe bleiben und sind zudem gezwungen, das zu unternehmen, was „auf dem Plan" steht bzw. die Mehrheit der Gruppe wünscht. Unschätzbarer Vorteil ist aber: Sie stehen nicht in den langen Schlangen, sondern werden über eine Hintertür in die vorderste Reihe gebracht. Infos zu diesen Touren erteilen das Visitor Center und die Parks selbst (Guest Services).*

Übernachtung in Walt Disney World

s. auch „Orlando" und „Sea World of Florida"

Buchung: *Adressen entfallen hier oft, da alle Hotels über folgende Reservierungsfirma per Telefon oder im Internet gebucht werden und im WDW-Gelände ausgeschildert sind. Es ist nur der jeweils nächste Park angegeben. ☎ (407) 939 6244, disneyworld.disney.go.com.*

Viele der Zimmer in den u. g. Hotels sind sehr groß und beherbergen oft bis zu 5 Personen. Reist man zu mehreren ist das eine gute Option. Übrigens gibt es allein in den Disney-eigenen Hotels 20.800 Zimmer! Ganz passend unterliegen auch die Disney-Hotels jeweils einem ganz bestimmten Motto. Bereits die Namen verraten alles über Architektur und Innenausstattung. Kaum ein Hotel im Gebiet von Walt Disney World liegt unter $$$, dabei werden die Kategorien Value, Moderate und Deluxe Resort Hotel unterschieden.

Hinweis

s. Karte S. 364

Value Resort Hotels *(ab $ 100 pro Nacht/DZ)*
Disney's All-Star Music Resort (12), *nahe Animal Kingdom*
Disney's All Star Sports Hotel (12), *nahe Animal Kingdom*
Disney's All Star Movies Resort (12), *nahe Animal Kingdom*
Pop Century Resort (14), *in der Wide World of Sports Area*
Disney's Art of Animation Resort *(Eröffnung Mai 2012), nahe Disney's Hollywood Studios*

Moderate Resort Hotels *(ab $ 150 pro Nacht/DZ)*
Disney's Caribbean Beach Resort (11), *Epcot Area*
Disney's Port Orleans Resort (6), *Downtown Disney*
Coronado Springs Resort (5), *Animal Kingdom*
The Cabins at Disney's Fort Wilderness Resort, *Magic Kingdom, (ab $ 250)*

Deluxe Resort Hotels *(ab $ 300 pro Nacht/DZ)*
In der Luxusversion ist die Auswahl am größten, deswegen hier nur eine kleine Auswahl:
Disney's Grand Floridian Resort & Spa (1). *An der Seven Seas Lagoon (nahe dem Magic Kingdom) gelegenes Luxushotel mit dem Ambiente eines historischen Resorthotels im viktorianischen Stil. Das Hotel hat einen eigenen Strand und Sie können Boote – auch Segelboote und Surfbretter – ausleihen. Gleich daneben liegt übrigens die* **Wedding Chapel**, *die Hochzeitskapelle, in der sich viele Amerikaner gerne trauen lassen.*

Wilderness Lodge (4) *Im Stile von rustikalen Nationalpark-Lodges (nur – ganz Disney – um ein Mehrfaches größer!), in den 1990ern eröffnetes Hotel im Südwesten des Bay Lake (im Magic Kingdom Resort). Luxuriös und stilvoll. Alles ist aus Holz, und die riesige Lobby, deren Holzträger über 5 Etagen tragen, beeindruckt allemal. Übrigens: An den Wänden und Decken des Hotels – überall verteilt – verstecken sich 16 Micky-Maus-Zeichnungen- bzw. Silhouetten. Fragen Sie beim Concierge nach Hinweisen und Sie werden trotzdem noch lange suchen.*
Disney's Boardwalk Inn (8), *im Epcot-Gebiet gelegen. Der Stil soll an die alten Pierhotels entlang der Atlantikküste erinnern, dort wo sich die Großstädter, z. B. aus New York, an Wochenenden ausgeruht bzw. amüsiert haben. Vorbild für dieses Hotel war eines in Atlantik City. Stil: viktorianisches New England. Gelegen ist das Hotel an einem Seeufer, an dem der Boardwalk entlangführt.*
Weitere empfehlenswerte Hotels wären: **Disney's Polynesian Resort** (2), **Disney's Contemporary Resort** (3)

Nicht zur Disney-Company gehörende Hotels in bzw. nahe WDW
Auch diese Hotels bieten viele Vorteile bezüglich Fahrten zu den WDW-Attraktionen und Buchungsangeboten. Die meisten dieser Hotels liegen im Bereich des Lake Buena Vista an der „Hotel Plaza".
Holiday Inn Resort Lake Buena Vista $$-$$$, *13351 State Rd. 535, Orlando, ☎ 239 4500, www.sunspreeresort.com. Nur eine Meile von Disney World entfernt und sehr auf Familien mit Kindern eingestellt. Es gibt hier auch größere Suiten mit Spielzeug sowie im Sommer ein Kinder-Camp und Theatervorführungen.*
Walt Disney World Swan and Dolphin $$$$ (9, 10), *1500 Epcot Resorts Blvd., Lake Buena Vista, ☎ 934 4000, www.swandolphin.com. Delfine, tropische Pflanzen und eine 27-stöckige Pyramide bestimmen Architektur und Ambiente. Von vielen Zimmern aus kann man die abendliche Lichtershow („Illuminations") in Epcot bewundern. Das Schwesterhotel dekorieren zwei 14 Meter hohe Schwäne auf dem Dach. Thema: tropische Flora.*
Buena Vista Palace Resort & Spa $$$$ (13), *1900 Buena Vista Drive, Lake Buena Vista, ☎ (866) 397 6516, www.buenavistapalace.com. Großes, modernes Hotel mit über 1.000 Zimmern nahe dem Walt Disney World Marketplace.*

Restaurants

Unterscheiden muss man die Hotelrestaurants, die Restaurants, die „verstreut" über das Gelände liegen (in **Downtown Disney** *oder am* **Lake Buena Vista**), *und schließlich die in den vier Vergnügungsparks, wobei Epcot mit seinen speziellen Nationalitäten-Restaurants besonders hervorzuheben ist. Bevor man sich den ganzen Tag auf ein bestimmtes Restaurant in Walt Disney World freut, sollte man am Morgen dort einen Tisch reservieren. Für alle* **Reservierungen** *gilt ☎ (407) 939 3463 oder (407) WDW-DINE.* **Achtung:** *Seit Oktober 2011 gilt für bestimmte Restaurants im Park, dass man bei der Tischreservierung seine Kreditkartennummer hinterlegen muss und dass bei Nichterscheinen eine Gebühr zwischen $ 10 und 25 p.P. abgebucht wird. Die Frist für das gebührenfreie Absagen einer Reservierung endet 24 Stunden vor der Uhrzeit, zu der der Tisch reserviert wurde.*
Sollten Sie mit **Kindern** *unterwegs sein, empfiehlt sich fast keines der u. g. Restaurants, dafür sind die Preise zu gesalzen. Billigere Restaurants, häufig sind es bessere Schnell- bzw. Familien-Restaurants, und auch zahlreiche Buden an den Wegen, bieten sich dafür aber überall an. Alternative: Ein mitgebrachtes* **Lunchpaket** *erspart Geld und Warterei und kann sogar viel besser schmecken.*

Die meisten Restaurants außerhalb der eigentlichen Parks befinden sich in Downtown Disney sowie in den einzelnen Hotels. Hier nur eine ganz kleine Auswahl, alle Restaurants mit Suchfunktion unter http://disneyworld.disney.go.com/restaurants/.

Fulton's Crab House, *auf diesem Boot in Downtown Disney/Marketplace, einem nachgebauten Mississippi-Dampfer, gibt es frisches Seafood, aber auch gute Fleischgerichte.*
Planet Hollywood, *Downtown Disney/West Side. Die blaue Halbkugel ist kaum zu übersehen und die amerikanische Küche wird untermalt mit dem Ambiente Hollywoods. Requisiten aus verschiedenen Filmen, besonders denen, in denen Sylvester Stallone und Arnold Schwarzenegger mitgespielt haben, hängen, stehen und liegen aus.*
Chef Mickey's, *Bay Lake Tower in Disneys Contemporary Resort. Küche: amerikanisch/Buffet. Die Attraktion aber ist Chef Mickey selbst, der abends (verkleidet) über die Tische springt und den Kindern dabei Geschichten erzählt.*
Victoria & Alberts, *4401 Floridian Way in Disney's Grand Floridian. Teures Gourmet-Restaurant in einer Stilmischung aus viktorianischer Plüschromantik und französischem Louis-XIV-Gestühl. Die Küche neigt eher zu (guten) traditionellen amerikanischen Gerichten. Absolut Fine Dining (ab $ 100/Person). Angemessene Kleidung erwünscht.*

Im Umfeld von WDW, International Drive und I-192 *(s. Karte S. 413)*
Sollten Sie ein Fahrzeug haben bzw. auf die Reisekasse achten wollen, lohnt ein „Ausflug" aus WDW allemal, besonders dann, wenn man Fine Dining zu annehmbaren Preisen genießen möchte. Das Preisniveau außerhalb WDW liegt bei etwa 60–70 % von dem innerhalb der Parkgrenzen.
Napa, *9801 International Drive, im Peabody Hotel, ☎ 352 4000. Gilt als eines der besten Restaurants Floridas. Die Küche bietet erstklassig zubereitete kalifornische Gerichte. Zudem gibt es auch Leckereien aus anderen Teilen der Welt. Auch der Weinkeller mit nahezu 500 verschiedenen Weinen wird wohl kaum jemanden enttäuschen. Die Preise sind zwar hoch, liegen aber unter denen der vergleichbaren Restaurants in WDW.*
Hemingway's (6), *One Grand Cypress Blvd., im Hyatt Regency Grand Cypress, ☎ 239 1234. Floridianische Küche am großen Pool des Hotels, nur abends von 18–22 Uhr.*
Bahama Breeze (4), *8735 Vineland Ave., ☎ 938 9010, www.bahamabreeze.com. Belebtes Lokal mit Terrasse, Bar und Live-Musik. Karibisch inspirierte Speisekarte.*
Wild Jack's Steak & BBQ (7), *7364 International Drive, ☎ 352 4407. Wie der Name bereits verrät: Steaks aller Art – und die sind saftig und lecker! Die Steaksauce ist ebenfalls Klasse.*
Christini's Italiano (8), *7600 Phillips Blvd., ☎ 345 8770, www.christinis.com. Sehr gute italienische Küche, wobei die Fischgerichte besonders zu empfehlen sind.*

☞ **Dinnershows**
s. S. 353

Universal Orlando Resort

Nach Disney am häufigsten besucht

Zum Universal Orlando Resort, dem größten Konkurrent von WDW, gehören die beiden direkt nebeneinander liegenden Themen-Parks **Universal Studios** und **Universal's Islands of Adventures** sowie der Wet'n'Wild Waterpark (s. S. 409) und die frei zugängliche Shopping- und Restaurantzone **Universal City Walk**, die zwischen den Eingängen der beiden Parks liegt. Zudem gehören drei Themen-Hotels zu dem Komplex: das Loews Portofino Bay Hotel und Loews Royal Pacific Resort sowie das Hard Rock Hotel.

Mit seinen knapp 12 Millionen Besuchern zählt Universal Studios Florida, das erst 1987 für Film- und Videoproduktionen und 1990 für das Publikum eröffnet wurde, zu den beliebtesten Freizeitparks überhaupt. Das ca. 180 ha große Gelände wird somit von mehr Urlaubern als die viel „größeren" Universal Studios in Hollywood besucht. Kein Wunder, denn in Florida geht es weniger um einen Blick hinter die Kulissen der Filmwelt – hier werden Vergnügen und hautnahes Miterleben groß geschrieben! 1999 wurden nebenan die Inseln der **Universal's Islands of Adventure** eröffnet, z. B. mit den „Amazing Adventures of Spider-Man" oder dem „Jurassic Park River Adventure".

Hautnah

Ganz großes Kino

Für Unterhaltung anderer Art wird auf dem **Universal City Walk** gesorgt. Hier gibt es einen großen Kinokomplex mit 20 Sälen, jede Menge Restaurants und Boutiquen.

Interessant sind in den Universal Studios jedoch nicht nur die Shows und Attraktionen, sondern auch die mit viel Liebe zum Detail gebauten **Kulissen**. Auch wenn in den Straßen von San Francisco, New York und Hollywood überwiegend nur Musikvideos und

Schneller, höher, lauter: die Achterbahn Hollywood Rip Ride Rockit

Reklamespots gedreht werden, fühlt man sich hier mit ein wenig Fantasie an den Set eines Spielfilmes versetzt. Bei genauerem Hinsehen verbirgt sich hinter den Kulissen jedoch immer eines der vielen Souvenirgeschäfte oder ein Restaurant. Realität wird besser vermittelt in Disney's Hollywood Studios.

Universal Studios

Zeiteinteilung

Man braucht mind. einen Tag, um das Wesentliche der beiden Themenparks zu besichtigen. Wenn man an einem Tag so viele „Highlights" wie möglich sehen möchte, sollte man mindestens **eine halbe Stunde** vor der offiziellen Öffnungszeit an der Kasse stehen. Vor Beginn des Rundgangs kann man sich nach den **Anfangszeiten** von Shows erkundigen. Als Faustregel gilt: Alles, was man bis zur Mittagszeit geschafft hat, ist mit relativ kurzen Wartezeiten verbunden.

Attraktionen

Hollywood Rip Ride Rockit

Eine der neuesten Achterbahnen, die mit 67 mph einen Adrenalinkick garantiert. Die Musik kann man sich vorher aussuchen, und bei der Fahrt wird man gefilmt – falls man es am Ende nicht glauben kann, wo man überall lang gerast ist. Infos und Bilder unter *www.hollywoodripriderockit.com*.

The Simpons Ride

Für Fans der beliebten Zeichentrickserie geht es ins Krustyland, den Themenpark von Krusty, dem Clown. Während der Fahrt erlebt man die Abenteuer der Simpson-Familie.

E.T. Adventure

E.T.

Man kehrt mit der berühmten Fantasiefigur *Steven Spielbergs* auf seinen Heimatplaneten zurück. Auf der Tour fühlt man sich in ein modernes Märchen versetzt, und auch Erwachsene können ihren Spaß daran haben.

Jaws

Flucht vor Haien

Hier muss man aufpassen, dass der Weiße Hai einen nicht erwischt. Auch im Bootshaus ist man vor ihm nicht sicher. Der Riesenfisch ist zwar deutlich als Attrappe zu identifizieren, aber Universal hat sich schon etwas einfallen lassen, um die Besucher ein wenig zu erschrecken. Auf den Außensitzen kann man schon mal ein paar Wasserspritzer abbekommen. Nach bestandenem Abenteuer kann man sich dann auf den Holzstegen von **Fisherman's Wharf** erholen.

Men in Black Alien Attack

Bei der Fahrt kann man mit Laserpistolen auf die Aliens schießen und sich selbst als Agent fühlen. Jede der 120 Alien-Figuren hat einen Sensor, der Spezialeffekte aktiviert.

Revenge of the Mummy
Tolle, furchterregende Achterbahnfahrt, die in Dunkelheit mit grandiosen Überraschungseffekten arbeitet. Eine auf Rache sinnende Mumie wird versehentlich von zwei Abenteurern geweckt …

Disaster
Bei der Tour geht es durch die verschiedensten Katastrophen der Filmgeschichte, unter anderem ein Erdbeben in der U-Bahn von San Francisco. Nichts für schwache Nerven.

Twister…Ride it out
Angelehnt an den Film „Twister" kann man hier erleben, was ein Tornado so alles kann – also gut festhalten.

Shows

Terminator 2
3-D-Spektakel

Dieses 3-D-Spektakel auf drei Leinwänden zählt sicher zu den aufwändigsten Projekten von Universal Studios Florida. Selbst wenn man keine großen Sympathien für *Arnold Schwarzenegger* hegt, sollte man dieses Meisterwerk an filmisch realisierten „Special Effects" und inszenierter Täuschungskunst nicht verpassen. Die Übergänge zwischen realer Welt und Scheinwelt sind verblüffend gut verwischt. Lassen Sie sich überraschen!

Für Kinder

Kinder-Taugliches

Der Film **Shrek 4-D** nimmt Szenarien von Shrek (Oskar-gekrönt) auf. Sehr gerne besucht! Zudem gibt es Spielplätze und weitere Fahrten für Kinder wie die für die Kleinen konzipierte Achterbahn **Woody Woodpecker's Nuthouse Coaster** oder auch E.T. Adventure. Für 2012 ist die neue 3-D-Attraktion **Despicable Me** (Deutscher Titel des Films: „Ich, Einfach Unverbesserlich") angekündigt.

Universal's Island of Adventure

Der Schwesterpark besteht aus sieben „Inseln" bzw. Themenabschnitten: Port of Entry, Marvel Super Hero Island, Toon Lagoon, Jurassic Park, The Lost Continent, Seuss Landing und The Wizarding World of Harry Potter. Die Welt des beliebten Zauberlehrlings ist die neueste Attraktion des Parks. Hier wurden teilweise Original-Kulissen der Filme verwendet und es gibt Butterbeer, Bertie Bott's Every-Flavour Beans, explodierende Bonbons sowie weitere aus Filmen und Büchern bekannte „Spezialitäten" aus Hogwarts.

Ausgewählte Attraktionen

Harry Potter and the Forbidden Journey
Preisgekröntes Aushängeschild des Parks. Im Anschluss an einen Rundgang durch Dumbledores Büro sowie verschiedene Klassen- und Aufenthaltsräume von Hogwarts

Zu Besuch in Hogsmeade

besteigt man eine „verzauberte Bank" und es geht auf einen atemberaubenden Ritt mit Harry und Ron, währenddessen man Dementoren und anderen dunklen Gestalten der Potter-Welt begegnet.

The Incredible Hulk Coaster

Die Achterbahn beschleunigt in zwei Sekunden von Null auf 40 mph und raubt einem buchstäblich den Atem.

Dragon Challenge

Abwandlung der Dueling-Dragons-Achterbahn im Sinne des neuen Harry-Potter-Themas. Die „Drachen" heißen nun Hungarian Horntail und Chinese Fireball.

The Amazing Adventures of Spider-Man

Mit 3D-Brille hat man das Gefühl, sich als Spider-Man zwischen den Hochhäusern der Stadt zu bewegen. Eine der beliebtesten Attraktionen.

Jurassic Park River Adventure

Hier muss man den Klauen eines T-Rex entkommen, dabei geht es über Flüsse und durch die Dunkelheit.

Feuchte Angelegenheit

Dudley Do-Right's Ripsaw Falls

Ab durch die kanadischen Wälder geht es bei dieser Fahrt, dabei werden Wasserfälle und Stromschnellen überwunden – es kann nass werden.

Für Kinder

Für Kinder empfehlenswert sind unter anderem **The Cat In The Hat**, eine Tour durch die Szenen des Kinderbuches, ein Karussell oder eine Fahrt mit der **Sky Seuss Trolley Train**. Möglichkeiten zum Spielen und selbst Entdecken gibt es im **Jurassic Park Discovery Center** und der **Play Area**. **If I Ran The Zoo** ist ebenfalls ein interaktiver Spielplatz, bei dem es exotische Tiere zu entdecken gibt.

Interaktiver Spielplatz

Live Shows

Das Programm der Shows wechselt häufiger, zzt. gibt es **The Eighth Voyage of Sindbad**, eine beeindruckende Stunt-Show, sowie **Poseidon's Fury** mit vielen Spezialeffekten.

Reisepraktische Informationen Universal Studios

Informationen und Preise

Universal Studios, *6000 Universal Studios Plaza, Orlando, ☎ (407) 363 8000, www.universalorlando.com. Der* **Eintritt** *kostet für 1 Park/1 Tag $ 85, bei 2 Parks/1 Tag $ 120 und 2 Parks/2 Tage $ 136. Bucht man die Tickets bereits vorher im Internet, kann man bis zu $ 25 sparen.* **Öffnungszeiten** *der Parks variieren, Universal Studios und Adventure Islands öffnen um 9 Uhr und schließen je nach Saison zwischen 18 und 22 Uhr. Der City Walk ist das ganze Jahr von 11–2 Uhr morgens geöffnet.*

Anfahrt

Über den I-4, von Downtown Orlando kommend Exit 74B, von Kissimmee/WDW kommend Exit 75A. Dann folgt man der Beschilderung zur Main Parking Garage oder zu einem der drei Hotels.

Vom **Flughafen Orlando** *geht es über die SR 528 West auf den I-4 East, auf dem man Exit 75A nimmt.*

Parken

Es sind ausreichend Parkplätze vorhanden. Merken Sie sich aber Ihre Parkplatzreihe. Für die Planung: die Adresse der Parkareals ist 6000 Universal Boulevard.

Rollstühle/Kinderwagen/Schließfächer

Gibt es alles am Haupteingang – nahe den Guest-Relations-Schaltern.

Restaurants in den Universal Studios

Grundsätzlich: Das Essen ist zumeist überteuert. Somit sollte man nicht unbedingt einplanen, hier die Hauptmahlzeit einzunehmen. Reservierungen für Islands of Adventure unter ☎ (407) 224 4012, für Universal Studios ☎ (407) 224 3613. Die größte Auswahl gibt es am City Walk.

Mythos Restaurant, *Islands of Adventure, das beste Restaurant im Park in einer Höhle mit z.T. originellen Gerichten wie gegrilltem Schwein mit Pistazien-Blaubeer-Kruste. Aber auch Burger und Pasta. Hauptgerichte $ 10-18.*

Mel's Drive Inn, *Ecke Hollywood Blvd. und 87th Ave., Universal Studios. 50er-Jahre-Diner, das durch seine Atmosphäre besticht und die relativ guten Burger, $ 5–12.*

Hard Rock Cafe, *am Expo Center, 6050 Universal Boulevard, City Walk, ☎ (407) 224-FOOD. Amerikanische Küche (Steaks/Burger/Tex-Mex) in einem wie eine Gitarre geformten Gebäude, dem weltweit größten Hard Rock Café. Nicht unbedingt der Küche, aber der Architektur wegen ist es einen Besuch wert, $ 10–35.*

Hotels

Drei Hotels befinden sich auf dem Areal der Universal Studios, die Reservierungsnummer lautet für alle ☎ 888-273-1311. Alle Hotels ab $$$$, und wenn man hier bucht, gibt es einen Universal Express Pass dazu, mit dem man die Schlangen an den Attraktionen umgehen kann. Zudem gibt es Paketangebote mit Eintrittskarten zu den Parks.

Loews Portofino Bay Hotel, *5601 Universal Blvd., ☎ (407) 503 1000, im mediterranen Stil, hier soll man sich fühlen wie an der italienischen Riviera.*

Hard Rock Hotel, *5800 Universal Blvd. ☎ (407) 503-ROCK (2000), Hotel mit vielen Rock-'n'Roll-Erinnerungsstücken, es gibt einen Pool mit Sandstrand.*

Loews Royal Pacific Resort, *6300 Hollywood Way, ☎ (407) 503 3000, im Polynesien-Stil.*

Sea World of Florida

Zeitplanung

3–4 Stunden: Besuch des **Penguin Encounter**, des **Pacific Point Preserve** (Robben und Seelöwen) und schauen Sie sich entweder die **Shamu-Show One Ocean** bzw. die **Walross-Show Clyde and Seamore take Pirate Island** oder **Blue Horizons mit Delfinen** an.

1 Tag: Für die Erkundung des Parks gehen Sie im Uhrzeigersinn herum. Bei einem Tag haben Sie dann ausreichend Zeit, um auch noch andere Punkte zu erkunden und zwischenzeitlich die eine oder andere Pause einzulegen und einige Shows zu sehen.

Überblick

Die Idee eines maritimen Freizeitparks wurde bereits 1938 mit dem „Marinelands of Florida" geboren. Dort wurden Anfang der 1950er Jahre auch die ersten Delfinshows abgehalten. Anfang der 1960er Jahre übernahm der clevere Geschäftsmann *George D. Miller* einige der Ideen und ließ einen viel größeren Freizeitpark mit dem Thema „Meerestiere" bauen: Sea World in San Diego. Dieser Park fand so viel Zuspruch, dass *Miller* weitere errichten ließ, so auch diesen Park in Orlando, der am 15. Dezember 1973 eröffnet wurde.

Größter Marine-Park der Welt

Bereits zu dieser Zeit war er der größte marine Freizeitpark der Welt. 1989 – *George D. Miller* hatte sich bereits Mitte der 1970er Jahre zugunsten der Wet'n' Wild-Parks aus dem Sea-World-Geschäft zurückgezogen – übernahm dann die finanzkräftige Anheuser-Busch-Brauerei die Sea-World-Parks. Das machte sich bezahlt, und der Park wurde nicht nur auf 70 ha erweitert, sondern erhielt auch noch zahlreiche neue Attraktionen.

Heute ist Sea World of Florida einer der beliebtesten Freizeitparks Amerikas und spricht durch seine Vielseitigkeit nahezu alle Altersgruppen an: Werden die Kleinen eher auf den Spielplätzen und an den Tiershows ihren Spaß haben, sind es die Erwachsenen, die eher Gefallen finden werden an den z. T. sehr lehrreichen Darbietungen zu allen Themen der marinen Tier- und Pflanzenwelt. Es ist den Veranstaltern hier ohne jeglichen Zweifel gelungen, eine harmonische Mischung aus Spaß, Information, Freizeiterlebnis und auch Forschung zu kreieren. Geforscht wird auch. In den Laboratorien und Forschungsstätten, die man als Besucher selten zu sehen bekommen – höchstens auf einer der speziellen Touren – werden täglich Tausende von Daten ausgewertet, treffen neueste wissenschaftliche Erkenntnisse und Informationen aus aller Welt ein, werden kranke Tiere gepflegt sowie andere herangezogen und wird vor allem geforscht auf dem Gebiet der Renaturierung bzw. Erhaltung der Fauna und Flora der Meere und Ozeane. Sea World führt für besonders Interessierte Seminare und Kurse zum Thema Meerestiere und ihre Erhaltung durch – zumeist aber in der Forschungszentrale, dem Hubbs Sea World Research Institute im Sea World in San Diego.

Redaktionstipps

- Besuch der folgenden Attraktionen: **Shark Encounter** (S. 404), **Wild Arctic** (S. 405) und **Journey to Atlantis** (S. 407).
- Besuch der folgenden Shows: **One Ocean** (Orca-Show, S. 405) und **Blue Horizons** (S. 404).
- Abends der Dinnershow **Makahiki Luau** beiwohnen
- **Übernachten:** im, „Renaissance Orlando at Sea World". Zu den Hotels an der Hotel Plaza in Walt Disney World bzw. denen am International Drive sind es mit dem Auto jeweils 10-15 Minuten.
- **Essen gehen:** Im Park selber gibt es zahlreiche Snackbuden und Restaurants. Empfehlungen: „Voyagers Smokehouse" und „Seaport Pizza" sowie für Snacks und Erfrischungen: „Captain Pete's Island Eats" und „Terrace Garden"
- **Wann ist es nicht so voll in den Restaurants?** Vor 12, nach 15.30, vor 17.30 und nach 19.30 Uhr.
- **Parken:** Vor dem Eingang gibt es einen riesigen Parkplatz, von dem aus Trams zum Eingang fahren. Merken Sie sich Ihr Parkareal!

Der Park und seine Attraktionen sind durchaus einen **ganzen Tag** wert und er kann sich absolut messen mit den Disney-Parks, verspricht dabei aber etwas ganz anderes. Zahlreiche Shows und Attraktionen, von Orca-Vorführungen über Seelöwen und Delfine bis hin zu einem Tunnel durch ein Hai-Becken, gibt es zu sehen. Auch für die Faktoren Spaß und Unterhaltung ist zur Genüge gesorgt: Eine Tour durch die Arktis, ein geruhsames Picknick an der 7 ha großen Lagune, Tiere zum Anfassen, atemberaubende 3-D-Filme usw. – nichts, was es nicht gibt. Abgesehen von den hier aufgeführten und beschriebenen Hauptattraktionen gibt es noch viele weitere, die nur am Rande Erwähnung finden können.

Spaß und Info

Direkt gegenüber liegt übrigens der neueste Water Park der Stadt, der 2008 eröffnete **Aquatica** (s. S. 409), ebenfalls zur Sea World-Gruppe gehörend.

Tipps für die Erkundung mit Kindern

Kinder werden Sea World mögen, denn es ist wirklich für alle Altersgruppen etwas dabei. Es gibt im Park einen Kinderwagenverleih, Schließfächer (z.B. für die Schwimmsachen) und Wickelstuben. Die **ganz Kleinen** (und ihre Eltern) werden Gefallen finden an den Kinderwagen (Stroller) – sie sind geformt wie Pinguine oder Delfine.

Für jedes Alter

Beeindruckend: die Orca-Show

Für die Altersgruppe bis 9 Jahre: Der Spielplatz (Shamu's Happy Harbor) ist ein Muss, ebenso die Delfine an der Dolphin Cove, wo die Chance besteht, die Tiere anzufassen.
Für die Altersgruppe 10–14 Jahre: Auch diese Kinder mögen an den o. g. Punkten noch Interesse finden. Zudem werden sie begeistert sein von Wild Arctic, der Journey to Atlantis und der Orca-Show.
Die Altersgruppe über 14 Jahre: Wild Arctic, Journey to Atlantis, Orca-Show, Shark-Encounter, Robben und Seelöwen.

Tipp

Bringen Sie an Ihrem Stroller **Namen, Hotel und Telefonnummer** (wo man Sie erreichen kann) an.
Sollten Sie mit Ihren Kindern den Spielplatz Shamu's Happy Harbor aufsuchen, empfiehlt es sich, Badezeug mitzubringen, denn dort erwartet Sie ein feuchtes Vergnügen.

Im Folgenden einige Attraktionen, die ich für die interessantesten halte:

Blue Horizons
Die Show ist eine Mischung aus Musical, Delfin-Show und Akrobatikeinlagen, auch Vögel nehmen an der Darbietung teil. Insgesamt durchaus sehenswert.

Light Show
Ähnlich Epcot in Walt Disney World, hat man sich auch im Sea World Park bemüht, während der Sommermonate (im Winter unregelmäßig) eine abendliche Laser-Light-Show zu bieten: **Reflections**. Das Thema ändert sich zwar alle paar Jahre, aber eine impulsive Musik, ein Feuerwerk, Laserstrahler, Neptun in 3-D und einige Nymphen sorgen immer für einen gelungenen Ausklang. Beginn ist i. d. R. 30 Minuten nach der letzten Orca-Show, sitzen kann man im Bayside Stadium.

Sea Lion & Otter Stadium

Spaß mit Seelöwen

Hier wird die Show „Clyde & Seamore Take Pirate Island" aufgeführt. Hauptakteure sind die beiden Seelöwen Clyde und Seamore sowie ein Otter und ein Walross. Angestachelt von den Tierdompteuren, entwickelt sich eine bunte und vor allem lustige Show. Kinder werden begeistert sein.

Tipp

Die Sonne steht ungünstig, besonders zur Mittagszeit. Setzen Sie sich besser etwas nach oben auf die schattigen Plätze.

Shamu Stadium – One Ocean

Tipp: früh kommen!

Die Orca-Show wurde u.a. in Folge eines schweren Unfalls im Februar 2010, bei dem eine Tiertrainerin zu Tode kam, einigen Änderungen unterzogen. So halten sich jetzt die Trainer nicht mehr mit den Tieren im Wasser, sondern nur noch am Beckenrand auf. Trotzdem ist die Show immer noch ein tolles – und mitunter feuchtes – Erlebnis. Die Wale zeigen kunstvolle Sprünge und eine Art Unterwasserballett. Währenddessen werden auf einer riesigen Leinwand im Hintergrund eindrucksvolle Unterwasseraufnahmen gezeigt (teilweise live!). Eine alle Altersgruppen ansprechende, 25-minütige Show. Frühes Erscheinen sichert gute Plätze!

Schwertwale

In einem riesigen Becken hinter dem Shamu Stadium (6,5 Mio. Liter Wasser) lebt die Familie der Sea-World-Schwertwale und „von Angesicht zu Angesicht" mögen sie doch eher Furcht einflößen und nicht mehr die lieben Tiere sein, die man kurz vorher noch in der Show gesehen hat.

Wild Arctic

Per Helikopter in die Arktis

Nachdem man die lange Wartezeit überstanden hat, geht es auf einem simulierten Helikopterflug zu einer abgelegenen Forschungsstation in der Arktis, der so gen. Base Station Wild Arctic. Ein kalter Wind und 28 Stationen, bei denen man (z.T. für Kleinkinder Furcht erregende) Tiere, wie z. B. Eisbären (die Stars: „Klondike" und „Snow") sowie Robben, Walrosse (u. a. „Garfield") und Belugawale zu sehen bekommt, machen deutlich, dass ein Leben in der Eiswüste („The Frozen Wonderland") nicht erstrebenswert ist, selbst wenn man des Öfteren über die Hitze Floridas fluchen mag. Auch das Wrack eines englischen Seglers aus dem 19. Jahrhundert – Mittelpunkt in dieser künstlichen Polarregion – trägt zu dem unbehaglichen Gefühl bei. Der Helikopterflug begeistert sicherlich die Jüngeren, ist aber nicht ratsam für die Kleinen unter 6 Jahren. Das Programm an der „Forschungsstation" ist informativ und lehrreich, denn Ziel soll es sein, mit dieser Attraktion den Besuchern den Erhaltenswert des arktischen Lebensraumes zu verdeutlichen und darauf hinzuweisen, dass die Umweltgifte aus den gemäßigten Klimaregionen, über Flüsse und durch die Luft übertragen, auch im hohen Norden bereits Schaden angerichtet haben.
Auch andere Themen, wie z.B. das Ozonloch, die globale Erwärmung, der saure Regen und die Verschmutzung der Meere, werden auf der Reise ins ewige Eis angesprochen. Somit muss man sagen: Das Warten lohnt sich!

Übrigens: **Das arktische Meer in der Ausstellung fasst 3,4 Mio. l Wasser!**

info

Informationen zu Tieren im Park

Polarbären: Sie gehören zu den gefährlichsten Tieren und leben ausschließlich im arktischen Bereich. Männliche Bären können bis zu 850 kg schwer und bis zu 2,50 m groß (Länge) werden. Um sich gleich ihrem Habitat anzupassen, werden sie bereits mit einem weißen Fell geboren, das sich aber im Sommer leicht gelb färbt. Eine dicke Fettschicht sowie ein öliges Hautsekret, das sich im Fell festsetzt, sorgen für eine gute Isolation gegen die Kälte. Trächtige Bärinnen verkriechen sich während der letzten 6 Wochen vor der Geburt in einem Unterschlupf und „ernähren" sich dort ausschließlich von ihrem eigenen Körperfett. Eine kleine Membran über den Augen hält starke UV-Einstrahlung durch die Schneereflexion zurück, und die ausgesprochen kleinen Ohren sorgen für einen geringen Verlust an Körperwärme. Polarbären fressen Seehunde, Walrosse, Fische und seltener auch Belugawale.

Ganz nah dran: Wild Arctic

Belugawale: Beluga bedeutet im Russischen weiß. Doch werden die Jungen grau geboren, und erst mit der Zeit färbt sich die Haut. Ausgewachsene Belugawale wiegen zwischen 700 und 1.600 kg und können zwischen 3 und 4,5 m lang werden. Sie leben nur in arktischen Gewässern. Frühe Seefahrer gaben diesem Wal den Spitznamen „See-Kanarienvogel", da er hohe und vogelähnliche Geräusche von sich gibt. Wie andere Wale mit Zähnen, sind die Belugawale mit einem echolotartigen Gespür versehen, mit dem sie sowohl Löcher im Eis (zum Luftholen) als auch ihre Nahrung (Tintenfische, Krabben, Fische) ausmachen können.

Walrosse: Auch diese unwirtlich erscheinenden und Furcht einflößenden Meerestiere müssen sich gegen die Kälte schützen. Der Verlust an Körperwärme ist nämlich im Wasser 27-mal größer als an der Luft! Eine dicke Fettschicht erledigt dieses bei den Walrossen. Walrosse bevorzugen, wann immer es geht, Eis und Schnee. Nur falls sie dieses nicht vorfinden, begnügen sie sich mit einem Platz auf einer kleinen Felsinsel. Sie leben zumeist in großen Rudeln. Männliche Tiere werden bis zu 3,30 m lang und können an die 1.800 kg schwer werden. Ihre Nahrung besteht aus Krebsen, Muscheln, Fischen, Tintenfischen und auch Vögeln!

Robben: Sie lieben ruhige und schattige Gebiete an Flussmündungen, auf Sandbänken und auf Felsen, die während der Ebbe freiliegen. Robben unterscheiden sich von den Seelöwen durch Klauen und Nägel, winzige Ohren ohne Ohrenflügel und kurze „Paddelflossen", die sich nicht vorwärts drehen lassen und damit nicht für die Fortbewegung an Land geeignet sind. Robben leben in den Ozeanen nördlich der Linie Mexiko-Nordafrika. Männliche Tiere werden bis zu 2 m lang und wiegen zwischen 50 und 160 kg. Sie fressen Fische und Krabben und haben zahlreiche Feinde: Haie, Schwertwale, Polarbären und sogar die größeren Seelöwen. Die Jungen werden außerdem von Kojoten und Adlern angegriffen.

Manta

Super Achterbahn!

Auf dem Rücken eines Rochens geht es in atemberaubender Geschwindigkeit, mitunter auch kopfüber, auf dieser Achterbahn durch und über die Aquarien. Es soll das Gefühl vermittelt werden, zu fliegen.

Nur Fliegen ist schöner: Fahrt mit dem Manta

The Journey to Atlantis
Eine antike Stadt erhebt sich aus dem Meer vor einem griechischen Fischerdorf. Mit einem Water Coaster, einem Boot, erleben Sie die versunkene Stadt mit ihren faszinierenden, aber auch erschreckenden Seiten.

Turtle Trek
Für das Frühjahr 2012 ist diese neue Attraktion angekündigt, in deren Mittelpunkt die Reise einer Schildkröte steht. Man betritt zuerst einen Bereich mit zwei gewaltigen Biotopen, von denen eins aus Salz- und eins aus Süßwasser besteht. Fische, Seekühe und Schildkröten können beobachtet werden. Anschließend geht man in ein kuppelförmiges Theater und ein 3D-360°-Filmerlebnis beginnt, bei dem man durch modernste 3D-Technik die Ereignisse aus der Perspektive einer Meeresschildkröte wahrnimmt, also so, als befände man sich selbst unter Wasser.

Antarctica: Das Reich der Pinguine
Ab dem Frühjahr 2013 kann man dann auch noch einen der kältesten Orte der Erde, die Antarktis, mitten in der floridianischen Hitze hautnah erleben. Eine Themenfahrt, bei der die Besucher die Perspektive eines kleinen Pinguins einnehmen, soll hier eine der Hauptattraktionen werden.

Discovery Cove

Schwimmen mit Delfinen

Unweit von SeaWorld liegt ein wahres (künstliches) Tropenparadies. Schwerpunkt dieses Parks ist das Schwimmen mit Delfinen. Aber ebenso erlebnisreich ist das Schnorcheln über farbenfrohen Korallenriffen oder das Schwimmen in einem tropischen Fluss mit Wasserfällen und tollen Fischen … ein Abenteuer für die ganze Familie. Im Frühling 2012 wird ein neuer Bereich eröffnet: Freshwater Oasis, hier begegnet man neugierigen Ottern und kleinen Äffchen in einer Regenwaldkulisse. Pro Tag werden nicht mehr als 1.000 Besucher zugelassen. Im Preis inbegriffen sind Handtücher, Schnorchelausrüstung, Mahlzeiten sowie der Eintritt für Seaworld Orlando, Busch Gardens oder Aquatica.

Anfahrt: *Nahe der Kreuzung Interstate 4/Beeline Expressway, Exit 71 oder 72 (Ausschilderung, gegenüber Sea World), ☏ 877-557-7404, www.discoverycove.com.* **Preis:** *je nach Saison ca. $ 259 p.P. (ohne das Schwimmen mit Delfinen $ 50–100 weniger).*

Reisepraktische Informationen Sea World of Florida

Information und Preise

Sea World, 7007 Sea World Drive, Orlando, ☏ 1-888-800-5447, www.seaworld.com. Der Haupteingang liegt am Central Florida Parkway zw. International Drive und Sea Harbour Drive. Direkt hinter dem Eingang liegt linker Hand der Infotresen, wo man alle Informationen und den aktuellen Veranstaltungsplan erhält. **Anfahrt** *von Orlando: I-4 West bis Ausfahrt 72 (Beachline Expressway/FL-528/Airport), dann International Drive Exit 1. An der Ampel links, dann an 2. Ampel rechts in den Central Florida Parkway abbiegen.* **Eintritt:** *$ 82, Kinder (6–9 Jahre) $ 74, $ 14 Parkgebühr. Daneben gibt es zahlreiche Paketangebote mit anderen Parks (Universal Studios, Busch Gardens, Discovery Cove, Wet'n'Wild) und verschiedene Touren (Behind the Scene, VIP-Tours), Animal Interaction Programs mit den Beluga-Walen und Tauchen mit Haien (je ab $ 150). Praktisch ist die Quick Queue: Für einen je nach Saison schwankenden Aufpreis kann man an den langen Schlangen der beliebtesten Attraktionen vorbeimarschieren. Zusatzkosten ergeben sich zudem für Essen und Getränke sowie eine Fahrt auf den Sky Tower ($ 4).* **Öffnungszeiten** *werden dem Besucherandrang angepasst, je nach Saison von 9–18 (Winter), in der Hochsaison bis 22 Uhr. Am besten vorher auf der Homepage nachschauen.*

Touren

Behind the Scene *(1½ Std., ab $ 30). Hier wird erläutert, wie es hinter den Kulissen aussieht, wie die Tiere gepflegt werden, Forschungsbereiche erläutert usw.*

Die ca. 7-stündigen **VIP-Touren** *kostet ab $ 100 (in der Privatgruppe ab $ 250) und beinhalten die ganze Zeit einen Guide, Mittagessen, Fütterungen vieler Tiere (u.a. Delfine) und schnellen Zugang zu den Attraktionen.*

Essen

Viele Restaurants schließen recht früh. Beachten Sie daher den aktuellen Dining Guide, den man am Eingang des Parks ausgehändigt bekommt. Reservierungen werden i. d. R. nicht angenommen, nur in den größeren Restaurants bei persönlichem Erscheinen.

Tipp

Es gibt in den meisten Restaurants auch Take-away-Pakete, sodass man an der Lagune oder unter einem schattigen Baum picknicken kann.

Hotel

Renaissance Orlando at Seaworld $$$-$$$$$, *6677 Sea Harbor Drive, ☏ (407) 351 5555, www.renaissanceseaworldorlando.com,* *s.S. 415.*

Rollstühle/Kinderwagen/Schließfächer

gibt es im Eingangsbereich.

Weitere besuchenswerte Themen- und Wasserparks in und um Orlando

Leicht lässt man sich blenden von den großen Namen Disney World, Universal Studios oder Sea World. Zugegeben sind die bislang beschriebenen Parks die bedeutendsten, doch Orlando hat noch mehr zu bieten…

Besondere Attraktion: der Dolphin Plunge

Aquatica

Der zur Sea-World-Gruppe gehörende Park ist die neueste Errungenschaft hinsichtlich der Wasserparks. Mit seinen 60.000 tropischen Bäumen und Pflanzen soll er an die Naturschönheiten Neuseelands und Australiens erinnern. Auf über 36 Wasserrutschen in unzähligen Variationen, Tunnelfahrten, Floßtouren und Unterwasser-Grotten mit bunten Fischen kann man hier spielend den ganzen Tag verbringen. Für Kinder dürfte der mit 1.400 km² größte interaktive Wasserspielplatz der Welt ein Traum sein. Doch die Hauptattraktion ist der Dolphin Plunge: In einer durchsichtigen Röhre geht es durch eine Lagune, in der vier schwarzweiße Delfine schwimmen.

Ganz neuer Park

Aquatica, *5800 Water Play Way (gegenüber von Sea World), ☎ (1-888) 800 5447, www.aquaticabyseaworld.com.* **Anfahrt:** *vom Flughafen Hwy. 528/Beachline Expressway Westbound, dann auf den International Drive abfahren und links Richtung Sea World (ausgeschildert) abbiegen. Von Orlando Downtown den I-4 West, dann Exit 72 (Hwy. 528/Beachline Expressway East), dann Exit 1 (International Drive), dann wie oben.* **Öffnungszeiten** *sind variabel, der Park öffnet zw. 9 und 10 Uhr und schließt zw. 17 und 21 Uhr. Aktuelle Infos zu den Öffnungszeiten unter ☎ (1-866) 787 4307 oder auf der Homepage.* **Eintritt:** *$ 50, für Kinder (3–9) $ 45, Parkplatz $ 12. Zudem gibt es Kombi-Tickets mit Sea World, Wet'n'Wild, Universal Studios und einigen anderen Parks. Auch hier lohnt es sich, das Ticket vorab im Internet zu ordern und selbst zuhause auszudrucken.*

Wet'n'Wild

George D. Millay, der Besitzer von Wet'n'Wild, gilt als einer der findigsten Köpfe im Geschäft mit „Wasser thematisierenden" Parks. Er war es, der in den frühen 60er Jahren die Idee für die Sea World Parks entwickelte und den ersten dieser Parks in San Diego einrichten ließ. Mitte der 1970er Jahre dann entschied sich *Miller* für eine neue Variante, die der Wasser-Themenparks, also reine Spaßparks. 1977 eröffnete er dann Wet 'n'Wild in Orlando, später folgten ähnliche Parks bei Dallas und in Las Vegas. Wet'n'Wild war der erste Park dieser Art überhaupt.

Tipps für die Erkundung mit Kindern

Rechtzeitig kommen, denn der Park hat nicht viele Grünflächen, sodass Familien mit Kindern bei spätem Erscheinen ihr „Basislager" dann an einem weniger attraktiven Punkt aufschlagen müssen.

Es gibt **ausreichend Fachpersonal (Life Guards)**, welches an den einzelnen Becken auf die Kleinen achten kann – was Sie aber nicht von Ihrer Aufsichtspflicht entbindet.

Die angebotenen Snacks erreichen nur Fastfood-Niveau. Bringen Sie ggf. etwas zu essen mit. Glasflaschen und Alkohol sind verboten!

Super Abenteuer

Auch heute noch empfiehlt sich dieser Park in Orlando als ein Ziel für abenteuerhungrige Wasserratten. Auf engstem Raum winden sich die Wasserrutschen, wogen die Wellen im Wellenbad und ziehen im Sommer die regelmäßig stattfindenden Konzerte, Beachpartys und lateinamerikanischen Musikveranstaltungen besonders die Teenager an. Wet'n'Wild ist also in keiner Weise langweilig, wenn auch im äußeren Erscheinungsbild weit weniger attraktiv als die neueren Wasserparks in Disney World, vor allem, weil es wenig Grünflächen und Bäume gibt. Hier soll gespielt und die Nerven gekitzelt werden. Und obwohl es eine Ecke für die Kleinen unter 10 Jahren gibt, möchten wir gleich an dieser Stelle darauf hinweisen, dass die anderen Wasserparks in diesem Buch eher etwas für die Jüngsten versprechen.

Wet'n'Wild, *6200 International Drive, ☎ (407) 351 1800, www.wetnwildorlando.com. Anfahrt: International Drive/Ecke Universal Blvd., ca. 2 Meilen von Sea World. Vom I-4 Ausfahrt 75A bzw. B.* **Öffnungszeiten:** *Der Park öffnet 9.30/10 Uhr und schließt zw. 17 und 21 Uhr. Aktuelle Öffnungszeiten bitte erfragen.* **Eintritt:** *$ 48, Kinder (3–9 Jahre) $ 42. Parken kostet $ 10, zudem können Zusatzkosten entstehen durch das Ausleihen von Handtüchern ($ 4), Schläuchen für die Rutschen ($ 4) und eines Schließfachs ($ 8).*

Gatorland

5.000 Alligatoren

Als *Owen Godwin Sr.* 1949 Gatorland eröffnete, war Orlando noch ein unbedeutender Fleck auf der Landkarte und *Walt Disney* ein wenig bekannter Exzentriker, der komische Mausfiguren zeichnete und naive Filme drehte. Damals nannte sich der Park noch „Snake Village und Alligator Farm". Im Laufe der Jahre wurde zwar immer wieder erweitert, doch ist der alte Charme erhalten geblieben. Gatorland kann man nicht vergleichen mit Disney World, Universal Studios oder Sea World, und der Begriff Themenpark mag etwas übertrieben klingen, doch darf man auch nicht unterschätzen, dass sich hier die größte Alligatorenfarm der Welt befindet und der zugängliche Parkbereich nur einen Teil des gesamten Komplexes zeigt. Über 5.000 Alligatoren gibt es mittlerweile hier, die vor allem aber wegen des Leders und des Fleisches aufgezogen werden. Sollten Sie das – leckere – Fleisch probieren wollen, können Sie dieses im Restaurant im Park tun.

Eingang zum Gatorland

Kinder unter 10 Jahren werden Gefallen finden an den Shows mit Schlangen, Alligatoren, aber auch mit niedlicheren Vertretern der Tierwelt. Auch eine Fahrt mit der **Miniatureisenbahn** durch den Park ist perfekt für die Kleinen.

Der Park ist 23 ha groß, wovon ein Teil aus einem Sumpfgebiet besteht, in dem die Alligatoren aufgezogen werden. Hauptattraktionen aber sind die kleinen Shows, wie z. B. das „Alligator-Wrestling", eine Fütterungszeremonie („Gator Jumparoo") und die Ausstellungen und Vorführungen verschiedener Schlangenarten. Dass es auch Rehe, Affen und andere Tiere zu sehen gibt, sei nur nebenbei bemerkt.

Shows

Erwarten Sie also nicht zu viel. Der Park ist klein und eben etwas betagt. Doch verspricht dieses auch den „direkten Kontakt" mit den Alligatoren und Schlangen, ein gewisses „Down-on-Earth-Gefühl" und Alligatoren in „allen Variationen". Wer sich also für diese – gar nicht so gefährlichen – Tiere interessiert, ist hier richtig und kann ein paar schöne Stunden erleben. Wer aber Themenparks mit Spannung, Action und den neuesten Errungenschaften bevorzugt, kann sich den Weg hierher sparen.

Gator Wrestling Stadium (6 Shows täglich): In einer kleinen Arena werden diese für Florida so typischen Alligatorenringkämpfe vorgeführt. Bereits die frühen Seminolen-Indianer mussten sich des Öfteren gegen die Reptilien zur Wehr setzen. Ausgefeilt haben aber die ersten Rancher diese Kämpfe. Ihre „Cracker" – die Cowboys Floridas – mussten häufig in die Wasserlöcher für die Kühe steigen, denn die waren auch beliebt bei den Alligatoren, und da diese natürlich nicht gerne Platz machten, war ein Ringkampf des Öfteren vonnöten. Hier in Gatorland wird dieses nachgestellt, wobei die Alligato-

Alligatorenkämpfe

ren sich um einiges williger zeigen. Die Alligatoren sind übrigens recht friedliche Tiere, die Menschen i. d. R. nicht angreifen.

Übrigens ...

Im Gatorland wurden auch mehrere bekannte Filmszenen gedreht, so z.B. für „Indiana Jones", „Survival" und „Die letzten Dinosaurier".

Wissenswertes über Alligatoren und Amerikanische Krokodile auf S. 189 (Everglades National Park).

Hinter der Anlage befindet sich das **Marschgebiet**, in dem die Alligatoren gehalten werden, um sich zu vermehren. 25 Männchen und 100 Weibchen sind hierfür ausgesetzt. Ein Steg **(Marsh Walk)** führt über das Sumpfgelände und zahlreiche Tafeln erläutern Tier- und Pflanzenwelt der Everglades von Florida. Vom **Observation Tower** hat man einen guten Überblick auf das Gelände.

Gatorland, *14501 South Orange Blossom Trail (US 441), Orlando, ☎ (407) 855 5496, www.gatorland.com.* **Anfahrt:** *I-4 East Richtung Disney, am Exit 62 ab auf den Central Florida Greenway (417, Maut $ 1,50), dann am Exit 11 auf den South Orange Blossom Trail (US 441).* **Öffnungszeiten:** *tgl. 9–17 Uhr.* **Eintritt:** *$ 23, Kinder (3–12 Jahre) $ 15.*

Reisepraktische Informationen Orlando

Vorwahl: *407*

Hinweis

s. a. Reisepraktische Informationen **Walt Disney World** *(S. 394) für die zum Disney-Konzern gehörenden Unterkünfte und Restaurants.*

Informationen

Orlando/Orange County Official Visitor Information Center, *8723 International Drive, ☎ 363 5872, www.orlandoinfo.com, geöffnet tgl. 8.30–18.30 Uhr. Bestens ausgestattetes Touristenbüro mit mehrsprachigen Mitarbeitern. Hier erhalten Sie neben Karten, Prospekten und Informationen auch die* **Orlando „Magicard"***, mit der man bei viele Attraktionen Rabatte erhält. Zudem Hotels und Ticketservice.*

Kissimmee - St. Cloud CVB, *1925 Irlo Bronson Memorial Highway (US 192), Kissimmee, ☎ 742 8200, www.visitkissimmee.com, Mo–Fr 8–17 Uhr.*

Wichtige Telefonnummern

Notruf: *Polizei, Feuer: 911*

Krankenhaus: *Dr. P. Phillips Hospital, 9400 Turkey Lake Rd., I-4 Exit 71, ☎ 351 8500*

24-Stunden-Apotheke: *Walgreen's, 408 E. Michigan St., ☎ 843 0956*

Zahnärztl. Dienst: *7521 W Sand Lake Rd., ☎ 354 0044*

Shopping
1 Mall at Millenia
2 Orlando Premium Outlets
3 Flea World

Restaurants
4 Bahama Breeze
5 P.F. Chang's China Bistro (Mall)
6 Hemingway's
7 Wild Jack's Steak & Grill
8 Christini's Italiano
9 Lac Viet Bistro
10 Church Street
11 Hard Rock Cafe Orlando
12 Chatham's Place
13 Norman's
14 Tu Tu Tango

Hotels
15 The Courtyard at Lake Lucerne
16 Peabody Orlando
17 Hyatt Regency Grand Cypress Resort
18 Renaissance Orlando Resort
19 Days Inn International Drive

Geldwechsel/Banken

Die meisten Banken finden Sie in der Innenstadt von Orlando. Ebenfalls Geld tauschen können Sie, wenn auch zu einem etwas schlechteren Kurs, an den Rezeptionen der größeren Hotels. In **WDW** *unterhält zudem die Sun Bank zwei Filialen.*

Sightseeing und Bootstouren

Orlando Balloon Adventures, *2900 Parkway Blvd, Kissimmee (Treffpunkt für den Ballonstart), ☎ 894 5040, www.orlandoballoonrides.com. Ballonfahrten, nach der Rückkehr gibt's ein Glas Champagner. $ 175 p.P.*
Florida Seaplanes, *259 Robin Court, Altamonte Spring, ☎ 331 5655, www.flyfloatplanes.com. Ein besonderes Erlebnis: Mit einem Wasserflugzeug abheben und die Welt von Walt Disney von oben sehen. Ab $ 49 p.P. (30 Min.)*
International Heli-Tours, *12651 International Drive, ☎ 239 8687, www.internationalhelitours.com. Angeboten werden Helikopter-Flüge unterschiedlicher Länge. $ 30–400 p.P.*

Bei Kissimmee gibt es zahlreiche Unternehmen, die eine Fahrt mit dem Air-Boat anbieten, unter anderem
Airboat Adventures & More, *100 Lakeshore Blvd, Kissimmee, ☎ 860 1157, www.airboatadventuresandmore.com. Es werden auch Pontoons vermietet.*

Unterkunft

Grundsätzlich ist es empfehlenswert, das Hotel bereits im Voraus von Europa aus zu reservieren. Für den Besuch Orlandos und seiner Themenparks gibt es mehrere **Alternativen:**

- *Übernachtung in Orlando oder* **Winter Park**, *um dem Trubel im Umfeld der Parks zu entgehen. Dann muss man aber Fahrzeiten von über 30 Minuten zu den Parks in Kauf nehmen.*
- *In* **Flughafennähe** *wohnen. Die Atmosphäre hier ist aber eher langweilig, und zu den Parks ist es auch noch relativ weit.*
- *Am* **International Drive/I-4** *wohnt man preislich in der Mittelklasse und genießt in der Regel einen Shuttle-Service zu den Parks.*
- *Entlang des Hwy. 192 (Irlo Bronson Mem. Hwy., Kissimmee) liegen günstigere Motels.* **Kissimmee** *liegt auch verkehrsgünstiger und näher als Orlando selbst zu Walt Disney World.*
- *Zum* **Campen** *ist nur denjenigen zu raten, die sowieso mit einem Wohnmobil (Camper) durch Florida reisen. Es gibt auch nur einen „ernstzunehmenden" Campingplatz in WDW, beim Fort Wilderness Resort (s. S. 416).*
- **Familien mit Kindern** *sei empfohlen, ihr Hotel/Motel danach auszusuchen, ob die Kinder zu günstigen Tarifen bzw. kostenfrei im Zimmer der Eltern übernachten können. Letzteres ist meist die Regel.*
- *Beim Erfragen der* **Preise** *sollte man außerdem darauf achten, ob der Shuttle-Service zu den Parks im Preis inbegriffen ist, ansonsten könnte das für eine 3-köpfige Familie schon mal $ 20 extra ausmachen pro Tour.*
- *Für die Hotels in* **Walt Disney World** *sprechen viele Vorteile, auch wenn es teurer wird: Die Busse sowie die Monorail in WDW sind kostenlos, man genießt Privilegien beim Reservieren von Restaurantplätzen sowie auch für Einlassrituale und spart sich lange Anfahrtswege zu diesem größten Themenpark-Areal (Hotels s. S. 394).*

In Orlando/in Winter Park

The Courtyard at Lake Lucerne $$$$ (15), *211 N. Lucerne Circle East, ☎ 648 5188, www.orlandohistoricinn.com. Die Unterkunft besteht aus vier historischen Häusern aus unterschiedlichen Epochen, insgesamt eine sehr private Atmosphäre. Zur Begrüßung gibt es Wein.*
Park Plaza Hotel $$$$, *307 S. Park Ave., Winter Park, ☎ 647 1072, www.parkplazahotel.com. Sehr elegantes, kleines Landhotel wie in einer Kleinstadt. 27 Zimmer.*
Historic Edgewater Hotel $$-$$$, *99 West Plant Street, ☎ 654 6921, www.historicedgewater.com. Schönes Haus von 1927, direkt am West Orange Nature Trail gelegen (Wander- und Fahrradtrail), eher einfache Zimmer im Retro-Design, ausgiebiges Frühstück.*

Am Flughafen

Sheraton Suites Orlando Airport $$$-$$$$, *7550 Augusta National Drive, ☎ 240 5555, www.sheratonorlandoairport.com. Gepflegte Anlage, sehr guter Service.*
Hyatt Regency Orlando International Airport $$$-$$$$, *9300 Jeff Fuqua Blvd., ☎ 825 1234, http://orlandoairport.hyatt.com. Elegant, tolle Lobby, gutes Restaurant im oberen Stockwerk.*

Südlich von Orlando/International Drive/I-4

Days Inn Orlando $$ (19), *5858 International Drive (Ecke Kirkman Rd.), ☎ 351 4410, www.daysinn.com Wenn auch die Zimmer relativ einfach sind, sind sie vollkommen in Ordnung und das Hotel ein Tipp für Preisbewusste.*
Nickelodeon Family Suites $$$, *14500 Continental Gateway, ☎ 387 5437, www.nickhotel.com. Zimmer mit 1-3 Schlafzimmern, die Kindersuiten sind im Sponge-Bob-Stil gehalten, zudem gibt es riesige Poollandschaften, ein 4D Kino und abendliches Unterhaltungsprogramm – ein Paradies für Kinder.*
Renaissance Orlando at Sea World $$$$ (18), *6677 Sea Harbor Drive, ☎ 351 5555, www.renaissanceseaworldorlando.com. Modernes Luxushotel direkt am Eingang von Sea World. Die Atriumhalle (Wasserfall, Goldfischteiche, Vogelkäfige etc.) misst 6.500 m² und gilt damit als die größte der Welt. Große komfortable Gästezimmer. Dafür muss man in der Regel allerdings tief in die Tasche greifen. Auf Sonderpreise im Internet achten!*
Hyatt Regency Grand Cypress Resort $$$$ (17), *1 Grand Cypress Blvd., ☎ 239 1234, http://grandcypress.hyatt.com. Eine wirkliche Luxusoase mit 12 Tennisplätzen sowie 3 Golf Courses. Hoteleigener See ist ebenso vorhanden wie eine wahre Poollandschaft. Der hohe Glaspalast ist von der tropischen Pflanzenwelt umgeben.*
Peabody Orlando $$$$-$$$$$ (16), *9801 International Dr., ☎ 352 4000, www.peabodyorlando.com. Großes, modernes Luxushotel mit über 900 Zimmern. Wie bei seinem berühmten Vorbild, dem Peabody in Memphis, TN, können Sie auch hier morgens (11 h) sowie nachmittags (17 h) den hauseigenen Enten bei ihrem Marsch zum bzw. vom Lobby-Springbrunnen beiwohnen. Abbilder der watschelnden Tierchen prangen übrigens auf allen Hotelpapieren, am Hotel selbst, und man findet sie auch in Form von Seife an der Badewanne. Ein gelungener Gag, der sogar einen historischen Hintergrund hat. Lassen Sie sich den einmal vom Duck Trainer erzählen.*
Waldorf Astoria Orlando $$$$-$$$$$, *14200 Bonnet Creek Resort Lane, ☎ 597 5500, www.waldorfastoriaorlando.com. 497 Luxuszimmer sowie Suiten inmitten des WDW-Resorts. Gratis-Shuttle zu allen Disney-Parks.*

Entlang des US-192 (Irlo Bronson Memorial Hwy.)

Clarion Hotel $$-$$$, *2261 E. Irlo Bronson Mem. Hwy., Kissimmee, ☎ 846 2221, www.clarionwaterpark.com. Hier gibt es neben günstigen und sauberen Zimmern, vier Restaurants und Spa einen kleinen Wasserpark für die Kinder.*

Quality Suites/Royale Parc Suites $$$, *5678 W Irlo Bronson Memorial Hwy., Kissimmee, ☎ 396 8040, www.royaleparcsuitesorlando.com. 670 Zimmer, die meisten mit Mini-Küche. Großer Swimmingpool. Sehr familienorientiert. Es gibt hier auch größere Suiten mit Spielzeug, Kinder-Camps und einen Kindergarten.*

Saratoga Resort Villas $$$$, *4787 W. Irlo Bronson Mem. Hwy., Kissimmee, ☎ 397 0555, www.saratogaresortvillas.com. „Villas" in mediterranem Stil erbaut. Sehr geräumig (immer 2–3 Zimmer). 2011 renoviert, Neueröffnung Anfang 2012.*

Camping

Disney's Fort Wilderness Resort and Campground, *4510 N. Fort Wilderness Trail, Lake Buena Vista, ☎ 939 6244, http://disneyworld.disney.go.com/resorts/campsites-at-fort-wilderness-resort/. In dem zum Disney-Konzern gehörenden Resort gibt es den 800 Plätze großen, im Wald gelegenen Campingplatz. Dieses Areal ist besonders etwas für Eltern mit Kindern, denn im Wilderness Resort wird viel geboten für Kinder unter 15 Jahren. Das Fort selbst liegt am Bay Lake im Nordteil des Resort-Gebietes. In der Parkanlage befinden sich die Fortanlage selbst, mit einer Aufführungshalle (Pioneer Hall), einem Restaurant, Souvenirshops und andere Geschäfte, in denen Sie z.B. auch Fahrräder mieten (z.B. in der „Settlement Bike Barn") können. Direkt am Fort befindet sich dann auch eine kleine Wild-West-Ranch (Tri-Circle-D-Ranch), wo Kinder ab 9 Jahren und auch Erwachsene reiten können, ein „Zoo zum Anfassen" und viele Parkangestellte, die sich bemühen, den Kleinen Fragen zur Tierhaltung zu beantworten. Direkt am See lädt dann ein kleiner Strand zum Baden ein, und hier können auch die Boote ausgeliehen werden – mit und ohne Führer. Außerdem können Sie im Fort Wilderness Kanus ausleihen, einen Swamp Trail entlanglaufen, Volleyball, Tennis oder Basketball spielen, einen Trimm-Dich-Pfad „testen", Ihre Kinder abends zum Character Campfire schicken oder einfach frühmorgens durch den Wald joggen.*

Neben verschiedenen Restaurants *in der Wilderness Lodge gibt es im Fort Wilderness die Crockett's Tavern, die sowohl ein Selbstbedienungsrestaurant als auch ein Western-Pub hat. In der Pioneer Hall gleich daneben findet allabendlich die Western-Dinnershow „Hoop-Dee-Doo" statt. Im Trails End Restaurant gibt es in rustikalem Ambiente den ganzen Tag etwas zu essen.*

Weitere Campingplätze in der Orlando-Area

Kissimmee/Orlando KOA, *2644 Happy Camper Place, Kissimmee, ☎ 396 2400, www.koa.com.*

Fort Summit KOA, *2525 Frontage Road, Davenport (vom I-4 Ausfahrt 55 auf US 27 South), ☎ 424 1880, www.koa.com. Shuttle zu Disney World.*

Restaurants

Wohnt man in WDW, dauert die Anfahrt zu den meisten hier genannten Restaurants häufig über eine halbe Stunde. Der günstigeren Preise wegen und um dem Rummel zu entgehen, mag das für den einen oder anderen aber eine lohnende Alternative bieten.

Lac Viet Bistro (9), *2021 E. Colonial Drive, ☎ 228 4000, www.lacvietbistro.com. Gute vietnamesische Küche.*

Hard Rock Café Orlando (11), *6050 Universal Boulevard, Universal Studios City Walk, ☏ 351 7625, www.hardrock.com. Amerikanische Küche. Neben den üblichen Themen (Rockmusik) werden auch Filmthemen in der Dekoration geboten. Hier ist es meist aber auch sehr voll!*

Chatham's Place (12), *7575 Dr. Phillips Blvd. in Phillips Place, ☏ 345 2992, www.chathamsplace.com. Nur Dinner. Eine weitreichende Palette verschiedenster Spezialitäten aus aller Welt steht auf der Karte. Hier essen auch viele Einheimische. Eher teuer, dafür auch etwas Besonderes.*

Café Tu Tu Tango (14), *8625 International Drive, ☏ 428 2222. www.cafetututango.com. Hier gibt es gute Kleinigkeiten – und im Lokal wird gemalt! Zwanglos, preiswert, sehr gute Tapas.*

Norman's (13), *im Ritz Carlton Orlando, 4012 Central Florida Parkway, ☏ 393 4333, www.normans.com. Teures, aber erstklassiges Restaurant, dessen Küche asiatische, südamerikanische und karibische Einflüsse vereinigt.*

Im Gebiet **Crossroads** *westlich von WDW (am I-4) finden Sie zudem einige Familienrestaurants.*

Magical Dining Month

Seit einigen Jahren gibt es in vielen Restaurants im von Visit Orlando initiierten Magical Dining Month einen Monat lang (zuletzt im September) ein Dreigangmenü für $ 30. Ein Teil der Einnahmen geht an einen wohltätigen Zweck. Infos unter www.visitorlando.com/magicaldining.

Pubs/Livemusik/Nightlife/Revue

Neben den hier aufgeführten Lokalitäten beachten Sie bitte auch die Informationen zu den Dinnershows und Theatern im Kapitel „Walt Disney World".

Ice Bar, *8967 International Dr., www.icebarorlando.com. Wer es lieber etwas kühler hat: Hier ist alles aus Eis.*

In der Icebar

Howl at the Moon Saloon, *8815 International Dr., ☏ 354 5999, www.howlatthemoon.com. Sing-along-Pianos laden zum Mitsingen ein, tgl. bis 2 Uhr morgens geöffnet.*
Cowboys Orlando, *1108 S. Orange Blossom Trail (US 441), www.cowboysorlando.com. Country & Western Club. Livemusik Di–Sa.*

Einkaufen/Shopping Malls (Auswahl)

Orlando Premium Outlets (2), *4951 International Dr., www.premiumoutlets.com. 180 günstige Fabrikläden, u. a. Levis, Calvin Klein, Oshkosh und Guess. Im Umkreis dieser Factory Stores gibt es auch noch andere Outlet Malls. Für günstige Einkäufe ist dieses also* **die** *Region.*
The Mall at Millenia (1), *4200 Conroy Road, ☏ 363 3555, www.mallatmillenia.com (Abzweig / Abfahrt östlich der Kreuzung Florida Turnpike/Interstate 4 Richtung Osten (Orlando Downtown). Dies ist die beste, größte und eleganteste Mall mit sehr guten Restaurants. Hier gleich drei Tipps:*

- **Chinesisch** *können Sie hervorragend im* **P.F. Chang's China Bistro** *speisen (☏ 345 2888, www.pfchangs.com). Man kann drinnen und auf der Außenterrasse essen. Die Speisen werden nach individuellem Wunsch unterschiedlich scharf zubereitet. Hervorragend sind u. a. die vegetarischen Gerichte. Durchschnittliche Preise.*
- **Italienisch** *werden Sie im* **Brio Tuscan Grille** *(☏ 351 8909, www.brioitalian.com) verwöhnt. Frische und Vielseitigkeit garantiert die (schnelle) Küche. Man kann auch im Außenbereich essen. Mein Tipp: das Veal Marsala oder einfach einige der leckeren Antipasti. Durchschnittliche Preise.*
- **Fisch** *gibt es hervorragend bei* **McCormick & Schmick's Seafood Restaurant** *(☏ 226 6515). Tagesangebote und „normale" Speisekarte. Hervorragend zubereitet. Eher hohe Preise.*

Crossroads of Lake Buena Vista, *Kreuzung I-4/Rte. 535 in Buena Vista (gegenüber von WDW Buena Vista). Einkaufszentrum mit 24-Stunden-(Edel-)Supermarkt, vielen kleineren Geschäften für den „alltäglichen" Bedarf, einer Post (2 Blocks weiter), Mittelklassehotels und einigen Familienrestaurants.*
Disney Downtown, *an der Buena Vista Lagoon. Geschäfte mit Kunsthandwerklichem und vor allem aber einem ausgiebigen Sortiment an Disney-Souvenirs (teuer).*

Shopping-Paradies Millenia Mall

Flea World (3), *US 17-92 (I-4 Exit 98) in Richtung Sanford, www.fleaworld.com. Mit über 1.700 Händlern gilt dieser Flohmarkt als der größte in den USA. Jährlich besuchen ihn mehr als 3 Millionen Menschen. Geöffnet: Fr–So 9–18 Uhr.*

Sportveranstaltungen

Wer hat nicht schon von ihm gehört, dem legendären Basketball-Team, den **Orlando Magic**. *Sie spielen im 2010 eröffneten Amway Center (400 W. Church St., www.amwaycenter.com). Tickets sind früh ausverkauft, aber versuchen können Sie es ja mal: ☏ 916 2400, www.nba.com/magic/.*

Flughafen

Der moderne **Orlando International Airport** *befindet sich südöstlich der Innenstadt und nordöstlich von WDW. Nehmen Sie den I-4 Exit 74A (Rte. 482) in östlicher Richtung (Sand Lake Rd.) oder den gebührenpflichtigen Beeline Expressway (Rte. 528).* **Shuttle-Service** *der größeren Hotels wird geboten.*
Infos unter www.orlandoairports.net.

Mietwagen

Am Flughafen und in der Stadt sind alle größeren Mietwagenfirmen vertreten, u.a.
Avis: *☏ (407) 825 3700 (Flughafen), www.avis.com*
Budget: *☏ (1-800) 621 2380 www.budget.com*
Dollar: *☏ (1- 866) 434 2226, www.dollar.com*
Hertz: *☏ (407) 859 8400 (Flughafen), www.hertz.com*

Öffentliche Verkehrsmittel

Stadtbusse: *LYNX, das Bussystem von Zentralflorida, bedient das öffentliche Bussystem in Orlando und den umliegenden Landkreisen. Die Haltestellen sind mit einem rosafarbenen Bus gekennzeichnet, Fahrplan unter www.golynx.com. Entlang des International Drive lohnt die Nutzung der Busse, ansonsten aber ist es doch reichlich umständlich. Zudem verkehren auch andere, private Unternehmen entlang des International Drive.*
Straßenbahn: *die I-Ride Trolleys verkehren den ganzen Tag etwa alle 20 Min. entlang des International Drive und halten an 107 Stationen (www.iridetrolley.com)*
Überlandbusse: *Der GREYHOUND-Terminal befindet sich in der 555 N. John Young PKWY, ☏ 292 3440 oder gebührenfrei: (1-800) 454 2487, www.greyhound.com.*
Eisenbahn: *Folgende 3 AMTRAK-Bahnhöfe gibt es im Umland von Orlando: 1400 Sligh Blvd. (Orlando), 150 West Morse Blvd. (Winter Park) und 111 Dakin Street (Kissimmee). Infos: ☏ (1-800) USA-RAIL. Zwei Passagierzüge halten an diesen Bahnhöfen: der* **Silver Meteor** *und der* **Silver Star**. *Infos unter www.amtrak.com*

Shuttle zu den Attraktionen

Nahezu alle Hotels bieten einen Shuttle-Service (bzw. sind telefonisch mit einem solchen verbunden) zu den wesentlichen Attraktionen sowie zum Flughafen. Dieses ist eigentlich die bequemste Art der Fortbewegung innerhalb der Stadt.

7. ZENTRALE UND NÖRDLICHE ATLANTIKKÜSTE

Kennedy Space Center und die Space Coast

Streckenübersicht

Entfernung: Orlando – Kennedy Space Center: 56 m/90 km
Empfohlene Route: Von Orlando folgt man der 528 Ost (am Flughafen vorbei, gebührenpflichtig). Später zweigt man auf die Rte. 407 ab und kommt über den NASA Parkway direkt zum Besucherzentrum.
Achtung: Immer den Schildern „Kennedy Space Center" folgen, **nicht** nach Cape Canaveral fahren!
Übernachtung: Titusville oder Cocoa Beach (Bademöglichkeit im Atlantik)

Floridas Atlantikküste war schon immer ein prädestinierter Platz für entscheidende historische Entwicklungen: Hier gründeten die Spanier die älteste Siedlung auf dem Kontinent, von hier aus starteten 1969 die ersten Menschen zum Mond. Das NASA Kennedy Space Center, von den Organisatoren zwischenzeitlich zum Spaceport USA deklariert, ist zu einem äußerst attraktiven touristischen Ziel geworden. Hier wird den Amerika-Besuchern die Größe der USA als technische Führungsnation vorgeführt. Daran änderten auch die tragischen Unglücke der Raumfähren 1986 und 2003 nichts.

©i graphic

Der Besucher hat die Chance, sich im Verlaufe von 4–6 Stunden einen Überblick über die faszinierende Raumfahrtgeschichte und ihre technische Fortentwicklung direkt vor Ort zu verschaffen. Nirgendwo sonst auf der Welt ist dies möglich.

Sehenswertes an der Space Coast

Astronaut Hall of Fame

In Titusville an der Rte. 405 (NASA Parkway) lohnt ein Besuch der **United States Astronaut Hall of Fame and Space Camp**. Hier werden die Astronauten der Mer-

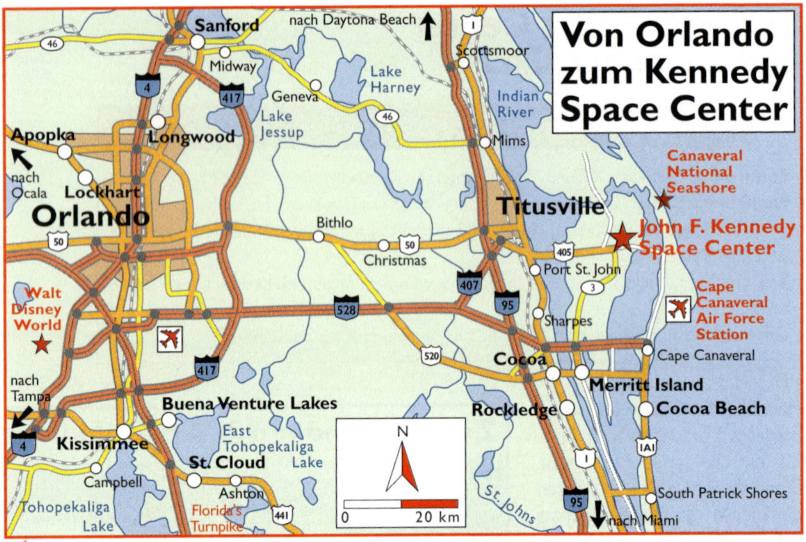

© graphic

cury-Missionen geehrt und Filme aus der Geschichte der amerikanischen Raumfahrt gezeigt. Im angeschlossenen Space Camp wird erklärt, wie das Training der Astronauten aussieht, und es gibt verschiedene Simulatoren und Hands-on-Stationen.

Astronaut Hall of Fame and Space Camp, *☎ (321) 449 4444, Space Camp: ☎ (800) 637 7223, www.spacecamp.com, www.kennedyspacecenter.com/astronaut-hall-of-fame.aspx, tgl. 12–18 Uhr, $ 20, inkl. Eintritt zum Kennedy Space Center $ 43.*

Redaktionstipps

- **Übernachten**: In Titusville gibt es eine Reihe von Motels, z.B. das „Best Western Space Shuttle Inn" (S. 434).
- **Essen gehen**: in „Florida's Seafood Bar & Grill".
- **Sehenswürdigkeiten in der Umgebung**: Strände entlang der Atlantikküste, besonders im Merritt Island Wildlife Refuge.
- **Besuchszeiten des Space Center**: Mindestzeit: 4 Stunden; optimale Zeiteinteilung: 1 Tag. Anfahrt von Orlando: 1½ Std. Im Space Center 5–6 Stunden (einschl. des Besuchs der Astronauts Hall of Fame: 7 Stunden).

Astronaut Hall of Fame

Naturschutzgebiete

Kaum zu glauben, aber wahr: In unmittelbarer Nachbarschaft zu den Abschussrampen der Weltraumfähren liegen die Naturschutzgebiete **Merritt Island Wildlife Refuge** und **Canaveral National Seashore** (über SR/Rte. 405, östlich von Titusville zu erreichen). Hier kommen Vogelfreunde und Strandwanderer auf ihre Kosten, zudem kann man Kanu fahren. In den beiden Headquarters erhalten Sie Kartenmaterial. Die Strän-

Für Vogelfreunde: Merrit Island

de sind einmalig und relativ wenig besucht. Restaurants und Umkleidekabinen sowie Duschen sucht man aber vergeblich. Es gibt nur einfache Toiletten an den Strandparkplätzen.

Merrit Island Wildlife Refuge, *Anfahrt: von der I 95 den Exit 220 (Titusville, State Road 406 Exit). Auf der SR 406 (Garden Street) 4 Meilen, über die Max Brewer Causeway Bridge. Hier beginnt das Refuge, nach etwa 4 Meilen liegt rechts das Visitor Center. Bei Titusville gibt es auch einen Eingang. Das Visitor Center ist geöffnet Mo–Fr 8–16.30, Sa 9–17 Uhr, So nur Nov.–März 9–17 Uhr, ☎ (321) 861 0668, Refuge Headquarters ☎ (321) 861 0667, www.fws.gov/merrittisland.* Naturschutzgebiete

Canaveral National Seashore, Park Headquarters, *212 S. Washington Avenue, Titusville, ☎ (321) 267 1110, www.nps.gov/cana, Mo–Fr 8–16.30 Uhr, Park geöffnet 6–18 Uhr im Winter, bis 20 Uhr im Sommer, Apollo Visitor Center (7611 S. Atlantic Avenue) ist derzeit geschlossen, Infos nebenan an einem provisorischen Info-Stand, außerdem im Eldora Statehouse ☎ (386) 428 3384, Sa/So 12–16 Uhr. $ 5/Auto, $ 1 p.P. für Fußgänger und Fahrradfahrer.*

Geschichte der unbemannten und bemannten Raumfahrt

Raketen waren lange Zeit eher Thema der utopischen Literatur. Der Traum, die Welt in Windeseile zu umrunden, ja gar zu fernen Planeten und Sternen zu reisen, beflügel-

Fast wie live dabei: die Shuttle Launch Experience

te die Fantasie. Erst im 20. Jahrhundert gelang es Wissenschaftlern in Europa, die Grundlagen für den Raketenantrieb zu entwickeln. Was man im Kennedy Space Center nicht erfährt: Alle grundlegenden Entwicklungen, welche die spätere Raumfahrt erst ermöglichten, wurden in Europa gemacht. Namen wie *Ganswindt*, *Hohmann* und *Oberth*, später *von Opel*, *Winkler* und *von Braun* – um nur einige zu nennen – gehören in die Liste der Pioniere.

Europäische Pioniere

Im Verlauf des 2. Weltkrieges wurden ab 1942 in Peenemünde an der Ostsee die ersten flugtüchtigen Raketen konstruiert und gebaut. Hier erfolgte der entscheidende Durchbruch zur Verwirklichung der Raumfahrtziele durch die Erfindung des so genann-

Tabellarische Übersicht über die Entwicklung der Raumfahrt

1945	Nach dem 2. Weltkrieg emigrieren viele Raketenfachleute in die USA. Hier experimentiert man bis 1951 mit den erbeuteten V 2 - der richtige Mann ist auch gleich mitgekommen: Wernher von Braun.
1957	Am 4.10. startet die UdSSR den Sputnik I.
1958	Die NASA (National Aeronautics and Space Administration) wird gegründet. Der erste amerikanische Satellit „Explorer I" startet am 31.1.1958.
1959	Lunik 2 (UdSSR) landet hart auf dem Mond. Im gleichen Jahr umrundet Lunik 3 den Mond und macht die ersten Aufnahmen von der Rückseite.
1961	Mit Wostok I (12.4.) ist *Juri Gagarin* der erste Mensch im Weltall. Flugdauer: 1 Stunde 48 Min. Die Amerikaner schaffen den Anschluss: Mit Alan Shepard ist am 5. Mai der erste Amerikaner im Weltall (15 Min).
1962	*John Glen* umkreist am 20. Februar als erster Amerikaner die Erde. Der Flug dauert bereits 4 Stunden 55 Min.

1963 Mit *Valentina Tereschkowa* ist die erste Frau im All.
1965 Mariner 4 erreicht den Mars.
1966 Der UdSSR gelingt die erste weiche, unbemannte Mondlandung.
1967 Die UdSSR führt im Weltall zwei Raumfahrzeuge zusammen.
1969 D i e Sternstunde der Raumfahrt: Am 20. Juli betreten als erste Menschen *Neil Armstrong* und *Edwin Aldrin* den Mond. Das Mutterschiff Apollo 11 umkreist mit dem Astronauten *Michael Collins* unterdessen den Mond. Weitere Apollo-Flüge folgen (bis 1972 werden insgesamt 17 Apollo-Flüge unternommen).
1973 Die Raumstation Skylab wird auf die Erdumlaufbahn geschickt.
1975 Mit Apollo 18 und Sojus 19 führen Amerikaner und Sowjets ein Koppelmanöver im Weltraum durch.
1981 Mit der Columbia beginnen die ersten Spaceshuttle-Flüge. Die wiederverwendbare Raumfähre, die mit Raketenantrieb startet und wie ein Flugzeug landet, soll programmmäßige Raumflüge durchführen. Bis 1986 werden 24 Spaceshuttle-Flüge erfolgreich durchgeführt. Die ersten Spaceshuttles starteten zwar vom Kennedy Space Center aus, landeten aber auf dem kalifornischen Luftwaffenstützpunkt Edwards. Später landen die Spaceshuttles auch auf der 5 km langen Landebahn hier auf dem floridianischen Raketengelände.
1983 Vom 28.11.-8.12. ist der deutsche Physiker *Ulf Merbold* mit an Bord der Columbia und arbeitet im Spacelab.
1986 Am 28. Januar explodiert die *Challenger* nach nur einer Minute und 12 Sekunden. Alle 7 Astronauten sterben. Mit an Bord war erstmals eine Privatperson: die Lehrerin *Christa McAuliffe*. Das Shuttle-Programm wird gestoppt.
1988 Nach zweijähriger Pause startet am 1.10. die Discovery ins All. Nach 4 Tagen wird der Flug erfolgreich abgeschlossen. Bereits einige Wochen später bewältigt die Atlantis eine erfolgreiche Geheim-Mission. Unterdessen haben auch die Sowjets mit den Amerikanern gleichgeschaltet: Ihre unbemannte Weltraumfähre - Buran („Schneesturm") genannt und äußerlich dem Spaceshuttle sehr ähnlich - landet nach dem Jungfernflug im November in Baikonur.
seit 1990 Fieberhaft wird an der Einrichtung der Raumstation „Alpha" gearbeitet, die in 250 Meilen Höhe eingerichtet werden soll.
1995 Der defekte Teleskop-Satellit „Hubble" kann repariert werden. Dieses gilt als Bewährungsprobe für die NASA, deren Gelder drastisch gekürzt werden sollten unter der Clinton-Regierung.
1998 Erster US-Flug zum Bau der neuen Weltraumstation Alpha.
2003 Die *Columbia* verglüht im Landeanflug auf die Erde. Ursache: Defekte am Hitzeschild! Das Programm wird wieder ausgesetzt.
2006 Der Flugbetrieb der Space Shuttle wird wieder aufgenommen und planmäßig bis 2011 weitergeführt.
2011 Am 21. Juli landet die Atlantis zum letzten Mal in Cape Canaveral. Die Ära der US-Raumfähren geht damit zu Ende. Am 14. November startet eine russische Sojus-Rakete mit zwei russischen und einem amerikanischen Astronauten an Bord zur Raumstation ISS. Das russische Weltraumprogramm ist seit dem Ende der amerikanischen Shuttles derzeit die einzige Möglichkeit, die ISS weiter besetzt zu halten. Die USA arbeiten aber an einem Nachfolgeprogramm der Shuttles. Mittel- bzw. langfristig sind auch bemannte Flüge zum Mond und sogar zum Mars geplant.

Wernher von Braun

ten ballistischen „Trägerraketensystems" (A 4). Die berühmte „Wunderwaffe" V 2, an der **Wernher von Braun** mitwirkte, brachte als eine Langstrecken-Überschallrakete den Durchbruch. Die V 2 besaß ein leistungsfähiges Flüssigkeitsraketentriebwerk, ein autonomes Trägheitslenksystem, und konnte so senkrecht ohne Rampe starten. 1944 überbrückte eine „A4/V" aus Peenemünde bereits über 300 km in Überschallgeschwindigkeit.

Sputnik-Schock

Nach dem 2. Weltkrieg teilten sich die USA und die UdSSR die Beute an deutschem Raketen-Know-how. Beide Weltmächte experimentierten weiter mit dem A-4-System. Bis 1957 erreichten die Raketen lediglich die Schichten der Hochatmosphäre, erst der Sputnik der Sowjets durchbrach das Fenster zum Weltall. Der „Sputnik-Schock" aktivierte die Amerikaner. Sie unternahmen verstärkte Aktivitäten in Wissenschaft und Technik, um mit den Russen gleichzuziehen, ein Wettlauf, der selbst nach dem Kalten Krieg noch immer andauert und der mal dem einen, mal dem anderen einen Vorsprung gewährt.

Das Spaceshuttle-Programm und Zukunftspläne

Das US-Spaceshuttle-Programm entstand aus der Idee, wiederverwertbare Raumfahrzeuge zu bauen, die nicht – wie die bisher üblichen Raketen – nach einer einzigen Mission im Museum landeten oder verschrottet wurden. Man versprach sich davon eine gewaltige Kostenersparnis. Der erste Spaceshuttle-Flug fand 1981 statt: Die Raumfähre Columbia absolvierte am 12. April erfolgreich ihren Jungfernflug. Sie war noch nicht mit einem Docking-Adapter für die Internationale Raumstation ausgestattet und konnte daher nicht für eine der späteren Hauptaufgaben der Shuttles genutzt werden, nämlich die Besatzung der ISS hin- und herzutransportieren. Insgesamt wurden fünf raumflugfähige Spaceshuttles gebaut, die zusammen 135 Einsätze absolvierten.

Zwei Aspekte spielten bei dem Beschluss, das Spaceshuttle-Programm einzustellen eine Hauptrolle: Zum einen hatte sich die Hoffnung auf eine Kostenersparnis nicht erfüllt, da der Start eines Shuttles bei weitem mehr kostete als der Start einer herkömmlichen Rakete und sich so die Einsparung an Materialkosten nicht rechnete. Zum anderen spielten die immer größer werdenden Sicherheitsbedenken eine Rolle, insbesondere nachdem zwei der Fähren (die Challenger 1986 und die Columbia 2003) verunglückt und die gesamten Besatzungen ums Leben gekommen waren. Die endgültig letzte Spaceshuttle-Mission wurde im Juli 2011 erfolgreich absolviert.

Verschiedene Nachfolgeprojekte der Shuttles wurden bereits angekündigt, einige gingen nie über die Planungsphase hinaus, andere wurden während der Fertigstellung abgebrochen. Auch das von *George W. Bush* 2004 initiierte Constellation-Programm, das mittelfristig bemannte Mondflüge und langfristig bemannte Marsflüge vorsah, stand aus Kostengründen immer wieder in der Kritik und wurde 2010 von *Barack Obama* eingestellt. Es gibt aber schon wieder ein neues Projekt, das auf die Entwicklungsarbeit des Constellation-Programms aufbaut: Das geplante Multi-Purpose Crew Vehicle (MPCV) soll erneut bemannte Weltraumflüge ermöglichen. Ob es jemals tatsächlich das Weltall erreicht, bleibt abzuwarten.

Besichtigungspunkte im Kennedy Space Center

Redaktionstipps

- Einen **3D-Film** im IMAX-Theatre ansehen (S. 428).
- Die Raketen im **Rocket Garden** (S. 427).
- Eine Busfahrt durch die reale Anlage des Kennedy Space Center unternehmen (S. 431).
- Die Spaceshuttle von innen besichtigen (S. 430).

Das Kennedy Space Center umfasst eine Fläche von 56.600 ha Land und Gewässer. Alle Flächen, die nicht für die Weltraum-Unternehmungen gebraucht werden, gelten als Naturschutzgebiet. Dies sind das Merritt Island Wildlife Refuge sowie der Canaveral National Seashore (s. S. 423). In unmittelbarer Nähe zu den Errungenschaften moderner Technik und am Tor zum Weltraum existieren also geschützte Zufluchtsgebiete für über 200 Vogelarten, wie Weißkopfseeadler, Ibis, Reiher und Storch, sowie verschiedene Säugetiere und Reptilien, darunter auch 6.000 Alligatoren. Nur zu gerne betont die NASA die friedliche Koexistenz von Natur und Raumfahrttechnologie.

Riesige Fläche

Rocket Garden

Am Raketengarten kommen Sie vorbei, wenn Sie vom Parkplatz kommen und dem Eingang zustreben. Alle Raketen – originalgetreue Modelle – sind fotogen senkrecht aufgerichtet. Sehenswert ist vor allem die Weltraumkapsel mit dem Zugangsarm, wie er von der Apollo-11-Besatzung (*Armstrong, Aldrin* und *Collins*) benutzt wurde. Täglich um 10.30 und 16 Uhr finden Touren statt. Nebenan liegt der **Children's Play Dome**, ein Spielplatz für die Kleinen unter 11 Jahren.

Rocket Garden

IMAX-Theatre

Im IMAX-Kino können Sie tolle 3-D-Filme schauen, zzt. laufen „Hubble 3-D", der die Geschichte des Weltraumteleskops erzählt, gesprochen von *Leonardo DiCaprio*, und „Space Station 3-D", der die Arbeit der internationalen Weltraumstation veranschaulicht, erzählt von *Tom Cruise*.

© graphic

Informationen für den Besuch

Information: ***NASA Kennedy Space Center*** (Spaceport USA), TWRS, Kennedy Space Center, Ticket-Reservierungen und allgemeine Anfragen ☎ (1-866) 737 5235, www.kennedyspace center.com.
Öffnungszeiten und Preise: tgl. von 9–18 Uhr (außer Weihnachten und bei Raketenstarts), normales Ticket $ 44 (Kinder $ 33) inkl. Bus-Tour, Imax-Theater, Shuttle Launch Experience, Ausstellungen und Astronaut Hall of Fame, ist innerhalb einer Woche 2 Tage gültig. **Zusätzlich** kann man folgende geführte Touren/Aktivitäten buchen: ***Nasa Up Close*** ($ 25, Dauer ca. 3 Stunden), Reservierung (empfohlen) unter ☎ (866) 737 5235, die Anzahl der Touren hängt von der aktuellen Nachfrage ab; ***Cape Canavaral Then and Now*** ($ 21, Start tgl. um 12.50 Uhr, ca. 2,5 Stunden), ***Lunch with an Astronaut*** ($ 24,99, Reservierung unter o.g. Tel. empfohlen, tgl. um 12.15 Uhr, Dauer 1 Stunde), ***ATX – Astronaut Training Experience***, $ 145: Intensives Kennenlernen des Kennedy Space Center mit echten Simulationsprogrammen, wie sie bei Astronauten angewendet werden, inkl. ein Mission Polo Shirt. Zweimal täglich: 8.30–ca. 13 Uhr und 13–ca. 18 Uhr. Detailinfos und Broschüre zum Runterladen: www.kennedy spacecenter.com/visitKSC/atx.asp. Reservierungen (☎ 449 4400) sind dringend erforderlich, zugelassen ist man ab 14 Jahren. Bestimmte Vorschriften wie Gewicht, Größe und gesundheitsrelevante Faktoren müssen beachtet werden.
Ankunft: Vom Parkplatz gelangt man zu Fuß zunächst an der Freiluftausstellung alter Raketen vorbei zum Ticketverkauf. Den Film im IMAX-Theater sollte man sich vor der Tour anschauen, man hat dann eine bessere Einstimmung.
Busrundfahrten: Es werden Busrundfahrten angeboten, die als Shuttle-Service eingerichtet sind und eine individuelle Erkundung ermöglichen. Sie starten um 10 Uhr und dauern ca. 2 Stunden. Alle 15 Min., letzte Abfahrt um 14.15 Uhr (im Eintrittspreis inbegriffen).
Space Shop: Innerhalb des Visitor Center gibt es einen Souvenirshop. U. a. wird hier eine mit Gold beschichtete Überlebensfolie angeboten, Astronautenkost, Plastikraumfähren, Aufkleber etc.
Fototipp: Sehr schöne Motive findet man im Rocket Garden (Raketengarten) direkt am Eingang. Ebenso kann man versuchen, ein Bild mit einem Astronauten zu schießen. Meist bewegt „er" sich in der Nähe des Galaxy Centers, also dort, wo es auch den IMAX-Film zu sehen gibt.
Kinder: Auf dem Spielplatz ***Children's Play Dome*** am Rocket Garden können die Kleinen spielen, auch der Film könnte gefallen. Die Bustour ist nur Kindern über 12 Jahren zuzumuten, dürfte diese dann aber mit zunehmendem Alter durchaus faszinieren.

Hinweis

Informationen über die nächsten ***Raketenstarttermine*** gibt es auf der Homepage, ebenso Tickets sowie unter ☎ (866) 737 5235. Um einen Raketenstart live im KSC mitzuerleben, muss man vorher reservieren. Infos unter www.kennedyspacecenter.com. Auch die Nasa twittert: www.twitter.com/ExploreSpaceKSC.
Tipp: Planen Sie die Beobachtung eines Starts nicht unbedingt in Ihren Urlaub ein, da es oft Verschiebungen wegen des Wetters oder technischer Probleme gibt. Nur wirklichen Freaks ist so etwas zu empfehlen.

Astronaut Memorial

Diese Einrichtung gilt seit der Einweihung am 9. Mai 1991 als National Monument. Der „Space Mirror" ist 42,5 Fuß (ca. 13 m) hoch und 50 Fuß (ca. 15,2 m) breit. Im spiegelnden Marmor sind die Namen „gefallener" Astronauten eingraviert. Die sich drehende Struktur, als „Raumspiegel" bezeichnet, folgt der Sonne am Himmel. Dem Beobachter wird dadurch der Eindruck vermittelt, als ob die Namen der Astronauten in den Wolken schwebten.

Eine Jury wählte unter 756 Entwürfen aus, den Zuschlag bekam das Architektenkonsortium Holt, Hinshaw, Pfau und Jones aus San Francisco. Die Finanzierung der 6,2 Millionen US$ teuren Gedenkstätte erfolgte durch den erfolgreichen Verkauf von Challenger-Autonummernschildern in Florida.

Space Shuttle Plaza

Warten lohnt!

Im Mission Status Center kann man aktuelle Informationen über Raketenstarts und andere Weltraumaktivitäten erhalten. Die Hauptattraktion ist aber die *Explorer*: das originalgetreue Modell einer Raumfähre. Das Modell darf man betreten und so den Arbeitsplatz der Astronauten näher in Augenschein nehmen und ihren Alltag an Bord besser verstehen. Das Warten in der Schlange lohnt sich! Außerdem gibt es notwendige Gerätschaften für Raketenstarts zu sehen: einen riesigen Treibstoff-Tank und ein Doppel-*Booster* (Raketenantrieb)!

Ein echter Astronaut, allerdings im Ruhestand: Winston Scott

Shuttle Launch Experience

In großen Simulatoren kann man hier nachempfinden, wie der Start eines Spaceshuttle auf den Körper der Astronauten wirkt. Auf einer simulierten Reise ins Weltall, die 14 Minuten dauert, wird man dann realitätsnah „gerüttelt und geschüttelt", samt den entsprechenden Geräuschen und projizierten Videosimulationen. Man hört den Hauptmotor röhren, man ist dabei, wenn die Kraftstofftanks abgetrennt werden, und im Weltall öffnet sich dann die Dachluke: Der Blick auf die Erde vom Weltraum aus ist faszinierend. Über 10 Jahre arbeitete die NASA in Zusammenarbeit mit 3 Shuttle-Astronauten, um das 60-Millionen-Doller-Projekt so realitätsnah wie möglich zu konstruieren.

Tipp: Lunch mit echten Astronauten!

Die NASA bietet zu bestimmten Terminen für Besucher Lunch (s. S. 429) mit echten Astronauten an. Man kann dabei Fragen stellen, Autogramme mitnehmen und sich wie im NASA-Team fühlen. Termine sind über das Internet abrufbar: www.kennedyspacecenter.com. Der Lunch kann nach Voranmeldung über die Website zusammen mit dem Eintrittsticket gebucht werden. Zudem gibt es das Astronaut Encounter, bei denen Astronauten Frage und Antwort stehen. Daten auf der Homepage.

Die Katastrophen beim Spaceshuttle-Programm

Dass die Weltraumfahrt immer ein Risiko bleibt, bewiesen die beiden Unglücke mit den Spaceshuttles *Challenger* und *Columbia*. Es waren stets „Kleinigkeiten", die zum Desaster führten:

- Die Challenger explodierte am 28.1.1986, weil ein Gummiring nicht die notwendige Qualität besaß.
- Die Columbia verglühte am 1. Februar 2003 im Anflug durch die Erdatmosphäre, weil der Hitzeschild beschädigt wurde.

Die Öffentlichkeit glaubte die Unglücke durch mangelnde Wartung und insbesondere durch Nachlässigkeit verursacht, doch man vergisst dabei schnell, wie komplex eine Weltraummission ist. Die Unfallforschung wurde intensiviert, die von der NASA etablierte unabhängige Untersuchungsgruppe „Columbia Accident Investigation Board" gab Anregungen, wie z. B. Beschädigungen am Hitzeschild nach dem Start durch Kameras begutachtet werden können und wie unter Umständen Astronauten im All Reparaturen am Hitzeschild durchführen können. Es wurden in der Folge 60 Beschleunigungs- und Temperaturfühler an die Flügel des Shuttles angebracht, die ungewöhnliche Vorgänge anzeigen.

Die drei verbliebenen Spaceshuttles Discovery, Atlantis und Endeavour konnten – trotz aller aufgrund möglicher Materialermüdung nach der langen Einsatzzeit geäußerten Zweifel – ihre Flüge zur Internationalen Weltraumstation ISS sicher und planmäßig durchführen.

Kennedy-Space-Center-Busrundfahrt

Die Busse fahren auf einer Rundstrecke folgende Punkte an:

- die **LC-39-Beobachtungsplattform**
- das **Apollo/Saturn V Center** und

LC-39 Observation Gantry (Beobachtungsplattform)

Von der 20 m hohen Beobachtungsplattform hat man einen tollen Rundblick über das Gelände. Man sieht die Abschussrampen 39 A und 39 B.
Man blickt auf die Startplätze der früheren Apollo- und Spaceshuttle-Flüge. Hier wurden 52.000 Kubikmeter Stahlbeton verbaut. Beim eigentlichen Start verspritzten Düsen binnen 20 Sekunden über 1,1 Millionen Liter Wasser, um die Flammen zu ersticken

und den Rampenbereich abzukühlen. Entlang der in Stellung gebrachten Rakete befanden sich zwei Wartungstürme. Der höhere Turm ist unbeweglich, blieb also auch während des Starts stehen, der niedrigere war mittels Rädern schwenkbar. Über diese Türme erfolgte der Zugang zur Rakete, um den Astronauten den Einstieg zu ermöglichen, um die Tanks zu füllen oder um Nutzlasten zu laden.

Die Saturn V

Aus der Entfernung sieht man auch das **Vehicle Assembly Building** (Montagehalle für die Raumfähren/Shuttles). Dies soll mit einer Höhe von 160 m und einem Grundriss von über 3 ha eines der größten Gebäude der Welt sein. Allein die an der Seite aufgemalte amerikanische Flagge ist 5.000 m², jeder Stern fast 2 m groß. Zugang zum Gebäude bekommt man nur während spezieller Touren, die aber nicht immer angeboten werden (Infos auf der Website).

Das Apollo/Saturn V Center

mit einer Saturn-V-Rakete (mit Raumkapsel war sie 111 m hoch) ist durchaus beeindruckend. Die Saturn V beförderte die Apollo-Missionen zum Mond. Zudem sind Simulatoren sowie zahlreiche Anlagen und Anschauungsobjekte zum Thema „Mondfahrt" eingerichtet worden. Die NASA lässt sich dieses viel kosten, denn es sollen in den nächsten Jahren wieder Gelder für die Vorbereitung weiterer Flüge zum Mond ausgegeben werden – und da müssen die Steuerzahler bereits früh dafür begeistert werden. Inzwischen gibt es zusätzlich eine Ausstellung mit Originalausrüstungsstücken der Apollo-Missionen, wie z.B. historische Raumanzüge.

Star Trek live

Ein Muss für alle Fans der Science-Fiction-Serie ist diese interaktive Show, in der Spock, Kirk und Co. persönlich auftreten. In dem 30-minütigen Programm werden neben tollen Spezialeffekten und einem Romulaner-Angriff auch Informationen über reale Neuentwicklungen in der Raumfahrt und für die nähere Zukunft zu erwartende Neuerungen geboten.

Weitere Touren/Aktivitäten

Live-Einblick ins Astronauten-Traningsprogramm: die buchbare Astronaut Training Experience

Dem Trend zu hautnahen Erlebnissen folgt auch das Kennedy Space Center. Es gibt ein Halbtagesprogramm, das man buchen kann: die Astronaut Training Experience.
Man unternimmt zunächst eine Sondertour, u. a. zu den Spaceshuttle-Startrampen. Dann geht es weiter über Gravitationstraining zum mehrachsigen Bewegungstrainer. Zuvor erhält man von einem NASA-Astronauten Instruktionen. In einem Spaceshuttle-Simulator geht es dann ins Weltall…

Es handelt sich hier um echte, für Astronauten konzipierte Programme, Simulationen und Übungen. **Zulassungsvoraussetzungen:** Alter mindestens 14 Jahre, bestimmtes Gewicht, Größe, allgemeiner Gesundheitscheck. *Infos s. S. 429.*

NASA Up Close Tour

Diese sehr interessante Tour *(Infos s. S. 429)* führt an Einrichtungen vorbei, in denen die Spaceshuttles sowie die Astronauten für die nächsten Flüge vorbereitet wurden. Man gewinnt bei dieser Tour auch den nächstmöglichen Blick auf die Abschussrampen, die Landeeinrichtungen, das massive Vehicle Assembly Building sowie die Transporter für montierte Shuttles.

Derzeit (Ende 2011) beinhaltet die Tour auch den Zugang zum Vehicle Assembly Building. Dies ist eine einmalige Möglichkeit, die Originalanlagen und Ausrüstungsgegenstände aus nächster Nähe zu betrachten. Es besteht sogar die Chance, einen der Orbiter zu sehen, die hier für den Transport vorbereitet werden, um anschließend in ihren Heimatorten in LA, Washington oder Florida ausgestellt zu werden. Für wie lange der Zu-

Vehicle Assembly Building

gang zum Vehicle Assembly Building für Besucher möglich sein wird, ist derzeit noch nicht bekannt.

Cape Canaveral: Then and Now

Landebahn der Space Shuttles

Bei diesem Programm *(s. S. 429)* wird ein Stückchen Geschichte der Raumfahrt erlebbar: Man besucht die Abschussrampen der Mercury-, Gemini- und Apollo-Programme. U. a. besucht man auch den Komplex, von dem *Alan Shepard* als erster Amerikaner in den Weltraum geschossen wurde. Auch das Apollo/Saturn Center wird besucht.

Exploration Space: Explorers Wanted

Dieser Bereich des KSC umfasst eine Live Show, verschiedene interaktive Stationen und Multimedia-Präsentationen. Es geht – wie könnte es anders sein – um die Zukunft der Weltraumforschung und hier insbesondere um die Arbeit der vielen Menschen hinter den Kulissen, die daran beteiligt sind. Die Show „Explorers Wanted" findet alle zwei Stunden statt und stellt neue mögliche Ziele von Weltraumexpeditionen vor und möchte Interesse und Begeisterung für künftige Projekte wecken.

Reisepraktische Informationen Umgebung des Kennedy Space Center/Space Coast

Vorwahl: *321*

Informationen

Chamber of Commerce, *2000 S. Washington Avenue, ☎ 267 3036, www.titusville.org, geöffnet Mo–Fr 9–17 Uhr.*

Übernachten

in Titusville/westlich des Kennedy Space Center

In **Titusville** *gibt es eine Vielzahl von Übernachtungsmöglichkeiten, so z. B.:*

Hampton Inn Titusville $$, *4760 Helen Hauser Blvd., ☎ 383 9191, http://hamptoninn.hilton.com. Angenehmes und sauberes Hotel mit 86 Zimmern. Pool und Fitnesscenter, kein Restaurant!*

Holiday Inn Titusville Kennedy Space Center $$, *4715 Helen Hauser Blvd., ☎ 383 0200, www.holidayinn.com. Neues Hotel, entsprechend sauber und gepflegt. Ansprechende Zimmer. Mit Pool, Fitnesscenter und Restaurant.*

Casa Coquina B&B $$$, *4010 Coquina Ave., ☎ 268 4653, www.casacoquina.com. Hübsches B&B mit freundlichen Besitzern und gutem Frühstück.*

Best Western Space Shuttle Inn $$$, *3455 Cheney Hwy., ☎ 269 9100, www.bestwesternflorida.com. Sehr sauberes und ordentlich geführtes Motel mit hervorragendem Preis-Leistungs-Verhältnis.*

in Cocoa Beach/südlich des Kennedy Space Center

International Palms Resort & Conference Center Cocoa Beach $$$, *1300 N. Atlantic Avenue, ☎ 783 2271, www.internationalpalms.com. 500 moderne Zimmer/119 Suiten, Restaurant, Pool, 2 Tennisplätze. Sehr gut für Kinder geeignet (u.a. ein Kid's Water Park).*

Surf Studio Beach Resort $$$, *1801 S Atlantic Avenue, ☎ 783 7100, www.surf-studio.com. Sehr gutes Preis-Leistungs-Verhältnis, motelähnlich, schöne gepflegte Außenanlagen.*
Cocoa Beach Hilton Oceanfront $$$$, *1550 N. Atlantic Ave., ☎ 799 0003, www.hiltoncocoabeach.com. Das Hotel liegt direkt am Strand und bietet deshalb nach strapaziösen Besichtigungen einen besonders schönen Aufenthalt. 2 Restaurants, großer Pool mit Patio und Tiki Bar. Der Strand ist bekannt für die guten Surfbedingungen.*

Camping

Jetty Park Campground, *400 E. Jetty Rd., Cape Canaveral, ☎ 783 7111, www.jettypark.org. Sauberer Campingplatz, 150 Zeltplätze, südlich von Cape Canaveral. Strandlage, Grillmöglichkeit.*
Manatee Hammock Park, *7275 S Highway 1, ☎ 264 5083, www.campingspacecoast.com. Südlich von Titusville gelegen, Pool.*

Restaurants

in Titusville

Dixie Crossroads Seafood Restaurant, *1475 Garden Street, ☎ 268 5000, www.dixiecrossroads.com, 2 Meilen östlich des Interstate 95, Exit 220 (Garden Street). Immer voll, da sehr beliebt. Reservierungen werden nicht angenommen. Frischer Fisch in allen Zubereitungsformen, örtlich gefangene Rock Shrimps, aber auch Steaks. Den Fisch kann man in 3–4 Gewichtsklassen bestellen. Sehr gut ist der Catfish, aber auch der Mahi Mahi und der Maine Lobster (Hummer) munden. Sehr zivile Preise.*

in Cocoa Beach

Silvestro's Restaurant, *2039 North Atlantic Ave., ☎ 783 4853, www.silvestros.com. Klassische italienische Küche, alles frisch und lecker, mittlere Preise. Nicht von der unromantischen Umgebung (einem Shopping-Center) abschrecken lassen, ist man erst einmal drin, stimmt das Ambiente.*
Florida's Seafood Bar & Grill, *480 W Cocoa Beach Cswy, ☎ 784 0892, www.floridas-seafood.com. Leckeres Essen und preislich in Ordnung.*

Bus

Greyhound, *1220 S Washington Avenue, ☎ 267 8760, www.greyhound.com. Nach Miami 6 Stunden, nach Orlando 1 Stunde.*

Ruhige Alternative Südlich von Daytona Beach geht es geruhsamer zu. Hier liegt Ponce Inlet, und in der Umgebung des Lighthouse Point Park ist die Natur noch das, was sie sein sollte.

Daytona International Speedway

Für alle Rennsportfans ein kleines Muss: Auf dem Daytona International Speedway werden mehrere populäre Rennen, u.a. das traditionelle Daytona 500, gefahren. Täglich werden verschiedene Touren angeboten, etwa die 90-minütige All Access-Tour, bei der man einmal hinter die Kulissen schauen und z.B. die Räume der Fahrer und die Werkstätten sehen kann.

Daytona International Speedway, *1801 W. International Speedway Boulevard, ☎ (1-800) 748 7467 (Tickethotline) oder (386) 254 2700, www.daytonainternationalspeedway.com, Ticket Office Mo–Sa 9–17 Uhr. All Access-Tour $ 22, tgl. 10–15 Uhr, je zur vollen Stunde. Speedway-Tour (30 Min.) $ 15, tgl. 11.30, 13.30, 15.30 und 16 Uhr.*

Museum of Art & Sciences (MOAS)

Das sehenswerte Kunst-, Geschichts- und Wissenschaftsmuseum bietet über 30.000 Ausstellungsstücke, darunter die größte Sammlung kubanischer Künstler außerhalb Ku-

Die Coca-Cola Ausstellung im MOAS

Surf Studio Beach Resort $$$, *1801 S Atlantic Avenue, ☎ 783 7100, www.surf-studio.com. Sehr gutes Preis-Leistungs-Verhältnis, motelähnlich, schöne gepflegte Außenanlagen.*
Cocoa Beach Hilton Oceanfront $$$$, *1550 N. Atlantic Ave., ☎ 799 0003, www.hiltoncocoabeach.com. Das Hotel liegt direkt am Strand und bietet deshalb nach strapaziösen Besichtigungen einen besonders schönen Aufenthalt. 2 Restaurants, großer Pool mit Patio und Tiki Bar. Der Strand ist bekannt für die guten Surfbedingungen.*

Camping

Jetty Park Campground, *400 E. Jetty Rd., Cape Canaveral, ☎ 783 7111, www.jettypark.org. Sauberer Campingplatz, 150 Zeltplätze, südlich von Cape Canaveral. Strandlage, Grillmöglichkeit.*
Manatee Hammock Park, *7275 S Highway 1, ☎ 264 5083, www.campingspacecoast.com. Südlich von Titusville gelegen, Pool.*

Restaurants

in Titusville

Dixie Crossroads Seafood Restaurant, *1475 Garden Street, ☎ 268 5000, www.dixiecrossroads.com, 2 Meilen östlich des Interstate 95, Exit 220 (Garden Street). Immer voll, da sehr beliebt. Reservierungen werden nicht angenommen. Frischer Fisch in allen Zubereitungsformen, örtlich gefangene Rock Shrimps, aber auch Steaks. Den Fisch kann man in 3–4 Gewichtsklassen bestellen. Sehr gut ist der Catfish, aber auch der Mahi Mahi und der Maine Lobster (Hummer) munden. Sehr zivile Preise.*

in Cocoa Beach

Silvestro's Restaurant, *2039 North Atlantic Ave., ☎ 783 4853, www.silvestros.com. Klassische italienische Küche, alles frisch und lecker, mittlere Preise. Nicht von der unromantischen Umgebung (einem Shopping-Center) abschrecken lassen, ist man erst einmal drin, stimmt das Ambiente.*
Florida's Seafood Bar & Grill, *480 W Cocoa Beach Cswy, ☎ 784 0892, www.floridas-seafood.com. Leckeres Essen und preislich in Ordnung.*

Bus

Greyhound, *1220 S Washington Avenue, ☎ 267 8760, www.greyhound.com. Nach Miami 6 Stunden, nach Orlando 1 Stunde.*

Titusville – Daytona – St. Augustine

Redaktionstipps

- Einen **Strandtag** in Daytona Beach einlegen (S. 436).
- Durch die **Altstadt von St. Augustine** schlendern (S. 449).
- Speziell der Besuch des **Oldest House** (S. 455) und **Fort Castillo de San Marcos** (S. 449).
- **Übernachten:** in **Daytona Beach**: Perry's Ocean Edge Resort"; in **St. Augustine:** „Conch House Marina Resort" oder besser in einem der individuellen Häuser, z. B. im „Carriage Way" oder im „Westcott House" (S. 458).
- **Essen:** in **St. Augustine**: spanisch-südamerikanisch im „Columbia Restaurant" oder urig im „Scarlett O'Hara" (S. 459).
- **Bedeutendste Sehenswürdigkeiten:** Marineland of Florida (S. 445); die historische Innenstadt von St. Augustine (S. 452) und für Autofans: der Daytona International Speedway (S. 440).
- **Optimale Zeiteinteilung: 2 Tage**.

1. Tag: Auf dem Weg nach St. Augustine braucht man sich nicht allzu lange aufzuhalten, für das Marineland sollte man ca. 2 Stunden einplanen. In St. Augustine kann man alles zu Fuß erreichen. Schlendern Sie den Rest des Tages einfach durch die Altstadt. **2. Tag:** Nehmen Sie sich den Tag Zeit, Museen und andere Attraktionen in St. Augustine anzuschauen.

Dieser Streckenabschnitt folgt in nördlicher Richtung der Atlantikküste. Stets liegen Badestrände sozusagen entlang der Straße. Während Titusville als Ausgangspunkt zum Kennedy Space Center Amerikas Tor zum Weltall ist, geht es auf dieser Strecke durch das eher lärmende Daytona Beach, berühmt durch die hier stattfindenden Autorennen. Später erreicht man ruhigere Gefilde: St. Augustine, die älteste Stadt der Vereinigten Staaten, liegt schon eher abseits der Pfade der touristischen Massen und lädt durch sein spanisches Ambiente zum Verweilen und Umherschauen ein.

Daytona Beach

Daytona Beach (63.000 Einwohner) ist einer der quicklebendigsten Badeorte der Atlantikküste. Man kann dies auch getrost mit „Rummel" übersetzen… Im Vergleich zu Miami Beach oder Fort Lauderdale gilt Daytona als „Billig-Ziel". Insbesondere im Frühjahr, wenn die Collegestudenten Ferien haben und aus dem Norden den Sonnenstränden zueilen, geht es hier heiß her. Aber auch während der hier stattfindenden Autorennen ist Daytona Beach mehr als überlaufen.

Entlang dem 37 km langen und 150 m breiten Sandstrand reiht sich ein Hotel und Motel an das ande-

Streckenübersicht

Entfernungen:

- **Titusville – Daytona Beach:** 74 km
- **Daytona Beach – St. Augustine**: 85 km

Es stehen mehrere, parallel verlaufende **Straßen** zur Verfügung:

- Man kann dem Interstate 95 North folgen (schnellste Verbindung mit entsprechenden Abzweigungen nach Daytona Beach sowie St. Augustine).
- oder man folgt dem Highway US A1A. Die A1A führt stets so nah wie möglich an den Stränden entlang und ist damit landschaftlich die schönere Strecke.

Übernachtung: Wenn Sie viel Zeit haben, können Sie einen Badetag einlegen und an einem Strandort übernachten. Das Etappenziel St. Augustine bietet eine breite Palette von Übernachtungsmöglichkeiten an, Daytona Beach ist eher überlaufen und „laut". Kompromiss: St. Augustine Beach.

Von Titusville nach St. Augustine
N
0
25 km
nach Jacksonville
Vilano Beach
St. Augustine
St. Augustine Beach
Crescent Beach
Fort Matanzas National Monument
Summer Haven
Marineland
Marineland of Florida
Palm Coast
Beverly Beach
Flagler Beach
Flagler Beach St. Rec. Area
Ormond Beach
Daytona Beach
South Daytona
Port Orange
Ponce Inlet
Lighthouse P. St. Rec. Area
New Smyrna Beach
Edgewater
Turtle Mound St. Arch. Site
Oak Hill
Canaveral National Seashore
Scottsmoor
Indian River
Mims
Titusville
John F. Kennedy Space Center
Cape Canaveral Air Force Station
Sharpes
Cocoa
Merrit Island
Green Cove Springs
Picolata
Bakersville
St. Johns River
Bostwick
Elkton
Spuds
Palatka
San Mateo
Satsuma
Pomona Park
Bunnell
Crescent Lake
Crescent City
Codys Corner
Lake George
Pierson
Barberville
Astor
De Leon Springs
De Land
Crows Bluff
St. Johns
Samsula
Altoona
Orange City
Deltona
Lake Monroe
Osteen
Eustis
Sanford
Mount Dora
Lake Harney
Midway
Geneva
Lake Dora
Lake Jessup
Apopka
Longwood
Lake Apopka
Lockhart
Orlando
Bithlo
Christmas
Walt Disney World

Streckenweise darf der kilometerlange Sandstrand mit dem Auto befahren werden

re. Die zentrale Lage Daytonas – Walt Disney World, Kennedy Space Center, Silver Springs bei Ocala oder St. Augustine sind im Rahmen von Tagesausflügen erreichbar – lockt u. a. auch viele Familien mit Kindern an: Strand und Sightseeing lassen sich so gut verbinden. Und preiswert lässt es sich hier leben. Am Pier sowie entlang dem Strand gibt es jede Menge preiswerter Restaurants.

Autos am Strand

Einmalig und fragwürdig zugleich ist die „Attraktion", am Strand von Daytona und New Smyrna mit dem Wagen auf dem festen Sand des Strandes entlangzufahren. Ab 1902 fanden hier Autorennen statt, denn der fest gepresste Sand gestattete hohe Geschwindigkeiten. Längst finden zwar die Autorennen auf dem 2,5 Meilen langen Daytona International Speedway statt, doch Entlangkurven mit dem eigenen Vehikel ist auf Teilabschnitten am Strand erlaubt, wenn auch die Geschwindigkeit auf 10 Meilen pro Stunde beschränkt ist (s. Kasten). So fährt man zwischen Badenden, Sonnenanbetern, ausgebreiteten Handtüchern, Hot-Dog-Buden und parkenden Autos praktisch direkt an der Wasserkante entlang… das Vergnügen, hier zu baden, ist daher eher zweifelhaft, obwohl der Strand an sich sehr schön ist und die Brandung zum Baden im Meer einlädt.

Strandfahren am Daytona Beach

Vor einigen Jahren gab es in Daytona eine Bürgerinitiative, die einen autofreien Strandabschnitt durchsetzte. Erlaubt ist das Fahren jetzt nur noch

- zwischen den Granada und Seabreeze Boulevards
- im Bereich von Ormond Beach zwischen Emilia Avenue und International Speedway Boulevard
- zwischen Beach Street und 200 Yards nördlich des Ponce Inlet und südlich des Ponce Inlet bis zur 27th Avenue (New Smyrna Beach).

Weitere Regeln:

- Der Fahrbereich ist mit Holzpfählen markiert.
- Man muss für die Fahrten bezahlen! (Jahresticket $ 40, Einzeltickets $ 5)
- Fahrten sind nur zwischen Sonnenaufgang und Sonnenuntergang gestattet.

Daytona – Ort der Autorennen

info

Schon in der Frühzeit des Automobils, von 1902 an, entdeckten von der Geschwindigkeit besessene Enthusiasten die Vorzüge des festen Sandstrandes von Daytona. Hier konnte man Geschwindigkeitsrekorde aufstellen, von denen man anderenorts nur träumte.

1902 wurde der erste Wettbewerb gestartet, und *Ransom Olds* und *Alexander Winton* siegten mit Aufsehen erregenden Spitzengeschwindigkeiten von 92 km/h. Doch das war erst der Anfang - 1906 rasten die Schnellsten schon mit über 200 km/h über den feuchten Sand. Ja, 1935 gar erreichte *Sir Malcolm Campbell* knapp 450 km/h! Die weiteren Geschwindigkeitsweltrekorde wurden später auf dem Bonneville Speedway am Rande des Großen Salzsees von Utah aufgestellt.

Berühmt wurde Daytona für seine **Stock-Car-Rennen**. Stock Cars unterscheiden sich nicht wesentlich von Serienwagen, allerdings sind sie „aufgemotzt". An die Fahrer sind im Gegensatz zu „echten" Rennwagen besondere Anforderungen gestellt.

U. a. folgende Rennen finden heute auf dem Daytona International Speedway, einem 4 km langen D-förmigen Rundkurs, statt:
- Daytona 500 (500 Meilen) im Februar
- Daytona 200 (200 Meilen) im März (Motorräder)
- Coke Zero „400"; Stock Cars im Juli
- 24 Hours of Daytona, Ende Januar/Anfang Februar (Sportwagen).

Daytona steht in Konkurrenz zu den Autorennen in Indianapolis. Während der Kurs in Indianapolis oval ist, wurde die Rennstrecke in Daytona D-förmig gebaut, was auf der Geraden extrem hohe Geschwindigkeiten erlaubt.

Autorennen in Daytona Beach

Ruhige Alternative Südlich von Daytona Beach geht es geruhsamer zu. Hier liegt Ponce Inlet, und in der Umgebung des Lighthouse Point Park ist die Natur noch das, was sie sein sollte.

Daytona International Speedway

Für alle Rennsportfans ein kleines Muss: Auf dem Daytona International Speedway werden mehrere populäre Rennen, u.a. das traditionelle Daytona 500, gefahren. Täglich werden verschiedene Touren angeboten, etwa die 90-minütige All Access-Tour, bei der man einmal hinter die Kulissen schauen und z.B. die Räume der Fahrer und die Werkstätten sehen kann.

Daytona International Speedway, *1801 W. International Speedway Boulevard, ☎ (1-800) 748 7467 (Tickethotline) oder (386) 254 2700, www.daytonainternationalspeedway.com, Ticket Office Mo–Sa 9–17 Uhr. All Access-Tour $ 22, tgl. 10–15 Uhr, je zur vollen Stunde. Speedway-Tour (30 Min.) $ 15, tgl. 11.30, 13.30, 15.30 und 16 Uhr.*

Museum of Art & Sciences (MOAS)

Das sehenswerte Kunst-, Geschichts- und Wissenschaftsmuseum bietet über 30.000 Ausstellungsstücke, darunter die größte Sammlung kubanischer Künstler außerhalb Ku-

Die Coca-Cola Ausstellung im MOAS

bas sowie Sammlungen amerikanischer und chinesischer Kunst. Das angeschlossene Charles and Linda Williams Children's Museum ist ein *hands-on*-Wissenschaftsmuseum für Kinder (4–14 Jahre). Im Root Family Museum kann man zudem die weltweit größte Sammlung von Erinnerungsstücken an Coca-Cola, zahllose Teddybären, alte Autos und zwei alte Eisenbahnen bestaunen.

Neu ist das 2011 eröffnete Helene B. Roberson Visible Storage Building, hier werden weitere Teile der riesigen Sammlung des Museums hinter Glas ausgestellt.
Museum of Art & Sciences, *352 S. Nova Road, ☎ (386) 255 0285, www.moas.org, Di–Sa 9–17, So 11–17 Uhr, $ 12,95.*

Southeast Museum of Photography

In dem zum Daytona State College gehörenden Museum finden sehenswerte Wechselausstellungen zum Thema Fotografie statt, zudem gibt es Lesungen, Filme und Workshops.
Southeast Museum of Photography, *Daytona State College, 1200 W. International Speedway Blvd. (Building 1200), ☎ (386) 506 4475, www.smponline.org, Di–Fr 11–17, Mi bis 19, Sa/So 13–17 Uhr, Juni/Juli und Dezember Di–So 12–16 Uhr, Ende Juli – Mitte Aug. und Mitte Dez. – Mitte Jan. geschlossen.*

Halifax Historical Museum

Das Museum, untergebracht in einem Handelshaus von 1910, beschäftigt sich mit der Geschichte von Daytona Beach und Umgebung, die von Artefakten von 5000 v. Chr. über Ausstellungsstücke der Ureinwohner, der spanischen und britischen Kolonialzeit bis zum 2. Weltkrieg und den heutigen Autorennen reicht. Zudem gibt es ein kleines Kino mit Filmen.
Halifax Historical Museum, *252 S. Beach Street, ☎ (386) 255 6976, www.halifax historical.org, Di–Fr 10.30–16.30, Sa 10 16 Uhr, $ 5.*

Geiz ist geil – auf Rockefeller-Art

info

Ormond Beach entstand, als der Eisenbahnmagnat *Flagler* seine Bahnlinie nach Süden trieb. Und wie immer baute er gleich ein Hotel am schönen Strandabschnitt, um zusätzlichen Gewinn zu erzielen. Im mondänen Ormond Hotel kehrte u. a. die Prominenz ein, so *Henry Ford* und *John Rockefeller*. Rockefeller, damals schon unendlich reich, war aber stets darauf aus, alles sehr billig zu bekommen. Er lebte schon damals vor, dass „Geiz geil ist", und als er erfuhr, dass andere Gäste eine günstigere Hotelrate bekamen als er, wurde er so wütend, dass er umgehend gegenüber dem heute nicht mehr bestehenden Hotel ein Grundstück kaufte, um darauf 1918 seine Residenz „The Casements" zu bauen. Diese Villa, heute Kulturzentrum und auf der Liste der *National Historic Places*, kann man besichtigen. U. a. gibt es hier das authentisch möblierte Rockefeller-Zimmer zu besichtigen sowie den originellen Strandkorb mit verglasten runden Fenstern.
The Casements, *25 Riverside Drive, ☎ (386) 676 3366 oder 676 3216, www.ormondbeach.org/index.aspx?nid=433, Touren Mo Fr 10 16, Sa 10 11.30 Uhr.*

Ponce de León Lighthouse

Der hübsche rote Leuchtturm, 12 Meilen südlich von Daytona Beach, wurde 1887 errichtet, als die Gegend noch Mosquito Inlet hieß. Nach jahrelanger Restaurierung durch die *Ponce de Leon Inlet Lighthouse Preservation Association* wird Floridas höchster Leuchtturm heute von jährlich über 125.000 Menschen besucht. Nach Bewältigung der 203 Stufen hat man einen schönen Blick auf die Strände der Umgebung. Im angeschlossenen Museum, einst Unterkunft der Leuchtturmwärter, kann man sich über die Geschichte sowohl des Leuchtturms als auch der hier lebenden Familien und von Daytona Beach informieren. In einem Gebäude ist eine umfangreiche Ausstellungen von Fresnelschen Stufenlinsen zu sehen.

Ponce de León Lighthouse, *4931 South Peninsula Drive, www.ponceinlet.org, ☎ (386) 761 1821, tgl. 10–18, in der Hauptsaison bis 21 Uhr, $ 5.*

Reisepraktische Informationen Daytona Beach

Vorwahl: *386*

Informationen

Daytona Beach Area Convention and Visitors Bureau, *126 E. Orange Ave., ☎ 255 0415, www.daytonabeach.com, geöffnet Mo–Fr 9–17 Uhr. Am Daytona International Speedway gibt es ein zweites Büro.*

Übernachtung

Unzählige Hotels an der Atlantic Ave. direkt am Strand, vom Hotel über Motels bis zu B&B. Einen vollständigen Überblick gibt es beim Touristenbüro.

Bahama House $$$, *2001 S. Atlantic Ave., ☎ (1-888) 687 1894, www.daytonabahamahouse.com. Das direkt am Strand liegende Hotel bietet 95 nette Zimmer, die meisten mit Kochmöglichkeiten, Pool. Sehr gutes Preis-Leistungsverhältnis.*

Coquina Inn B&B $$$, *544 S. Palmetto Ave., ☎ 254 4969, www.coquinainn.com. B&B-Haus mit nur 4 Zimmern, gut für Individualreisende, ruhig in einer Seitenstraße gelegen, tolles Frühstück!*

River Lily Inn B&B $$$$, *558 Riverside Drive, ☎ 253 5002, www.riverlilyinnbedandbreakfast.com. Schönes historisches Haus von 1904, 6 einladende Zimmer und ein herzförmiger Pool – ideal, um ein paar Tage auszuspannen.*

Hilton Daytona Beach Oceanfront Resort $$$$, *100 N. Atlantic Ave., ☎ 254 8200, www.daytonahilton.com. Das eleganteste Hotel am Strand mit mehreren Restaurants und allen Annehmlichkeiten eines weltläufigen Hotels, 742 Zimmer mit Meeresblick, 6 Restaurants.*

Perry's Ocean Edge Family Resort $$$$, *2209 S Atlantic Ave., Daytona Beach Shores, ☎ 255 0581, www.perrysoceanedge.com. Große Hotelanlage direkt am Strand. Achten Sie darauf, ein Zimmer mit Blick aufs Wasser zu bekommen. Die ca. 30 % teureren Suiten mit eigener Küche lohnen sich! Gut geeignet für Familien mit Kindern. Bekannt für die „homemade“ Donuts, die zum Frühstückskaffee serviert werden.*

Camping

Es gibt zahlreiche Campingplätze in und um Daytona Beach, unter anderem:

Tomoka State Park, *2099 North Beach St, Ormond Beach, ☎ 676 4050, vom US 1 in Ormond Beach ostwärts, auf Highway 40, dann ca. 4 Meilen nach Norden (Schilder), www.floridastateparks.org/tomoka/. Schattige Plätze, Swimmingpool, Kanuverleih. $ 24 pro Nacht.*
Daytona Beach KOA, *3520 South Nova RoadPort Orange, ☎ 767 9170, www.koa.com, südlich von Daytona Beach (vom I-95 Exit 256 nehmen, 2 Meilen östlich bis Nova Road, dann 1 Meile auf der Nova Road, Platz liegt links). 350 Plätze, Pool, ca. 10 Min. zum Daytona Speedway und den Stränden.*

Restaurants

Down the Hatch, *4894 Front St., Ponce Inlet, ☎ 761 4831, www.down-the-hatch-seafood.com. Hier gibt es gute Fischgerichte (u.a. Langusten), und man schaut auf den Halifax River (nahe Ponce de León Inlet Lighthouse, südlich von Daytona). Abends laden hier Fischer ihren Fang ab.*
Anna's Italian Trattoria, *304 Seabreeze Boulevard, ☎ 239 9624. Gemütliches Restaurant mit leckerer Pasta und den klassischen Desserts Italiens. Mittags geschlossen.*
Hog Heaven, *37 N. Atlantic Ave., ☎ 257 1212, www.hogheavendaytona.com. Legeres Restaurant mit guten Fleischgerichten (Grill).*
Gene's Steak House, *3674 W International Speedway Blvd, ☎ 255 2059, www.genessteakhouse.com. Das Restaurant – in Familienbesitz – gilt als d i e Adresse für Steakliebhaber. Di–Sa 17–22, So/Mo geschlossen.*

Daytona Beach

Carrabba's, *2202 International Speedway Blvd., ☎ 255 3344, www.carrabas.com. Restaurant mit italienischer Küche und bekannt großen Portionen – ideal für Familien. Kein Mittag, Mo–Fr ab 16, Sa ab 15, So ab 12 Uhr geöffnet.*

Don Vito's Italian Restaurant, *137 West International Speedway Blvd., ☎ 492 7935, www.donvitosrestaurant.com. Rustikale italienische Küche zu günstigen Preisen. Lecker und frisch, nette Atmosphäre. Mo geschlossen.*

Aunt Catfish's on the River, *4009 Halifax Drive (Port Orange), südlich von Daytona, ☎ 767 4768, www.auntcatfishontheriver.com. Das Restaurant liegt direkt am Intracoastal Waterway und ist auf Catfish (amerikanischer Wels) spezialisiert. Großzügige Salatbar.*

Caribbean Jack's, *721 Ballough Rd., ☎ 523 3000, www.caribbeanjacks.com. Sehr schöne Bar, die meisten Gäste sind Einheimische. Man kann direkt zur Hafenseite (kleiner Yachthafen) sitzen mit Blick auf den Waterway, gemütlich auf Schaukelbänken. Typische, gute amerikanische Gerichte.*

Das Caribbean Jack's

Nachtleben/Bars

Razzles, *611 Seabreeze Beach, ☎ 257 6236, www.razzlesnightclub.com. High-Tech-Disco, hier ist immer etwas los! „Hottest spot in Daytona", hält sich schon seit Jahren. Geöffnet 20 bis 3 Uhr morgens.*

The Bank & Blues Club, *700 Main St., http://daytonabeachmainstreet.com. In einem Bankgebäude aus den 1920er Jahren gibt es am Wochenende Live-Musik (Blues und Rock). Mittwochabend ist der open Blues Jam – jeder ist willkommen!*

Einkaufen

Volusia Mall, *1700 W. International Speedway Blvd, www.volusiamall.net. U. a. sind hier Sears, Dillard's und eine Menge von Spezialgeschäften vertreten.*
Daytona Flea and Farmers Market, *2987 Belleview Avenue, www.daytonafleamarket.com. Einer der größten Trödelmärkte in den Südstaaten. Fr/Sa/So 9–17 Uhr.*
Downtown Historic District, *300 S. - 300 N. Beach St., hier gibt es Antiquitäten, Bücher, Kleidung, Schmuck, Schuhe sowie kulinarische Spezialitäten. Schön zum Bummeln.*

Veranstaltungen

Daytona ist berühmt für die **Biker Week** *(Feb./März, www.daytonachamber.com/daytonabikeweek), eines der größten Harley-Davidson-Treffen des Landes. Noch ein weiteres Treffen der Biker:* **Biketoberfest** *(www.biketoberfest.org), jährlich am 3. Wochenende im Oktober. Zu beiden Terminen kommen Tausende Besucher, zumeist Harley-Fans und Besitzer, und die Hotelpreise steigen – frühe Reservierung dringend empfohlen.*
Beim **Turkey Run** *(www.turkeyrun.com) treffen sich am Thanksgiving-Wochenende hunderte Oldtimer am Speedway.*
Beim Eröffnungsrennen der NASCAR-Saison im Februar, der **Daytona 500**, *wird es ebenfalls voll in der Stadt.*

Bus/Nahverkehr

Votran *(Volusia County Public Transport System, www.votran.org, Ticket $ 1,25) betreibt das städtische Bussystem und die Beachside Trolleys, die von Januar–September entlang der Atlantic Avenue verkehren.*
Greyhound-*Terminal: 138 S. Ridgewood Ave., ☏ 255 7076 – mehrfach täglich nach Miami.*

Flughafen

Vom Daytona International Airport (www.flydaytonafirst.com) fahren regelmäßig Shuttle-Busse nach Daytona Beach.

Marineland of Florida (Dolphin Conservation Center)

Marineland ist der älteste Meerestierpark der Welt und wurde bereits 1938 eingerichtet. Ebenfalls wegweisend war der Park mit der Einführung der Delfinshows Anfang der 1950er Jahre. Nach einem umfassenden Umbau 2006 werden heute keine Shows mehr angeboten, aber man kann die Tiere als Besucher beobachten oder an einer der Aktivitäten wie Schwimmen mit Delfinen teilnehmen. Weiterhin beeindruckt das große **Meerwasseraquarium** (Oceanarium), und die Lage von Marineland direkt am Strand vermittelt eine gelungene Symbiose von der Verbundenheit der Themen Meerestiere und Ozean. Bereits der Duft des Meeres trägt zu diesem Eindruck bei.

Ältester Marine-Park

Marineland kann nicht als Highlight gewertet werden, besticht aber auch durch seinen, wie die Amerikaner zu sagen pflegen, „Down-on-Earth-Charakter". Wohl ist der Park keinen Umweg wert, aber sollten Sie sowieso in Daytona Beach verweilen bzw. von dort nach St. Augustine fahren, dann sollten Sie hierfür ca. 2 Stunden Zeit einplanen.

„Down on Earth"

Marineland ist übrigens nicht nur Freizeitpark. Hier wird auch im angeschlossenen Whitney Institute Meeresforschung betrieben.
Marineland of Florida, *9600 Ocean Shore Blvd., St. Augustine, ☎ (904) 471 1111, www.marineland.net. Von Daytona Beach entlang des A1A nach Norden fahren, dann trifft man auf den Park. Von Daytona Beach: 40 Minuten, von St. Augustine: 25 Minuten. Öffnungszeiten: tgl. 9–16.30 Uhr, $ 8,50; Interaktivprogramme mit Delfinen: z. B. Schwimmen mit Delfinen $ 150. Bitte dazu unbedingt vorher anmelden, da vor dem Schwimmen Instruktionen erfolgen.*

Reisepraktische Informationen Umgebung Marineland of Florida

Übernachtung

Hammock Beach Resort $$$, *200 Ocean Crest Drive, Palm Coast, ☎ (386) 246 5500, www.hammockbeach.com. Ca. 6 Meilen vom Marinecenter entfernt, schönes Familienresort am Strand.*

Camping

Direkt am Marineland gibt es einen Campingplatz (Marineland's Camping Resort, 9741 Oceanshore Blvd). Reservierungen: ☎ (904) 471 4700.

St. Augustine

Geschichtlicher Überblick

Älteste Stadt

Die älteste von Europäern gegründete Stadt Amerikas – wer vermutet sie schon in Florida? *Ponce de León*, der spanische Eroberer, betrat hier 1513 zwischen dem Gebiet des Mantanzas Inlet und dem San Sebastian River floridianischen Boden. Ja, er wurde – ungewollt – zum Namensgeber des Bundesstaates. Da es kurz nach Ostern war und alles blühte, war das Land für ihn „Pascua Florida", was so viel wie „blühende Ostern" bedeutet. Das Land, das er betrat, eignete sich nicht zum Ackerbau, auch gab es hier keine Schätze, Gold schon gar nicht. Dennoch hatte *de León* so seine Vorstellungen… Als Gouverneur von Puerto Rico hatte er von den dortigen Indianern vernommen, dass es hier einen Jungbrunnen geben solle, der allen Männern ewige Jugend verleihe…

Nachdem *de León* ein zweites Mal Florida besucht hatte, wurde er in Indianerkämpfe verwickelt und entkam schwer verletzt.

Der damaligen Rechtsauffassung zufolge hatte bereits *de León* das Gebiet in spanischen Besitz gebracht. Eine zweite Inbesitznahme im Namen der spanischen Krone fand am 8. September 1565 statt, als Admiral *Pedro Menéndez de Avilés* St. Augustine als erste dauerhafte europäische Siedlung auf dem amerikanischen Kontinent gründete. Man stelle sich vor: Jamestown wurde erst 42 Jahre später gegründet. 1564 hatten die Franzosen im Gebiet des heutigen Jacksonville an der Mündung des St. Johns River das Fort Caroline aufgebaut. So war die Gründung von St. Augustine nichts anderes als die Betonung des spanischen Besitzanspruchs gewesen. Menéndez schuf damit eine Ausgangs-

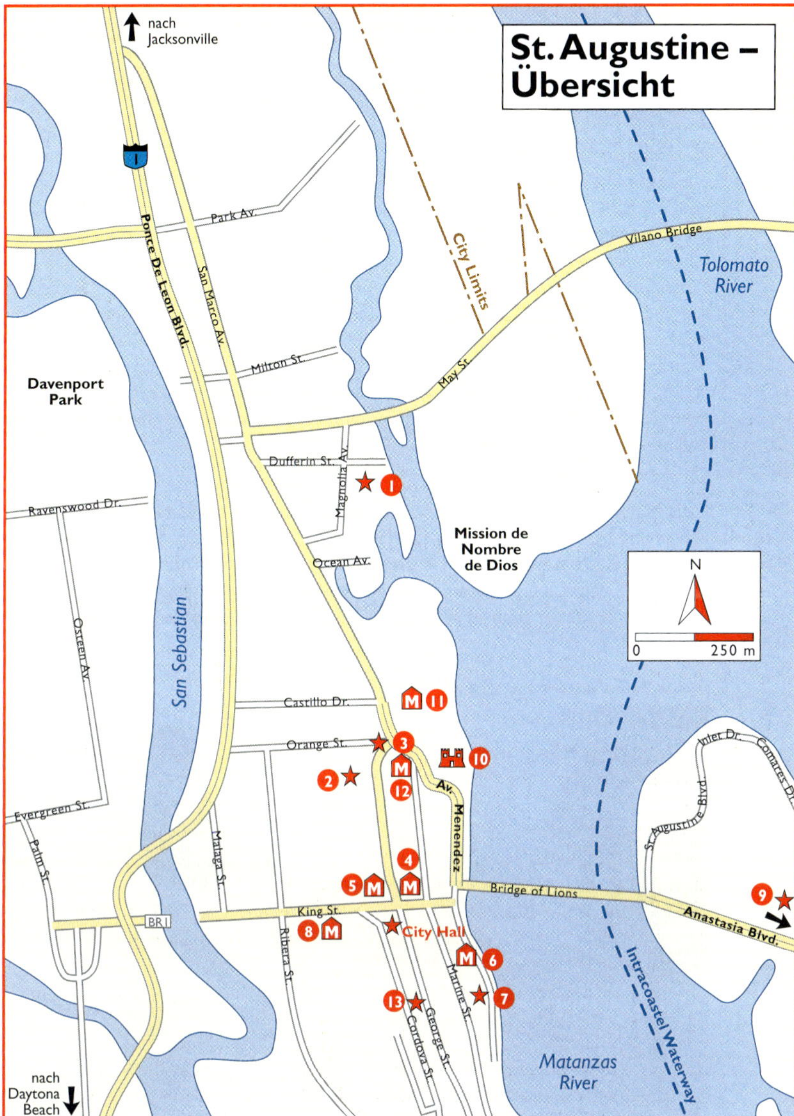

1 Fountain of Youth
2 Oldest Wooden School House
3 City Gate
4 Government House Museum
5 Lightner Museum/ Flagler College
6 Oldest Store Museum
7 Oldest House
8 Villa Zorayda Museum
9 zur Alligator Farm, dem Marineland und Daytona Beach
10 Castillo de San Marcos N.M.
11 Ripley Museum
12 Pirate & Treasure Museum
13 Old St. Augustine Village

info

Ponce de León

Der spanische Konquistador wurde 1474 in Santervas/Spanien geboren. 1493 begleitete er Kolumbus auf dessen zweiter Reise nach Westindien. Auf der Insel Hispaniola in der Karibik diente er als Soldat. Von 1502 bis 1504 kämpfte er hier gegen die Einheimischen. 1508 erkundete er Puerto Rico, entdeckte Gold und gewann die Insel für Spanien. 1512 landete er auf der sagenumwobenen Insel Bimini, wo er den legendären Jungbrunnen suchte, der angeblich ewige Jugend bescherte. 1513 erreichte er Florida in der Nähe des heutigen St. Augustine und erklärte das Gebiet zum spanischen Besitz. Hier wurde er auch des Jungbrunnens fündig...

Ponce de León unternahm noch mehrere Schiffsreisen nach Florida, erkundete den Küstenverlauf und verschaffte Spanien einen ersten Überblick über die indianischen Siedlungen. Ihm wurde angetragen, die Indianer Südfloridas niederzumetzeln, da diese Kannibalen seien. Nach einer Reihe von Schlachten segelte *de León* an die Südwestküste und landete wahrscheinlich in der Umgebung des heutigen Port Charlotte. Hier revanchierten sich nun die Indianer für die erlittene Schmach. *De León* wurde ernstlich von einem Pfeil verwundet. Die Überlebenden seines Trupps segelten zurück ins spanische Kuba, wo *de León* 1521 starb.

Gegen Franzosen

basis gegen die Franzosen. Und nur 12 Tage später griffen die Spanier das Fort Caroline an und besetzten die Festung. Die Franzosen hatten das Pech, aufgrund eines Hurrikans ihre Flotte zu verlieren. Ein Ausweichen auf das Meer war nicht möglich, sie mussten sich auf dem Land den Spaniern stellen. Im Süden von Anastasia Island, südlich von St. Augustine, kam es dann zu einem tödlichen Gefecht, in dem beinahe alle Franzosen umkamen.

Altstadt von St. Augustine

Florida gelangte nun in die Hand der Spanier. St. Augustines strategische Funktion war es, fremde Mächte von einer Inbesitznahme fernzuhalten. St. Augustines Hafen hatte eine geografisch herausragende Bedeutung, war er doch der nördlichste in der Neuen Welt, der die Ansprüche der spanischen Krone zu verteidigen hatte. An St. Augustine – wie an der gesamten Ostküste Floridas – fließt der warme Golfstrom vorbei. Mit einem Tempo von 1,8 km/Stunde brachte er den Seglern der Vergangenheit den nötigen Heimschub. St. Augustine war für die mit Gold und Silber beladenen, aus Mittelamerika kommenden Galeonen ein willkommener Zwischenlandepunkt auf dem Wege nach Europa.

Nördlichster Hafen

Henry Flagler – der Eisenbahnmagnat

Bis 1763 vermochten die Spanier ihre Stellung mit Hilfe des inzwischen erbauten steinernen Fort Castillo de San Marcos zu halten. Dann nahmen die Engländer bis 1783 die Stadt ein. Von 1783 bis 1821 erlangten die Spanier ihren Einfluss wieder, ab 1821 gehört die Stadt zum Gebiet der Vereinigten Staaten.

In der jüngeren Stadtgeschichte spielte der Eisenbahnkönig *Henry Flagler* eine entscheidende Rolle: In den 80er Jahren des 19. Jh. baute er St. Augustine zum Hauptquartier seiner Florida East Coast Railroad Company aus.

Heute zählt die Stadt etwa 15.000 Einwohner. Die Wirtschaftsgrundlage sind kleine Werften, Fischverarbeitung, Buchbindereien, Druckereien und der Tourismus.

Stadtrundgang

Einen guten Überblick über die Stadt kann man sich verschaffen, wenn man an einer Kutschfahrt teilnimmt, die innerhalb von ca. 1 Stunde an den wichtigsten Sehenswürdigkeiten von St. Augustine vorbeiführt. Diese Fahrten beginnen und enden an der Avenida Menéndez in der Nähe des Castillo de San Marcos (*http://countrycarriages.net*).

Tipp: Kutschfahrt

Ausgangspunkt für einen Stadtrundgang ist nach Besuch des **St. Augustine Visitors Information Center** (gegenüber vom Castillo, 10 Castillo Dr., s. S. 457) am besten das

Castillo de San Marcos National Monument (10)

Altes Fort

Dies ist die älteste Steinfestung auf dem Boden der USA. Die Anlage hat die Form eines vierstrahligen Sterns und ist von einem breiten Wassergraben umgeben. An

Blick vom Castillo, links im Bild die Pfefferbüchse

jeder Ecke dieses „Sterns" befinden sich kleine Wachtürme, auch als „Pfefferbüchsen" bezeichnet.

Zu Beginn des Jahres 1565 stand hier ein Holzfort, das im Laufe der Jahrzehnte durch weitere 8 Forts ersetzt wurde. Alle Holzbauten fielen jedoch entweder Indianerübergriffen, Angriffen der Engländer oder Bränden zum Opfer. Ab 1672 baute man es deshalb zu einer wuchtigen Steinfestung aus. Als Baumaterial verwendeten die Spanier einen auf der benachbarten Insel Anastasia gebrochenen Muschelstein, den so gen. „Coquina". Diese zementähnliche Mischung aus Muschelresten hatte den Vorteil, dass sich das Gestein leicht verarbeiten ließ. Außerdem ist dieses Material etwas elastisch, sodass Kanonenkugeln bei ihrem Aufprall abgefedert wurden.

Tour durch das Fort

Benannt wurde das Fort nach dem Heiligen Markus (San Marcos).
Castillo de San Marcos, *Castillo Dr./Avenida Menéndez, ☏ (904) 829 6506, www.nps.gov/casa, tgl. 8.45–17.45 Uhr, $ 6.*

Fototipp

Vom Fort aus hat man einen schönen Überblick auf die mittelalterlich wirkende Stadt. Beim Rundgang entdeckt man die alten, längst patinierten Kanonen.

Die Chronologie des Forts in Stichworten

1565–1675	In dieser Zeit existieren an dieser Stelle 9 Holzforts, die nacheinander Angriffen, Bränden oder der Verwitterung zum Opfer fallen. Die Königin Mariana ordnet deshalb 1669 die Errichtung einer steinernen Festung an. Der Vizekönig von Mexiko verfügt 1670 die Summe von 12.000 Peseten und später jährlich 10.000 Peseten zum Bau.
1672	Baubeginn
1695	Die Festung ist in ihren Grundzügen fertig gestellt (Mauern, Bastionen, Unterkünfte).
1704–1705	Um einen weiteren Schutz vor Angriffen zu gewährleisten, wird an der nördlichen Stadtgrenze ein Erdwall aufgeschüttet.
1718–1719	Ausbau des Erdwalls an der West- und Südseite der Stadt.
1738	Kasematten werden gebaut.
1752–1756	Der Bau der Kasematten wird fertig gestellt. Über dem Tor wird das königliche Wappen angebracht.
1763–1783	Die Engländer besetzen das Fort.
1821	Das Fort fällt an die Amerikaner.
1825	Das Castillo de San Marcos wird in Fort Marion umbenannt. Francis Marion (1731-1795) gilt als einer der großen Helden der amerikanischen Revolution, der sich als „Swamp Fox" einen Namen machte.
1837	Das Fort dient als Gefängnis. Der berühmte Seminolenführer Osceola sitzt hier ein.
1924	Die Festung wird zum National Monument erklärt.
1942	Das Fort erhält seinen ursprünglichen Namen Castillo de San Marcos zurück.

Fountain of Youth National Archaeological Park (1)

Der Brunnen befindet sich nördlich des Visitor Information Center in der Magnolia Ave. Es handelt sich um den legendären Jungbrunnen, den *Ponce de León* 1513 aufsuchte. In diesem ältesten archäologischen Park der USA gibt es Reste eines indianischen Bestattungsplatzes zu sehen, daneben eine Ausstellung zur spanischen Kolonialisierung, ein Planetarium und natürlich die legendäre Quelle. Auch Sie dürfen von diesem Wasser, das besonders reich an Eisen und Schwefel ist, trinken und hoffen, dass es Ihnen Ihre Jugend wiederbringt oder zumindest erhält. *Kostprobe*
Fountain of Youth Archaeological Park, *155 Magnolia/San Marco Ave., ☏ (904) 829 3168, www.fountainofyouthflorida.com; tgl. 9–17 Uhr, $ 10.*

St. George Street

Wieder vorbei am Visitor Information Center geht es nun südwärts. Zunächst – bevor man die St. George St. erreicht – geht es durch das **City Gate (Stadttor)** mit einem kleinen befestigten Wall, wie er früher das Castillo umgab. Durch das Tor taucht man in die alte spanische Stadt ein – eine Art Freilichtmuseum mit vielen Superlativen, wie „Oldest School", „Oldest House" oder „Oldest Store". Sie wirkt auf den ersten Blick etwas touristisch.

Hauptstraße = Fußgängerzone

Hauptstraße ist die als Fußgängerzone gestaltete St. George Street. An ihr reihen sich mehr als 50 liebevoll restaurierte Häuser aneinander, viele mit Souvenirläden oder Restaurants.

Oldest Wooden School House (2)

Dieses alte Schulgebäude aus Zypressen- und Zedernholz ist über 200 Jahre alt. Auch wenn dieses Haus aussieht wie das älteste Amerikas, sollte man es nicht mit „The Oldest House" verwechseln. In Broschüren kommt auch nicht immer so deutlich heraus, welches Haus nun wirklich das älteste auf dem Kontinent ist.

Oldest Wooden School House, *14 St. George St., www.oldestwoodenschoolhouse.com, tgl. 9–17 Uhr, $ 5.*

©graphic

The Oldest Wooden School House

Pirate & Treasure Museum (12)

Besonders für Familien mit Kindern ist dieses noch relativ neue Museum eine willkommene Abwechslung zu verstaubten Reliquien und „langweiligen" alten Häusern. Hier wird Geschichte auf kindgerechte Art, also zum Anfassen und Mitmachen präsentiert. Der Besucher kann selbst zum Seeräuber werden und sich im Binden von Knoten üben, die Schiffsglocke läuten und die Kanone bedienen.
Pirate & Treasure Museum, *12 S. Castillo Dr., ☎ (877) 467 5863, tgl. 9 20 Uhr, $ 11,99 (Kinder $ 5,99).*

Government House Museum (4)

Am Ende der Fußgängerzone liegt das Government House aus dem frühen 17. Jh. In diesem Museum können Sie Silber- und Goldmünzen, die in spanischen Schiffswracks gefunden wurden, bewundern. 300 Ausstellungsgegenstände dokumentieren auf ihre Weise 5 Jahrhunderte Geschichte. Das Museum liegt am Hauptplatz, der **Plaza del la Constitución** (*Cathedral Pl./King St.*) und dieser wird von der **Cathedral of St. Augustine**, Sitz der ältesten katholischen Gemeinde der USA, zwischen 1793 und 1797 erbaut und nach einem Brand 1887 neu errichtet, überragt.
Government House Museum, *48 King Street, ☎ (904) 825 5079, tgl. 10–16 Uhr, $ 5.*

Flagler College (5)

Eindrucksvolles Flagler College

Ein Stück weiter die King St. entlang liegt das Flagler College *(78 King St.)*. Der Eisenbahnkönig *Henry Flagler* errichtete hier sein luxuriöses *Ponce de León Hotel*. Da man ein

Das Flagler College

Eisenbahnunternehmen nur sinnvoll betreiben kann, wenn man auch genügend Passagiere hat, baute Flagler bekanntlich entlang der Eisenbahnlinien große Hotels. Seit 1967 ist hier das Flagler College untergebracht.

Lightner Museum (5)

Das Museum liegt gegenüber dem Flagler College und war ebenfalls ein luxuriöses Flagler-Hotel, das „Alcazar" (1888 erbaut). Heute beherbergt es die alten Kunstwerke des Hotels, Möbel, Porzellan, Musikinstrumente und -automaten.
Lightner Museum, *75 King Street, ☎ (904) 824 2874, www.lightnermuseum.org, tgl. 9–17 Uhr, $ 10, mit Café Alcazar.*

Villa Zorayda Museum (8)

Das Haus stellt eine Kopie eines Teils der Alhambra in Granada dar. Im Verhältnis 1:10 wurde das Gebäude 1883 erbaut und besticht durch sein maurisches Gemäuer sowie die schönen Fenster, die zusammen mit arabischen Stilelementen eine tolle Liebe zum Detail widerspiegeln. Nach langen Jahren der Renovierung kann man es nun wieder besichtigen.
Villa Zorayda, *83 King Street, ☎ (904) 829 9887, www.villazorayda.com, Mo–Sa 10–17 Uhr, So 11–16 Uhr, $ 10 (Audio Tour).*

Old St. Augustine Village (Dow Museum of Historic Houses) (13)

Einen Block östlich des Casa Monica Hotels liegt **Old St. Augustine Village** mit neun restaurierten alten Häusern aus der Zeit zwischen 1790 und 1910. Jedes von ihnen widmet sich einem speziellen Kapitel der Stadtgeschichte.
St. Augustine Village, *246 St. George St. (Eingang 149 Cordova Street), ☏ (904) 823 9722, www.DowMuseum.com, Di–Sa 10–17.30, So ab 11 Uhr, $ 8,95.*

Auf der George St. geht es anschließend vorbei am **St. Francis Inn** (*St. George/St Francis St.*), einer Pension des frühen 18. Jh. (heute empfehlenswertes B&B) zur St. Francis St. Hier liegt das „Oldest House".

Oldest House (7)

Die Architektur ist ein Gemisch spanischer, britischer und amerikanischer Einflüsse. Während das Untergeschoss aus Sandstein besteht, fügten die Engländer einen 2. Stock aus Holz an. Das Haus ist etwa 250 Jahre alt und beherbergt ein kleines Museum.
Oldest House, *14 St. Francis St., ☏ (904) 824 2872, www.staugustinehistoricalsociety.org, tgl. 9–17 Uhr, $ 8 (inkl. Manucy Museum und Page L. Edwards Gallery).*

Folgt man nun der Straße einfach nach Osten kommt man automatisch in die Avenida Menéndez. Zur linken Seite liegt dann die Statue von *Ponce de León*. Wieder nach links kreuzt man die St. George Street und kann in einem der hübschen Restaurants – vielleicht im Columbia – verweilen.

Nördlich der City Gates, an der San Marco Ave., liegt die **Mission of Nombre de Dios**, jener Ort, an dem angeblich *Pedro Menéndez de Avilés* 1565 gelandet sein soll.

Ripley's Believe It or Not (11)

Ein „Museum" zum Staunen! Die Ansammlung von Kuriositäten, Verrücktheiten und illusionistischen Gegenständen gewährleistet einen kurzweiligen Aufenthalt.
Ripley's Believe It or Not, *19 San Marcos Avenue, ☏ (904) 824 1606, www.ripleys.com/staugustine, tgl. 9–20 Uhr, $ 15.*

Wer war Robert Ripley?

info

Robert Ripley wurde am 15. Dezember 1893 in Kalifornien geboren und verstarb am 27. Mai 1949. Er arbeitete als Comiczeichner und Rundfunkreporter. Seine Reisen führten ihn um die ganze Welt, und er nahm dabei die Gelegenheit wahr, Kuriositäten und Histörchen (in Englisch als „Oddities" bezeichnet) zu sammeln. Ripley publizierte diese Sammlung in Form von Comicstrips und Rundfunksendungen unter dem Titel „Ripley's Believe It or Not!". 1933 eröffnete er in Chicago das erste Ripley-Museum, ein so genanntes Odditorium, in dem er seine Sammelsurien ausstellte. Mittlerweile gibt es weltweit mehr als 20 Museen dieser Art, in Florida u. a. in Orlando und Key West.

Ausflugsziele von St. Augustine aus

St. Augustine Alligator Farm Zoological Park

Sehenswert!

Der Besuch dieser bereits 1893 gegründeten Alligatorenfarm lohnt unbedingt. Am interessantesten ist wohl das Begehen eines im Naturzustand belassenen Alligatorenhabitats. Vom Hochsteg aus kann man sich die Ungetüme ansehen. Übrigens: Alligatoren können zwar gewaltig mit ihren Zähnen zuschlagen, doch da sie nur sehr schwache Muskeln haben, gelingt es mit Leichtigkeit, ihr Maul mit einer Hand geschlossen zu halten (doch probieren sollten Sie dies lieber nicht!). Es finden stündlich Vorführungen von Alligatoren statt, ebenso Fütterungen. Außerdem gibt es u. a. auch chinesische **Krokodile** zu sehen, die vom Aussterben bedroht sind und die man hier zur Fortpflanzung animieren will.

Einen herrlichen Platz haben hier auch **Riesenschildkröten** gefunden, die täglich nachmittags mit dekorativen Obst- und Gemüsetellern verwöhnt werden. **Schlangen** nehmen ebenso einen breiten Raum ein und es gibt entsprechende Vorführungen. Die Erklärungen relativieren die Angst vor Schlangen, wenn man z. B. hört, dass in den USA mehr Menschen durch Begegnungen mit Hunden oder Rehen umkommen.

Neu ist die Hochseil- und Kletteranlage **Crocodile Crossing**. Hier kann man an verschiedenen Ziplines über die Köpfe der Alligatoren hinweggleiten.

St. Augustine Alligator Farm Zoological Park, *4 km südlich der Stadt an der A1A gelegen, 999 Anastasia Blvd., ☎ (904) 824 3337, www.alligatorfarm.com, tgl. 9–17, im Sommer bis 18 Uhr, $ 21,95.*

Die St. George Street

St. Augustine Lighthouse and Museum

Der jetzige Leuchtturm stammt aus dem Jahre 1874 und ersetzte seinen Vorgänger aus der spanischen Zeit, der bereits 1565 erbaut wurde. Von oben kann man einen schönen Ausblick genießen. Das Museum ist im ehemaligen Leuchtturm-Häuschen untergebracht. Heute weist der Leuchtturm den Schiffen nicht mehr den Weg, dafür ist er für den Fremden mit seiner roten Spitze ein Orientierungspunkt.

Orientierungspunkt rote Spitze

Lighthouse and Museum, *direkt gegenüber der Alligatorenfarm gelegen, 81 Lighthouse Avenue, ☎ (904) 829 0745, www.staugustinelighthouse.com, tgl. 9–18 Uhr, $ 9,50.*

Vilano Beach

Der kleine Ort, nördlich von St. Augustine gelegen und mit einer Brücke über den Intracoastal Waterway mit dem Festland verbunden, entwickelt sich zu einem kleinen touristischen Magneten mit netten Restaurants, Cafés und einem kleinen, lebendigen Zentrum (*www.vilanobeachfl.com*).

Reisepraktische Informationen St. Augustine

Vorwahl: *904*

Information

Visitor Information Center, *A1A/San Marco Ave., ☎ 825 1000, www.ci.st-augustine.fl.us; tgl. 8.30–17.30 Uhr; Infomaterial, Film, großer Parkplatz, von dem aus Old Town und das Castillo gut zu Fuß zu erreichen sind (Parkplätze in der Innenstadt rar!), s. auch www.staugustine.com.*

St. Augustine, Ponte Vedra & The Beaches Visitors & Convention Bureau, *500 San Sebastian View, ☎ (1-800) 653 2489, www.floridashistoriccoast.com.*

Sightseeing-Touren

Red Train, *die kleine rote Eisenbahn, fährt entlang der wichtigsten Sehenswürdigkeiten (mit Erläuterungen), an allen Haltestellen kann man aus- und wieder einsteigen, die Tour dauert ca. 90 Minuten, die Bahn fährt zw. 8.30 und 17 Uhr ca. alle 20 Min., auch Thementouren im Angebot, Tickets $ 21,99, www.redtrains.com.*

Tipp: Für Furchtlose

Ghost Tours of St. Augustine (2 St. George Street, ☎ (888) 461 1122, www.aghostlyexperience.com, tgl. um 20 Uhr, $ 12) bietet geführte Grusel-Touren mit geschichtlichem Hintergrund an.

Übernachtung

Motels/Hotels (*s. Karte S. 452*)

La Fiesta Ocean Inn & Suites $$, *810 A1A Beach Blvd, ☎ 471 2220, www.lafiestainn.com. Günstige Unterkunft in Strandnähe.*

Conch House Marina Resort $$$, *57 Comares Ave., ☎ 829 8646, www.conch-house.com. Motel im tropisch-floridianischen Stil, 23 Zimmer.*

Casa Monica Hotel $$$$$ (1), *95 Cordova Street, ☎ 827 1888, www.casamonica.com. In der Innenstadt gelegenes burgähnliches, historisches Haus von 1888, luxuriös restauriert mit 138 Zimmern, sehr gutes Restaurant (s.u.), Pool, beeindruckende Lobby, die originalgetreu rekonstruiert wurde.*

Tipp: Gut und Preiswert

Pirates House $$ (5), *32 Treasury Street, ☎ 808 1999, www.piratehaus.com. Sehr saubere, helle Zimmer, komplett eingerichtete Küche, Grillmöglichkeit. Im Preis inbegriffen ist Frühstück, bei dem es Pfannkuchen (Pancakes) gibt – so viele, wie man essen kann. Fahrradverleih.*

Weitere preiswerte Übernachtungsmöglichkeiten findet man in der San Marco Avenue im Bereich der Mündung zum US Highway 1.

Bed and Breakfast

Es gibt ähnlich wie z. B. in Key West eine Vielzahl toller B&B-Häuser in St. Augustine – hier eine Auswahl:

St. Francis Inn Bed and Breakfast $$$ (4), *279 George St., ☎ 824 6068, www.stfrancisinn.com. 11 Zimmer in einem Haus von 1791, liebevoll restauriert und gepflegt, kleiner Swimmingpool, s. auch www.staugustineinns.com.*

Casa de Solana $$$ (6), *21 Aviles St., ☎ (1-877) 824 3555, www.casadesolana.com. 10 Zimmer in einem ebenfalls historischen Haus, vornehm.*

Kenwood Inn $$$ (2), *38 Marine St., ☎ 824 8151, www.thekenwoodinn.com. In der Altstadt gelegen, gediegen eingerichtet, nur 9 Zimmer/4 Suiten, Swimmingpool, kostenlose Fahrräder, kontinentales Frühstück im Preis inbegriffen.*

Alexander Homestead $$$, *14 Sevilla St., ☎ 826 4147, www.alexanderhomestead.com. Haus mit 5 Zimmern, 1880 erbaut, sehr gemütlich und stilvoll.*

Carriage Way Bed and Breakfast $$$ (3), *70 Cuna St., ☎ 829 2467, www.carriageway.com. Sehr schön restauriertes altes Holzhaus mit Balkonen, 11 Zimmer, gemütlich, kostenlose Fahrräder.*

Victorian House Inn $$$-$$$$$ (7), *11 Cadiz St., ☎ 824 5214, www.victorianhousebnb.com. Altes, restauriertes B&B-Haus mit nur 10 Zimmern, alle wunderbar eingerichtet.*

Westcott House $$$$-$$$$$ (8), *146 Avenida Menendez, ☎ 805 4602, www.westcotthouse.com. Sehr schön und aufwändig restauriertes Haus mit nur 8 Zimmern, direkt am Wasser gelegen.*

St. Augustine Beach

Wenn Sie lieber ein Hotel am Strand haben möchten, können Sie südlich der Stadt in St. Augustine Beach übernachten (eine Reihe von Hotels und Motels), z.B.

Best Western Seaside Inn $$, *541 A1A Beach Blvd., ☎ 461 9990 http://bestwesternflorida.com. Angenehmes Hotel der Kette, direkt am Atlantik.*

Camping

Die schönsten Campingplätze liegen an der A1A, z. B.:

Anastasia State Recreation Area, *St. Augustine (Anastasia Island), 1340-A A1A South, ☎ 471 2033, www.floridastateparks.org/anastasia. Schattig, sehr sauber, stadtnah, sehr schnell überfüllt, $ 28/Nacht.*

North Beach Campresort, *4125 Coastal Highway (A1A N), St. Augustine Beach, ☎ 824 1806, www.northbeachcamp.com. Mit Swimmingpool und Zugang zum Strand, auch Hütten zu vermieten.*

Bryn Mawr Ocean Resort, *4850 A1A South, St. Augustine, ☎ 471 3353, www.brynmawroceanresort.com. Mit großem Schwimmbad und direktem Strandzugang, viele Stellplätze.*

Hilfreich ist auch: www.abfla.com/parks.

Restaurants

Entlang der St. George St. reihen sich Läden, Cafés, Restaurants sowie Imbissstände aneinander.

Le Pavillon, *45 San Marco Ave., ☎ 824 6202, www.lepav.com. Französische Küche, seit 25 Jahren eine Institution in der Stadt. U. a. sehr gute Fischgerichte, Lamm, Austern. Den angebotenen Sauerbraten und das Wiener Schnitzel braucht man nur bei Heimweh zu essen. Mittlere Preise. Zu Lunch und Dinner geöffnet. Ausgewählte Weinkarte.*

95 Cordova (9), *95 Cordova Street, ☎ 810 6810, www.casamonica.com. Im Casa Monica gelegen, gemütlich-elegantes Ambiente (etwas marokkanisch angehaucht). Kreative, gute Küche mit einer Symbiose der lokalen Zutaten und Einflüssen aus Europa, z.B. Seafood-Strudel mit Shrimps und Lachs, serviert mit Safran, grünem asiatischen Öl, gebratenem Spargel und geröstetem Reis. Etwas für Besucher, die gerne Ungewöhnliches probieren möchten, sehr gute Weinkarte. Lunch und Dinner.*

Santa Maria (10), *135 Avenida Menendez, ☎ 829 6578. Das Restaurant ist auf Fischgerichte spezialisiert und liegt am Pier im Hafen (Oktober/November und im Frühjahr kann man sogar Delfine beobachten) Es gibt aber auch Steaks und Spare Ribs. Seit Jahrzehnten auch bei Einheimischen beliebt, moderate Preise.*

Columbia Restaurant (11), *98 St. George St., ☎ 824 3341, www.columbiarestaurant.com. Spanische Atmosphäre und spanische Gerichte (Ableger des Stammhauses in Tampa). Sehr gute Zubereitung, u.a. Paella, verschiedene Fischgerichte (gut: Snapper) und der berühmte Salat mit einem Dressing, das vor Ihren Augen zubereitet wird.*

Scarlett O'Hara's Bar and Restaurant (12), *70 Hypolita St., ☎ 824 6535, www.scarlettoharas.net. Im alten Holzhaus geht es richtig urig zu. Auf der Veranda kann man in Schaukelstühlen Platz nehmen, Sänger sorgen für Unterhaltung. Preiswerte, amerikanische Küche mit Burgern, Sandwichs und paniertem Fisch – alles gut.*

Gypsy Cab Company, *828 Anastasia Boulevard, ☎ 824 8244, www.gypsycab.com. Gutes, preiswertes Essen, köstliche Cajun-Shrimps, wechselnde Speisekarte mit z. T. europäischen und asiatischen Einflüssen.*

Bistro de León (14), *12 Cathedral Place, ☎ 810 2100, www.bistrodeleon.com. Kleines französisches Bistro mit authentischem Flair (der Besitzer ist Franzose), leckere Delikatessen, auch zum Mitnehmen.*

A1A Ale Works (15), *Avenida Menendez/King St., www.a1aaleworks.com. Gilt als eine der besten Microbreweries in Florida; zum Red Brick Ale oder anderen Sorten gibt es gute „Brotzeiten" (Mo–Fr 16–19 Uhr Happy Hour).*

Collage (13), *60 Hypolita St. ☎ 829 0055, www.collagestaug.com. Das Restaurant, das zu Recht „artful global dining" verspricht, liegt im historisch-gemütlichen Innenstadt-Bereich. Die raffinierten Fisch-, Fleisch- und Pastagerichte sind exzellent zubereitet und liebevoll angerichtet. Hohes Preisniveau, tgl. ab 17.30 Uhr, Reservierung wird empfohlen.*

Einkaufen

In der Fußgängerzone St. George Street gibt es viele Souvenirläden und Modegeschäfte (Badesachen). Hinter dem Lightner Museum (75 King Street) sind einige Antiquitätenhändler.

Wein und mehr

Im gemütlichen Geschäft **The Gifted Cork** (64-A Hypolita Street, ☎ 810-1083, www.thegiftedcork.com) mitten im historischen St. Augustine, kann man besondere Weine aus Kalifornien, Washington, Oregon, aber auch aus Südafrika, Neuseeland, Argentinien, Chile und der „alten" Welt (Spanien, Frankreich, Deutschland) kaufen. Toll sind die nachmittäglichen Weinproben: 5 Weine für $ 5 darf man kosten und das Glas behalten. Außerdem gibt es edle Süßigkeiten, Zubehör wie Korkenzieher, Kühler etc. und originelle Geschenkideen.

Veranstaltungen

Die meisten Feste und Veranstaltungen drehen sich um die spanische Kolonisation, z. B.: **Celebration of Centuries**, *Events zu den internationalen Wurzeln der Stadt und Region im Juni; 6. Sept.: St. Augustine's Birthday Celebration. Details siehe unter: www.floridashistoric coast.com/events/calendar.*

Strände

Schöne Sandstrände findet man entlang von **St. Augustine Beach** *südlich der Stadt. Im Bereich des Anastasia Island State Parks gibt es ebenfalls tolle weiße Strände (www. floridastateparks.org/anastasia).*

Fahrradverleih

Solano Cycles, *32 San Marco Avenue, ☎ 825 6766, www.solanocycle.com, tgl. 10–18 Uhr.*

Bus

Greyhound, *1711 Dobbs Road, Ecke Malaga Street, ☎ 829 6401.*

Weiter in den Norden: Jacksonville und Amelia Island

Jacksonville liegt abseits der „touristischen Wahrnehmung" und ist doch Floridas bevölkerungsreichste (ca. 820.000 Einwohner) und flächenmäßig größte Stadt (2.264 km²). Im Mündungsbereich des längsten Flusses Floridas gelegen – des St. Johns River – und

Skyline von Jacksonville

nahe am Atlantik, atmet die Stadt maritimes Flair: Im bedeutenden Industriehafen werden vor allem Autos verschifft, aber hier liegt auch eine Basis der US-Marine. Dieses Nebeneinander stört mitunter den Wirtschaftssektor, da die Marine stets Priorität hat. Aus diesem Grunde verlagerte Mercedes seine Import-Aktivitäten nach Brunswick an der Küste Georgias.

Feuersbrunst

Die Umgebung wurde schon vor 6.000 Jahren von Indianern (Timucua) besiedelt, doch erst ab 1791 etablierte sich hier eine ständige Siedlung. Jacksonville wurde 1901 durch eine Feuerbrunst zerstört, die von einer Matratzenfabrik ausging. Fast 2.400 Häuser wurden zerstört und über 10.000 Menschen wurden obdachlos.

Jacksonville Landing

Museen

Heute präsentiert sich die Stadt – vor allem von der Seite des St. Johns River aus – als eine überschaubare Metropole. Im Innenstadtbereich dominieren Hochhäuser, und die Skyline zusammen mit dem breiten Wasser des Flusses ergeben etwas „*Manhattan feeling*". Am Wasser liegen im Stadtbereich am Süd- und Nordufer „riverwalks": Schön angelegte Wege und Promenaden, um die Stadt oder die Skyline (vom Südufer des St. John River) zu bewundern. Hier auf der *Southbank* liegen einige Museen. Eines davon ist das **Museum of Science and History** (*MOSH*), eine sehenswerte Mischung aus Wissenschaftsmuseum und Hands-on-Museum. Derzeit werden Ausstellungen zum menschlichen Körper, zur Unterwasserwelt und zur Geschichte der Region gezeigt.
MOSH, *1025 Museum Circle, ☏ (904) 396 6674, www.themosh.org, Mo–Fr 10–17, Sa 10–18, So 13–18, $ 10.*

Weiter westlich am Fluss liegt das **Cummer Museum of Art&Gardens**. Es handelt sich um eines der sehenswertesten Kunstmuseen Floridas, das hochkarätige Kunst von

Sehenswertes Kunstmuseum

der Renaissance bis ins 20. Jh. aus verschiedensten Regionen der Welt zeigt und dazu eine schöne Gartenanlage bietet.
Cummer Museum of Art&Gardens, *829 Riverside Ave., ☎ (904) 356 6857, www.cummer.org, Di–Fr 10–16, Di bis 21, Sa 10–17, So 12–17 Uhr, $ 10.*

Besonders interessant ist das am Nordufer gelegene Einkaufszentrum **Jacksonville Landing** (*2 Independent Dr., www.jacksonvillelanding.com*) mit Schiffsanlegestellen, Restaurants, u.a. einer Microbrewerie, und Geschäften. Hier befindet sich auch das **Jacksonville Maritime Heritage Center**, in dem man alles rund um die Seefahrtsgeschichte von Jacksonville findet, u.a. viele Modellschiffe.
Jacksonville Maritime Heritage Center, *Jacksonville Landing, 2 Independent Drive, Suite 162, ☎ (904) 355 1101, www.jacksonvillemaritimeheritagecenter.org, Di–Fr 11–17, Sa/So 13–17 Uhr.*

Timucuan Ecological & Historic Preserve/ Fort Caroline National Monument

Im Nationalpark, innerhalb der Stadtgrenze Jacksonvilles gelegen, liegt das **Fort Caroline National Monument**, das an die kurze französische Herrschaft in Florida im 16. Jh. erinnert. Am Fort befindet sich das Timucuan Preserve Visitor Center mit der Ausstellung „*Where the waters meet*" über das Leben im Meer im Nordwesten Floridas.

Reisepraktische Informationen Jacksonville

Vorwahl *904*

Information

Es gibt vier Visitor Information Centers in der Stadt (Infos unter www.visitjacksonville.com), u.a.
Visit Jacksonville Office, *208 North Laura Street, Suite 102, ☎ 421 9156, Mo–Fr 9–17 Uhr.*
Beaches Visitor Center, *380 Pablo Avenue, Jacksonville Beach, ☎ 242 0024, Di–Sa 10–16.30 Uhr, So/Mo geschlossen.*

Unterkunft

The Jenks House B & B $$, *2804 Post Street, ☎ 387 2092, www.thejenkshouse.com. Zwei recht einfache, aber gemütliche Zimmer mit viel Holz, zentral in Jacksonville Downtown gelegen.*
The Riverdale Inn $$$, *1521 Riverside Avenue, ☎ 354 5080, www.riverdaleinn.com. 10 elegante, in antikem Design eingerichtete Zimmer, in der Nähe des Memorial Park gelegen.*

Essen & Trinken

River City Brewing Company, *835 Museum Circle, ☎ 398 2299, www.rivercitybrew.com. Am Südufer des St. John River, genau gegenüber der Skyline der Stadt mit einem weiten Blick über den Fluss gelegen. Das Speisenangebot ist weit gefächert und von einer Qualität, die sich von den Kettenrestaurants deutlich abhebt. Das Bier kommt aus der eigenen Mikro-Brauerei.*

Zudem lohnt ein Besuch der **Kingsley Plantation** (*11676 Palmetto Ave.*), einer inmitten der Dschungel- und Marschlandschaft gelegenen ehem. Reisplantage mit dem ältesten Plantagenhaus in Florida. Hier lebten *Zephaniah Kingsley* (1814–43) und seine dunkelhäutige Frau *Anna Madgigine Jai*, die er 1811 samt ihrer gemeinsamen Kinder freiließ und als legitime Ehefrau anerkannte.

Fort Caroline National Monument, *12713 Fort Caroline Road (14 Meilen nordwestlich der Downtown, vom Hwy. 95 die Abfahrt Florida Route 9A), ☎ (904) 641 7155, www.nps.gov/timu, tgl. 9–17, frei. Die Kingsley Plantation wird derzeit renoviert, einige Gebäude sind zeitweise nicht zugänglich. Infos unter ☎ (904) 251 3537.*

Amelia Island

Hinter Jacksonville zweigt bei **Callahan** der Hwy. A1A ab, der nach **Amelia Island** führt. Die nördlichste der zu Florida gehörigen Barrier Islands hat eine lange Geschichte und ist die einzige Gemeinde der USA, die unter acht verschiedenen Flaggen gelebt hat – daher der Beiname „*Isle of Eight Flags*". Nicht nur Franzosen, Spanier, Engländer und Konföderierte, sondern auch eher unbekannte wie die *Patriots of Amelia Island* und *Green Cross of Florida* hissten ihre Flaggen über der kleinen Stadt, wenn auch nur für kurze Zeit. Zudem ist sie der Geburtsort der modernen Shrimp-Industrie. Ihren heutigen Namen gaben ihr die Engländer nach Prinzessin *Amelia*, Tochter von König *George II*.

„Insel der acht Flaggen"

Lange war die Insel Schmugglerparadies und Piratenheimat, als Anfang des 19. Jh. keine ausländischen Schiffe amerikanische Häfen anlaufen durften. Der zu Spanien gehörende Hafen von Fernandina Beach entwickelte sich zu einem Umschlagplatz erster Güte von Sklaven, Alkohol und Luxusprodukten. 1821 war die anrüchige Zeit vorbei, als man sich den USA anschloss. Bereits 1826 hatten über 50.000 Bewohner aus dem Norden Amelia Island als *Summer Resort* entdeckt und starteten den bis heute andauernden Touristenstrom.

Die ehemalige Plantageninsel der Engländer hat sich im 20. Jh. zum Ferien- und Wassersportparadies mit großem Angebot für Golfer, Tennisspieler, Fischer, Wassersport-

Strand von Amelia Island

ler, Bootsfreaks und Ballonfahrer gemausert. Endlose Sandstrände, außergewöhnliche Hotels – wie das noble *Ritz Carlton* oder die *Amelia Island Plantation* – und kulinarische Highlights in Gestalt von Shrimps und anderen Meeresfrüchten machen die Insel zu einem Geheimtipp. Besonders idyllisch ist ein Spaziergang im Bereich der Altstadt mit ihren vielen hübsch restaurierten Südstaatenhäusern.

info

American Beach: das erste afro-amerikanische Resort Floridas

Mitte der 1930er Jahre kauften die Gründer der Versicherung Afro-American Life Insurance Land am südlichen Ende von Amelia Island. *Abraham Lincoln Lewis*, einer der Gründer, war einer der ersten farbigen Millionäre Floridas. Die Gegend wurde bekannt als American Beach in den Zeiten der Segregationspolitik, und die Restaurants und Nachtclubs zogen Größen wie *Ray Charles* und *James Brown* an. Heute stehen noch ca. 100 Häuser aus den 40er und 50er Jahren, und American Beach ist der erste Stopp des Florida's Black Heritage Trail (www.visitflorida.com/articles/the-florida-black-heritage-trail). Die Urenkelin von *Lewis*, *MaVynee Betsch*, zeitweise Opernsängerin in Europa, kämpfte ihr Leben lang um die Erhaltung der Natur, das Andenken und die Geschichte von American Beach und wurde deshalb *The Beach Lady* genannt. Sie spendete ihr gesamtes Vermögen ihrer Sache und starb 2005 verarmt an Krebs.

Fernandina Beach (Old Town)

Die gemütliche viktorianische Altstadt war einst eine Siedlung der Timucuan-Indianer, die diesen Ort wahrscheinlich wegen seiner Lage am Amelia River und des fruchtbaren Bodens wählten. Die Spanier legten die Stadt 1811 nach dem typischen Bebauungsplan ihrer Kolonien an, mit der Plaza de la Constitución (Plaza San Carlos) in ihrer Mit-

Altstadt von Amelia Island, auf der Ecke der älteste Saloon Floridas

In der Altstadt gibt es hübsche kleine Läden und Galerien

te, ein ganzer Block Grünfläche, die zum nebenan gelegenen Fort Clinch State Park gehört. Der ursprüngliche Ort begann nach Ende des Bürgerkriegs zu wachsen und besteht heute aus 52 Blocks, in denen sich die alte viktorianische Architektur mit modernen Bauten abwechselt. Hier gibt es zahlreiche Läden und Restaurants. Weiterhin sehenswert ist der alte Friedhof Bello Cemetery.

Die Stadt konnte sich ihren alten Charme auch deswegen bewahren, da die erste **Eisenbahnstrecke** von *Henry Flagler* (s. S. 27) nicht hier vorbei führte und es somit keinen Massentourismus aus dem Norden gab. Später allerdings war Fernandina der Startpunkt für die erste Strecke, die quer durch Florida führte und den Golf mit dem Atlantik verband, und zwar mit Cedar Key.

Amelia Island Museum of History

Im kleinen Geschichtsmuseum kann man sich über die Region informieren, u.a. gibt es ein Timucuan Village der ersten Bewohner, eine Ausstellung über den Bürgerkrieg und die Florida Railroad sowie die spanische Missionierung.
Amelia Island Museum, *233 S. Third Street, Fernandina Beach, ☎ (904) 261 7378, www.ameliamuseum.org, Mo–Sa 10–16, So 13–16 Uhr, geführte Touren 11 und 14 Uhr, $ 7.*

Reisepraktische Informationen Amelia Island

Vorwahl *904*

Information

Amelia Island Welcome Center, *102 Centre St., Fernandina Beach, ☎ 277 0717 oder (1-800) 226-3542, www.ameliaisland.org, www.oldtownfernandina.org, www.fbfl.us.*

Unterkunft

Florida House Inn B&B $$$, *20–22 South 3rd Street, ☎ 491 3322 www.floridahouseinn.com. Eines der ältesten Hotels Floridas, es wurde 1857 von der Florida Railroad eröffnet. Unter anderem Ulysses S. Grant, Jose Marti und Laurel & Hardy betteten ihre prominenten Häupter hier. Heute kann sich jedermann in einem der 16 gemütlichen Zimmer (einige mit Kamin) einquartieren und die historische Atmosphäre genießen. Restaurant und kleines Pub angeschlossen. Wer auf Strand verzichten mag, liegt hier richtig!*

Hoyt House B&B Inn $$$, *804 Atlantic Avenue, ☎ 277 4300, www.hoythouse.com. Das gemütliche Haus (1905) bietet zehn Zimmer, Pool im schönen Garten, mehrere Wohnzimmer, Fahrräder. Die Restaurants der Altstadt können gut zu Fuß erreicht werden – rundum empfehlenswert.*

The Addison on Amelia Island B&B $$$$, *614 Ash Street, ☎ 277 1604, www.addisononamelia.com. 15 romantische Zimmer in drei Häusern im Antebellum-Stil, die um einen hübschen Hof herum erbaut sind, sehr nette Gastgeber.*

Elizabeth Pointe Lodge $$$$, *98 S Fletcher St. (Hwy A1A), ☎ 277 4851, www.elizabethpointelodge.com. Idyllisch direkt am Meer gelegenes, romantisches kleines Hotel mit 25 Zimmern.*

Amelia Island Plantation $$$$, *6800 First Coast Hwy., ☎ 261 6161, www.aipfl.com. Hotelkomplex mit unterschiedlichen Übernachtungsmöglichkeiten (Cottages, Apartments, Hotelzimmer), vielfältige Freizeitmöglichkeiten wie Golf, Tennis, Spa, Shopping Village, Segway-Touren… schöne Lage direkt am Strand und umgeben von einem großen Park.*

Ritz Carlton Amelia Island $$$$–$$$$$, *4750 Amelia Island Pkwy., ☎ 277 1100, www.ritzcarlton.com. Das Richtige für Genießer: geräumige Zimmer, Ladenpassage, Top-Service, Pools, Fitness-Center, Golf- und Tennisplätze und Privatstrand. Kleiner Nachteil: Das Hotel ist vom Bau her nicht besonders ansprechend („Klotz"), dafür aber ist das „Drumherum" sehr schön. Es gibt einen attraktiven, Lounge-ähnlichen Platz an einer offenen Feuerstelle.*

Unterkunft mit Blick aufs Meer

Essen und Trinken

Café Karibo, *27 North 3rd Street, Amelia Island, ☎ 277 5269, www.cafekaribo.com Sehr nettes, lässiges Restaurant mit einem lauschigen Außenbereich unter schattenspendenden Bäumen. Sehr freundliche Bedienung, variantenreiche, z. T. asiatisch angehauchte Gerichte, natürlich auch Burger, zudem leckere Thunfischsteaks. Auch bei Einheimischen sehr beliebt.*

T-Ray's Burger Station, *202 S 8th St., ☎ 261 6310. Burger und gutes Südstaaten-Frühstück, meist voll. Originell: Das Lokal ist tatsächlich in einer alten Exxon-Tankstelle untergebracht, die seit 2008 geschlossen hat.*

Brett's Waterway Cafe, *1 S Front St. (Ende Centre St., am Fernandina Harbor), ☎ 261 2660. Bekannt für Seafood und Steaks sowie hausgemachte Desserts zu anständigen Preisen.*

Salt, *im Ritz Carlton (s. oben), ☎ 277 1100. Zählt seit Jahren zu den besten Restaurants in den ganzen USA (Chef Richard Laughlin). Mehrgängige Menüs, die ihren (gehobenen) Preis wert sind.*

Palace Saloon, *117 Centre St., ☎ 491 3332, www.thepalacesaloon.com. Einer der ältesten Saloons in Florida mit einem abwechslungsreichen Abendprogramm und gut ausgestatteter Bar (tgl. bis 2 Uhr morgens geöffnet).*

Die Touristeninformation im alten Bahnhof

Veranstaltungen

Alljährlich findet Anfang Mai auf Amelia Island das **Isle of the Eight Flags Shrimp Festival** *statt mit zahlreichen Ständen, Aktivitäten und einer Piraten-Parade (www.shrimpfestival.com).*

Aktivitäten

Kajaktouren (auch Fahrradtouren) durch Marsch und Bäche bietet **Kayak Amelia** *(☎ 251 0016, www.KayakAmelia.com).*

Charter Fishing und Bootsausflüge sind möglich von der Fernandina Harbor Marina, z.B. mit der **Amelia Island Charter Boat Association** *(☎ 261 2870, www.ameliaislandcharterboatassociation.com).*

Auf **Reitausflüge** *spezialisiert sind Kelly Sea Horse Ranch (☎ 491 5166, www.kellyranchinc.com) oder Ride the Beaches of Amelia (☎ 277 7047; www.ameliahorsebackriding.com).*

Abstecher zum Okefenokee Swamp (Georgia)

Streckenhinweis

Von Jacksonville geht es über die 23 (Kings Road) nach Folkston, 11 Meilen südwestlich liegt der Ost-Eingang zum Park.

Der **Okefenokee Swamp** ist eines der größten Sumpfgebiete der USA. Er bedeckt eine Fläche von 2.079 km², misst an der breitesten Stelle (West-Ost) 32 km und an der längsten (Nord-Süd) 64 km. 90 Prozent des Gebietes stehen als **Okefenokee National Wildlife Reserve** unter Naturschutz. Wie ein Schwamm speichert das Sumpfgebiet Wasser und wird so zum Quellgebiet des Suwannee River, der in den Golf von Mexiko mündet, und des St. Mary's River, der in den Atlantik fließt. Die flachgründigen Seen mit ihrem tiefbraunen Wasser werden von schwimmenden Pflanzeninseln durchsetzt. Diese entstanden aus abgestorbenen Wasserpflanzen, bilden eine locker-fruchtbare Torfmasse, auf der erst niedrige Gräser, dann Kiefern, Zypressen oder Magnolien wachsen. Die Indianer nannten wegen der schwammigen Bodenbeschaffenheit diese Stellen „*okefenokee*", „das Land der bebenden Erde". Je unzugänglicher die Gebiete sind, desto mehr stellen sie ein Paradies für alle wasserliebenden Tiere dar. Neben (scheuen) Alligatoren leben hier unzählige Gänse, Wasservögel, Otter, Schildkröten, Frösche.

Waschbärensiesta

Reisepraktische Informationen Okefenokee Swamp

Vorwahl *912*

Anfahrt und Öffnungszeiten

Das Okefenokee National Wildlife Refuge hat drei Haupt- und zwei Nebeneingänge. Von Jacksonville am schnellsten zu erreichen ist der östliche Eingang bei Folkston:

Osteingang: Suwannee Canal Recreation Area, *11 Meilen südwestlich von Folkston (via US Hwy. 1 und Hwy. 23/121, 4159 Suwannee Canal Road). Im zugehörigen* **Richard S. Bolt Visitor Center** *gibt es einen Buchladen, Ausstellung, Observation Tower und einen Film, zudem in der Umgebung Wanderwege, Picknickplätze und die Möglichkeit, Boote und Fahrräder zu mieten, ☎ 496 7836, Visitor Center tgl. 9–17 Uhr, der Park ist 30 min. vor Sonnenaufgang bis 19.30 Uhr (März–Okt.) bzw. 17.30 Uhr (Nov.–Feb.) geöffnet. Eintritt $ 5 pro Auto/7 Tage gültig. Weitere Infos unter www.fws.gov/okefenokee.*

Das Gebiet bietet über 120 Meilen **Kanu Trails**, *70 Meilen sind auch mit dem Motorboot befahrbar. Wer in der Wildnis campen möchte, muss sich vorher anmelden unter ☏ 496 3331 ($ 10).*
Okefenokee Adventures: *der Konzessionär des Parks bietet die o.g. Aktivitäten, Infos unter ☏ 496 7156, www.okefenokeeadventures.com.*

Nordeingang: Okefenokee Swamp Park, *13 km südlich von Waycross (GA) am Hwy 121, ☏ 283 0583, www.okeswamp.com, tgl. 9–17.30 Uhr, $ 12. Über Holzstege, in den Ausstellungen, auf Bootstrips (30 min. $ 16) oder bei einer Rundfahrt mit der kleinen roten Okefenokee Railroad gewinnt man eine Eindruck der Natur der Swamps. Zu sehen gibt es die Tiere in ihrer natürlichen Umgebung.*

Information
Waycross Welcome Center, *315-A Plant Ave., im historischen Train Depot (Bahnhof, ausgeschildert), ☏ 283 3744, www.swampgeorgia.com, tgl. 9–17 Uhr.*

Camping
Laura S. Walker State Park, *Hwy. 177 (nahe Okefenokee Swamp), 5653 Laura Walker Rd., Waycross, ☏ 287 4900, www.gastateparks.org/info/lwalker, Campground-Büro tgl. 7–17 Uhr; 44 Stellplätze (ab $ 15) am See, mit Golfplatz, Wanderwegen, Angelgelegenheit und Bootstouren.*

Bootstour durch den Okefenokee Swamp

8. NORDEN UND NÖRDLICHE GOLFKÜSTE

St. Augustine – Tallahassee

Streckenübersicht

Entfernungen: St. Augustine – Tallahassee (über Madison/Monticello): ca. 380 km
Empfohlene Route: Folgt man der hier beschriebenen Strecke, gelangt man in den touristisch viel weniger besuchten „Panhandle“, den Pfannenstiel Floridas, „Florida's Last Frontier“. Dem Naturliebhaber eröffnen sich hier wahre Paradiese: kristallklare Quellen und Flüsse, endlose Pinienwälder, verträumte Städtchen mit Südstaaten-Charme und romantische alte Holzhäuser.

Unterwegs nach Tallahassee

© graphic

Wenn man St. Augustine oder Jacksonville verlässt, überquert man bald den unwahrscheinlich breiten St. Johns River. Auf Naturfreunde wartet das ausgedehnte Forstgebiet des **Osceola National Forest** bei Lake City. Zwischen Live Oak und Madison wartet ein weiteres Naturjuwel: der **Suwannee River State Park**. Und in den abgelegenen Städtchen wie Madison und Monticello kann man die alte Südstaatenatmosphäre schnuppern.

Tallahassee, die Hauptstadt Floridas, gefällt durch die harmonische Mischung von alten, schön restaurierten Bauten und modernen Gebäuden – alles eingebettet in eine hügelige, waldreiche Landschaft, deren Straßen oft von Bäumen gesäumt werden, von denen melancholisch wirkend das Spanische Moos herabhängt.

Von St. Augustine geht es zunächst auf der Straße 207 in südwestlicher Richtung nach Palatka. Kurz vor Palatka überquert man den imposanten St. Johns River, der weniger einem Fluss als einem großen See ähnelt. Von Palatka aus folgt man in westlicher Richtung der Straße 20 nach Gainesville, wo man auf den Interstate 75 North abbiegt. Auf dem Interstate 75 geht es bis nach Watertown und dann auf den US 90 West, der über Madison und Monticello nach Tallahassee führt.

Redaktionstipps

- Bootstouren über die glasklaren Quellen der **Silver Springs** (S. 476).
- **Kanutour** im Suwannee River State Park (S. 481).
- **Übernachten:** In **Ocala** das „Seven Sisters"; in **Tallahassee** das „Governor's Inn" oder die „Wakulla Springs Lodge" 20 km südlich der Stadt.
- **Essen:** in **Tallahassee** Steaks im „Andrew's".
- **Bedeutendste Sehenswürdigkeiten:** die Naturschönheiten des Ocala (S. 472) und des Osceola National Forest (S. 478); die glasklaren Quellen Silver Springs (S. 476) und Wakulla Springs (S. 497); in Tallahassee das State Capitol (S. 488) und die Canopy Road (S. 490).
- **Optimale Zeiteinteilung: 2 Tage**.

1. Tag: Fahrt nach Tallahassee, dabei ausreichend Zeit nehmen für Silver Springs bzw. Wakulla Springs. Übernachten in Tallahassee.
2. Tag: Morgens das State Capitol, den Old Cemetery und die Canopy Roads ansehen, anschließend zur Pebble Hill Plantation und/oder zur Wakulla Springs.

Abstecher

Von der Strecke St. Augustine - Palatka kann man kurz hinter Palatka (FL 20) zum **Ocala National Forest** abbiegen (s. S. 472).
Bei Lake City zweigt man nach Osten zum **Osceola National Forest** ab (s. S. 478).
Bei Ellaville zweigt man zum **Suwannee State Park** ab (s. S. 481).

Ocala National Forest

Das Gebiet umfasst eine Fläche von insgesamt 1.547 km². Im strengen Sinne handelt es sich beim Ocala National Forest nicht um ein Naturschutzgebiet, sondern durchaus um eine forstwirtschaftlich genutzte Landschaft. Im Unterschied zu den National Parks oder State Parks darf in einem National Forest – kontrolliert – abgeholzt, wiederaufgeforstet und gejagt werden.

Wie in den Everglades spiegeln sich geringe Unterschiede in der Landhöhe sofort in der **Vegetation** wieder: In den tieferen sumpfigen Gebieten sowie in weiten, ebenen Gebieten herrschen **Kiefern** vor; auf den Hügeln haben sich **Hartholzgewächse** festgesetzt.

Doch die besonders charakteristische Vegetationsform ist die so genannte **„Big Scrub"**. Man findet sie insbesondere in den etwas höher gelegenen westlichen und zentralen Teilen des Gebietes. Unter Big Scrub versteht man die Verbreitung einer Sandkiefer mittlerer Höhe, die wahrscheinlich ein Relikt eines ehemals von Kalifornien über Mexiko bis nach Zentralflorida reichenden wüstenähnlichen Pflanzengürtels ist. Sandkiefern sind hervorragend an trockenes, heißes Klima angepasst. Inselartig heben sich kleinere Gebiete mit hohen Kiefern ab (Pats Island, Hughes Island).

Neben der interessanten Vegetation bietet der Ocala National Forest vor allem besuchenswerte Quellen und Seen:

Salt Springs Recreation Area

Hier sprudelt salziges Quellwasser, das einer geologisch alten Quelle aus den Zeiten, als Florida noch unter dem Meeresspiegel lag, hoch. Ganzjährig bleibt die Wassertemperatur von 22 °C konstant, täglich quellen fast 200 Mio. l Wasser aus dem Untergrund.

Salt Springs Recreation Area, *14152 State Road 19 N, Salt Springs (direkt neben der Stadt Salt Springs gelegen, nahe der Kreu-*

© graphic

Im Ocala National Forest

Baden in den Salt Springs

Kristallklare Quellen

zung mit CR 316, 35 Meilen östlich von Ocala (I 75), ☎ (352) 685 2048, www.recreation.gov (für Camping).

Camping

An der Marina südlich des Gebiets kann man Kanus, Pontoon-Boote oder die 16 Fuß langen Carolina Skiffs mieten. Der Campground ist von vielen Langzeiturlaubern besetzt („Snowbirds" aus dem Norden). $ 5 Parkgebühr an der Marina.

Juniper Springs Recreational Area

Super-Bademöglichkeiten, Kanufahrten, Wanderwege. Das Quellwasser (zusammen mit den Fern Hammock Springs pro Tag etwa 50 Millionen Liter!) hat eine konstante Temperatur von 22 °C! Ein toller Tipp für Naturfreunde.
Man kann hier den 7 Meilen langen Juniper Creek mit einem Kanu herunterfahren (Abholservice). Schöner, bereits 1930 angelegter Campingplatz.
Juniper Springs Rec Area, *26701 East Hwy 40, Silver Springs, ☎ (352) 236-0288, www.recreation.gov. Tagesbesucher $ 5 p.P., Kanus $ 31,50/Tag, Camping $ 21/Stellpatz.*

! Achtung!

Von Jägern und Bären: Vorsicht in den Wäldern!

Während der Jagdsaison November-Januar sollte man im Wald mit leuchtend orangefarbenen Westen unterwegs sein. Damit Ihnen Bären nicht auf die Pelle rücken, sollten Sie auf Campingplätzen Essensvorräte stets luftdicht verschlossen halten, ebenso sollte Abfall stets in die Abfalltonnen entsorgt werden. Auch getragene Kleidungsstücke gehören nicht ins Zelt, vielleicht haftet ihnen noch der Geruch vom letzten Grillen an. Sollten Sie trotzdem einem Bären zu nahe kommen (oder er Ihnen), dann machen Sie Geräusche und ziehen sich l a n g s a m zurück.

Infos
zu allen Camps auch unter: www.forestcamping.com/dow/southern/ocal.htm.

Alexander Springs Recreation Area
Das Gebiet liegt in einem unberührten subtropischen Wald mit Kiefern, Eichen und Palmen. Die kristallklare Quelle (sie liefert mehr als 300 Millionen Liter pro Tag!) lockt Schwimmer, Taucher und Sonnenhungrige an. Es gibt einen 7 Meilen langen Kanu-Trail (Kanuverleih mit Abholservice). Der Paisley Woods Trail (22 Meilen, ausgeschildert) steht Bikern zur Verfügung. Campingmöglichkeit.
Alexander Springs Recreation Area, *49525 CR 445, Altoona, ☎ (352) 669 3522, www.recreation.gov.*

Clearwater Recreational Area
Relativ einsam im Südosten des Gebiets gelegen. Es gibt hier einen schönen See, den man per Kanu befahren kann. Der Paisley Woods Trail (22 Meilen, ausgeschildert) steht Bikern zur Verfügung. Campingplatz (schattig) vorhanden.
Clearwater Recreational Area, *24511 County Road 42, 49525 CR 445, Altoona, ☎ (352) 669 0078, www.recreation.gov.*

Weitere Camps mit Zeltmöglichkeiten
Big Bass Camp, Delancy East, Delancy West, Fore Lake, Hopkins Prairie, Lake Dorr, Lake Eaton.

Informationen
Ocala National Forest, *Lake George Ranger District, 17147 E. State Road 40, Silver Springs, ☎ (352) 625 2520, geöffnet Mo–Fr 7.30–16 Uhr, www.fs.fed.us/r8/florida/ocala/, www.ocalamarion.com/ocala-national-forest.asp*
Salt Springs Visitor Center, *14100 N. Highway 40, Salt Springs, ☎ (352) 685 3070*
Ocklawaha Visitor Center, *3199 NE CR 315, Silver Springs, ☎ (352) 236 0288*
Pittman Visitor Center, *45621 State Road 19, Altoona, ☎ (352) 669 7495*
Die Visitor Center sind je nach Saison unterschiedlich geöffnet, in jedem Fall vorher anrufen und Öffnungszeiten erfragen.

Streckenhinweis

Wer noch weiter in das ursprüngliche Florida reisen möchte und eventuell auf ungewöhnlichem Wege die Ostküste z. B. bei St. Augustine anpeilt, hier ein Hinweis: Von Salt Springs erreicht man über die US 19/ FR 43 (Sandstraße) die Fort Gates Ferry. Diese Fähre fährt nach Bedarf über den St. Johns River täglich (außer Di) zwischen 8.30 und 17.30 Uhr ($ 10). Es handelt sich hierbei um die älteste Fähre in Florida, sie ist seit 1856 in Betrieb und transportiert auch Fahrzeuge über den Fluss. Auf der anderen Seite gelangt man nach Fruitland. In der Nähe gibt es ein sehr rustikales Camp: das Fort Gates Ferry Gateway Fish Camp (Adresse: 229 Fort Gates Ferry Road, Fruitland, ☎ (386) 467 2411). Hier werden sehr preiswerte, einfache Häuschen vermietet.

Weiterfahrtmöglichkeit über die SR 309 nach Palatka von hier über den St. Johns River (Brücke) und die SR 100 und 207 nach St. Augustine.

Silver Springs

Glasboden-boote

An diesen Süßwasserquellen fahren **Glasbodenboote** (die angeblich hier erfunden wurden) – und das bereits seit 1878. Diese artesische Quelle zählt zu den größten der Welt. Das kristallklare Wasser erlaubt schöne Blicke in die Unterwasserwelt. Außerdem kann man in diesem Park Bootstouren durch die tropische Flussvegetation Floridas unternehmen und die Wege unter den Schatten spendenden Bäumen versprechen einen erholsamen Spaziergang. Kinder werden Interesse finden an den einzelnen Tiervorführungen und -erläuterungen, von denen die über den großen weißen Alligator mit Sicherheit zu den Höhepunkten gehört. Auch ein Karussell und einen Spielplatz gibt es.
Silver Springs Nature Park, *5656 E. Silver Springs Blvd., Silver Springs (an der State Road 40 gelegen, westlich des Ocala National Forest), ☎ (352) 236 2121, tgl. 10–17 Uhr, im Winter an manchen Tagen geschlossen. Aktuelle Infos unter www.silversprings.com.*
Angeschlossen an den Park ist auch der **Wild Waters Park** *(www.wildwaterspark.com, im Winter geschlossen)* mit Rutschen und Flüssen. Im Wellenbad schlagen die Wellen 1,2 Meter hoch und es gibt 8 aufregende Wasserrutschen.

Übernachtung

Days Inn Ocala $$, *5751 E Silver Springs Blvd, Silver Springs, ☎ (352) 236 2575. Einfaches und günstiges Hotel.*

Ocala

Stadt der Pferde

Ocala ist die Stadt der Pferde und eignet sich als Quartier, wenn man die Silver-Springs-Quellen und den Ocala National Forest besuchen möchte. In Ocala leben heute etwa 53.000 Menschen, die – neben den vielen Beschäftigten im Gesundheits- und sozialen Bereich – vor allem von der Pferdezucht, dem Anbau von Zitrusfrüchten und Gemüse sowie dem Abbau von Kalkstein leben. Das Klima dieser Region eignet sich in besonderer Weise zur Zucht von Araberpferden. In der Gegend von Ocala gibt es heute ca. 350 Pferdezuchtfarmen. Irgendwie erinnert die parkähnliche Landschaft mit den langen Zäunen und tiefgrünen Wiesen an England.

Folgende Gestüte können besichtigt werden

Ocala Stud Inc., *SW 27th Ave., 2 Meilen westlich der FL 200, ☎ (352) 237 2171, www.ocalastud.com (vorher anrufen). Hier wurden berühmte Pferde gezüchtet; u. a. gibt es einen Trainingsparcours sowie ein Schwimmbecken für Pferde.*
Bonnie Heath Farm, *145 NW 125th Street Rd, Reddick, westlich auf der FL 200, ☎ (352) 591 1014, www.bonnieheathfarm.com (vorher anrufen). Mitte der 1950er Jahre wurde die berühmte Pferdezucht aufgebaut. Der Hengst Needles war die erste Züchtung in Florida, die das Kentucky Derby gewann.*

Appleton Museum of Art

Das sehr sehenswerte und stilvolle Museum wurde 1984 aus italienischem Marmor erbaut. Finanzier war der Pferdezüchter *Arthur I. Appleton*. Zu sehen sind etwa 6.000 Exponate aus der präkolumbischen Zeit neben Antiquitäten aus Europa, dem Orient und Afrika. Besonders sehenswert sind Objekte der europäischen Kunst aus dem 19. Jh.
Appleton Museum of Art, *4333 E. Silver Springs Blvd., ☎ (352) 291 4455, www.appletonmuseum.org, Di–Sa 10–17, So 12–17 Uhr, $ 6.*

Wieso gibt es in Florida riesige, kristallklare Quellen?

info

Der Untergrund weiter Teile Floridas wird von einer Kalkschicht gebildet, dem so gen. „Florida-Aquifer" (Grundwasserleiter). In diesem porösen Gestein wird Wasser nicht nur gespeichert, sondern auch klar gefiltert. Diese Schicht ist Floridas größter Süßwasservorrat! Über dem Florida-Aquifer liegen weitläufige, Wasser sperrende Lehmschichten. Die wellenförmige Lage der Schichten führt dazu, dass das im Kalk in Mulden lagernde Wasser stark unter Druck gerät. Ist dieser Druck größer als der Gegendruck der Lehm-/Tonschicht, bricht das Wasser in Form einer artesischen Quelle aus.

Im nördlichen Florida gibt es etwa 30 Quellen, die mehr als 3 m³ Wasser pro Sekunde fördern. Die besonders bekannten Quellen sind:

Rainbow River (bei Dunnellon)
Homosassa Springs
Silver Springs (bei Ocala), bis zu 30 m tief
Wakulla Springs (südlich von Tallahassee)

Abstecher zur Senioren-Gemeinde The Villages

Streckenhinweis

Von Ocala aus über den Hwy. 27 in Richtung Süden, The Villages liegt dann auf der rechten Seite.

Der erste Eindruck ist der eines Disney-Parks für ältere Menschen. Alles ist sehr gepflegt und sauber, die Blumenbeete und Rasenflächen sehen aus wie manikürt, alles ist stets frisch angestrichen. Auf einem Gebiet von riesigen Ausmaßen leben hier 80.000 Menschen, verteilt auf verschiedene „gated communities" in unterschiedlicher Ausstattung und Preislage. Die Häuser kosten etwa 150.000 bis weit über eine Million Dollar.

Aus dem eigenen Village gelangt man durch ein elektrisches Tor zu den Verbindungsstraßen, die zu kleinen Shopping- und Dienstleitungscentern führen. Außer Autos sind das Hauptverkehrsmittel Golfwagen, die zum Teil herrlich aufgemotzt sind und auf speziellen Wegen, die kleinen Autobahnen ähneln, flitzen. Es gibt Musik- und Theateraufführungen, Golf-, Softball- und Polo-Anlagen, zwei Kinos, Fitness- und Wellness-Center und fast jede weitere denkbare Art der Zerstreuung, Aktivität und Entspannung. Im Hintergrund ist alles bis ins kleinste Detail reglementiert. Eigene kreative Gartengestaltung? Fehlanzeige! Hausveränderungen, etwa eine andere Wandfarbe? Forget it! Enkelkinder mehr als drei Wochen im Haus? Nicht erlaubt. In jedem Haus muss ein Bewohner mindestens 55 Jahre alt sein. Das Paragraphenwerk der Regulierungen lässt jeden deutschen Beamten erblassen, aber diese Ordnung scheint hier vielen Menschen Halt zu geben. Man will seinen Lebensabend ohne Stress und Mühen einfach genießen, jeder Tag ist kostbar.

Übernachtung und Restaurants

Es gibt viele Übernachtungsmöglichkeiten. Die schönste, da am Wasser und in der Nähe der lebhaften Sumter Plaza gelegen, ist das **Waterfront Inn Sumter Landing**: *1105 Lake Shore Drive, Lake Sumter Landing, The Villages, ☎ (352) 753 7535, www.waterfrontinnvillages.com. Zum Schlendern, Einkaufen und Essen gehen bieten sich Sumter Landung und Spanish Springs Town Square an. Hier gibt es viele Geschäfte und Restaurants.*

Reisepraktische Informationen Ocala

Vorwahl: *352*

Information

Visitor Center, *im historischen National Bank Building, 112 N. Magnolia Ave, ☎ 438 2800, www.ocalamarion.com, geöffnet Mo–Fr 9–17 Uhr.*

Übernachtung

Heritage Country Inn $$, *14343 W. Highway 40 (ca. 20 km westlich von Ocala), ☎ 489 0023, www.heritagecountryinn.com. 6 große und gemütlich eingerichtete Zimmer. Deutsche Innkeeper, gutes Frühstück.*

Holiday Inn Ocala Conference Center $$-$$$, *3600 SW. 38th Ave., ☎ 629 9500, www.holidayinn.com. Angenehmes Hotel der Kette, sauber, mit beheiztem Swimmingpool.*

Hilton Ocala $$$$, *3600 SW 36th Ave., ☎ 854 1400, www.hiltonocala.com, 200 Zimmer. Nett gelegenes Hilton mit schöner Lobby und gutem Restaurant (Arthur's, s.u.).*

Restaurants

Entlang der US 200 gibt es eine Vielzahl an z.T. guten Restaurants (allerdings meist Ketten), z.B. **Outback** *(4899 E Silver Springs Blvd, australische Atmosphäre, Steaks und Bier),* **Olive Garden** *(3363 SW College Rd., italienische Küche) oder* **Chilli's** *(11290 SW. 93rd Court Road, mexikanisch).*

Besonders empfehlenswert sind außerdem:

Arthur's, *3600 S.W. 36th Ave., ☎ 854 14 00, www.hiltonocala.com, im Ocala Hilton. Gediegenes Ambiente, gute amerikanische Küche, So Brunch.*

Harry's Seafood Bar & Grille, *24 S.E. 1st Avenue, ☎ 840 0900, www.hookedonharrys.com. Durchgehend geöffnet. Kreolisch inspirierte Küche, gutes Preis-Leistungs-Verhältnis.*

Camping in der Umgebung von Ocala

Silver Springs Campers Garden, *3151 N. E. 56th Ave., Silver Springs, ☎ 236 3700, www.silverspringsrvcampers.com. Swimmingpool – gegenüber den berühmten Quellen von Silver Springs.*

Osceola National Forest

Streckenhinweis

Östlich von Lake City, über die US 90 zu erreichen. 1,1 Meilen hinter dem Örtchen Olustee gibt es dann Hinweisschilder links vom Campingplatz.

Das etwa 650 km² große Waldgebiet – nach dem Seminolenführer Osceola benannt – ist hauptsächlich mit Pinien bestanden. Teile des Gebiets sind sumpfig, dort wachsen vor allem Zypressen. Es ist ein urwüchsiges Gebiet, das in letzter Zeit von Prospektoren untersucht wird: Sie erforschen die Region nach Phosphatvorkommen. Der Campingplatz Ocean Pond zeichnet sich durch seine idyllische Lage aus. Wanderwege (Teile des 1.400 Meilen langen **Florida-Trails**) durchziehen das Gebiet.

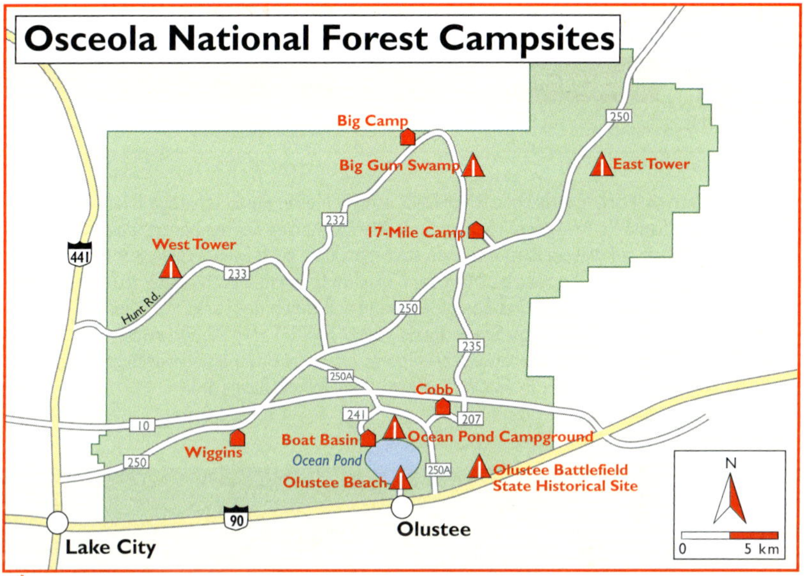

© igraphic

Olustee Battlefield State Historic Park

Während der größten Schlacht des Bürgerkriegs in Florida kämpften und siegten die Truppen der Südstaatler am 20. Februar 1864. Über 2.800 Menschenleben kostete der Kampf auf beiden Seiten, mehr als 10.000 Soldaten waren an der 5-stündigen Schlacht beteiligt *(an der US 90 gelegen, 15 Meilen östlich von Lake City, ☎ (386) 758 0400, http://floridastateparks.org/olusteebattlefield, Visitor Center tgl. von 9–17 Uhr geöffnet).*

Reisepraktische Informationen Osceola National Forest

Informationen

Osceola Ranger District, *24874 US Highway 90, Olustee, ☎ (386) 752 2577, www.fs.fed.us/r8/florida/osceola/*

The Depot Visitor Center, *5892 N. CR 231, Olustee, ☎ (386) 752 0147*

Camping

Am **Ocean Pond** *gibt es einen sehr schönen Campingplatz, der am Nordufer liegt. Hier kann man auch schwimmen, angeln oder auf markierten Trails wandern. Sehr saubere sanitäre Anlagen.*

Abstecher zum Ichetucknee State Park

Streckenhinweis

Südwestlich von Lake City am Hwy 27, in der Nähe von Fort White

Der glasklare Ichetucknee River fließt etwa 6 Meilen durch schattige Bauminseln bis er den Santa Fe River erreicht. Von Ende Mai bis Anfang September ist *tubing* die Hauptaktivität auf diesem Flussabschnitt, aber man kann auch Schnorcheln, Kanu fahren oder wandern. Von Oktober bis März kann man im Blue Hole auch richtig tauchen (Tauschschein erforderlich). Das Equipment kann außerhalb des Parks ausgeliehen werden.
Ichetucknee Springs State Park, *12087 S.W. US Hwy 27, Fort White, ☎ (386) 497 4690, www.floridastateparks.org/ichetuckneesprings, tgl. 8 Uhr bis Sonnenuntergang geöffnet, Visitor Center Mo–Fr 8–16 Uhr, $ 6/Auto, Kanu fahren/Tubing $ 5.*

Entspanntes Vergnügen: Tubing auf dem Ichetucknee River

Suwannee River State Park

Der Suwannee River

Dies ist ein wunderbares Gebiet zum Erholen, denn aufgrund seiner abseitigen Lage von den Trampelpfaden des Massentourismus ist der Park wenig besucht.

Der Suwannee River ist ein viel besungener Fluss. Floridas Staatshymne heißt „Old Folks at Home", und in diesem Lied verewigte der Komponist *Stephen Foster* den Flussnamen. Grund: „Suwannee" assoziierte er von der Wortmelodie her mit dem Süden der USA. Übrigens: Auf Foster gehen die Lieder „Oh, Susanna"" und „My Old Kentucky Home" zurück.

Der Suwannee entspringt in den Okefenokee Swamps in Südgeorgia und fließt 240 Meilen (384 km) durch Florida, bevor er in der Nähe der Stadt Suwannee in den Golf von Mexico mündet. Im Oberlauf ist der Fluss schmal und windet sich zwischen hohen Kiefern und staatlichen Zypressen z.T. an steilen Ufern entlang. Die Zuflüsse des Alapaha, Withlacoochee und Santa Fe River sorgen für größeren Wasserzulauf: Hier beginnt der Suwannee breiter zu werden. Es gibt in diesem mittleren Teil viele (reizvolle) Flachstellen und Sandbänke. Besonders reizvoll sind die glasklaren Quellen, wobei besonders beeindruckend die Troy und Falmouth Springs sind, die im Durchschnitt über 200 Millionen Liter Wasser liefern, und deren Temperatur ganzjährig konstant bei 72 Grad Fahrenheit (22 Grad Celsius) liegt. Im unteren Lauf verschwinden die Sandbänke und der breite Fluss mündet mit seinem kalten Wasser im Golf von Mexico.

Abseits vom Tourismus

Im Gebiet dieses State Park mündet in den Suwannee der Withlacoochee River. Hier im Suwannee River State Park kann man campen oder kleine oder größere Wanderungen (bis 18 Meilen) und Kanutouren auf dem „Suwannee River Wilderness Trail" (s.u.) unternehmen.

Information

Suwannee River State Park, *3631 201st Path, Live Oak (der Park liegt 13 Meilen westlich von Live Oak an der US 90), ☎ (386) 362 2746, www.floridastateparks.net/suwanneeriver, tgl. von 8 Uhr bis Sonnenuntergang geöffnet, $ 5/Auto, Kanuverleih.* **Campen im Park** *$ 22/Nacht, einfache Cabins $ 100/Nacht.*

Camping

Spirit of the Suwannee Music Park, *3076 95th Drive, Live Oak, (7 Meilen nördlich an der US 129), in dichtem Wald gelegen, ☎ (386) 364 1683 www.musicliveshere.com. Camping ab $ 25/Nacht, Cabins ab ca. $ 130/Nacht.*

Der Suwannee River Wilderness Trail: Unterwegs in Floridas Wasserwildnis

Information
Sehr ausführliche Infos zu allen Camps, Einrichtungen, Kanuvermietern etc. unter www.floridastateparks.org/wilderness/ und beim **Tourism Center Nature&Heritage**, *10499 Spring Street, White Springs (an der Kreuzung Hwy 136 und US 41), ☎ (386) 397 4461, http://floridastateparks.org/findapark/natureandheritage.cfm.*

Eine wunderbare Idee: Die Wildnis entlang des Flusses ist von verschiedenen Stellen aus zugänglich und mit der notwendigen Infrastruktur versehen. Es wurde ein System mit „Hubs", „River Camps" und „Rest Areas" auf einer Länge von 207 Meilen (etwa 330 km) angelegt. Der Trail beginnt am *Stephen Foster Folk Culture Center Park* bei White Springs. Die Träger des Erholungsgebiets sind staatliche Stellen und private Konzessionäre.

Hubs: Man versteht darunter zentrale Zugangsstellen zum Fluss, ausgestattet mit Toiletten, Waschmöglichkeiten, Campingplätzen und einfachen Holzhäusern zum Übernachten.
River Camps: Sie befinden sich zwischen den Hubs und liegen für Kanufahrer in Tagesweite entfernt. Auch sie sind mit sanitären Einrichtungen und Gemeinschaftseinrichtungen wie z. B. mit Mückenschutz ausgestatteten Essräumen versehen. Für Zeltfreunde gibt es eingerichtete Zeltplätze mit ebenem Untergrund (Holzplattformen) oder einfache Plätze in der Natur. Die River Camps stehen für Kanuwanderer, Fahrradfahrer,

Glasbodenbootfahrt

Wanderer und Reiter zur Verfügung.

Rest Areas: Sie liegen zwischen den Hubs und River Camps und dienen als „Pausestationen".

Einige State Parks entlang des Trails

© graphic

Stephen Foster Folk Culture Center Park

U.S. 41 North White Springs, ☎ (386) 397 2733, www.floridastateparks.org/stephenfoster. Eintritt $ 5, Camping $ 20 US$/Platz, Cabin (Holzhäuschen) $ 100/Tag (Reservierung auf www.reserveamerica.com).

Anfahrt: *Lage an der US 41 in White Springs. Vom Interstate 75 fährt man auf der SR 136 4 Meilen. Vom Interstate 10 nimmt man den Exit 301 und fährt auf der US 41 9 Meilen bis White Springs.*

Der Park liegt an den Ufern des Suwannee und ehrt mit seinem Namen den Komponisten *Stephen Foster*. Vom Glockenturm (Carillon Tower) des Parks kann man viermal täglich seinem Song „Old Folks at Home" zuhören. Aktivitäten umfassen Wandern, Fahrrad fahren, Kanu fahren. Zudem gibt es ein kleines Museum in Erinnerung an den Komponisten *(tgl. von 9–17 Uhr)*.

Wes Skiles Peacock Springs State Park

18081 185th Road (Administration Office), Live Oak, ☎ (386) 776 2194, www.floridastateparks.org/peacocksprings/, $ 4, Tauchen $ 15 (man benötigt ein Taucherzertifikat – nur im Gebiet des Orange Pink Sink ist das Tauchen erlaubt). **Anfahrt zum Parkeingang:** *Von Live Oak fährt man auf der SR 51 nach Südwesten (ca. 17 Meilen) bis nach Luraville. Dann biegt man links in die 180th Street ein und folgt dieser 2 Meilen.*

Im Parkgebiet liegen 2 größere Klarwasser-Quellen und 6 „Sinkholes" (Einbruchshöhlen) in natürlichem Zustand. Ein Eldorado für Taucher.

Troy Springs State Park

674 N.E. Troy Spring State Park, Branford, ☎ (386) 935 4835, www.floridastateparks.org/troyspring/, $ 5 /Auto, $ 15 Tauchgebühr (nur mit Tauchlizenz). **Anfahrt:** *Von Branford 6 Meilen nach Norden auf der US 27, dann nach rechts in die CR 425 (hier weitere 1,3 Meilen, Parkeingang liegt rechts).*

Am Fanning Springs State Park

In der Tiefe der Quelle liegt ein altes Dampfschiff aus dem Jahre 1863, das hier versenkt wurde, um eine Beschlagnahme zu verhindern. Es gibt hier hübsche Rastplätze, einen Landungsplatz für Kanufahrer und tolle Schwimm- und Schnorchelgelegenheiten.

Fanning Springs State Park

18020 N.W. Highway 19, Fanning Springs, ☎ (352) 463 3420, www.floridastateparks.org/fanningsprings, $ 6/Auto, einfacher Campingplatz $ 5 (nur für die, die auf dem Wilderness Trail unterwegs sind), Cabins $ 100/Tag (für bis zu 7 Personen), Tauchen $ 15.
Anfahrt: *An der US 19 bei Fanning Springs*

Die Quelle liefert über 200.000 Liter Wasser täglich. Wunderschön ist hier das Schwimmen und Schnorcheln.

Kanuverleih

In beiden Parks (mit Shuttle-Servive) werden Kanus, Kajaks und geführte Touren angeboten, u.a. von:
Suwannee Guides&Outfitters, *PO Box 304, Suwannee, ☎ (352) 542 8331, www.suwanneeguides.com.*

Manatee Springs State Park

11650 N.W. 115th Street, Chiefland, Florida, ☎ (352) 493 6072, www.floridastateparks.org/manateesprings, $ 6/Auto, Camping $ 20, **Anfahrt:** *Abzweig von der US 19/98, nördlich von Chiefland in die SR 320 – nach 6 Meilen ist man am Ziel.*

Die riesige Quelle liefert fast 400 Millionen Liter Wasser täglich, das dem Suwannee River zufließt. Im Winter schwimmen hier Manatees, um das dann als warm empfundene Wasser zu genießen. Herrliche Schwimmgelegenheit! Wander- und Radfahrwege.

Madison

Das kleine Landstädtchen (3.000 Einwohner) lädt zum Verweilen ein. Das Wardlaw Smith House wurde als ein typisches Herrenhaus 1860 im Stil des amerikanischen Südens erbaut (*Wardlaw* hieß der erste Besitzer). Es ist vor dem Bürgerkrieg entstanden und steht heute unter Denkmalschutz und dient als Konferenzzentrum.

Tipp

Übernachtung abseits und zwischendurch...
Wer – weil Wetter und Umgebung gut gefallen – eine schöne, ruhige Übernachtungsstelle sucht: Das **Grace Manor Bed and Breakfast Inn** in Greenville, zwischen Madison und Monticello gelegen. Das stilvolle Haus wurde 1898–1902 erbaut und spiegelt nostalgisches Wohnen im Stile des amerikanischen Südens wider. Und ein Swimmingpool ist auch vorhanden. Alle vier Zimmer sowie das Cottage sind individuell mit alten, schönen Möbeln ausgestattet. Im elegant anmutenden Dining Room wird das Frühstück serviert. Schauen Sie mal vorbei! Und nach Vereinbarung kann man hier ein Candlelight Dinner genießen.
Adresse: 117 SW US 221, Greenville, ☎ (850) 948 5352, www.gracemanorinn.com. **Anfahrt** über US 90 und US 221 S, etwa 2 Meilen nördlich des Interstate 10, Exit 241 (von hier nur 38 Meilen nach Tallahassee), Preisniveau wie bei guten B & B ab etwa $ 100/Zimmer.

Monticello

Zentraler Punkt des 1827 gegründeten Ortes ist das alte Gebäude des Kreisgerichts (County House) mit seiner silbrig glänzenden Kuppel. Benannt wurde der Ort (2.500 Einwohner) nach der Heimat des Präsidenten *Jefferson* in Virginia.

In früheren Zeiten war der Ort ein florierender Handelsmittelpunkt eines Umlandes, in dem es viele Baumwollplantagen gab. In dieser Zeit des Reichtums und Wohlstands entstanden die meisten der noch heute z.T. sehr schön erhaltenen Häuser, so u. a. das Monticello Opera House (1890). Doch als die Pflanzungen vom mexikanischen Baumwollkäfer zerstört wurden, nahm der wirtschaftliche Wohlstand ein Ende.

Idyllische Szenerie

Die im Norden des Ortes gelegene „Altstadt" besteht aus schönen Alleen und z.T. gut restaurierten alten Häusern. Unikum von Monticello ist ein im Juni stattfindender **Spuckwettbewerb** mit Wassermelonenkernen.

Reisepraktische Informationen Monticello

Vorwahl: *850*

Information

Monticello Chamber of Commerce, *420 W Washington St., ☎ 997 5552, www.monticellojeffersonfl.com.*

Übernachtung

The Cottage Bed and Breakfast $$$, *295 W.Palmer Mill Road, ☎ 342 3541, www.thecottagebedbreakfastandrestaurant.4t.com. Kleines, gemütliches B&B-Haus inmitten grüner Wiesen und schattiger Eichen. Stilvolle Einrichtung. Wunderschön ist der „Venetian Garden" Nach Vereinbarung kann man hier auch zu Abend essen.*

1872 John Denham House $$$, *555 W. Palmer Mill Road, ☎ 997 4568, www.johndenhamhouse.com. Ebenfalls ein sehr gediegenes Haus mit 13 z.T. großen Zimmern, das von einem schottischen Einwanderer – John Denham – um 1890 erbaut wurde, der hier als Baumwollhändler und Schiffsmakler tätig war.*

Im Ort gibt es außerdem einfache Motels (z. B. das sehr preiswerte **Super 8 Motel** *im Kreuzungsbereich Interstate 10/US 19, ☎ 997 8888, www.super8.com) sowie dazugehörige typisch amerikanische Restaurants wie Arby's, Pizza Hut und Konsorten.*

Monticellos County House

Tallahassee

Überblick und Geschichte

Wer weiß schon, dass **Tallahassee die Hauptstadt von Florida** ist! Die wenigsten Touristen kommen in den „Panhandle". Sie bringen sich damit um die Gelegenheit, eine wirklich charmante, „gewachsene" Stadt kennen zu lernen. Schon vor der Ankunft der europäischen Eroberer siedelten hier Apalachee-Indianer. Bereits *de Soto* traf hier 1539 die Häuptlinge, um sich nach der Umgebung und vermeintlichen Schätzen zu erkundigen. *De Soto* verbrachte hier den Winter und feierte das erste christliche Weihnachtsfest in Nordamerika. 1633 errichteten die Spanier eine Reihe von Missionsstationen, so u. a. auch die San-Louis-Mission. 1704 bezwangen die Engländer Spaniens christliche Bastionen und verjagten auch die Indianer. Aus dieser Zeit soll der Name Tallahassee stammen, der auf indianisch so viel wie „alte Stadt" bzw. „verlassene Felder" bedeuten soll. *Hauptstadt*

1824 avancierte Tallahassee zur Hauptstadt von Florida. Die beiden rivalisierenden Städte, St. Augustine im Osten und Pensacola im Westen, lagen 600 km weit auseinander. Man einigte sich so ziemlich auf die Mitte, eben auf Tallahassee. 1845 behielt die Stadt ihren Rang als Hauptstadt des 27. Bundesstaates der USA. Im Sezessionskrieg 1861 bis 1864 stand Florida auf Seiten der Südstaaten und wurde nach der Kapitulation von Truppen der Nordstaaten besetzt.

Heute leben in Tallahassee etwa 180.000 Einwohner. Die Stadt lässt den Besucher Südstaaten-Charme spüren: Alleen, von deren Bäumen das Spanische Moos herabhängt, das State Capitol, versteckt liegende herrschaftliche Häuser, in Würde gealterte Gärten, ein *Südstaaten-Charme*

Das Old State Capitol (dahinter das New Capitol)

renoviertes Altstadtviertel und relativ wenige Hochhäuser haben ein ruhiges, behäbiges Stadtbild erhalten. Über die Hälfte der Menschen arbeitet in Behörden. Arbeitsplätze bieten aber auch die Holzindustrie, Verlage und Druckereien. Unbescheiden bemerkt ein lokaler Prospekt, dass Tallahassee wie Rom auf sieben Hügeln liegt, die zu den Apalachian Mountains gehören.

Sehenswertes in der Stadt

Florida State Capitol (5)

Das New Capitol

Das alte Kapitol strahlt die Vornehmheit alter amerikanischer Regierungssitze aus. Die Säulengänge, die Kuppel sowie die einfache Innenausstattung vermitteln einen würdigen Eindruck. Mit dem Bau wurde bereits 1839 begonnen, allerdings wurde das Gebäude in etlichen Etappen vergrößert, so 1845 und 1902. Denn: Ursprünglich (1845) lebten in Gesamtflorida nur 58.000 Menschen, 1902 waren es bereits 530.000 und heute sind es knapp 10 Millionen.

Kein Wunder, dass die Verwaltung deshalb auch mehr Raum beanspruchte. So wurde denn 1978 das **New Capitol** mit seinen 22 Stockwerken eingeweiht, ein eher schmuckloser, einfallsarmer Bau… aber mit immerhin 22 Stockwerken, hier offeriert sich an klaren Tagen ein toller Ausblick auf die Stadt und sogar bis nach Georgia. Die fast 250 Kirchtürme signalisieren: Wir sind im „Bible Belt"… Auf dem gleichen Stockwerk übrigens gibt es die *Florida Artists Hall of Fame*, wo man den Berühmtheiten *Ray Charles, Burt Reynolds, Ernest Hemingway* und *Tennessee Williams* huldigt.

Florida State Capitol, *400 South Monroe St./Apalachee Pkwy., ☎ (850) 487 1902, www.flhistoriccapitol.gov, Mo–Fr 9–16.30, Sa 10–16.30, So 12–16.30 Uhr.*
New Capitol, *400 S. Monroe Street, ☎ (850) 488 6167, Touren starten am Welcome Center, am West Plaza Eingang des Capitols gelegen, Infos auch unter www.flsenate.gov.*

Museum of Florida History (2)

Hier findet man interessante Exponate zu Floridas Vergangenheit sowie aktuelle Ausstellungen. Permanente Bereiche sind „Florida in the Civil War", „World War II" und – wohl vor allem für Liebhaber von historischen Schiffen interessant – „Naval Ships Named Florida". Für 2013 ist die Eröffnung einer neuen permanenten Ausstellung geplant: „Forever Changed: La Florida 1513–1821". Hier soll der Schwerpunkt auf der turbulenten Zeit zwischen der Ankunft der Europäer in Florida und der Eingliederung in die Vereinigten Staaten liegen und insbesondere auf dem Zusammenleben verschiedener Kulturen. Zu den interessantesten Ausstellungsstücken des Museums gehören ein al-

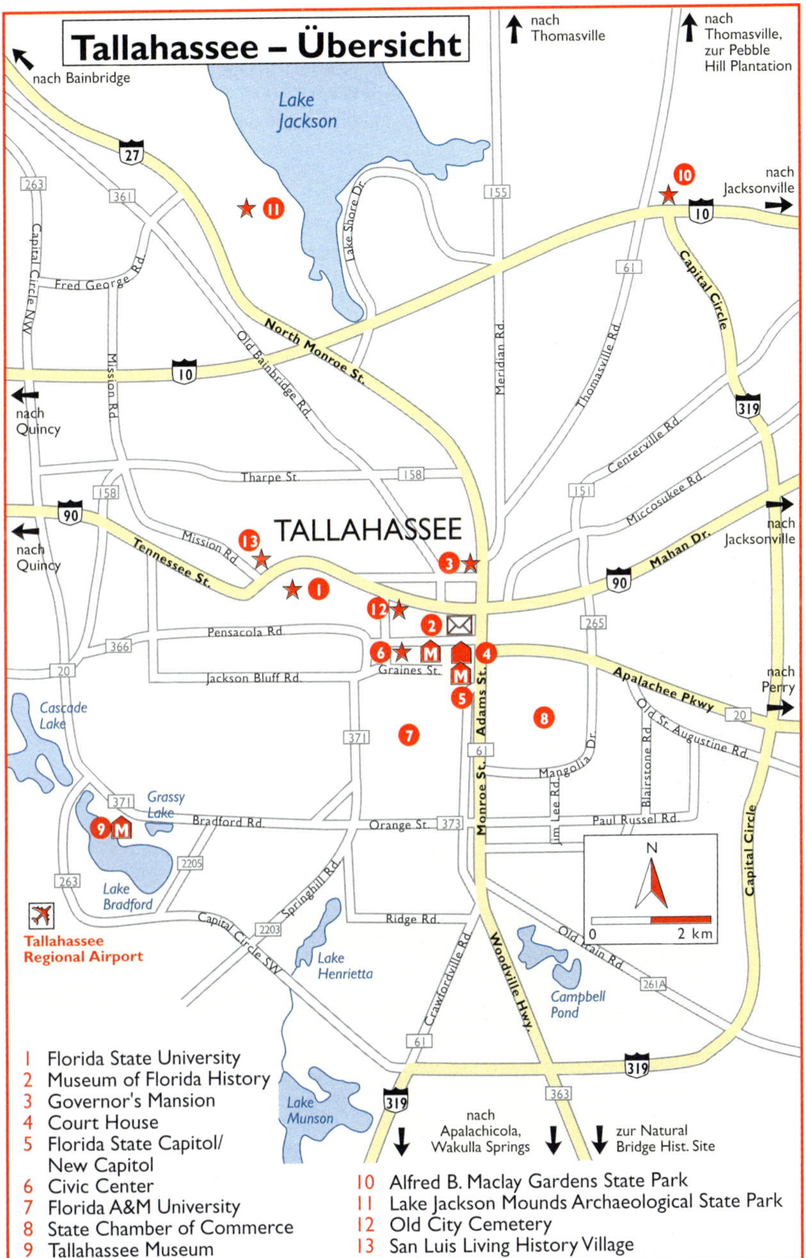
Tallahassee – Übersicht
nach Bainbridge
nach Thomasville
nach Thomasville, zur Pebble Hill Plantation
nach Jacksonville
nach Quincy
nach Quincy
nach Jacksonville
nach Perry
Lake Jackson
TALLAHASSEE
North Monroe St.
Tennessee St.
Mahan Dr.
Apalachee Pkwy
Capital Circle
Capital Circle NW
Capital Circle SW
Fred George Rd.
Mission Rd.
Old Bainbridge Rd.
Lake Shore Dr.
Meridian Rd.
Thomasville Rd.
Centerville Rd.
Miccosukee Rd.
Tharpe St.
Pensacola Rd.
Jackson Bluff Rd.
Gaines St.
Monroe St.
Adams St.
Old St. Augustine Rd.
Blairstone Rd.
Magnolia Dr.
Jim Lee Rd.
Paul Russel Rd.
Orange St.
Bradford Rd.
Springhill Rd.
Ridge Rd.
Crawfordville Rd.
Woodville Hwy.
Old Plain Rd.
Cascade Lake
Grassy Lake
Lake Bradford
Lake Henrietta
Lake Munson
Campbell Pond
Tallahassee Regional Airport
N
0 2 km
nach Apalachicola, Wakulla Springs
zur Natural Bridge Hist. Site
1 Florida State University
2 Museum of Florida History
3 Governor's Mansion
4 Court House
5 Florida State Capitol/ New Capitol
6 Civic Center
7 Florida A&M University
8 State Chamber of Commerce
9 Tallahassee Museum
10 Alfred B. Maclay Gardens State Park
11 Lake Jackson Mounds Archaeological State Park
12 Old City Cemetery
13 San Luis Living History Village

tes Indianer-Kanu (ein so genanntes „Dugout") und ein Überbleibsel eines Mastodon (Amerikanisches Mammut, Jungtertiär), das man bei Wakulla Springs fand. Im Andenkenladen des Museums gibt es eine gute Auswahl von Literatur über Florida.

Museum of Florida History, *R.A. Gray Building, 500 S. Bronough Str., ☎ (850) 245 6400, www.museumoffloridahistory.com, Mo–Fr 9–16.30, Sa 10–16.30, So 12–16.30 Uhr.*

Canopy Roads

Spanish Moss

Damit bezeichnet man die mit Epiphyten („Spanisches Moos") behangenen Bäume und Büsche, von denen viele die Straßen der Hauptstadt säumen. Diese „Schleier" sind typisch für Bäume der Südstaaten.

Die schönsten Alleen, entlang derer man die von Epiphyten behangenen Bäume sehen kann, sind die Meridian Road, das Gebiet Monroe St./Park Ave. sowie das Gelände vor dem alten Kapitol.

Old City Cemetery (12)

Eingerahmt von Call St. und Park Ave. sowie M.L. King Blvd. und Macomb St. liegt der alte Friedhof der Stadt. Die Gräber stammen noch aus dem beginnenden 19. Jh. Die verschiedenen Grabsteine, die mit Spanischem Moos behangenen Bäume und die kontrastreiche (Foto-) Kulisse des New State Capitol im Hintergrund machen einen Spaziergang hier lohnend.

Lohnend!

Der kleine Friedhof auf der gegenüberliegenden Seite der Call Street bietet sogar noch interessantere Gräber, so z.B. das eines Neffens von Napoleon, der in der Nähe eine Plantage besessen hat.

Idyllisch: Fahrradwege in Flussnähe

Informationen zum Spanischen Moos

info

In vielen Gegenden Floridas, insbesondere im mittleren und nördlichen Teil, hängen schleierartig Pflanzen an Bäumen herunter, die eine melancholische Stimmung verbreiten, ja fast gespenstisch wirken. In der Umgangssprache bezeichnen die Amerikaner sie als „Spanish Moss" (Spanisches Moos). Der exakte botanische Ausdruck lautet „Epiphyten". Damit sind Gewächse gemeint, die auf anderen Pflanzen, bevorzugt Bäumen, wachsen, ohne diesen allerdings Nährstoffe zu entziehen. Die Epiphyten haben Systeme entwickelt, die es ihnen ermöglichen, eigenständig Wasser und Nährstoffe aufzunehmen und zu speichern. In Florida sind die Epiphyten mit der Ananaspflanze verwandt und nicht, wie man dem Namen nach vermuten würde, mit Moos.

Da die Pflanze sich selbst versorgt, ist sie auch kein Schmarotzer. Wird aber das „Gehänge" zu schwer und zu dicht, kann es den Baum allmählich abwürgen, weil es ihm Licht und Luft wegnimmt.

Spanisches Moos

Zum „Spanischen Moos" gibt es einen kleinen Mythos: Einst habe sich ein spanischer Eroberer in ein indianisches Mädchen verliebt. Er kaufte es, doch die Schöne mochte den Konquistador nicht leiden. Sie flüchtete auf einen Baum, doch der Verehrer folgte ihr. Von oben ließ sie sich in einen kristallklaren Teich fallen. Als der Spanier ebenfalls vom Baum ins kühle Nass springen wollte, verfing sich sein Bart im Geäst und blieb als „Spanisches Moos" zurück...

Mission San Luis Living History Village (13)

Hier kann man rekonstruierte Gebäude aus der spanischen Zeit sowie eine Indianersiedlung der Apalachee erkunden. 1675 lebten hier in der Indianersiedlung mindestens

1.400 Menschen. 1704 flohen die Apalachee, nachdem sie von Creek-Indianern sowie den britischen Soldaten fortgejagt wurden. Sie brannten zuvor ihre Siedlung nieder.
San Luis Living History Village, *2100 West Tennessee St., ☎ (850) 487 3711, www.missionsanluis.org, Di–So 10–16 Uhr, $ 5.*

Tipp

Ein wunderschöner Tag: mit dem Fahrrad von Tallahassee nach St. Marks oder zu den Wakulla Springs

Von Tallahassee folgt dieser Trail auf einer Strecke von 20 Meilen einer alten Bahnstrecke. Der asphaltierte Weg verläuft zum großen Teil durch das Waldgebiet des **Apalachicola National Forest**.

Endpunkt ist das Fischerdorf **St. Marks** am Zusammenfluss des St. Marks River und des Wakulla River. Das Schönste ist: Man kann unterwegs zu den glasklaren Wakulla Springs abzweigen (4 Meilen vom Trail entfernt).

Reisepraktische Informationen Tallahassee

Vorwahl: *850*

Informationen

Tallahassee Area Visitor Information Center, *106 E. Jefferson St., ☎ 606 2305 o. (1-800) 628 28 66, www.seetallahassee.com, geöffnet Mo–Fr 8–17, Sa 9–13 Uhr.*

Übernachtung

Wie üblich liegen an den Ausfallstraßen die **Häuser der Motelketten**, *besonders an der North Monroe St. (Interstate 27, hier Baymont Inn, Quality Inn, La Quinta Inn, Country Inn & Suites etc.).*

Super 8 Motel $, *2801 N. Monroe St., ☎ 386 8286, www.super8.com. 112 Zimmer, sauber und relativ preiswert.*

Aloft Tallahassee downtown $$ (3), *200 North Monroe Street, ☎ 513 0313, www.alofttallahassee.com. Modern und eher auf jüngeres Publikum zugeschnitten. Gutes Preis-Leistungsverhältnis. „Downtown" heißt hier aber auch: Nichts für allzu lärmempfindliche Schläfer….*

The Little English Guesthouse $$-$$$, *737 Timberlane Road, ☎ 907-9777, http://littleenglishguesthouse.com. Wunderschönes, mit viel Engagement geführtes Haus mit nur 3 Zimmern. Die Inhaber geben gerne Auskünfte und Tipps für Unternehmungen. Gutes Frühstück.*

Hilton Doubletree Tallahassee $$$ (2), *101 S. Adams St., ☎ 224 5000, www.tallahassee.doubletree.com. 2 Blocks vom Kapitol entfernt, Swimmingpool, angenehm schlichte Zimmer (243).*

Governors Inn $$$-$$$$ (1), *209 S. Adams St., ☎ 681 6855, www.thegovinn.com. Altes restauriertes Haus (41 Zimmer und Suiten) mit „Atmosphäre", Nähe State Capitol – von Geschäftsleuten und Regierungsbeamten bevorzugt, am Wochenende auch für Touristen angenehm.*

Hotel Duval $$$$ (4), *415 N. Monroe St., ☎ 224 6000, www.hotelduval.com. Anstelle des alteingesessenen Plaza Hotels eröffnete hier ein schickes Boutique-Hotel mit drei Restaurants, jede Etage ist in einem anderen Farbton gehalten, alles sehr elegant.*

Tipp

16 Meilen außerhalb/westlich der Stadt in Quincy gelegen (über den Highway 90 erreichbar): **McFarlin House $$$**, 305 E. King Street, Quincy, ☎ 875 2526, www.mcfarlinhouse.com. Sehr stillvolles, gemütliches Haus (1895) umgeben von einer gepflegten Anlage mit Azaleen und Spanischem Moos. Auf Wunsch wird z. B. für $ 70 ein romantisches Dinner im Zimmer, im formellen Dining Room oder auf der Veranda serviert. Oder wie wär's mit einem Bad bei Kerzenschein mit Champagner für $ 30? (Vorbestellungen für Dinner und Bad 3 Tage im Voraus erbeten).

Camping

Tallahassee RV Park, *6504 Mahan Dr., ☎ 878 7641, www.tallahasseervpark.com. Pool, Preis pro Stellplatz ab $ 43.*

Altstadt von Tallahassee

Silver Lake Campground, *Anfahrt: Westlich von Tallahassee gibt es die Kreuzung der SR 263 und 20. Von hier knapp 4 Meilen bis zum Schild „Silver Lake Recreational Area". Schön angelegt in der Natur mit Tischen, Grills und sauberen sanitären Einrichtungen. Sandstrand am See, Wandermöglichkeiten.*

Restaurants

Andrew's 228 Grill & Bar (5), *228 S. Adams St., ☎ 222 3444, www.andrewsdowntown.com. Hier erwartet Sie ein eher informelles Restaurant mit geschmackvollem Essen (diverse Fleisch- und Fischgerichte sowie Pasta) – mittlere Preise, sehr lebendig (das bedeutet manchmal laut). Auch Buffet, So nur Brunch.*
Chez Pierre (6), *1215 Thomasville Rd., ☎ 222 0936, www.chezpierre.com. Französisch beeinflusste Küche mit guten Suppen und Pasteten, mittlere Preise. Sehr beliebter Brunch am So, gemütliche Atmosphäre.*
Barnacle Bill's Seafood Restaurant (7), *1830 N. Monroe St., ☎ 385 8734, www.barnaclebills.com. Besonders zu empfehlen für Freunde von Austern und geräuchertem Fisch, aber auch Steaks und Pasta bereichern die vielseitige, lebendige Speisekarte, die zum Mixen einlädt. Rustikale Atmosphäre.*

Außerhalb:
Spring Creek, *33 Ben Willis Road, Crawfordville, ☎ 926 3751, www.springcreekfl.com. 40 km südlich der Stadt am Ende der SR 365 liegt mitten im Wald dieses rustikale, gute Fischrestaurant. Viel tagesfrischer Fisch. Alkoholische Getränke müssen mitgebracht werden. Mo geschlossen.*

Bars

Fermentation Lounge (8), *113 All Saints St, ☎ 727 4033. Viele verschiedene Biere, neuerdings auch Selbstgebrautes. Beliebt und entsprechend voll, besonders freitags.*

Waterworks, *1133 Thomasville Road, ☎ 224 1887. Jazz und DJ-Musik mit einer alten Tiki-Bar. Auch kleine Speisekarte.*

Fahrradverleih

Great Bicycle Shops, *1909 Thomasville Road Tallahassee, ☎ 224 7461, www.greatbicycle.com.*

Deans Bike Shop, *413 North Magnolia Drive Tallahassee, ☎ 942 7506.*

Bus

StarMetro *(☎ 891 5200, www.talgov.com/starmetro) ist der City Bus von Tallahassee, auch Shuttle-Busse zur Florida State University und Florida A&M University, einfaches Ticket $ 1,25.*

Greyhound-*Terminal 112 W. Tennessee St. Ecke Duval Street, ☎ 222 4249, www.greyhound.com.*

Sehenswertes in der Umgebung

Pebble Hill Plantation

Die sehenswerten Gartenanlagen, die alten Gebäude (Herrenhaus, Ställe) von 1820 vermitteln den Eindruck einer Südstaaten-Plantage. Das Herrenhaus ist heute ein Museum mit alten Möbeln, Silber und Bildern des Malers Audubon. Wunderschön angelegt sind die umliegenden Gärten und Parkanlagen. *Südstaaten-Plantage*

Pebble Hill Plantation, *5 Meilen südwestlich von Thomasville über die US 319 zu erreichen, ☎ (229) 226 2344, www.pebblehill.com, Park und Haupthaus Di–Sa 10–17, So 12–17 Uhr, $ 5.*

Die Pebble Hill Plantation

Alfred B. Maclay Gardens State Park (10)

Dies war ursprünglich der Wintersitz des wohlhabenden New Yorker Finanziers *Alfred B. Maclay*. Die Möblierung entspricht der Zeit um 1920. Die herrlichen Gärten, 1923 angelegt, gehören heute dem Staat Florida. Insbesondere im Frühjahr empfängt den Be-

In den Maclay Gardens

Tolle Gärten

sucher eine faszinierende Vielfalt blühender Blumen und Sträucher (u. a. Kamelien, Azaleen, Palmettos, Magnolien). Im Lake Hall darf man schwimmen und Kanu fahren. Dies ist ein wunderbarer Platz für ein Picknick – Tische und Grillstellen gibt es am Ufer, und für Wanderer und Fahrradfahrer steht ein 5 Meilen langer Trail zur Verfügung.

Alfred B. Maclay Gardens State Park, *Abzweigung von der US 319, 3540 Thomasville Road, Tallahassee, ☎ (850) 487 4556, www.floridastateparks.org/maclaygardens. Die Gärten sind tgl. von 9–17 Uhr zugänglich, der Wintersitz kann nur Jan–April besichtigt werden (9–17 Uhr), $ 6/Auto Park, Jan–April (blooming months) $ 6 für die Gärten.*

Lake Jackson Mounds Archaeological State Park (11)

Diese indianischen Grabhügel liegen in der Nähe des Lake Jackson, Abzweigung von der US 27 North. Der größte misst etwa 100 m im Durchmesser und erhebt sich 12 m hoch. Man fand hier Gegenstände aus präkolumbischer Zeit wie Halsketten, Armreifen, Fußketten und Deckmäntel.

Lake Jackson Mounds Archaeological State Park, *3600 Indian Mound Road, ☎ (850) 922 6007, http://floridastateparks.org/lakejackson, $ 3, tgl. von 8 Uhr bis Sonnenuntergang geöffnet.*

Natural Bridge Battlefield State Park

An dieser für Florida historischen Stätte gelang es 1865 einer bunt zusammengesetzten Verteidigungstruppe aus Studenten, Männern aus der Zivilbevölkerung sowie professionellen Truppen der konföderierten Südstaaten, den aus Norden kommenden Unionstruppen erfolgreich Widerstand entgegenzusetzen. Sie konnten eine Besetzung verhindern. Dies war die zweitgrößte Schlacht in Florida während des Bürgerkriegs. Damit ist Tallahassee die einzige östlich des Mississippi gelegene Hauptstadt eines konföderierten Staates, die im Verlaufe des amerikanischen Bürgerkrieges (1861–1865) nicht von Unionstruppen besetzt werden konnte.

Jährlich wird dieser Verteidigungskampf hier nachgespielt, und zwar stets am ersten Sonntag nach dem 6. März.
Natural Bridge Battlefield State Park, *7502 Natural Bridge Road, 6 Meilen östlich von Woodville (südlich von Tallahassee gelegen), ☎ (850) 922 6007, www.floridastateparks.org/naturalbridge, www.nbhscso.com, $ 3, tgl. von 8 Uhr bis Sonnenuntergang geöffnet.*

Wakulla Springs State Park

22 km südlich von Tallahassee liegen die berühmten Wakulla Springs. Die State Road 363 führt direkt hierhin. Es ist ein herrliches Stück Natur! Inmitten einer Waldlandschaft, die von Pinien, Laubbäumen und Zypressen bestimmt wird, liegt die kristallklare Quelle in einer Tiefe von 55 m. Pro Minute sprudeln aus dem alten Erosionstrichter etwa 2,5 Millionen Liter Wasser, die den Wakulla River ergeben. Damit befindet man sich direkt an einer der größten und tiefsten Quellen der Welt.

Kristallklare Quellen

Schön zum Schwimmen: die Wakulla Springs

Unterwasserwelt

Im Verlauf einer Glasbodenbootsfahrt können Sie diese Wunderwelt unter Wasser genießen und den Fischschwärmen wie in einem Aquarium zuschauen. Auf dem Grund der Quelle liegen Knochen eines urzeitlichen Rüsseltieres, eines so gen. Mastodons. Wie die Skeletteile in die Quelle gelangten, ist rätselhaft. Wissenschaftler nehmen an, dass diese Urtiere im Verlauf der Kaltzeiten über die Gebirgsketten von Georgia und Alabama nach Florida gelangten und wahrscheinlich bei der Überquerung der zugefrorenen Quelle einbrachen. Mastodons – dem heutigen Elefanten verwandt – lebten in Nordamerika sogar noch im Quartär. Ein Teil des noch im Handel befindlichen fossilen Elfenbeins stammt von dieser Gattung.

Wakulla stammt aus der Seminolen-Sprache und soll so viel wie „seltsames Wasser" bedeuten. Die Indianer, später auch die Spanier, betrachteten das Wasser der Quelle als heilsam. Von *Ponce de León* wird gesagt, dass er mit seinen Leuten auf der Suche nach dem legendären Jungbrunnen den St. Marks River hinauffuhr. Bei Fort St. Marks verließen sie ihre Segelschiffe und fuhren den Wakulla River stromaufwärts, bis sie zu der Quelle gelangten. Die Indianer, welche an der Quelle lebten, begrüßten die Männer freundlich. Die Spanier schwammen und fischten, doch das Skelett eines urzeitlichen Rüsseltieres (*Mastodon*) lehrte sie das Fürchten. Ebenso wenig wie bei St. Augustine fanden sie hier ihre Verjüngung...

Die Schönheit der Quelle ließ *Ponce de León* nicht los. Er kehrte 1521 zurück, wurde diesmal aber von feindlich gestimmten Indianern im Verlaufe einer Schlacht so ernst verletzt, dass er kurz nach seiner Rückkehr nach Havanna/Kuba starb.

Zwei **Ausstellungsstücke in der Wakulla Lodge** sollte man sich nicht entgehen lassen:
In der Eingangshalle liegt „**Old Joe**", der **legendäre Alligator**, welcher ein biblisches Alter von annähernd 200 Jahren erreichte und etwa 320 kg wog. Seine Heimat lag direkt an der Quelle auf einer Sandbank, direkt gegenüber dem zum Schwimmen zugelassenen Teil des Flusses. Am 1.8.1966 wurde Old Joe von einem Unbekannten erschossen. Heute kann man Old Joe in seinem Plexiglaskasten anschauen, auf dem steht: „This is Old Joe's first and only cage." Zu betrachten gibt es ebenfalls einen **Mastodon-Zahn**, den man 1949 aus der Wakulla-Quelle heraufholte.

Herrliches Schwimmen

Die Glasbodenbootsfahrt sollte man nach Möglichkeit am späten Vormittag unternehmen, wenn die Sonne das Quellgebiet voll bescheint und man sehr gut in die Tiefe schauen kann. Eine andere angebotene Fahrt, die ca. 30 Minuten dauert, führt etwa eine Meile den Wakulla River abwärts. Hier kann man die vielfältige Vogelwelt, Alligatoren, sich sonnende Schildkröten und eine üppige Vegetation bestaunen. Ebenso kann man sich hier sehr gut beim Schwimmen im relativ kühlen Wasser erholen. Von einem Sprungturm ist es möglich, in das kristallklare Wasser zu springen. Auf einem kleinen kurzen Wanderweg durch das bewaldete Gebiet um die Quellen kann man sich etwas die Füße vertreten.

Reisepraktische Informationen Wakulla Springs State Park

Vorwahl: *850*

Information

Edward Ball Wakulla Springs State Park, *465 Wakulla Park Drive, von Tallahassee über die SR 61 nach Süden bis zur Kreuzung mit der SR 267, ☎ 561 7276, www.floridastateparks.org/wakullasprings, $ 6/Auto, Bootstour $ 8.*

Übernachtung

Wakulla Springs Lodge $$$, *550 Wakulla Park Drive (22 km südl. der Hauptstadt), ☎ (1-850) 421 2000 www.wakullaspringslodge.com. Sehr schöne, idyllische Lage direkt im Park an der großen Quelle, sehr gute Bademöglichkeiten.*

Wakulla Springs Lodge

Susina Plantation Inn

Susina, bereits im Bundesstaat Georgia, wurde 1841 vom „Greek-Revival"-Architekten *John Wind* geplant. Ursprünglich war Susina eine Baumwollplantage. Es ist das nächste Original-Plantagenhaus von Tallahassee aus. Früher war das architektonische Juwel ein Bed & Breakfast, zzt. ist es in Privatbesitz und nicht zugänglich (*1420 Meridian Road, Thomasville, Georgia*).

Tallahassee – Pensacola

Streckenübersicht

Entfernung: Tallahassee – Pensacola: ca. 310 km (mit den im Text beschriebenen Abstechern ca. 100 km mehr).
Empfohlene Route: Von Tallahassee entlang dem Interstate 10.
Übernachtung: Wer es nicht zu eilig hat, kann unterwegs z.B. in Marianna einen Stopp einlegen (vor allem, wenn man einen Kanutrip plant).
Achtung: Zeitumstellung!
Zwischen Tallahassee und den Florida Caverns wird die Zeit zurückgestellt. Aus 12 Uhr in Tallahassee wird 11 Uhr an den Florida Caverns.

Redaktionstipps

- Die Tropfsteinhöhlen der **Florida Cavern** (S. 501).
- Die **historischen Distrikte** in Pensacol (S. 508).
- **Übernachten:** in **Pensacola** im alten Bahr hofsdepot, dem „Pensacola Grand Hotel“, oder ir individuellen „New World Landing“.
- **Essen:** Burger in **Pensacola** im „McGuire' Irish Pub“ oder Seafood in **Pensacola Beach** ir „Flounder's Chowder House“.
- **Optimale Zeiteinteilung: 2–3 Tage**.

1. Tag: Für die 400 km nach Pensacola am beste nicht zu spät losfahren, besonders wenn man ur terwegs die Florida Caverns besichtigen möchter Übernachten in Pensacola.
2. Tag: Die historischen Distrikte von Pensacol und andere Sehenswürdigkeiten in und um Per sacola anschauen. Anschließend zum Übernach ten nach Pensacola Beach fahren. Evtl. noch Ze fürs Baden einplanen, abends leckeres Seafood e sen. **3. Tag:** Ein ganzer Tag an den herrliche Stränden des Golf von Mexico.

Unterwegs nach Pensacola

Marianna

Marianna ist ein kleines Örtchen mit ca. 6.500 Einwohnern, hübschen Häusern und einer zur Erholung einladenden Umgebung. Das Städtchen trägt den etwas hochtrabenden Beinamen „Belle of the Panhandle“.

Reisepraktische Informationen Marianna

Vorwahl: *850*

Übernachtung
The Hinson House $$, *4338 Lafayette Street, ☎ 526 1500, http://phonl.com/hinson_house/. Das Haus (ca. 1922) ist hübsch und gemütlich eingerichtet, 5 Zimmer. Ganzjährig ist ein Weihnachtsbaum zu bewundern, der fast 4 m hoch ist und der je nach Jahreszeit dekoriert wird. Ein üppiges Frühstück ist inbegriffen.*
Quality Inn $$, *2175 Hwy. 71 South, ☎ 526 5600, an der Fl 71 N, Ausfahrt 21 von der I 10, www.qualityinn.com. Sauberes Mittelklassehotel, Swimmingpool.*
Auf der gleichen Straße liegen Ramada Inn, Super 8 Motel, Best Western, Hampton Inn, Holiday Inn Express (alle gleiche Kategorie).

Camping
Arrowhead Campsites, *4820 Highway 90 East, ☎ 526 7578, www.arrowheadcamp.com. Schöne Lage am Meritt's Pond, Swimmingpool, gute Angelgelegenheit! Picknick-Areal. Camping $ 26, einfache Hütten ca. $ 55.*

Three Rivers State Park, *7908 Three Rivers Park Road Snead, ☎ 482 9006, www.floridastateparks.org/threerivers, Anfahrt: 25 Meilen östlich über die US 90, dann 2 Meilen nördlich auf der Fl 271. Hier liegt am Ufer des Lake Seminole der schöne Campingplatz (gutes Angeln, Wandermöglichkeit). $ 3 /Auto, Cabin $ 65, Zeltplatz $ 16.*

Kanus/Tube-Fahren und Kanuverleih

Bear Paw Adventures, *2100 Bear Paw Lane, ☎ 482 4948, www.bearpawescape.com. Angeboten werden Kanu- und Tubetouren (große Schläuche) auf dem Spring Creek, der nach 2 Meilen in den Chipola River mündet. Hier geht es weitere 2 Meilen stromabwärts.*

Florida Caverns State Park

Tropfsteinhöhlen

3 Meilen nördlich (an der SR 166) des kleinen Örtchens Marianna befindet sich der Florida Caverns State Park. In diesem Kalksteingebiet – ein geologisches Relikt aus jener Zeit, als Florida noch vom Meer bedeckt war und sich die Skelette der Meerestiere allmählich zu Kalkstein verdichteten – liegt ca. 22 m unter der Oberfläche ein Höhlenlabyrinth. Die Kalksteinhöhlen sind durchaus sehenswert. Die verschiedenen Höhlen sind mit Namen wie „Waterfall Room", „Wedding Room" oder „Cathedral Room" bezeichnet.

Hinweis

Da die Temperatur hier zwischen 15 und 19 Grad Celsius beträgt, empfindet man dies besonders im Sommer als lausig kalt. Also Jacke mitnehmen!

1818 sollen sich hier im Zuge des Einmarsches von General Jackson (dem späteren US-Präsidenten und dem Schlachtensieger von New Orleans 1815) Indianer versteckt haben. **Florida Caverns State Park**, *3345 Caverns Rd, SR 166, Marianna, ☎ (850) 482 9598, www.floridastateparks.org/floridacaverns, $ 5/Auto für den Park, $ 8 Tropfsteinhöhen, Camping $ 20. Auf dem Campingplatz gibt es sehr schöne schattige Plätze. Ein kurzer Weg vom Campingplatz führt zur Blue Hole Spring Swimming Area (manchmal geschlossen, vorher anfragen). Kleiner Sandstrand.*

info

Informationen über Tropfsteinhöhlen

Unter Tropfstein versteht man in der Geologie verschieden geformte Gebilde, die vorwiegend aus Kalziumkarbonat CaCo3 bestehen. Sie entstehen dadurch, dass kalkreiches Wasser aus Gesteinsfugen herabtropft und verdunstet. An den Decken der Tropfsteinhöhlen bilden sich herabhängende Stalaktiten. Am Boden wachsen ihnen dann Stalagmiten entgegen. Manchmal verbinden sich Stalaktiten und Stalagmiten zu Stalagnaten als durchgehende Tropfsteinsäule.

In den Tropfsteinhöhlen

Chipola River Canoe Trail

Der Chipola River fließt durch das Kalksteinsystem und teilweise durch ein Höhlensystem. Auf dem Fluss werden sehr erlebnisreiche Kanufahrten angeboten: Der wunderschöne Chipola Canoe Trail ist ein Teil von Floridas „Greenways-and-Trail"-Systems. Er hat seinen Anfang an der Brücke der SR 166, die den Fluss überbrückt (Caverns State Park).

Kanufahrt

Die Strecke schlängelt sich durch Wälder und Sümpfe. Man sieht Biber, Alligatoren und jede Menge Schildkröten. Die Ufer werden manchmal von Kalkfelsen gesäumt. Wenn der Chipola River wenig Wasser führt, ist er an manchen Stellen extrem flach. Eine solche besonders extreme Stelle sind die „Look and Tremble Falls" unterhalb der Brücke der State Road 274, und da kann es schon passieren, dass man das Kanu tragen muss.

Die Gesamtlänge des Trails, der leicht zu befahren ist, misst 51 Meilen, die Strömung beträgt 2–3 Meilen/Stunde. Es wird empfohlen, den ersten Teil des Trails, also direkt südlich des State Parks, nicht zu befahren, da er ei-

Die einzelnen Abschnitte untergliedern sich wie folgt:		
	wo?	**Abschnitt in Meilen**
1.	Florida Caverns State Park - Brücke SR 166	1
2.	SR 166 Brücke (1 Meile nördlich von Marianna - hier Einsetzen des Kanus)	
3.	SR 280 Brücke/ Magnolia Road, 1 Meile westlich der SR 71	10
4.	SR 278 Brücke/ Peacock Bridge Road, 1 Meile westlich der SR 71	10
5.	SR 274 Brücke - 3 Meilen westlich von Altha	8
6.	SR 20 Brücke - 1 Meile östlich von Clarksville	10
7.	SR 71 Brücke - Scotts Ferry	13

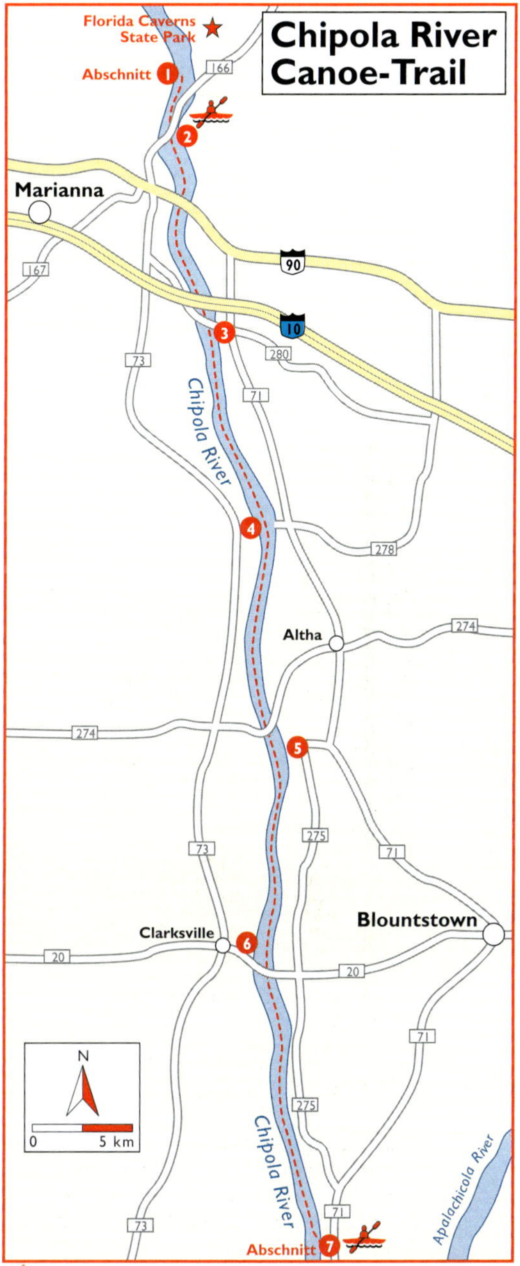

© graphic

niges abverlangt: Hier ist das Wasser sehr flach und die Bäume hängen extrem tief. Besser ist es, das Kanu an der SR 166 einzusetzen (1 Meile nördlich von Marianna). Man bekommt Kanu und Schwimmweste gestellt und wird vom Endpunkt des Trail wieder zum Ausgangspunkt zurückgebracht.

@ **Karte**
mit vielen Infos unter www.dep.state.fl.us/gwt/guide/

Tipp
Kanuverleih in Marianna: Bear Paw Adventures, s. *S. 501*.

Falling Waters State Park bei Chipley

Wasserfall An der State Road 77 A etwa 3 Meilen südlich der Ortschaft Chipley liegen die Falling Waters. Ein Wasserfall mit einer Gesamthöhe von ca. 30 m stürzt in die Tiefe – sicherlich nichts besonders Imposantes, aber da Florida ein sehr flaches Gebiet ist, gilt ein Wasserfall schon als kleines Naturwunder.

Falling Waters State Park, *1130 State Park Road, Chipley, ☎ (850) 638 6130, www.floridastateparks.org/fallingwaters, $ 5/Auto, Camping $ 18.*

Blackwater River State Park

Dieses Naturschutzgebiet liegt nordöstlich von Milton und verfügt über einen Campingplatz, Schwimm-Möglichkeiten und viele Wanderwege; u. a. ist der Red Ground Trail bekannt, ein alter Handelsweg der Indianer. Sehr zu empfehlen ist eine 4–6-stündige Kanufahrt auf dem glasklaren, durchschnittlich 70 cm tiefen Blackwater River, dessen Flussbett sandig ist. Die Landschaft ist herrlich: Magnolien und Zedern säumen die Ufer.

Falling Waters

Einen herrlichen Erholungstag kann man erleben, wenn man nach Tomahawk Landing der Firma Adventures Unlimited fährt (12 Meilen nördlich von Milton/Highway 87). Von hier geht es nach rechts (Schild) ab, und man erreicht das **Tomahawk Landing Headquarter**. Hier gibt es preiswerte Unterkünfte (Hütten), einen Campingplatz und Kanuverleih (Fahrten auf dem kristallklaren Coldwater, Blackwater, Perdido, Sweetwater und Juniper River, Kontaktinfos s.u.).

Reisepraktische Informationen Blackwater River State Park

Vorwahl: *850*

Information

Blackwater River State Park, *7720 Deaton Bridge Road, Holt, ☎ 983 5363, www.floridastateparks.org/blackwaterriver, $ 4 /Auto, Camping $ 20.*

Übernachtung

Schoolhouse Inn $$-$$$, *Route 6, 8974 Tomahawk Landing Road, Milton, ☎ 623 6197, www.adventuresunlimited.com. Gemütliches altes Schulhaus aus dem Jahre 1920, urig eingerichtet, kompetente Vermieter, die viel über Aktivitäten in der Umgebung berichten können. Eine „Down-to-Earth"-Stelle, so recht für jeden Naturliebhaber – ohne Telefon, Fernseher und Radio.*

Holiday Inn $$-$$$, *8510 Keshav Taylor Drive, ☎ 626 9060, www.ichotelsgroup.com. Üblicher Mittelklasse-Standard.*

Camping

Campen ist auf dem State Park Campground möglich. Aber auch beim Schoolhouse Inn (s. o.), wo es Cabins und Zeltplätze zu mieten gibt. Von hier aus gehen auch Kanutouren los.

Kanuvermietungen/Kanutouren

Adventures Unlimited, *Route 6/8974 Tomahawk Landing Road, Milton, ☎ 623 6197, www.adventuresunlimited.com. Kanuverleih, geführte Touren (auch Kajaks und Tubes).*

Pensacola

Überblick

Pensacola zählt heute etwa 50.000 Einwohner. Mit viel Hingabe restauriert man seit einigen Jahren den Stadtkern. Obwohl Pensacola auch moderne Gebäude hat, spürt man atmosphärisch und architektonisch

Schön restauriert

Schmiedeeiserne Balkone in Pensacola

© graphic

doch sehr stark den Einfluss des Südens. Viele alte Villen sind von großen, von Spanischem Moos bedeckten Eichen umgeben, die alten Häuser entlang der Hauptstraße besitzen noch immer herrliche Balkone und schmiedeeiserne Gitter.

Pensacola ist „the Gateway to the Miracle Strip", also Einfallstor von Westen aus zu den berühmten blendend weißen Stränden, die sich ostwärts auf etwa 160 km erstrecken. Die Pensacola Bay ist der einzige Tiefwasserhafen Floridas – ein geografischer Vorteil, der die Wirtschaft und Geschichte der Stadt maßgeblich bestimmte und bestimmt. Heute lebt die Bevölkerung neben dem langsam steigenden Aufkommen an Touristen vor allem von der Herstellung von Papier und chemischen Produkten (Nylon) sowie der Weiterverarbeitung von Holz.

Seit 1914 ist Pensacola Sitz der US-Navy. Nach intensiven Studien fand diese heraus, dass die Stadt ein idealer Standort für die Luftwaffenflotte ist, denn die Anzahl der klaren Tage ist sehr hoch. Die Naval Air Station ist heute der größte Arbeitgeber. *US Navy*

Geschichte

Älteste Stadt?

Pensacola blickt auf eine sehr stürmisch verlaufene Geschichte zurück und verdient streng genommen – statt St. Augustine – den Titel der „ältesten europäischen Stadt in den USA". Schon 1559 errichtete der Spanier *Don Tristan de Luna* auf Wunsch des spanischen Königs *Phillip* hier eine Siedlung – 6 Jahre vor der Gründung St. Augustines durch *Pedro Menéndez de Avilés* im Jahre 1565. Doch der provisorische Ort wurde zwei Jahre später wieder aufgegeben. Erst 1752 belebten die Spanier durch Gründung einer dauerhaften Siedlung diese Stelle. Über den Ursprung des Namens ist man sich nicht einig: Einige meinen, er leite sich von den Indianern ab, die hier gelebt hatten. Eine andere Version behauptet, es handele sich hierbei um eine Mutation von „Peniscola", einer spanischen Hafenstadt.

City of Five Flags

Pensacola trägt den Beinamen „City of Five Flags" (Stadt der fünf Flaggen):

- Die erste Flagge war die der **Spanier**.
- 1719 gaben die **Franzosen** den Ton an, nachdem sie nach drei Seeschlachten die Spanier besiegten.
- 1763 folgten die **Briten**, 1781 übernahmen wieder die Spanier ihren Besitz.
- Im Bürgerkrieg von 1861–1865 regierten die **Konföderierten Staaten** über Pensacola.
- 1821 schaffte es *Andrew Jackson*, Florida den Spaniern abzukaufen – und nun wehte die **Fahne der USA** über den Dächern der Stadt.

Sehenswertes in Pensacola

Seville Square Historical District

In diesem Stadtgebiet mitten in Downtown (*zwischen E. Government St. & S. Alcaniz St. gelegen*) hat man in liebevoller Weise Häuser restauriert. Hier siedelten zuerst die ersten spanischen Kolonialisten. Die meisten der Gebäude stammen aber aus der Zeit nach dem Bürgerkrieg 1861–1865. Um die historische Bausubstanz ist vor allem der Historic Pensacola Preserve Board bemüht. Zentrum des Gebiets ist der Seville Square Historic District, umgeben von Alcaniz, Adams, Zaragoza und Gouvernment Street.

Unter dem Begriff **Historic Pensacola Village** versteht man einige dicht zusammenliegende Gebäude, darunter auch 3 Museen, für die man im Tivoli House die Tickets erhält *(205 E. Zaragoza Str., ☏ (850) 595 5990, www.historicpensacola.org, Di–Sa 10–16 Uhr, 6 $).*

T. T. Wentworth, Jr. Florida State Museum

Hier im ehemaligen Rathaus von Pensacola (1908 erbaut) findet man ein Sammelsurium von Exponaten zur Geschichte und Naturkunde des westlichen Florida vor. Eine alte Cola–Maschine ist ebenso zu sehen wie ausgestopfte Tiere. Nicht unbedingt ein Muss. **Jr. Florida State Museum**, *330 S. Jefferson Street, ☏ (850) 595 5990, www.historicpensacola.org, Di–Sa 10–16 Uhr.*

Alte Häuser im Historic District

Des Weiteren findet man im **Historic Pensacola Village** ein **Museum of Industry** *(200 E. Zaragoza St.)*, das Einsicht in die Arbeit von Handwerkern bietet. Nebenan liegt das **Museum of Commerce** *(201 E. Zaragoza St.)*, zu sehen sind eine alte Druckerei, alte Verkehrsmittel und ein alter Hardware Store.

Außerdem zu sehen:
Charles Lavalle House (von 1805, *203 E. Church St*): Dies ist eines der ältesten Stadthäuser und typisch für die Architektur der Golfhäuser.
Dorr House (von 1871, *311 S. Adams St.*): Ein Haus aus der Zeit nach dem Bürgerkrieg. Gut restauriert, mit Antiquitäten.
Pensacola Historical Museum (von 1832, *405 S. Adams St. & Zaragoza St., ☎ 595 1559, www.pensacolahistory.org, Di–Sa 10–16 Uhr*): Das Museum ist in der Old Christ Church untergebracht. Dokumentiert wird hier die Lokalgeschichte (u. a. eine interessante Fotoausstellung). Sehenswert

North Hill Preservation District

Nördlich des Seville Square Historical District liegt dieses Villengebiet der wohlhabenden Leute, etwa zwischen 1870 und 1930 erbaut. Die alten Villen liegen in herrlichen, schattigen Parks unter alten, mit Spanischem Moos behangenen Bäumen.

National Museum of Naval Aviation

Südwestlich der Innenstadt gelegen. Reist man von Gulf Shores/Orange Beach an, empfiehlt sich der Besuch vor dem Erreichen der Innenstadt.

Bereits 1824 errichtete man hier die Naval Base, um sich vor Seepiraten zu schützen. 1914 wurde dann eine Fliegerschule gegründet, aus der das Superteam der Navy, die berühmten „Blue Angels", hervorging. Auf dem Marinefliegerstützpunkt arbeiten heute 10.000 Soldaten und 9.000 Zivilisten.

Original-Flugzeuge

Auf dem Museumsgelände sind etwa 200 originalgroße Flugzeuge ausgestellt, u. a. auch die Skylab-Kommandokapsel und viele Ungetüme, denen man von ihrer Form her kaum die Flugtauglichkeit bescheinigen würde. Auch die NC/4 ist zu sehen, das erste Flugzeug, das 1919 den Atlantik überquerte. Für Fans der Militärluftfahrt eine interessante Sache. Wer weniger dafür übrig hat, kann sich auch nur kurz die Flieger vor der Halle anschauen und dann weiterfahren. Das **Fort Barrancas**, das gleich neben dem Museum steht, lohnt kaum einen Besuch, besonders nicht dann, wenn man bereits die Forts an der Mobile Bay gesehen hat oder vorhat, das Fort Pickens auf Santa Rosa Island zu besichtigen.
National Museum of Naval Aviation, *1750 Radford Blvd., ☎ (850) 452 3604, www.navalaviationmuseum.org, tgl. 9–17 Uhr, Eintritt frei, Filme im IMAX Theatre kosten $ 8, es gibt verschiedene Flugsimulatoren ($ 5–25).*

Reisepraktische Informationen Pensacola

Vorwahl: *850*

Informationen

Pensacola Convention and Visitor Bureau, *1401 E. Gregory St., Pensacola, ☎ 434 1234, www.visitpensacola.com. Mo–Fr 8–17, Sa 9–16, So 11–16 Uhr.*

Übernachtung

Noble Manor B&B $$$, *110 W. Strong St., ☎ 434 9544, www.noblemanor.com. Schöne Zimmer in einem Haus im Tudor Revival Style, leckeres Frühstück, Pool.*
New World Landing $$$, *600 S. Palafox St., ☎ 434 7736 oder 432 4111, www.newworldlanding.com. Sehr schön restauriertes, individuelles Hotel mit alten Möbeln – das Richtige für Individualisten. Allerdings keine Klimaanlage, daher im Sommer ziemlich warm. Mittlere Preise.*
Residence Inn Pensacola Downtown $$$, *601 E. Chase Street, ☎ 432 0202, www.marriott.com. Praktische 2 Zimmer-Suiten mit Küche, Pool, sehr empfehlenswert.*
The Pensacola Grand Hotel (Crowne Plaza) $$$$, *200 E. Gregory St., ☎ 433 3336, www.pensacolagrandhotel.com. Die Lobby ist das restaurierte Louisville& Nashville Railroad Depot von 1912.*

Camping

Fort Pickens Campground, *☎ 934 2621, www.nps.gov/guis/. Am Ft. Pickens am westl. Ausläufer der Santa Rosa Island gibt es einen relativ ruhigen Campingplatz, der von den Rangern des Gulf Islands National Seashore verwaltet wird. $ 20, Camper müssen sich zw. 8 und 17 Uhr an der Fort Pickens Ranger Station registrieren.*

Restaurants

McGuire's Irish Pub, *600 E. Gregory St., ☎ 433 6789, www.mcguiresirishpub.com. Gute Burger, Steaks, Pasta und Seafood. Große Portionen. Liebevoll eingerichtet. Belebte Atmosphäre.*

1912 Restaurant im Crowne Plaza *(Adresse s.o.), ☎ 433 3336. Französische Küche, sehr gute Fischgerichte, förmliche Atmosphäre.*
Jasmine Fusion, *119 East Nine Mile Road, ☎ 478 0393, www.jasminefusion.com. Tolle Thai-Küche mit angeschlossener Bar. Es werden auch Thai-Kochkurse vom Küchenchef persönlich angeboten. Mo geschlossen.*

Feste

Jährlich etwa Mitte Mai findet die **Fiesta of Five Flags** *statt. Gefeiert wird die abwechslungsreiche Historie der Stadt (Umzüge, Kunstausstellungen, Theatervorführungen über die Landung de Lunas 1559 etc.). Infos: www.fiestaoffiveflags.org.*

Busse

Greyhound, *505 W. Burgess Road, im Norden der Stadt, ☎ 476 4800. www.greyhound.com*

Pensacola Beach und Umgebung

Von Pensacola (Stadt) aus geht es über die 3 Meilen lange **Pensacola Bay Bridge**. Links neben der neuen Brücke existiert immer noch ihr Vorgänger, stolz als der „längste Angelpier der Welt" bezeichnet. **Gulf Breeze** – auf einer „Zwischeninsel" gelegen – ist eine bevorzugte Wohnstadt für die wohlhabenden Bewohner von Pensacola.

Über die nächste Brücke gelangt man nach **Santa Rosa Island**, wo der Ferienort **Pensacola Beach** liegt. Strenge Baubestimmungen haben es hier nicht zugelassen, Häuser

Die Pensacola Bay Bridge

info

Informationen zu den Gulf Islands und den weißen Stränden

Zu den Gulf Islands - Golfinseln - gehört eine Kette dem Festland vorgelagerter Inseln, die sich von Biloxi bis östlich von Pensacola über etwa 240 km in west-östlicher Richtung erstreckt. Die Inseln liegen stets in Sichtweite des Festlandes und gelten als „Barrier Islands", als Barrieren-Inseln, die das Festland vor den Stürmen schützen. Die Stürme können aber dazu führen, dass die Inseln geteilt werden (z.B. 1969 Ship Island/Mississippi) bzw. in Wellenrichtung wandern. So sind die Eilande in ständiger Veränderung begriffen: Sie wandern konstant in westlicher Richtung. An der Golfseite erheben sich Dünen. Zur offenen Meerseite sind diese Dünen von salzwasserresistenten Pflanzen bewachsen. Hinter den Dünen wachsen Büsche und wenige Bäume, doch sie werden selten höher als die Dünen, die sie vor salzigem Spritzwasser schützen. In dem Zwischengebiet zwischen den Barrieren-Inseln und dem Festland ist das Wasser weniger salzhaltig. Diesem eher seichten Gewässer werden auch Nährstoffe vom Festland zugeführt, sodass sich dort ein sehr differenziertes marines Leben halten kann.

Strahlend weiße Strände an der Westküste

Die Strände entlang dem ca. 160 km langen Miracle Strip (Wunderstreifen) zwischen Pensacola und Panama City sind zum größten Teil sehr sandig und blendend weiß. Die Erklärung dafür ist relativ einfach: Die geografische Ausrichtung des Panhandle liegt ziemlich genau in einer Ost-West-Achse. Die Wellen des Golfes von Mexico prallen im Winkel von 90 Grad in kurzer Folge und voller Energie gegen das Land. Der Sand wird also immer feiner zerrieben. Durch eine stark ausgeprägte Rückströmung der Wellenbewegung unter der Wasseroberfläche werden unreine Bestandteile aus dem Sand wieder herausgespült. Ebenso gibt es entlang dem Miracle Strip auch keine Flüsse, die Schlamm ins Meer transportieren und verunreinigend wirken können. Der einzige Fluss, der Choctawhatchee River östlich von Fort Walton Beach, lädt seine Schmutzfracht in der gleichnamigen Bay ab. Die weißen Strände hören genau dort auf, wo der Panhandle langsam nach Südosten abschwingt, südöstlich von Panama City (hinter Port St. Joe). Von dort an gibt es sie nur noch auf den vorgelagerten Inseln.

Pensacola Beach lädt zum Verweilen ein

zu errichten, die höher als 11 m sind (einzige Ausnahme: ein kleiner Ortsteil entlang der Ft. Pickens Rd.). Diese Tatsache macht Pensacola Beach zu einem wirklich an sich lohnenden Ziel und lädt umso mehr ein zum Verweilen. Der Charakter einer überschaubaren Feriensiedlung – obgleich mit über 4.000 Einwohnern bereits eine kleine Stadt – ist in jeder Beziehung erhalten geblieben, und der Eindruck einer niemals fertigen und immer im Umbruch befindlichen Zusammenwürfelung von Buden, Motels und urigen Holzhäusern (ein „Ufo"-Haus steht direkt an der Hauptstraße) sucht ihresgleichen entlang der Küste des Panhandle. Leider richteten jedoch die Hurrikans Opal und Ivan 2004 verheerende Schäden an, die teilweise noch heute spürbar sind.

Zusammengewürfelt

Wer ein paar Tage bleiben möchten, dem bietet sich an, im Ort Strand, Seafood und das „Laisser-faire" zu genießen. Zudem lohnt sich ein Besuch des **Fort Pickens**, errichtet 1829 und besetzt von den Unionsarmeen während des Bürgerkrieges, welche von dort aus die Zufahrt nach Pensacola blockiert haben. Übrigens wurde hier auch der berühmte Apachenhäuptling *Geronimo* inhaftiert – „A nice guy!" fanden seine Wärter.

Naturliebhaber sollten sich näher umsehen im **Gulf Islands National Seashore**, das sich östlich und westlich von Pensacola Beach erstreckt. Auf einem „Dune Nature Trail" im westlichen Gebiet werden viele Pflanzen erläutert (Infos in der Ranger-Station einige Meilen westlich von Pensacola Beach). Doch Vorsicht vor Enttäuschungen: Die Hurrikans haben viel zerstört, auch die Natur und nicht nur Häuser *(www.nps.gov/guis)*.

Reisepraktische Informationen Pensacola Beach und Umgebung

Vorwahl: *850*

Information

Pensacola Beach Visitor Information Center, *735 Pensacola Beach Blvd., Pensacola Beach, ☏ 932 1500, www.visitpensacolabeach.com. Kurz hinter der Brücke, in Pensacola Beach (an der Dreieckskreuzung). Infos auch in Pensacola, s. dort.*

Übernachtung

Days Inn Pensacola Beach $$$, *16 Via de Luna, ☏ 934 3300, www.daysinn.com. Alle Zimmer mit Mikrowelle, Kaffeemaschine und Kühlschrank.*

Das Flounders House

Apartmentwohnungen

Möchte man in einem Apartment (Condominium oder kurz: Condo) wohnen, findet man diese vornehmlich auf dem Perdido Key (südwestlich von Pensacola). Condos und Apartments sind in der Nebensaison um einiges billiger! In der Hochsaison lohnt es aber nur, wenn man selbst kocht. Zu empfehlen wären:

Soundside Holiday Beach Resort $$$, *19 Via de Luna Dr., ☏ 934 2500 o. (1-800) 874 0402, http://holidaybeachresort.com.*

Eden $$$$, *16281 Perdido Key Dr., ☏ 492 3336 oder (1-800) 523 8141, www.edencondominiums.com. Luxuriöse Apartments. Alle Zimmer mit Balkon zum Golf.*

Restaurants

Flounders Chowder House, *800 Quietwater Beach Boulevard, ☏ 932 2003, www.flounderschowderhouse.com. Mit Blick auf den Golf kann man auf einem Holzkohlegrill zubereitete frische Fische genießen, Livemusik.*

Peg Leg Pete's Oyster Bar, *1010 Ft. Pickens Rd., ☏ 932 4139, www.peglegpetes.com. Austern und Krabbenbeine (Crablegs) sind die Spezialität hier. Gleich unterhalb des Lokals befindet sich ein Beach-Volleyball-Feld. Mitspieler werden immer gesucht!*

Die nördliche Golfküste: Pensacola – Apalachicola

Unterwegs nach Apalachicola

Von Pensacola Beach geht es über die SR 399 in westlicher Richtung, die vor Destin wieder auf den US 98 trifft. **Fort Walton Beach** zeichnet sich durch nichts Besonderes aus, und auch **Destin**, das Domizil der Hochseeangelfahrten, bietet nichts Aufregendes – abgesehen von den schönen weißen Stränden und den vielen Hotels.

© graphic

Redaktions-Tipps

Die **„Puderzucker"-Strände** entlang des olfs von Mexico - besonders auf St. George Is-nd (S. 526).

Übernachten: Apalachicola, bei Unterbre-ıung Destin, Seagrove oder Panama City each. Empfehlung für **Destin** ist das „Hilton andestin Beach Hotel" (S. 516), für **Apalachi-ola** das „Gibson Inn" (S. 524).

Essen: Austern essen im „Boss Oyster" in **palachicola**.

Bedeutendste Sehenswürdigkeiten: Eden ardens State Park (S. 517); Shell Island (S. 520); e Scenic Route C 30 (S. 521); der Fischereiha-n (S. 524) und das John Gorrie Museum . 524) in Apalachicola.

Optimale Zeiteinteilung: 2 Tage.

Tag: Zügig bis Port St. John fahren und von ort die Scenic Route C 30 nehmen. Über-ıchtung entlang der Strecke. **2. Tag:** Nach Apa-chicola fahren, das John Gorrie Museum an-hauen und durch die Stadt und zum Fischerei-ıfen spazieren. Dort Austern-Lunch. Entweder ı Gibson Inn übernachten oder in ein Haus ıf St. George Island fahren (vorher reservie-n!). Einen evtl. **3. Tag** zur Erholung auf St. eorge Island bleiben.

Streckenübersicht

Entfernung: Pensacola – Apalachicola: ca. 280 km

Empfohlene Route: Die Strecke (US 98) nach Panama City führt nur zeitweise am Wasser entlang. Hinter Fort Walton Beach aber gibt es mehrere Stichstraßen zur Küste („Scenic C 30 A"). Ein Abstecher bei genügend Zeit lohnt sich. Auch in Panama City Beach (liegt noch vor der Stadt Panama City selbst) führt der US 98 nicht direkt an der Küste entlang. Es lohnt sich also, auch unter Mitnahme des Touristenrummels, am Ortseingang nach rechts auf den „Scenic 98" zu fahren, der auf ca. 18 Meilen die Freizeit- und Hotelanlagen am Wasser passiert.

Reisevorschlag: Am besten meidet man die Rummelplätze wie Fort Walton Beach und Panama City. Man versäumt hier außer fragwürdigen Attraktionen und zerstörter Natur wirklich nichts. Das Gebiet wird etwas abwertend als „Redneck Riviera" bezeichnet, als Feriengebiet für Farmer aus Alabama und Georgia. Fort Walton Beach und Panama City Beach sind laute Orte, voller Reklameschilder. Tipp: schnell durchfahren.

Reisepraktische Informationen Destin und Umgebung

Übernachtung

Eine schöne Unterkunft auf dem Weg nach Apalachicola gibt es östlich von Destin, Abzweigung von der US 98 E: **Hilton Sandestin Beach $$$$$**, *Sandestin Beach Golf Resort & Spa, 4000 Sandestin Blvd. S., Destin, ☏ (850) 267 9500, www.sandestinbeachhilton.com. Das Hotel liegt direkt am Strand, die Anlagen sind großzügig und gepflegt, der Strand ist fantastisch und nicht überlaufen.*

Camping

Camp Gulf, *10005 West Emerald Coast Parkway, Destin, ☏ (850) 837 6334, www.campgulf.com. Direkt am Strand und mit Pool.*
Auch **Seagrove Beach** *empfiehlt sich als Übernachtungsort: Dazu fährt man auf die 30 A ab. Hinter den Sanddünen liegen blendend weiße Strände mit kristallklarem Wasser. Und hier kann man noch Einsamkeit genießen.*

Strände

Praktisch alle Strände zwischen Pensacola und Apalachicola sind blendend weiß und fein wie Puderzucker, das Wasser ist türkis- und aquamarinfarben und sehr sauber. Besonders schön sind Perdido Key, Eastern Key in der Nähe von Pensacola, Grayton Beach Recr. Area (östl. von Fort Walton), St. Andrews State Recr. Area (östl. von Panama City), Beacon Hill, St. Joseph State Park und St. Joseph Peninsula (zwischen Panama City und Apalachicola) sowie die Strände auf St. George Island.

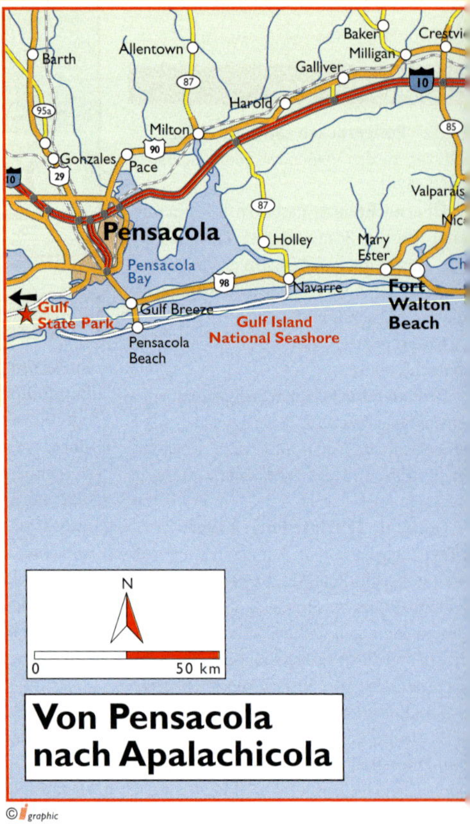

© graphic

Östlich von Destin gibt es zwei kleine Highlights:

Grayton Beach State Park

Der Park ist erreichbar über die US 98, dann nach Süden der 283 folgend, etwa auf halbem Weg zwischen Destin und Panama City. Auch hier wieder meint Dr. Beach einen der besten Strände der USA entdeckt zu haben: pulvriger weißer Sand, Lagunen im Hinterland, Wanderwege (Grayton Beach Nature Trail, 3 Meilen, Startpunkt am Parkplatz) und ein Campingplatz sowie einfache, aber saubere Unterkünfte laden zum Verweilen ein. Hier kann man auch Kanus mieten.

Grayton Beach State Park, *357 Main Park Road, Santa Rosa Beach, ☏ (850) 267 8300, www.floridastateparks.org/graytonbeach, $ 5/Auto, Camping $ 24–30, Cabins $ 110.*

Eden Gardens State Park

Im Bereich Point Washington liegt der **Eden Gardens State Park**, in dem die zweistöckige Antebellum-Villa und der gepflegte Garten sehenswert sind. Es ist eine wunderschöne Oase mit Eichen, von denen Spanish Moss herabhängt. Die Familie *Wesley*, reich geworden durch Holzhandel, residierte hier ab 1800. Die wunderschönen Möbel aus der Zeit *Louis XVI* sind eine Augenweide.

Es gibt zur Rast ein ruhiges Picknick-Plätzchen.

Eden Gardens State Park, *County Road 395, Point Washington (Abzweig von der US 98 auf die 395).* ☎ *(850) 267-8320, www.floridastateparks.net/edengardens, tgl. 8 bis Sonnenuntergang, $ 4; Wesley House: Führungen Do–Mo 10–15 Uhr, stdl. Touren, $ 4.*

Panama City/Panama City Beach

„Redneck-Riviera"

Falls man bereits genügend Strand und Sonne in Pensacola genossen hat, erübrigt sich auch ein längerer Halt in Panama City Beach, das mit seinen zahlreichen Hochhausbauten und überdimensionalen Reklameschildern eher abschreckend wirkt. Andererseits ist hier auch viel los, was dem Ort den Namen „Redneck Riviera" eingebracht hat. Es ist das Feriengebiet der Farmer aus Alabama und Georgia, die sich es hier einige Tage gut gehen lassen.

info

Was ist ein Redneck?

Mit „Redneck" bezeichnet man jene Menschen aus den Südstaaten, deren Nacken aufgrund der Arbeit auf den Feldern von der Sonne rot verbrannt ist. Und man assoziiert mit diesem Begriff so allerlei, ein bisschen von dem, was man bei uns umgangssprachlich als „Proll" bezeichnet. Also Trinken, Lautsein und Ausschweifen ist angesagt.

Panama City Beach entwickelte sich in den vergangenen Jahren zum Touristikziel Nr. 1 in Florida. Die Besucher der Südstaaten scheuen den weiten und teuren Weg bis nach Miami oder gar Key West. Für Reisende, die einen Tag „Rummel" über sich ergehen lassen möchten, ist dies eine geeignete Stelle, ansonsten empfiehlt sich: den Tag auf Shell Island verbringen oder schnelles Durchfahren.

Reisepraktische Informationen Panama City/Panama City Beach

Vorwahl: *850*

Informationen

Panama City Beach Convention & Visitor Bureau, *17001 Panama City Beach Parkway,* ☎ *(1-800) 722 3224, www.visitpanamacitybeach.com, tgl. 8–17 Uhr geöffnet.*

Übernachtung

Beach Break By The Sea $$, *15405 Front Beach Road,* ☎ *234 6644, www.beachbreakbythesea.com. Sauberes Motel direkt am Strand, Pool, inkl. Frühstück. Strandbar direkt nebenan (Barefoot Beach Club).*

Flamingo Motel & Tower $$-$$$, *15525 Front Beach Road,* ☎ *234 2232, www.flamingomotel.com. Persönliches, familienfreundliches Haus. Die meisten Zimmer bieten Meeresblick und haben Kochmöglichkeit mit Kühlschrank und Mikrowelle.*

Edgewater Beach Resort $$$$, *11212 Front Beach Road, Panama City Beach,* ☎ *(1-800) 874 8686, www.edgewaterbeachresort.com. Luxuriöses Resort mit 1–3-Zi.-Apartments (522). Diese riesige Hotelanlage liegt direkt am Strand. Sehr schöne Swimmingpoolanlage mit Wasserfällen und einer beeindruckenden tropischen Bepflanzung. In der Neben-*

saison bzw. unter der Woche günstigere Preise.

Wyndham Bay Point Resort $$$-$$$$$, *4114 Jan Cooley Dr., ☎ 236 6000, www.wyndham.com. Überdimensionale Ferienhotel-Anlage (316 Zimmer und Suiten) an der Grand Lagoon (nicht am Golf direkt), eingebettet in ein großes Golfgebiet. Die gesamte Anlage ist sehr schön und gepflegt und bietet Erholung, Abgeschiedenheit und einen Hauch von Exklusivität. Die Preise sind natürlich entsprechend, aber es gibt oft Sonderpreise im Internet. Achten Sie darauf, dass Sie ein Zimmer mit Blick auf die Lagune bekommen, nicht auf den Golfplatz. Noch teurer, aber exquisit sind die Villas (Häuser/Apartments mit kleinen Küchen). Von dem eigenen Pier gibt's Ausflugsmöglichkeiten nach Shell Island, auch WaveRunner-Touren.*

Strand auf Shell Island

Restaurants

Captain Anderson's, *Grand Lagoon, 5551 N. Lagoon Drive, ☎ 234 2225, www.captanderson.com. Von hier aus kann man die Fischer beobachten, wenn sie mit ihrem Fang anlanden. Deshalb gibt es auch eine hervorragende Auswahl an Fisch. Die Auswahl hängt z.T. vom Tagesfang ab. Sehr beliebt, keine Reservierungen, kein Lunch.*

Andy's Flour Power Bakery, *3123 Thomas Dr., ☎ 230 0014. Sandwiches, Muffins, Omeletts, frische Säfte… Sehr beliebt, auch bei Einheimischen.*

J Michael's Restaurant & Oyster Bar, *3210 Thomas Dr., ☎ 233 2055, www.jmichaelsrestaurant.com. Familienrestaurant, entspannte Atmosphäre, Seafood und Steaks in guter Qualität.*

Bootsverleih/Bootsausflüge

Shell Island Boat Rentals and Tours, *3605 Thomas Drive, Treasure Island Marina, Panama City Beach, ☎ 234 7245, www.shellislandtours.com. Bootsverleih (Pontoon Boat $ 269/Tag), Touren nach Shell Island, Schnorcheltouren. Bei den Blue Dolphin Tours ($ 49) kann man zu den Delfinen ins Wasser springen und mit ihnen schwimmen.*

Bus

Greyhound, *917 Harrison Avenue, ☎ 785 6111, www.greyhound.com*

St. Andrews State Park

Dieser ruhige State Park liegt an der südöstlichen Landzunge von Panama Beach, durch einen Wasserweg von Shell Island getrennt. Der weiße Sand und das türkisfarbene Wasser laden zum Schwimmen ein. Sehr gute Campingmöglichkeiten. Es gibt Naturwander-

Zauberhaftes Wasser im St. Andrews State Park

wege, und man kann Alligatoren, Füchse, Seevögel und (seltener) Schlangen beobachten. Während des Frühjahrs und im Sommer werden Bootsfahrten zur gegenüberliegenden Insel Shell Island angeboten.
St. Andrews State Park, *4607 State Park Lane (Thomas Drive), Panama City, ☏ (850) 233 5140, www.floridastateparks.org/standrews, $ 8 /Auto, Camping $ 28.*
Shell Island Shuttle, *im St. Andrews State Park, ☏ (850) 233 0504, www.shellislandshuttle.com, $ 15, es werden auch Schnorcheltouren angeboten und Kajaks vermietet.*

Shell Island

Naturidylle

Ein Besuch dieser Insel, die südöstlich vor Panama City Beach liegt, nimmt einen Tag in Anspruch. Es erwartet einen eine herrlich ungestörte Natur: über 12 km weißer Sandstrand, Dünen … und Ruhe. Von Panama City Beach aus erreicht man Shell Island mit einem Boot in ca. 45 Minuten (s. o. Shell Island Shuttle).

Hinweis

Gute Kopfbedeckung und viel Sonnencreme mitnehmen – es gibt hier praktisch keinen Schatten.

Information

Visit Shell Island, *12709 Front Beach Rd., Panama City Beach, ☏ (850) 249 0990, www.visitshellisland.com*

Badeorte

Weiter entlang der Küste wird es wieder etwas ruhiger, und kleine Orte wie **Mexico Beach** und **Port St. Joe** laden eher zum Baden ein als das überfüllte Panama City Beach. Besonders Mexico Beach ist sehr beschaulich und hat eine Ruhe bewahrt, wie man sie sonst nur noch an den ausgesprochen abgelegenen Stränden vom Panhandle vorfindet. Kleine Motels, aber auch Bungalows und einfache Holzhütten laden zur Übernachtung ein. Die Amerikaner nennen diese Plätze „Hideaways" („Verstecke"). Luxus, Trubel und vornehme Restaurants sucht man hier vergeblich.

! Achtung!

Zeitumstellung zwischen Mexico Beach und Port St. Joe. Es gilt jetzt die Eastern Time. Sie müssen die Uhr um eine Stunde vorstellen (aus 11 wird 12 Uhr).

St. Joseph State Park

Hinter Port St. Joe, dem Ort übrigens, wo 1838 die erste Verfassung von Florida unterzeichnet worden ist, führt die **„Scenic Route C 30 A"** (Umweg nur 5 Meilen) einen attraktiven Küstenstreifen entlang. Nicht mehr Strände, dafür aber von Palmen und Kiefern besetzte Uferwälder, in denen unauffällig kleine Häuser auftauchen, vermitteln ein ganz anderes Landschaftsbild.

Von dieser Route führt auch noch eine Stichstraße (SR 30 E) zum **St. Joseph's State Park**, der auf einer Halbinsel mit wenig besuchten Stränden aufwartet. Die Strände hier – von „Dr. Beach" als einige der besten in den USA bewertet – sind weiß und fein wie Zucker. Man kann hier campieren (es gibt auch komfortable Cabins), Kajak und Kanu fahren, Angeln, Wandern und per Fahrrad unterwegs sein. Inzwischen gibt es sogar einen tollen, 20 km langen Fahrradweg (St. Joseph Peninsula Trail). Ab Ende Oktober kann man Schildkröten sichten (*Loggerhead Turtles*). Aufgrund guter geografischer Gegebenheiten gibt es sehr gute Vogelbeobachtungsmöglichkeiten (240 Arten).

Geheimtipp!

Ein Badeausflug hierhin dauert ca. zwei Stunden extra. Kurz vor Apalachicola führt die Strecke wieder auf die US 98.
St. Joseph Peninsula State Park, *8899 Cape San Blas Road, Port St. Joe, ☎ (850) 227 1327, www.floridastateparks.org/stjoseph/, $ 6/Auto, Cabins $ 100/Nacht (sehr schön gelegen!), Camping (118 Plätze) $ 24. Natürlich sind Grill- und Kochmöglichkeiten sowie gute sanitäre Anlagen vorhanden.*

Apalachicola

Überblick

Apalachicola, an der sog. *Forgotten Coast* gelegen, ist heute ein eher ruhiger Flecken. Knapp 3.000 Menschen zählt das kleine Städtchen. Der Name der Stadt leitet sich aus dem Indianischen ab und heißt so viel wie „die freundlichen Leute von der anderen Seite". Nachgewiesen ist, dass es in der Gegend schon vor etwa 10.000 Jahren eine indianische Besiedlung gab.

Tolle Atmosphäre

Seit 1821/22 entwickelte sich Apalachicola auf Initiative des damaligen Präsidenten *James Monroe* zu einem bedeutenden Hafen für den Umschlag von Baumwolle. Grund

Südstaaten-Flair in Apalachicola

für die späte Besiedlung durch Weiße: Der Fluss mündet in eine flache Meeresbucht und das Gebiet an der Mündung war Richtung Hinterland durch weitläufige Sümpfe und Flussverzweigungen schwer zugänglich. Entlang des Apalachicola River lagen große Baumwollplantagen. Dampfschiffe holten die Baumwolle hier ab und brachten die für die Farmen benötigten Waren. Im 18. Jh. ankerten in Apalachicola sogar Schiffe aus Europa, die Baumwolle abholten.

Heute ist Apalachicola die „Hauptstadt" des Franklin County. Die Übersichtlichkeit des kleinen Ortes erlaubt es, die kleinen Straßen einfach abzulaufen. Immer wieder ist man geneigt, sich in eines der hübschen, von Schatten spendender Vegetation umgebenen Häuser zu verlieben.

Austern

Im Hafen dreht sich heute alles um das Thema **Austern**: 90 % der gesamten Austernernte Floridas stammen aus der Bucht von Apalachicola, auf über 4.000 Hektar (5% der Bucht) kultivierten Austernbänken wird die Delikatesse produziert. Die Austern-Fischer ernten die Schalentiere mit der Hand, so wie vor 100 Jahren. Die am besten geeigneten Gewässer für Austern sind Mischgewässer von Salz- und Süßwasser – hier strömt das Wasser des Apalachicola River in den Golf von Mexiko und bietet so eine der besten und nährstoffreichsten Umgebungen für die Austernzucht. Doch neben Austern spielt auch der Fang von Krabben, Shrimps und anderem Meeresgetier eine bedeutende wirtschaftliche Rolle.

Beschaulich!

Am Hafen entlang des Südufers liegen einige Austern-Restaurants und -Schiffe. Vom kleinen Hafen aus kann man mit den Fischern zu den Austernbänken hinauszufahren und ihnen bei der Ernte zuzusehen. „*Oysters are our claim to faim*" wirbt das Städtchen denn auch für sich, oder: „*Seafood's Our Middle Name*". Tatsächlich werden die Austern aus der Bucht von Apalachicola von Köchen und Kritikern zu den besten der Welt gezählt. Apalachicola ist ein weitgehend unberührtes Kleinstädtchen im tiefen Süden geblieben. Da Supermarkzentren fehlen, gleichzeitig aber viele historische Gebäude im Ortskern schön restauriert sind, fühlt man sich leicht in eine andere Zeit versetzt.

John Gorrie, der Erfinder der Eismaschine

info

John Gorrie wurde 1803 in South Carolina geboren. Er studierte Medizin und kam im Jahre 1833 als Arzt nach Apalachicola. Er war ein aktiver Mensch und wurde bald zu einer der wichtigsten Persönlichkeiten in dem aufstrebenden Baumwollhafen. Außer als Arzt agierte er zeitweise als Postmeister, Bürgermeister und Mitglied des Stadtrats. Doch in der Hauptsache widmete er sich den Kranken.

Besondere Mühe bereitete es ihm, die vielen Malariakranken zu versorgen, die mit hohem Fieber daniederlagen. In jener Zeit wusste man noch nicht, dass Moskitos den Menschen mit Malaria infizieren. Vielmehr ging man davon aus, dass die heiße, feuchte Luft der niedrig gelegenen, von Sümpfen durchsetzten Gebiete die Krankheit hervorrufe. *Gorrie* bemühte sich daher, die Leiden der Malariakranken zu lindern, indem er sie in dunkle, kühle Räume legte. Doch es war sehr teuer, mit Hilfe von aus Neuengland stammendem Eis die Räume kühl zu halten. Außerdem war der Transportweg zu lang. Er suchte nach besseren, effektiveren Möglichkeiten. So erfand er eines Tages die Eismaschine. Niemand wollte ihm glauben, dass er Eis herstellen könnte. Als die Kunde in die nördlichen Staaten gedrungen war, dass ein unbekannter Arzt mit Hilfe einer ominösen Maschine Eis produzieren könne, verhöhnte man ihn gar. Es gäbe unten am Golf einen Verrückten, so eine Zeitung, der behaupte, dass er wie Gott Eis herstellen könne...

Das Gorrie Museum

1845 war er in der Lage, 10 Eisblöcke pro Tag herzustellen. Er ließ sich die Erfindung patentieren. Die kühle Luft, nun beliebig verfügbar und nicht mehr abhängig vom zufälligen Eintreffen eines Transportschiffes mit Eis, linderte die Fieberleiden seiner Patienten. Doch seine Erfindung wurde zunächst nicht wahrgenommen. Kein Wunder, denn der Eisverkauf war lukrativ und befand sich in den Händen reicher Kaufleute aus Neuengland. Sie fürchteten Konkurrenz und verspotteten die Erfindung als lächerliche Sache eines Wichtigtuers.

Gorrie starb 1855. Zu seinen Lebzeiten konnte er den Durchbruch seiner Erfindung nicht miterleben. Erst nach seinem Tode wurde seine Erfindung in ihrer ganzen Bedeutung erkannt. Und wenn man heute in der Hitze Floridas einen klimatisierten Raum betritt oder etwas Kühles trinkt: Ohne den Erfindergeist des rührigen Arztes aus Apalachicola wäre dies nicht möglich.

Hafen

Der kleine Hafen von Apalachicola ist ein beschaulicher Ort mit Atmosphäre geblieben. Hier kann man mit Fischern Kontakte knüpfen, um zu den Austernbänken hinauszufahren und bei der Ernte zuzusehen.

John Gorrie State Museum

Dieses Museum ist dem Erfinder der Eismaschine gewidmet, dem wohl berühmtesten Bürger dieses Städtchens. Hier steht eine Nachbildung der ersten Eismaschine, deren Original in der Smithsonian Institution in Washington DC untergebracht ist.

Erfinder der Eismaschine

John Gorrie State Museum, *Ave D & 6th St., ☎ (850) 653 9347, www.floridastateparks.org/johngorriemuseum, Do–Mo von 9–17 Uhr, $ 2.*

Reisepraktische Informationen Apalachicola

Vorwahl: *850*

Informationen

Apalachicola Bay Chamber of Commerce und Visitor Center, *122 Commerce St., ☎ 653 9419, www.apalachicolabay.org.*

Übernachtungen

Rancho Inn $$, *240 Hwy 98 W, ☎ 653 94 35, www.ranchoinn.com. Das einfache Motel ist blitzsauber, die Besitzer leben auf dem Grundstück. Pool vorhanden, ebenso gibt es in allen Zimmern einen Kühlschrank und eine Kaffeemaschine.*

The Bryant House Bed & Breakfast $$-$$$, *101 6th Street, ☎ (888) 554 4376, www.bryanthouse.com. In einem stilvoll hergerichteten, 1897 erbauten Haus, umgeben von einem Garten mit einem gigantischen, 150 Jahre alten Magnolienbaum und liebevoll gepflegten Rosen, erwartet den Gast eine gemütliche Atmosphäre. Es gibt ein „German Style Breakfast" mit allem, was das Herz begehrt, wireless Internetzugang in jedem Zimmer. Jedes der drei Zimmer hat eine andere Einrichtung und eine andere Farbe.*

Coombs House Inn $$-$$$, *80 6th St., ☎ 653 9199, www.coombshouseinn.com. Äußerst gepflegtes Bed-&-Breakfast-Haus im Stil der alten Südstaaten – extrem gemütlich.*

The Gibson Inn $$$, *51 Avenue C, ☎ 653 2191, www.gibsoninn.com. Ein herrliches, altes Landhotel im Südstaatenstil, schön restauriert und von einer überdachten Veranda umgeben, auf der man es sich im Schaukelstuhl bequem machen kann. Unten befinden sich ein gemütlicher Speiseraum sowie eine ein-*

Coombs House Inn

ladende Bar. Die 30 Zimmer sind mit alten Möbeln ausgestattet. Super: die Suite. Wer etwas Südstaatenflair schnuppern möchte, der ist hier richtig aufgehoben.

Sollte man probieren: Austern

Restaurants

Am Hafen gibt es Restaurants, ebenso im **Gibson Inn** *(s.o.).*

Seafood Grill and Steakhouse, *100 Market St., ☎ 653 9510, Seafood, „the worlds largest fried fish Sandwich" und herrliche Desserts.*

Boss Oyster, *125 Water Street, ☎ 653 9364. Besonders zu empfehlen, direkt am Apalachicola River gelegen, 2 Blocks entfernt vom „Gibson Inn". Hier gibt es frische Austern in allen Variationen. Das rustikale Lokal dient auch den Fischern als Snackstopp.*

Cafe con Leche, *234 Water Street, ☎ 653 2233. Besonders für Frühstück und Lunch, leckere frische Backwaren, toller Kaffee. Viele Einheimische. Auch Kunsthandwerk und Schmuck lokaler Künstler wird verkauft.*

Tamara's Cafe Floridita, *71 Market Street, ☎ 653 4111, www.tamarascafe.com. In diesem Bistro, einem Mix aus floridianischem und südamerikanischem Flair (Tamara stammt aus Venezuela), werden z.T. sehr kreative Seafood-Gerichte angeboten. Verlockend sind die selbst gemachten Desserts. Probieren Sie die „tres leches", eine südamerikanische Überraschung…!*

The Owl Cafe, *15 Avenue D, ☎ 653 9888, www.owlcafeflorida.com. Auf zwei Ebenen „Home-made food" genießen, vor allem natürlich frische Austern und leckere Shrimps.*

Veranstaltungen

Jährlich findet das Florida Seafood Festival in dem Städtchen statt, www.floridaseafoodfestival.com, wobei es neben zahlreichen kulinarischen Attraktion auch einen „Austern-Ess-Wettbewerb" gibt, ein Blue-Crab-Rennen, Kochwettbewerbe, 5 km Redfish Run und vieles mehr.

Bootstouren

Eco Explorer Cruises, *Abfahrten von der Scipio Creek Marina (301 Market St.), ☎ 653 1666, www.ecoexplorercruises.com. Es gibt u.a. eine 2-Stunden-Tour mit einem Katamaran ins Mischgebiet von Salz- und Süßwasser (River-Swamp Cruise, $ 35) oder auch Touren zum Sonnenuntergang.*

Backwater Guide Service, *Scipio Creek Marina, ☎ 653 2820 www.backwaterguideservice.com. Spezialisiert auf Angeltouren in die Bay oder den Golf, aber auch Sightseeingtouren z.B. zu Little St. George Island (Boot bis zu 6 Personen, 2 Stunden $ 175).*

Umgebung von Apalachicola

St. George Island

Superweiße Pulverstrände

Östlich von Apalachicola gelangt man über die Gorrie Bridge und anschließend über eine gebührenpflichtige Brücke zu dieser beschaulichen Ferieninsel. Endlose feine Sandstrände ziehen im Frühjahr und Sommer die Tages- und Wochenendbesucher, besonders aber die etwas betuchteren Urlauber an. Letztere wissen zu schätzen, dass es auf St. George Island vor allem schöne, z.T. sehr originelle Strandbungalows zu mieten gibt. Sollten Sie also Strand, die eigene Küche und mehr Platz als im Hotel lieben, dann wäre die Anmietung eines solchen Hauses absolut zu empfehlen. Übrigens sinkt die Wassertemperatur fast nie unter 20–22 °C. Das lieben dann besonders die zahlreichen Taucher, die oft von weither kommen.

St. George Island State Park

Unberührt

In diesem 720 ha großen State Park erwartet den Besucher eine unberührte Dünen- und Strandlandschaft (32 km Strand!), aber auch Marschen und Kiefernwälder. Einen Zeltplatz und Wanderwege durch die Dünen gibt es ebenfalls. Für Tagesbesucher empfehlen sich die schönen Picknickplätze. Ornithologen werden die reichhaltige Vogelwelt zu schätzen wissen. Für sie ist der vom Campingplatz führende, etwa 4 km lange Wanderweg zum Gap Point zu empfehlen.

Zudem gibt es ein kleines **Lighthouse Museum**. Der alte Leuchtturm von 1852 war 2005 zusammengebrochen. In mühsamer Arbeit wurden einzelne Teile aus dem Schutt von Freiwilligen gesäubert, aus den *National Archives* in Washington wurden die Originalpläne besorgt, und Ende 2008 war der rekonstruierte Turm dann fertig und kann besucht werden.

St. George Lighthouse, *2 East Gulf Beach Drive, ☎ 927 7744, www.stgeorgelight.org, Mo–Sa 10–17 Uhr, So 12–17 Uhr, Do geschlossen, $ 5.*

Der Leuchtturm von St. George

Reiseparaktische Informationen St. George Island

Vorwahl: *850*

Information

St. George Island Visitor Center & Lighthouse Museum, *2 East Gulf Beach Drive, St. George Island, ☎ 927 7744, www.seestgeorgeisland.com, www.stgeorgeisland.com*
Dr. Julian G. Bruce St. George Island State Park, *1900 E. Gulf Beach Drive, ☎ 927 2111, www.floridastateparks.org/stgeorgeisland, $ 6. Campingmöglichkeit (s.u.)*

Übernachtung

Buccaneer Inn $$-$$$, *160 W. Gorrie Drive, ☎ 927 25 85, www.buccinn.com. Mittelklassehotel in Strandnähe, große Zimmer, z.T. mit Küchenzeile.*
St. George Inn $$$, *135 Franklin Blvd, ☎ 927 2903, www.stgeorgeinn.com. Gemütliches, historisches Bed&Breakfast-Haus. Ca. 500 m zum Strand.*

Häuser

Während der Saison von März bis Mai gilt 1 Woche als Minimumperiode, ansonsten 2 Tage. Die Preise variieren von $ 300–2.000 /Woche, je nach Ausstattung und Saison. Erkundigen Sie sich aber unbedingt nach der Entfernung zum Strand. Häuser vermittelt:
Collins Vacation, *60 East Gulf Beach Dr., ☎ 927 2900, www.collinsvacationrentals.com.*

Restaurants

Die meisten liegen kurz hinter der Auffahrt nach St. George Island an der rechten Seite – einfache, typisch amerikanische Verpflegung. Zu empfehlen, für Snacks oder zum Lunch:
BJ's Pizza and Subs, *105 West Gulf Beach Drive, ☎ 927-2805, www.sgipizza.com. Frische Sandwiches und Pizzen zum selbst zusammenstellen. Man kann draußen sitzen und es gibt ein Spielzimmer für Kinder.*

Camping

St. George Island State Park, *Adresse s.o. Schön angelegter Campingplatz mit guten sanitären Einrichtungen, $ 24. Reservierung über www.reserveamerica.com oder ☎ (1-800) 326 3521.*

Fahrradverleih

Beach Bike Rentals, *139 E Gorrie Drive, ☎ 927 3993.*

Apalachicola National Forest

Östlich von Apalachicola zweigt nach Norden die Straße 65 ab und führt direkt in das Naturschutzgebiet. Pinien, Zypressen und Zedern bestimmen die Vegetation. Drei größere Flüsse durchziehen das Gebiet. Die Silver Lake Recreation Area (Nordostecke des Gebiets, Nähe Tallahassee) bietet Campingplätze, Schwimm- und Wandermöglichkeiten.
Apalachicola Ranger District, *11152 NW State Route 20, Bristol, ☎ (850) 643 2282, www.fs.fed.us/r8/florida/apalachicola*

Apalachicola – Crystal River

Streckenübersicht

Entfernung: Apalachicola – Crystal River: ca. 400 km
Empfohlene Route: Von Apalachicola geht es über die US 98 East bis Perry. Hier biegt man auf die 19/98 nach Süden ein. In Chiefland wechselt man auf die State Road 345 ein und gelangt so nach Cedar Key. Zurück von Cedar Key über die State Road 24 nach Otter Creek. Hier erreicht man wieder die US 19/98, die südwärts zum Etappenziel Crystal River führt.
Reisevorschlag: Ein Abstecher nach Cedar Key.
Übernachtung: In Cedar Key oder Yankeetown, falls Zeit vorhanden, sonst am besten in Crystal River.

Unterwegs nach Crystal River

Die Fahrt auf diesem Streckenabschnitt führt durch eine monoton wirkende Landschaft, die flach und mit Pinien bestanden ist. Der Küstenverlauf schwenkt allmählich nach Südosten (Big Bend). Hier gibt es quasi keine Badestrände mehr, die Küste ist z.T. mit Mangroven bewachsen, urtümlich und wild.

Etwa 80 km östlich von Apalachicola zweigt hinter dem Flecken Medart eine Stichstraße zur Küste ab. Hier liegt **Spring Creek**. Eine verschlafen wirkende Gegend ist es

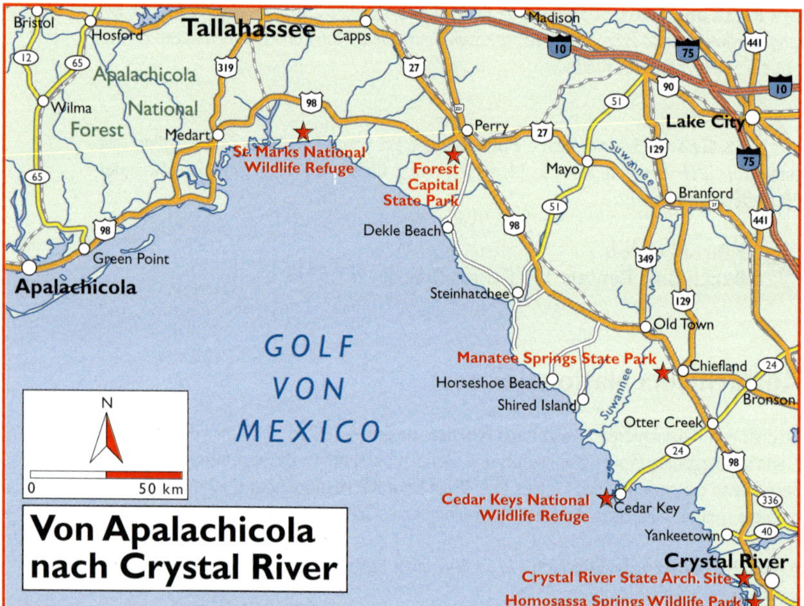

© i graphic

schon, doch in diesem kleinen Fischerort gibt es sehr gute Fischrestaurants mit lokalen Spezialitäten. Immer wieder zweigen Seitenstraßen in eine „Wildnis“ ab. Wer Zeit hat findet urwüchsiges Florida pur, so z. B. in **Steinhatchee.**

Steinhatchee

Steinhatchee (*von der US 19 bei Tennille auf die State Road 51 nach Westen (knapp 12 Meilen)*, ein kleiner Küstenort an der „Nature Coast“, ist bekannt durch seine Jakobsmuscheln (Saison: 1. Juli bis 10. September). Aus diesem Grunde wird der Ort auch als „Florida's Scallop Capital“ bezeichnet. Die klaren Mündungsflüsse und das warme Golfwasser sorgen für einen idealen Lebensraum. Nur zu Beginn der Muschelsaison ist hier wirklich etwas los, wenn etwa 1.000 Besucherboote auf der **Dead Man's Bay** unterwegs sind, um auf Muscheljagd zu gehen. In dieser Zeit sollte man unbedingt seine Unterkunft vorher buchen! Sonst ist hier nicht viel los, und vielleicht sollte gerade das ein Grund sein, hier einzukehren. Jeder, der auf Fischen aus ist, kommt hier voll auf seine Kosten. Es werden Touren angeboten, bei denen man nach Snapper, Amberjack und Grouper angeln kann (*Offshore*) oder man kann im Inland z. B. nach Forellen Ausschau halten.

Redaktionstipps

- Die **Seekühe** im Crystal River (S. 535).
- Der „Naturzoo“ **Homosassa Springs Wildlife Park** (S. 538).
- **Übernachten:** in **Cedar Key** das urige „Island Hotel und in **Crystal River** das „Plantation Inn“ (S. 533 und 539).
- **Essen:** An diesem Küstenabschnitt sollte man die guten Fischrestaurants nicht versäumen, so z.B. „Tony's Seafood Restaurant“ in Cedar Key, noch uriger aber sind die kleinen Restaurants in Spring Creek.
- **Optimale Zeiteinteilung: 2 Tage. 1. Tag:** Zuerst kurz nach Spring Creek fahren. Sollte es bereits Mittagszeit sein, kann man hier ein Fischrestaurant aufsuchen. Danach schnell nach Cedar Key fahren, für das man sich 2–3 Stunden Zeit nehmen sollten (alternativ hier Mittag essen). Für Yankeetown benötigt man nicht viel Zeit – kann man auch auslassen. Übernachten in Crystal River. **2. Tag:** Den Tag vor allem dazu nutzen, die Seekühe im Crystal River zu bewundern. Anschließend kann man evtl. noch den Homosassa Springs Wildlife Park besuchen.

Unterwegs nach Crystal River

Reisepraktische Informationen Steinhatchee

Vorwahl: *352*

Information

Es gibt kein Visitor Center. Informationen vorweg kann man über www.steinhatchee.com einholen.

Übernachtung

Steinhatchee River Inn $$, *1100 Riverside Drive, ☏ 498 4049, www.steinhatcheeriverinn.net. Einfaches, freundlich gestaltetes Motel nahe an der Marina gelegen, 17 Zimmer mit kleiner Kücheneinrichtung, Grillmöglichkeit und Swimmingpool vorhanden.*

**Steinhatchee Landing Resort $$$$**, *228 Highway 51, 203 Ryland Circle, ☏ 498 3513, www.steinhatcheelanding.com. Direkt am herrlich-wilden Steinhatchee River gelegen (ca. 5 km vom Golf entfernt) findet man hier kleine private Häuschen inmitten einer gepflegten, aber doch etwas wildromantischen Anlage mit Südstaaten-Flair (1990 erbaut). Besonders geräumig ist das Jimmy Carter House, wo der ehemalige US-Präsident seine Ferien verbrachte (entsprechend teuer, bis zu 450 US$/Tag). Es gibt hier kein Restaurant, man kann sich aber in den eingerichteten Küchen toll selbst versorgen. Das Resort bietet Kanus und Kajaks an, es gibt einen Swimmingpool und einen Tennisplatz. Mit einem Pontoon-Boot kann man unter Führung den Fluss erkunden und bis zum Meer hinausfahren.*

Das Steinhatchee Landing Resort

Restaurants

Roy's Waterfront Restaurant, *100 1st Ave SW, ☎ 498 5000, www.roys-restaurant.com. Bekannt für seine frischen Fischgerichte. Schöner Platz, um Sonnenuntergänge zu beobachten, tgl. 11–21 Uhr.*
Fiddler's, *1306 S. E. Riverside Drive, ☎ 498 7427, www.fiddlersrestaurant.com Mo–Do 16–22 Uhr, Fr u. Sa auch zum Lunch geöffnet. Das rustikal-gemütliche Lokal liegt direkt am Wasser und ist für seinen guten Grouper bekannt. Und wenn man selbst Fisch gefangen hat: Das Lokal bereitet ihn für den Angler zu. Beliebt sind auch die Cesar's Salads mit Grouper oder frischen Shrimps.*

Bootsverleih

River Haven Marina and Hotel, *1110 Riverside Drive, ☎ 498 0709, www.riverhavenmarinaandmotel.com. Verleih von Kajaks (mit Bring- bzw. Abholservice) und Fischerbooten. Ebenso werden lizenzierte, professionelle Führer vermittelt. Es werden verschiedene Unterkünfte (Zimmer, Cottages und Mobile Homes) vermietet.*
Booger Charters *(☎ 498 2705, www.boogercharters.com) offeriert Off Shore Trips zu exzellenten Angelgründen, ähnliche Angebote bei* **Outta Here Charters**, *☎ 498 2493, www.outtaherecharters.com (Tagesausflüge/10–12 Stunden bei beiden ca. $ 1.000 für bis zu 6 Personen).*

Cedar Key

Verträumt

Das kleine, verträumt liegende Dörfchen (das natürlich auch schon von Touristen entdeckt wurde, trotzdem aber beschaulich geblieben ist) liegt direkt am Golf von Mexico. Etwa 700 Menschen leben hier von der Austernzucht und vom Fischfang, seit einigen Jahren auch von den Touristen (meist Tagesbesuchern), die sich in den Fischrestaurants am Wasser gute Fischgerichte (probieren Sie die Austern!) schmecken lassen. Nördlich des Ortes – etwa 20 km entfernt – mündet der Suwannee River ins Meer.

Holz für Bleistifte

Cedar Key bezieht seinen Namen aus einer Zeit, als noch um den Ort herum Zedern wuchsen. Seit 1843 haben sich hier Menschen angesiedelt, 1855 brach aber ein wahrer Boom aus. Der Bleistiftfabrikant *Eberhard Faber* erwarb ausgedehnte Flächen der Zedernwälder und ließ sie für seine Bleistiftproduktion radikal abholzen. Um 1900 war der Kahlschlag beendet. Über 500 Sorten Bleistifte stellte die Firma Faber her, wobei das Holz aus Cedar Key, der Graphit aber aus Schlesien stammte.

Im kleinen Cedar Key State Museum kann man der Lokalgeschichte folgen. 1861 war sogar eine Eisenbahnverbindung von Fernandina (Nordostküste Floridas) nach Cedar Key fertig gestellt – ein weiterer Wachstumsimpuls. Sogar Schiffswerften florierten zwischen 1870 und 1895. 1896 wurde Cedar Key von einem gewaltigen Hurrikan heimgesucht.

Heute ist von all dem nichts mehr zu spüren. Cedar Key wartet mit besonderen Qualitäten auf, die manche Urlauber so schätzen: Ruhe und Erholung sind garantiert. Und wenn Sie sich vom „Urlaubsstress" erholen wollen, ist das sicherlich nicht der verkehrte Ort. Die amerikanischen Urlauber verbringen hier ihre Zeit vor allem mit Angeln.

Landschaft bei Cedar Key

Cedar Key Museum State Park

Im St. Clair Whitman House (*Saint Clair Whitman* war der erste Museumsgründer in Cedar Key) aus den 1920er Jahren wird die Geschichte des kleinen Ortes dargestellt, u. a. finden sich Ausstellungsstücke zur „Bleistift-Vergangenheit" des Ortes (Faber-Castell) und zahllose Dinge (u.a. Muschen), die der rührige Museumsgründer im Laufe seines Lebens sammelte. Draußen sieht man große Salzkessel (*Salt Kettles*). Während des Bürgerkrieges 1861–1865 gewann man hier für die konföderierten Südstaaten aus dem sehr salzigen Meerwasser Salz. Das Pfund wurde damals für $ 1 gehandelt.

Cedar Key Museum State Park, *12231 SW 166 Court (Museum's Drive, folgen Sie der Ausschilderung, der Weg führt um viele Ecken, Abzweigung von der Ortseingangs-Straße), ☎ (352) 543 5350, www.floridastateparks.org/cedarkeymuseum, Do–Mo 9–17 Uhr, $ 2.*

Cedar Key Historical Society Museum

Hier kann man alte Fotografien sehen, ebenso Exponate zur indianischen Geschichte. Ebenso werden die Bleistift- und Holzindustrie sowie die Aktivitäten des lokalen Hafens dokumentiert, zu einer Zeit, bevor sich Tampa als Großhafen an der Westküste etablierte.

Historical Society Museum, *Ecke Route 24 und 2nd St., ☎ (352) 543 5549, www.cedarkeymuseum.org, So–Fr 13–16, Sa 11–17 Uhr, $ 1.*

Weiter nach Süden kommt man – der US 19 folgend – bei Gulf Hammock zu einem Abzweig nach rechts (Westen) nach **Waccasassa**. Der gleichnamige Fluss mündet in den Golf. Die Straße führt zu einem sehr gepflegten Camp, in dem auch Übernachtungsmöglichkeiten angeboten werden. Es gibt hier die Möglichkeit, Boote auszuleihen, um dem idyllischen Fluss zu folgen. Der Waccasassa Bay Preserve State Park z.B. ist nur per Boot zu erreichen *(www.floridastateparks.org/waccasassabay)*. Dieser Tipp ist für alle Naturfans wirklich super – ausprobieren!

Reisepraktische Informationen Cedar Key

Vorwahl: *352*

Information

Cedar Key Chamber of Commerce, *618 2nd St., ☎ 543 5600, geöffnet Do–Mo 10–15 Uhr, Di und Mi geschlossen, www.cedarkey.org.*

Übernachtung

Park Place Motel $$, *211 2nd St/A St., ☎ 543 5737, www.parkplaceincedarkey.com, 34 Zimmer. Von vielen Zimmern Blick auf das Meer, relativ einfach.*

Island Hotel B&B $$-$$$, *373 2nd Street, ☎ 543 5111, www.islandhotel-cedarkey.com. Uriger alter Holzbau aus dem Jahre 1859 mit 10 Gästezimmern. Das restaurierte alte Hotel vermittelt einen authentischen Eindruck von „früher". Das kleine Restaurant ist auf Seafood spezialisiert.*

Cedar Key Bed and Breakfast $$-$$$, *810 3rd Street, ☎ 543 9000, www.cedarkeybandb.com. Stilvolles Haus aus dem Jahr 1880 mit schöner Inneneinrichtung (Antiquitäten), 9 Zimmer und nette Gastgeber.*

The Island Place $$$, *1st & C St., ☎ 543 5307, www.islandplace-ck.com. Modernes, aber dem Stil des Ortes angepasstes Hotel, Apartments mit Blick auf das Meer, Swimmingpool.*

Camping

Sunset Isle Park, *westlich Cedar Keys, 11850 SW State Road 24, ☎ 543 5375, www.cedarkeyrv.com. $ 24–40 pro Campingplatz, mit Blick aufs Wasser oder den Kanal. Direkt am Wasser gelegen, gepflegt.*

Ein idyllisches Fischerdorf

Restaurants

Blue Desert Café, *12518 Hwy 24, ☎ 543 9111. Frische Zubereitung von Fischgerichten und Pizzas. Lecker ist die Seafood-Pizza mit geräuchertem Lachs, würzigen Shrimps, Austern und Tintenfisch. Die Wartezeit kann gut mit einem Bier überbrückt werden.*
Tony's Seafood Restaurant, *597 2nd Street, ☎ 543 0022, www.tonyschowder.com. Super Seafood in lockerer Atmosphäre, berühmt ist der Clam Chowder. Moderate Preise.*

Fahrrad-/Golfcartverleih

Zum Herumfahren eignen sich Golfcarts und Fahrräder wie in Key West (nur geht es hier ruhiger zu!), um den kleinen Ort auszukundschaften. Vermietung bei **Cedar Key Gulf Kart Company**, *1st und A Street (Ecke), ☎ 543 5300, www.gulfkart.com (2 Std. ca. $ 20).*

Bootsverleih

Cedar Key Island Hopper, *☎ 543 5904, www.cedarkeyislandhopper.com. Verleih von Fischerbooten (8 Stunden, je nach Größe $ 140–250) und Pontoon-Booten (4 Std. ab $ 175). Auch Bootstouren werden angeboten.*

Yankeetown

Idyllisch

Auf der Höhe von Inglis erreicht man den Abzweig nach Yankeetown. Viele bezeichnen diesen kleinen Ort als eine Idylle mit Charme. Die Siedlung – besonders schön an der Izaak Walton Lodge – zieht sich am Withlacoochee River entlang. An der Küste gibt es keinen Sandstrand, sondern Wälder und Marschgelände. Die Gründung des Fleckens (1922) geht auf *A. F. Knotts*, einen Anwalt, zurück. Zunächst hieß der Ort Knotts, später nannte ihn der lokale Briefträger einfach Yankeetown wegen der Besucher aus den Nordstaaten.

Knotts gelang es, der Bodenspekulation einen Riegel vorzuschieben, indem er jedem Landkäufer die Pflicht auferlegte, innerhalb eines Jahres den Grund zu bebauen. Er eröffnete 1923 die Izaak Walton Lodge, in der er Freunde aus seiner Heimat (Mittlerer Westen) beherbergte. Inzwischen befindet sich hier ein empfehlenswertes Restaurant mit Blick auf den idyllisch vorbeifließenden Withlacoochee River.

Restaurant

Ike's Old Florida Kitchen at Izaak Walton Lodge $$$, *Riverside Drive at One 63rd St., ☎ (352) 447 4899, www.izaakwaltonlodge.com. Gemütliches Restaurant mit breiter Küche von Pasta über Wild (Büffel, Strauß) und Steaks. Natürlich Salate und eine kleine Auswahl an Weinen. Mi–So 11–21 Uhr.*

Crystal River

Crystal River, Küstenstadt des Citrus County, ist wie sein Hinterland ein Stück „anderes“ Florida. Noch ist man nicht in den „niederen“ Sphären des Massentourismus. In Crystal River – nach dem gleichnamigen Fluss benannt, der in die King's Bay mündet – kommen alle auf ihre Kosten, die etwas mit Golf, Bootsfahrten und Tauchen im Sinn haben. Hier leben etwa 4.000 Einwohner.

Sehenswertes in Crystal River

Der Crystal River ist ein Schutzgebiet für die Manatees, die Seekühe, die sich vor allem in der Winterzeit (November bis März) gern aus der See in die wärmeren, von gleichmäßig warmen Quellen gespeisten Flüsse zurückziehen.

Der Unterlauf des Crystal River ist daher in drei Zonen eingeteilt:

Manatees

- **Idle Speed Manatee Area:** 1. Okt.-31. März: In dieser Zeit darf nur im Schritt-Tempo in den durch Schilder ausgewiesenen Zonen mit äußerst gedrosseltem Motor gefahren werden. Erfahrungsgemäß gibt es in diesen Regionen größere Herden während der Winterzeit.
- **Slow Speed Manatee Area:** 1. Okt.-31. März: Hier muss man sehr langsam fahren, um jede Störung der Tiere zu vermeiden.
- **Manatee Sanctuary:** In diesem Bereich sind Bootsfahrten, Schwimmen und Tauchen untersagt.

Informationen über Manatees (Seekühe)

info

Diese urweltlich-plump wirkenden Tiere sind äußerst gutmütig: Ihr Lebensrhythmus ist vom Schmusen, von der Nahrungsaufnahme und vom Ruhen bestimmt. Manatees gelten als sehr friedfertig und neugierig. Taucher berichten, dass sich die Seekühe gerne auf Kontakte einlassen und es lieben, gekrault zu werden.

Ihr bevorzugter Lebensraum sind flache, trübe und pflanzenreiche, küstennahe Gewässer. Hier haben sie als einzige Pflanzenfresser unter den Meeressäugern genügend Nahrung und hier sind sie auch vor eventuellen Feinden wie Haien, Krokodilen oder Schwertwalen sicher. So schnell kann ihnen natürlich nichts etwas anhaben: Manatees besitzen eine 3 cm dicke Haut, und ihr Blut gerinnt äußerst schnell – Feinde können also bei Verletzungen kaum angelockt werden.

Die bis über ½–1 Tonne wiegenden Tiere bewegen sich gemächlich, nur etwa 2 bis 3 km in der Stunde. Sie können nur auf kurzen Strecken von 100 bis 200 m bis auf 20 km/h „beschleunigen“. Bis zu 40 kg Wasserpflanzen vertilgen sie am Tag, und dafür lassen sie sich 10 Stunden Zeit. Den Rest verbringen sie mit „Schlafen“, besser gesagt mit Dösen, denn sie müssen etwa alle 5 Minuten zum Atmen auftauchen. Sie mögen es überhaupt nicht, wenn die Temperatur des Wassers unter 20 °C sinkt: Dann bewegen sie sich zu den Quellen der Flüsse Floridas, wo das Wasser ganzjährig konstant über dieser Temperatur liegt.

Gutmütig und urweltlich: Manatees

Die Zoologen titulieren die Seekühe als „Sirenen". Dieser Begriff leitet sich aus dem spanischen Wort „Sirenas" (Meerjungfrauen) ab. Die deutsche Bezeichnung „Seekuh" ist da realitätsgetreuer, da diese Meeressäuger wie normale, landständige Weidetiere Pflanzen fressen, nämlich Seegras, Tang und andere Wasserpflanzen. Am nächsten verwandt sind die Seekühe mit Elefanten, und richtigerweise müssten sie daher „See-Elefanten" heißen. Als sich vor etwa 70 Millionen Jahren Amerika von Afrika im Zuge der Kontinentalverschiebung trennte, muss die Absplitterung von den afrikanischen Vettern passiert sein. Die Ähnlichkeit zu Elefanten wird durch Gebiss, Lage der Zitzen und der Art des Gehirns untermauert.

Als Meeressäuger ordnen Biologen die Manatees zwischen Walen und Robben ein. Wie Wale, aber im Unterschied zu Robben, watscheln Seekühe nie auf das Land. Ihre Vorderflossen haben ausgeprägte Ellenbogen-, Hand- und Fingergelenke – und so können sie sich geschickt vor unfreiwilligen Strandungen schützen. Leider sind diese gemütlichen und friedlichen Tiere vom Aussterben bedroht. In Florida leben schätzungsweise etwa 1.000 Tiere. Viele sterben aufgrund von Verletzungen durch die vielen, überall auf Floridas Gewässern flitzenden Boote. Aber auch plötzliche Kälteeinbrüche machen den Tieren zu schaffen. Dann erliegen sie Lungenentzündungen. In Florida sind zum Schutze der Manatees 22 Gebiete ausgewiesen, wo man nicht mit Booten fahren darf bzw. wo es nur erlaubt ist, im Schritt-Tempo zu fahren.

Crystal River State Archaeological Site

Hier gibt es so genannte **Indian Mounds** (Indianer-Grabhügel) zu sehen. Die Indianer dürften hier zwischen 200 v. und 1400 n. Chr. gelebt haben. Der große Tempelhügel hat eine Gesamtlänge von 70 m. Im Visitor Center kann man indianische Gegenstände besichtigen. Die Anlage liegt sehr idyllisch und grenzt nach Süden an den Crystal River. Unbedingt sollten sie auf die Anhöhe gehen, die über einem Mound liegt und einen herrlichen Blick über Landschaft und Fluss bietet.
Crystal River State Archaeological Site, *3400 N. Museum Pt., 2,5 Meilen westlich der US 19 North, ☏ (352) 795 3817, http://floridastateparks.org/crystalriverarchaeological, www.crystalriverstateparks.org, Museum Do–Mo 9–17 Uhr, $ 3.*

Crystal River State Archaeological Site

Crystal River Preserve State Park

Der Park liegt neben der archäologischen Stätte, auf 9 Meilen Wander- und Fahrradwegen kann man die Natur entdecken, ideal auch zum Angeln und Kanufahren. In der Hauptsaison wird dreimal pro Woche eine **Eco River Tour angeboten** *($ 10).*
River Preserve State Park, *3266 North Sailboat Ave., Crystal River, ☏ (352) 563 0450, http://floridastateparks.org/crystalriverpreserve (das Visitor Center ist am Wochenende geschlossen).*
Die **Kayak Company** *(1420 SE US Hwy 19, ☏ (352) 795 2255, www.crystalriverkayakcompany.com) verleiht Kajaks und bietet zahlreiche geführte Touren am Crystal River.*

Homosassa Springs

Sehenswert!

Der **Ellie Schiller Homosassa Springs Wildlife State Park** ist einen Besuch wert! Vom Visitor Center wird man mit dem Pontoon-Boot in den Park gefahren. Der relativ kleine, aber schön angelegte Naturzoo beherbergt nahezu alle in Florida heimischen Tiere in natürlicher Umgebung, so u. a. Alligatoren, Key-Deers, Pumas, Bald Eagles, Flamingos, Anhingas und Manatees. Auch den seltenen Florida-Panther kann man aus der Nähe sehen! Im Sommer gibt es sogar Manatees samt Nachwuchs zu bewundern.

Park-Ranger erläutern zu bestimmten Zeiten die Lebensweise und die Lebensbedingungen dieser Seekühe. Eine Vorführung der Manatees – sie werden u. a. mit Salat gefüttert – bringt dem Besucher diese urweltlichen Tiere näher (Zeiten für die *Educational Programs* auf der Homepage). Besonders interessant ist die sogenannte *Fish Bowl*, eine Art Unterwasser-Observatorium: Hier kann man Manatees und verschiedene Fische unter Wasser beobachten.

Homosassa Springs Wildlife Park, *4150 S. Suncoast Blvd., 7 Meilen südlich von Crystal River. Einfahrt 1/4 Meile westlich vom US 19 (Beschilderung), ☎ (352) 628 5343 oder 628 2311, www.homosassasprings.org, www.floridastateparks.org/homosassasprings, tgl. 9–17.30 Uhr, $ 13.*

Flamingos im Ellie Schiller Homosassa Springs Wildlife State Park

Reisepraktische Informationen Crystal River und Homosassa Springs

Vorwahl: *352*

Informationen

Citrus County Visitor & Convention Bureau, *9225 West Fishbowl Drive, Homosassa, ☎ 628 9305, www.visitcitrus.com.*

Übernachtung

Homosassa Riverside Resort $-$$ *5297 S. Cherokee Way, Homosassa, ☎ 628-2474, www.riversideresorts.com. Die Zimmer sind einfach und eher altmodisch eingerichtet. Das Besondere hier ist die Lage direkt am Fluss. Nach Zimmer mit Blick aufs Wasser fragen!*

Quality Inn $$, *4486 N. US 19/98 Suncoast Blvd. (am nördlichen Ortsausgang von Crystal River gelegen), ☎ 563 1500, www.qualityinn.com. Sauberes Mittelklasse-Motel mit üblichem Standard.*

Chassahowitzka Hotel $$-$$$, *8551 West Miss Maggie Drive, Homosassa, ☎ 382 2075, www.chazhotel.com. Der ideale Ort für Angler, da direkt am Chassahowitzka River gelegen. Auch geführte Angeltouren werden angeboten. Gutes Frühstück.*

Plantation Inn and Golf Resort $$$-$$$$, *9301 W Fort Island TRL, Crystal River, www.plantationinn.com, ☎ 795 4211. Hier wird für einen Aktivurlaub sozusagen alles – in legerer Atmosphäre – geboten: Tennis, Golf (27 Löcher, Championship Golf Course, wo die Florida Women's Open stattfinden), Schwimmen, Bootsfahrten, Tauchschule (Scuba Diving) – und das alles zu zivilen Preisen. Das Resort liegt direkt an den Ufern des Crystal River, schöner Blick von Swimmingpool und vom Restaurant auf den Crystal River, 136 Zimmer, gutes Restaurant mit schönem Blick auf Pool und Fluss, nette Bar.*

Camping

Lake Rousseau RV & Fishing Resort, *10811 N. Coveview Terrace, ☎ 795 6336, www.lakerousseaurvpark.com, z.T. schattige Plätze, Swimmingpool, Plätze auch am Wasser. Lage: 7 Meilen nördlich (zunächst US 19) von Crystal River. Dann 4 Meilen ostwärts auf dem Highway 488, dann eine Meile nordwärts zum Campingplatz.*

Restaurants

Besonders gepflegt essen Sie im Restaurant des **Plantation Resort** *(schöner Ausblick).*

Peck's Old Port Cove, *139 North Ozello Trail (9 Meilen westl. vom Highway 19), ☎ 795 2806. Lokaler Geheimtipp: Superfrische Fischgerichte, tolle „Garlic Crabs".*

Charlie's Fish House & Seafood, *224 NW Highway 19, Crystal River, ☎ 795 3949. Legeres Fischrestaurant mit fangfrischem Fisch direkt am Hafen, moderate Preise, aber keine „tolle" Atmosphäre.*

Einkaufen

Heritage Village, *Downtown Historic Crystal River, N. Citrus Avenue (zweigt vom US 19 ab), www.theshoppesofheritagevillage.com. Eine Anzahl netter, kleiner Geschäfte in hübschen z.T. alten Gebäuden.*

Tauchen/Bootsverleih/Manatee-Begegnungen

Plantation Inn and Marina Shop, *am Plantation Inn am Crystal River gelegen, ☏ 795 4211, www.crystalriverdivers.com: Hier werden Boote und Tauchausrüstungen ausgeliehen. Ebenso kann man Tauchkurse und Schnorchelkurse belegen oder mit den Manatees schwimmen.*

Manatee Tour and Dive, *267 N.W. 3rd Street, Crystal River, ☏ 795 1333, www.manateetouranddive.com. Manatee-Touren, Tauchexkursionen, Pontoon-Bootverleih, Kanuverleih, Airboot-Touren.*

Bird's Underwater Dive Center, *320 N.W. Highway 19, ☏ 563 2763, www.birdsunderwater.com. Manatee-Schnorcheltouren, Kajakverleih*

Können stundenlang dösen: Manatees in den warmen Quellen

Alternativ-Strecke: von Crystal River nach Orlando

Unterwegs nach Orlando

© graphic

Inverness

Das kleine Städtchen, „Hauptstadt" des Citrus County, ist in seiner persönlichen Art typisch für das „andere" Florida. Inverness liegt an einer weit verzweigten Seenplatte, dem Tsala Apopka Lake. Für Fischer gilt dieses Gebiet als beste Angelregion für den großen, schmackhaften Bass.

Citrus County hat ein ausgezeichnetes Klima. Das gesamte Gebiet ist von Seen (Apopka Lakes), Flüssen (Withlacoochee, Homosassa, Crystal River) und dem Golf von Mexico umgeben. „Natur pur" ist hier angesagt, und insbesondere die Landschaft des Withlacoochee River ist so fantastisch, dass dagegen selbst die Everglades verblassen. Inverness ist zum Glück nicht in den Händen des Massentourismus und damit ein besonderes Ziel für Individualisten, die jenseits der touristischen Wegelagerer Florida entdecken möchten.

Tolle Umgebung!

Streckenübersicht

Entfernung: Crystal River – Orlando: ca. 160 km
Empfohlene Route: Von Crystal River gelangt man über State Road 44 nach Inverness. Weiter geht's bis Wildwood, wo man den Florida Turn Pike (gebührenpflichtig) erreicht. Über die Abfahrt Leesburg/Clermont kommt man zum Citrustower. Von Clermont geht es auf die US 27 südwärts und dann auf die 192 (an Walt Disney World vorbei). Zum Flughafen folgt man dem Interstate 4 North, dann der 528 (Bee Line).
Reisevorschlag: Dieser Streckenabschnitt führt durch das mittlere Florida zurück nach Orlando. Hier erwartet den Besucher eine noch zum größten Teil unberührte, stille Szenerie. Die Landschaft mit vielen Seen, Flüssen und Orangenhainen mag man nach „lauten" Küstenorten zu Recht als Idylle empfinden.
Übernachtung: Spektakuläres darf man nicht erwarten, dafür aber eine herrliche Umgebung, so recht zum Erholen. Wer so etwas genießt, dem sei ein Aufenthalt in Inverness (Hotel, Ferienhaus) empfohlen.

Redaktionstipps

- **Kanufahrt** auf dem Withlacoochee (S. 542).
- **Fahrradtour** auf dem Inverness-Fahrradtrail nach Floral City (S. 542).
- Ausflug zum **Rainbow River** nördlich von Dunnellon (Schwimmen und Kanu fahren auf einem kristallklaren Fluss) (S. 544).
- Auf dem Weg nach Orlando: Stopp im hübschen Mount Dora (S. 547).
- Fahrt mit einem Boot durch den Mount Dora Canal.
- **Übernachten**: im idyllischen Lake House oder dem Holiday Inn Express.
- **Essen**: Van der Valk Restaurant (S. 547).

Am Withlacoochee River beim Turner's Camp

Fahrradweg

Die Gegend eignet sich außer für Bootsfahrten auch gut für Fahrradtouren. So kann man z. B. von Inverness zum Turner Camp am Withlacoochee River fahren und hier mit einem Kanu diesem breiten, herrlichen Fluss folgen. Natürlich gibt es eine Reihe sehr guter Golf- und Tennisplätze. Ein schön angelegter Fahrradweg führt von Inverness – einer alten, stillgelegten Bahnlinie folgend – nach Süden und Norden. Der Weg ist asphaltiert und führt über viele Kilometer durch unberührte Landschaft.

Tipp: Withlacoochee Bicycle Trail

Ein Fahrrad ausleihen in Inverness (Verleihstation: **Suncoast Bicycles**, 322 N. Pine Ave., ☎ (352) 637 5757, www.suncoastbicycles.com, Fahrradverleih direkt am Trail) und dann in südlicher Richtung nach Floral City (12 km) fahren.

Unterwegs kann man zum idyllischen **Fort Cooper State Park** abzweigen. Hier gibt es einen sehr netten Rastplatz (überdacht – alles sehr liebevoll gestaltet). Um die Ecke nach links geht es zu einem rustikalen Landrestaurant („Shamrock"), wo man zur Rast einen guten Hamburger und ein kühles Bier bekommt.

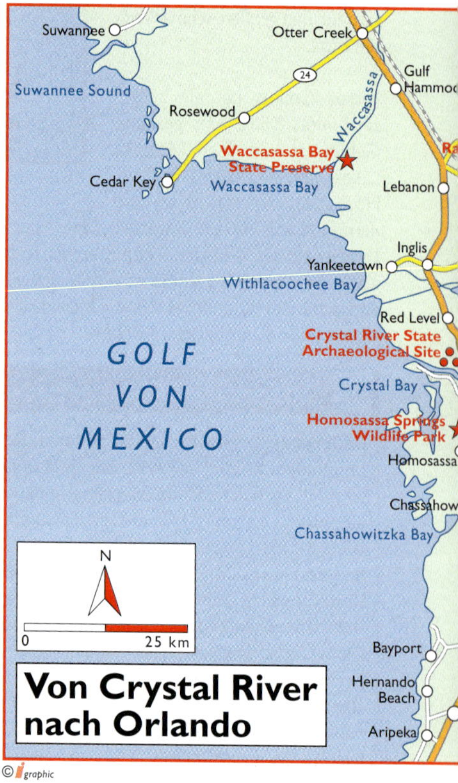

© graphic

Wenn man dem Fahrradweg weitere 12,5 km folgt, gelangt man an den Withlacoochee (links vom Fahrradweg). Auf einem schönen Steg kann man dann die herrliche Flusslandschaft genießen. Florida pur!

Infos
zum Trail auch unter www.railstotrailsonline.com

Fort Cooper State Park

Die erfrischenden Quellen des **Lake Holathlikaha** waren ein sehr beliebter Ort zum Genesen der verwundeten Soldaten während des 2. Seminolenkrieges. 1836 baute hier das First Georgia Bataillon of Volunteers für die Verwundeten einen Lattenzaun, um sie vor Seminolenübergriffen zu schützen.

Der See ist absolutes Naturschutzgebiet. Ist der Wasserstand hoch genug, kann man hier baden. Sonst vergnügen sich hier Angler. Motorboote sind nicht erlaubt, aber es gibt

die Möglichkeit, Kanus zu leihen. Es sind 5 Meilen Wanderwege angelegt, die durch die urwüchsige Natur führen. Vogelliebhaber kommen hier auf ihre Kosten.

Ein kleiner, einfacher Campingplatz, der auch per Fahrrad von Inverness (Abzweig ca. 3 Meilen südlich) erreichbar ist, ist ebenfalls eingerichtet.
Fort Cooper State Park, *3100 South Old Floral City Road (Abzweig von der US 41 2 Meilen südlich von Inverness nach Osten (ausgeschildert), ☏ (352) 726 0315, www.floridastateparks.org/fortcooper, geöffnet von 8 Uhr bis Sonnenuntergang, $ 3/Auto, einfacher Campingplatz $ 5, Kanus und Paddelboote werden verliehen.*

The Old Courthouse Heritage Museum

Das 1912 erbaute Courthaus wurde im Jahre 2000 vollständig restauriert. Im alten Gerichtsaal (Old Courtroom) wurde 1961 teilweise der Film „Follow That Dream" gedreht. Neben der Lokalgeschichte erfährt man viel über Floridas Prähistorie, über Indianer und die ersten Siedler. Alles ist sehr liebevoll arrangiert und einen kurzen Besuch wert.
The Old Courthouse Heritage Museum, *One Courthouse Square, ☏ (352) 341 6429, www.cccourthouse.org, Mo–Fr 10–16 Uhr, Eintritt frei.*

Old Courthouse in Inverness

Ausflug zum Rainbow Springs State Park bei Dunellon

Der Rainbow River ist einer jener aus kristallklaren Quellen gespeisten Flüsse. Schon vor 10.000 Jahren mögen Indianer diese Quelle als Wasserstelle genutzt haben. Der Rainbow River ist die viertstärkste Quelle in Florida. Toll ist hier das Schwimmen, Schnorcheln und Kanu- und Kajakfahren (Mieten von Kanus/Kajaks möglich). Die Quelle liefert ganzjährig Wasser mit einer Temperatur von ca. 22 Grad – also im Hochsommer ein kühles Vergnügen. Der Fluss liegt in einer traumhaft schönen Landschaft mit typischer Florida-Vegetation. Ein Picknick-Areal und ein schöner Campingplatz (separat gelegen, weiter südlich, Abzweig von der SR 484 östlich von Dunellon) laden zum Verweilen ein. Das Herunterfahren des Rainbow River mit einer **Tube** (einer Art großem LKW-Schlauch) ist ab dem K. P. Hole County Park möglich (3 Meilen nördlich von Dunnellon, über die SR 41 erreichbar).

Rainbow Springs State Park, *19158 S.W. 81st Pl. Rd., Dunnelon,* **Anfahrt:** *von Inverness über die SR 41 (Hernando/Holder) nach Dunellon, von hier ca. 2,5 Meilen nach Norden, Abzweig (ausgeschildert). ☎ (352) 465 8555, www.floridastateparks.org/rainbowsprings, $ 2 p.P. $ 5 für das Auto, Campen möglich ($ 30, Campsites mit Wasser und Strom, Grillmöglichkeit – anderer Eingang, Anfahrt über SR 484, ☎ (352) 465 8550). Tubing Fee (inkl. Reifen und Tram-Service von und zum Parkplatz) $ 10,60. Tubing ist von April bis September möglich, letzter Start ist um 14.15 Uhr (um 17 schließt der Park). Eingang ist an der SW 180th Avenue Road.*

Inverness mag für denjenigen, der ruhige, aber doch abwechslungsreiche Ferien verbringen möchte, ein **idealer** Ausgangspunkt sein:

Ruhiger Ausgangspunkt

- zum **Rainbow River** bei **Dunellon**
- nach **Crystal River**
- nach **Homosassa**
- zu den **Silver Springs** östlich von Ocala
- **Airboot-Fahrt** auf dem malerischen Withlacoochee mit Wild Bill
- nach Disney World sind es nur ca. 1½ Fahrstunden;
- nach Tampa/Clearwater Beach nur 1–1½ Autostunden über den Suncoast Parkway (gebührenpflichtig).
- nach St. Augustine ca. 2 Autostunden.

Reisepraktische Informationen Inverness

Vorwahl: *352*

Informationen

Citrus County Chamber of Commerce, *401 Tompkins Street, ☎ 726 2801, www.visitcitrus.com.*

Übernachtung

Holiday Inn Express $$, *903 Gulf to Lake Highway 44, Inverness Richtung Crystal River, ☎ 341 3515, www.hiexpress.com. Hotel mit 55 Zimmern und 20 Suiten, einige mit Jacuzzis. Beheiztes Schwimmbad, Fitnessraum. Ruhige und doch verkehrsgünstige Lage.*

Central Motel $$, *721 US Highway 41 South, ☎ 726 4515, www.centralmotel.com. Sauberes, preiswertes Motel mit Swimmingpool und eigenem Restaurant. Liegt direkt am Fahrrad-Trail.*

The Lake House $$$, *8604 E. Gospel Island Rd., ☎ 344 3586, www.thelakehouse.biz. Toll für alle, die ländliche Idylle mögen. Direkt am Lake Henderson (Hochdeck mit Liegestühlen) gelegen und auch geeignet für einen längeren Aufenthalt. Super-Frühstück, schön und geschmackvoll eingerichtete Zimmer. Cathy, die Besitzerin, kümmert sich mit Liebe um die Gäste und gibt wertvolle Tipps für die Gestaltung des Aufenthalts.*

Ländliche Idylle – The Lake House

Citrus Hills Lodge $$$, *350 E. Norvell Bryant Highway, Hernando, ☎ 527 0015. Das Hotel liegt etwa 15 km westlich von Inverness an der Golfanlage von Citrus Hills und hat 50 modern eingerichtete Räume. Entspricht amerikanischen Standard-Hotels. Restaurant und Swimmingpool vorhanden.*
Ferienhäuser *in einer sehr gepflegten* **Golf-Anlage** *(Restaurant und Schwimmbad vorhanden) vermietet das Golf Resort Lakeside, ☎ 637 1140, www.valkusa.com, Haus inkl. Golfen pro Woche ab ca. $ 1.000–1.200.*

Camping & Blockhütten

River Side Lodge, *12561 E. GulfTo Lake Hwy. (an der SR 44, von Inverness kommend kurz vor dem Fluss auf der linken Seite), Inverness, ☎ 726 2002, www.riversidelodge*

Tipp

Es ist nicht immer leicht, eine originelle Unterkunft mit persönlichem Ambiente zu finden. Hier ein besonderes *hideaway*, eine gut versteckte Oase: In der hügeligen Landschaft westlich von Inverness, nur über eine schmale Stichstraße zu erreichen, liegt die **Running Deer Lodge**, geführt von der sympathischen Susan Hill (Engländerin) und Mickey, ihrem floridianischen Ehemann. Das Haus im angenehmen „old world"-Ambiente verfügt über ein riesiges Wohn- und Esszimmer mit hohen Decken und Kamin sowie einem Blick in die große offene Küche. Fast alles ist holzgetäfelt, wirkt warm und einladend. Die Gästezimmer sind geräumig und gemütlich. Die idyllische Lage lädt zu langen Spaziergängen ein, nach denen man in der Barbecue-Area mit kleiner Bar entspannt die Ruhe genießen kann. Natürlich gibt es ein gediegenes Frühstück und natürlich einen *afternoon*-Tee. Nach Inverness, Crystal River oder Homosassa ist es nur ein Katzensprung, und dort gibt es Aktivitäten satt...
Running Deer Lodge $$, *11043 S. Running Deer Point, ☎ 341 2675, runningdeer@centurylink.net. Abzweig von der County Road 480, ca. 12 Meilen südwestlich von Inverness. Ca. $ 90/DZ, vorher anmelden!*

rv.com. Von vor 30 Jahren nach Florida ausgewanderten Deutschen betriebenes Resort am Withlacoochee River. Es gibt sowohl Campingplätze als auch schöne Blockhütten mit Küche ($ 60–100/Hütte mit 1 oder 2 Schlafzimmern). Zudem werden Kanus und Boote vermietet.

Restaurants in der Umgebung von Inverness

Lakeside Bar & Grill, *4543 E. Windmill Drive, ☎ 419 6511. Ehemaliges Van-der-Valk-Restaurant. Gehobene amerikanische Küche, viel Seafood, aber auch gute Steaks. Auch saisonale Gerichte. Vergleichsweise teuer.*

Fisherman's Restaurant, *12311 E. Gulf to Lake Highway (US 44 East Inverness-Wildwood, in Höhe des Withlacoochee River), ☎ 637 5888, www.fishermansrestaurant.biz. Einfaches, von vielen Einheimischen besuchtes Restaurant mit preiswerten Gerichten. Probieren Sie doch einmal den Grouper-Fisch oder ein Alligatorensteak.*

Deco Café, *109 Courthouse Square, ☎ 341 5400, www.decocafeinv.com. Das kleine Café bietet guten Kaffee, raffiniert zubereitete Salate und Sandwiches, natürlich ein gutes Frühstück sowie leckeren Kuchen.*

Am urigen **Turner's Camp** *(am Ende der SR 581) am Withlacoochee sieht es aus wie im Wilden Westen – und genauso geht es am Wochenende auch zu. Einfache Kneipe mit einfachen Gerichten und Menschen aus dem „anderen" Amerika. Für robuste Naturen.*

Airboot-Touren

Wild Bills Airboat Tour *bieten erlebnisreiche (und laute!) Touren auf dem malerischen Withlacoochee River an. Adresse: 12430 Gulf to Lake Highway, ☎ 726 6060, www.wildbillsairboattour.com. An der SR 44 zwischen Inverness und Wildwood gelegen, von Inverness aus kommend nach Osten, kurz vor dem Fluss an der rechten Seite.*

Kanuverleih/Bootsverleih

Bei der River Side Lodge (s.o.)

Von Inverness kann man nun direkt nach Orlando über die US 44 nach Westen fahren, um dann auf die US 75 South zu gelangen, die auf den Turnpike (gebührenpflichtig) nach Orlando führt. Ein wunderschöner Umweg allerdings – am besten eine Zwischenübernachtung einplanen – ist die Fahrt über die US 44 nach Westen bis Leesburg, danach der US 441 nach **Mount Dora** folgen.

Mount Dora

Schöne Lage

Mount Dora (10.000 Einwohner) liegt am Lake Dora. Das Gebiet liegt am Rande einer großen Seenplatte, zu der der Lake Dora, Lake Eustis, Lake Griffin und Lake Harris gehören. Der Ort liegt idyllisch auf für Florida ungewöhnlich hohen Hügeln, von denen man auf den See hinabschaut. Im Ortskern gibt es eine Reihe hübsch restaurierter viktorianischer Häuser. Viele Antiquitätengeschäfte laden zum Shopping ein, ebenso gibt es eine Reihe gemütlicher Restaurants. Besonders empfehlenswert ist das Anmieten eines Boots. Mit dem Boot kann man über den Lake Dora durch den Dora Canal fahren, der zum Lake Eustis führt. Der Dora Canal ist eine malerische Verbindung zwischen beiden Seen. Eine fantastische Vogelwelt, Alligatoren und Schildkröten bevölkern den Urwald aus Sumpfzypressen. So erschließt sich die Schönheit der Landschaft am allerbesten.

Nette Geschäfte

Reisepraktische Informationen Mount Dora

Vorwahl: *352*

Informationen

Chamber of Commerce, *341 N. Alexander St., Mount Dora, ☎ 383 2165, www.mountdora.com.*

Übernachtung

Maison en Ville $$, *644 North Donnelly Street, ☎ 385 3919, www.maisonenvillefl.com. Mitten im Ort gelegenes Haus, die meisten Zimmer haben eine Küchenecke.*

The Lakeside Inn $$$, *100 North Alexander Street, ☎ 383 4101, www.lakeside-inn.com. Das 1883 gegründete Hotel zählt zu den „Historic Hotels of America" und wurde 2011 gründlich renoviert. Die Lage direkt am See ist toll, ein herrlicher Swimmingpool, eigener Strand und Sonnendeck direkt am See vorhanden, 88 Zimmer, eigenes Restaurant mit nostalgischem Flair (Beauclaire) sowie eine gemütliche Bar (Tremain's Lounge) laden zum Verweilen ein. Herrlich: der Blick von der Veranda auf den See – man sitzt hier auf Schaukelstühlen!*

Mount Dora Historic Inn $$$, *221 E 4th Avenue, ☎ 735 1212, www.mountdorahistoricinn.com. Um 1880 erbautes, sehr stilvolles Haus, das ruhig auf einem großen Gelände liegt. Jedes Zimmer sieht anders aus, da es mit schönen alten Möbeln gemütlich eingerichtet ist.*

Christopher's Inn $$$, *539 Liberty Avenue, ☎ 383 2244, www.christophersinn.net. Das Haus wurde 1886 erbaut, bietet geschmackvolle Zimmer und ein tolles Frühstück.*

Restaurants

Beauclaire *(im Lakeside Inn). Lunch und Dinner im stilvollen Ambiente eines historischen Hotels. Insbesondere sind lokale Fischgerichte zu empfehlen (Grouper, Catfish).*

The Goblin Market Restaurant, *330 Dora Drawdy Way, ☎ 735 0059, www.goblinmarketrestaurant.com. Lunch und Dinner, Mo geschlossen, So nur Lunch. In einer kleinen Gasse liegt dieses sehr gemütliche, liebevoll mit Bücherwänden und Gemälden eingerichtete Restaurant. Nicht ganz billig, dafür auch gehobene Küche.*

Yalaha Bakery, *8210 County Road 48, Yalaha, ☎ 324 3366, www.yalahabakery.com. Mo–Sa 8–17, So 9–15 Uhr. Ca. 25 Minuten Fahrtzeit von Mount Dora, aber es lohnt sich: Es riecht*

Durch den Mount-Dora-Kanal

nach frisch gebackenen Broten und Brötchen, in den Vitrinen locken Bienenstich, Streuselkuchen, Schokoladentorten und verführerische Blätterteigtaschen. Außerdem gibt es ganzjährig Stollen. Und wer danach Lust auf etwas Herzhaftes hat: Es gibt auch Wiener Schnitzel...

Einkaufen

In Mount Dora gibt es jede Menge kleiner Geschäfte, die mit „Antiquitäten", Kunst und Krimskrams handeln. Je länger man hier herumläuft, desto eher kauft man wieder etwas, das man garantiert nicht braucht...

Rundflüge

Lake Country Air Service, ☎ *(218) 682 2006, www.lakecountryairservice.com. John Justad fliegt mit seiner tollen „Beaver" von Oktober bis April ab Mount Dora, Anleger Lake Side Inn über die herrlichen Seen und Flüsse – ein Super-Erlebnis. $ 250 für eine halbe Stunde, max. 5 Personen.*

Gutes Brot und leckerer Kuchen in der Yalaha Bakery

Abstecher nach Eustis

Der kleine Ort ist malerisch am gleichnamigen Lake Eustis gelegen und strahlt geradezu ländliche Idylle aus: Orangenplantagen, Pferdezucht und Baumschulen bestimmen die produktive Wirtschaft. „Downtown Eustis" ist liebevoll restauriert, die Stadt bemüht sich um mehr Besucher. Niedliche Spezialgeschäfte, schmucke Restaurants, ein origineller Friseurladen überraschen, am meisten allerdings die Entdeckung des wunderschönen Bay Street Theatre. Seit 1974 werden hier Komödien und Dramen aufgeführt. Das Gebäude von 1922 ist ein kulturelles Kleinod inmitten von Seen, Wäldern und Plantagen. Im 1983 eröffneten Eustis Historical Museum kann man viel über die lokale Geschichte erfahren und die gepflegte Dockanlage am Lake Eustis bietet sich für eine Pause an.

Restaurant

Café Gianni, *31 East Magnolia Ave.,* ☎ *(352) 589 1402, www.cafegianni.com. Ein authentischer Italiener mit legerem Ambiente und abseits des US-Mainstream. Etwas teurer, dafür auch besser als nur Durchschnitt. Empfehlenswerter Brunch.*

Clermont

Hier steht der Citrus Tower, 70 m hoch. Von hier aus blickt man über Orangenhaine und kann im Souvenirladen alles kaufen, was mit Orangen und Zitrusfrüchten zu tun hat. Und wer noch etwas anderes probieren möchte: Die Lakeridge Winery bietet Touren und Weinproben an. Etwa 1.500 Flaschen am Tag werden hier abgefüllt, u.a. aus der „*Florida hybrid bunch*"-Traube, einer den klimatischen Bedingungen Floridas bestens angepassten Rebsorte.

Lakeridge Winery & Vineyards, *19239 U.S. 27 North (3 Meilen südlich vom Exit 285 vom Florida Turnpike), Clermont,* ☎ *(1-800) 768 WINE, www.lakeridgewinery.com, Touren (ca. 45 min.) und Weinproben Mo–Sa 10–17 Uhr, So 11–17 Uhr.*

9. ALTERNATIVSTRECKE: VON ORLANDO ENTLANG DER ATLANTIKKÜSTE NACH MIAMI

Streckenübersicht

Entfernungen:
- **Orlando – Titusville:** ca. 70 km
- **Titusville – West Palm Beach:** ca. 240 km
- **West Palm Beach – Miami:** ca. 110 km

Empfohlene Route: Über die 50 bzw. den Beeline Expressway (528) zum I-95. Wer es eilig hat folgt nun dem I-95 südwärts und verlässt diesen nur an Punkten, die man besuchen möchte. Schöner aber ist es, auf der küstennäheren US 1 zu fahren, von der aus man immer wieder über die vorgelagerten Inseln auf den A1A abzweigen kann. Diese Strecke ist um ca. 70 Meilen und 2-3 Fahrstunden länger als der Interstate. Schöne Strände belohnen aber für den Umweg.

Strände:
- im **Merritt Island Nat. Wildlife Refuge**,
- die Strände auf **Hutchinson Island**,
- zwischen **Jupiter Beach** und **Boca Raton** reihen sich 25 Strandabschnitte. Hier gibt es Parkplätze, Toiletten, Picknicktische und Sonnenschirmverleihe. Besonders schön (allerdings z. T. felsig) sind Jupiter Beach und Coral Cove. Besonders empfehlenswert ist die Strandanlage Spanish River in Boca Raton.

©i graphic

Hinweis
Zu **Titusville**, *der* **Spacecoast** *und dem* **Kennedy Space Center** *lesen Sie bitte ab* *S. 421*

Zwischen Titusville und West Palm Beach

Dieser Streckenabschnitt, als „Treasure Coast" bezeichnet, zieht sich entlang der Atlantikküste und besticht vor allem durch seine zahlreichen schönen Strände. Besonders **zwischen Jupiter Beach und Boca Raton** kann man sich dem Badevergnügen hingeben. Ansonsten bietet die Strecke bis Palm Beach keine besonderen Höhepunkte, und die in einigen Broschüren aufgeführten Museen und Sehenswürdigkeiten haben nur lokalen Charakter. Zu vielen der dort angesprochenen Themen gibt es weitaus attraktivere Plätze in Florida.

Redaktions-Tipps

- Die **Villen am Strand von Palm Beach** (S. 557).
- Wer mit Kindern unterwegs ist: **Lion Country Safari Park** (S. 558).
- Eine Übernachtung im luxuriösen **The Breakers Hotel**, in **Fort Lauderdale** im historischen „Riverside Hotel".
- **Essen:** In **Palm Beach** exquisit im „Café L'Europe" bzw. legendäre Hamburger im „Hamburger Heaven.
- **Bedeutendste Sehenswürdigkeiten:** die Küste im Allgemeinen, besonders an der A1A und südlich von Jupiter Beach; das Coastal Science Center bei **Stuart** (S. 554); in **Palm Beach** das Flagler Museum (S. 556) und das The Breakers Hotel (S. 556); Shopping im Mizner Park von **Boca Raton** (S. 558); in **Fort Lauderdale** die „venezianische" Stadtanlage mit ihren vielen Kanälen, die Strände (S. 560).
- **Optimale Zeiteinteilung: 2 Tage**.

1. Tag: Lassen Sie sich am ersten Tag etwas treiben. Nicht die Sehenswürdigkeiten vor Palm Springs sind die Empfehlung, sondern die Küstenlandschaft, soweit Sie sie zwischen den Häusern zu sehen bekommen. Bis Palm Beach sollte man aber schon fahren und dort zumindest das Breakers Hotel anschauen und besonders hier auch einmal auf dem A1A fahren, um die imposanten Luxusvillen zu bestaunen. Übernachten in Palm Beach oder später in Fort Lauderdale.

2. Tag: Diesen Tag könnte man für die Besichtigung (z.B. Bootstour) von Fort Lauderdale nutzen und noch einmal in die Wogen des Atlantiks springen. Nachmittags kann man z.B. nach Miami fahren, wo man im Norden evtl. noch The Cloisters of the Monastery of St. Bernhard besichtigen kann (siehe S. 142).

Jensen Beach

Bei **Ft. Pierce** sollte man dann unbedingt auf den A1A abzweigen, denn der führt über **Hutchinson Island**, das ebenfalls mit schönen Stränden lockt und dessen „Ortsbezeichnung" offiziell **Jensen Beach** lautet.

Reisepraktische Informationen Jensen Beach (Hutchinson Island)

Vorwahl: 772

Informationen

Jensen Beach Chamber of Commerce, *1900 Ricou Terrace, Jensen Beach, ☏ 334 3444, www.jensenbeachchamber.biz (gute Strandinfos).*

Übernachtung

Coral Reef Motel $$, *2680 N. E. Indian River Dr., ☏ 334 1474, www.coralreefmotel-jensenbeach.com. Günstige Unterkunft im 1950er-Jahre-Stil, direkt am Strand.*

Four Fish Inn and Marina $$, *2225 N. E. Indian River Drive, ☏ 334 0936, www.aamarina.com. Bequeme, saubere Motel-Unterkunft mit geräumigen Zimmern. Außen und innen ist alles in freundlich-hellen Florida-Farben gestrichen.*

Hutchinson Island Marriott Beach Resort & Marina $$$$$, *555 N. E. Ocean Blvd., Hutchinson Island, ☏ 225 3700, www.marriott.com. In diesem luxuriösen Resort mit Privatstrand können Sie Golf und Tennis spielen oder sich ein Boot oder auch Wasserski leihen. Hervorragend für einige erholsame Tage geeignet (13 Tennisplätze, 3 Pools, privater Strand). Es gibt u. a. auch Apartments zu mieten (mit Küche).*

Restaurants

Conchy Joe's Seafood, *3945 NE Indian River Dr., ☏ 334 1130, www.conchyjoes.com. Hier können Sie alles essen, was das Meer bietet. Sehr rustikal, sehr leger. Beliebt ist der „Grouper Masala".*

11 Maple Street, *3224 N.E. Maple St., ☏ 334 7714, www.11maplestreet.net. Gehobene leichtere Küche mit täglich wechselnden Gerichten mit dem Schwerpunkt auf Fisch. Aber auch leckere Fleischgerichte, z. B. Wildfleisch auf Holzkohle gegrillt, sind empfehlenswert.*

Schnorcheln und Tauchen

Deep Six Watersports, *3317 NW Main Ave., ☏ 692 2747, geöffnet Mo–Sa 9–19, So 10–17 Uhr (küstennahes Riff)*

Zwischen Miami und Titusville
Eustis
Leesburg
Sanford
nach Daytona Beach
Lake Apopka
Orlando
Clermont
Titusville
John F. Kennedy Space Center
Spaceport
nach Tampa
Walt Disney World
Cocoa
Rockledge
Cocoa Beach
Kissimmee
St. Cloud
Holopaw
Indian Harbour Beach
Lakeland
Haines City
Florida's Turnpike
Melbourne
ATLANTIK
nach Tampa
Lake Wales
Bartow
Sebastian
West Frostproof
Fort Meade
Yeehaw Junction
Vero Beach
Avon Park
Lakewood Park
Fort Pierce
Zolfo Springs
De Soto City
Jensen Beach
Port St. Lucie
Cornwell
Hutchinson Island
Lake Istokpoga
Okeechobee
Stuart
nach Sarasota, Tampa
Hobe Sound
Jupiter
Lake Okeechobee
Lion Country Safari Park
Punta Gorda
West Palm Beach
Moore Haven
Loxahatchee
Belle Glade
La Belle
South Bay
Hillsboro Canal
Fort Myers
Cape Coral
Boynton Beach
Delray Beach
Miami Canal
North New River Canal
Immokalee
Boca Raton
Sunniland
Fort Lauderdale
Alligator Alley
Naples
Andytown
Miles City
Hollywood
Carnestown
Gulliven Bay
Everglades City
Miami Beach
Miami
Everglades National Park
Observation Tower
nach Key West
N
0 50 km

Coastal Science Center

Forschungsstation

Kurz vor Erreichen des Fischerortes **Stuart** (heute eher eine Yacht-Marina) liegt rechter Hand das Coastal Science Center. Hier unterhält die Florida Oceanographic Society eine Forschungsstation und ein Laboratorium, in das man z.T. Einblick erhält. Um die Gebäude herum ist ein Lehrpfad zum Thema Strand- und Küstenvegetation angelegt. Besonders interessant sind hier die Erläuterungen bezüglich der Mangroven. Des Weiteren gibt es im Museum Informationen über das Ökosystem Riff und die Meeresflora und -fauna.

Coastal Science Center, *890 N. E. Ocean Blvd., Stuart, ☎ (772) 225 0505, www.floridaoceanographic.org, Mo–Sa 10–17, So 12–16 Uhr, der Nature Trail schließt jeweils eine Stunde eher, $ 10.*

Das gegenüber liegende **Elliott Museum** bietet einige Erfindungen des Tüftlers *Sterling Elliott*, u. a. eine Adressiermaschine und ein vierrädriges Fahrrad sowie ein paar alte Autos und Spielzeug.

Elliott Museum, *825 NE Ocean Boulevard, Stuart, ☎ (772) 225 1961, www.elliottmuseumfl.org, Mo–Sa 10–16, So 13–16 Uhr. Derzeit wird das Museum neu gebaut, Eröffnung ist für Anfang 2013 geplant.*

Jupiter

Jupiter mit seinen knapp 50.000 Einwohnern ist ein durchaus vornehmer Ort und Wohnsitz einiger Prominenter. Auf dem vorgelagerten Jupiter Island leben knapp 700 Menschen. Wenn Sie gerade eine kleine Pause benötigen, können Sie sich den 1860 gebauten, roten Leuchtturm von Jupiter ansehen. Vom US 1 aus kann man das **Jupiter Inlet Lighthouse** nicht verfehlen. Nebenan im Waterfront Museum, eingerichtet in restaurierten Baracken der Militärs während des 2. Weltkrieges, gibt es eine Ausstellung zur Lokalgeschichte mit dem Titel *Five Thousand Years on the Loxahatchee* sowie Wechselausstellungen.

Jupiter Lighthouse & Museum, *500 Captain Armour's Way, ☎ (561) 747 8380, www.jupiterlighthouse.org, Mai bis Dez. Di–So 10–17 Uhr, sonst tgl. Letzte Leuchtturmtour um 16 Uhr, $ 9 (Tour und Museum)).*

Natur pur

Auf Jupiter Island empfiehlt sich neben den Stränden noch das **Blowing Rocks Preserve**, ein etwa 30 ha großes Naturreservat, in welchem die Pflanzenwelt der Dünen und Küsten Südfloridas geschützt werden *(tgl. geöffnet 9–16.30 Uhr, ☎ (561) 744 6668, www.nature.org, Zugang zum Strand $ 2).*

West Palm Beach/Palm Beach

Mondän

Palm Beach besteht aus zwei Teilen: West Palm Beach und dem am Atlantik gelegenen Palm Beach (zusammen rund 100.000 Einwohner) mit den supervornehmen Villen und der von Palmen gesäumten Einfahrtsallee. Im Jahre 2000 stand das Palm Beach County und sein Sitz West Palm Beach im Mittelpunkt von Wahlunregelmäßigkeiten. So manche böse Zunge behauptet, diese Vorgänge hätten die Präsidentenwahl entschieden.

Palm Beach ist sicherlich der vornehmste Ort in Florida und wird oft als Heimat der Millionäre bezeichnet. Hier sollen 70 % der reichsten Menschen der Welt leben. Hier ist das „alte" Geld Amerikas zu Hause. Natürlich ist „man" nicht über die touristischen Gaffer erbaut, die einen Blick in dieses vermeintliche Schlaraffenland werfen möchten. Und so entdeckte ich in einem Schaufenster einen Sticker, auf dem stand: „If it's tourist season, why can't we hunt them?" Viele – vielleicht sogar die meisten – Besitzer der herrlichen Anwesen wohnen nicht ständig in Palm Beach. Sie dürften – falls überhaupt – etwa von November bis Ostern ihren Besitz genießen und sich auf Empfängen und Wohltätigkeitsbällen sehen lassen, bei denen sie für ein Gedeck gerne 1.000 US$ und mehr ausgeben...

Geschichte

Palm Beach verdankt seinen Namen natürlich den Palmen. 1878 strandete an der Küste ein spanisches Schiff, das u. a. etwa 20.000 Kokosnüsse geladen hatte, welche die Schiffbrüchigen an einen Mann verkauften, der diese wiederum weiterveräußerte. So kam Palm Beach zu seinen Palmen – denn die Käufer pflanzten die Kokosnüsse ein – und damit zu seinem Namen. Natürlich war auch der Eisenbahnmagnat *Flagler* mit von der Partie bei den ersten Reichen, die dieses Fleckchen für sich reservierten. Es folgten die Dynastien der *Kennedys*, der *Vanderbuilts* oder der *Astors* – um nur einige Namen zu nennen. *Flagler* setzte sich selbst ein Denkmal mit dem legendären Hotel „The Breakers", noch immer eines der luxuriösesten Hotels der USA. Und seine Vision, dass Floridas Zukunft im Tourismus liegen würde, erfüllt sich vollkommen. Die Florida East Coast Railway brachte Gäste direkt in seine Luxushotels in St. Augustine, Daytona, Palm Beach, Miami und Key West.

Europäisches Ambiente

Schon in der Anfangszeit war man darauf bedacht, dem Ort ein eher europäisches Ambiente angedeihen zu lassen. Der Architekt *Adison Mizner* brachte spanische Stil- und Bauelemente wie Türmchen, Arkaden, Plätze, Giebeldächer und kleine Innenhöfe in die Gestaltung ein.

Shopping und Restaurant Mall in Palm Beach

Sehenswertes in Palm Beach

Flagler Museum
(auch Whitehall genannt)

Das heutige Museum ist das restaurierte Privathaus des Eisenbahnkönigs. Er erbaute es im Jahre 1901 und lebte nur 4 Jahre darin. 1925 diente es als Hotel, 1960 wurde es in ein Museum umgestaltet. Im Hof gibt es den Rambler zu sehen, *Flaglers* privaten Eisenbahnwaggon. Im Haus selbst gibt es kostbare Möbel, Porzellan, Gemälde und andere wertvolle Ausstattungsgegenstände zu bewundern.
Flagler Museum, *One Whitehall Way, ☎ (561) 655 2833, www.flaglermuseum.us, Di–Sa 10–17, So 12–17 Uhr, $ 18.*

The Breakers Hotel

Direkt gegenüber dem Flager Museum gelegen, an der South County Road. Teure Übernachtungspreise, entsprechend auch die Preise in den Restaurants. Dafür wird auch das Allerbeste geboten. Tennismöglichkeiten und Golf, Fahrradverleih und alle Arten von Wassersport. Dieses Hotel ist eine architektonische Hinterlassenschaft Flaglers. Er nannte es Palm Beach Inn, welches ursprünglich ein riesiger Holzbau war, der allerdings niederbrannte. Später wurde auch der Nachfolgebau durch ein Feuer zerstört, und 1925 wurde „The Breakers"

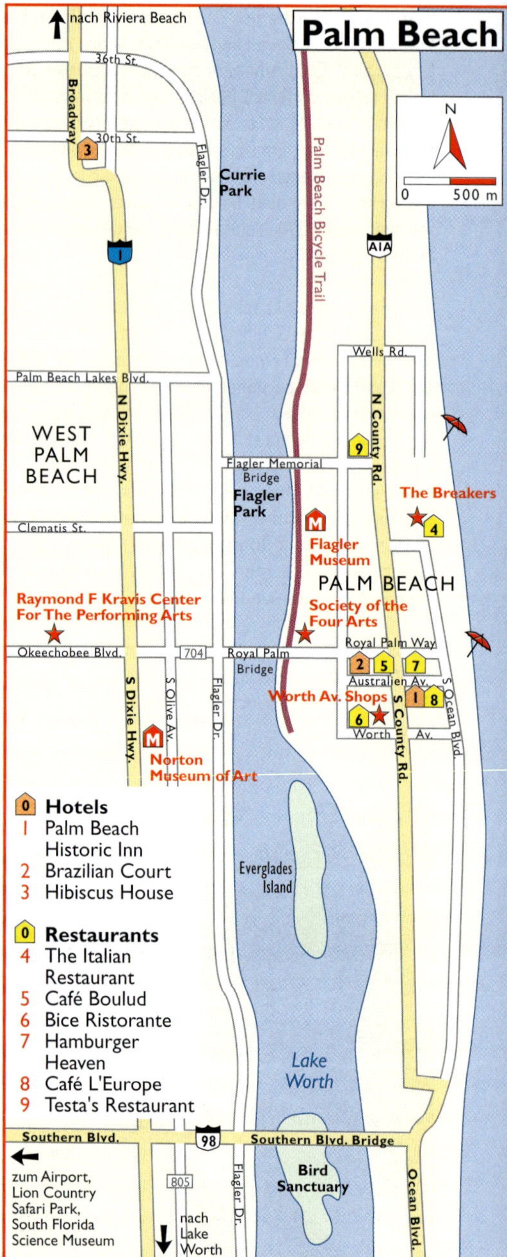

© igraphic

Tipp: Villen anschauen!

Hier fällt die Auswahl schwer. Besonders tolle Häuser - und auch in den Seitenstraßen - liegen am *S. Ocean Boulevard,* manche haben über die Straße einen Privatzugang zum Beach. Schlendern Sie einfach zu Fuß und gehen Sie dem Luxus-Voyeurismus nach. Oft hat man einen guten Blick auf die Anwesen, vor allem dann, wenn der Rolls Royce gerade eingefahren ist oder fleißige Helfer Rasen mähen. Welche Prominenz sich hier verbirgt, ist nicht öffentlich, die Adressen der Vanderbilts, Kennedys, Astors usw. bleiben im Verborgenen.

nach nur 12-monatiger Bauzeit fertig gestellt. Das Hotel ist mittlerweile längst zu einer amerikanischen Institution geworden und zählt in den USA zu den allerbesten Nobelherbergen. Auch wer hier nicht übernachtet, kann z.B. am Sonntagvormittag zum Brunch kommen und die großzügige Atmosphäre dieses Hauses kennen lernen. In der Lobby kann man sich auch als Besucher umsehen. Hier haben 1926 75 aus Italien geholte Künstler wunderschöne Gemälde verewigt.

Sehr schön ist auch folgender Spaziergang am Intracostal Waterway: Direkt, wenn Sie über die Brücke nach Palm Beach und seine Palmenallee kommen, sehen Sie links einen kleinen Park. Am Wasser führt dann in nördliche Richtung ein Fußweg vorbei. Rechts liegen dann auch tolle Villen, und nach Westen schaut man auf den Yachthafen und die City.

Worth Avenue

Ebenfalls sehenswert ist die Worth Avenue mit ihren extravaganten Geschäften. Ein Bummel hier ergänzt den Eindruck von Eleganz und Reichtum. Am besten einfach in ein Café oder eines der kleinen Restaurants in den Innenhöfen setzen, um das Flair des Orts wahrzunehmen.

Sehenswertes in West Palm Beach

West Palm Beach liegt auf dem Festland und ist durch den Intracoastal Waterway von Palm Beach getrennt. Fahrweg über eine Ziehbrücke: 2 Meilen. Der Stadtkern wurde in den letzten Jahren attraktiver gestaltet: Die Clematis Street ist gesäumt von Restaurants und Geschäften.

Norton Museum of Art

Wenn Sie wirklich mal einen Regentag haben, lohnt es sich, das Norton Museum zu besuchen. Hier findet man neben modernen amerikanischen Künstlern wie *Edward Hopper, Georgia O'Keefe* und *Jackson Pollock* auch französische Impressionisten oder einen *Gauguin*. Erbaut wurde es vom Stahlbaron *Ralph Norton* im Jahre 1941.
Norton Museum of Art, *1451 S. Olive Ave., West Palm Beach, ☎ (561) 832 5196, www.norton.org, Di–Sa 10–17, Do –21, So 11–17 Uhr, $ 12.*

Lion Country Safari Park

Dieser außerhalb von Palm Beach gelegene Freizeitpark ist vornehmlich der Tierwelt Afrikas gewidmet. Auf einer etwa einstündigen Rundfahrt durch ein großes Wildgehege fährt man mit dem Auto (Fenster müssen geschlossen bleiben!) wie auf einer Safari durch Gebiete wie die „Serengeti", den „Hwange-Nationalpark" oder das „Kalahari Bushveldt". Dabei werden sich besonders die Kinder an den Elefanten, Nashörnern, Affen, Giraffen und Antilopen erfreuen. Übrigens sind viele der Tiere nur zur Pflege in Florida und werden nach ihrer Genesung wieder in Afrika ausgesetzt. Anschließend an die Fahrt durchs Gehege bietet sich dann noch ein Besuch des Vergnügungsparks an, wo es neben kleineren Tieren auch Karussells, Bootstouren, Picknickplätze und ein Selbstbedienungsrestaurant gibt.

Löwen!

Lion Country Safari Park, *an der US 441/98/SR80, etwa 18 Meilen westlich des I-95, 2003 Lion Country Safari Road, am Southern Blvd. W., Loxahatchee, ☎ (561) 793 1084, www.lioncountrysafari.com, tgl. 9.30–17.30 Uhr (von Sept.–Dez. 10–17 Uhr), Ticketschalter schließen eine Stunde eher, $ 27.*

Residenz der Wohlhabenden

Weiter auf dem Weg nach Miami passiert man mehrere Strandstädte, von denen **Boca Raton** die mondänste ist. Hier haben auch viele wohlhabende Deutsche eine Residenz. Zu sehen gibt es in der Stadt zwar nichts, doch ist der **Mizner Park** *(Federal Hwy., zwischen Palmetto Park Rd. und Glades Rd.)* ein neues Shopping Village, welches mit seinen ausgesuchten Geschäften, Cafés und Restaurants den betuchten Bewohnern der Stadt alle Ehre macht.

Reisepraktische Informationen Palm Beach

Vorwahl: *561*

Informationen

Palm Beach County Convention and Visitors Bureau, *1555 Palm Beach Lakes Blvd., Suite 800, West Palm Beach, ☎ 233 3000, 800 554 7256, www.palmbeachfl.com.*

Übernachtung *s. Karte S. 556*

Hibiscus House $$-$$$ (3), *501 30th St., West Palm Beach, ☎ 863 5633, www.hibiscushouse.com. Gemütliches B&B-Haus mit Pool.*

Brazilian Court $$$$ (2), *301 Australian Avenue, ☎ 655 7740, http://thebraziliancourt.com. 80 Zimmer, elegante, spanisch anmutende Atmosphäre, ausgezeichnetes Restaurant. Schöne, persönliche Atmosphäre (siehe unten – Café Boulud). Pool, Fahrradverleih.*

PGA National Resort & Spa $$$$$, *400 Ave. of the Champions, ☎ (800) 863 2819, www.pga-resorts.com. Hervorragendes Golfhotel.*

Palm Beach Historic Inn $$$$$ (1), *365 S. County Rd., Palm Beach, ☎ 832 4009, www.palmbeachhistoricinn.com. Nur 9 Zimmer, in der Stadt gelegen, sehr geschmackvoll.*

**The Breakers $$$$$**, *One South County Rd., ☎ 655 6611, www.thebreakers.com. In diesem Luxushotel bekommen Sie vom 300-$-Zimmer bis zur 2.000-$-Suite alles, was das Herz begehrt, insgesamt 572 Zimmer.*

Restaurants

Natürlich gibt es in Palm Beach hervorragende Restaurants. Hier einige Beispiele:

The Italian Restaurant (4), *1 South County Road, ☎ (1-888) 273 2537. Im The Breakers Hotel, Pizza, Pasta und Salate – klassisch und in überraschenden Varianten – in gehobenem Ambiente.*
Café Boulud (5), *im Hotel Brazilian Court, 301 Australian Avenue, ☎ 655 6060. Hervorragende, eher leichte französische Küche. Empfehlenswert ist das kräuterreiche Lamm, aber auch die Fischzubereitungen sind vom Feinsten. Toll sind auch die gelegentlich angebotenen kleinen Menüs. Teuer!*
Café L'Europe (8), *331 South County Road, ☎ 655 4020, www.cafeleurope.com. Spezialitäten: Lachs, Kapaun, Kalbsgerichte und Lamm. Sehr teuer. Kein Lunch, Reservierungen notwendig.*
Bice Ristaurante (6), *313½ Worth Avenue, ☎ 835 1600. Sehr italienische Küche mit vielen Kräutern: Basilikum und Oregano liegt in der Luft. Man kann auch gemütlich draußen sitzen.*
Hamburger Heaven (7), *314 S. County Rd., ☎ 655 5277. Hier gibt es noch Burger wie zu Omas Zeiten. Seit 1945 behauptet sich dieses „Traditionsrestaurant" mit guter Qualität gegen alle Fastfood-Ketten. Günstig.*
Testa's Restaurant (9), *221 Royal Poinciana Way, ☎ 832 0992, www.testasrestaurants.com. Alteingesessenes Restaurant mit einer reichhaltigen Speisekarte.*

Tipp: Palm Beach Bicycle Trail

Dieser markierte, knapp 8 km lange Weg führt zu den schönsten Häusern von Palm Beach. Der Trail beginnt südlich der Royal Palm Bridge an der Society of the Four Arts. Fahrräder mieten kann man beim ***Palm Beach Bicycle Trail Shop***, 223 Sunrise Ave, ☎ 659 4583, www.palmbeachbicycle.com.

Palm Beach bietet schöne Strände

Strand
Im Bereich des **Phipps Ocean Park** *(südlich von Palm Beach, parallel zur A1A) gelangt man zu schönen Stränden. An diesem Strandabschnitt fließt der Golfstrom näher als irgendwo anders an der Küste der USA vorbei.*

Bus
Greyhound, *205 S. Tamarind Ave., West Palm Beach, ☎ 833 8534, www.greyhound.com.*

Eisenbahn
AMTRAK-*Station: 201 S. Tamarind Ave., www.amtrak.com.*

Fort Lauderdale

Venedig Floridas

Fort Lauderdale gilt in Florida als eine „gewachsene" Stadt. Immerhin 160.000 Einwohner zählend und im Winter sowie Frühjahr ein bevorzugtes Reiseziel für Erholungssuchende, konnte sich die Stadt ein individuelles Flair erhalten und blieb in gewisser Weise mondän. 1838 errichtete hier der Major *William Lauderdale* im Zuge der Seminolenkriege ein Holzfort, das nach dem Rückzug der Truppen 1857 allmählich verfiel. Später erbaute man in Fort Lauderdale das sogenannte „House of Refuge", eine Zufluchtsstätte für Schiffbrüchige.

Der entscheidende Anstoß zur Stadtentwicklung kam durch den Eisenbahnanschluss von Flagler. Doch so recht mochte sich die sumpfige Landschaft nicht zur Bebauung eignen. *Charles Green Rodes* hatte folgende Idee, die das Stadtbild noch heute entscheidend prägt: Er entwässerte die Sümpfe durch das Ausheben von **parallel zueinander laufenden Kanälen**, zudem schüttete er mit dem gewonnenen Aushub die dazwischen liegenden Flächen auf und **gewann so Siedlungsland**.

Heute weist Fort Lauderdale insgesamt 266 km Wasserwege auf, der größte Teil davon sind künstliche Kanäle. Stolz steht die Stadt zu ihrem Beinamen „Venice of America" (Venedig Amerikas). Auch ein weiterer Beiname („Yachting Capital of the World") verweist auf die Verbundenheit mit dem Wasser. Die Stadtväter von Fort Lauderdale haben es verstanden, den 11 km langen Atlantikstrand frei von jeglicher Bebauung zu halten. Erst jenseits des A1A liegen die Hotels. Besonders beliebt ist Fort Lauderdale bei Studenten, die in Scharen den Badeort während der Weihnachts- und Frühjahrsferien besuchen. In Zeiten der Studenteninvasion ist Fort Lauderdale ein weniger besuchenswertes Ziel, es sei dann, man möchte das z.T. laute und skurrile Treiben beobachten.

Orientierung

Der Highway A1A, der parallel zur Küste verläuft, heißt im Stadtgebiet Atlantic bzw. Ocean Boulevard. Im Bereich zwischen Las Olas Boulevard und Sunrise Boulevard kann man sich des schönsten Strandabschnitts im Stadtgebiet erfreuen. Der Las Olas Boulevard führt nach Westen. Entlang dieser Straße liegt die Las Olas Riverfront mit ihren vielen Restaurants und Shops.

Was der Tourist nur beiläufig erfährt, wenn er die Randzonen der Stadt durchquert: Fort Lauderdale ist eine Stadt des Handels. Vor allem sind hier Schiffswerften und neuerdings auch „High-Tech"-Industrie angesiedelt. Das Umland der Stadt produziert Zitrusfrüchte, ebenso gibt es große Rinderfarmen. Port Everglades, der Hafen, verfügt über drei Terminals. Der Tiefseehafen liegt an der Mündung des Stranahan River, und man kann von hier aus zu einem Kurztrip auf die Bahamas starten.

High Tech

Sehenswertes

Fort Lauderdale Beachfront

Entlang dem Strand reihen sich Restaurants, Geschäfte und Hotels. Schön zum Promenieren! Nach der Renovierung für 26 Millionen US$ tummeln sich hier auch viele Fahrradfahrer und Jogger.

Las Olas Riverfront

Der schöne Komplex mit Geschäften, Restaurants, Cafés und Parkbänken lädt zum Verweilen ein. Vom Dock starten Sightseeingboote, und auf den Wasserwegen des floridianischen Venedig sieht man Reichtum pur: Exorbitante Villen mit ihren tollen Außenanlagen und Prachtyachten lassen staunen.

Strandnah gelegen sind auch folgende Sehenswürdigkeiten:

International Swimming Hall of Fame Museum and Aquatic Complex

Zwei gigantische Schwimmbecken mit je 10 Bahnen und 50 m Länge befinden sich hier. Im „Museum" sind Exponate (Medaillen, Trophäen) von weltweiten Schwimmwettbewerben zu sehen. *Mark Spitz* (von ihm gibt es hier eine lebensgroße Wachsstatue), der

Villen am Kanal: Fort Lauderdale

bei den Olympischen Spielen 1972 7-mal Gold gewann, und dem berühmten Schwimmer *Johnny Weissmuller* (bekannt wurde er als Tarzan-Darsteller) wurde ein gesonderter Raum vorbehalten.
International Swimming Hall of Fame Museum and Aquatic Complex, *1 Hall of Fame Drive, 1 Block südlich der Las Olas, ☎ (954) 462 6536, Museum Mo–Fr 9–17, Sa/So 9–14 Uhr, $ 8, Pool Mo–Fr 8–16, Sa/So 9–17 Uhr, www.ishof.org.*

Bonnet House

Auf einem idyllischen, subtropischen Anwesen, das an „Old South Florida" erinnern mag, liegt die ehemalige Winterresidenz des Malerehepaars *Frederic* und *Evelyn Bartlett*. Achten Sie auf die Affen, die in den Bäumen herumturnen!
Bonnet House, *900 N. Birch Road, ☎ (954) 563 5393, www.bonnethouse.org, Di–Sa 10–16, So 11–16 Uhr, letzte Haustour um 15.30 Uhr, $ 20.*

Museum of Art

Eines der eindrucksvollsten Kunstmuseen Floridas wartet mit Werken von *Salvador Dalí, Andy Warhol, Henri Matisse* und *Pablo Picasso* auf. Ebenso entwickelt sich immer mehr die Sammlung kubanischer, afrikanischer und südamerikanischer Kunst zu einem Juwel. Und am Sa werden hier mitunter Jazzkonzerte abgehalten. Zudem gibt es interessante Wechselausstellungen zu sehen.
Museum of Art, *1 E. Las Olas Blvd., ☎ (954) 525 5500, www.moafl.org, Di–Sa 11–18 Uhr, Do –20, So 12–17 Uhr, $ 10.*

Etwas entfernter:

Museum of Discovery & Science/ Blockbuster IMAX-Theater

Dieses Museum ist eines der populären „Lernmuseen" für Kinder und Jugendliche. Grundthemen: die regionale Pflanzen- und Tierwelt. Für Regentage empfehlenswert.
Museum of Discovery & Science, *401 S. W. 2nd St., ☎ (954) 467 6637, www.mods.org, Mo–Sa 10–17, So 12–18 Uhr, am Wochenende ist das IMAX-Theater länger geöffnet, $ 18 für Museum und IMAX, auch Einzeltickets möglich.*

Butterfly World

Ungewöhnlicher Tierpark: Der größte Schmetterlingspark der Welt wurde von dem aus Illinois stammenden *Ronald Boender* als Verwirklichung seines Hobbys gegründet, und noch heute ist er der Manager. 50 Arten Schmetterlinge sind je nach Jahreszeit immer zu sehen, auf dem schön angelegten Rundweg durch verschiedene Gärten kann man zudem Vögel beobachten. Hier kommen nicht nur Freunde von Schmetterlingen auf ihre Kosten.
Butterfly World, *3600 W. Sample Road, Tradewinds Park, Coconut Creek, 10 Meilen nördlich von Fort Lauderdale gelegen. Man fährt den I 95 bis zur Sample Road, dann westwärts Richtung Tradewinds Park; ☎ (954) 977 4400, www.butterflyworld.com, Mo–Sa 9–17, So 11–17 Uhr, $ 25.*

Fort Lauderdale
Hotels
1 Marriott's Harbour Beach Resort
2 The Westin Beach Resort
3 Hyatt Regency Pier
4 The Pillars Hotel at New River Sound
5 Riverside Hotel
Restaurants
6 Old Florida Seafood House
7 Cap's Place
8 Chef's Palette
9 Le Café de Paris
10 Chima Brazilian Steakhouse
11 Old Heidelberg
Fort Lauderdale Executive Airport
Fort Lauderdale Stadium
Commercial Blvd.
44th St.
NW 38th St.
Oakland Park Blvd.
NE 26th St.
NW 19th St.
NE 13th St.
Sunrise Blvd.
NE 6th St.
Broward Blvd.
E Las Olas Blvd.
SW 6th St.
Davie Blvd.
Causeway
SW 24th St.
Eller Dr.
Griffin Rd.
NW 31st Av.
NW 32st Av.
NW 9th Av.
NE 6th Av.
Old Dixie Hwy.
NE 4th Av.
NE 15th Av.
NW 15th Av.
NW 27th Av.
SW 9th St.
SW 4th St.
Andrews Av.
SE 6th Av.
N Federal Hwy
Bayview Dr.
N Atlantic Blvd.
nach Palm Beach
nach Pompano Beach
Hugh Taylor Birch State Rec Area
George English Garden
Holiday Park
Bonnet House
Sunland Park
Nurmi Isles
Las Olas Riverfront
Museum of Discovery & Science
Museum of Art
Swimming Hall of Fame
Jungle Queen
Fork New River
Port Everglades
Fort Lauderdale Hollywood International Airport
Terminal
Lloyd Beach State Rec Area
nach Miami
N
0
2 km

Ah-Tha-Thi-Ki Museum

Indianer-Museum

Ah-Tha-Thi-Ki heißt „Ort zum Lernen". Hier im Indianer-Reservat Big Cypress wurde 1996/97 ein Museum eröffnet, welches sich der Geschichte und Kultur der Seminolen widmet. Neben Kunsthandwerklichem sind u. a. eine traditionelle Begräbnisstätte, ein Jagdcamp, ein Zeremonienplatz und natürlich ein Museum zu sehen. Ein Naturlehrpfad und Touren (mit Geländewagen und/oder mit dem Airboat) in die Swamps werden ebenfalls angeboten.

Ah-Tha-Thi-Ki Museum, *in der Big Cypress Seminole Indian Reservation, 34725 West Boundary Road, HC-61, Box 21-A, Clewiston, ☎ (863) 902 1113, www.ahtahthiki.com. Anfahrt: I-75 nach Westen bis zum Exit 49 und dann auf dem BIA 1281 (Snake Road) 17 Meilen nach Norden. Gesamtstrecke von Ft. Lauderdale: 64 Meilen, tgl. 9–17 Uhr, $ 9.*

Reisepraktische Informationen Fort Lauderdale

Vorwahl: *954*

Informationen

Greater Fort Lauderdale Convention & Visitors Bureau, *100 East Broward Blvd., Suite 200, ☎ 765 4466, www.sunny.org.*

Besichtigung

Einen guten Eindruck von den Villen und den Kanälen von Fort Lauderdale erhält man, wenn man mit der auf Südstaaten-Steamer getrimmten „Jungle Queen" (Bahia Mar Yachting Center, 801 Seabreeze Blvd., ☎ 462 5596, www.junglequeen.com) eine Tour unternimmt. Start: tgl. um 9.30 und 13.30 Uhr von Bahia Mar Yacht Basin. Diese Tour dauert etwa 3 Stunden und kostet für Erwachsene ca. $ 25, Kinder $ 15. Ebenso gibt es eine „Barbecue & Shrimp Dinner Cruise" täglich um 18 Uhr (mit Variety Show, Kosten: Erwachsene: ca. $ 45, Kinder $ 22). Das Essen wird als „All-you-can-eat-Buffet" angeboten.

Tipp: Water Taxi (Wasser-Taxi)

Die Kanäle und damit das „echte" Fort Lauderdale kann man mit einem Wasser-Taxi erkunden. Es gibt 13 Anlegestellen. Der All-Day-Pass kostet $ 20. Damit können Sie nach Belieben zu- und aussteigen, die Boote verkehren zwischen 10.30 morgens bis nahezu Mitternacht. In der Hauptsaison (ca. Dez. bis April) gibt es die Möglichkeit, zum South Beach (Miami Beach) zu fahren ($ 33, Abfahrt 9.30/10 Uhr, Rückfahrt gegen 18.30/19 Uhr. Reservierungen sind notwendig unter ☎ 467 6677. Infos: www.watertaxi.com).

Übernachtung

Die Broschüre „Superior Small Lodging", die man im Touristenbüro erhält, bietet eine Auswahl von Hotels und Apartments in der mittleren Preisklasse. Alle Infos auch unter www.superiorsmalllodging.com.

Entlang dem Atlantik Boulevard liegen viele gängige Hotels/Motels. Abgesehen von den Hostels in Fort Lauderdale liegen die preiswerteren Übernachtungen in Pompano Beach oder Hollywood.

Die Kanäle von Fort Lauderdale

Blue Seas Courtyard $$$, *4525 El Mar Drive, ☎ 772 3336, www.blueseascourtyard.com. In mexikanischem Stil errichtetes Boutique Hotel mit tropischem Garten und Pool – der ideale Ort zum Entspannen.*

Sea Spray Inn $$$, *4245 El Mar Drive, Lauderdale by the Sea, ☎ 776 1311, www.seasprayinn.com. Saubere, in Florida-Stil eingerichtete Zimmer, alle mit Küche und Internetanschluss, die meisten mit Balkon mit Blick auf den Atlantik. Gutes Preis-Leistungsverhältnis.*

Riverside Hotel $$$-$$$$ (5), *620 E. Las Olas Blvd., ☎ 467 0671, www.riversidehotel.com. Am historischen Las Olas Blvd. im Zentrum liegt das alte, sehr schön restaurierte und renovierte Hotel und vermittelt das Gefühl einer vergangenen Zeit. 103 Zimmer, Swimmingpool.*

The Westin Beach Resort $$$$ (2), *321 N. Ft. Lauderdale Beach Blvd., ☎ 467 1111, www.starwoodhotels.com. Gute Lage am Strand, 500 große Zimmer, schneller Internetzugang, nett gestaltete Swimmingpool-Anlage.*

The Pillars Hotel at New River Sound $$$$ (4), *111 N. Birch Road, ☎ 467 9639, www.pillarshotel.com. Kleines, kolonial anmutendes Hotel mit 19 schicken Zimmern und 4 Suiten, in unmittelbarer Nähe zum Strand gelegen. Die meisten Zimmer haben einen Blick auf den Intracoastal Waterway.*

Hyatt Regency Pier 66 $$$$-$$$$$ (3), *2301 S. E. 17th St., ☎ 525 6666, www.pier66.hyatt.com. 388 Zimmer, 8 Suiten, Pier Top Lounge mit tollem Panoramablick auf den Intracoastal Waterway und das Meer vom 17. Stockwerk (dreht sich alle 66 Minuten), Yachthafen, 3 Swimmingpools, 6 Restaurants.*

Marriott's Harbor Beach Resort $$$$$ (1), *3030 Holiday Dr., ☎ 525 4000, www.marriottharborbeach.com. 602 Zimmer, 14 Stockwerke. Die Zimmer sind groß und in tropisch anmutenden Farben gestaltet. Die direkte Lage am Strand sowie das Spa sind die Besonderheiten des Hotels.*

Jugendherbergen

Backpackers Beach Hostel, *2115 N Ocean Blvd., ☎ 567 7275, www.fortlauderdalehostel.com. Günstige Lage zum Strand (200 m). Es gibt Gemeinschaftsschlafräume ($ 20) und motelähnliche Zimmer ($ 55). Sauber, unkompliziert. Kostenloser Internetzugang, Grillmöglichkeit, kostenloser Abholservice.*

Bridge II Hostel, *506 SE 16th St, ☎ 522 6350, www.bridge-hostel-fort-lauderdale.com. Youthhostel in Fort Lauderdale mit Gemeinschaftsschlafräumen (max. 4 Pers., ab $ 25) und Doppelzimmern ($ 53), Pool, Grillmöglichkeit, Apartments haben eine voll eingerichtete Küche, schneller Internetzugang, sehr sauber.*

Camping

Kozy Kampers RV Park, *3631 W. Commercial Blvd., ☎ 731 8570, www.kozykampers.com. Ruhige, schattige Anlage, nahes Restaurant, zentrale Lage zu Fort Lauderdale.*

Yacht Haven Park and Marina, *2323 State Road 84, ☎ 583 2322, www.yachthavenpark.com. Lage am New River, geheizter Pool und Spa.*

Paradise Island RV Resort, *2121 N.W. 29th Court, ☎ 485 1150, www.paradiserv.com. Gute Lage zu allen Besichtigungspunkten im Osten und Westen, großer beheizter Pool mit Sonnenschirmen und Tischen, gepflegt.*

Restaurants

Fort Lauderdale bietet eine Vielzahl vorzüglicher Restaurants. Hier eine Auswahl:

Old Heidelberg (11), *900 State Rd. 84, ☎ 463 6747, www.heidelberg84.com. Restaurant in bayrischem Dekor mit guter deutscher Küche und deutschen Bieren und Weinen, gegründet von Einwanderern (einem deutschen Metzgermeister). Im Ausschank gibt es Fassbier wie Warsteiner, Bitburger, König Pils, Spaten, Diebels, Erdinger. Wer deftige Küche schätzt, wird sich hier an Würsten und Braten laben können. Betrieben wird das Lokal von Stephan Liebig, der es von den Gründern 2008 übernommen hat. Diese, das Ehepaar Dörrenberg, betreiben nebenan aber noch ihren Delikatessenladen. Hier kann man heute alles kaufen, was der heimatsüchtige Deutsche begehrt: frische Semmeln, leckeres Mehrkornbrot mit Kruste, zig selbst gemachte wohlschmeckende Wurstsorten, Salate. Daneben Gummibärchen, deutsche Schokolade etc.*

Chef's Palette (8), *The School of Culinary Arts, 1650 S. E. 17th Street, ☎ 760 7957. In diesem Restaurant bekommen Sie Ihr Essen von den Schülern der o. g. Kochschule zubereitet und serviert. Durch große Glasfenster kann man den Köchen auf die Finger sehen. Sehr gutes Essen zu zivilen Preisen. Nur Di–Fr zum Lunch, Do/Fr zum Dinner geöffnet.*

Le Café de Paris (9), *715 E. Las Olas Blvd., ☎ 467 2900. Sehr gute französisch ausgerichtete Küche mit zivilen Preisen, Nähe Riverside Hotel, erfreut sich besonderer Beliebtheit auch bei Einheimischen.*

Chima Brazilian Steakhouse (10), *2400 E. Las Olas Blvd., ☎ 712 0580, http://chima.cc. Dinner Mo–Fr ab 17.30 Uhr (Happy Hour in der Bar 17–19 Uhr), Sa ab 17, So ab 16 Uhr. Für Fleischliebhaber ein Traum: brasilianisches Rodizio. Gegrilltes Fleisch verschiedener Art wird von großen Spießen am Tisch serviert. Dazu umfangreiche Salatbar.*

Old Florida Seafood House (6), *1414 N. E. 26th St., Wilton Manors, ☎ 566 1044, www.oldflaseafood.com. Sehr gute Fischgerichte, mittlere Preise, beliebt bei Einheimischen – entsprechend leger.*

Cap's Place (7), *2765 N. E. 28th St., Lighthouse Point, ☎ 941 0418, www.capsplace.com. Das Restaurant ist ab Cap's Dock (NE 18th Court) nur per Boot erreichbar, da es auf einer Insel liegt. Gute Fischgerichte, originell.*

The Ambry, *3016 E Commercial Blvd., ☎ 771 7342, www.ambryrestaurant.com. Die Wirtsleute Huber betreiben das Restaurant seit 1981. Noch heute erfreut sich das Ambry großer Beliebtheit, u. a. auch bei Amerikanern, die die vielseitige (deutsche) Küche lieben. Von Spätzle über Rollbraten und Sauerbraten braucht der Magen nicht nur zu träumen – alles wird entsprechend „stilgerecht" serviert. Und dazu Fassbier wie Paulaner.*

Einkaufen

Las Olas Riverfront *direkt an der Straße mit den historischen Häusern: Hier gibt es viele Restaurants und Geschäfte.*

Sawgrass Mills Factory Outlet Mall, *12801 West Sunrise Blvd., Lage: 10 Meilen westlich der Stadt zwischen dem Interstate 95 und dem Sawgrass Express Way, geöffnet Mo–Sa 10–21.30, So 11–20 Uhr, www.sawgrassmillsmall.com. Die riesige, in Form eines Alligators angelegte Mall bietet 350 sogenannte „Factory Stores", in denen Markenartikler ihre Produkte direkt an den Kunden verkaufen. Adidas, Calvin Klein, die amerikanischen Topmarken etc. sind hier vertreten.*

„The Colonnade Outlets at Sawgrass", *gleiche Öffnungszeiten wie oben, Adresse: 1800 Sawgrass Mills Circle. Hier gibt es besonders exklusive Outlets, so z. B. von Burberry, Escada und Boss.*

Bootsverleih

Wenn Sie ein gutes Orientierungsvermögen haben und gerne eine Bootstour auf eigene Faust unternehmen, dann lohnt es sich, ein Boot zu mieten und die Kanäle von Fort Lauderdale zu erkunden.

Fort Lauderdale Boat Rentals, *Bahia Mar Yachting Center, 801 Seabreeze Blvd., ☎ 779 3866, www.fortlauderdaleboatrentals.com.*

Hillsboro Inlet Marina, *2629 N. Riverside Drive, Pompano Beach, ☎ 942 2556.*

Strände

Hollywood Beach, John Lloyd State Park (bei Surfern beliebt) sowie die Fort Lauderdale Beach Promenade (zwischen Sunrise Blvd. und SW 17th Street).

Entlang der A1A gibt es einen breiten Sandstrand, der mit Rettungsschwimmern besetzt ist.

Tauchen und Schnorcheln

Nicht weit von der Küstenlinie kann man ein künstliches Riff beim Schnorcheln erforschen. Um die 1984 aufgelaufene und ein Jahr später versenkte „Mercedes I" gibt es von Schwämmen über Barrakudas bis zu Hummern allerlei zu sehen.

Ocean Diving, *4960 NE 2th Ave., Pompano Beach, ☎ 943 3337, www.oceandiving.com.*

Öffentliche Verkehrsmittel

Sun Trolley, *www.suntrolley.com. Die Trolleys kann man durch Winken anhalten, es gibt keine Haltestellen. Die Route führt zu den Haupt-Sehenswürdigkeiten wie Fort Lauderdale Beach, Museum of Art, Convention Center etc. Genaue Route auf der Homepage, Infos auch unter ☎ 761 3543.*

Busse

Greyhound *liegt an der 515 NE 3rd St am Federal Highway (☎ 764 6551). Die Busfahrt nach Miami dauert 45 Minuten, es gibt ca. 10 Verbindungen am Tag, ca. $ 12. Infos unter www.greyhound.com.*

Zug

Tri-Rail *(☎ (1-800) 273 7545, www.tri-rail.com) verbindet Miami mit Fort Lauderdale (und West Palm Beach), Hin- und Rückfahrt ca. $ 12. Mit dem* **Tri-Rail Shuttle Bus** *kommt man kostenlos zu den Stationen.*

10. ANHANG

Kleiner kulinarischer Sprachführer

Teigwaren
biscuit: weiche Brötchen
bread: Brot
cookies: Kekse
cornbread: Maisbrot
Danish pastry: Blätterteigstückchen
muffins: kleine Teekuchen
hush puppies: Pfannkuchen aus Maismehl
pancake: Pfannkuchen
rolls: Brötchen (weich, nicht so knusprig)
rye bread: Roggenbrot
sandwich: belegtes Brot
shortcake: Mürbeteigküchlein mit Früchten und manchmal Sahne
waffles: Waffeln (wird oft mit einem Aufstrich aus salziger Butter und Ahornsirup gegessen)
white bread: Weißbrot
crispies: knusprige Getreideflocken
cornflakes: unterschiedliche Getreideflocken

Belag
Bologna sausage: Mettwurst
butter: meist salzige Butter
cottage cheese: Hüttenkäse
jam: Marmelade
jelly: Gelee
maple syrup: Ahornsirup
peanut butter: Erdnussbutter, sehr beliebt bei Kindern

Eierzubereitungen
bacon and eggs: Eier mit Schinkenspeck
boiled eggs: gekochte Eier
ham and eggs: Eier mit Schinken
scrambled eggs: Rührei
sunny side up: Spiegeleier, dabei gibt es folgende Varianten: „over" bedeutet auf beiden Seiten fest gebraten „over easy" bedeutet auf beiden Seiten leicht knusprig gebraten

Vorspeisen (appetizers)
soup: Suppe, verschiedene Arten
crab bisque: Krabbencremesuppe
shrimp cocktail: Shrimpscocktail, meist mit Tomatensauce
cole slaw: roher, geschnitzelter Kohl, in Sauce angemacht

Fleisch-Hauptgerichte
beef: Rind
pork: Schwein
lamb: Lamm
turkey: Truthahn
chicken: Hähnchen
veal: Kalb
prime rib of beef: Rinder-Rippenstück
steak: Steak

Steak ist *das* typisch amerikanische Hauptgericht. Die Bezeichnungen der einzelnen Steakstücke sind auch auf den Karten besserer Restaurants nicht immer präzise. So werden englische, französische und amerikanische Schnitte dem Speisenden angeboten. Grob eingeteilt können Sie Folgendes erwarten:

- Das deutsche Filet gibt es auch im Amerikanischen (als Filet, Chateaubriand, Tournedo, Mignon und Teil des Porterhouse- und kleineren T-Bone-Steak).
- Die Stücke aus unserem Roastbeef-Bereich (Lende) entsprechen je nach Schnitt dem Sirloin, Rumpsteak oder Entrecote.
- Außerdem gibt es noch das Clubsteak (Mittelrücken) und das Roundsteak (aus der Keule).

Steaks werden in unterschiedlichen Arten zubereitet, die Bedienung wird Sie stets danach fragen:
well done: ganz durchgebraten, also innen auf keinen Fall mehr rot
medium: halb durchgebraten, innen rot-rosa, außen etwas angekrustet
rare: innen ganz roh, nur außen gebraten

Fisch-Hauptgerichte
seafood: Fischgerichte
fish chowder: Fischgemüsesuppe
clam chowder: Muschelgemüsesuppe
clams: Herz-Muscheln
crab: Imperial-Krabbe
king crabs: große Alaska-Krebse
lobster: Hummer
oysters: Austern (meistens werden sie roh gegessen, oft auch gebraten angeboten)
shrimps: Krabben bzw. Garnelen
scallops: Jakobsmuscheln

Beilagen
vegetables: Gemüse
French fries: Pommes frites
chips: gebratene Kartoffelscheiben
baked potatoes: in Folie gegarte Kartoffeln
salads: Salate: meist sehr frisch, oft gibt es eine salad bar (Salatbar) zur Selbstbedienung. Zu den Salaten gibt es amerikaweit die gleichen Saucen (nur Spitzenrestaurants scheren hier aus der Reihe):
french dressing: Sauce mit Mayonnaise
thousand islands: Sauce mit Paprikastückchen
blue cheese: Käsesauce
vinaigrette: Essig und Öl
chicken salad: Hühnersalat
turkey salad: Putensalat
tuna salad: Tunfischsalat

Nachtisch (dessert)
ice cream: Eis, in Amerika besonders sahnig und sehr gut
hot fudge sundae: Eis mit dicker Schokoladensauce
pie: Torte. Es gibt die unterschiedlichsten pies. Besonders beliebt sind apple pie (Apfeltorte) und die Florida-typische key lime pie (Zitronencremetorte).

Kubanische Spezialitäten
tostones: gebratene Kochbananenstreifen
malanquitas: knusprige Kartoffelscheiben
sopo'n marinero: Suppe mit Schalentieren, Reis, Erbsen, scharfen Pfefferschoten
sopa de frijoles negros: schwarze Bohnensuppe, mit viel Knoblauch, Oliven, Schweinefleisch
arroz con pollo: Huhn und Safranreis
piccadillo: scharf gewürztes Hackfleisch mit Pfefferschoten, Knoblauch, Tomaten, Zwiebeln, manchmal auch Oliven
palomilla: kubanisches Steak
tocino del cielo: Nachtisch aus Zucker und Eigelb
tres leches: leichter Biskuitkuchen, der mit Milch durchtränkt wird.

Literaturverzeichnis

Hinweis

Bei vielen touristischen Vertretungen, z.B. zu Miami und Orlando, kann man sich Informationsmaterial nach Hause schicken lassen. Adressen bei den jeweiligen Regionen.

Geschichte und Kultur

Aust, Stefan, 11. September 2001. Geschichte eines Terrorangriffs (dtv 2002).

Böhm, Andrea, Die Amerikaner. Reise durch ein unbekanntes Imperium (Herder Verlag 2004).

Bryson, Bill, Streiflichter aus Amerika. Die USA für Anfänger und Fortgeschrittene (Goldmann Verlag 2009). Amüsante Darstellung des Lebens in den USA und der Gedankenwelt der Amerikaner.

Düßmann, Jörn, Vier Jahre Florida (BoD 2008): Amüsantes Buch über einen Auswanderer, der ein Motel in Daytona aufmacht und über Alltagsepisoden berichtet.

Gassert, Phillip / Häberlein, Mark / Wala, Michael, Kleine Geschichte der USA (Reclam, 2008). Eine übergreifende Skizze der historischen Entwicklung in den USA.

Hudson, C., The Southeastern Indians (6. Aufl. 1992). Das beste Handbuch über die Indianer des Südostens.

Kuralt, C. / **Glusker**, I., Southerners: Portrait of a People (1986). Interessante Studie über das Gemüt der Südstaatler.

National Park Foundation, The Official Guide to America's National Parks (2008). Kurze und bündige Übersicht über alle wichtigen Adressen für Nationalparks und National Monuments. Gegliedert nach Staaten.

Raeithel, Gert, Geschichte der nordamerikanischen Kultur, 3 Bände (Zweitausendeins, Frankfurt/M 1997). Umfassender Überblick über die Geschichte und die gesellschaftliche Entwicklung der USA.

Reep, Roger L. / **Bonde, Robert K.**, The Florida Manatee: Biology and Conservation (2006). Interessantes über die Seekühe.

Shoemaker, Lisa, Amerikanisch kochen (Die Werkstatt 2009). Kulinarische Einstimmung.

Tocqueville, Alexis de, Über die Demokratie in Amerika (u. a. Reclam UB 8077). Lesenswerte Einführung in die amerikanische Politik und Gesellschaft aus der Feder eines französischen Gesandten im 19. Jh. – immer noch aktuell.

Watzlawick, Paul, Gebrauchsanweisung für Amerika (Piper 2009). Ein „respektloses" Brevier über den amerikanischen Alltag.

Wichmann, Dominik, Jenseits von Utopia. Amerikanische Träume (Picus Verlag 2000).

Wilson, Ch. Reagan / Ferris, W. (Hrsg.), Encyclopedia of Southern Culture (Chapel Hill/London, 1989). Das einzige umfassende Nachschlagewerk über den Süden der USA, steht in vielen Uni-Bibliotheken.

Zacharasiewicz, Waldemar, Die Erzählkunst des amerikanischen Südens (Darmstadt 1990). Guter allgemeiner Überblick über die Literatur der Südstaaten.

Zagat Survey, Zagat 2009. Ständig aktualisierte Restaurantführer, die in Amerika bereits als Klassiker gehandelt werden.

Englischsprachige Reiseführer

Disney Editions, Birnbaums Walt Disney World (The Official Guide): Sehr kommerziell und Disney-freundlich (eher unkritisch) aufgemachter Führer. Beschreibt aber alles in und um Walt Disney World.

Fodor's Florida, Fodor's Travel Publication. Nach geografischen Regionen gegliederte Übersicht. Gute Tipps. Jährlich neu.

Frommer's, Bände Orlando und Florida: Macmillian Travel Publications. Wenn auch etwas unübersichtlich gestaltet, bietet dieses Buch gute Adressen und Tipps. Besonders das Orlando-Buch kann Ihnen zu diesem Buch eine gute Ergänzung bieten.

Mobil Travel Guide – Southeast, Alphabetische Auflistung und Kurzbeschreibung aller Städte und Sehenswürdigkeiten mit Schwerpunkt auf Hotel- und Restaurantempfehlungen.

Molloy, Johnny, A Paddler's Guide to Everglades National Park (Univ Pr of Florida 2009). Alles was man für eine erfolgreiche Tour durch die Everglades wissen muss.

Sapp, Rick, Florida: A Comprehensive Guide to Hundreds of Campgrounds: Sehr guter Campingführer (Falcon Press 2009).

Stichwortverzeichnis

A
Abkürzungen 58
Adventure Island 333
Afro-Amerikaner 43f
Ah-Tha-Thi-Ki Museum 567
Airplants 181
Aldrin, Edwin 425
Alfred B. Maclay Gardens State Park 496
Alkohol 58
Alligator Alley 245
Alligatoren 189
Amelia Island 463ff
  Fernandina Beach 464f
AMTRAK 73
Angeln 98
Anna Maria Island 300ff
Anreise 58
Apalachee-Indianer 22, 487, 492
Apalachicola 521ff
  John Gorrie State Museum 524
Apalachicola National Forest 527
Apotheken 59
Aquatica 409
Architektur 49, 149
Armstrong, Neil 425
Art déco 49, 149
Art-déco-Gebiet 127, 147
Ärzte 83
Atlantic Intracoastal Waterway 66
Atlantikküste nördliche 446ff
Atlantikküste zentrale 421ff
Auskunft 84
Auto fahren 60ff
Autokauf 63f
Autohilfe 62
Autorennen 439
Autoverleih 90ff
B
B&B-Häuser 107
Bahia Honda State Park 216
Barrier Islands 512
Behinderte 65
Bevölkerung 15, 41ff
Big Cypress National Preserve 245ff
Big-Cypress-Ökosystem 247
Bill Baggs Cape Florida State Park 141
Biscayne Bay 140, 144
Biscayne National Park 202ff
Blackwater River State Park 504f
Boca Grande 284f, 287
Boca Raton 551, 561
Bodenschätze 15, 39
Bok Tower Gardens 340
Bonita Beach 264
Bonita Springs 264f
Boot fahren 65ff
Boston Fern 174
Botschaften 70
Bowman's Beach 103, 277
Bradenton 301ff
  De Soto National Memorial 305
  South Florida Museum 306
Brücken 199
Bryan, William Jennings 28
Busch Gardens 329ff
Bush Key 342
Busse 67
Butterfly World 562
C
Cabbage Key 283f
Cabbage Palm 174
Caladesi Island State Park 102, 334
Calusa-Indianer 41, 175, 214, 250
Camping 69f
Canaveral National Seashore 102, 423
Cape Canaveral 18, 434 (*s. a.* Kennedy Space Center)
Cape Coral 274
Cape Florida Light House 141
Captiva Island 276ff, 279
Carter, Jimmy 212
Cayo Costa Island State Park 285f
Cedar Key 531ff
  Cedar Key Historical Society Museum 532
  Cedar Key Museum State Park 532
Cell(ular) Phones 105 (*s. a.* Telefonieren)
Chipley 504
Chipola River 86, 502
Chipola River Canoe Trail 502
Choctawhatchee River 512
Chokoloskee 248
Clermont 549
Coastal Science Center 554
Coco Plum 174
Cocoa Beach 435
Collier Seminole State Park 249f
Royal Palm Nature Trail 250
Collins, John 126
Conchs 222
Coontie 174
Corkscrew Swamp Sanctuary 262f
Cracker-Häuser 49
Crackers 43, 411
Crystal River 535ff
  Idle Speed Manatee Area 535
  Manatee Sanctuary 535
  Slow Speed Manatee Area 535
Crystal River State Archaeological Site 537
D
Dalí, Salvador 311
Daytona Beach 436ff
  Daytona International Speedway 440
  Halifax Historical Museum 441
  Museum of Art & Sciences 440
  Ponce de León Lighthouse 442
  Southeast Museum of Photography 441
de León, Ponce 17, 20, 21, 204, 319, 446, 448, 498
de Luna y Arellano, Tristán 22, 508
de Narváez, Panfilo 21, 22, 319
de Soto, Hernando 22, 305f, 487
Delfine 209, 214, 407
Destin 515f
Deutsch-Amerikanische Institute 88
Dinnershows 353f
Diplomatische Vertretungen 70
Disney, Walt 369ff
Disney's Vero Beach Resort 552
Drake, Sir Francis 17, 23
Dry Tortugas National Park 240ff
Duck Key 214
Dunellon 544
E
Eden Gardens State Park 517f
Edison, Thomas Alva 269f
Einkaufen 71
Einreise 72
Eisenbahn 73f
Elliott, Sterling 555
Entfernungstabelle 111
ESTA 72
Essen 74ff
Estero Island 267
Everglades City 248f
Everglades National Park 169ff
  Anhinga Trail 178f
  Bedrock 182
  Birds of Mrazek Pond 189
  Coot Bay Pond 189
  Ernest Coe Visitor Center 177
  Gumbo Limbo Trail 182
  Hammocks 172f, 182, 186
  Klima 171
  Landschaften 17f
  Long Pine Key 184
  Mahagony Hammock 185
  Mangrove Zone 186
  Nine Mile Pond 187
  Ökologie 175ff
  Pa-Hay-Okee 185
  Paradise Key Hammock 182
  Paurotis Pond 186
  Pflanzenwelt 174f
  Pinelands 184
  Pinnackle Rock 184
  Rock Reef Pass 185
  Royal Palm Area 178
  Solution Holes 182
  Taylor Slough 179
  The Mangrove Trail 188
  Tree Island 185
  West Lake 187
  Wilderness Waterway 192f
Everglades Wonder Gardens 264
Exilkubaner 18, 128
F
Faber-Castell 532
Fahrrad fahren/-wandern 100, 349
Falling Waters State Park 504
Fanning Springs State Park 484
Fantasy Architecture 50
Fantasy of Flights 339
Feiertage 79
Ferientermine 79
Fernsehen 90
Fisher, Carl Graham 28, 126, 146
FKK 79
Flagler, Henry 27, 126, 449
Flamingo 190f
Fliegenfischen 98f
Florida Caverns State Park 501f
Florida Keys 199ff
Florida-Folk-Festival 47
Florida-Trail 101, 478
Flüge 79f
Flughäfen 58

Fluglinien 80
Ford, Henry 271
Fort Cooper State Park 543f
Fort de Soto State Park 313, 316
Fort Jefferson 240ff
Fort Lauderdale 560ff
Ah-Tha-Thi-Ki Museum 564
Blockbuster IMAX-Theater 562
Bonnet House 562
Butterfly World 562
Fort Lauderdale Beachfront 561
International Swimming Hall of Fame Museum 561
Las Olas Riverfront 561
Museum of Art 562
Museum of Discovery & Science 562
Fort Myers 267ff
Edison & Ford Winter Estates 268ff
The Imaginarium Hands-on Museum and Aquarium 271
Fort Myers Beach 267
Fort Pickens 510
Fort Walton Beach 515
Fotografieren 80f
Frieden von Versailles 24
Fuller, Walter 28

G

Gagarin, Juri 424
Gasparilla Island 284, 287
Gasparilla Island State Park 287
Gatorland 410ff
Geldangelegenheiten 81ff
Geografie 31ff
Geologie 33
Geschichte 17ff
Gesellschaft 41ff
Gestüte 477
Gesundheit 83f
Getränke 77f
Glasbodenboot 204, 206, 476, 498
Glen, John 424
Golf 164f
Golfküste 245ff
Golfküste nördliche 506ff
Goodland 251
Gorrie, John 523
Grayton Beach State Park 516f
Greyhound 67
Gulf Intracoastal Waterway 66
Gumbo Limbo 174

H

Hammocks 172
Haustiere 84
Hemingway, Ernest 227
Hispanics 43, 45
Homestead 126, 170, 177, 197
Homosassa Springs 538f
Homosassa Springs Wildlife Park 538
Hontoon State Park 351
Hopper, Edward 560
Hotels 106f
Hurrikans 36ff, 132
Hutchinson Island 552f

I

Immobilien 39f, 84
Impfungen 83
Indian Key 214
Indian Mounds 19, 20, 537
Indianer 17, 19f, 25f
Indianer-Reservate 52
Inglis 534
Innisbrook 336
International Drive 341
Internet 85, 105
Intracoastal Waterway 66, 283, 296
Inverness 541ff
The Old Courthouse Heritage Museum 544
Islamorada 212ff
Theater of the Sea 212

J

Jacksonville 460ff
J. N. „Ding" Darling National Wildlife Refuge 282
Jensen Beach 552f
John Pennekamp Coral Reef State Park 207f
Jugendherbergen 109
Jupiter 102, 551, 554

K

Kanu-Trails 86
Kanuwanderungen 191, 198
Kartenmaterial 86
Kennedy Space Center 427ff
Apollo/Saturn V Center 432
Astronaut Memorial 430
Children's Play Dome 427
Exploration Space 434
IMAX-Theatre 428
LC- Observation Gantry 431
Rocket Garden 427
Shuttle Launch Experience 430f
Space Shuttle Plaza 430
Star Trek live 432
Vehicle Assembly Building 433
Key Biscayne 139ff
Key Largo 208ff
Key West 218ff
Audubon House and Garden 224f
Birthplace of „Pan American World Airways" 226
Conch Tour Train 230f
Duval Street 218
Ernest Hemingway Home and Museum 226ff
Keeper's Quarters Museum 228
Key West Cigar Factory 230
Key West Lighthouse 228
Little White House 225f
Mallory Square 224
Mel Fisher Maritime Heritage Society Museum 225
Old Town Trolley 231
Oldest House 223
Pier House Resort 224
Shipwreck Historeum 224
Sloppy Joe's 223, 237
Southernmost Point 229
The Wreckers' Museum 224
Kinder 86f, 332, 362f, 367, 376, 385, 399, 401, 403, 410
Kleidung 87
Klima 33ff
Kolonisierung 20ff
Kolumbus 17, 20
Konsulate 70f
Korallen 100, 203f, 207
Koreshan State Historical Site 256ff
Kreditkarten 82
Krokodile 189
Kubaner 17, 18, 44f, 124, 128, 133
Küche 54f, 74ff
Kultur 47ff
Kulturinstitute 88
Kunst 48
Küstenstraße 297

L

Lake City 471
Lake Holathlikaha 543
Lake Jackson Mounds Archaeological State Park 496
Lake Okeechobee 15, 175, 176
Lakeridge Winery 549
Landwirtschaft 39
Langley, Wright 220
Legoland Florida 339
Lignumvitae Key 212, 213
Lion Country Safari Park 560f
Literatur 47, 88
Little Palm Island 217
Live Oak 174
Live Oak (Stadt) 471
Loggerheads 278
Longboat Key 290
Lovers Key State Park 266f

M

Madison 471, 485
Manatee Springs State Park 484f
Manatee Village Historical Park 305
Manatees 535f
Mangroven 173, 187, 188
Marco Island 250ff
Marianna 500f
Marineland of Florida 445f
Maßeinheiten 89
Mastodon 498
Matlacha 274
Medien 90
Meilen-Markierung 200
Mentalität 50ff
Merbold, Ulf 425
Merrick, George 126, 135, 138
Merritt Island Wildlife Refuge 423
Mexico Beach 520
Miami 120ff
Bayfront Park 131
Bayside Market Place 131
Biltmore Hotel 137
Calle Ocho 133, 134
Coconut Grove 138f
Coral Gables 135ff
Dade Cultural Center 130
Downtown 129ff
El Rey de los Habanos Cigar Factory 134
Flagler Street 133
Freedom Tower 132
Geschichte 125ff
Jungle Island 143
Little Havana 133ff
Miami Tower 129
Metro Mover 166
Port of Miami 133
Monkey Jungle 143
National Hurricane Center 132
Seaquarium 140
The Cloisters of the Monastery of St. Bernhard 142f
Venetian Pool 137
Vizcaya Museum and Gardens 139
Zoo Miami 143
Miami Beach 144ff
Art-déco District Welcome Center 147
Bass Museum of Art 147
Collins Avenue 147
Wolfsonian Foundation 148
Miccosukee Indian Village 193f
Mietwagen 90ff

Mile markers 200
Miracle Strip 31, 506, 512
Mizner Park 561
Monticello 485f
Morse, Eleanor Reese und A. Reynolds 310, 311, 312
Mote Marine Aquarium 296
Motels 106ff
Mount Dora 547ff
Mount Dora Canal 548
Mücken 83, 87, 171
Muscheln 277
Musik 47
Myakka River State Park 294f
N
Naples 252ff
  3rd Street 255
  5th Avenue 255
  Collier County Museum 255
  Koreshan State Historical Site 256ff
  Naples Depot Museum 254
  Naples Museum of Art 254
  Naples Pier 254
  Old Marine Marketplace at Tin City 255
  Palm Cottage 254
  Naples Zoo at Caribbean Garden 263
NASA Kennedy Space Center s. *Kennedy Space Center*
National Forests 94
National Key Deer Refuge 216f
National Parks 93f
Natural Bridge Battlefield State Park 497
Naturparks 93f
Nauti-Limo 213
Notrufnummern 62, 95
O
OASIS 245
Ocala 476f
  Appleton Museum of Art 476
Ocala National Forest 472ff
  Alexander Springs Recreational Area 475
  Clearwater Recreational Area 475
  Juniper Springs Recreational Area 474
  Salt Springs Recreation Area 473
Öffnungszeiten 71, 96
Okeechobee Waterway 66
O'Keefe, Georgia 560
Okefenokee Swamp 468f
Oleta River State Park 149
Olustee Battlefield State Historic Park 479
Orlando 341ff
  Albin Polasek Museum 348
  Aquatica 409
  Charles Hosmer Morse Museum 348
  Cornell Fine Arts Museum 348
  Dinnershow 353f
  Downtown 345f
  Gatorland 410f
  Harry P. Leu Gardens 347
  History Center 345
  Hontoon State Park 351
  Loch Haven 346f
  Mennello Museum 346
  Orlando Museum of Art 346
  Orlando Science Center 346
  Sea Wold 402ff
  Universal Orlando Resort 397ff
  Walt Disney World 356ff
  Well's Built Museum 345
  West Orange Fahrrad-Trail 349ff
  Wet'n'Wild 409
  Winter Park 347ff
  Winter Park Historical Association and Museum 349
Osceola National Forest 478f
Osceola, Seminolenführer 25
P
Palm Beach 554ff
  Flagler Museum 556
  The Breakers Hotel 556
  Worth Avenue 557
Palm Island 287
Panama City 518f
  Panama City Beach 518
Panhandle 31, 101, 471, 487
Pebble Hill Plantation 495
Pensacola 506ff
  National Museum of Naval Aviation 509f
  North Hill Preservation District 509
  Seville Square Historical District 508
  T.T. Wentworth Jr. Florida State Museum 508
Pensacola Beach 511ff
  Santa Rosa Island 511
Pferdezucht 477
Pigeon Key 215
Pine Island 274
Plant, Henry Bradley 320
Poisonwood 174
Pollock, Jackson 560
Pond Apple 180
Port St. Joe 520, 521
Post 96
R
Rainbow River 477, 544, 545
Rainbow Springs State Park 544f
Rauchen 97
Raumfahrt 423ff
Redneck 518
Reiseschecks 82f
Reisezeit 87f
Religion 45ff
Restaurants 97
Ribault, Jean 22, 23
Ringling, John 28, 48, 292
Ringling Museum 291ff
Ripley, Robert 455
Rockefeller John D. 441
Routen 116ff
Rundfunk 90
S
Salvador-Dalí-Museum 310ff
Sanibel Island 276ff
Santería 46f
Sarasota 290ff
  Ringling Museum 291f
  Sarasota Classic Car Museum 294
Satin Leaf 175
Saw Palmetto 175
Sawgrass 181
Schildkröten 187, 205, 217, 277, 278, 303, 521
Schlangen 97f
Schwämme 221, 334, 335
Sea World of Florida 402ff
Seekühe s. *Manatees*
Seminolen 24, 25, 41, 42, 43
Seminolenkriege 24f, 342, 543, 567
Seven Mile Bridge 28, 200, 214f
Shark River Slough 172
Shark Valley 193
Shell Island 519, 520
Silver Springs 476f
Sloughs 179, 181
South Seas Island Resort 279
Space Coast 421ff
Spaceport USA 421
Spanier 17, 20ff,
Spanisches Moos 490, 491
Spanish Stopper 175
Sport 98ff
Sprache 50f, 101
Spring Creek 528
St. Andrews State Park 591f
St. Armands Key 296
St. Augustine 17, 23, 446ff
  Alligator Farm Zoological Park 456
  Castillo de San Marcos National Monument 449
  City Gate 452
  Dow Museum of Historic Houses 455
  Flagler College 453f
  Fountain of Youth National Archaeological Park 451
  Geschichte 446ff
  Gouvernment House Museum 453
  Lightner Museum 454
  Oldest House 455
  Oldest Wooden School House 452
  Pirate & Treasure Museum 453
  Ripley's Believe It or Not 455
  St. Augustine Lighthouse and Museum 457
  St. Augustine Visitors Information Center 449, 457
  St. George Street 452
  Zorayda Museum 454
St. George Island 526f
St. Joseph Peninsula State Park 521
St. Marks 492
St. Marks River 492, 498
St. Petersburg 28, 307ff
  Bay Walk 309
  Florida Holocaust Museum 309
  Florida International Museum 310
  Great Explorations Childrens Museum 312
  Municipal Pier 307
  Museum of Fine Arts 312
  Salvador-Dalí-Museum 310ff
  St. Petersburg Museum of History 309f
  Sunken Gardens 313
Stadt der Palmen 267
State Parks 93f
Steinhatchee 529f
Stephen Foster Folk Culture Center Park 483
Steuern 112
Stock-Car-Rennen 439
Strände 101ff
Strangler Fig 183
Streamline Moderne 149
Strom 103
Stuart 554
  Coastal Science Center 554
  Elliott Museum 554

Sunshine Skyway 300, 306
Suwannee River State Park 471, 481f
Suwannee River Wilderness Trail 482ff
Swamp Boomers 176

T

Tallahassee 15, 31, 471, 487ff
  Canopy Roads 490
  Florida State Capitol 488
  Mission San Luis Living History Village 491f
  Museum of Florida History 488f
  New Capitol 488
  Old City Cemetery 490
Tamiami Trail 133, 169, 177, 246
Tampa 319ff
  7th Avenue 326
  Florida Aquarium 326
  Henry B. Plant Museum 323f
  Museum of Art 322f
  Museum of Science and Industry 326
  Ybor City 324ff
  Ybor City Museum State Park 325
Tarpon Springs 334ff
  Spongeorama 335
Tauchen 100, 540, 554
Taxi 103f
Telefonieren 104f
Ten Thousand Islands 170, 248
Tetrazygia 175
Theater 47
Thomasville 495, 499
Titusville 421
  United States Astronaut Hall of Fame 421f
Trinkgeld 76, 105f
Triple A 63
Tropfsteinhöhlen 502
Troy Springs State Park 483

U

Universal Orlando Resort 397ff
  Islands of Adventure 399f
Universal Studios 398f
Unterkunft 106ff
Upper Matecumbe Key 212
Useppa Island 284

V

Venice 288f
Vero Beach 552
Versicherung 64, 83, 91, 109f
Verständigung 101
Vilano Beach 457
Visa-Waiver-Programm 72
Visum 72f
von Braun, Wernher 426

W

Wakulla River 492, 497, 498
Wakulla Springs State Park 497f
Walt Disney World 356ff
  Animal Kingdom 389f
  Big Thunder Mountain Railroad 370
  Blizzard Beach 391f
  Cinderella Castle 367
  Dinner Shows 352
  Discovery Island 389
  Downtown Disney 392
  Epcot 373ff
  Fantasmic 387
  Future World 373
  Hollywood Studios 384ff
  Hotels 394f
  Illuminations 375
  Imagination! 379
  Indiana Jones Epic Stunt Spectacular 387
  Innoventions East and West 378
  It's a small World 370
  Jungle Cruise 371
  Magic Kingdom 363ff
  Mission: Space 379
  MuppetVision 3-D 387
  Pirates of the Caribbean 371
  Pleasure Island 392
  Rock'n'Roller Coaster Starring Aerosmith 387
  Space Mountain 370
  Spaceship Earth 377
  Splash Mountain 370
  Studio Backlot Tour 387
  Test Track 379
  The Land 379
  The Seas 378
  Themenparks 363
  The Twilight Zone – Tower of Terror 385
  Tipps und Informationen für Erkundungen mit Kindern 362f
  Typhoon Lagoon 390f
  Universe of Energy 379
  WDW-Railroad 367
  Wasserparks 390ff
World Showcase 380f
Wandern 101
Wasserwege 66f
Weeki Wachee 337
Wein 78
Wes Skiles Peacock Springs State Park 483
West Palm Beach 560ff
  Norton Museum of Art 560
Wet'n'Wild 409f
Wild Coffee 175
Wild Tamarind 175
Williams, Ted 212
Williams, Tennessee 48, 219, 488
Wirtschaft 39ff
Withlacoochee River 542
Woodville 497

Y

Yankees 44, 307
Yankeetown 534

Z

Zeit 15, 110
Zeitumstellung 500, 521
Zeitungen 90
Zigarren 26, 134, 230, 322, 324ff
Zoll 110

Abbildungsverzeichnis

Bilder von Michael Iwanowski, außer:

Andreas Iwanowski: S. 16, 29, 31, 40 (2x), 44, 46, 49, 50, 53, 71, 81, 93, 107, 120, 122, 124, 127, 128, 129, 131, 132, 140, 144, 148, 157, 161, 163, 164, 168, 169, 172, 173, 176, 179, 180, 183, 187, 189, 191, 194, 196, 198, 201, 219, 220, 221, 222, 234, 236, 248, 249, 263, 284, 285, 286, 345, 420, 422, 423, 424, 427, 430, 432, 433, 438, 463, 464, 465, 466, 467, 468, 469, 487, 488, 491, 494, 495, 496, 497, 499, 502, 506, 509, 511, 512, 522, 524, 538

Apalachicola Chamber of Commerce: S. 523, 525, 526
Jörg Bajewski: 358
Jules Vernes Undersea Lodge: S. 210
Lori Hutchek/istockphoto: S. 142
Marco Island and Everglades CVB: S. 75 (Mitte), 96, 192, 251
Museum of Art & Sciences (MOAS): S. 440
National Park Service: S. 69, 203 (John Brooks), 206, 247
Orlando/Orange County Convention & Visitors Bureau, Inc. ®: S. 341, 343, 349, 400, 411, 417
Panama City CVB: S. 470, 519, 520
Pirates Dinner Adventure: S. 354
Sarasota CVB: S. 294, 296, 306
Sea World/Aquatica ©: S. 406, 407, 409
Sea World Parks & Entertainment: S. 404
St. Petersburg CVB: S. 28, 307, 309, 310, 315
Tampa Bay & Company: S. 322
The Breakers: S. 26, 557, 562
Universal Orlando Resort ©: S. 397, 400
Visit Florida: S. 12, 102, 150, 212, 215, 238, 244, 246, 275, 325, 473, 474, 536, 540
Volkmar Janicke: S. 36, 225, 334, 552
Walt Disney World ©: S. 338, 375, 378, 385, 390, 391

Vordere Umschlagklappe: Nr. 1, 2, 3, 6: Andreas Iwanowski; Nr. 4: Ulrich Quack; Nr. 5, 7: Michael Iwanowski
Hintere Umschlagklappe und Buchrückseite: alle Andreas Iwanowski, außer U4, Nr. 1: Michael Iwanowski

9 Tage Florida mit Flug, Auto und Ferienwohnung ab EUR **999,-**
15 Tage Florida Rundreise mit Flug, Hotels und Auto ab EUR **1.399,-**
11 Tage Ft. Myers Ferienhaus mit Flug und Auto ab EUR **1.199,-**
AMERICA unlimited
USA · 2012
Ihr Amerika-Spezialist!
AMERICA
unlimited
Reisen, wie es mir gefällt!
Jetzt buchen unter: america-unlimited.de